# 不動産投資法人(REIT)の理論と実務 [第2版]

大串淳子、田澤治郎、半田太一 監修
渥美坂井法律事務所・外国法共同事業、
有限責任 あずさ監査法人、KPMG税理士法人 編

弘文堂

第2版はしがき

　本書の初版が出版されたのは、リーマンショック直後の株式市場に引きずられるようにリートの投資口時価総額が低迷し（2010年末当時の投資口時価総額は約3.3兆円）、その対策のため、投資法人の合併制度や資金調達手法の改善、日本銀行による投資口の買入資産組入れ開始など、官民あげてリート市場の再活性化が模索されていた時期であり、当時、不動産投資法人に関する体系的な解説書がないなか、上記のような動向にいくらかでも寄与すべく出版されたものでした。

　それから8年半が経過し、リートの投資口時価総額も14兆円を超え、リート市場を取り巻く環境も一変しました。日本銀行による金融政策としての投資口買入は現在も継続されておりますが、年金積立金管理運用独立行政法人（GPIF）はオータナティブ資産への投資として私募リートへの投資も2018年から行っており、リートがその本来の姿として期待されているミドルリスク・ミドルリターンの投資商品という姿で不動産投資市場における存在を確実に定着させたといってよいでしょう。

　この第2版は、基本的に初版と同じ構成で、会計について有限責任あずさ監査法人の先生がたに、税務についてKPMG税理士法人の先生がたにご担当いただき、法務を渥美坂井法律事務所・外国法共同事業の弁護士が担当しました。実務的見地からのコラムは上場リートの資産運用会社からジャパンリアルエステイトアセットマネジメント株式会社（ご執筆当時）の吉田竜太氏、および株式会社東京リアルティ・インベストメント・マネジメントの埜村佳永氏に、また私募リートの投資家として株式会社日本政策投資銀行の辻早人氏にご執筆いただきました。さらに、一般財団法人日本不動産研究所の先生がたにご参加いただき、不動産鑑定について専門家の見地から解説を補強していただきました。初版からの法務・会計・税務のアップデートとともに、初版以降に発展した私募リートや新規に市場が創設されたインフラファンドについての記述も加筆し、

米国証券法制に関しても必要な範囲で触れるなど、内容を充実させておりますので、この第2版が、拡大を続けるリート市場の関係者の方々、リート市場に関心をお持ちの方々に少しでもお役に立てるようでしたら大変光栄です。

　第2版について出版の発案から責了まで予想外に時間がかかってしまったことについて、タイムリーに原稿を提出してくださった執筆メンバーの方々にこの場をお借りしてお詫び申し上げるとともに、私たちの原稿提出の遅れを辛抱強く（ときに叱咤とともに）お待ちいただいた弘文堂の清水千香さんには、初版のとき以上に感謝の念が堪えません。

　2019年4月

執筆者を代表して
渥美坂井法律事務所・外国法共同事業
弁護士　大　串　淳　子

# 凡　例

**◆法令名等略語**

| | |
|---|---|
| 開示用電子情報処理組織による手続の特例等に関する内閣府令 | 電子開示府令 |
| 株券等の大量保有の状況の開示に関する内閣府令 | 大量保有府令 |
| 株式等の振替に関する業務規程 | 振替業務規程 |
| 株式等の振替に関する業務規程施行規則 | 振替業務規程施行規則 |
| 株式等振替制度に係る業務処理要領 | 振替業務処理要領 |
| 企業結合に関する会計基準 | 企業結合会計基準 |
| 企業結合会計基準及び事業分離等会計基準に関する適用指針 | 企業結合会計基準適用指針 |
| 企業内容等の開示に関する内閣府令 | 企業内容開示府令 |
| 金融商品取引法 | 金商法 |
| 金融商品取引法施行令 | 金商法施行令 |
| 金融商品取引業等に関する内閣府令 | 金商業等府令 |
| 金融商品取引業等検査マニュアル | 検査マニュアル |
| 金融商品取引業者等向けの総合的な監督指針 | 監督指針 |
| 財務諸表等の用語、様式及び作成方法に関する規則 | 財務諸表等規則 |
| 資産の流動化に関する法律 | 資産流動化法 |
| 社債、株式等の振替に関する法律 | 振替法 |
| 社債、株式等の振替に関する命令 | 振替命令 |
| 消費税法 | 消税 |
| 消費税法施行令 | 消税令 |
| 消費税基本通達 | 消税基 |
| 所得税法 | 所税 |
| 所得税法施行令 | 所税令 |
| 租税特別措置法 | 税特措 |
| 租税特別措置法施行規則 | 税特措規 |
| 租税特別措置法施行令 | 税特措令 |
| 租税特別措置法関係通達 | 税特措通 |
| 宅地建物取引業法 | 宅建業法 |
| 担保付社債信託法 | 担信法 |
| 地方税法 | 地税 |
| 地方税法施行規則 | 地税規 |
| 地方税法施行令 | 地税令 |
| 投資信託及び投資法人に関する法律 | 投信法 |
| 投資信託及び投資法人に関する法律施行規則 | 投信法施行規則 |
| 投資信託及び投資法人に関する法律施行令 | 投信法施行令 |

| | |
|---|---|
| 投資信託財産の計算に関する規則 | 投信財産計算規則 |
| 投資法人の計算に関する規則 | 投資法人計算規則 |
| 特定有価証券の内容等の開示に関する内閣府令 | 特定有価証券開示府令 |
| 発行者以外の者による株券等の公開買付けの開示に関する内閣府令 | 他社株買付府令 |
| 東日本大震災からの復興のための施策を実施するために必要な財源の確保に関する特別措置法 | |
| | 復興財源特 |
| 不動産投資信託及び不動産投資法人に関する規則 | 不動産投資規則 |
| 不動産投資信託証券に関する有価証券上場規程の特例 | 不動産投信特例 |
| 法人税法 | 法税 |
| 法人税法施行令 | 法税令 |
| 法人税基本通達 | 法税基 |
| 民間資金等の活用による公共施設等の整備等の促進に関する法律 | PFI法 |
| 有価証券の引受け等に関する規則 | 引受規則 |
| 有価証券の取引等の規制に関する内閣府令 | 取引規制府令 |
| 東京証券取引所有価証券上場規程 | 上場規程 |
| 東京証券取引所有価証券上場規程施行規則 | 上場規程施行規則 |
| 投資信託協会業務規程 | 投信協会業務規程 |
| 投資信託協会定款 | 投信協会定款 |
| 金融商品取引法パブリックコメント（金融庁2007年7月31日） | 金商法パブコメ |

◆引用文献の略語

山下友信=神田秀樹編『金融商品取引法概説〔第2版〕』（有斐閣・2017）
　→山下=神田・金融商品取引法概説
近藤光男=吉原和志=黒沼悦郎『金融商品取引法入門〔第4版〕』（商事法務・2015）
　→近藤=吉原=黒沼・金融商品取引法入門
黒沼悦郎『金融商品取引法』（有斐閣・2016）
　→黒沼・金融商品取引法
一般社団法人不動産証券化協会『不動産投資法人（Jリート）設立と上場の手引き〔第3版〕』
　（一般社団法人不動産証券化協会・2016）　→ ARES・上場の手引き
乙部辰良『詳解投資信託法』（第一法規出版・2001）
　→乙部・詳解投資信託法
江頭憲治郎『株式会社法〔第7版〕』（有斐閣・2017）
　→江頭・株式会社法
神田秀樹『会社法〔第21版〕』（弘文堂・2019）
　→神田・会社法

不動産投資法人（REIT）の理論と実務 ● CONTENTS

第2版はしがき　*i*
凡　　例　*iii*

# 第1章　不動産投資法人の基本構造

## 第1節　不動産投資法人 …………………………………………………… 2
### Ⅰ　総　論 ……………………………………………………………… 2
1　不動産投資法人（REIT）の意義(2)　　2　不動産投資法人の導入経緯(3)

### Ⅱ　投資法人の設立手続 ……………………………………………… 8
1　総論(8)　　2　設立企画人(8)　　3　規約(10)
4　設立時発行投資口の発行(14)

### Ⅲ　投資法人の機関 …………………………………………………… 14
1　投資法人の機関(14)　　2　投資主総会(15)
3　役員(19)　　4　役員会(20)

### Ⅳ　投資法人の計算、開示、分配 …………………………………… 21
1　投資法人の計算関係書類(21)
2　計算関係書類の作成、監査、承認(22)
3　金商法による計算関係書類（財務諸表）の開示(23)
4　金融商品取引所の自主規制による計算関係書類の開示（決算短信）(25)
5　計算関係書類のその他の報告(27)　　6　投資主に対する金銭の分配(28)
7　投資口の払戻し（オープン・エンド型投資法人）(29)

## 第2節　資産運用会社等 …………………………………………………… 31
### Ⅰ　資産運用会社 ……………………………………………………… 31
1　投資法人の業務の外部委託(31)
2　不動産投資法人の資産運用会社の金商法上の位置付け(31)
3　資産運用会社および不動産投資法人の宅地建物取引業法上の位置付け(34)

### Ⅱ　資産運用会社の行為規制 ………………………………………… 36
1　総論(36)　　2　投信法上の行為規制の変遷(37)
3　投信法上の資産運用会社に関する規制等(39)
4　不動産鑑定評価(43)　　5　利益相反管理等の態勢整備(44)

Ⅲ　資産保管会社・一般事務受託者・スポンサー ················ 46
　　　　　1　資産保管会社(46)　2　一般事務受託者(47)　3　スポンサー(50)
　　　Ⅳ　資産運用会社に求められる態勢 ·································· 51
　　　　　1　資産運用会社およびリートに適用される規制概要(52)
　　　　　2　資産運用会社における基本的義務（フィデューシャリー・デューティー）(54)
　　　　　3　経営管理態勢(55)　　4　法令等遵守態勢(62)　　5　内部管理態勢(66)
　　　　　6　リスク管理態勢(76)　　7　危機管理態勢(86)　　8　内部監査態勢(87)
　　　　　**COLUMN**　日本の都市問題とREITの社会的役割 ··············· 90

## 第2章　不動産投資法人の上場およびその後の対応

### 第1節　不動産投資法人の上場 ·········································· 96
　　　Ⅰ　総　　論 ······················································· 96
　　　　　1　上場銘柄数等の推移(96)　2　投資証券の上場(98)
　　　Ⅱ　上場申請の準備 ················································ 98
　　　　　1　投資証券（振替投資口）の発行方法の選択(98)
　　　　　2　基本方針の策定(99)　3　デューデリジェンスの実施(100)
　　　　　4　証券会社による投資証券の引受け（いわゆる「アンダーライティング」）(100)
　　　　　5　有価証券届出書および目論見書の作成(105)
　　　Ⅲ　上場手続 ······················································ 113
　　　　　1　金融商品取引所への上場(113)　2　金融商品取引所への上場申請(116)
　　　　　3　上場審査および上場審査基準(117)　4　発行価格の決定(119)
　　　　　5　オーバーアロットメント手続(122)　6　振替投資口とする手続(122)

### 第2節　上場後の対応 ················································ 125
　　　Ⅰ　総　　論 ······················································· 125
　　　Ⅱ　金融商品取引法に基づく開示規制 ·································· 125
　　　　　1　概要(125)　2　有価証券報告書の開示項目(126)
　　　　　3　臨時報告書の提出事由・記載内容等(127)　4　大量保有報告(132)
　　　　　5　フェア・ディスクロージャー(133)
　　　Ⅲ　金融商品取引所による自主規制 ···································· 134
　　　　　1　概要(134)　2　適時開示(135)
　　　　　3　コーポレートガバナンス・コードと投資法人(142)
　　　　　4　金融商品取引所の上場廃止(142)

IV　投資信託協会による自主規制 ……………………………………… 146
　　　1　自主規制の概要(146)
　　　2　投資法人等に発生した重要事実の投資信託協会への報告(148)
　　V　不公正取引規制 …………………………………………………………… 150
　　　1　インサイダー取引規制導入の背景(150)
　　　2　公開買付者等関係者に関するインサイダー取引規制(151)
　　　3　短期売買規制等(152)

## 第3章　不動産投資法人の資金調達

### 第1節　資金調達総論 ……………………………………………………………… 154

### 第2節　投資口の募集 ……………………………………………………………… 156
　　I　投　資　口 ……………………………………………………………………… 156
　　　1　投資口の意義(156)　　2　投資主の権利・義務(156)
　　　3　投資主名簿・振替口座簿・基準日・投資証券(157)
　　　4　投資口の譲渡・質入れ(159)
　　　5　自己投資口・親法人投資口の取得(160)
　　　6　投資口の併合・分割(163)
　　　7　無償減資(165)
　　　8　種類投資口の導入の検討(165)
　　II　投資口の募集総論 ……………………………………………………… 166
　　III　投資証券の募集手続 ……………………………………………… 169
　　　1　投資証券の募集と投信法上の手続(169)　　2　募集事項の決定(170)
　　　3　投資口の取得の勧誘(172)　　4　募集投資口の申込みと割当て(173)
　　　5　出資の履行(176)　　6　投資主となる時期(177)
　　　7　投資証券の発行・投資主名簿等への記録(177)
　　　8　登録事項および登記事項(178)　　9　外部委託(178)
　　IV　違法な募集投資口の発行に対する対抗措置 ………………… 179
　　　1　募集投資口の発行等の差止め(179)
　　　2　新投資口発行の無効の訴え・新投資口発行不存在の訴え(184)
　　　3　関係者の民事責任(184)

### 第3節　投資法人債の募集 ………………………………………………………… 186
　　I　投資法人債総論 ………………………………………………………… 186

Ⅱ　投資法人債の種類 ……………………………………………………… 187
　　　　1　担保付投資法人債(187)　　2　劣後投資法人債(187)
　　　　3　短期投資法人債(188)　　4　振替投資法人債(190)
　　　　5　新投資口予約権付投資法人債制度の導入の検討(190)
　　Ⅲ　投資法人債の発行手続 ………………………………………………… 191
　　　　1　投資法人債の募集と投信法上の手続(191)
　　　　2　募集事項の決定(192)　　3　投資法人債の取得勧誘(194)
　　　　4　募集投資法人債の申込みと割当て(194)
　　　　5　投資法人債の成立および金銭の払込みの履行(197)
　　　　6　投資法人債券の発行(197)
　　　　7　投資法人債原簿の作成・名義書換え(198)
　　　　8　投資法人債券台帳(198)　　9　登録事項および登記事項(198)
　　　　10　投資法人債管理者の設置(199)　　11　外部委託(200)
　　Ⅳ　違法な募集投資法人債の発行に対する対抗措置 ……………………… 200

　第4節　新投資口予約権の発行 ……………………………………………… 201
　　Ⅰ　新投資口予約権の発行総論 …………………………………………… 201
　　Ⅱ　投信法上の新投資口予約権の発行手続 ……………………………… 202
　　　　1　新投資口予約権の発行と投信法上の手続(202)
　　　　2　新投資口予約権の内容(203)
　　　　3　新投資口予約権無償割当てに関する事項の決定(205)
　　　　4　新投資口予約権者となる時期(207)　　5　割当通知(207)
　　　　6　新投資口予約権証券の発行(207)
　　　　7　投資法人による新投資口予約権の取得(208)
　　　　8　新投資口予約権の消却(210)　　9　新投資口予約権の行使(210)
　　　　10　登録事項および登記事項の変更(211)　　11　外部委託(212)
　　Ⅲ　米国証券法への対応 …………………………………………………… 212
　　　　1　投資口のライツ・オファリングと米国証券法(212)
　　　　2　米国投資主の権利行使制限と投資主平等原則(214)
　　　　3　米国証券法上の開示義務概説(215)

　第5節　投資証券および投資法人債券の募集と金融商品取引法 ……… 219
　　Ⅰ　はじめに ………………………………………………………………… 219
　　Ⅱ　有価証券届出書 ………………………………………………………… 219
　　Ⅲ　発行登録制度の利用 …………………………………………………… 221

|  |  |  |
|---|---|---|
| Ⅳ | 有価証券通知書の提出 | 221 |
| Ⅴ | 目論見書の作成および交付 | 222 |
| Ⅵ | 臨時報告書 | 222 |
| Ⅶ | 大量保有報告 | 222 |
| Ⅷ | 有価証券の引受け・有価証券の募集の取扱い | 223 |
| Ⅸ | 公開買付け規制 | 224 |
| Ⅹ | インサイダー取引規制・IR 活動 | 225 |
| Ⅺ | 金融商品取引所 | 227 |

### 第6節　金銭の借入れ　228
- Ⅰ　金銭の借入れ総論　228
- Ⅱ　金銭の借入れに係る手続　229
- Ⅲ　融資契約の内容　230
  - **COLUMN**　J-REIT の資金調達と IR について　232

## 第4章　不動産投資法人の再編および多様化
### 第1節　不動産投資法人の再編の概要　238
### 第2節　資産運用会社の株式取得および資産運用会社の変更　239
- Ⅰ　概　　要　239
- Ⅱ　手法・手続　240
- Ⅲ　金商法上の留意点　242
- Ⅳ　東証上場規程上の留意点　244

### 第3節　不動産投資法人の投資口の取得　245
- Ⅰ　目　　的　245
- Ⅱ　既存の投資主から既発行投資口を取得する方法　246
  - 1　投資口の譲渡(246)　2　金商法上の留意点(246)
  - 3　租税特別措置法上の留意点（導管性要件の維持）(258)
- Ⅲ　新投資口の第三者割当を受ける方法　258
  - 1　概要(258)　2　目的(259)
- Ⅳ　公開買付けと第三者割当を組み合わせた方法　260

## 第4節　不動産投資法人の合併 ……………………………………………… 261
### Ⅰ　目　　的 …………………………………………………………………… 261
### Ⅱ　合併の方法と手続 …………………………………………………………… 262
1　合併の方法(262)　　2　合併の手続(262)
### Ⅲ　合併の法的問題 ……………………………………………………………… 276
1　合併交付金(277)　　2　投資口買取請求と公正な価格(278)
3　簡易合併(281)　　4　合併の差止(283)
5　米国証券法への対応(284)

## 第5節　不動産投資法人の清算と再編 ……………………………………… 288
### Ⅰ　解　　散 …………………………………………………………………… 288
1　解散事由(288)　　2　解散の決議(289)
3　解散命令・解散判決(289)
### Ⅱ　清　　算 …………………………………………………………………… 290
1　清算中の投資法人(290)　　2　清算執行人、清算監督人等(290)
3　清算事務(291)
### Ⅲ　投資法人の清算に伴う資産売却の問題点 ………………………………… 292
1　法令上の留意点(292)　　2　実務上の留意点(294)

## 第6節　不動産投資法人の倒産手続と再編 ………………………………… 295
### Ⅰ　概　　要 …………………………………………………………………… 295
### Ⅱ　影　　響 …………………………………………………………………… 296

## 第7節　投資法人活用の多様化 ……………………………………………… 300
### Ⅰ　私募REIT ………………………………………………………………… 300
1　私募REITとは(300)　　2　私募REITの沿革・現況(301)
3　私募REITが増加する背景(303)
4　私募REIT／J-REIT／私募ファンドの違い(304)
5　投資主間協定の具体的な内容(306)
### Ⅱ　インフラ投資法人 …………………………………………………………… 308
1　上場インフラ市場の創設(308)
2　上場インフラ市場の現状および課題(314)

**COLUMN**　私募リート投融資に際して重視しているポイント ……318

## 第5章　不動産投資法人の会計

### 第1節　不動産投資法人の概要 …………………………………………… *324*

### 第2節　設立時の留意事項 ………………………………………………… *327*
 Ⅰ　設立時の検討事項 ……………………………………………… *327*
 Ⅱ　創立費の会計処理 ……………………………………………… *327*

### 第3節　物件取得時の留意事項 …………………………………………… *328*
 Ⅰ　不動産投資法人における物件取得時の特徴 ……………… *328*
 Ⅱ　取得原価の決定 ………………………………………………… *329*
  1　所有権移転等に伴う登録免許税、不動産取得税について(*330*)
  2　控除対象外消費税について(*330*)
  3　資産除去債務に対応する借方項目について(*331*)
 Ⅲ　土地建物等の按分方法 ………………………………………… *332*
 Ⅳ　経済的耐用年数の利用 ………………………………………… *333*
 Ⅴ　固定資産台帳の作成 …………………………………………… *335*
 Ⅵ　信託物件の処理について ……………………………………… *335*
  1　信託受益権利用のメリット(*335*)
  2　不動産信託受益権の会計処理(*336*)
  3　不動産投資法人における信託受益権の取扱い(*337*)

### 第4節　物件運用時の留意事項 …………………………………………… *338*
 Ⅰ　固定資産税等の処理方法 ……………………………………… *338*
  1　取得時(*338*)　　2　運用時（保有時）(*339*)　　3　売却時(*340*)
 Ⅱ　資本的支出と修繕費の取扱い ………………………………… *341*
 Ⅲ　税会不一致が生じる可能性のあるその他の項目 ………… *344*
 Ⅳ　一時差異等調整引当額および一時差異等調整積立金制度の新設 … *347*
  1　はじめに(*347*)　　2　一時差異等調整引当額(*348*)
  3　一時差異等調整積立金(*351*)
  4　繰延ヘッジ損失等の純資産控除項目(*353*)
 Ⅴ　保有物件の売却時（除却時も含む）の取扱い …………… *355*

### 第5節　資金調達時の留意事項 …………………………………………… *355*
 Ⅰ　新投資口の発行の取扱い ……………………………………… *355*

Ⅱ　投資法人債および借入金による資金調達の取扱い ……………………… 356

第6節　決算時の留意事項 …………………………………………………………… 358
　　Ⅰ　保有物件の期末評価に係る減損対応と90％ルール ………………………… 358
　　　　1　保有物件の期末評価(358)　　2　不動産投資法人における対応(358)
　　　　3　減損損失計上と90％ルール(359)
　　Ⅱ　決算日後物件売却の取扱い ………………………………………………… 365
　　　　1　後発事象と減損損失の関係(365)　　2　決算日後物件売却の取扱い(366)
　　Ⅲ　圧縮積立金の取扱い ………………………………………………………… 369
　　　　1　圧縮記帳(369)　　2　買換特例圧縮積立金（積立て）(369)
　　　　3　買換特例圧縮積立金（取崩し）(370)
　　Ⅳ　自己投資口の取得 …………………………………………………………… 371
　　　　1　自己投資口取得の背景(371)　　2　自己投資口の取得(371)
　　　　3　自己投資口の処分および消却(371)
　　Ⅴ　欠損塡補のための無償減資 ………………………………………………… 372
　　Ⅵ　新投資口予約権の発行（ライツ・オファリング）………………………… 373

第7節　開　　示 ……………………………………………………………………… 374
　　Ⅰ　開示制度の概要 ……………………………………………………………… 374
　　　　1　投信法に基づく開示(374)　　2　金商法に基づく開示(376)
　　　　3　有価証券届出書、有価証券報告書および半期報告書の記載事項(377)
　　Ⅱ　不動産投資法人における連結の取扱い ……………………………………… 382

第8節　不動産投資法人の再編 ……………………………………………………… 383
　　Ⅰ　不動産投資法人同士の合併についての動向とその要因 …………………… 383
　　Ⅱ　企業結合における会計処理 ………………………………………………… 384
　　　　1　取得企業の決定(385)　　2　取得企業における取得原価の配分(386)
　　　　3　取得企業における税効果会計(388)
　　　　4　吸収合併消滅会社の最終事業年度の会計処理(389)
　　　　5　吸収合併存続会社による、吸収合併消滅会社の時価評価(389)
　　Ⅲ　のれんの取扱い ……………………………………………………………… 394
　　Ⅳ　負ののれん（利益剰余金）の取扱い ……………………………………… 395
　　　　1　負ののれんの活用方法(395)
　　　　2　負ののれんの取扱いについて(396)

第9節　補論──不動産投資法人の再編後から今日までの動向 ……………… 397
　Ⅰ　ヘルスケアリートの背景と現状 ……………………………………………… 397
　　1　概況(397)
　　2　物件取得時におけるファイナンス・リース取引判定(399)
　　3　ヘルスケアリートに特有な開示(401)
　Ⅱ　私募REITの台頭 ……………………………………………………………… 403
　　1　私募REITの概要と特徴(403)　　2　出資の払戻し処理(405)
　　3　その他(407)
　Ⅲ　海外不動産投資 ………………………………………………………………… 407
　　1　概況(407)
　　2　海外不動産保有法人を通じた海外投資の取扱い(409)
　　3　海外不動産投資をした場合の開示上の取扱い(411)
　Ⅳ　インフラファンド市場の創設 ………………………………………………… 414
　　1　概況(414)　　2　上場インフラ投資法人の特徴とリスク(416)

第10節　不動産鑑定評価 …………………………………………………………… 419
　Ⅰ　証券化対象不動産における鑑定評価の必要性 ……………………………… 419
　Ⅱ　証券化対象不動産に関する鑑定評価制度の概要 …………………………… 421
　　1　不動産鑑定評価基準および不動産鑑定評価基準運用上の留意事項(421)
　　2　証券化対象不動産の鑑定評価に関する実務指針(423)
　Ⅲ　証券化対象不動産における鑑定評価 ………………………………………… 425
　　1　証券化対象不動産の範囲(425)
　　2　受付時の確認事項と不動産鑑定士の調査(426)
　　3　鑑定評価手法の適用(431)
　　4　鑑定評価報告書（鑑定評価書）(438)
　　5　継続評価における留意事項(440)
　　6　不動産鑑定評価基準に則らない価格調査における留意事項(442)
　Ⅳ　証券化対象不動産の鑑定評価に係る実務上の留意点 ……………………… 443
　　1　定期借地権および定期借地権が付着した底地(443)
　　2　事業用不動産(448)
　　3　専門性の高い個別的要因とエンジニアリング・レポート(452)

## 第6章 不動産投資法人の税務

### 第1節 不動産投資法人の税務の一般概説 …………………………………462
#### Ⅰ 不動産投資法人に対する税務上の取扱い ……………………………462
1 税務上の優遇措置(462)　2 その他の特例措置(471)
#### Ⅱ 不動産投資法人の制度、運用に係る税務上の留意点 ………………472
1 会計と税務の乖離による問題点について(472)

### 第2節 不動産投資法人の税務上の取扱い ………………………………480
#### Ⅰ 設立・運用開始時の留意事項 …………………………………………480
1 投資口の募集および発行に係る導管性要件(480)
2 その他の税務上の取扱い(483)
#### Ⅱ 運用中の留意事項 ………………………………………………………484
1 特定資産の取得(484)　2 ファイナンス(488)
3 物件保有関連(490)　4 売却(491)
#### Ⅲ 不動産投資法人における配当政策・資本政策等と税務上の論点 …………………………………………………………492
1 出資等減少分配(492)　2 圧縮記帳(492)
3 自己投資口の取得(495)　4 欠損塡補のための無償減資(497)
5 新投資口予約権の発行（ライツ・オファリング）(498)

### 第3節 投資主の税務上の取扱い …………………………………………502
#### Ⅰ 概　　要 …………………………………………………………………502
#### Ⅱ 個人投資主の取扱い ……………………………………………………503
1 取得(503)
2 利益の配当（一時差異等調整引当額としての分配金およびみなし配当を含む）(504)
3 投資口の譲渡(508)
#### Ⅲ 法人投資主の場合 ………………………………………………………511
1 取得(511)
2 利益の配当（一時差異等調整引当額としての分配金およびみなし配当を含む）(511)
3 投資口の譲渡(512)　4 投資口の払戻し(513)
5 その他(513)

## 第4節 不動産投資法人のM&Aと税務 …………………………… 514
### Ⅰ 合　併 ………………………………………………………………… 514
1　概要(514)　　2　合併投資法人側の取扱い(517)
3　被合併投資法人側の取扱い(525)　　4　投資主の課税関係(527)
### Ⅱ その他のM&Aの手法と税務上の留意点 …………………………… 529
1　投資法人の買収（公開買付）(529)　　2　全部資産譲渡(531)
3　投資口新規発行（第三者割当増資）(532)　　4　私募化(533)

## 第5節 不動産投資法人の海外投資 ……………………………………… 534
### Ⅰ 海外不動産の取得の展望 ……………………………………………… 534
### Ⅱ 導管性要件における留意点 …………………………………………… 534
1　他法人支配禁止要件(534)　　2　90%超配当要件(536)
### Ⅲ 二重課税の調整 ………………………………………………………… 537
1　概要(537)　　2　二重課税調整の仕組み(538)
3　書類の保存・通知義務(541)　　4　投資主側の処理(542)
### Ⅳ その他留意すべき点 …………………………………………………… 543
1　外国子会社合算税制（タックス・ヘイブン対策税制）(543)
2　為替換算(544)

## 第6節 インフラ投資法人の税務 ………………………………………… 545
### Ⅰ インフラ投資法人の税務上の取扱い ………………………………… 545
1　基本的な取扱い(545)　　2　導管性要件(546)
3　その他の論点(548)

事項索引 ……………………………………………………………………… 550
執筆者等紹介 ………………………………………………………………… 556

# 第1章　不動産投資法人の基本構造

# 第1節　不動産投資法人

## I　総　論

### 1　不動産投資法人（REIT）の意義

(1)　「投資法人」とは、資産を主として特定資産に対する投資として運用することを目的として、投信法に基づき設立された社団をいう（投信法2条12項）。ここに「特定資産」とは、有価証券、不動産その他の資産で投資を容易にすることが必要なものをいうとされる（同法2条1項）。それゆえ、「不動産投資法人」とは、当該用語自体は投信法において定義されていないものの、「その資産を主として不動産に対する投資として運用することを目的として設立された投資法人」といってよいだろう。

---

1)　「主として」とは、解釈にゆだねられるものの、投資法人が投資として運用する特定資産が（有価証券、不動産といった個々のカテゴリー別ではなく、特定資産全体として）当該投資法人の財産の総額の2分の1超であることをいうとされる（稲本護昭「特定目的会社による特定資産の流動化に関する法律等の一部を改正する法律について」ジュリスト1186号（2000）74頁）。

2)　投信法2条1項に基づき特定資産の範囲を定める投信法施行令3条は、従前、おおむね、有価証券、デリバティブ取引に係る権利、不動産、不動産の賃借権、地上権、約束手形、金銭債権、匿名組合出資持分等を掲げていたところ、インフラファンドを投資法人の形態で可能とするための2014年9月の投信法施行令改正により、特定資産に再生可能エネルギー発電設備および公共施設等運営権が追加された。インフラファンドについては、第4章第7節II参照。

3)　2011年3月11日に閣議決定され、同年5月に成立した「資本市場及び金融業の基盤強化のための金融商品取引法等の一部を改正する法律」（平成23年法律49号）により、特定資産の取得または譲渡にあたり必要とされる不動産鑑定士による鑑定評価に関する規定について、投信法において、資産の流動化に関する法律と同様の改正がなされたが（ただし、下記(iv)は2014年投信法施行令改正により追加）、このように「取得又は譲渡にあたり不動産鑑定評価が必要となる特定資産」という見地からは、(i)土地または建物（投信法201条1項）、(ii)土地または建物の賃借権および地上権（投信法施行令122条の2第1号、16条の2第1号）、(iii)土地もしくは建物またはこれらの賃借権および地上権のみを信託財産とする受益権（ただし、受益権の数が1であるものに限る。同条2号）、および(iv)登録投資法人が国外の不動産を現地法人により間接保有する場合における当該現地法人の株式（投信法施行令122条の2第2号、投信法194条2項）が、「不動産投資法人」の特定資産といってよいだろう。なお、海外不動産保有法人の株式保有に関する規定の改正経緯については、後掲注(24)を参照。

投信法は、有価証券、不動産等に対する投資を容易にするために、投資者の資金を集合して運用する制度を確立することを目的とする法律であり（同法1条参照）、かかる集合運用のための器（ビークル）として、「投資信託」（同法2条3項）と「投資法人」（同法2条12項）の制度を有する。

(2) 不動産投資法人は、Real Estate Investment Trust の略語である REIT（リート）とよばれることが多い。"Real estate investment trust" は、米国の Internal Revenue Code（内国歳入法）において、二重課税回避措置の適用を受ける主体として定義されているが[5]、trust という用語にかかわらず、組織形態としては corporation や association も含むとされる[6]。

## 2　不動産投資法人の導入経緯

### (1) 証券投資法人の導入

投信法は1951年に制定された法律であるが[7]、制定当時、同法が制度として有

---

4) 他方、株式会社東京証券取引所の有価証券上場規程では、上場証券の見地から、大要「投資信託の受益証券又は投資法人の投資証券であって、投資者の資金を主として不動産等に対する投資として運用することを目的とするもの」を「不動産投資信託証券」の定義としている（同規程1201条13号）。また、同規程に基づく上場審査の適合要件（同規程1205条1号）として投資法人の資産運用会社が会員であることが求められている一般社団法人投資信託協会の自主規制である「不動産投資信託及び不動産投資法人に関する規則」では、「不動産投資法人」は不動産投資信託とあわせて「不動産投信等」という定義語に含まれるが、「不動産投信等」の定義によると、おおむね「投資法人規約において投資法人の資産の総額の2分の1を超える額を不動産等及び不動産等を主たる投資対象とする資産対応型証券等に対する投資として運用することを目的とする旨を規定している投資法人」とされる（同規則3条1項）。なお、租税特別措置法上、投資法人が不動産取得時の所有権移転登記につき税率の軽減措置を受けるためには、規約に、その投資法人の有する資産の総額のうちに占める不動産、不動産の賃借権等およびこれらの信託受益権の価額の割合を100分の75以上とする旨の記載がされていることが必要である（同法83条の2第3項1号イ）。

5) U. S. Code: Title 26 §856. Definition of real estate investment trust.

6) 伊藤公哉『アメリカ連邦税法〔第6版〕』（中央経済社・2017）の589頁において、米国におけるREIT発展のおおよその経緯として、1940年に、Internal Revenue Codeにおいて一定の要件を満たす mutual fund を regulated investment company (RIC) と位置づけて二重課税回避の措置を設け、1960年に一定の要件を満たす real estate investment trust (REIT) についても同様の措置が設けられ、さらに1976年には、trust の形態のみならず corporation も、Internal Revenue Code において REIT として扱われるようになり、近年では大多数が比較的法律が整備されている corporation の形態で組成されているが、名称は旧来の trust (REIT) が用いられていることが紹介されている。

7) 投信法は、1951年6月4日に、法律198号として公布された。

していたビークルは「投資信託」のみで、また、投資対象とする資産は、主として「有価証券」とするものであり、それゆえ、当時の法律の題名は「証券投資信託法」であった。

ビークルとしての「投資法人」（会社型投資信託[9]）の導入の是非は、投信法の制定当時[10]から議論されていたが[11]、導入実現の動きが本格化したのは、1996年11

---

8) しかも、委託者指図型のみであった。委託者指図型投信は、信託法理を前提としつつも特殊な法律構成であり、本来の集団証券投資を行う「投資組合」的な実態や諸外国のミューチュアル・ファンド法制に比較して、いささかわかりにくいものであるが、これは、後掲注(10)記載のとおり、当初の投信法が、とりあえず、戦前の証券会社が扱っていた特定金銭信託的な制度を補完・整備した形で成立したという経緯に起因するようである（田邊昇「投資信託制度の本質─国際的に発展しているミューチュアル・ファンドという観点から─」フィナンシャル・レビュー1995年11月号4頁参照）。なお、かかる法律構成については、鈴木竹雄「証券投資信託約款の法的性質」経済法学会『経済法』（商事法務研究会・1961）15頁において、要旨「投資家を単に信託契約における受益者にすぎないものとなし、実質的にみれば証券投資信託の本体とみとめられる委託者と投資家の関係をまったく考慮の外に置いているのは妥当といいがたい」と批判され、かかる批判を受けてか、1967年の投信法改正により、委託会社の投資家に対する忠実義務が追加的に規定された（当時の投信法17条。現在は、金商法42条1項2号である）。

9) 信託においては、受託者に帰属する信託財産の独立性が認められるものの（たとえば、信託法34条参照）、会社と異なり（会社法3条、投信法61条参照）、独立の法人格は有さないため、日本の法制度上、「会社型投資信託」という用語は両立しえない概念の組合わせであると指摘されることがある。しかしながら、投信法が規律する投資ビークルは集団投資を可能とすることを目的とするものであり（投信法1条参照）、ビークルの法人格の有無は本質とならず、それゆえ、たとえば、米国の証券投資会社に関する規制法である Investment Company Act of 1940 の Sec. 3 (a)に規定される investment company の定義においては、主体は組織形態を問わない "any issuer" とされており、Internal Revenue Code における REIT の定義も、本文記載のとおり組織形態を trust に限定していない。わが国においても、たとえば、本文で引用した証券取引審議会の1997年6月13日付報告書において「会社型投資信託」という語が用いられているため、本書でも、適宜この語を用いる。

10) 投信法の制定に先立ち、1948年には、証券取引委員会（当時）が中心となって、米国の Investment Company Act of 1940 を範として、会社型および信託型の双方を有する「証券投資会社法案」が検討され、大蔵省（当時）により公表されたが、連合軍総司令部の関係者から「大衆投資家の成熟度や証券市場の整備状況からみて、その導入は時期尚早」として承認を得られず廃案となり、とりあえず戦前の証券会社が扱っていた特定金銭信託的な制度を補完・整備し、議員立法の形で国会に提出され成立したのが、当初の投信法ということのようである。当時の経緯は、社団法人証券投資信託協会『証券投資信託十年史（本論編）』（1966）15頁、および田邊・前掲注(8)4頁・7頁等に詳しい。

11) それにもかかわらず、「会社型投資信託」の導入に歳月を要したこと（議論の変遷は、財団法人資本市場研究会編『魅力ある投資信託をめざして』（資本市場研究会・1999）の188頁以下に参考資料として要約されている）の理由は、いわゆる金融ビッグバン以前の事前調整型の監督下において、たとえば、会社法制の問題（ガバナンスコスト・出資の随時払戻等）や税制の問題（二重課税）など立法により対処すべき問題が、規制に服すべき問題と明確に区別されることなく議

月にスタートした、いわゆる日本版ビッグバンの一環として1997年6月にまとめられた証券取引審議会の報告書において[12]、投資信託の利便性向上と商品多様化のため、会社型投資信託の導入についても検討を行うべきとされたことを契機とするといえよう。

そして、いわゆる金融システム改革法に基づく1998年改正[13]により、証券投資法人制度が導入され[14]、法律の題名も「証券投資信託及び証券投資法人に関する法律」と改正された。証券投資法人が導入された理由は、「欧米で広く利用されているさまざまな投資信託の商品を、我が国投資家が利用できるようにするため」であるとされており[15]、証券取引審議会の報告書における商品の多様性を図るという観点から説明されているが、その他の理由としては、コーポレート・ガバナンスの枠組みの下での投資者保護システムの存在が挙げられよう[16]。

---

論されていたためではないかと思われる。金融ビッグバン以前に当時の議論を批判するものとして、田邊・前掲注(8)40頁・50頁等。また、1998年改正に関する解説の文脈においてこの論点を整理するものとして、前田雅弘「証券投資法人制度」証券取引法研究会編『金融システム改革と証券取引制度』(日本証券経済研究所・2000)235頁参照。

12) 証券取引審議会「証券市場の総合的改革―豊かで多様な21世紀の実現のために―(平成9年6月13日)」(1997)。

13) 金融システム改革のための関係法律の整備等に関する法律(平成10年法律107号)7条。なお、同改正により、証券投資信託の受益権を取得させる目的の対象者数について、従前の「不特定かつ多数」が「複数」に修正され(同法2条1項)、いわゆる私募投資信託が可能となった。

14) 会社型投資信託を可能ならしめるための方策としては、既存の制度である株式会社を利用する選択もありうるところであるが(たとえば、米国のInvestment Company Act of 1940は、investment companyの私法上の形態を問わないが、登録投資会社(registered investment company)のガバナンスに関して、取締役会の構成員の60%を超える者が当該登録会社の利害関係人であってはならない(Sec. 10(a))などの規定を置く方式である。近藤光男「アメリカ法制」落合誠一編著『比較投資信託法制研究』(有斐閣・1996)10頁参照)、払戻し自由のミューチュアル・ファンドを念頭に置いた自由に増減資が繰り返される会社型投資信託は、資本制度が厳格な株式会社法の枠にとどまりえないと判断され、特別法として、投資法人の制度が投信法に設けられることになった(西村善嗣「資産運用業の今後の課題―改正投信法と改正顧問業法の解説―」月刊資本市場156号(1998)11頁参照)。その結果、従前は50条程度の条文数が、1998年改正により、250条を超えることになった。

15) 大蔵省「金融システム改革法の骨格」(http://www.fsa.go.jp/p_mof/low/1f001b1.htm)参照。

16) 西村・前掲注(14)12頁等参照。従前の委託者指図型投資信託においては、前掲注(8)記載のとおり、委託者の受益者に対する忠実義務は法定されたものの、運用方針の変更等の要件・手続が必ずしも明確でないとされ(神作裕之「会社型投資信託の導入―証券投資法人制度―」月刊資本市場165号(1999)45頁参照)、それとの比較において、投資主総会・役員会等の機関を備える投資法人のほうが、法的に安定したガバナンス機能を有するといえるのだろう。なお、従前、資産運用方法等を定める投資信託約款の変更について投資者の同意は不要であったが、2000年改正に

これに並行して、1998年度の税制改正において、一定の要件を満たす投資法人の配当金を損金として算入することを認めることより、法人段階での課税を排除する手当てがなされ、二重課税の問題が解消した[17]。

もっとも、1998年投信法改正においては、証券投資法人の主な投資対象は、有価証券に限定されたままであったため、証券投資法人は、投信法上、不動産およびそれに関連する資産を主な投資対象とすることはできず、不動産投資法人が導入されるには至らなかった[18]。

### (2) 投資対象の拡大による不動産投資法人の許容

その後、金融システム改革法の成立により推進された金融システム改革において、事前調整型行政から自己責任原則と透明なルールを基軸とした行政への転換が図られる流れの中で、今後様々な形で業態の枠を超えて提供される新しい金融商品・サービスについて、横断的に幅広く包括的かつ整合的に販売・勧誘ルールを整備することが求められた。さらにかかる金融商品・サービスの枠組みについて早期法制化への期待が高いことも踏まえ[19]、多様な投資商品の提供を促進するため[20]、投信法について、SPC法[21]とともに運用対象の拡大が図られ[22]、

---

より、重大な変更を行う場合の公告に対し、投資者（受益者）の受益権口数の過半数が異議を述べた場合には変更できないこと（および変更がされる場合の反対受益者の受益証券買取請求権）が規定され、さらに2006年改正（信託法改正に伴うもの）により、かかる受益者の意思決定に、信託法上の受益者集会と類似の手続規定が追加された（当時の投信法30条、30条の2（現行の17条、18条））。

17) 1998年度税制改正の要綱の「三　金融関係等税制　2　新金融システム等に対応する税制　(3) 証券投資ファンドに係る税制上の措置」参照。

18) 1998年投信法改正による投資法人制度の導入当初より、登録投資法人による同一法人の発行株式会社の50％超取得禁止規制（過半数議決権保有限制。登録投資法人による子会社保有禁止）は、194条として存在していた。当該規定は、同制度導入以前に、会社型投資信託は持株会社禁止規定に抵触するという議論がなされていたことを反映していると考えられる（前田・前掲注(11) 236頁(脚注13)参照）。

19) 金融審議会第一部会の1999年7月6日付「中間整理（第一次）」(http://www.fsa.go.jp/p_mof/singikai/kinyusin/tosin/kin003a.pdf) の2頁参照。

20) 金融審議会第一部会の1999年12月21日付「中間整理（第二次）」(https://www.fsa.go.jp/p_mof/singikai/kinyusin/tosin/ki010a.pdf) の10頁参照。

21) 「特定目的会社による特定資産の流動化に関する法律」（平成10年法律105号）の法律名も、同改正により、「資産の流動化に関する法律」に改められた。

22) 特定目的会社による特定資産の流動化に関する法律等の一部を改正する法律の概要 (http://www.fsa.go.jp/p_mof/houan/hou10a.htm) 参照。

2000年改正により[23]、投信法上の投資対象が不動産を含む特定資産へと拡充されて、投資法人は不動産を主な投資対象とすることができるようになった。この際、法律の題名から「証券」の語が削除され、現在の「投資信託及び投資法人に関する法律」となって、投信法上、不動産投資法人が許容されるに至った[24]。

また、不動産投資法人は、不動産という機動的な売却が困難である資産を運用対象とするため、その投資口について随時払戻しを認めることに適さず、したがって、投資家にとって換金性ある金融商品とするためには、投資証券の取引市場の整備を前提とせざるをえないところ、2001年3月1日に、証券会員制法人東京証券取引所（現、株式会社東京証券取引所）が内閣総理大臣の認可を受けた[25]「不動産投資信託証券に関する有価証券上場規程の特例」を施行したことにより[26]、同取引所が開設する市場において不動産投資法人の発行する投資証券を売買することが可能となった[27]。2019年4月末現在、東京証券取引所に上場されている不動産投資信託証券は63銘柄であり、その発行主体は、すべて投資法人の形態である。

---

23) 特定目的会社による特定資産の流動化に関する法律等の一部を改正する法律（平成12年法律97号）2条。同改正により、投資信託も、従前の委託者指図型のみならず、委託者非指図型が用意された（同法2条2項）。

24) その後、登録投資法人による海外不動産への投資促進のため、一般事業会社による海外不動産投資の場合に不動産保有目的の現地法人を設立する間接保有形態をとることが多いことから（現地法制上、非居住者による不動産保有制限がある場合など）、2013年投信法改正において、登録投資法人が特定資産所在国の法令等により不動産の取得、譲渡、貸借等を自ら行うことができない場合において、もっぱらこれらの取引を行うことを目的とする法人の株式を取得することが、登録投資法人による過半数議決権保有制限（用語の定義は、前掲注(18)参照）の対象外とされた（以上、2013年投信法改正の経緯について、古澤知之ほか監修『逐条解説 2013年金融商品取引法改正』（商事法務・2014）377頁～380頁参照）。また、2014年9月には、投資法人の形態によるインフラファンドを可能とするため、投信法施行令改正により、特定資産に再生可能エネルギー発電設備および公共施設等運営権が追加されたことは、前掲注(2)に記載のとおりである。

25) 当時の証券取引法152条1項（現行の金商法149条1項）参照。

26) 神山正二「不動産投資信託証券に係る上場制度の制定」商事法務1589号（2001）4頁。当該特例は、2007年以降、東京証券取引所の有価証券上場規程に組み込まれている。なお、2019年4月現在、証券会員制法人福岡証券取引所が開設する市場においても、投資証券の売買が可能とされている。

27) 東京証券取引所の不動産投資信託証券市場に上場した最初の投資証券は、2001年9月10日における日本ビルファンド投資法人および同日におけるジャパンリアルエステイト投資法人である。

## II　投資法人の設立手続

### 1　総　論

(1)　投資法人は、①設立企画人による規約の作成（投信法66条1項）、②設立企画人による設立に係る内閣総理大臣への届出（同法69条1項）、③設立時発行投資口の募集・引受け・払込み（同法70条の2および71条、会社法63条）[28]、④設立時執行役員[29]、設立時監督役員[30]および設立時会計監査人[31]の選任（投信法72条。以下、総称して「設立時執行役員等」という）、⑤設立時執行役員および設立時監督役員による設立事項の調査（同法73条1項）、⑥設立の登記という設立手続を経ることにより、成立する（同法74条）。

(2)　投資法人の設立手続は、おおむね株式会社の設立手続とパラレルに理解されるが、設立企画人は規約その他の書類[32]を添付した上で内閣総理大臣に設立に係る届出を行わなければならない半面、設立時執行役員等は設立時発行投資口の割当終了時に選任されたものとみなされるため（投信法72条）、原則として創立総会の開催を要しない。もっとも、設立時執行役員および設立時監督役員による設立事項の調査（同法73条1項）の結果、投資法人の設立手続に法令または規約の違反等が判明すれば、設立企画人は、創立総会を招集しなければならないとされる（同条3項）。

なお、投資法人が資産の運用（同法193条1項各号）を行うためには、成立後、別途、内閣総理大臣の登録を受ける必要がある（同法187条）[33]。

### 2　設立企画人

(1)　設立企画人は、株式会社の設立における発起人に相当するが、投資法人

---

28)　投資法人の設立に際して発行する投資口をいう（投信法68条1項参照）。
29)　投資法人の設立に際して執行役員となる者をいう（投信法69条1項参照）。
30)　投資法人の設立に際して監督役員となる者をいう（投信法71条1項6号参照）。
31)　投資法人の設立に際して会計監査人となる者をいう（投信法71条1項6号参照）。
32)　設立企画人の役員、設立時執行役員の履歴書等を含む（投信法施行規則108条）。
33)　投信法上、登録後の投資法人は、「登録投資法人」と定義されており（投信法2条13項）、条文上も区別がなされている。

の規約を作成する（投信法66条）ほか、設立届出書の作成（同法69条）、資産運用会社に対する報酬の額または支払基準の定め（同法67条1項13号）、成立時の資産運用会社等の選定（同項14号）、および設立時執行役員等の候補者の選定（同法71条1項6号）など、投資法人の成立において重要な役割を担う。そのため、株式会社の発起人に資格要件が法定されていないのに対し、設立企画人にはハードルの高い資格要件が法定されており[34]、不動産投資法人の設立企画人の場合、おおむね、不動産等の資産を運用の対象とする、①宅地建物取引業法上の宅地建物取引業の免許および取引一任代理等の認可を受けた金融商品取引業者（同法66条3項1号参照）、②信託会社等、③上記金融商品取引業者または信託会社等の役員もしくは使用人であり、他人の資産の運用に係る一定の事務に従事した期間が5年以上である者等[35]、④適格機関投資家または有価証券報告書提出会社（ただし、資本金の額が100億円以上の会社）の役員または使用人であり、上記事務に従事した期間が5年以上である者等（②〜④につき、同項2号、投信法施行令54条2項参照）が該当することになる。

（2）設立企画人は、株式会社の発起人と同様に法人もなりうる[36]。一般に、成立後の投資法人の資産運用会社になる予定の法人（株式会社）が設立企画人となることが多いようである。金商法上、投資運用業を行う金融商品取引業者（資産運用会社を含む[37]）による運用財産相互間取引が禁止されるところ[38]、かかる規定の前提から、資産運用会社が複数の投資法人から資産運用の委託を受けること自体は禁止されないことになるが、資産運用会社が複数の投資法人から資産運用の委託を受ける場合、当該複数の投資法人に係る運用財産相互間取引のみならず、資産運用会社が特定の投資機会のオファーを受けた場合に、資産運用の委託を受けた複数の投資法人のうち、いずれの投資法人に当該投資機会を与えるかなど、様々な場面において利益相反の問題が生じうることへの配慮か

---

[34] もっとも、設立企画人が複数のときは、そのうち1人が当該要件を満たせば足りる（投信法66条3項柱書）。

[35] ここでの事務とは、投信法66条3項2号に規定する事務であり、「設立しようとする投資法人が主として投資の対象とする特定資産と同種の資産に対し、他人の資産を投資として運用する事務」（投信法施行令54条1項）をいう。

[36] 西村・前掲注(14)12頁参照。

[37] 金商法28条4項1号、2項8項12号イ。

[38] 金商法42条の2第2号。

ら、不動産投資法人の場合、資産運用会社は単一の投資法人の資産運用のみを受託する（すなわち、投資法人と資産運用会社が一対一の対応関係になる）事例が多い[39]。それゆえ、多くの場合、投資法人を設立して不動産運用スキームを構築することを企図する者（いわゆるスポンサー）は、まず資産運用会社となるべき株式会社を設立して、当該投資法人の設立企画人とすべく上述の資格要件を充足させることを先行させることになる[40]。

(3) 上記のとおり、成立時の資産運用会社の選定および報酬の定めは設立企画人が行うため、設立企画人と投資法人の間の利益相反の問題が生じる。成立時の資産運用会社の名称および報酬の定めは規約記載事項として、設立時募集投資口の引受けの申込みをしようとする者に通知されるが（投信法71条1項2号）、設立企画人が投資法人に対し善良な管理者の注意義務および忠実義務を負うことから（同法70条）、上述のように例外的に創立総会が招集される場合には、当該総会において、規約の変更によりこれらの事項について修正がなされる余地があるように思われる[41]。

## 3 規　　約

(1) 規約は、株式会社の定款に相当し、その必要的記載事項（投信法67条1項各号）はおおむね株式会社の定款のそれとパラレルに把握されうるが、投資法人の規約の必要的記載事項として特徴的なものを次に掲げる。

① 投資主の請求により投資口の払戻しをする旨またはしない旨（3号）

　　たとえば、上場規程では、上場審査の適合要件として、規約において投資口の払戻しをしない定めがあることを掲げているため（同規程1205条2号ｊ）、その投資証券の上場を目指す投資法人の規約では、払戻しをしない

---

39) なお、東京証券取引所に投資証券を上場する不動産投資法人の資産運用会社のうち、運用資産の種類をホテル・オフィス等に差別化して、複数の投資法人の資産運用を受託する例もあるようである。

40) 『不動産投資法人（Jリート）設立と上場の手引き〔第3版〕』（不動産証券化協会・2016）（以下「ARES・上場の手引き」という）9頁以下参照。

41) 米国のInvestment Company Act of 1940の例ではあるが、同法Sec. 36 (Breach of Fiduciary Duty) の(b)では、投資顧問が登録投資会社から受領する報酬に関し忠実義務を負う旨を規定した上で、投資顧問において受領する報酬に関して忠実義務違反があった場合に、Securities and Exchange Commissionおよび当該投資会社の投資者に、当該投資会社のために訴訟を追行する権限を与えている（近藤・前掲注(14)36頁参照）。

旨を定めることになる。[42]

② 設立に際して出資される金銭の額（5号）

　　設立時発行投資口の払込金額の総額であり（投信法68条1項）、当該金額は、その上限および下限を画する方法により定めることができるが（同法67条3項）、1億円を下回ることはできないとされる（同法68条2項、投信法施行令57条）。

③ 投資法人が常時保持する最低限度の純資産額（6号）

　　株式会社における最低資本金に相当するものであり[43]、最低純資産額は5000万円を下回ることはできないとされる（投信法67条4項、投信法施行令55条）。なお、上場規程では、純資産総額が、上場の時までに10億円以上となる見込みがあることを上場審査の適合要件として掲げている（同規程1205条2号e）。

④ 資産運用の対象および方針（7号）

　　資産運用の基本方針、資産運用の対象とする特定資産の種類等、定めるべき事項の細目は投信法施行規則105条1号に掲げられている。

⑤ 資産評価の方法、基準および基準日（8号）

　　投信法施行規則105条2号ロにおいて、有価証券以外の資産については、当該資産の種類ごとに公正妥当な資産の評価方法を記載すべき旨が規定されているが、実務的には、不動産等につき、会計原則に従い、取得価額から減価償却累計額を控除した価額により評価するものとするほか、資産運用報告等に価格を記載する（時価情報の提供）目的で評価する場合には、不動産鑑定士による鑑定評価に基づいた評価額とする旨を規定することが多いようである。

⑥ 金銭の分配の方針（9号）

　　投信法施行規則105条3号ロにおいて、利益を超えて金銭の分配をする場合は、その旨および計算方法を記載すべき旨が規定されているが、実務

---

42) なお、投資法人が投資法人債を発行する場合も、規約において、投資主の請求により投資口の払戻しをしない旨を定めることが必要である（投信法139条の2第1項）。

43) 神崎克郎＝志谷匡史＝川口恭弘『金融商品取引法』（青林書院・2012）1005頁参照。2005年の会社法改正により株式会社の最低資本金制度は撤廃されたが、投資法人の最低純資産額の制度は存置された（額田雄一郎編著『逐条解説　投資法人法』（金融財政事情研究会・2012）24頁以下参照）。

的には、一定の場合に、減価償却額またはその一定割合を限度として、利益を超えた金銭分配ができる旨を規定することが多いようである。

⑦　決算期（10号）

　　上場規程では、営業期間が6カ月以上であることを上場審査の適合要件として掲げているが（同規程1205条2号k）、投資法人はいわゆる中間配当が認められないことから、実務的には、頻繁な配当を求める傾向にある投資家への配慮から、配当期間を最短とするため、6カ月決算とすることが多いようである。

⑧　資産運用会社に対する報酬の額またはその支払基準（13号）

　　投信法施行規則105条5号において、報酬の具体的な金額またはその計算方法を記載すべき旨が規定されているが、上記のとおり、多くの場合、投資法人の規約を作成する設立企画人が当該投資法人の資産運用会社になると想定され、設立企画人が資産運用会社の報酬を定めることにより、設立企画人と投資法人の間の利益相反の問題が生じるため、設立時募集投資口の引受け申込者に通知される規約記載事項（投信法71条1項2号）として明確な記載がなされるべきものと考えられる。この点、実務的には、運用資産評価額に連動する報酬、損益の額に連動する報酬、投資口価格に連動する報酬など、採用する報酬体系ごとに具体的な計算方法および支払いの時期を定めるのが一般的なようである。

⑨　借入金および投資法人債発行の限度額（15号）[44]

　　投信法施行規則105条7号イにおいて、借入先を適格機関投資家に限る

---

[44] 2000年改正以前は、投資法人の借入れは権利能力外と解されていたようであるが（たとえば、インベストメント51巻5号（1998）所収の証券取引法研究会（河本一郎ほか）の討議「金融システム改革法について(2)―証券投資信託法の改正―」94頁参照）、同年の改正に先立つ金融審議会の集団投資スキームワーキンググループの1999年11月30日付報告（39頁）において、不動産のような個別性の強い資産については、売却のオファーを逃すと取得が困難であることから、機動的で柔軟な資金調達手段として借入れを可能とする必要があるとされ、これを踏まえ、2000年に、借入れとともに投資法人債の発行も可能とする法改正が行われた（乙部辰良『詳解投資信託法』（第一法規・2001）160頁参照）。もっとも、2008年10月に投資法人の再生手続開始事例が発生した以前において、売却オファーを逃さないことを重視するあまり、いわゆるフォワード・コミットメントの手法がしばしば用いられ、売買実行時点での投資法人の資金調達力（金融機関の与信）とのギャップを生ぜしめたように思われる。また、売却オファーを逃さないことの重視において、投資法人に対する善管注意義務・忠実義務（金商法42条）が軽視されていなかったかは疑問が残るところだろう（監督指針VI-2-6-3(5)②参照）。

場合にはその旨記載すべきとされているが、租税特別措置法上のいわゆる損金算入要件として、同法上の機関投資家以外の者から借入れを行っていないことが求められるため（租特措令39条の32の3第9項）、実務的には、かかる記載を規定することになる。なお、投資法人債を発行するには、債権者の利益が害されることがないよう、投資主の請求により投資口の払戻しをしない旨の規約の定めを置く必要がある（投信法139条の2第1項）。

⑩ 投資法人の成立により設立企画人が受ける報酬等（17号）および投資法人の負担する設立に関する費用等（18号）

これらの報酬・費用等は投資法人成立前の事由に関するものであり、これを無制限に投資法人の負担とすることは、投資法人成立時の財産的基礎を危うくしかねないため、規約に明示されたもののみ成立後の投資法人の負担とする趣旨と考えられるが、同旨の事項は株式会社の定款では相対的記載事項とされている（会社法28条3号・4号）ところ、投資者による集団的な投資のための純粋なファンドである投資法人については、投資法人成立前の事由に対する投資者保護の要請が一層強く働くため、規約の必要的記載事項とされたと考えられる。

(2) 規約には、相対的記載事項（「規約の定めがなければ効力を生じないもの」）および任意的記載事項（「その他の事項でこの法律の規定に違反しないもの」）を記載することができる（投信法67条6項）。投信法上、相対的記載事項として重要なものは、投資主総会の決議に係るみなし賛成制度である（同法93条1項。後述）。また、規約に一定の定めを置くことで、投資主総会の招集手続における2カ月前の招集公告を省略することができる（同法91条1項ただし書。後述）。

(3) 規約は、設立企画人、投資主および投資法人の機関を当然に拘束する[45]。また、任意的記載事項についていえば、内規で定めた場合と異なり、当該記載事項は、投資主総会の特別決議によらない限り、変更することができない[46]。なお、規約の効力が発生するのは、規約を添付資料とする設立に係る届出（投信法69条1項）が受理された時である（同条5項）。この届出の目的は、主として規

---

[45] 株式会社の定款の効力に関する記載であるが、江頭憲治郎編『会社法コンメンタール1 総則・設立(1)』（商事法務・2008）270頁［江頭］を参照。

[46] 会社法上の任意的記載事項に関する記載であるが、江頭・株式会社法76頁を参照。

約の内容と規約を作成した設立企画人の適正を担保する点にあると考えられる[47]。

## 4　設立時発行投資口の発行

　投資法人は、投資口を発行することにより、投資法人の構成員である投資主を確定する。設立企画人は、設立に係る事項を内閣総理大臣に届け出なければ、設立時発行投資口を自ら引き受けまたは他人に引き受けさせるための行為をしてはならないとされ（投信法69条4項）、かかる届出の後に、設立時発行投資口の引受けの申込みの勧誘を行うことができるようになる。

　投資証券の上場を目指す投資法人であっても、たとえば、上場規程では、上場審査の適合要件として、資産総額が、上場の時までに50億円以上となる見込みがあることを掲げている（同規程1205条2号ｆ）ところ、投資法人は、登録を受けなければ特定資産の取得その他の資産運用行為を行うことができないため（投信法187条）、まず、設立時発行投資口をスポンサーなどに対する私募によって[48]発行して投資法人を成立させ、登録を経て資産運用を開始した後に、いわゆる公募増資を行って上場することが多いようである[49]。

## III　投資法人の機関

### 1　投資法人の機関

　一般に、法人の「機関」とは、一定の自然人または会議体の行う意思決定や、自然人のする行為が、当該法人の意思や行為となされる場合における、これら一定の自然人または会議体をいう[50]。

　投資法人の機関としては、投資主総会、執行役員、監督役員、役員会および会計監査人が存する（投信法95条各号）[51]。これら投資法人の機関は、一応、会社

---

47)　ARES・上場の手引き59頁。
48)　金商法2条3項。もっとも、設立時発行投資口は、私募であっても、その払込金額の総額が1億円以上となる（投信法68条2項、投信法施行令57条）。
49)　ARES・上場の手引き60頁以下。
50)　神田・会社法178頁。
51)　2004年の会社法改正に伴う投信法の改正により、会計監査人も投資法人の機関とされている。

法上の取締役会設置会社の機関とパラレルに理解されうるが[52]、投資法人は資産の運用のための「器」であり、投資法人自体が業務を行うことは予定されておらず、投資法人の機関には、外部委託した業務状況の監督という役割が期待されているにとどまるため、より簡易なシステムで、機関運営のコストを抑える工夫がなされたものといえよう[53]。

## 2 投資主総会

### (1) 投資主総会の権限

投資主総会は、会社法上の取締役会設置会社における株主総会（会社法295条2項）に相当し[54]、投資法人の基本的事項の決議を行う意思決定機関として、投信法および規約で定めた事項に限り、決議をすることができる（投信法89条1項）。投信法上、投資主総会の決議事項とされている事項は**図表1－1**に掲げる事項であり、これら事項の決定権限は、投資主総会に専属する（同条2項）。

他方、計算書類の承認は、投資主総会の権限とはされておらず、役員会の権限とされ、投資主は計算書類が承認された旨の通知を受けるにとどまる（同法131条2項・3項）。それゆえ、事業年度ごとの株主総会において計算書類の確定または取締役会が確定した計算書類の報告を要する株式会社（会社法296条1項、438条2項、439条）と異なり、投信法上は、かかる確定は役員会で行われるため、投資法人には、計算書類の確定または報告のための「定時」投資主総会というものは存在しない[55]。

もっとも、執行役員および監督役員ならびに会計監査人の選任は投資主総会の権限であり（投信法96条1項）、執行役員の任期は2年を超えることができないため（同法99条）、投資主総会は少なくとも2年ごとに開催されることになる。

---

52) 神作・前掲注(16)41頁。
53) 西村・前掲注(14)14頁参照。そのため、投信法においては、投資法人役員の裁量の余地は可能な限り小さいものとする配慮がなされている（神崎ほか・前掲注(43)1005頁参照）。
54) 髙月昭年『改正投資信託法』（金融財政事情研究会・1998）58頁。
55) もっとも、執行役員の任期に合わせ、2年に1回程度の頻度で開催される投資主総会が、定時投資主総会と呼ばれることもある。

**図表1-1 投資主総会の決議事項**

| 投資法人の基礎に関する事項 | 規約の変更（140条）* |
| --- | --- |
| | 投資法人の解散（143条3号）* |
| | 合併契約の承認（149条の2、149条の7および149条の12の各1項）* |
| 機関の選・解任に関する事項 | 執行役員・監督役員・会計監査人の選任（96条1項） |
| | 監督役員の任期の短縮（101条1項） |
| | 執行役員・監督役員・会計監査人の解任（104条1項） |
| | 清算執行人※の選任（151条1項3号） |
| | 清算監督人※の選任（151条2項3号） |
| | 清算執行人※の報酬（154条1項） |
| 投資主の利益に重大な影響を与える事項 | 投資口の併合（81条の2第2項、会社法180条2項）* |
| | 資産運用会社との間の資産運用委託契約に関する事項<br>①当該契約（成立時を除く）の承認（198条2項）<br>②資産運用会社による当該契約の解約に関する登録投資法人の同意に対する承認（205条2項）<br>③登録投資法人による当該契約の解約に対する承認（206条1項） |
| | 執行役員・監督役員・会計監査人の投資法人に対する損害賠償責任の一部免除（115条の6第3項）* |
| | 上記の一部免除に係る投資主総会決議があった場合に、これらの者に退職慰労金などの財産上の利益を与えるとき（115条の6第6項） |
| | 清算人会の承認を受けた会計監査報告に、決算報告が決算状況を正しく示していない旨の記載等がある場合における当該決算報告および会計監査報告の承認（159条4項） |

＊ 特別決議事項　　※ 規約で定められていない場合

**(2) 投資主総会の招集**

投資主総会は、投信法に別段の定めがある場合を除き、執行役員により招集[56]

---

56) 「別段の定め」としては、投信法90条3項が準用する会社法297条1項の規定により、発行済投資口の100分の3（規約による下限緩和は可能）以上の口数の投資口を6カ月（規約による下限緩和は可能）前から引き続き有する投資主に、執行役員に対する投資主総会招集請求権が認められていることが掲げられる。投信法90条3項が準用する会社法297条4項の規定により、当該請求の後遅滞なく招集手続が行われない場合、または当該請求の日から8週間（規約による下限緩和は可能）以内の日を投資主総会の日とする招集通知が発せられない場合には、当該投資主は、内閣総理大臣の許可を得て、投資主総会を招集することができる。なお、本規定に関する実例も

される（投信法90条1項）。

　投資主総会を招集するには、執行役員は、投資主総会の会日から2カ月前までに当該会日を公告し、当該会日の2週間前までに投資主に対して書面により通知を発しなければならない(同法91条1項本文)。通知には、投資主総会参考書類および議決権行使書面を交付しなければならない（同条4項）。ただし、公告に関しては、2年に1回程度の頻度で開催される投資主総会などについては、規約で一定の定めを置けば、公告を省略することができる（同条1項ただし書）。

### (3) 投資主総会の決議

　投資主は、投資口1口につき1個の議決権を有する（投信法94条1項、会社法308条1項本文）。投資主総会の決議は、規約に別段の定めがある場合を除き、発行済投資口の総数の過半数にあたる投資口を有する投資主が出席し、その議決

---

　　存在し、その事例では、2010年6月28日において、投資口の保有割合が23.24％である投資主により、「執行役員および監督役員の選解任、ならびに役員報酬基準にかかる規約変更」を目的とした投資主総会招集請求がなされ、当該請求に基づく同年9月16日付投資主総会において、原案が承認された。さらに、同年11月24日において、当該投資法人に関して、同じ投資主により、「投資法人の解散」を目的とした投資主総会招集請求がなされた。もっとも、2011年2月18日付のプレスリリースによると、解散に反対する投資主の投資口の保有割合が37.5％であり、発行済投資口総数の3分の1を超えていたため、投資主総会の招集は行われなかったようである。以上に関する一連の経緯については、下記のウェブサイトの一連のプレスリリースを参照（https://www.ichigo-office.co.jp/oldsite/fcric/press.html）。

57) 投信法が、投資主総会の招集通知に加え、2カ月前の招集公告を要するとしたのは、開催日を予告することで、投資主の提案権の行使の機会を保障するためである（額田・前掲(43)129頁参照）。投資主総会は定時のものが存在しない反面、少なくとも2年に1回は開かれるといういわば不定期のものであるため、開催時期を投資主が事前に予測するのが必ずしも容易でなく、突然2週間前に招集通知を受領するのでは、投資主の提案権の行使や投資主総会への出席を事実上困難にしかねないことを慮ったものと理解される。

58) なお、投資法人は、株式会社と異なり（会社法123条参照）、投資主名簿等管理人の設置は必要的である（投信法117条2号、166条2項8号参照）。

59) 2014年投信法改正において新設された規定である。具体的には、一定の日およびその日以後、遅滞なく、投資主総会を招集する旨を規約で定めた場合に、当該規約の定めに従って開催された直前の投資主総会の日から25カ月を経過する前に開催される投資主総会については、公告を省略することができる（同法91条1項ただし書）。25カ月を経過する前に開催される投資主総会に関する規定であるから、臨時に開催される投資主総会の場合であっても、公告を省略することができる（有賀正宏ほか「投資法人の資金調達・資本政策手段の多様化等」金融法務事情1980号(2013)89頁、古澤ほか・前掲注(24)359頁参照）。25カ月とされたのは、2年および実務上の手続等に要する期間としての1カ月を考慮したからだとされている（同359頁参照）。

権の過半数をもって行う（投信法93条の2第1項）。ただし、投資法人の基礎に関する事項や投資主の利益に重大な影響を与える一定の事項（図表1-1中の＊）は、特別決議によらなければならない（同条2項）。

　株式会社においては、株主総会に出席しない株主が当然に書面により議決権を行使できるのは、株主の数が1000人以上である場合に限られ（会社法298条2項）、それ以外の場合には、書面議決権行使を可能とするか否かは、取締役が株主総会ごとに定めうるところ（同条1項3号）、投資法人においては、投資主の数のいかんにかかわらず、当然に書面による議決権行使が認められており（投信法90条の2第2項）、投資主による円滑な議決権行使が図られている。

　さらに、投資法人においては、規約に、投資主が投資主総会に出席せず、かつ、議決権を行使しないときは、当該投資主はその投資主総会に提出された議案について賛成するものとみなす旨を定めることができる（みなし賛成制度。同法93条1項）。これは、会社型投資信託を導入するにあたり、投資主が分散するため、投資主総会を開催しにくいと危惧されたことから、投資主の多くが、投資法人の運営に積極的に関わろうとはしないであろうことを前提として、提出された議案が投資主総会において円滑に成立するようにするために規定されたと考えられる。こうした制度が必要とされるほど投資家が積極的に参加しないと予測される機関が、投資家の利益をファンドの運営に反映させるための機関として有効に機能するとは考えにくいという見解もあるところ、立案担当者は、投資法人は、基本的には資産運用の実務をアウトソースしているので、根本的な変更を要する事態に至ったときに投資主総会を開催して変更すれば足りるで

---

60) ただし、上場株式を発行する株式会社であって、株主総会の通知に際して委任状による議決権の代理行使を勧誘している場合を除く（会社法施行規則64条）。
61) 西村・前掲注(14)15頁参照。
62) ただし、複数の議案が提出された場合において、これらのうちに相反する趣旨の議案があるときは、当該議案のうちいずれをも除く。
63) 前掲注(44)・「金融システム改革法について(2)―証券投資信託法の改正―」88頁における黒沼悦郎解説参照。
64) 大崎貞和「証券投資法人制度について―我が国における会社型投資信託の導入―」資本市場クォータリー1998年夏（野村総合研究所資本市場研究室）140頁参照。なお、米国のInvestment Company Act of 1940を分析する近藤・前掲注(14)20頁では、投資会社の株主総会において積極的に影響力を行使する株主が少ないことから、株主総会が、投資会社の経営者の判断を承認するにすぎない存在となり、それゆえ「ゴム判」(rubber stamp)と呼ばれていることが紹介されている。

あろうことを、このような投資主総会の提出議案が可決されやすい仕組み（しかも、かかる仕組みは、相反する趣旨の議案が提出されるという投資主の間で利害の対立が見られるような場面では利用されることはない）を採用したことの合理的根拠としていたようである。[65]

## 3 役　員

### (1) 執行役員

執行役員は、投資主総会で選任され（投信法96条1項）、取締役会非設置会社の取締役と同様に、当然に代表権および業務執行権限を有し（同法109条1項）[66]、その員数は1人で足りる（同法95条1号）。

執行役員は、重要な職務を執行しようとするときは、役員会の承認を受けなければならないとされており（同法109条2項）、同項各号には重要な職務に該当する事項が例示列挙されている。この点、株式会社における取締役会の決議事項とは異なり、「多額の借財」については例示されていないが、「多額の借財」であっても、同項各号に相当する重要な職務に該当する場合もあると考えられる。[67]

### (2) 監督役員

監督役員は、投資主総会において選任され（投信法96条1項）、執行役員の職務執行を監督するため（同法111条1項）、株式会社の監査役に相当するといわれるが[68]、監督役員は、執行役員と同様に、役員（同法96条1項）として役員会を構成するため（同法112条）、むしろ、会社法上の社外（外部）取締役に相当するとの指摘もある。[69] 監督役員の員数は、執行役員の員数に1を加えた数以上とされるため（同法95条2項）、役員会の構成員の過半を占めることになる。

監督役員の任期は4年であるが（同法101条1項）、定款等で任期を短縮することができないとされている監査役[70]とは異なり、規約または投資主総会によって、

---

65) 西村・前掲注(14)14頁参照。
66) 会社法348条、349条、326条の各1項参照。
67) 額田・前掲注(43)160頁。
68) 西村・前掲注(14)14頁参照。
69) 神作・前掲注(16)46頁参照。
70) 会社法336条2項参照。

任期を短縮することができるとされる（同条2項）。

執行役員の職務執行を監督する監督役員には一定の独立性が要求されるため、投資法人の設立企画人もしくは執行役員またはこれらの者と利害関係を有することその他の事情により監督役員の職務の遂行に支障をきたすおそれがある者は、監督役員になることができないとされる（同法100条、投信法施行規則164条）。なお、登録投資法人は、監督役員と関係のある金融商品取引業者に資産運用を委託してはならないとされており（投信法200条、投信法施行規則244条）、監督役員は資産運用会社との独立性も保たれている。

なお、監督役員の職務は、執行役員の職務執行の「監査」ではなく「監督」であるから、監督役員による監査報告の作成義務はない。[71]

## 4　役員会

役員会は、執行役員および監督役員により構成される（投信法112条）。すでに述べたとおり、監督役員は、執行役員の員数に1を加えた数以上の員数を選任しなければならないため（同法95条2号）、執行役員のみによって、役員会の上程事項を決議することはできない。

役員会は、投信法および規約に定める権限のほか、執行役員の職務の執行を監督する（同法114条1項）。

すでに述べたとおり、執行役員の選任権および一般的な解任権は投資主総会が有しており、役員会は、投信法114条2項の場合を除き、執行役員を変更することはできない。そのため、役員会は、職務執行の妥当性に関する監督を行うことはできず、もっぱら職務執行の違法性に関する監督を行うことになるという見解がある。これは、執行役員の業務内容が大幅に限定されていることから、株式会社におけるような経営の効率性の監督は問題にならないからではないかと説明されているところである。[72]これに対しては、役員会による監督は妥当性の監督に及ぶと解すべきだとする見解があり、その理由は、妥当性の観点から執行役員に指示や注意を与える権限を否定する理由はないし、執行役員の善管注意義務違反のなかには職務執行が適法であった場合も含まれるからだと

---

71)　額田・前掲注(43)163頁。
72)　神作・前掲注(16)46頁。

されている。[73] もっとも、前者の見解も、役員会がその権限を行使する際に、職務執行の妥当性も踏まえて判断することは認めていると思われる。[74]

## Ⅳ 投資法人の計算、開示、分配

### 1 投資法人の計算関係書類

(1) 投資法人は、各営業期間に係る計算書類[75]、資産運用報告および金銭の分配に係る計算書ならびにこれらの附属明細書[76] (以下「計算関係書類」という)[77] を作成しなければならない(投信法129条2項、投資法人の計算に関する規則(以下「投資法人計算規則」という)34条1項)。各営業期間に係る計算書類およびその附属明細書は、当該営業期間に係る会計帳簿に基づき作成しなければならない(投資法人計算規則34条2項)。[78]

(2) 資産運用報告は、会社法上の公開会社における事業報告[79]にほぼ相当し、投資法人の状況に関する重要な事項(計算書類およびその附属明細書の内容となる事項を除く。投資法人計算規則71条)に加え、投資法人の現況に関する事項(同規則73条1項各号)、投資法人の役員等に関する事項(同規則74条各号)、および投資法人の投資口に関する事項(同規則75条各号)を記載しなければならない(同規則72

---

73) 前田・前掲注(11)245頁以下、黒沼・金融商品取引法704頁参照。同705頁は、投信法201条の2に基づく役員会の承認は、役員会が妥当性の監督権限を有することを前提とした規定だとする。また、同条の同意権限は、役員会による監視機能の強化のために規定されたと説明されている(古澤ほか・前掲注(24)383頁)。

74) 会社法上の監査役の職務権限に関する記載であるが、田中亘『会社法〔第2版〕』(東京大学出版会・2018)293頁以下を参照。

75) おおむね、ある決算期(規約の必要的記載事項である。投信法67条1項10号)の直前の決算期の翌日から当該決算期までの期間をいう(同法129条2項)。

76) 貸借対照表、損益計算書、投資主資本等変動計算書および注記表をいう(投信法129条2項、投資法人計算規則34条1項)。

77) 投信法第3編第1章第7節第2款第2目の目名は「計算書類等」であるが、同法上「計算書類等」の定義はなく、計算規則において、「計算関係書類」の定義が設けられている(投資法人計算規則2条2項1号)。

78) これらの書類の作成等に関しては、投資法人の計算に関する規則(平成18年内閣府令47号)が定めを置いている。

79) 会社法施行規則「第2編 株式会社 第5章 計算等 第2節 事業報告」参照。

条)。

　投資法人はその目的を資産運用に限定された法人であることから、公開会社の事業報告における「株式会社の現況に関する事項」(会社法施行規則120条)に比べると、投資法人が計算規則73条1項の規定に従い「投資法人の現況に関する事項」として開示すべき事項は資産運用に関する事項を中心に多岐にわたっており、たとえば、投資法人が所有する不動産等については、物件ごとに、期末の価格(鑑定評価額、公示価格、路線価等公正と認められる価格。投資法人計算規則73条1項7号ロ)、期末現在における稼働率およびテナントの総数ならびに投資法人の営業期間中の全賃料収入(当該全賃料収入について、やむをえない事情により表示できない場合には、その旨。同号ハ)なども記載を要する。

## 2　計算関係書類の作成、監査、承認

　計算書類、資産運用報告および金銭の分配に係る計算書ならびにこれらの附属明細書(資産運用報告およびその附属明細書については、会計に関する部分に限る)は、会計監査人の監査を受けなければならない(投信法130条)[80]。会計監査人は、「投資法人の会計監査に関する規則」(平成18年内閣府令48号)で定めるところにより、計算関係書類の監査を行い、会計監査報告を作成した上で(同規則4条、5条)、その内容を一定の期間までに[81]特定執行役員[82]に通知しなければならず、特定執行役員がかかる通知を受けた日に会計監査人の監査を受けたものとされる(同規則6条1項・2項)。

　執行役員は、会計監査人の監査を受けた計算関係書類および会計監査報告を

---

[80]　会社法では、計算書類および事業報告ならびにこれらの附属明細書は、監査役の監査を受けなければならないとされるが(会社法436条)、投信法では、監督役員は、計算関係書類に関する明示的な監査権限は規定されていないものの、役員会の構成員として(投信法112条)、計算関係書類に対する役員会の承認(同法131条2項)という形で、計算関係書類の確定に関する権限を有するといえよう。

[81]　次の①ないし③のうちのいずれか遅い日までである(投資法人の会計監査に関する規則6条1項)。①計算関係書類(附属明細書を除く)の全部を受領した日から4週間を経過した日、②計算関係書類のうち附属明細書を受領した日から1週間を経過した日、③特定執行役員および会計監査人の間で合意により定めた日。

[82]　「特定執行役員」とは、会計監査報告の内容の通知を受ける者として定められた執行役員がある場合には当該執行役員をいい、かかる定めがない場合には、監査を受けるべき計算関係書類の作成に関する職務を行った執行役員をいう(投資法人の会計監査に関する規則6条3項)。

役員会に提出し（投信法131条1項）、計算関係書類について役員会の承認を受けなければならない（同条2項）。執行役員は、役員会の承認を受けたときは、遅滞なく、その旨を投資主に通知しなければならず（同条3項）、当該通知に際しては、計算規則で定めるところにより、投資主に対し、当該役員会の承認を受けた計算関係書類（附属明細書を除く）および会計監査報告を提供しなければならない（投信法131条5項、投資法人計算規則81条1項）。

## 3 金商法による計算関係書類（財務諸表）の開示

（1） 投資証券は、金商法上の特定有価証券であるため、同法24条1項（同条5項および同法27条による準用）所定の要件に該当する投資法人は、同条項の規定

---

83） 会社法上の会計監査人設置会社（会社法2条11号）においては、計算書類が法令・定款に従い会社の財産・損益の状況を正しく表示しているとされる一定の要件（①会計監査報告の内容に「無限定適正意見」が含まれていること、②会計監査報告に係る監査役等の監査報告の内容として会計監査人の監査の方法または結果を相当でないと認める意見がないこと等。会社計算規則135条参照）を満たした場合に限り、計算書類は、取締役会の承認をもって（総会の承認を要しないで）確定する。また、会社法上、会計監査人設置会社である株式会社（取締役の任期が選任後1年以内に終了する最終の事業年度に関する定時総会の終結日を超えないこと、および監査役会設置会社であることも要件となる）が剰余金の配当に関する事項を取締役会で決定できるとするためには、その旨の定款の定めを要し、かかる定めは、当該事業年度にかかる計算書類が上記①および②等と同様の要件を充足する場合に限り、効力が認められる（会社法459条、会社計算規則155条）。しかしながら、投資法人においては、金銭の分配に係る報告書を含む計算関係書類の全体が、かかる法定要件による制限が付されることなく、役員会の承認により確定することになる。この点に関して、投資法人が、投資家の資金の特定資産への運用およびその結果（金銭）の投資家への分配を目的としたビークルであることから、決算期後可及的速やかに金銭分配が行えるようにという配慮とともに、みなし賛成制度にも現われているように、投資主総会は通常形骸化することが必然であるから、投資者保護のためには、むしろその権限を極力絞り込むことが望ましいという判断の存在を示唆するものとして、前田・前掲注(11)247頁。また、投資法人は税務上の導管性要件を満たすために利益のほとんどを分配することが求められており、配当性向がほぼ100％であることも、分配金の計算に投資主総会の決議を要さないことの根拠として掲げられよう（ARES・上場の手引き198頁参照）。

84） 当該有価証券に係る投資者の投資判断に重要な影響を及ぼす情報がその発行者が行う資産の運用その他これに類似する事業に関する情報である有価証券をいい（金商法5条1項）、投資信託の受益証券、投資法人の投資証券、および投資法人債券は、「特定有価証券」とされる（金商法施行令2条の13第2号）。

85） 金商法24条1項に基づき有価証券報告書の提出義務を負うのは、金融商品取引所に上場されている有価証券（特定有価証券を除く）の発行者（同条1項1号）、その募集または売出しにつき有価証券届出を行った発行者（同条1項3号）等であり、特定有価証券である投資証券の発行者である投資法人には、同条5項および同法27条により、同法24条1項が準用される。

に従い、内閣総理大臣に対し、有価証券報告書を提出する必要がある。[86][87]

　投資法人が提出すべき有価証券報告書には、投資法人の経理の状況として、貸借対照表、損益計算書、投資主資本等変動計算書、金銭の分配に係る計算書、キャッシュ・フロー計算書、附属明細表（以下「財務諸表」という。金商法193条、財務諸表等の用語、様式及び作成方法に関する規則1条1項参照）等を記載することとされている。[88]

(2)　金融商品取引所に上場されている投資証券の発行者である投資法人（以下、かかる不動産投資法人を「上場不動産投資法人」という）が有価証券報告書に記載する財務諸表には、投資法人と特別の利害関係のない公認会計士または監査法人の監査証明を受けなければならないため（金商法193条の2、金商法施行令35条1項2号、財務諸表等の監査証明に関する内閣府令1条16号、3条1項）、上場不動産投資法人は、計算関係書類についての投信法に基づく会計監査人の監査に加えて、財務諸表について、金商法に基づき公認会計士または監査法人の監査証明を受けることになる。有価証券報告書は、特定期間ごとに、当該特定期間経過後3カ月以内に提出されなければならない。[89]

(3)　有価証券報告書は、財務局長等に受理された日から5年間、財務局長等、投資法人、および金融商品取引所により公衆の縦覧に供されることになるが（金商法25条1項4号、同条2項・3項）、有価証券報告書の提出は、原則として電子開示手続により開示用電子情報処理組織（EDINET：Electronic Disclosure for Investors' NETwork）を使用して行わなければならないとされ（同法27条の30の

---

86)　金商法194条の7、金商法施行令39条2項1号により、当該提出に係る受理の権限は財務局長等に委任されている。

87)　なお、金商法27条は、特定有価証券に係る四半期報告書の提出義務を定める同法24条の4の7を準用しているが、現在、同条3項が規定する当該提出義務の主体に係る政令が制定されていないため、投資法人はかかる義務を負わず、また、同条3項は同条2項も準用する規定であることから、投資法人は四半期報告書を任意提出することもできない。

88)　特定有価証券の内容等の開示に関する内閣府令（以下「特定有価証券開示府令」という）22条1項3号に基づき投資法人が提出すべき有価証券報告書の様式である同府令の「7号の3」様式参照。なお、金商法上の「財務諸表」に含まれる財務計算に関する書類のうち、キャッシュ・フロー計算書は、投信法上の「計算関係書類」に含まれていないが、実務上、キャッシュ・フロー計算書は、投信法に基づき投資主に通知されることになる役員会の承認を受けた計算関係書類の1つである資産運用報告書に、参考情報として記載される例が多い。

89)　金商法24条1項・5項、27条。なお、「特定期間」とは、投資法人の場合、その事業年度をいう（金商法24条5項、27条、特定有価証券開示府令23条1項）。

3第1項)、EDINETを通じて提出された有価証券報告書は、当該提出にかかるファイルに記載されている事項が、財務局等、投資法人の本店、および金融商品取引所において、その使用に係る電子計算機の入出力装置の映像面に表示されること等により、公衆縦覧に供されることになる（同法27条の30の7[90]等)。

## 4　金融商品取引所の自主規制による計算関係書類の開示（決算短信）

(1)　投資法人の計算関係書類を投資者（投資主）に開示する制度としては、上述の投信法に基づく計算関係書類の投資主への通知、および金商法に基づく有価証券報告書の公衆縦覧による開示[91]に加え、投資法人が発行する投資証券が金融商品取引所に上場されている場合には、当該投資証券が上場されている金融商品取引所の自主規制としての適時開示（タイムリー・ディスクロージャー）制度による開示がなされる。

（発行時の有価証券届出書および）有価証券報告書による開示（ディスクロージャー）が金商法に基づく法定のものであるのに対し、適時開示は、上場有価証券の価格形成の公正と流通の円滑確保により投資者を保護することが基本的責務である金融商品取引所が、投資判断に影響を及ぼす重要な情報を投資者にそのつど提供すべきものとする自主規制として発展させてきたものであり[92]、上場

---

90)　金商法27条の30の7第1項、金商法施行令14条の12、金商法27条の30の8第1項、金商法施行令14条の13、金商法27条の30の10、開示用電子情報処理組織による手続の特例等に関する内閣府令8条2項。なお、これらの開示情報は、行政サービスの一環として、金融庁や財務（支）局のホームページで公開されている（金融庁「アクセスFSA第19号」(2004) 20頁参照)。

91)　ただし、上述のとおり、有価証券報告書の提出を義務付ける金商法24条1項各号の要件（同条5項および27条による準用）の主たるものが金融商品取引所の上場有価証券であるため、投資証券につき、有価証券報告書による開示が行われる投資法人と、金融商品取引所の自主規制による開示が行われる投資法人はおおむね一致すると考えられる。

92)　上場規程401条においては、上場会社は、投資者への適時、適切な会社情報の開示が健全な金融商品市場の根幹をなすものであることを十分に認識し、常に投資者の視点に立った迅速、正確かつ公平な会社情報の開示を徹底すべき努力義務が規定され、同規程1213条6項が同規程401条を上場不動産投資信託証券（同取引所に上場されている不動産投資信託証券。その定義については、前掲注(4)を参照）の発行者等に準用している。同取引所における適時開示政策の変遷は、土本清幸ほか「東京証券取引所における適時開示政策の変遷」現代ディスクロージャー研究7号(2007) 23頁に詳述されている。なお、証券取引所による適時開示政策の萌芽期（1974年6月）において、証券取引所から上場会社に対し会社情報の適時開示に関する要請（東証上管525号）が行われた当時の論考として、佐久間景義「会社情報の適時開示に関する要請について」旬刊商事法務671号(1974) 3頁、神崎克郎「証券取引所の開示政策の発展（V　タイムリー・ディスクロージャー)」『証券取引の法理』（商事法務研究会・1987) 309頁等参照。

規程では、開示の方法として「適時開示情報伝達システム」（TDnet：Timely Disclosure network）を利用することが求められる。上場不動産投資法人の適時開示については、同規程の1213条がこれを定める。

(2) 適時開示制度により上場不動産投資法人が開示を求められる情報を大別すると、①投資法人の決定事実に関する情報（上場規程1213条2項1号a）、②投資法人の発生事実に関する情報（同号b）、③資産運用会社の決定事実に関する情報（同号c）、④資産運用会社の発生事実に関する情報（同号d）、⑤運用資産等に関する決定事実および発生事実に関する情報（同条3項1号・2号）、⑥資産運用会社による投信法203条2項に定める利益相反取引等（同項3号）、⑦投資法人の決算内容（同項4号）、ならびに⑧利益または分配予想の修正等（同項5号）であり、上記⑦が、いわゆる決算短信である。

(3) 決算短信は、沿革的には、上場会社の決算に係る有用な投資情報を、法定開示である有価証券報告書による開示に先立ち、その内容がまとまった時点で投資者に迅速に伝達するものとして、わが国における決算発表の中心的な開示資料として定着している。上場規程は、「……決算の内容が定まった場合は、直ちにその内容を開示しなければならない」（同規程404条）と規定するにとどまり、決算短信の記載事項等の詳細について明示しないものの、その様式・作成要領は公表されている。開示の時期については、上場会社に関する作成要領において、決算情報が投資判断上最も重要な会社情報の1つであり決算期末後速やかに開示されることが必要であることから、遅くとも期末後45日以内に開示

---

93) 上場規程「第2編 株券等 第4章 上場管理 第2節 会社情報の適時開示等」（402条ないし420条）に、上場会社に係る適時開示が定められている。

94) TDnetの利用を定める上場規程414条は、同規程1213条6項が準用している。

95) 東京証券取引所2006年3月20日「決算短信に関する研究会」報告（黒沼悦郎ほか）2頁参照。なお、同報告書は、決算短信において開示内容が充実する反面、迅速な決算発表が制約されることになり、しかも、開示内容が、法定開示である有価証券報告書と重複する実情を踏まえ、有価証券報告書も電子開示が進展し投資家の閲覧が容易となっていることから、決算短信について、決算発表時に投資者が必要とする決算情報が迅速かつ適切に開示されるものとなるよう、開示時期や内容の見直しを提言するものであり、同取引所は、同報告書を受けて、決算短信の総合的な見直しを行い、決算短信様式・作成要領を公表した。

96) 上場不動産投資法人に関する上場規程1213条3項4号も同旨。

97) 上場不動産投資法人に関する決算短信様式・記載要領などについては、以下のウェブサイト（https://www.jpx.co.jp/equities/products/reits/format/03.html）などを参照。
　上場会社に関し、https://www.jpx.co.jp/equities/listed-co/format/summary/index.html

されることが適当とされており、他方、上場不動産投資法人に関する作成要領には、かかる日数の言及はないものの、おおむね期末後45日程度の期間内で開示されているようである。

決算短信に記載すべき事項は、貸借対照表、損益計算書、投資主資本等変動計算書、金銭の分配に係る計算書、キャッシュ・フロー計算書等の内容を含むため、決算短信の公表後になされる有価証券報告書の監査等を見越しつつ、作成されることになる。

## 5　計算関係書類のその他の報告

投信法上、登録投資法人は、営業期間ごとに営業報告書（計算関係書類の添付を要する。投信法施行規則256条2項）を作成し、毎営業期間経過後3カ月以内に内閣総理大臣に提出しなければならないとされる（投信法212条）。

また、投信協会の会員であることが要件とされる上場不動産投資法人の資産運用会社は、投信協会に対し、不動産投信等の決算日の属する月の末日から3カ月以内に決算・財務状況に関する所定の報告書を提出するものとされている（投資信託及び投資法人に係る報告に関する規則3条、投資信託及び投資法人に係る報告に関する規則に関する細則3条）。

---

98) 前掲注(95)・「決算短信に関する研究会」報告4頁において、上場会社に関して四半期開示が定着しているため、遅くとも第1四半期のおよそ半分が経過する期末後45日以内の開示が適当とされたが、上述のとおり、上場不動産投資法人に四半期開示制度の適用がないため、作成要領において具体的な開示時期の明示はなされなかったと推測される。もっとも、同取引所が公表する「REIT（投資証券）上場の手引き」(https://www.jpx.co.jp/equities/products/reits/listing/01.html) においては、「決算後45日以内の開示が望まれ、それが困難と見込まれる場合の上場審査はより慎重となる」趣旨が記載されている。

99) なお、決算短信では、財務諸表に含まれない「運用状況の予測」の記載も求められるが、決算にかかる情報を適切に投資者に伝達するためには、単に決算数値や運用状況の予測値の開示にとどまらず、それらについての上場不動産投資法人自身による分析、将来の見通しやそれらの背景となる運用方針等について併せて説明を行うことが重要であり、こうした内容は「定性的情報」として決算短信において開示することが求められている（上場会社の「業績予測値」に関する提言として、前掲注(95)・「決算短信に関する研究会」報告8頁参照）。

100) 仮に、監査の結果、決算短信により公表された内容と有価証券報告書における財務諸表の内容に差異が生じる場合には、当該差異も適時開示の対象とされる（上場規程1213条6項による同規程416条の準用）。

101) 上場規程1205条1号ａ。

## 6　投資主に対する金銭の分配[102]

　投資法人は、上述の計算関係書類の確定手続としての役員会の承認を受けた金銭の分配に係る計算書に基づき、投資主の有する投資口の口数に応じ、金銭の分配を行うことになる（投信法137条4項）。

　金銭の分配に係る計算書は、旧商法における利益処分案に相当するものである。会社法では、期中にいつでも配当ができるようになったため、決算期ごとに承認を得るべき計算書類として利益処分案が作成されることはなくなったが、投信法では、会社法施行後も期中における配当が認められていないことから、金銭の分配に係る計算書の作成が義務付けられている。さらに、投資法人においては、中間配当が認められておらず、金銭の分配を行うことができるのは決算時のみであることから、前述のように、ほとんどの投資法人では、決算期を6カ月ごとと定めている[103]。

　金銭の分配に係る計算書は、規約で定めた「金銭の分配の方針」に従って作成される（同法137条2項）。投資法人は、金銭の分配に係る計算書に基づき、利益を超えて金銭の分配をすることができる（同条1項）[104]。利益を超えた金銭の分配が行われた場合、その利益超過分配金額は、まず、出資剰余金の額から控除され、さらに控除すべき金額があるときは、出資総額から控除される（投信法137条3項、投資法人計算規則18条）。もっとも、債権者保護の観点から、利益を超えて行った金銭の分配に係る金額は、純資産額から基準純資産額[105]を控除して得

---

102)　旧商法下では、「金銭の分配」という用語は中間配当に関して使用されていたが、これは中間配当が決算による配当可能利益の確定手続を経ないで行われることから利益配当とは異なるためである。これに対し、投資法人において「金銭の分配」という用語が使用されているのは、利益を超えた分配が許容される点にあると思われる。

103)　上場不動産投資法人では、①営業期間に係る金銭の分配を行わなかった場合で、②1年以内に金銭の分配を行わないときは、原則として、上場が廃止される（上場規程1218条2項3号）。

104)　これは、投資法人においては、自由に減資を行うことが可能であることを意味し（前掲注(44)「金融システム改革法について(2)―証券投資信託法の改正―」90頁における黒沼解説）、投資法人のかかる特色が、資本制度が厳格な株式会社法の枠にとどまりえないものとしたことは、既述のとおりである。

105)　基準純資産額とは、最低純資産額である5000万円（投信法67条4項、投信法施行令55条）に5000万円を加えた額をいい（投信法124条1項3号、投信法施行令90条）、したがって、1億円である。なお、上場不動産投資法人の場合、純資産総額が10億円以上であることが、上場審査の要件に含まれており（上場規程1205条2号e）、純資産総額が5億円以上でなければ原則として上

た額を超えることはできないとされる（投信法137条1項ただし書）[106]。

他方、投信協会の内部規則においては、クローズド・エンド型の投資法人[107]では、減価償却費の60％に相当する金額が限度とされているため（不動産投資信託及び不動産投資法人に関する規則（以下「不動産投資規則」という）43条）[108]、クローズド・エンド型の不動産投資法人の規約では、金銭の分配に関し、かかる内部規則に反しない形での記載がなされているのが通常であろう。

## 7 投資口の払戻し（オープン・エンド型投資法人[109]）

投資法人の場合、規約において、投資主の請求により投資口の払戻しをする旨を定めることができ（投信法67条1項3号参照）、かかる規約の定めがある投資法人は、一定の場合を除いては（同法124条1項柱書）、投資口の払戻しにより、投資主に対し金銭の分配に相当する行為が行われることが想定される[110]。このような規約の定めを置いた投資法人は、オープン・エンド型投資法人と呼ばれる[111]。

---

場廃止となるため（同規程1218条2項4号）、投信法137条1項に基づく金銭分配制限は、上場不動産投資法人を想定したものではないといってよいだろう。

106) 上場規程が1998年の投信法改正（証券投資法人制度の創設時）において設けられたものであり、基本的にクローズド・エンド型を前提とする不動産投資法人が許容された2000年改正においても同規定の見直しがなされなかった理由に関して、制度の本質であるガバナンスが働く限り、出資（資本）概念を株式会社の資本金のように固く考えなくてもよいとする判断があったのではないかと推測するものとして、田邊昇「不動産証券化と金融商品取引法」田邊昇ほか『実務・不動産証券化』（商事法務・2003）55頁。

107) 投資法人の規約において、投信法141条1項または149条の3第1項に規定する投資主の払戻請求権の行使に基づく投資口の払戻しを除き、投資口の払戻請求には応じない旨を規定したものをいう（不動産投資規則3条10項参照）。

108) これは、減価償却費は、本来、不動産の価値減耗分を会計上規則的に計上し、その相当額を内部留保し、将来の設備更新にあてるという性格を持っているが、投資信託協会の内部規則が定められた際、過去の経験則に照らすと、減価償却額の40％程度を内部留保すれば、その資産価値の維持は十分可能であり、個別ファンドにおいて長期修繕計画を含む資産管理計画を策定し、投資主に開示されることにより、適正な資産価値の維持がなされ得ると判断されたことによるようである（田邊・前掲注(106)52頁〜54頁）、同文献の論者は、かかる判断に検討の余地を示唆する。

109) 上場規程は、オープン・エンド型投資法人の上場を認めていないため（同規程1205条2号j）、本項の議論は投資証券を上場していない投資法人を想定するものである。

110) 一定の場合とは、①基準日から投資主または質権者として権利を行使することができる日までの間に、投資主から請求があったとき、②投資法人が解散したとき、③投資法人の純資産の額が基準純資産額を下回ったとき、④規約で定めた事由に該当するとき、⑤その他法令または法令に基づいてする処分により、払戻しを停止しなければならないとき、または、停止することができるときである。

111) なお、不動産投資規則3条8項では、オープン・エンド型の投資法人とは、投資法人の規約

投信法上、投資法人は投資口の譲渡について制限を設けることはできず、投資口の発行後遅滞なく投資証券を発行しなければならないとされ、投資口は譲渡自由の原則が保障されている（同法78条1項・2項、85条1項）。それゆえ、オープン・エンド型投資法人においては、投下資本の回収方法として、投資口の譲渡に加え、投資口の払戻しによることが、法律上可能となる。もっとも、投資口の払戻しが可能であれば、投資主としては投資口を譲渡すべき必要性は乏しいので[112]、規約により、投資主の請求があるまで投資証券を不発行にするということが認められている（同法86条1項）[113]。

　なお、投資法人は、規約を変更することにより、①クローズド・エンド型投資法人からオープン・エンド型投資法人、②オープン・エンド型投資法人からクローズド・エンド型投資法人にそれぞれ移行することができるが、②の規約変更を行うには、反対投資主に対し、投資口買取請求権を認める必要がある（同法141条1項）[114]。これは、投下資本の回収方法が減ることにより、投資主に多大な影響が出るためと解される。

---

　　　において、一定期間ごとに、当該投資法人の資産の内容に照らし公正な価額をもって投資口の発行を行う旨、または、投資主からの一部払戻請求に基づき投資口の一部の払戻しをする旨を規定しているものをいうとされている。
112) 　大崎・前掲注(64)136頁参照。
113) 　他方、上場規程は、上場に際し、振替法2条2項に規定する振替機関の振替業における取扱いの対象会社であることを要求するため（同規程1205条2号1）、上場不動産投資法人の投資証券は、振替投資口として、投資証券は発行されないことになる（振替法226条1項、227条1項）。
114) 　この場合、投資法人は、本文②の規約変更が効力を生ずる日の20日前までに、その投資主に当該変更をする旨を通知しなければならないが、かかる通知は公告で代替することができる（投信法141条2項・3項）。他方、本文①の規約変更は、投資法人債の残高が存しない場合に限り、することができる（同条4項）。

## 第 2 節　資産運用会社等

### I　資産運用会社

#### 1　投資法人の業務の外部委託

　投資法人は、主として特定資産に対する投資として資産を運用することを目的として設立される社団であり（投信法 2 条12項参照）、規約の定めるところに従い行った資産運用の成果を投資主に分配する法的存在である[1]。そこで、投信法は、投資法人を、投資者による集団的な投資のための純粋なファンドとして位置付けるため、資産の運用以外の行為を営業としてすることができず（同法63条 1 項）[2]、また、本店以外の営業所を設けまたは使用人を雇用することはできないものとし（同法63条 2 項）[3]、さらに、登録投資法人は、資産の運用に係る業務（以下「資産運用業務」という）も、資産運用会社に委託しなければならないものとしている（同法198条 1 項）[4]。

#### 2　不動産投資法人の資産運用会社の金商法上の位置付け

　(1)　資産運用会社とは、金商法28条 4 項に規定する投資運用業を行う者（以下「投資運用業者」という）として[5]、登録投資法人の委託を受けてその資産運用

---

1)　乙部・詳解投資信託法126頁参照。

2)　そのため、投資法人であることを取引の相手方等にも客観的に明らかにする必要があることから、その商号中に投資法人という文字を用いなければならないとされる（投信法64条 2 項）。

3)　そのため、執行役員等を補助し、投資法人の日常的な業務を処理するという一般企業の従業員に類するものとして、後述のとおり、一般事務受託者（投信法 2 条23項）に対し、資産の運用および保管に係る業務以外の業務に係る事務を委託すべきことになるが（同法117条柱書）、このような事務は、投資法人が資産運用を行うための登録（同法187条）を受ける以前であっても必要なものであるため、一般事務受託者に対する事務の委託の規定（同法117条）は、資産の運用や保管の委託が規定される「投資法人の業務」（第 2 章）ではなく、「投資法人」（第 1 章）中、「機関」（第 4 節）に続く「事務の委託」（第 5 節）に設けられている（高月昭年『改正投資信託法』（金融財政事情研究会・1998）90頁参照）。

4)　加えて、登録投資法人は、後述のとおり、資産の保管に係る業務を資産保管会社（投信法 2 条22項）に委託することが義務付けられている（同法208条 1 項）。

業務を行う金融商品取引業者をいう（投信法2条21項、199条柱書）。

投資運用業者が不動産投資法人の委託を受けて不動産に対する投資として金銭等の財産の運用を行うことは、金商法の規定の適用上、「特定投資運用行為」[6]と定義される（投信法223条の3第1項）。[7]

金商法上、投資運用業者は、その業務範囲が、①金融商品取引業（金商法35条1項柱書）、②付随業務（同条1項）、③届出業務（同条2項・3項）、および、④承認業務（同条4項）に制限されているが、登録投資法人の委託を受けて行う投資運用業とは、登録投資法人との資産運用委託契約に基づき、金融商品の価値等の分析に基づく投資判断に基づいて有価証券またはデリバティブ取引に係る権利（以下「有価証券等」という）に対する投資として、金銭その他の財産の運用を業として行うことであり（同法2条8項12号イ）、不動産に対する投資としての運用を含んでいないため、業として特定投資運用行為を行うことは、金融商品取引業に該当せず、また、不動産に対する投資は付随業務から除外されている（同法35条1項15号イ）。[8]

さらに、投信法223条の3第1項による読替えにより、金商法35条2項にお

---

5) ただし、信託会社を除く（投信法2条11項二重括弧内参照）。
6) 2007年9月30日の金商法施行（証券取引法等の一部を改正する法律（平成18年法律65号）に基づく改正）に伴い、従前、投信法において規制されていた投資信託委託業および投資法人資産運用業は、金商法の規制対象業務である「金融商品取引業」（投資運用業）と位置付けられるとともに、投信法における投資信託委託業者に関する規定の削除等の改正が行われ、投信法には、投資信託および投資法人の「仕組み」に関する規定のみが存置されることになった。かかる改正により、投資運用業者が投資信託または投資法人の資産を有価証券等以外の資産（たとえば不動産等）に対する投資として運用する場合、当該行為には金商法に基づく行為規制が適用されないこととなってしまうため、投資運用の適正確保および投資者保護を図る目的で、投信法において特例を設けることとし、同法223条の3第1項により、不動産等に対する投資運用に関する固有の業規制（参入規制）を整備し、同法223条の3第2項および第3項により、運用行為の全体について、金商法上の投資運用業に関する行為規制を適用するものとした（三井秀範=池田唯一監修・松尾直彦編著『一問一答金融商品取引法〔改訂版〕』（商事法務・2008）441頁・446頁参照）。
7) なお、特定投資運用行為の投資対象には、不動産（宅地および建物）のほか、商品先物取引法2条1項に規定する商品、ならびに投信法施行令3条10号に規定する商品投資等取引に係る権利を含む（投信法223条の3、金商法35条1項15号イ、金商法施行令15条の25）。
8) 他方、不動産投資法人の資産運用会社が行う付随業務としては、投資法人の投資証券に係る金銭の分配、払戻金もしくは残余財産の分配または利息もしくは償還金の支払いに係る業務の代理（金商法35条1項6号）、不動産等を除く特定資産等に対する投資として、運用財産（投資運用業者が投資法人のため運用を行う金銭その他の財産をいう）の運用を行うこと（同法35条1項15号）などが想定される。

いて届出業務として列挙されている事項のうち、価格変動が著しい物品等の取得等により他人のため金銭その他の財産の運用を行う業務（金商法35条2項5号の2）、および、有価証券等以外の資産に対する投資として運用財産の運用を行う業務（同法35条2項6号）から、特定投資運用行為が除外されることになる。[9]

それゆえ、投資運用業者が特定投資運用行為である不動産投資法人の委託を受けて不動産に対する投資として金銭等の財産の運用を行うことは、金商法上、金融商品取引業、付随業務、届出業務のいずれにも該当せず、したがって、同法35条4項に基づき内閣総理大臣の承認を受けた場合に行うことができるとされる承認業務に該当すると解される。

(2) 金商法上、投資運用業は内閣総理大臣の登録を受けた者でなければ行うことができず[10]（金商法29条）、登録を受けようとする者は[11]、その提出する登録申請書に、業務の内容および方法（業務に係る人的構成および組織等の業務執行体制を含む）を記載した書類等を添付しなければならないが（同法29条の2第2項）、投資運用業者となろうとする者が業として特定投資運用行為を行おうとする場合には、かかる業務の内容および方法等として、当該特定投資運用行為を行う業務についても記載すべきことになる（投信法223条の3第1項による金商法29条の2第2項2号の読替え）。

登録申請書の提出を受けた内閣総理大臣は、金商法29条の4第1項の規定により登録を拒否する場合（たとえば、同法29条の4第1項1号ホにより、金融商品取引業を適確に遂行するに足りる人的構成を有しない者であると判断された場合など[12]）を除き、登録申請書に記載された事項ならびに登録年月日および登録番号を登録しなければならない（同法29条の3第1項）。内閣総理大臣は、当該登録を受けようとする者が業として特定投資運用行為を行おうとするときは、あらかじめ、その者

---

9) 他方、不動産投資法人の資産運用会社が行う届出業務としては、宅地建物取引業および宅地または建物の賃貸に係る業務（金商法35条2項4号）のほか、金商法35条2項7号に基づき金商業等府令68条で定める業務として、不動産の管理業務（金商業等府令68条14号）、不動産に係る投資に関し助言を行う業務（同条15号）などが想定される。

10) 登録簿への登録の権限は財務局長等に委任されている（金商法194条の7第1項・第6項、金商法施行令42条1項2号）。次段落の記載において同じ。

11) 金商法施行に伴う改正前の投信法6条では、投資法人資産運用業を営むことは、投資信託委託業とともに、認可制とされていた。

12) 金融商品取引業を適確に遂行するに足りる人的構成を有しない者であるかの審査項目については、金融商品取引業者等向けの総合的な監督指針Ⅵ-3-1-1参照。

が当該特定投資運用行為を行う業務を適確に遂行するに足りる人的構成を有するものであるかどうかにつき、当該業務の内容および方法を勘案して関係があると認められる国土交通大臣等の行政機関の長の意見を聴くものとされている（投信法223条の3第1項による金商法29条の3第1項の読替え）。

そして、金商法29条の2に基づき提出した登録申請書の添付書類に特定投資運用行為を行う旨の記載をした者が同法29条の登録を受けたときは、当該者は、当該特定運用行為を行う業務につき、上述の同法35条4項に基づく承認を受けたものとみなされることになる（投信法223条の3第1項による金商法35条4項の読替え）。

(3) 上述のとおり、業として有価証券等以外の資産に対する投資として登録投資法人の資産の運用を行うことは、金商法の規定の文言上、金融商品取引業に該当しない。このため、投信法は、投資運用の適正の確保および投資者保護を図る観点から、投信法223条の3第1項による読替えにより金商法35条4項の承認を受けたとみなされる資産運用会社に係る金商法の適用については、当該運用は、登録投資法人が資産運用会社との間で締結する資産の運用に係る委託契約を締結し、当該契約に基づき、金融商品の価値等の分析に基づく投資判断に基づいて有価証券等に対する投資として、金銭その他の財産の運用を行うこと（金商法2条8項12号イ参照）に該当するものとみなし（投信法223条の3第3項）、当該運用を業として行うことを金融商品取引業（投資運用業）に該当させることによって（金商法2条8項柱書、28条4項1号）、金商法に基づく行為規制を適用することとしている。

## 3　資産運用会社および不動産投資法人の宅地建物取引業法上の位置付け

(1) 不動産投資法人の資産運用会社は、金商法上の投資運用業の登録を要することに加えて、宅地建物取引業法50条の2第1項に定める取引一任代理等の認可を受けた認可宅地建物取引業者（宅建業法50条の2第2項）である必要がある。

すなわち、業として宅地・建物の取引を行う者については宅地建物取引業法

---

13) 三井ほか・前掲注（6）446頁。
14) 宅地建物取引業者が、宅地または建物の売買、交換または貸借に係る判断の全部または一部を、宅地建物取引業法50条の2第1項各号に掲げる契約により一任されるとともに、当該判断に基づきこれらの取引の代理または媒介を行うことをいう（宅建業法50条の2第1項柱書）。投資法人と資産運用会社との間の資産の運用に係る委託契約は、同項1号ロに掲げられている。

の適用があり、資産運用会社が投資法人の資産の運用として、宅地・建物の売買や賃貸を行う行為は、一般には、同法の規制する媒介・代理行為に該当するため、投信法は、資金の一部分でも宅地・建物に投資する登録投資法人の資産運用会社は、宅地建物取引業法3条1項の免許を受けている者であることを要するとし（投信法199条1号）、さらに、登録投資法人が主として不動産に対する投資として運用することを目的とする場合には、資産運用会社は、認可宅地建物取引業者であることを要するとしている（投信法199条2号）。

(2) 「取引一任代理等」の認可制度は、不動産投資法人を許容した2000年の投信法改正（特定目的会社による特定資産の流動化に関する法律等の一部を改正する法律（平成12年法律97号）に基づく証券投資信託及び証券投資法人に関する法律の改正）と併せて宅地建物取引業法を改正することにより創設された制度である。宅地建物取引業法は、宅地建物取引業者の顧客保護の見地から、宅地建物取引業者に対し、宅地・建物の売買・賃貸の媒介・代理を行う場合に、宅地・建物を特定した媒介・代理契約書の作成（宅建業法34条の2、34条の3）や、当該契約の締結前に相手方に重要事項の説明を行うこと（同法35条）等を義務付けている（すなわち、取引目的物を特定しない取引の一任を認めない）[15]のであるが、資産運用会社が不動産投資法人のために行う取引についてこれらの手続を踏まなければならないとなると、機動的な運営が困難になるとともに、余計なコストを投資家に負担させることになるため、認可宅地建物取引業者は、不動産を特定した媒介・代理契約の締結（同法50条の2第1項）や重要事項説明等を要しない（同法50条の2第2項）としたものである[16]。

取引一任代理等の認可基準については、宅建業法および同法施行規則に規定されている[17]。この点、資産運用会社がヘルスケア施設もしくは病院不動産の取引を行うまたは行おうとしている場合には、認可基準の1つである組織体制の整備に関しては、国土交通省のガイドラインを参照する必要がある[18]。

---

15) 宅地建物取引業法令研究会編著『宅地建物取引業法の解説〔5訂版〕』（住宅新法社・2010）348頁参照。
16) 以上につき、「特定目的会社による特定資産の流動化に関する法律等の一部を改正する法律」に基づく投信法の改正について、稲本護昭「特定目的会社による特定資産の流動化に関する法律等の一部を改正する法律について」ジュリスト1186号（2000）76頁の記述を参考にした。
17) 宅建業法50条の2の3第1項、宅建業法施行規則19条の2の2。
18) 具体的には、国土交通省 土地・建設産業局が2014年に制定した「高齢者向け住宅等を対象と

(3) なお、不動産投資法人は反復継続的に宅地・建物の取引を行うため、一般的には、不動産投資人自体も宅地建物取引業者に該当すると考えられ、本来であれば、宅地建物取引業法3条に基づく免許を受けることが必要となる。しかしながら、認可宅地建物取引業者がその資産運用を行う登録投資法人は、当該認可宅地建物取引業者が実態として業務を営み、登録投資法人の取引の相手方の保護に欠けるおそれが少ないと認められることから、上述の2000年宅地建物取引業法改正により、認可宅地建物取引業者が資産運用を行う登録投資法人には、宅地建物取引業法3条等の免許に関する規定は適用されず（宅建業法77条の2第1項）、また、かかる登録投資法人が宅地建物取引を円滑かつ効率的に行うことができるようにする観点から、宅地建物取引士の設置義務（同法31条の3）、重要事項説明義務（同法35条）等を除外した上で、国土交通大臣の免許を受けた宅地建物取引業者とみなして、同法の規定を適用するものとされた（同法77条の2第2項）[19]。

## II　資産運用会社の行為規制

### 1　総　　論

上述のとおり、不動産投資法人の資産運用会社が、不動産の投資として当該投資法人（ただし、登録投資法人）の資産の運用を行う場合における金商法の規定の適用については、投信法223条の3第3項の規定により、当該運用が、金商法2条8項12号に掲げる行為（ただし、同号イに掲げる契約に基づいて行うもの。すなわち、有価証券等に対する投資としての投資法人の資産運用）に該当するものとみなされるため、資産運用会社は、同法「第3章　金融商品取引業者

---

するヘルスケアリートの活用に係るガイドライン」および2015年に制定した「病院不動産を対象とするリートに係るガイドライン」がある。これらのガイドラインには、組織体制のほか、ヘルスケア施設の取引に際しての留意事項や病院不動産の取引に際しての資産運用会社の対応事項などについての記載もある。これらのガイドラインについては、松本岳人ほか「高齢者向け住宅等を対象とするヘルスケアリートの活用に係るガイドラインの概要」金融法務事情1998号（2014）72頁および松本岳人ほか「病院不動産を対象とするリートに係るガイドラインの概要」金融法務事情2024号（2015）60頁を参照。なお、厚生労働省からは2015年に「医療機関が病院不動産を対象とするリートを活用する場合の留意事項について」が発出されている。

19)　以上につき、宅地建物取引業法令研究会編著・前掲注(15)487頁の記述を参考にした。

等　第2節　業務　第1款　通則」に規定される各種の行為規制（同法36条～40条の5）、および、「第3款　投資運用業に関する特則」に規定される特則（同法42条～42条の7）の適用を受けることになる。

　なお、金商法の適用上、資産運用会社は、直接的には、権利者である投資法人に対して、忠実義務および善管注意義務を負うが、投資法人の利益とは究極的には投資主の経済的利益であるから、投資法人に対する忠実義務および善管注意義務とは、一般的には、投資主の利益の最大化を図ることであると考えられる。[20]

## 2　投信法上の行為規制の変遷

　(1)　投資信託が沿革的に委託者指図型として発展し、それゆえ投資家たる受益者の保護は信託法理のみでは十全に図られないという各方面からの指摘を踏まえ、1967年の投信法改正[21]により委託者の受益者に対する忠実義務が当時の投信法17条1項に規定されたことは本章第1節の脚注（8）および（10）で触れたところであるが、同年の改正において、当該規定とともに、受益者の利益を害するおそれの多い行為について委託会社に関する禁止規定が17条2項として若干

---

20)　投資法人は、株式会社と同じく営利を目的とする法人であり（会社法105条等、投信法77条等参照）、資産運用会社の投資法人に対する忠実義務と投資主の関係は、株式会社の株主と取締役の関係とパラレルに考えることができよう（江頭・株式会社法23頁、435頁参照）。

21)　証券投資信託法の一部を改正する法律（昭和42年法律116号）による改正。

22)　当時の投信法において、「委託会社」とは、証券投資信託の委託者となることを業とする会社をいうものと定義されていたが（1951年投信法施行時の定義である「証券投資信託委託会社登録原簿に登録された会社」という定義が、委託会社についての登録制度を廃止して免許制度を採用した1953年改正により変更）、1998年投信法改正では、（証券投資信託委託業の）認可を受けて証券投資信託委託業を営む者と定義される「証券投資信託委託業者」という用語に変更された。かかる用語の変更は、当該投信法改正において導入された証券投資法人の運用会社の資格を、①証券投資信託委託業者、または②有価証券の投資顧問業の規制に関する法律に基づく認可投資顧問業者等と定めたことにより、従前の「委託会社」が、証券投資信託委託業を営むことに加え、証券投資法人の運用会社ともなりうるとされたことに関連すると考えられる。なお、「証券投資信託委託業者」という用語は、2000年投信法改正において「証券」を削除するとともに、投資信託委託業または投資法人資産運用業のいずれかを営む者という趣旨に変更されたが、その後、金商法施行に伴う2006年投信法改正より当該用語自体が削除され、当該用語に代わり、委託者指図型投資信託の委託者である金融商品取引業者と定義される「投資信託委託会社」と、登録投資法人の委託を受けてその資産の運用に係る業務を行う金融商品取引業者と定義される「資産運用会社」とに、用語上区別され、現在に至った。2000年投信法改正までの当該用語の変遷につき、乙部・詳解投資信託法22頁参照。

追加されている[23]。

(2)　その後しばらくの年月を経て、いわゆる金融システム改革法による改正の一環として1998年投信法改正により証券投資法人制度が導入された際に、従前は省令で定められていた行為規制の多くが法律で明記され、さらに新たに必要な利益相反行為の禁止規定が設けられるとともに[24]、証券投資法人の運用会社についても、忠実義務と禁止行為が法定され、その責任について、株式会社の取締役に類似した責任（証券投資法人および第三者に対する責任）が規定された[25][26]。

(3)　本章第1節Ⅰ2で触れた金融システム改革における運用対象の拡大のための2000年投信法改正においては、従前、証券投資信託委託業者のみならず運用会社についても善管注意義務に関する明文の規定がなかったため、これらの者が善管注意義務を負うかについて議論の余地がないではなかったところ、投[27]

---

23)　従前から自己またはその取締役もしくは主要株主が有する有価証券を信託財産をもって取得し、または信託財産として有する有価証券をこれらの者に対して売却しもしくは貸し付けることを受託会社に指図することは原則として禁止されていたが、これに加え、1967年改正では、委託会社が運用の指図を行う信託財産相互間において省令で定める有価証券の取引を行うことを受託会社に指図することが原則として禁止された。なお、これら行為は当然自主規制の対象となるべきものであり、それゆえ、社団法人証券投資信託協会（現、一般社団法人投資信託協会）の機能を強化すべく、民法上の公益法人として1957年に設立された同協会について、その目的・業務等を投信法に規定することによりその公益的性格を投信法において明確にし、その業務に必要な業務規程を定めて大蔵大臣（当時）の認可を受けることとしていわゆる規則制定権を付与する改正も1967年改正において行われた。以上、1967年投信法改正の趣旨に関して、戸田嘉徳「証券投資信託法の改正について」ジュリスト380号（1967）32頁を、また、1967年改正による投信法の新旧法文対照に関して、戸田嘉徳「改正証券投資信託法および省令の解説」別冊商事法務研究6号（1968）35頁を参考にした。なお、一般社団法人投資信託協会は、金商法上、有価証券等の取引を公正かつ円滑にし、金融商品取引業の健全な発展および投資者の保護に資することを目的とする等の要件に該当する金融商品取引業者が設立した一般社団法人として認定を受けた認定金融商品取引業協会（金商法78条）とみなされている（証券取引法等の一部を改正する法律（平成18年法律65号）附則176条）。

24)　証券投資信託の委託会社の行為準則に関する省令（昭和42年大蔵省令60号）。ただし、同省令は、証券投資信託法施行規則（昭和28年大蔵省令68号）を「証券投資信託及び証券投資法人に関する法律施行規則」へと全部改正する命令（平成10年総理府・大蔵省30号）の2条により廃止された。

25)　神田秀樹「証券投資信託の改正」証券取引法研究会編『金融システム改革と証券取引制度』（日本証券経済研究所・2000）229頁参照。

26)　前田雅弘「証券投資法人制度」証券取引法研究会編『金融システム改革と証券取引制度』（日本証券経済研究所・2000）241頁参照。

27)　稲本・前掲注(16)77頁参照。なお、戸田・前掲注(23)「改正証券投資信託法および省令の解説」は、8頁において「本条案作成の段階で、委託会社に善管義務を課すことも考えられたが、

資信託委託業者について、かかる善管注意義務が、忠実義務規定と同じ条文の2項として明文化され、これに伴い、運用会社について、従前、「運用会社の行為準則等」として忠実義務規定と同じ条文の2項に設けられていた利益相反行為等の禁止規定（投資法人資産運用業に係る行為準則）が、忠実義務規定とは独立の条文として整理された。また、投資対象資産の拡大に伴い、不動産等の価格評価が困難な資産運用について外部の独立した不動産鑑定士等の価格評価が義務付けられ[28]、さらに、資産運用を行う投資法人と自己またはその取締役、資産運用を行う他の投資法人、投資信託財産もしくは利害関係人等との間における特定資産の売買等取引が行われた場合に、その具体的内容を当該投資法人等に開示することが義務付けられた[29]。

(4) その後、金商法制の整備による投信法改正により、投資運用業を行う金融商品取引業には、金商法に基づく顧客への忠実義務や善管注意義務等の行為規制が適用されることになるため、投信法においては、これらと重複する規定が削除され、投資信託・投資法人制度に固有の規制のみが維持されることになった[30]。

## 3　投信法上の資産運用会社に関する規制等

(1) 登録投資法人は、監督役員により適正な監督を期し、投資法人の利益を

---

委託会社に善管義務を負わせることとすれば、信託財産の運用を指図するにあたって、専門家としての注意能力を前提として、信託財産の利益をはかるように指図しなければならないこととなる。この場合、実際問題として、どのような配慮を行えば、その義務を果たしたことになるのか必ずしもはっきりしないところがあり、多数の大衆の資金を預り、その運用の指図権を完全に一任されている委託会社が、受益者の信任に対して負うべき義務としては、その運用の指図を行うにあたって、もっぱら受益者の利益のためにのみ専念し、いささかも自己または第三者の利益をはかるようなことがあってはならないという忠実義務こそ最もふさわしいものと考えられ本条の立法となった」と記述しており、この点について、神田秀樹「忠実義務の周辺」岩原紳作＝神田秀樹編著『竹内昭夫先生追悼論文集　商事法の展望－新しい企業法を求めて－』（商事法務研究会・1998）306頁が、「現行法の解釈としては、委託会社は受益者に対して忠実義務はもちろん善管注意義務も負うものと解すべき」であり、「委託会社の受益者に対する善管注意義務を特約で軽減ないし免除することはできないものと解すべき」としている。本文記載の改正は、かかる解釈を明文化したものといえよう。

28)　その後、2011年の投信法改正により、不動産鑑定士による鑑定評価の規定が改正された経緯については、第1章第1節Ⅰ脚注(3)を参照。

29)　特定目的会社による特定資産の流動化に関する法律等の一部を改正する法律（平成12年法律97号）の概要（http://www.fsa.go.jp/p_mof/houan/hou10a.htm）参照。

30)　三井ほか・前掲注(6)442頁参照。

保護する観点から、当該登録投資法人の監督役員と利害関係を有する金融商品取引業者等に対し、資産運用業務を委託してはならないとされている（投信法200条各号）。

　登録投資法人が、資産運用委託契約を解約することができるのは、①投資主総会の決議がある場合（同法206条1項）、②役員会の決議がある場合で、(i)資産運用会社が職務上の義務に違反し、もしくは職務を行ったとき、または、(ii)資産運用業務を引き続き委託することに堪えない重大な事由があるとき（同法206条2項）である。また、投信法人は、資産運用会社が一定の事項に該当するときは、資産運用委託契約を解約しなければならない（同法207条1項柱書）。

　これに対し、資産運用会社が、資産運用委託契約を解約するためには、登録投資法人の同意があればよい（同法205条1項）。かかる同意を行うためには、執行役員は、①投資主総会の承認を得るか、または、②やむをえない事由があるとして金融庁長官の認可を得る必要がある（同法205条2項）。なお、①の投資主総会に関し、その投資主総会参考書類には、解約の理由を記載する必要がある（投信法施行規則152条）。

　これらの場合に、資産運用業務を行う資産運用会社が欠けることとなるときは、執行役員は当該資産運用業務を承継すべき後任の資産運用会社を定めて、当該資産運用業務の委託をしなければならない（投信法207条2項）。かかる委託をした場合には、執行役員は、資産運用委託契約について、遅滞なく、投資主総会の承認を求めなければならず、当該承認を受けられないときは、当該資産委託契約は将来に向かって効力を失う（同法207条3項）。この場合、資産運用委託契約に係る委託の法的性質は準委任（民法656条）であるため、前任の資産運用会社は、投資法人が新たな後任の資産運用会社を定めるまで、当該資産運用業務を行う必要がある（同条が準用する民法654条）。

　(2)　資産運用会社は、委託された資産の運用に係る権限の一部を再委託することができるが、権限のすべてを再委託することはできない（投信法202条1項）。これは、資産運用会社が受託する業務とは資産運用業務のみであるため、資産の運用に係る権限のすべての再委託を認める必要性が低く、仮にかかるすべての再委託が必要な場合には最初から投資法人が当該再委託先と資産運用委

---

31)　乙部・詳解投資信託法197頁。

託契約を締結すればよいはずだからである。同様に、当該資産の運用に係る権限の一部の再委託を受けた業者は、その権限のすべてを再々委託することはできない（同法202条2項）。投信法上は、資産運用会社は、その委託された資産の運用に係る権限の一部を再委託することができるが、金商法上、かかる運用権限の委託に関する規制が存するため（金商法42条の3第1項）、資産運用委託契約等において金商業等府令131条各号に掲げる事項が定められている場合に限り、投資運用業者等に対し、資産の運用に係る権限の一部を再委託することができると思われる。

(3) 資産運用会社は、登録投資法人の委託を受けて資産の運用を行うが、当該登録投資法人と当該資産運用会社の利害関係人等との間で、不動産の取得または譲渡などの取引が行われることとなるときは、軽微基準に該当する場合を除き、あらかじめ、当該登録投資法人の同意を得なければならない（投信法201条の2第1項）。かかる同意は、役員会の承認を受け、執行役員が与える（同条2項）。

このような事前同意の取得義務は、2013年の投信法改正により導入されたものである。その理由は、資産運用会社のスポンサーが投資対象の物件供給等に関して重大な影響力を有することを踏まえると、次に説明する投信法203条に基づく投資法人への事後報告のみでは、投資主の利益を害する取引を必ずしも抑止できないおそれがあるからだとされている。

(4) 資産運用会社は、投資法人と、資産運用会社等との間で、売買その他の

---

32) 乙部・詳解投資信託法199頁。
33) 金商法42条の3第1項、金商法施行令16条の12各号。
34) ①有価証券の取得または譲渡、②有価証券の貸借、③不動産の取得または譲渡、④不動産の貸借。
35) 投信法施行規則245条の2。10％未満か否かが判断基準とされている。具体的には、取得・譲渡の場合には、取得・譲渡価額が固定資産帳簿価額の10％未満か否か、貸借の場合には、貸借による営業収益の増加額が営業収益の10％未満か否かが判断基準とされている。
36) 有賀正宏ほか「投資法人の資金調達・資本政策手段の多様化等」金融法務事情1980号（2013）88頁、古澤知之ほか監修『逐条解説 2013年金融商品取引法改正』（商事法務・2014）67頁以下、381頁以下を参照。
37) 正確には、①その資産運用会社またはその取締役もしくは執行役、②資産の運用を行う他の投資法人、③運用の指図を行う投資信託財産、④利害関係人等、⑤資産運用会社が投資法人の資産である宅地または建物の売買または貸借の代理または媒介を行う場合における取引の相手方、⑥資産運用会社が投資法人の資産である特定資産に係る投資に関し助言を行う場合において、当該

取引[38]が行われたときは、投資法人に対し、当該取引に係る事項に関する書面を交付しなければならない。

　すなわち、資産運用会社は、その資産の運用を行う投資法人に対し、3カ月に1回以上、①当該資産運用会社が自己の計算で行った有価証券の売買等の取引のうち、当該投資法人の資産の運用を行ったものと同一の銘柄について取引を行った事実の有無、②当該投資法人の特定資産に不動産が含まれる場合には、当該資産運用会社が自己の計算で行った不動産の売買等の取引の有無等に関する事項を明らかにする書面を交付しなければならない（投信法203条1項）。

　加えて、資産運用会社と、①自己またはその取締役もしくは執行役、②資産の運用を行う他の投資法人、③運用の指図を行う投資信託財産、④利害関係人[39]等、⑤登録投資法人の資産の運用に係る業務または委託者指図型投資信託に係る業務以外の業務の顧客であって、投信法施行規則247条1項各号に掲げるもの（投信法施行令126条1項各号）との間で、投信法施行令19条3項各号[40]および同5項各号[41]に掲げる取引が行われた場合には、利益相反のおそれがあることから、当該取引が行われた後、遅滞なく[42]、当該取引に係る事項を記載した書面を当該投資法人等に対して交付しなければならない（投信法203条2項）。

　(5)　資産運用会社等[43]がその任務を怠ったことにより投資法人に損害を生じさせたときは、その資産運用会社は、当該投資法人に対し連帯して責任を負う（投信法204条1項）[44]。また、資産運用会社等が投資法人または第三者に生じた損

---

　　　助言に基づき行われる当該特定資産の取引の相手方（投信法施行令126条1項6号、投信法施行規則247条各号）である。
38)　資産の運用を行う他の投資法人に対しても交付すべき場合がある。
39)　投信法施行令126条1項4号。投信法201条は、特定資産の価格等の調査を義務付ける規定であるが、そこでは、資産運用会社の「利害関係人等」は、「当該資産運用会社の総株主の議決権の過半数を保有していることその他の当該資産運用会社と密接な関係を有する者として政令〔筆者注：投信法施行令123条〕で定める者」と定義されている。
40)　①不動産の取得および譲渡、賃貸借ならびに管理の委託および受託、②不動産の賃借権の取得および譲渡、③地上権の取得および譲渡。
41)　①一定の有価証券の取得および譲渡ならびに貸借、②店頭デリバティブ取引、③約束手形の取得および譲渡、④一定の金銭債権の取得および譲渡、⑤匿名組合出資持分の取得および譲渡、⑥一定の商品の取得および譲渡ならびに貸借、⑦一定の商品投資等取引。
42)　投信法施行規則248条2項。
43)　ここでは、権限の一部の再委託を受けた業者を含む意味で使用している。
44)　資産運用会社のかかる責任は、総投資主の同意がなければ、免除することができない（投信法204条3項、会社法424条）。

害を賠償する責任を負う場合において、執行役員、監督役員、一般事務受託者または会計監査人も当該損害を賠償する責任を負うときは、その資産運用会社等、執行役員、監督役員、一般事務受託者および会計監査人は、連帯債務者とされる（同法204条2項）。

(6) 金商法上、投資運用業者の取締役または執行役は、他の会社の取締役、会計参与、監査役もしくは執行役に就任した場合（他の会社のこれらの役職の者が投資運用業者の取締役または執行役に就任した場合も含む）、または、これらの役職を退任した場合には、遅滞なく、その旨を内閣総理大臣に届け出なければならない（金商法31条の4第1項）。これは、投資運用業者の業務運営が公益または投資者保護のため適切に行われているかどうかを把握するために規定されたものであるが（同法51条参照）、実務上は、投資運用業者である資産運用会社の取締役が、かかる届出を行った上で、投資法人の執行役を兼任している場合が多いようである。

## 4 不動産鑑定評価

　資産運用会社は、資産の運用を行う投資法人について、土地もしくは建物またはこれらに関する権利もしくは資産であって政令で定める特定資産の取得または譲渡が行われたときは、当該特定資産に係る不動産の鑑定評価を不動産鑑定士であって利害関係人等[46]でないものに行わせなければならない[47]（投信法201条

---

[45] 政令の内容については、本章第1節Ⅰ総論脚注(3)参照。

[46] 当該資産運用会社と密接な関係を有する者として、当該資産運用会社の親法人等、子法人等、特定個人株主、および主要株主をいう（投信法施行令123条、同施行規則244条の3）。いわゆるスポンサーはこれに含まれると考えられる。また、当該投資法人の資産保管会社の利害関係人等、当該投資法人またはその資産運用会社もしくは資産保管会社の役員または使用人その他の欠格事由に該当する不動産鑑定士も、本文記載の鑑定評価を行い得ない（投信法201条1項、同法施行規則244条の2第2号ないし第4号）。

[47] 投信法が、不動産の価格調査を不動産鑑定士による鑑定評価を踏まえて行うべきものとした理由は、不動産はその価格が相対の契約で定められる個別性が高い資産であり、市場で流通する一般の商品と異なって常設公開の取引市場での価格が存在しないところ、鑑定評価制度は、投資家に個別の不動産取引の売買価格の妥当性を説明する上での有益な参考指標として認知されているという点にあると考えられる（「投資家に信頼される不動産投資市場確立フォーラム」の2009年7月3日付とりまとめ「Ｊリートを中心とした我が国不動産投資市場の活性化に向けて」(http://www.ares.or.jp/works/seminar/sijoukakuritsu_forum_torimatome.html)の21頁参照）。

1項）。

　なお、鑑定評価の結果は、投資法人に通知され（投信法施行規則245条3項）、また、資産運用報告にも記載されることにより（投資法人計算規則73条1項19号）、投資主に開示される。

　資産運用報告（投信法129条2項）においては、「投資法人の現況に関する事項」の1つとして、物件ごとの期末現在における価格を記載することを求められているため（投資法人計算規則73条1項7号ロ）、投資法人は、決算期ごと、物件ごとに不動産の鑑定評価を取得することになる。[48]

## 5　利益相反管理等の態勢整備

　(1)　資産運用会社および不動産投資法人は、金融庁および財務局等が金融商品取引業者等の事務を実施するにあたり指針とすべき「金融商品取引業者等向けの総合的な監督指針」（以下「監督指針」という）、および、検査官が金融機関を検査する際に用いる手引書として位置付けられる「金融商品取引業者等検査マニュアル」（以下「検査マニュアル」という）の対象とされているため、これらの趣旨を踏まえて業務を行う必要がある。[49]

　監督指針上、資産運用会社は、法令上定められている利害関係人[50]のみならず、利益相反取引が起こりうる可能性のある取引相手を把握した上で、それらの者との取引に係る適切な管理態勢を定めることが必要とされている。適切な管理

---

[48]　投資法人計算規則73条1項7号ロは、資産運用報告に記載すべき事項として、不動産の「当期末現在における価格（鑑定評価額、公示価格、路線価、販売公表価格その他これらに準じて公正と認められる価格をいう。）」としており、不動産鑑定評価の取得義務を定めているわけではない。しかしながら、一般社団法人投資信託協会の内部規則においては、投資法人は、鑑定評価等の中から、資産ごとに適当と考えられる評価方法を規約において定めるものとされており（不動産投資規則5条1項）、それを受けて、投資法人は、規約において、資産運用報告等により評価額を開示する場合には、その評価額は、原則として、不動産鑑定士による鑑定評価額等とする旨定めているものが多い。もっとも、前掲注(47)記載のとりまとめ21頁においては、現在の証券化対象不動産の鑑定評価において重視されている収益還元法によると、投資法人が長期保有目的で運用する物件からの賃料収入は長期安定しているにもかかわらず、経済動向によって利回りが変化する結果、その鑑定評価額が大きく変動するため、鑑定評価額が期末ごとに公表されることにより、帳簿価格との比較等を通じて投資家の投資行動に大きな影響を与えることが指摘され、投資家にわかりやすい鑑定評価書の内容の開示方法が検討されるべきことが提言されている。

[49]　なお、監督指針および検査マニュアル上、資産運用会社に求められる管理態勢については、本節IVを参照。

[50]　前掲注(39)参照。

態勢（利益相反取引防止態勢）が構築されているかは、①鑑定評価額に一定の幅を加減した額を公正な取引価格としている場合には、市況に鑑み、当該幅の適切性を定期的に見直す態勢となっているか、②物件情報を一元的に管理できる態勢となっており、売買に係る折衝状況等をコンプライアンス担当者が管理できることとなっているか、③ウェアハウジング機能を利用するときは、利益相反の発生リスクが大きいことを認識し、折衝および役割分担の明確化ならびにデューディリジェンスを適切に行っているか等の点に留意して検証される（監督指針VI-2-6-3(2)）。また、検査マニュアルにおいては、検査の着眼点として、投資運用業者の不動産運用管理体制として、親法人等または子法人等が保有する不動産等を取得する場合における妥当性の検証および対価の決定の適正性の確保が掲げられている（検査マニュアルII-1-5 1.(6)）。また、資産運用会社の取締役等について、投資法人との間の利益相反のおそれがある取引として、たとえば、親法人等または子法人等が保有する物件を適正価格より高値で投資法人資産に組み入れていないかなどが掲げられている（同II-2-5 1.(5)）。

加えて、資産運用会社は、法令等遵守態勢（監督指針VI-2-6-1、III-2-1）、内部管理態勢（同VI-2-6-2）、不動産デューディリジェンス態勢（不動産の適正な投資価値把握のためのDCF法の採用、またはエンジニアリング・レポートもしくは鑑定評価書の委託の際の留意事項を含む。同VI-2-6-3(1)）、外部委託管理態勢（同VI-2-6-3(5)④）、情報管理態勢（同⑥）を整備することが求められている。

(2) 東京証券取引所の上場規程では、不動産投資信託証券の新規上場申請をする際に提出する「不動産投資信託証券の発行者等の運用体制等に関する報告書」（上場規程1204条1項・2項、上場規程施行規則1202条2項1号d）において、①投資法人、資産運用会社およびスポンサーとの資本関係・人的関係・取引関係、②これらを踏まえた利益相反取引への対応方針および運用体制、ならびに、③利害関係人等特別な利害関係にある者との具体的な取引状況等を記載することになるため、上場の見地からも、これらの管理態勢整備が重要と考えられる。

## III　資産保管会社・一般事務受託者・スポンサー

### 1　資産保管会社

#### (1)　総　　論

　登録投資法人は、資産保管会社にその資産の保管に係る業務を委託しなければならない（投信法208条1項）。

　資産保管会社とは、登録投資法人の委託を受けてその資産の保管に係る業務を行う法人をいう（同法2条22項）。資産の保管とは、たとえば不動産投資法人の場合、特定資産たる不動産それ自体の保管ではなく、資産保全という観点から、現金や口座等の分別管理を行うことであり[51]、典型的には、①投資法人の保有する資産に係る登記済権利証および登記識別情報通知書、信託受益権証書ならびに契約書等の書類の保管、②投資法人が収受する金銭の保管ならびに預金口座の開設等および預金口座からの振込等、③法定帳簿の作成等である。

　投信法が、このような資産の保管を資産運用会社とは別の会社である資産保管会社に行わせることとしたのは、コミングルリスクへの対応や相互牽制といった理由があるようである[52]。

　資産保管会社は、①信託会社等、②金商法2条9項に規定する金融商品取引業者（金商法28条5項に規定する有価証券等管理業務を行う者に限る）[53]、③投信法施行規則252条1項各号に掲げる資産保管業務を適正に遂行するに足りる一定の財産的基礎および人的構成を有する法人のいずれかでなければならない（投信法208条2項）[54]。

---

[51]　金融審議会第一部会内の集団投資スキームに関するワーキンググループによる1999年11月30日付報告「横断的な集団投資スキームの整備について」の別紙「2.資産運用型スキーム（投信法の改正）に係る論点」(http://www.fsa.go.jp/p_mof/singikai/kinyusin/tosin/kin010h.htm)の「1.基本スキーム・会社型スキーム」の（注）参照。

[52]　前掲注(51)・別紙「2.資産運用型スキーム（投信法の改正）に係る論点」の「8.資産保管会社」参照。

[53]　登録投資法人が当該法人に資産の保管を委託する場合、当該資産は有価証券およびデリバティブ取引に係る権利に限られる（投信法208条2項柱書括弧書、投信法施行規則251条）。

[54]　登録投資法人が当該法人に資産の保管を委託する場合、投信法施行規則252条2項各号が定める義務を有する旨の条件を、当該委託に係る契約に付す必要がある。

実務的には、信託銀行が資産保管会社になることが一般的のようである。また、資産保管会社は、後述の一般事務受託者としての立場も兼ね、①投資主名簿等管理人や特別口座管理機関の地位に就くことや、②機関の運営に関する事務を行うこと、③計算、会計帳簿作成および納税に関する事務を行うことも少なくない。

(2) 資産保管会社に関する規定

資産保管会社は、その業務の遂行に関し、忠実義務および善管注意義務を負う（投信法209条）。また、資産保管会社は、投資法人の資産と自己の固有財産に関し、分別保管義務を負う（同法209条の2参照）。分別保管の方法は、確実に、整然と保管する方法として、投信法施行規則253条1項各号に掲げる方法で保管する必要がある。

資産保管会社は、その任務懈怠により、投資法人に損害を生じさせたときは、当該投資法人に対し、連帯して損害を賠償する責任を負う（投信法210条1項）。資産保管会社が、当該損害を賠償する責任を負う場合において、①執行役員、監督役員および会計監査人、②一般事務受託者、ならびに、③資産運用会社も、当該損害を賠償する責任を負うときは、これらの者も連帯債務者となる（同法210条2項）。

## 2 一般事務受託者

(1) 総　　論

投資法人は、その資産の運用および保管に係る業務以外の業務に係る事務であって、投信法117条および投信法施行規則169条2項の各号に掲げるものについて、同規則169条1項で定めるところにより、他の者に委託して行わせなければならない（投信法117条）。資産の運用および保管に係る業務以外の業務に係る事務は、資産の運用および保管に係る事務と異なり、投資法人が特定資産の取引を行うための登録（同法187条）を行う以前であっても生じうることから、これら事務の委託義務の主体は登録投資法人ではなく、投資法人とされている。

---

55)「信託会社等」とは、信託会社または信託業務を営む金融機関をいうので（投信法3条柱書）、信託銀行は「信託会社等」に含まれる。

一般事務受託者とは、投資法人の委託を受けてその資産の運用および保管に係る業務以外の業務に係る事務を行うものをいう（同法2条23項）。

投信法117条各号に掲げる事務を大きく分類すれば、**図表1-2**のとおりである。

一般的な傾向としては、投資主名簿等管理人が、投資口に係る一般事務および機関の運営に係る事務のうち、投資主総会の招集通知を発送する事務等を受託することが多く、それ以外の機関の運営に係る事務は資産保管会社や資産運用会社[56]が受託する例が多いと思われる。また、経理等に係る一般事務は、税理士法人等が受託することが多いと思われるが、資産保管会社が受託する例もある。投資法人債に係る事務を除く一般事務すべてを、資産保管会社等が受託している例も見られる。

**図表1-2　一般事務の分類**

| | |
|---|---|
| 投資口に係る一般事務 | 投資口の引受人の募集に関する事務（法117条1号）＊ |
| | 投資主名簿に関する事務[57]（法117条2号） |
| | 投資証券の発行に関する事務（法117条3号） |
| | 機関運営事務のうち投資主総会の招集通知の送付等投資口に関する事務（法117条4号） |
| | 投資主に対する分配等の金銭支払事務（法117条6号、施行規則169条2項1号） |
| | 投資口の払戻請求の受付けおよび払戻事務（ただし、オープンエンド型投資法人。法117条6号、施行規則169条2項2号） |
| | 投資主の権利行使請求その他の申出の受付事務（法117条6号、施行規則169条2項3号） |
| | 自己の投資口の取得に関する事務（法117条6号、施行規則169条2項5号の3） |

---

56) 機関の運営に関する事務を行う業務は、金融商品取引業者の届出業務とされている（金商法35条2項7号、金商業等府令68条18号）。なお、①投資証券の上場申請その他の上場に関する事務作業、②投資法人を代理して資産保管会社または一般事務受託者等に対する通知または指図等は、金融商品取引業者の付随業務と解されている（金融庁の2007年7月31日付「コメントの概要およびコメントに対する金融庁の考え方」213頁 No. 29）。

57) なお、社債、株式等の振替に関する法律上の特別口座（振替法228条、131条3項）に係る事務も、当該一般事務として委託がなされうる。

| 新投資口予約権に係る一般事務 | 新投資口予約権無償割当てに関する事務（法117条1号）＊ |
|---|---|
| | 新投資口予約権原簿に関する事務（法117条2号） |
| | 新投資口予約権証券の発行に関する事務（法117条3号） |
| | 新投資口予約権者の権利行使請求その他の申出の受付事務（法117条6号、施行規則169条2項5号の2） |
| 投資法人債に係る一般事務 | 投資法人債の引受人の募集に関する事務（法117条1号）＊ |
| | 投資法人債原簿に関する事務（法117条2号） |
| | 投資法人債券の発行に関する事務（法117条3号） |
| | 機関運営事務のうち投資法人債に関する事務（法117条4号） |
| | 投資法人債権者に対する利息または償還金の支払事務（法117条6号、施行規則169条2項4号） |
| | 投資法人債権者の権利行使請求その他の申出の受付事務（法117条6号、施行規則169条2項5号） |
| 機関の運営に係る事務 | 機関の運営に関する事務全般（法117条4号） |
| 経理等に係る一般事務 | 計算に関する事務（法117条5号） |
| | 会計帳簿作成事務（法117条6号、施行規則169条2項6号） |
| | 納税事務（法117条6号、施行規則169条2項7号） |
| その他 | 金融庁長官が定める事務（法117条6号、施行規則169条2項8号） |

＊ 資産運用会社が当該事務を受託した一般事務受託者である場合、当該資産運用会社が行う投資証券等の募集の取扱いおよび売買の代理を行う業務は、第2種金融商品取引業とみなされる（投信法196条2項、投信法施行令120条）。

## (2) 一般事務受託者の義務

　一般事務受託者は、その事務を行うに際し、忠実義務および善管注意義務を負う（投信法118条）。また、一般事務受託者は、その任務懈怠により、投資法人に損害を生じさせたときは、当該投資法人に対し、連帯して損害を賠償する責任を負う（同法119条1項）[58]。一般事務受託者が、当該損害を賠償する責任を負う場合において、①執行役員、監督役員および会計監査人、ならびに、②清算執

---

58) かかる責任は、総投資主の同意がなければ免除することができない（投信法119条3項、115条の6第2項）。

行人および清算監督人も、当該損害を賠償する責任を負うときは、これらの者も連帯債務者となる（同法119条2項）。

## 3　スポンサー

### (1)　スポンサーの意義

　不動産投資法人におけるいわゆるスポンサーとは、一般的には、資産運用会社の株主であり、投資法人の組成・上場および取得物件に関する情報提供などにおいて主導的な役割を果たす企業または企業グループと解されている。すなわち、実務上は、スポンサーによって設立企画人となる株式会社が設立され、設立企画人による不動産投資法人の設立後、かかる設立企画人が資産運用会社となるのが一般的であり、スポンサーは、資産運用会社の管理・運営、不動産投資法人の運用する不動産の供給等に関与することになる。資産運用会社には、不動産および金融の両面に関して高度の知識・経験が必要とされることから、資産運用会社の株主としてこのような管理運営にも関わるスポンサーには、不動産会社と金融機関のいずれもが含まれていることが少なくない。不動産投資法人が不動産投資のための純粋なファンドであることから、スポンサーと不動産投資法人の信用力は切り離されていると考えるべきであるが、スポンサーは資産運用会社の株主であるため、投資主が資産運用会社の運用能力を判断するにあたり、資産運用会社の運用実績に加え、スポンサーの運用実績が参考にされるようであり、そのため、たとえば、スポンサーの交代が投資法人の投資口の価格に大きな影響を与えることになる。

---

59）　資産運用会社の総株主の議決権の100分の20以上の数の議決権を保有する場合、原則として、金商法29条の4第2項において定義される「主要株主」に該当し、同法32条に基づき、投資運用業者の主要株主として、金商法29条の4第2項において定義される「対象議決権」に係る対象議決権保有割合、保有の目的等を記載した対象議決権保有届出書を内閣総理大臣に提出することを要する。なお、（金商法施行以前の）証券会社・投資信託委託業者・認可投資顧問業者に関して、国民の信頼確保を図る観点から、経営に実質的な影響力を有する主要株主について適格性を審査する制度として「主要株主ルール」が導入された経緯については、金融審議会金融分科会第一部会が2002年12月16日に公表した報告書「証券市場の改革促進」の別紙「市場仲介者のあり方に関するワーキング・グループ」報告（http://www.fsa.go.jp/singi/singi_kinyu/siryou/kinyu/dai1/f-20021216_sir.html）の4頁を参照。

60）　投資法人とスポンサーとの間で、パイプラインサポート契約等の名称の契約が締結されることが多いようである。

(2) スポンサーと資産運用会社の利益相反管理態勢

このように、スポンサーは、不動産投資法人の資産運用のための不動産供給において重要な役割を担うことが多く、それゆえに、投資法人と利益が相反することも少なからずある。本節Ⅱの「5　利益相反管理等の態勢整備」において述べたとおり、監督指針は、資産運用会社に対してスポンサーを含む利害関係人等との利益相反取引防止態勢の構築を要求し、検査マニュアルにおいて当該態勢が検査の着眼点として掲げられ、また、投資証券の東京証券取引所への新規上場申請に際しては、提出すべき報告書において、スポンサー等との利益相反取引への対応方針等の記載が求められている。さらに、同取引所の上場規程1206条3項に基づく「上場審査等に関するガイドライン」は、「Ⅷ　不動産投資信託証券の新規上場審査」の「3　資産運用等の健全性」の項において、新規上場を申請した者（投資法人およびその資産運用会社。上場規程1201条の2第1項1号参照）が、スポンサーの企業グループとの間で取引を行っている場合には、当該取引を継続する合理性および取引価格を含めた取引条件の妥当性があり、また、スポンサーの企業グループが自己の利益を優先することにより新規上場申請銘柄の投資主の利益が不当に損なわれる状況にないなど、新規上場を申請した者が、スポンサーの企業グループとの間で、取引行為その他の資産の運用等を通じて不当に利益を供与または享受していないと認められることを、上場審査の観点として掲げている。

## Ⅳ　資産運用会社に求められる態勢

資産運用会社は、不動産投資法人（以下「リート」という）の委託を受けて、その資産の運用を行う金融商品取引業者（投資運用業者）である。したがって、資産運用会社は、投資者の保護および公正な市場形成等の観点から、適切に経営管理、内部管理等の態勢を構築する必要がある。

各態勢の構築に際しては、「金融商品取引業者等向けの総合的な監督指針」（金融庁。以下「監督指針」という）における評価項目および留意事項、「金融商

---

61）　なお利益相反取引に関連して、検査マニュアル上求められる管理態勢については、本節Ⅳ5(2)を参照。

品取引業者等検査マニュアル」(証券取引等監視委員会。以下「検査マニュアル」という)における確認項目等を参考としつつ、各社の事業目的、業務の内容や事業規模、リスクの内容等に鑑み、資産運用会社自らが主体的に態勢構築に取り組むことが望ましい。

リートの資産運用会社における組織の特徴として、①小規模組織であり経営陣の姿勢が浸透しやすい(影響を受けやすい)、②部署ごとに所管業務が異なり(いわゆる「サイロ型組織」)かつ前述のとおり小規模組織であるため業務が属人化しやすい、ということが挙げられる。

本項では、態勢構築上のポイントについて、近時の金融規制の動向および上記資産運用会社の組織の特徴を踏まえ、概説する。

## 1 資産運用会社およびリートに適用される規制概要

資産運用会社およびリートは、金融庁等の主務官庁等の監督下にある(いわゆる、規制業種)。したがって、監督官庁が所管する法令、自主規制機関の定款・諸規則が、資産運用会社(当社)およびリートに適用される。

### (1) 行為規制と開示規制
#### ① 行為規制

資産運用会社は、金融商品取引業(投資運用業)の登録等を受けており、リートは、投信法に基づく登録投資法人である。したがって、各法令等(金商法、投信法、宅建業法等)および各ガイドライン(監督指針、検査マニュアル)における行為規制が適用される。

資産運用会社および投資法人は金融庁による監督および証券取引等監視委員会における検査の対象であり、また、資産運用会社は一般社団法人投資信託協会(以下「投信協会」という)による会員調査の対象である。

【主要な監督官庁・自主規制機関】
【資産運用会社】
・金融庁/金商業(投資運用業)登録関連
・証券取引等監視委員会/金商業(投資運用業)登録関連
・国土交通省/宅建業(取引一任代理等認可)関連
・各都道府県/宅建業関連免許関連

・投信協会
【投資法人】
　・国土交通省／みなし宅建業関連
　・法務局
　・財務局／投信法関連
　・東京証券取引所
　・証券保管振替機構

　② 開示規制
　投資法人およびその資産運用会社には各開示規制が適用される。投資法人が上場リートであるか、私募リートであるかにより、適用規制は異なる。上場リートの場合には主に金商法、投信法、証券取引所諸規則等が適用され、私募リートの場合には主に投信法が適用される。

(2) 金融規制の動向
　資産運用会社においては、これまで、「監督指針」における評価項目および留意事項、および、「検査マニュアル」における確認項目等を参考として、各態勢構築を進めてきた。これに関し、近時、金融規制の動向に変化が見受けられるため、資産運用会社においては、これら金融規制の動向を十分に踏まえ、各態勢構築に取り組むことが望ましい。

① 「金融行政方針」に示される検査・監督の基本的な考え方
　「平成28事務年度　金融行政方針　主なポイント」（平成28年10月、金融庁）において、「新しい検査・監督の基本的な考え方」として、以下の３点が掲げられている。
● 形式から実質へ：規制の形式的な遵守（ミニマム・スタンダード）のチェックより、実質的に良質な金融サービスの提供（ベスト・プラクティス）を重視
● 過去から将来へ：過去の一時点の健全性の確認より、将来に向けたビジネスモデルの持続可能性等を重視
● 部分から全体へ：特定の個別問題への対応に集中するより、真に重要な問題への対応ができているかを重視

② 「証券モニタリング基本方針」に示されるオフサイト・モニタリングと

オンサイト・モニタリングの位置付け

「証券モニタリング基本方針」(平成28年10月、証券取引等監視委員会)が公表され、従来のオンサイト・モニタリング(立入検査)重視の取組みから、新たに、オフサイト・モニタリングによるリスクアセスメントの結果を踏まえてリスクベースでオンサイト・モニタリング先を選定する取組みが開始されることになった。

③ 「顧客本位の業務運営に関する原則」

「顧客本位の業務運営に関する原則」(平成29年3月、金融庁)が発表された。この原則の目的は、「金融事業者が顧客本位の業務運営におけるベスト・プラクティスを目指す上で有用と考えられる原則を定めるもの」としており、すべての金融事業者を対象としている。

「顧客本位の業務運営に関する原則」は、以下の7つの原則から構成される。なお、当該原則は、すべての「金融事業者」を対象とした原則である[1]

原則1．顧客本位の業務運営に関する方針の策定・公表等
原則2．顧客の最善の利益の追求
原則3．利益相反の適切な管理
原則4．手数料の明確化
原則5．重要な情報の分かりやすい提供
原則6．顧客にふさわしいサービスの提供
原則7．従業員に対する適切な動機づけの枠組み等

また、この原則を採択した場合、①顧客本位の業務運営を実現するための明確な方針を策定・公表した上で、②当該方針に係る取組み状況を定期的に公表するとともに、③当該方針を定期的に見直すことを求められている。

## 2 資産運用会社における基本的義務(フィデューシャリー・デューティー)

資産運用会社の業務運営において、「フィデューシャリー・デューティー」は最も重要な概念(「受託者責任」とも訳される概念)であり、基本的な義務である。多くの資産運用会社が、前述の「顧客本位の業務運営に関する原則」を

---

1) 「金融事業者」の定義はない。

軸に、フィデューシャリー・デューティーに取り組んでいる。

「フィデューシャリー・デューティー」とは、一般的に、①委託者（顧客）のために、②裁量性をもって、③専門的能力を提供する者の義務であり、「善管注意義務」および「忠実義務」が主な構成要素と解されている。

「善管注意義務」とは、リートの資産運用会社として、社会通念上一般に要求される程度の注意義務であり、行為者の職業、地位に対して社会的に要求される注意義務と解されており、金商法において定めがある。

「忠実義務」とは、顧客であるリートの利益のみに専念する義務と解されており、金商法において定めがある。

## 3　経営管理態勢

資産運用会社は、投資者の保護と公正な市場形成の観点から、適切な経営管理を行うことが求められている。

経営管理態勢の整備に際しては、取締役および監査役による牽制機能の発揮、経営方針の策定および企業倫理の構築、組織体制の整備および人的構成の確保、等に留意する必要がある。

### (1)　取締役および監査役による牽制機能の発揮

取締役は、適切に業務執行の意思決定および当該業務執行への監督の職責を果たすことが求められている。また、監査役は、取締役の職務の執行を監督することが求められている。これら取締役および監査役が各々の職責を適切に果たすことにより、牽制機能が発揮されることとなる。

① 　取締役の倫理観および忠実義務

取締役は、自らを強く律し、投資主に対するフィデューシャリー・デューティーを果たすという強い倫理観、およびその職務執行において忠実義務を果たすという意識と資質が必要である。

また、実務事例としては、前述のとおり、資産運用会社は小規模組織体であることから、経営陣の姿勢が組織全体に波及しやすい。

② 　取締役会における実質的な議論

取締役は、取締役会における実質的議論を通じて、業務執行の意思決定および業務執行の監督の職責を果たす必要がある。取締役会の形骸化は経営管理機

能の低下へとつながる。実質的議論がなされるためには、上記①のとおり、各取締役が受託者責任を果たすという強い倫理観を有していることが何よりも肝要である。

## (2) 経営方針の策定および企業倫理の構築

取締役会は、金融商品取引業者が目指すべき全体像に基づき経営方針等の策定および周知、企業倫理の構築を求められている。多くの資産運用会社が、経営方針として、資産運用業務を通じた投資主価値の増大、適時・適切なディスクロージャー等について定めており、企業倫理の構築を経営方針に定めているものも少なくない。経営方針、企業倫理ともに、経営陣の目指す方向性を示し、従業員に当該方向性に沿った行動を促すという観点から、役職員に周知徹底を行うことが肝要である。

## (3) 人的構成等の確保

取締役会等は、金融商品取引業等を適確に遂行するに足る人的構成を確保することが求められている。経営者、常務に従事する役員、資産運用を行う者およびコンプライアンス部門（担当者）については、監督指針において審査の視点が定められており[2]、当該視点に適う人材を確保する必要がある。その他、適切な業務執行および内部管理の観点から、相応の人的資源を確保する必要がある。

また、実務事例としては、近時、スポンサー会社からの出向者の減少および資産運用会社数の増加に起因して、一定の専門性および実務経験を有する人材の確保は困難な状況となっている。こうした状況を踏まえ、資産運用会社における人材育成に注力している事例が多数見受けられる。

## (4) 組織体制の整備

取締役会は、法令等遵守、内部管理、リスク管理および内部監査等の重要性を認識し、会社の業務内容等に応じた適切な組織体制を構築することが求められている。この主旨を踏まえ、資産運用会社の組織体制は、おおむね、**図表1**

---

2) 監督指針「Ⅵ-3-1-1 (1)体制審査の項目」を参照。

－3のとおりとなっている。

① 各部門の設置および主な業務分掌

各部門の設置および主な業務分掌については、次頁図表1－3のとおりである。

資産運用会社は、事業目的の効率的達成および適切な牽制機能の発揮の観点より、おおむね、投資・運用部門（図表1－3では「不動産投資部」、「不動産運用部」が該当）、管理部門（図表1－3では「企画部」、「財務部」が該当）、コンプライアンス部門（図表1－3では「コンプライアンス部」が該当）に区分して、部門を設置している。上記部門の設置とともに、業務分掌・職制等を整備し、法令等遵守、内部管理、リスク管理等が適切に行われるための体制を整備している。なお、監督指針において、人的構成の審査要件として「資産運用部門とは独立してコンプライアンス部門（担当者）が設置（中略）されていること」と記載されていることも踏まえ、資産運用会社はコンプライアンス部またはコンプライアンス・オフィサーを設置している。[3]

② 各会議体の設置および主な審議事項

取締役会のほか、各委員会の設置および主な審議事項については、次のとおりである。

(ⅰ) 取締役会

法令等に定める専決事項・報告事項のほか、上場リートの資産運用に係る重要事項、法令等遵守、内部管理、リスク管理、内部監査に係る重要事項について、決議・報告する。

(ⅱ) コンプライアンス委員会

法令等遵守に係る施策、コンプライアンス・マニュアル、コンプライアンス・プログラムの策定および変更、利害関係人等との取引、訴訟・重大な苦情および事故等への対応が主な審議事項である。

コンプライアンス委員会における監督機能の強化の観点から、構成員として外部の専門家（弁護士等）を含める場合が多く見受けられる。

一般に、コンプライアンス委員会は定期的に開催されている。

(ⅲ) 投資委員会

リートの資産の運用方針・計画、不動産等の取得・売却、運用管理に係る重

---

3) 監督指針「Ⅵ-3-1-1 (1)体制審査の項目」を参照。

58 | 第1章 不動産投資法人の基本構造

## 図表1-3 資産運用会社の組織体制(注)

```
株主総会
  │
取締役会 ──── 監査役
  │
  │  【審議事項】
  │  ・法定事項（決議事項、報告事項）
  │  ・資産運用に関する重要事項
  │  ・法令等遵守、内部管理、リスク管理、
  │    内部監査に関する重要事項
  │
代表取締役社長 ──── 内部監査部
  │                    [所管業務]
  │                    ・内部監査
  │
  │                   投資委員会
  │                   【審議事項】
  │                   ・資産運用計画等の策定
  │                   ・不動産等の取得・売却
  │                   ・不動産の運用管理に関する重要事項
  │                     （賃貸計画、修繕計画、建物管理計画等）
  │
コンプライアンス委員会
【審議事項】
・法令等遵守に関する施策
・コンプライアンス・マニュアル、コンプ
  ライアンス・プログラムの策定・変更
・利益相反管理
・訴訟、重大な苦情等、事故等への対応
```

| 不動産投資部 | 不動産運用部 | 企画部 | 財務部 | コンプライアンス部 リスク管理部 |
|---|---|---|---|---|
| [所管業務]<br>・資産運用計画等の策定<br>・不動産等の取得<br>・不動産等の売却 | [所管業務]<br>・資産運用計画等の策定<br>・不動産等の運用管理（PM<br>会社等の管理・監督、建物<br>賃貸、建物修繕、建物管理） | [所管業務]<br>・資産運用会社の財務、経理<br>・人事、情報セキュリティ<br>・資産運用会社の機関運営<br>事務（取締役会等） | [所管業務]<br>・投資法人の財務、経理<br>（一般事務受託者の補助）、<br>IR<br>・投資法人の機関運営事務 | [所管業務]<br>・コンプライアンス、リス<br>ク管理 |

(注) 各部門の名称、所管業務名称、各委員会の名称、審議事項等については架空のものである。

要な事項（大規模修繕等）が主な審議事項である。

　投資委員会における監督機能の強化の観点から、構成員として外部の専門家（不動産鑑定士等）を含める場合が多く見受けられる。

　一般に、投資委員会は、定期および随時（不動産等の取得・売却時等）に開催されている。

　コンプライアンス委員会および投資委員会は、重要な意思決定に係る審議の機能充実の観点より、設置されている。各会議体の運営に係る主な留意点は、次のとおりである。

　まず、取締役会のほか、コンプライアンス委員会および投資委員会においても、リートの資産運用に関する重要な事項および資産運用会社の内部管理等に関する重要な事項について、有効かつ時宜を得た審議が行われる必要がある。このためには、各構成員が投資主に対してフィデューシャリー・デューティーを果たすという強い倫理観を有している者であるということが前提となる。また、各会議体における審議を有効なものとならしめるための措置として、決議・報告事項につき社内規程[4]において具体的に規定する（概括的な規定は起案者の裁量の余地が働きやすい）、会議体開催前に付議・報告事項に漏れがないよう内部統制を整備する、相応の時間的余裕および情報量をもって各構成員に資料を提示する、等の措置が採られている。

　次に、外部の専門家については、独立性と牽制機能の実効性確保の観点から、資産運用会社またはスポンサー会社等との間において雇用関係、報酬の収受等の何らかの利害関係が存在しない者を選定することが望ましい。また、監督機能の強化の観点より、外部の専門家に対して、議案への拒否権を付与している事例が多く見受けられる。

　③　職制および責任と権限の明確化

　職制および責任と権限の明確化は、業務の効率的運営および責任体制の確立による牽制機能の適切な発揮の観点から、整備される。

　（i）職制および責任と権限

　職制および責任と権限については、その内容が業務の内容、事業規模および

---

[4]　一般的には、「取締役会規程」、「投資委員会規程」、「コンプライアンス委員会規程」、「職務権限規程」、等。

関係する法令等に鑑みて適切であり、明瞭かつ具体的に示される必要がある。これらは社内規程において定められるが[5]、概括的な規定は担当者の恣意性が入りやすいこと、また、概括的規定の場合すべての起案事項が社長決裁となる事例が多く業務の効率性を損ねること等の理由から、業務分掌、職務権限、意思決定の手順等については、個々の業務との整合性および具体性に留意し規定する。

一般的には、資産運用会社内の決裁事項・決議事項は職務権限規程および各会議体規程等に定められている。また、投資法人における決裁事項・決議事項（執行役員による決裁事項、投資主総会・投資法人役員会による決議事項）についても、投資法人の社内規程で定められるほか、資産運用会社の社内規程への補記等により失念防止のための措置が採られている。

(ii) 経営陣等への報告

資産運用会社の取締役会等への報告事項、および投資法人の役員会等への報告事項についても、上記(i)と同様に、具体的かつ明確である必要があり、報告事項についても各規程に定める措置が採られている。

(iii) 審査機能

資産運用会社においては、業務運営上の重要な意思決定に際しては、コンプライアンス部門による審査、各委員会における審議等の事前検証が行われている。これら審査等の実効性を確保するための手当てとしては、十分な時間的余裕かつ必要な情報量の確保、不動産等の取得等、重要な事項に係る審査等の視点の整理、条件付き承認等の指図事項の管理、等の措置が講じられている。

④ 社内規程等の整備

社内規程等は、業務運営に関する規範をとりまとめたものであり、方針、規程、規則、業務手順書等に区分され、体系化されている。社内規程等は、組織体制・業務運営方法の変更や法令等の制定・改廃に対応して適時に改定され、社内研修やイントラネットへの掲示により役職員に周知される。

業務手順書は、実際に業務を遂行するに際しての具体的な基準・手順・方法等を定めるものであり、一連の業務フローに加え、起案から審査を経て決裁（決議）に至る承認プロセスや法令等遵守およびリスク管理の観点からの留意

---

5) 一般的には、「組織規程」、「業務分掌規程」、「職務権限規程」、等。

事項について、記載される。各統制活動に関係するリスク顕在化事例（検査指摘事例・行政処分事例、自社において発生した事故・事務過誤等）を記載することも、職員に「なぜこの統制活動が必要なのか」を認識させる観点から有用である。なお、業務手順書の策定に際しても、法令等遵守およびリスク管理の観点から、コンプライアンス部門およびリスク管理部門の検証を受けることが肝要である。

また、実務事例としては、資産運用会社は部署ごとに所管業務が異なり（いわゆる「サイロ型組織」）、かつ前述のとおり小規模組織であるため業務が属人化しやすい。一方で、近時、一定の専門性および実務経験を有する人材の確保が困難となっている状況、および、資産運用会社の増加により人材の回転率が高まりつつある状況を踏まえると、業務手順書を適切に整備し引継ぎ資料として活用する必要性は増してきている。

⑤ 記録の整備（証跡化）

記録の整備に際しては、意思決定の根拠およびその基礎となる原資料について、事後検証可能性（追跡可能性）を確保すべく、文書・資料の作成を行う。この際、不動産投資運用のプロフェッショナルとして相当の注意を払いかつ誠実に業務を遂行したことの証として、対象取引に係る適切な事実認識が行われ、当該認識に基づき合理的な判断が行われたことに関し、事後検証可能性を確保することが肝要である[6]。

証跡化に関し、留意すべき事項は下記のとおりである。

たとえば、不動産等取得案件の直接の担当者ではなくその後任担当者が、合理的判断が実施されたことにつき会社を代表して正確に回答できる状態を確保する、換言すれば、第三者が記録を閲覧した際に同様の結論に至る再現性を確保しておくことが望ましい。

また、たとえば、不動産等取得案件の意思決定時点における取引内容に加え、一連のプロセスに関する事実を含めて意思決定を行うことが望ましい（例：検討の過程における取引の相手方との交渉記録、LOI発出時と意思決定時とでAM査定価格が変更となった場合には当該事実および理由、不動産鑑定評価書がドラフ

---

[6] 証券取引等監視委員会が公表している「金融商品取引業者等に対する検査における主な指摘事項」も参考にするとよい。

版と確定版で変更となった場合には当該事実およびその理由、等)。

## 4 法令等遵守態勢

　資産運用会社は、法令等を厳格に遵守し健全かつ適切な業務運営に努めることが求められている。法令等遵守の構築に際しては、主に以下の点に留意し、コンプライアンス重視の組織風土の醸成に努めることが望ましい。

### (1) 経営陣の取組み
　取締役は、自らおよび組織内のコンプライアンスに係る意識を高め、コンプライアンス態勢の整備、評価を行う必要がある。
　① 法令等遵守に係る経営陣の姿勢の周知
　取締役は、自らの法令等遵守に係る姿勢、取組みを職員に周知する必要がある。具体的な方法としては、年頭所感やコンプライアンス研修等を通じて周知を行うほか、前述のとおり、資産運用会社は比較的小規模の組織体であることから、日常の業務運営に際して折に触れて法令等遵守の姿勢を示すことも効果的である。また、法令等違反行為に対して、断固とした姿勢で対応することも求められている。
　② 法令等遵守に係る態勢の構築
　取締役会は、法令等遵守に係る態勢の構築を行う必要がある。具体的には、組織体制の整備、人的資源の配置、問題発生時の報告体制の整備、遵守すべき法令等の役職員への周知、役職員への教育、等の観点から、法令等遵守に係る施策について定期的にその効果を確認し、必要に応じて改善を図る。

### (2) 法令等遵守に係る組織体制
　① 組織体制
　法令等遵守に係る組織体制としては、一般に、取締役会、コンプライアンス委員会、コンプライアンス部、コンプライアンス担当者があり、コンプライアンス規程等において、責任および権限が定められる。
　② コンプライアンス部門[7]の設置

---

7) 本項では監督指針の表記にならい、「コンプライアンス部門」との表現を用いている。

コンプライアンス部門として、一般的には、コンプライアンス部（またはコンプライアンス・オフィサー）が設置されている。なお、監督指針においては、資産運用部門とは独立してコンプライアンス部門を設置する旨、その担当者として十分な知識および経験を有する者を配置する旨、述べられている。[8]

コンプライアンス部門については、独立性が確保されるとともに十分な権限を付与され、投資部門、運用部門等に対する牽制機能が適切に発揮されることが望ましい。これらの牽制機能の発揮は、内部監査において検証されることとなる。

資産運用会社は少人数の組織であるため、コンプライアンス部門の役職員は、一般に、部門長を含め、多くとも数名程度で構成される。このように少人数の部門にて、コンプライアンスの統括のほか、法務、審査（会社によっては内部監査）等を所管しており、その業務負荷は少なくない。

### (3) 実践計画、行動規範

① 実践計画（コンプライアンス・プログラム）

法令等遵守に係る実践計画（以下、「コンプライアンス・プログラム」という）は、法令等遵守に係る各施策を推進するための要であり、実施項目および実施期限が具体的に明示され、進捗管理が適切に行われることが望まれる。以下、コンプライアンス・プログラムの策定、進捗管理等について、一例を述べる。

（ⅰ）コンプライアンス・プログラムの内容

日常の業務運営における審査機能・監督機能の強化、社内規程・業務手順書の制定・改定、コンプライアンス検査、コンプライアンス研修、等について実施項目として定める。なお、業務内容を的確に反映した実効性の高いプログラムとするため、各部門との協議の上で策定することも肝要である。

（ⅱ）コンプライアンス・プログラムの策定

コンプライアンス・プログラムの策定に際しては、法令等担当部門（コンプライアンス部）が起案し、コンプライアンス委員会の審議を経る。この際、経営陣のコンプライアンスへの積極的な関与の観点から、取締役会の決議により決定されることが肝要である。なお、コンプライアンス・プログラムは定期的

---

8) 監督指針「Ⅵ-3-1-1 (1)体制審査の項目」を参照。

および必要に応じて随時見直しされる。
　(iii)　役職員への周知
　コンプライアンス・プログラムの内容については、役職員に周知する。
　(iv)　コンプライアンス・プログラムの進捗管理
　コンプライアンス部門は、コンプライアンス・プログラムの進捗状況について定期的にモニタリングを行い、当該プログラムの進捗状況について、コンプライアンス委員会および取締役会に報告を行う。
　(v)　内部監査における検証
　コンプライアンス・プログラムの内容、進捗管理の妥当性等について、内部監査による検証を受ける。
　②　行動規範（コンプライアンス・マニュアル）
　法令等遵守に関する行動規範（以下、「コンプライアンス・マニュアル」という）とは、遵守すべき法令等の解説、法令等遵守に係る社内組織体制、法令等違反発生時の報告体制等について具体的に説明した役職員宛ての手引書である。
　(i)　コンプライアンス・マニュアルの内容
　コンプライアンス・マニュアルの内容は、組織体制および資産運用会社の業務内容を勘案したものである必要がある。たとえば、以下の項目について記載される。
　　　ア．コンプライアンスの意義、会社としてのコンプライアンスの指針
　　　イ．組織体制およびその役割（取締役会、コンプライアンス委員会、コンプライアンス部、コンプライアンス担当者、およびそれぞれの役割）
　　　ウ．法令等違反発見時の対応
　　　エ．一般的な行動規範（良識ある行動、セクハラ・パワハラの禁止、職務への専念、適切な情報管理、反社会的勢力との関係遮断、インサイダー取引の禁止、等）
　　　オ．業務に関する法令等およびその主要なものについての解説
　　　　　いわゆる業者規制に関する法令等（金商法、投信法、宅建業法）、投信協会および東証等の規程・規則等、その他不動産業務に関係する法令等
　(ii)　コンプライアンス・マニュアルの制定および改定
　コンプライアンス・マニュアルの制定・改定に際しては、コンプライアンス部門が起案し、コンプライアンス委員会の審議を経る。この際、経営陣のコン

プライアンスへの積極的な関与の観点から、取締役会の決議により決定されることが肝要である。なお、組織体制の変更、関係する法令等の改正が行われた場合には、適時に改定が行われる必要がある。

(iii) 役職員への周知

コンプライアンス・マニュアルの内容については、コンプライアンス研修等を通じて、定期的に役職員への周知を行う。

(iv) 内部監査による検証

コンプライアンス・マニュアルの内容の妥当性について、内部監査による検証を受ける。

(4) 遵守すべき法令等のとりまとめ

コンプライアンス部門は、遵守の対象となる法令等の制定・改廃の状況について、適時かつ適切に把握することが望まれる。対象となる法令等は、資産運用会社および金融商品取引業者としての性格に関連するものから不動産に関連するものまで多岐にわたり、これらの法令等の制定・改廃に係る情報を数名ほどで構成されるコンプライアンス部門にて把握するのは、かなりの労を要する仕事である。実務における対応としては、日常的に法令等の制定・改廃の動向に留意するほか、顧問弁護士、一般社団法人不動産証券化協会（ARES）等の調査・研究機関、情報ベンダー、プロパティマネジメント（以下「PM」という）会社等からの情報をコンプライアンス部門に集約する等の措置が採られている。また、投資部門・運用部門が個々に行う弁護士等の法律専門家への法律相談、官公庁への照会事項等についてもコンプライアンス部門においてとりまとめるなど、関係法令等の情報収集に関して、ボトムアップ式の体制を取り入れることも望ましい。

(5) 法令等遵守状況の把握・分析

コンプライアンス部門は、各部門における法令等遵守の状況を把握・分析し、定期的にコンプライアンス委員会、取締役会等に報告を行う。法令等違反事例がある場合には、その内容、発生原因、対応策、監督官庁への報告の要否、人事上の処分の要否について検討する。

資産運用会社は小規模の組織であり、コンプライアンス部門長の目が行き届

きやすく、稟議書・報告書等の閲覧、各職員との面談等を通じて、法令等遵守の状況の把握が行われている。また、役職員が法令等違反事例を発見した場合には遅滞なくコンプライアンス部門に報告する旨、周知し徹底するほか、一般に、コンプライアンス・ホットラインが設置されている[9]。

### (6) 法令等遵守意識の醸成（コンプライアンス研修）

役職員における法令等遵守意識の醸成は、前述の法令等遵守に係る経営陣の姿勢とその周知のほか、関係する文書の閲覧・配布、定期的なコンプライアンス研修の実施および日常業務におけるコンプライアンス部門の指導等により、行われる。コンプライアンス研修の内容は、たとえば、**図表 1-4** のとおりである。

**図表 1-4　コンプライアンス研修例**

| |
|---|
| ⅰ．コンプライアンスに係る組織体制の説明、問題発生の報告ルートの確認（通常の報告ライン、コンプライアンス・ホットライン等） |
| ⅱ．コンプライアンスに係る社内規程、マニュアル（コンプライアンス規程、コンプライアンス・マニュアル等）の説明 |
| ⅲ．一般的な行動規範（良識ある行動、セクハラ・パワハラの禁止、職務への専念、適切な情報管理、反社会的勢力との関係遮断、インサイダー取引の禁止、等）の解説 |
| ⅳ．業務に関係する主要な法令等および主な行為規制についての解説 |

開催後は、実施記録（議事録等）および出欠記録が作成される。コンプライアンス研修は、原則として全役職員を対象に行われることから、欠席者に対しては事後フォローを行い、その記録も作成する。

## 5　内部管理態勢

資産運用会社は、投資主に対する誠実公正義務の履行の観点から、業務運営の適切性を確認するための態勢整備が求められている。

---

[9] 資産運用会社における設置のほか、スポンサー会社におけるコンプライアンス・ホットラインの利用も見受けられる。

## (1) 経営陣の役割

取締役は、法令等遵守が投資者の信頼の維持・向上に資するものであることを理解し、かつ利益相反取引の排除や不公正取引の未然防止に取り組む義務を有していることを認識し、必要な内部管理態勢を構築することを求められている。

## (2) 主要な内部管理業務

主な内部管理業務は以下のとおりである。資産運用会社においては（投資運用業者として）、投資者に対する忠実義務および善管注意義務を果たすとの観点から、資産運用の適切性を検証し、必要な措置を講じる態勢を整備することが求められている。

① 不動産等に係る運用方針等の明確化

不動産等に係る運用の基本方針および個別不動産等の運用方針の明確化、不動産の評価方法・評価基準のチェック体制を整備する。基本方針は、不動産市況の変化等に応じて適切に見直す。

② 不動産等の取得時（および取得後）における適切な調査の実施

不動産等を取得するに際しては、投資の採算性（投資利回り等）、投資の適格性（ポートフォリオ、デューデリジェンス、コンプライアンス等）について適切に調査を行い、また、取得後においても定期的かつ必要に応じて調査を行う。

③ 不動産等の売却の検討

運用管理不動産について、投資基準との適合性を検証し、適合しない不動産については売却を検討する。

④ 不動産等の運用管理業務の適切性の確保

ⅰ PM会社の管理・監督、評価の適切な実施

ⅱ 建物賃貸業務、建物修繕業務、建物管理業務の適切な実施

ⅲ 独立した不動産鑑定士による鑑定評価の継続的実施

⑤ 利益相反管理

利益相反とは、一般に、各経済主体の利益が対立し、競合する状況をいう。資産運用会社が負う忠実義務のうちのひとつと解されている。

実務上、よく見受けられる類型は下記のとおりである。適切な利益相反管理の前提は、意思決定の独立性と情報遮断であり、下記「【A】顧客と利害関係

人等との間の利益相反」においては、当社と利害関係人等における意思決定の独立性および情報遮断、下記「【B】顧客と顧客との間の利益相反」においては、顧客と顧客における意思決定の独立性および情報遮断（換言すれば双方顧客のために業務を行う資産運用会社のそれぞれの部門の意思決定の独立性および情報遮断）が重要である。

【A】　顧客と利害関係人等との間の利益相反

顧客（リート）と利害関係人等との間で発生する利益相反である（不動産等の売買等の取引）。利害関係人等と取引を行うに際しては、利益相反を生じることにより顧客（リート）およびその投資主の利益を不当に損ねることのないよう、取引の適否について慎重に検討し、管理する必要がある。

(i)　利害関係人等の定義

利害関係人等については、投信法において定義される。また、実務的には多くの資産運用会社において同法に定める利害関係人等に加え、利益相反取引を広範に管理するため、たとえば、管理対象に資産運用会社の株主が過半の出資をするSPV等を含めるなどの対応を行うケースもある。その場合、社内規程においては、投信法上の「利害関係人等」との峻別のため、「利害関係者」、「グループ会社」「スポンサー関係者」等の用語を用いる。

(ii)　利害関係人等への該当の判断

利益相反のおそれがある取引を審議するに際しては、まず、取引の相手方が利害関係人等に該当するか否かにつき適切に判断する必要がある。たとえば、コンプライアンス部門長が利害関係人等に該当する者の一覧表を作成し、当該一覧表をイントラネット等に掲示する等の方法により各部門に周知が行われる。

実務上は、取引の相手方が利害関係人等であるにもかかわらず第三者であると誤認しないように留意が必要である（誤認すると、意思決定プロセスが異なる、資産運用報酬が異なる、等の場合がある）。

(iii)　利害関係人等間取引の類型および留意点

利害関係人等間取引の類型および類型ごとの取引基準は、社内規程に定められる。主な利害関係人等間取引の類型およびその留意点は、次のとおりである。

　ア．利害関係人等からの不動産等の取得

　　取得価格の妥当性の判断につき独立した不動産鑑定士による鑑定評価額が、

一般に、取引の基準となる。この場合、不動産評価額が取引の基準となることから、不動産鑑定士の独立性を損なう不適切な働きかけ（いわゆる「依頼者プレッシャー」[10]）は行ってはならない。

イ．利害関係人等への不動産等の売却

売却価格の妥当性の判断につき独立した不動産鑑定士による鑑定評価額が、一般に、取引の基準となる。この場合、不動産評価額が取引の基準となることから、不動産鑑定士の独立性を損なう不適切な働きかけ（いわゆる「依頼者プレッシャー」[11]）は行ってはならない。

ウ．利害関係人等への不動産管理業務（PM 業務）の委託

業務遂行能力の十分性、内部統制（情報管理、事務処理等）の適切性、PM 報酬水準の妥当性（市場実勢に比較して高くないか、委託業務量と整合しているか等）等の観点から、利害関係人等に PM 業務を委託する理由の合理性等の点に留意する。実務事例としては、PM 報酬水準の妥当性について外部業者に調査を依頼している事例も見受けられる。

エ．利害関係人等への不動産の賃貸

市場実勢と比較して標準的な賃貸条件であるか、等の点に留意して検討する。

オ．利害関係人等への工事発注

工事内容・発注金額の妥当性、工事の必要性、等の点に留意する。利害関係人等に該当しない複数の工事業者を含めて条件提示を受け、比較・検討する等の措置が採られている。

特命発注の場合には、工事仕様・金額の妥当性につき、慎重に検討する。実務事例としては、一定の金額以上の工事については外部業者の査定を受ける等の対応が見受けられる。

カ．利害関係人等への売買または賃貸の媒介業務の委託

必要な媒介業務か（売買または賃貸の相手先がおおむね決まっている場合等）、媒介報酬の対価性は確保されているか、利害関係人等に媒介業務を委託する理由の合理性等の点に留意する。

キ．利害関係人等からの資金調達

調達コストが市場実勢と比較して適正であるか、等の点に留意する。利害関

---

[10] 取引の相手方が利害関係人等の場合「依頼者プレッシャー」が発生しやすいが、同相手方が第三者の場合であっても同じであり、不動産鑑定士の独立性を損なう不適切な働きかけは行ってはならない。

[11] 前掲注(10)に同じ。

係人等に該当しない複数の金融機関を含めて条件提示を受け、比較・検討する等の措置が採られている。

(ⅳ) 管理体制

利害関係人等との取引を行うに際しては、一般に、コンプライアンス部門による審査、コンプライアンス委員会における審議を経て、取締役会（または投資委員会）による意思決定が行われる。コンプライアンス部門長による適切な審査、外部委員を含むコンプライアンス委員会による牽制機能の発揮によって、リート（投資主）の利益を不当に損ねることのないよう、仕組みが整備されている。

また、平成26年の投信法改正により、利害関係人等との間で不動産等の取得・譲渡・貸借を行う場合には、あらかじめ、投資法人の役員会の承認に基づき投資法人の事前同意を得ることが義務付けられた（投信法201条の2）。これは、スポンサー会社が物件供給等の場面においてリートの運営に大きな役割を果たす中で、必ずしも投資主の利益を害する取引を抑制できていないとの懸念が指摘され、投資家の信頼性を向上させるため、リートの運営や取引の透明性を確保する取組みとして講じられたという背景による。もっとも、当該規定には軽微基準が設けられており、たとえば、取得価額が直近の期末におけるポートフォリオ全体の簿価の1割に満たない場合の不動産等の取得については、リート役員会の事前同意は不要となる。各取引について軽微な取引として定められている内容は以下のとおりである。

ア．不動産等の取得および譲渡

取得価額または譲渡価額がリートの最近営業期間の末日における固定資産の帳簿価額の100分の10に相当する額未満であると見込まれる取引。

なお、同一の利害関係人等との間で一度に複数の不動産等を取得する等、取引に一体性が認められる場合には、合算して判定する必要がある。

イ．不動産等の貸借

貸借が行われる予定日の属する営業期間開始の日から3年以内に開始する各営業期間において、いずれも、当該貸借が行われることによるリートの営業収益の増加額が、リートの最近営業期間の営業収益の100分の10に相当する額未満であると見込まれる取引。

なお、リートの営業期間が6カ月であるときは、連続する2営業期間を1営

業期間として計算する必要がある。

利害関係人等とリートとの間の取引は利益相反のおそれが高い取引であり、取引を行う場合には、以下の点に留意する必要がある。基本的考え方は、第三者間取引と同様の業務運営を行うということである。

(ⅳ)-1　意思決定の独立性

利害関係人等と資産運用会社は、別の事業体であるため、意思決定機関はそれぞれ個別に存在する。しかしながら、資産運用会社は利害関係人等の子会社であることも多いため、実態として意思決定の独立性が損なわれる可能性も否定しきれない。利害関係人等と資産運用会社との間であらかじめ取引価格が実質的に決まっており「価格ありき」で資産運用会社においてAM価格査定を行う、不動産鑑定士の独立性を損なう不適切な働きかけを行う、等の行為は行ってはならない。

(ⅳ)-2　情報遮断措置

利害関係人等と資産運用会社は、別の事業体であるため、本来、情報遮断はなされているはずである。通常の第三者間取引における売主・買主間の場合と同水準にて、物件等各種情報のやりとりを行う必要がある。

(ⅳ)-3　不動産等取引価格の妥当性確保

顧客（リート）と利害関係人等との間における不動産売買等取引においては、不動産評価額を取引の基準とする事例が多く、この場合、不動産鑑定士の独立性を損なう不適切な働きかけ（いわゆる「依頼者プレッシャー」）は行ってはならない。また、不動産鑑定会社への提供資料の管理、受領した不動産鑑定評価書のチェックを適切に実施する必要がある

【B】　顧客と顧客との間の利益相反

資産運用会社がいわゆるマルチビークル運用を行っている場合に、顧客（リート、私募ファンド等）と顧客（リート、私募ファンド等）との間で発生する利益相反である。

【a】　運用財産相互間取引

同一の資産運用会社が、リートと不動産ファンド（私募ファンド）の投資運用（資産運用委託契約、投資一任契約に基づき）を行うケースにおいて、運用財産相互間取引（たとえば、私募ファンドが保有する不動産等をリートに取得させる

こと）を行うことは、一方の顧客（私募ファンド、リート）の投資家に不利益となるおそれ等があることから、金商法において原則として禁止されている。これは、資産運用会社は双方の顧客に忠実義務を負っていることによる。ただし、すべての権利者（双方顧客の投資家）の同意を事前に得た場合には、運用財産相互間取引の禁止の適用除外として、例外的に取引を行うことが認められている。

　顧客のうち一方が上場リートの場合、すべての投資主の同意を取得することは現実的に不可能と思われるため、運用財産相互間取引が成立する可能性は低い。

　一方、投資家ニーズの高まりを受け私募リート市場規模が拡大するに伴い、同一の資産運用会社が私募リートと私募ファンドを運用する事例も増加している。実務事例としては、私募リート（資産運用委託契約）と私募ファンド（投資一任契約）との間の不動産等売買等においては法令の定めに従いすべての投資家から同意を取得する、私募リート（資産運用委託契約）と私募ファンド（投資助言契約）との間の不動産等売買等においては自主ルールとしてみなし同意制度を導入している事例が見受けられる。ただし、特に私募リートの投資主の数が多い場合等においては、事前にすべての投資主の同意を得ることは実務的に困難な側面がある。このため、業界からはこの同意要件の緩和を要望する声も上がっている。

　運用財産相互間取引は利益相反のおそれが高い取引であり、取引を行う場合には、以下の点に留意する必要がある。基本的考え方は、第三者間取引と同様の業務運営を行うということである。

（ⅰ）意思決定の独立性

　「私募リート投資委員会」、「私募ファンド投資委員会」のように、意思決定機関を分けている事例が見受けられる。また、委員会を分けずに同一の「投資委員会」にて決議する場合、たとえば、不動産等の売主＝私募ファンド、不動産等の買主＝私募リートの取引において、私募リート側の意思決定を行うに際

---

12）　一方顧客と資産運用会社との契約が投資助言契約の場合、金商法上に定める運用財産相互間取引には該当しないが、経済的実体が近いという観点から、資産運用会社において自主ルールを定めているケースも見受けられる。

しては私募ファンド側の業務に従事する委員は退席し議決権を行使しない等の措置が講じられている。
　(ii)　情報遮断措置
　同一の資産運用会社で、双方顧客のために不動産等取得・売却の取引を行うことから、それぞれの情報が適切に遮断されるよう適切な措置を講じる必要がある。実務的には、取得側と売却側で部署や担当者を明確に分けるとともに、各部フォルダへのアクセス制限を設定する等のシステム上の措置や、施錠可能なキャビネットをそれぞれ設けて資料を保管する等の物理上の措置等が講じられている。
　(iii)　不動産等取引価格の妥当性確保
　顧客（リート）と利害関係人等との間における取引と同様に、運用財産相互間取引においても、不動産等取得・売却価格の妥当性の判断につき、独立した不動産鑑定士による鑑定評価額を取引の基準としている事例が多く見受けられる。この場合、不動産等取得側と不動産等売却側で２つの鑑定評価額が存在することから、資産運用会社における意思決定の際には、それぞれの評価額の妥当性について十分な検討を行う必要がある。

【ｂ】　不動産等取得時の競合弊害
　たとえば、上場リート、私募リート、私募ファンドの投資基準が重複している場合において、投資妙味のある物件を、どのビークルに最初に検討させるか、という論点である。これは、資産運用会社は双方の顧客に忠実義務を負っていることによる。
　実務事例としては、資産運用会社の恣意性を排除するため、あらかじめ検討の優先順位を規定している事例が見受けられる（例：常に上場リートが第１順位私募ファンドが第２順位、物件情報入手月でローテーション、等）。また、同規定の形骸化防止のため、優先検討順位を有する顧客の検討見送り理由を記録しコンプライアンス・オフィサーが同理由の妥当性を検証している事例も見受けられる。
　⑥　情報開示
　投資者に対して適切な投資判断材料を提供すべく、情報開示が行われている。[13]
開示資料の作成に際しては、開示の適時性、内容の正確性・網羅性を確保する

目的から内部統制が整備される（たとえば、各種様式およびチェックリストが整備され、複数名による検証、承認等の措置が採られる）。実務上は、開示資料の作成は各部門にまたがることが多く、責任の所在が曖昧になる等の理由から、事務過誤が発生しやすい業務である。

（ⅰ）法定開示

法令（金商法、投信法）に基づく開示制度である。上場リートにおいては有価証券届出書、有価証券報告書、資産運用報告等、私募リートにおいては資産運用報告等が該当する。

（ⅱ）適時開示

上場リートに適用される、金融商品取引所における適時開示制度であり、各取引所の規則（たとえば、東京証券取引所の有価証券上場規程）に従い開示がなされる。開示が求められる情報は、投資法人の決定事実・発生事実・決算情報等、資産運用会社の決定事実・発生事実、運用資産等に関する情報のうち、投資判断に重要な影響を与えるものである。

（ⅲ）自主開示

投資家宛の決算説明資料等が該当する。

⑦　情報管理・システムリスク管理

情報管理責任者の配置、情報の重要度に応じた管理（アクセス制限、情報の持出ルールの整備等）、管理状況の定期的確認等の措置が講じられている。特に個人情報（資産運用会社の業務運営においては、主に投資主、個人テナントに係る情報）の保護については、個人情報保護法の遵守のほか、金融庁ガイドラインに定める安全管理措置が整備・実施されている。

システムリスク管理については、多くの資産運用会社が外部業者にシステムの保守・管理を委託している。これを前提とすれば、情報資産へアクセス制限、情報資産の社外持出、同委託先の選定・モニタリング、等に関し体制が整備されている。

⑧　個人情報保護

個人情報保護責任者の配置、管理状況の定期的確認等の措置が講じられてい

---

13）　上場リートにおいては法定開示、適時開示、任意開示。私募リートにおいては法定開示、任意開示。

る。個人情報保護法の遵守に加え、金融庁ガイドラインに定める安全管理措置が整備・実施されている。実務上、投資主データ（特に上場リートの全投資主名簿）、個人テナントに関する情報（レントロール等）等の管理に留意する必要がある。

⑨　法人関係情報管理

法人関係情報管理責任者の配置、管理状況の定期的確認等の措置が講じられている。実務上、金商業等府令に定める法人関係情報の定義を踏まえ、該当する情報の類型・タイミングを例示する等の措置が講じられている。法人関係情報の、(a)アクセス制限（業務上必要な者にのみアクセス権が付与されているか）、(b)社外持出（原則禁止であるが、業務上必要があり提供する場合の社内承認プロセス、提供記録の管理）、(c)役職員の株券等の売買等管理（多くの資産運用会社にて自社が運用するリートの投資証券売買等禁止、その他株券等の売買等管理）に留意する必要がある。

上場リートにおいては、同リートの物件取得・売却情報・増資情報、のほか、物件の売主・買主・テナント情報等が該当する可能性がある。

私募リートにおいては、物件の売主・買主・テナント情報等が該当する可能性がある。

⑩　苦情等処理

苦情等（一般的には苦情および紛争を総称して「苦情等」と定義される）の適時報告、社内における情報の一元管理、適切な処理・対応を行うための体制が整備されている。実務上、投資主からの苦情等に加え、運用管理不動産のテナントからの苦情等も対象とされている。

⑪　事故・事務過誤への対応

金商法上の事故[14]に加え、社内規程違反等についても、発生時のコンプライアンス部門等への適時報告、再発防止のための具体策が策定されている。

⑫　法定書類の提出

資産運用会社および投資法人に係る定期的報告事項および異動事項について、

---

14)　金商法39条3項および金商等業府令118条2号に定める「事故」を指す。または、監督指針に定める「金融商品事故等」（Ⅲ-2-2）を指す。

関係する監督官庁および自主規制機関等に適時適切に届出を行う必要がある。[15] このため、その届出の適時性、内容の正確性・網羅性を確保する目的から内部統制が整備される（たとえば、該当する事項、届出先、届出期間、根拠法令等がチェックリスト等によりとりまとめられ、漏れがないか定期的に検証する等の措置が講じられる）。

⑬ 法定帳簿書類の備置き

資産運用会社および投資法人に係る法定帳簿書類の備置きについては、自主点検等を通じて定期的に実在性の確認を行う等の措置が講じられている。

## 6 リスク管理態勢

資産運用会社は、業務に内在するリスクを正確に把握し、リスクの顕現化により生じうる損失を適切に管理することが求められている。

### (1) 経営陣の役割

取締役は、収益目標の達成に過度に偏重することなく、戦略目標と整合した適切なリスク管理を行う必要がある。

① リスク管理に係る態勢の構築

取締役会は、リスク管理に係る態勢の構築を行う必要がある。具体的には、組織体制の整備、人的資源の配置、リスクの種類ごとに管理を行う体制の整備、リスクの測定・モニタリング・管理等の手法の整備、リスクおよびその管理の状況の把握・分析、等について定期的にその効果を確認し、必要に応じて改善を図る。

### (2) リスク管理体制の整備

① 組織体制

リスク管理に係る組織体制については、一般に、取締役会、リスク管理につ

---

15) 主な届出先は、投資法人については、国土交通省（みなし宅建業関係等）、法務局（登記事項）、財務局（登録事項）、証券保管振替機構、証券取引所、等である。資産運用会社については、金融庁（金商業）、国土交通省（取引一任代理関係等）、各都道府県（宅建業）、投資信託協会、等である。また、資産運用会社として投資法人に交付する書面がある。

き審議する会議体、リスク管理部門、と整備され、リスク管理規程等において責任および権限が定められている。

　② リスク管理部門の設置

　リスク管理部門は、本来的には、すべての部門から独立し、かつリスクの統括に係る権限を有していることが望ましい。一方、前述の資産運用会社における人的資源の制約上の問題から、リスク管理専担部門を設置しないケースもあり、この場合には、一般的には、コンプライアンス部門またはその他の管理部門（企画部等）がその機能を担っている（少なくとも、不動産投資部門、不動産運用部門がリスク管理の統括機能を担うことのないよう、配慮されている）。

　③ リスクの状況報告

　リスクおよびその管理の状況については、一般に、定期的に取締役会等宛に報告が行われる。

### (3) 経営上のリスクと業務運営上のリスク

　一般に、リスクは、経営上の戦略的意思決定に係るリスクと業務遂行上のリスクとに分類することができる。[16]

　① 経営上の戦略的意思決定に係るリスク

　経営上の戦略的意思決定に係るリスクとは、たとえばリートの経営にあてはめれば、ポートフォリオの構築戦略、不動産等の取得・売却戦略、運用管理の方針、配当等の財務戦略（分配方針を含む）、成長戦略に係るリスク等がある。

　② 業務遂行上のリスク

　業務遂行上のリスクとは、適正かつ効率的な業務の遂行に係るリスクをいい、有効な内部統制の構築が当該リスクの管理を支援する。

### (4) リスク管理の一連の流れ

　リスク管理の一連の流れは、戦略目標・目的の設定、リスクの識別・評価、リスクへの対応策の策定および実施、モニタリング、改善策の導入である。こ

---

16) 経済産業省公表の指針『リスク新時代の内部統制──リスクマネジメントと一体となって機能する内部統制の指針』（2003年6月、リスク管理・内部統制に関する研究会）を参照。

図表 1-5　リスク管理の PDCA

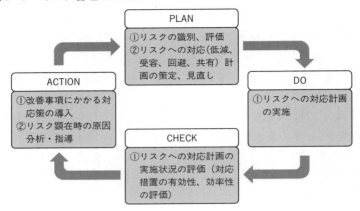

れを PDCA サイクルとして表現すると**図表 1-5** のとおりとなり、このサイクルを有効に機能させることが実効性の高いリスク管理へとつながる。

(5)　リスクの識別

①　リスクの区分

リスクの識別は、リスク区分（リスクを類型化したもの）をもとに行うため、まず、リスクの区分およびその定義を行う。

実務事例としては、たとえば、下記のようにリスクの種類を分類している。

図表 1-6　管理対象リスクの分類例

```
(i) 資産運用リスク
   不動産投資リスク
      (a) 経済的要因に起因するリスク
            賃貸料等の変動リスク
            資産価値の変動リスク
            流動性リスク
            投資資産の選択上のリスク
      (b) 物理的要因に起因するリスク
            環境リスク
            災害リスク
```

```
            (c) 法的要因に起因するリスク
                    権利義務関係リスク
                    遵法性リスク
            (d) 管理運営リスク
        (ii) オペレーショナル・リスク
            (a) 事務リスク
            (b) コンプライアンス・リスク
            (c) システムリスク
            (d) 不正リスク
```

② リスクの識別(洗い出し)

上記①のリスクの区分ごとにリスクの洗い出しを実施する。洗い出したリスクは、業務プロセス・サブプロセスにプロットすると使いやすい。

リスク識別は、潜在的リスクと顕在化リスクの観点から実施する。

リスク識別の目的は、役職員におけるリスク認識を高めることにある。したがって、たとえば、「AM価格査定を誤るリスク」「不適切な不動産鑑定評価書を受領するリスク」等のリスク項目の洗い出しに加え、これらリスク項目に自社および他社で発生したリスク顕在化事例(検査指摘事例・行政処分事例、その他事例等)を紐づけることも有用である。

⑹ リスクの評価(手法および基準)

① 定性的評価と定量的評価

リスクの評価手法は、大別して定性的評価手法と定量的な評価手法に区分される。

(i) 定性的評価手法

リスクマップによるリスクの2次平面上の可視化、リスク・コントロール・マトリックスによるリスク評点化、等の手法があり、対応策の有効性を評価する立場から、リスクの重要度・対応の優先度を示す。

(ii) 定量的評価手法

感応度分析、VaR、シナリオ分析、EaR等の手法があり、統合的リスク管理を通じたリスクと資本の一元管理の観点から、リスクの重要度・対応の優先度を示す。

② リスクの評価基準

リスクは固有リスクおよび残余リスクの双方において評価され、評価基準として影響度、発生可能性、対応策の有効性、リスクへの許容水準が設置される。

実務事例としては、固有リスクおよび残余リスクに関し、影響度および発生可能性に基づき評価を実施している事例が多い。

リート資産運用会社においては、リスク評価に際し定性的評価を用いる場合が多い。ただし、同評価は主観に基づくものとなるため、複数名のエキスパートジャッジにて客観性を高める工夫が必要となる。また、残余リスク評価結果が、観測期間におけるリスク顕在化事象と不整合とならないよう留意が必要である（例：「決算開示書類誤記載リスク」の発生可能性＝Ｌであるが、実際には誤記載が多発している、等）。

⑺ **リスクへの対応策の検討および実施**

識別・評価されたリスクへの対応策（回避、低減、共有、受容）を検討し、実施する。

対応策を実行する上で重要な統制活動の手段には、予防的統制（承認・審査、職務の分離・担当者の限定、再確認、記録の作成・保管、物理的統制、等）および発見的統制（分析的手続等）があり、かつ、これら統制活動の状況をモニタリングすることが効果的なリスク管理につながる。一般に、固有リスクの高い業務や裁量の余地の大きい業務を行うに際しては、会議体における審議やリスク管理部門による検証またはモニタリング等の関与がなされ、一方、固有リスクが低く裁量の余地も小さい業務については、チェックリスト等の活用、自主検査や事務検査等による点検が行われる。

⑻ **リスクへの対応策の有効性等の検証および是正措置**

リスク管理部門は、リスクと対応策が整合しており有効かつ効率的に機能しているか、かつて有効であった対応策が陳腐化していないか、等の観点から検証を行い、必要に応じて是正措置を講じる。

⑼ **資産運用会社における主要な業務プロセスに内在するリスクへの対応**

主要な業務プロセス（本項においては不動産等の取得、売却、運用管理、資金調

達について述べる）における主なリスクへの対応は、以下のとおりである。これらは、社内規程および業務手順書等によりその基準・手順等が明示され、会議体議事録、決裁書（稟議書）、チェックリストへの記載、等によって記録が整備される。

① 不動産等に係る運用方針等

不動産等に係る運用の基本方針、取得・売却基準、評価基準等の明確化により、適切な投資・撤退判断を行う体制を確保する。[17]

② 不動産等の取得

不動産等の取得における主なリスクへの対応は、下記 i ないし viii のとおりである。

不動産等取得価格の妥当性の検証においては、賃料水準・空室率・割引率・投資利回り等に関する十分な調査・分析を行い、物件の個別要因を適切に価格に反映させる。また、取得の検討中に大口テナントの退去等の物件に生じた変動を識別した場合には、これを失念せずに価格に反映させる。

デューデリジェンスの委託業者については客観的基準に基づき選定を行い、デューデリジェンスの各種レポートについては提供した情報の反映状況を検証する。

i 物件情報（利害関係人等の当否を含む）の一元管理[18]
ii 取得検討（各種調査、記録の整備）の適切性[19][20]
iii 各種デューデリジェンス（物的調査、法的調査、経済的調査。以下「DD」という）の適正な実施、DD の業務委託先の適切な評価・選定[21]、DD の各種レポート[22]（不動産鑑定評価書、ER 等）の検証[23]

---

17) フォワードコミットメントや開発案件への投資についても、実務として想定されるのであれば、投資基準を整備する。
18) 利益相反の管理の観点からも物件情報の一元管理は必要であり、通例、管理簿（受付簿）が整備されている。
19) 取得検討の初期の段階から、調査・分析の記録、相手方との交渉記録等を時系列的に整備することが望ましい。
20) テナント信用調査、反社チェックも適切に実施する。
21) 通例、DD チェックリストの様式を整備し、DD 結果を記録する。
22) 客観的基準に基づき選定し、選定後も DD 実績等の業務遂行能力や情報管理等の内部管理体制を定期的に評価することが望ましい。
23) 通例、DD 業者への提供資料が記録され、受領したレポート（不動産鑑定評価書、ER 等）についてはチェックリスト等による確認が行われる。

 iv 取得価格の妥当性（賃料水準および割引率等の各種調査・分析、物件の個別要因の反映、査定方法の妥当性、等）の検証[24][25]

 v 取得によるポートフォリオへの影響の検証

 vi 取得決裁（判断・根拠の合理性、明瞭性の確保）

 vii 契約内容の確認（契約書に関するリーガルチェック、等）

 viii クロージング時の諸手続（権利証等の関係書類の受領、ポスト・クロージング事項の運用部門へ引継ぎ、等）の適切性[26]

③ 不動産等の売却

不動産等の売却における主なリスクへの対応は、下記 i ないし vii のとおりである。

リートは私募ファンドと異なり資産（不動産等）の継続保有を前提としたスキームである一方、建物の老朽化、時価の下落（減損回避）等の理由から売却検討を要する場面もある。この際、売却対象不動産の選定、売却方法（入札、相対等）の選定、売却先の選定に関し、判断根拠の合理性を確保しておく必要がある。

 i 売却検討（各種調査、記録の整備）の適切な実施

 ii 売却相手先の信用調査等

 iii 売却価格の妥当性の検証[27]

 iv 売却によるポートフォリオへの影響の検証

 v 売却決裁（判断・根拠の合理性、明瞭性の確保）

 vi 契約内容の確認（契約書に関するリーガルチェック、等）

 vii クロージング時の適切な諸手続（権利証等の関係書類の引渡し、等）の実施

④ 不動産の運用管理

不動産の運用管理における主なリスクへの対応は、下記 i ないし vi のとおりである。

上場リートでは物件別の不動産評価額が開示され、また私募リートでは各期

---

24) 通例、DD 等の調査・分析結果を含めて投資委員会等の会議体へ上程し、審議が行われる。

25) 通例、AM 価格査定を実施し、AM 査定価格と不動産鑑定評価額との比較考量を実施する。

26) 運用部門にて治癒等の適切な対応が行われる必要がある。

27) 通例、AM 価格査定を実施し、AM 査定価格と不動産鑑定評価額との比較考量を実施する。

末の不動産評価額に基づいて投資信託１口当たりの価格（基準価額）が算出されることから、期末時価を算定する不動産鑑定評価書を適切に検証することが重要であり、様式の整備等により過年度との時系列比較などに関する検証を統一的に行うことができる体制を整備しておくことが望ましい。

　ⅰ　PM会社の適切な管理・監督、定期的評価[28]
　ⅱ　各期末時点における価格調査の適切性（不動産鑑定評価書の検証）
　ⅲ　建物賃貸業務の適切性（リーシング方針の策定、テナント審査、賃貸借契約の内容確認、延滞テナントへの対応、テナント等からの苦情等への対応、等）
　ⅳ　建物修繕業務の適切性（工事計画の策定、工事業者の選定、工事内容・金額の検証、工事の進捗管理、計画外工事・緊急修繕への対応、等）
　ⅴ　建物管理業務の適切性（建物機能の維持・管理、各種法定点検等の実施、事故・苦情等への対応）
　ⅵ　ポートフォリオの適切な管理

⑤　資金調達

資金調達における主なリスクへの対応は、下記ⅰないしⅳのとおりである。

　ⅰ　資金調達に係る方針・計画の明確化
　ⅱ　資金調達方法（投資口、投資法人債、借入金）の検討
　ⅲ　規約、資金調達方針・計画等における各規定（投資口の限度額、投資法人債[29]・借入金の限度額、総資産有利子負債比率の上限、等）との整合性の検証
　ⅳ　有価証券届出書、発行登録追補書類等の必要書類の適切な提出

前述のリスクの識別・評価・対応策について、不動産の投資運用プロセスに関して、リスク・コントロール・マトリックスを用いて表現すると、次頁**図表1-7**のとおりとなる。

### ⑽　個々の不動産におけるリスクの識別・評価等

前述のリスクの識別・評価等は、業務プロセスに内在するリスクに係るものであり、換言すれば、各物件に共通のものである。一方、個々の不動産はそれぞれにリスクの状況が異なることから、物件ごとにリスクを網羅的に識別・評

---

28）業務遂行能力の十分性、内部統制の適切性、PM報酬水準の妥当性、の観点から、当初選定時評価および事後モニタリングを実施する。
29）上場リートは投資法人債を発行できるが、私募リートは投資法人債を発行できない。

図表1-7 投資運用プロセスにおけるリスクの識別・評価等（サンプル例示）

| No. | リスクカテゴリー | 業務プロセス（サブプロセス） | リスクの内容 | 固有リスク 評価 | 影響度 | 発生可能性 | リスクへの対応状況 内容 | 残余リスク 評価 | 影響度 | 発生可能性 |
|---|---|---|---|---|---|---|---|---|---|---|
| 102 | 法務リスク | ソーシング | 利害関係者からの物件情報収集であることを識別しないことにより、利益相反取引が生じるリスク | H | H | M | No.101において、「物件管理簿」の入手先情報欄に利害関係人等に該当するか否かを記入し、識別する。 | M | H | L |
| 106 | 不動産投資リスクA | 取得検討 | 取得検討物件の将来収支、割引率、投資利回り等の調査分析に係り、投資判断を誤るリスク | H | H | M | 担当者は「●●●シート」による試算に際し、●●●、●●●、等の適合性等につき確認を行う。 | M | H | L |
| 107 | 信用リスク | 取得検討 | 取引相手先、代理人の信用力、能力等が不十分なため、売買が適切に遂行されなくなるリスク | H | H | M | 担当者は、●●●に従って、取引相手先等の信用調査、業務実績調査等を行う。 | M | H | L |
| 111 | 事務リスク | DD | DD（不動産鑑定、ER、地震リスク調査、マーケットレポート、法務等）委託先への情報等の提供状況の管理が不十分なため、適正なDDレポートを取得できないリスク | H | H | M | 担当者は、資料提供前に、「提供情報管理シート」により提供資料の名称、内容、提供日等を記録し、マネジャーの検印を得る。 | M | H | L |
| 201 | 不動産投資リスクB | 運用管理 | 不動産市場の急激な変化により、減損または評価損が生じるリスク | H | H | M | 市場調査および●●●により管理を行っている。 | H | H | M |
| 202 | 財務報告リスク | 運用管理 | 減損または評価損を適切に認識しないリスク | H | H | M | 定期的な●●●を実施している。 | H | H | M |
| 210 | 信用リスク | リーシング | テナント審査が適切に実施されず、不適格なテナントが入居するリスク | H | H | H | 承認前に、信用調査を取得して審査を行う。 | M | H | L |
| 211 | 不動産投資リスクC | 建物管理 | 法定点検を怠るリスクまたは法定点検により発見された問題点の対応を怠るリスク | H | H | H | 「●●●」により管理を行っている。 | M | H | L |

価し、定期的に（重大なリスクまたは損失の発生を識別した場合には遅滞なく）報告する仕組みを整備することが必要と思われる。

　不動産の運用管理業務においては、各担当者（アセットマネジャー）および各PM会社の管理運営能力が異なることもあり、その結果として、個々の不動産ごとにリスクの識別および管理レベルに差異が生じる可能性がある。このような場合、個々の不動産に内在するリスク（たとえば、賃料収入の減少、賃料滞納、減損、ER指摘事項、PCB・アスベスト等の有害物質の含有、建物の毀損・滅失、等）を識別し、定期的および適時に見直しを行い、リスク管理部門が当該リスクへの対応状況をモニタリングすることが望ましい。

### (11) 私募リート特有のリスク（流動性リスク）

　上場リートは証券取引所を通じて投資家は通年売買が可能であるのに対し、私募リートの投資回収手段（換金手段）は投資口の払戻し、もしくは第三者への投資口譲渡のいずれかとなる。

　私募リートにも一定の流動性が確保されているものの、たとえば、不動産投資市場の急速な悪化局面では、多数の投資家から払戻請求を受ける可能性がある。私募シートの払戻価格は、前期末の不動産鑑定評価額（継続鑑定評価）に基づく基準価格により決定されるため、同価格は遅効性を有する。したがって、不動産市場が急速に悪化した際には、投資家の立場からすると、足元の時価より高い価格で払戻しを受けられると見える可能性もある。

#### ①　投資口の払戻し

　私募リートはオープン・エンド型であり、上場投資法人とは異なり、投資主は投資口の払戻しを受けることにより投資回収を行うことができる。

　一方、過剰な払戻しに応じるために保有物件の売却（現金化）を行うことは、売り急ぎによる市場実勢以下での売却の懸念や資産規模の大幅な縮小といった、払戻し請求者以外の投資主に不利益を生じさせるおそれがある。

　このため、私募リートでは多くの場合、1決算期当たりの払戻請求に一定の限度額が設けられている。またその他、払戻しによる投資主数の減少により、導管性要件を充足しないおそれがある場合など、払戻しの制限が設定されている。さらに、投資口の払戻しには所定の手数料が徴収される。

　このように、投資口の払戻しの仕組みはあるものの、払戻しの限度額や制限

事項の存在による制約のため、投資主からみた流動性の確保という点からは、必ずしも十分とはいえない設計であると思われる。

② 投資口の譲渡

投資主が保有する投資口を第三者に譲渡することで投資回収を行うことができる。譲渡者が個別の銘柄の投資ニーズを把握することは困難であるため、実務的には当該銘柄の引受証券会社等を通じて、購入希望者が探索され、投資口の数量や価格等について合意のうえ、譲渡がなされることとなる。投資口の価格をどのように設定するかは取引当事者の相対での決定事項であるが、基準価額を目安に交渉し、双方合意のもと価格が決定されるものと思われる。投資口の譲渡に際して証券会社を起用している場合には、譲渡者は手数料に相当する金額が控除された金額を得ることとなる。

このようなセカンダリーマーケットはまだ十分に整備されていないが、私募リートの市場拡大に伴い、マーケットプレイヤーも増加し、目標とする運用期間やリターンなど投資家のニーズも多様化してきており、円滑に投資口譲渡が行えるようセカンダリーマーケットの発展が期待されている。

## 7 危機管理態勢

資産運用会社は、危機に該当する事象を明確化し、対応手順を構築することが求められている。

### (1) 危機管理規程の整備

危機に該当する事象を定義し、緊急対策本部等の組織、責任と権限、報告ルート等を整備する。

### (2) 事業継続計画の整備

初動・優先継続業務等の洗い出しを実施し、事前対策・事後対策を整理し、事業継続計画（BCP（Business Continuity Plan））に取りまとめる。

実務事例としては、大規模震災、パンデミック等を対象として、被災想定シナリオを作成し、同シナリオに基づき事業継続計画を策定している事例が見受けられる。初動については役職員等の安全確認、保有物件の被災状況確認・開示、優先継続業務についてはステークホルダーからの期待分析により実施する

ことが多い。

　事業継続計画策定に際しては、通信手段の確保（資産運用会社内、資産運用会社・PM会社間の通信手段に関し一の矢二の矢の確保）、権限移譲の定め（例：平常時の権限者が不在となった場合の定め）、訓練（例：安否確認システムの操作、開示部門以外の職員が開示を行わざるをえない状況等を想定したシステム操作）等がポイントとなる。

## 8　内部監査態勢

　資産運用会社は、法令等の遵守状況や内部管理等の各種施策の機能を適宜、もしくは定期的に評価・改善するため、監査態勢の整備が求められている。

### (1)　経営陣の役割

　取締役は、内部監査の重要性を認識し、その機能が十分に発揮されるべく、独立性の高い内部監査部門の設置や人材の配置等、内部監査態勢の適切な構築を行う必要がある。

### (2)　内部監査体制の整備

#### ①　組織体制

　内部監査に係る組織体制については、一般に、内部監査部門が整備され、取締役会等がこれを支援する。内部監査規程等において、責任および権限が定められている。

#### ②　内部監査部門の設置

　内部監査は、すべての被監査部門に対して独立性を確保する必要がある。また、監査業務遂行上、必要なすべての資料等を入手・閲覧し、すべての役職員を対象として面接・質問等を行う権限を有する。これら内部監査の独立性および権限については、内部監査規程等に明記されている。

　内部監査の独立性および客観性については、資産運用会社における人的資源の制約上、内部監査専担部門を設置しない場合も多く、たとえば、コンプライアンス部門がその機能を担うケースもある。この場合、当該部門に対する内部監査については、他の管理部門が行う等の措置が採られている[30]。ただし、当該措置を講じた後においても、コンプライアンス審査機能と内部監査機能との相

克(コンプライアンス審査において事前承認した事項については、内部監査にて事後指摘しづらいというジレンマ)には留意する必要がある。

③ 監査資源の確保

実効性の高い内部監査を実施するためには、内部監査のフレームワーク・技法等に係る知識はもとより、被監査部門の業務に精通している監査要員を確保する必要がある。具体的には、監査要員には、不動産等の取得・管理・売却、資金調達、開示、金融規制に関する専門性および実務経験が求められる。しかしながら、人的資源確保上の制約がある場合には、他の管理部門より監査要員を調達したり(ただし、独立性および客観性を阻害しない場合に限る)[31]、外部専門家を利用する、等の工夫が行われる。

(3) 内部監査の一連の流れ

内部監査の一連の流れは、おおむね、監査計画の立案、予備調査、監査の実施、監査報告、フォローアップである。

(4) 内部監査計画の立案

内部監査計画には、一般に、中長期監査計画、年度監査計画、監査実施計画がある。

年度監査計画は、中長期の監査方針・重点項目に基づき、内外の経営環境の変化、経営陣の意向等を踏まえ、重点目標、監査対象、監査実施期間等について定める。

(5) 予備調査

予備調査においては、被監査部門における重要なリスクを識別し、監査対象領域の具体的な選定を行い、監査プログラムを策定する。監査プログラムは、

---

30) 監査以外のことで内部監査部門長が職責を有している職務を対象とする個々のアシュアランス業務は、内部監査部門外の者の監督下で行わなければならない。(内部監査の専門職的実施の国際基準1130．A2)と述べられている。
31) 内部監査人が過去1年以内に自らが職責を有した活動を対象として個々のアシュアランス業務を行う場合には、客観性は損なわれているものとみなされる。(同基準1130．A1)と述べられている。

具体的に監査手続（監査の方法、頻度、適用範囲等）を記載したものである。また一般には、この段階で、被監査部門に対して監査通知を発状する。

　資産運用会社の実務においては、残存リスクの大きな領域に加え、そもそも固有リスクが大きな領域（監査対象期間における利害関係人等からの不動産等の取得等）についても、監査対象とすることが望ましい。

(6)　監査の実施

　監査の実施は、承認された監査プログラムに従って行われる。具体的には文書等の閲覧、被監査部門担当者への質問、計算等の再実施等により検証を行う。事実関係に関する誤認を防止するため、被監査部門との意見交換は十分かつ慎重に行う。

　監査実施の経過および結果（入手した資料やヒアリングの結果等）については、監査証拠として監査調書に記載する。

(7)　監査報告

　監査の概要および結果（指摘事項、改善提案等）については監査報告としてとりまとめ、一般に、代表取締役社長および取締役会に報告される。監査報告は簡潔かつ明瞭（解釈の余地がない）であり、監査終了後遅滞なく行われることが望ましい。

(8)　フォローアップ

　フォローアップは、監査指摘事項等に係る改善措置の状況を確認するものであり、当該指摘事項等の優先度に応じて、フォローアップの実施時期および方法を検討する。フォローアップは、被監査部門における是正措置の着実な履行の実効性を確保するという意味において重要な機能を有する。

## COLUMN　日本の都市問題とREITの社会的役割

三菱地所株式会社
経営企画部理事　吉田　竜太
(前職：ジャパンリアルエステイトアセットマネジメント株式会社
取締役常務執行役員企画部長)

　REITの運用会社でIRを担当するようになったことで、日本列島の北から南まで色々な街を訪れるようになった。そうして訪れた街の中には、お堀に沿って立ち並ぶ武家屋敷や白壁の蔵が連なる商家の街並みなど、江戸時代の面影を残すエリアがあったりして、趣のある景観に心を惹かれると同時に、明治以降急速に姿を変えてしまった日本の風景について、色々と思いを巡らす機会にもなった。
　明治以降日本の都市を襲った激変の波は、大雑把に考えて3つあったように思う。1つ目の波は明治政府による近代化の推進と旧体制に結びついた遺物の一掃という価値観の転換を伴う大きな変動で、多くの伝統的な建造物や文化財が失われた。2つ目は太平洋戦争による戦火。主要な軍事施設や人口密集地が標的となり、各地に大きな傷跡を残した。そして3つ目は、戦後の高度経済成長期における急激な土地需要の拡大と地価の高騰で、「列島改造」という言葉に代表されるように、日本全国を舞台に開発ブームが巻き起こり、同時にスプロール化、無秩序な開発といった深刻な弊害も生まれた。

　私ごとで恐縮だが、筆者が学生時代を過ごした1970年代の終わりから1980年代にかけては、ちょうど3つ目の波（地価高騰）が社会問題としてマスコミに大きく取り上げられていた時期で、そういった都市問題を経済学の手法を使って分析し、効果的な政策のあり方を探ることに関心を持っていた。
　当時の経済環境は、経済成長率や金利水準など多くの点で現在と異なっているが、ここで都市問題という視点からその頃のことを少し思い起こしてみたい。
　当時国民生活における地価高騰の弊害として特に問題となっていたのは、土地を持つ人と持たない人との資産格差の拡大であろう。
　地価があまりに急速に上昇したため、取得資金を一所懸命貯めても、地価上昇に追いつけず、なかなか持家を取得できない状況であった。良質な賃貸住宅、特にファミリー向けの賃貸住宅の供給が非常に少なかったことも背景にあるが、「いずれは住環境に恵まれたエリアに持家を取得したい」というのが、子育て世

代の最大の願望であり、多くのサラリーマンが多額の住宅ローンを借り入れ、少しでも早く持家を手に入れようとしたため、それがさらなる地価上昇を招く結果にもつながった。

　また、上記のように住宅として利用するための土地需要（実需）に加えて、利用を前提としない投資としての土地需要（仮需）も大きく拡大していた。この背景には「地価は絶対に下がらない」という根拠のない信念（いわゆる「土地神話」）が半ば常識化したことで、投機的な土地売買も全国に拡がっていったことがある。手ごろな資金で土地が買えるということで、全く利用価値が見込めない原野を分譲する「原野商法」も、その頃かなり社会問題化していたように思う。
　こうした投機目的の土地需要の大きな問題は、土地の有効利用を阻害する点。投機目的の土地所有者は、将来タイムリーに、かつ有利な条件で売却するために、当面は空地や駐車場のような低利用の状態で保有することを選好する。その結果住宅などの実需を満たす供給が抑制されて、さらなる地価上昇を招くという悪循環が生じた。
　1970年代後半からバブル崩壊の1990年代前半までの間に、実需、仮需を含めた土地需要の急拡大によって地価は上昇を続け、6大都市では全用途で5.4倍、商業地は7.5倍にまで高騰した。
　こうした地価高騰に対応して、政府は国土利用計画法による土地取引規制や土地課税（譲渡所得課税や固定資産税、地価税等の保有課税）の強化、不動産融資規制といった様々な対策を打ち出した。

　当時、地価対策として実現しなかったものの、斬新なアイデアとして記憶に残っているのは、経済学者の野口悠紀雄氏が提案されていた「地価インデックス債」である。地価インデックス債とは資産としての土地に代わるような金融資産で、地価にスライドしてその価値が上昇していく債券。土地そのものよりも流動性が高く、保有課税の負担もないことから、土地から地価インデックス債への投資資金のシフトが起こると考えられた。
　債券の発行主体をどうするのか、債券の価格と地価をどう連動させるのか等、実現する上で解決すべき課題は少なくなかったが、土地需要を「資産として保有する需要」と、「実際に利用する需要」に分離することによって問題解決を図るという発想は、その後の不動産の証券化、REITへとつながっていくものであった。
　実際に野口氏は、その著書『土地の経済学』（日本経済新聞社・1989年）におい

て、アメリカにおけるREITを含めた不動産証券化の動向を紹介するとともに、当時大きな話題となっていた「旧国鉄跡地」の売却問題と絡めて、「国が地価インデックス債を発行して調達した資金で、旧国鉄跡地を取得・開発し、そこから得られる賃貸収入を利払いに充てる」という具体的な提案もされている。

　それではREITがその頃存在していたとしたら、上記で期待されていたような役割を果たしたであろうか。都市経済学の専門家ではないので、主観的な印象論の域を出ないのだが、ご容赦頂いて少し考察してみたい。
　まず、持家取得を目指す個人の資金運用手段としての役割だが、REITの投資口価格は、運用する不動産が稼ぎ出す賃貸収益に基づいて市場で決定され、それは住宅を含めた一般の不動産価格にも連動することから、住宅取得資金の運用に最も適した金融商品として活用されたに違いない。ただしそのためには、REIT市場全体の時価総額が一定規模以上あり、REITの商品特性等が国民一般に広く理解されていることが前提となるだろう。
　一方、問題になっていた低・未利用地の所有者が、土地を売ってREITに投資したかといえば、単純にそうなったとは思えない。土地の保有からREITの保有に誘導するためには、低・未利用地に対する保有課税の強化や土地を売ってREITを購入した場合の譲渡益課税の繰り延べといった強力な施策が必要だったように思う。
　ただし、当時「取引事例法」に偏っていた不動産の評価方法が、REITの導入に伴って「収益還元法」をベースとした評価方法にシフトしたとすれば、収益を生まない低・未利用地が低く評価されることで、土地の有効利用が促進され、地価高騰がある程度抑制された可能性もあるだろう。

　過去についてあれこれ想像を巡らすのはここまでにして、今後に期待されるREITの役割、意義について考えてみたい。
　2001年にJ-REITが誕生した背景には、①貯蓄に偏った個人の資産運用手段を多様化するために、少額の資金で賃貸用不動産への投資を可能にする金融商品を提供すること。②耐震性能をはじめとするクオリティの高い不動産に選別投資することで、良質な資本ストックの形成を推進すること。③バブル崩壊後の長期にわたる不動産価格の下落によって停滞していた賃貸不動産の取引を、新たな買い手となることで活性化し、正常化すること。といった社会的な要請にこたえるという大きな使命があった。
　こうしたREITの社会的使命のうち最後の③については、その後の不動産売

買マーケットの回復によって役割を一旦終えたと考えられるが、残りの2つについては、17年を経過した現在でもその重要性は変わっていない。

まず①については、長期化する低金利の環境を踏まえた個人、特に若年層の資産形成を考えたとき、運用手段としてのREITの有用性は一層高まっており、分散投資の一環として、いかに彼らのポートフォリオに組み入れていくかが大きな課題である。

「つみたてNISA」や「iDeCo」といった、現役層にも使い勝手の良い新たな制度も活用しながら、またインターネットやスマートフォンに慣れ親しんだITリテラシーの高い世代に、効果的に訴求できるよう創意工夫を凝らしながら、投資家層の拡大に取り組んでいく必要がある。

②に関連して思い浮かぶのは、最近関心が高まっている「空き家」の問題である。統計によれば1993年に9.8％であった日本の空き家率は、20年後の2013年には13.5％（実数は820万戸）に増加したが、その後の推計では20年後の2033年に30.4％（2,166万戸）と倍増するという。このように大量の住宅が居住の用に供されずに放置されることは、すなわち資本ストックが有効利用されていないということであり、防災、防犯、衛生などの面で周辺環境に悪影響を及ぼすことからも、新たな都市問題としてクローズアップされている。

空き家が急増する主要な原因の1つは、自宅を所有する高齢者が老人ホームなどの高齢者住宅や子供の家などに移り住んでも、今まで住んでいた家が売却されずに残るケースが多いこと。なぜ売却されないかというと、1つは相続税評価の問題で、住宅のままで相続すれば売却価格（時価）よりも低く評価されるため、売却して現預金や金融資産で相続するよりも相続税が少なくなるからである。他にも地方の過疎地や交通の不便な郊外の住宅で、そもそも買い手がつかないという要因もある。

そこで単なるアイデアに過ぎないのだが、この空き家問題をREITの仕組みを活用することで解決する方策を考えてみたい。

まず介護施設への入居や相続などで空き家となった住宅をREITが取得し、売った人には住宅の売却価格に相当するREITの投資口を交付する。必要な時に必要な額だけ投資口を売却できるので、介護施設への入居金に充当することもできるし、保有していれば分配金が入ってきて生活費の一部にも使える。このREITの投資口の相続税評価を住宅並みに引き下げる措置が講じられれば、空き家のREITへの拠出が促進されるだろう。

REITが取得した空き家は、その物件特性に応じて、あるものは建替えて賃貸し、賃貸需要が見込めないものは売却する。また、売却収入で土地を取得して老人ホーム等を建設し、賃貸することもできるだろう。
　地方の古民家の空き家であれば、リフォームを施して再生し、伝統工芸品のアトリエやギャラリー、カフェとして賃貸し、周辺エリアも巻き込んで昔の街並みを復活させるような取組みも考えられる。

　REITが誕生して以来17年の間、制度改正など関係者の真摯な取組みを通じて運用資産の多様化が進み、時価総額も10兆円を大きく超える規模にまで成長した。今後もこうした社会の要請にこたえながら、REITがさらなる進化を遂げていくことで、人々が心豊かに暮らせる街づくりが促進され、日本中のいたるところで美しい街並みに出会えるようになることを願っている。

# 第2章　不動産投資法人の上場および その後の対応

## 第1節　不動産投資法人の上場

### Ⅰ　総　　論

#### 1　上場銘柄数等の推移

　2000年11月の投信法改正により、投信法上の投資対象が不動産を含む「特定資産」に拡大されたことを受け、東京証券取引所（以下「東証」という）では、2001年3月に、不動産投資信託（REIT）の市場を開設し、不動産投資法人の発行する投資証券を金融商品市場に上場することが可能となり、2001年9月には、初のREIT銘柄として東証に日本ビルファンド投資法人とジャパンリアルエステイト投資法人の発行する投資証券が上場された。

　その後、2008年のリーマンショックを境に新規上場数の鈍化および同年10月にはニューシティ・レジデンス投資法人が民事再生手続の開始の申立てを行い、同年11月にREITとして初の上場廃止となる銘柄も出現したが、景気の回復とともに、新規上場が行われるようになっている。また、2010年2月に、エル・シー・ピー投資法人と東京グロースリート投資法人による初の不動産投資法人の合併が行われて以後、合併による再編も行われている。

---

1）　投信法2条1項、投信法施行令3条参照。
2）　正確には、投資者の資金を主として不動産関連資産に対する投資として運用することを目的とする投資信託（投信法2条3項）の発行する受益証券および投資法人（同条12項）の発行する投資証券に関する市場を開設したものである。なお、投信法上、「投資信託」には、「投資法人」は含まれないが、一般的に投資法人も含めてREITと呼ばれている。また、現在上場しているREIT銘柄はすべて投資法人の発行する投資証券（振替投資口）であることから、以下では、REITは、不動産投資法人であることを前提としている。
3）　大阪証券取引所は2003年12月、福岡証券取引所は2004年8月、ジャスダックは2004年12月に不動産投資法人市場を開設している。なお、東証は、2000年11月の投信法改正に伴い、不動産投資信託証券の上場制度を定めた「不動産投資信託証券に関する有価証券上場規程の特例」を作成し、2001年3月1日から施行している（なお、2013年7月の規則改正に伴い、「不動産投資信託証券に関する有価証券上場規程の特例」は「有価証券上場規程」第1201条の2以下に組み込まれている）。
4）　第1章第1節Ⅰ2(2)参照。
5）　2010年2月の東京グロースリート投資法人とエルシーピー投資法人の合併に始まり、2018年においても、積水ハウス・リート投資法人と積水ハウス・レジデンシャル投資法人の合併が行われ

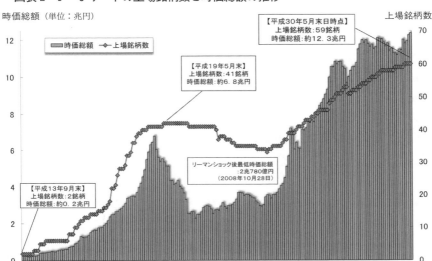

図表 2 - 1　J リートの上場銘柄数と時価総額の推移

出所：「不動産投資市場の現状について」(2018年) 参考資料 3 （3 頁）（国土交通省土地・建設産業局不動産市場整備課）

　また、東証 REIT 指数[6]は、2007年 5 月には2636ポイントに達したが、2008年には、一時683ポイント台まで下落した。もっとも、その後日本銀行による投資口の買入れ等もあり、順調に回復し、2019年 4 月では、1800ポイント台で推移している。

　上場銘柄数と REIT の時価総額の推移については、**図表 2 - 1** を参照されたい。

　2019年 3 月末現在において、金融商品取引所に上場している REIT 銘柄[7]は、東京証券取引所に63銘柄となっている[8]。

---

　　ている。
6 )　東証 REIT 指数の算出方法は、株式会社東京証券取引所発行の「東証指数算出要領（東証 REIT 指数・東証 REIT 用途別指数編）」参照。
7 )　金商法 2 条16項、80条 1 項参照。
8 )　投資法人の多くは、東証に上場していることから、本書においては必要のない限り、その発行する投資証券が東証の開設する市場に上場することを予定し、または上場している投資法人を想定することとする。

## 2　投資証券の上場

　上場とは、金融商品等を金融商品取引所の開設する金融商品市場において有価証券の売買または市場デリバティブの取引の対象とすることである。

　REITは、不特定多数の投資者からの出資を募り、当該出資金を不動産に投資・運用することを前提としているところ、運用資産である不動産は、株券等の有価証券と比較して流動性が低く、迅速に売却できないことから、投資主（投資者）による投資口の払戻請求に対して、迅速に応じることは困難であり、クローズド・エンド型をとることが一般的である。このため、不動産投資法人は、その発行する投資証券を市場に上場させることにより、投資証券の流通性・換金性を確保し、投資者が市場を通じて必要な時に容易に売却できなければ、投資証券の魅力が大きく損なわれ、不特定多数の投資者（特に個人投資者）から出資を募ることは難しくなる。

　不動産投資法人は、設立時よりその発行する投資証券の上場を目指していることが少なくないが、上場していない不動産投資法人（いわゆる私募リート）も2019年2月現在、28銘柄存在している。

## II　上場申請の準備

### 1　投資証券（振替投資口）の発行方法の選択

　上場された有価証券は、不特定多数の投資者の取引対象となることから、その流通性を確保するため、市場に一定量以上の有価証券を流通させることが求

---

9)　金融商品、金融指標またはオプションをいう（金商法84条2項1号）。
10)　不動産の売買には、購入者の探索、価格交渉、契約書の作成、登記手続等、時間・費用・労力を必要とする。
11)　「不動産投資信託は、一般的に投資者の解約請求に応じることが困難であり、クローズエンド型とならざるをえない。一方で、仮に、オープンエンド型とすると、運用資産が流出しやすくなりポートフォリオの安定性が著しく欠如することとなる」との理由から、東証の上場規程においては、「投資法人の規約……において、投資主の請求による投資口の払戻し……をしないこととされていること」が形式審査基準として設けられている（上場規程1205条2号ｊ。神山正二「不動産投資信託証券に係る上場制度の制定」商事法務1589号（2001）7頁参照）。

められる。投資法人の発行する投資証券（振替投資口[12]）も同様であり、各金融商品取引所においては、投資法人が上場する際に必要な、当該投資法人の投資主の数について、充足すべき基準が設けられている。たとえば、東証においては、当該投資法人の大口投資主を除く投資主の数が、上場の時までに1000人以上となる見込みであることが、上場申請銘柄に係る形式審査基準として設けられている（上場規程1205条2号h）。

そこで、不動産投資法人は、上場する際、①募集[13]、または②売出し[14]もしくは③募集および売出しを併用して、振替投資口を発行し、当該投資法人の大口投資主を除く投資主の数について、当該上場する市場の上場審査基準の要請する投資主の人数を満たす必要がある[15]。

## 2 基本方針の策定

上場を目指す不動産投資法人は、募集または売出しにより不特定多数の投資者が投資証券を購入することを予定していることから、上場申請の準備段階において、投資証券の購入を予定している投資者に対して説明するために、当該不動産投資法人の資産運用の投資戦略、成長戦略、財務戦略等の基本方針を策定し、確立しておく必要がある[16]。

---

[12] 各金融商品取引所の上場規程においては、投資口のペーパーレス化（投資口が指定振替機関の振替業における取扱いの対象であること、または上場の時までに取扱いの対象となる見込みのあること）が上場審査の形式要件とされている（上場規程1205条2号1等参照）。投資口のペーパーレス化とは、投資法人の発行する投資口に関する権利関係を、振替機関等（振替法2条5項）に開設された振替口座簿中の口座の記録により定まることとするものであり、ペーパーレス化された投資口（振替投資口）については、投資証券を発行することができない（同法227条1項）。もっとも、振替投資口（同法226条1項）は、金商法上、有価証券表示権利として、「投資証券」とみなされることから、以下では、不動産投資法人は、振替投資口を発行し、または発行する見込みであることを前提としつつも、特段の必要のない限り、振替投資口について「投資証券」と表現する場合がある。

[13] 募集とは、新たに発行する有価証券取得を多数の一般投資家に向かって勧誘する行為、をいう（山下=神田・金融商品取引法概説85頁。金商法2条3項参照）。

[14] 売出しとは、すでに発行された有価証券の購入を多数の一般投資者に向かって勧誘する行為をいう（山下=神田・金融商品取引法概説85頁。金商法2条4項参照）。

[15] 租税特別措置法上の利益配当の損金算入要件を満たすことも、上場の際に振替投資口を募集または売出しにより発行する理由の1つと考えられる（税特措67条の15第1項1号ロ(2)・2号ニ）。

[16] いわゆるエクイティストーリーの構築であり、その検討事項については、ARES・上場の手引き72頁以下が詳しい。

## 3 デューデリジェンスの実施

　デューデリジェンスとは、投資者（購入者）が投資判断（購入判断）を行うために必要となる事項に関する調査全般を意味し、当該調査は対象不動産に関する、法律、経営、建築、環境等にわたるものであり、通常、①法的調査、②経済的調査、③物理的調査の3つに区分される。

　不動産投資法人は、投資法人規約、資産運用会社の資産運用ガイドライン等の社内規程において、不動産の取得に関する詳細な投資基準を定めているのが通常であり、かかる投資基準に基づいて、取得を予定する物件のエンジニアリングレポート[17]、不動産鑑定評価書、弁護士による法律意見書や法務監査報告書等を取得し、投資基準に合致した物件か否かを判断した上で取得する必要がある[18]。

　また、デューデリジェンスの結果については目論見書に記載する方法等により投資者に開示する必要があり[19]、資産運用会社としても適切なデューデリジェンスを行わずに物件を取得することは、投資法人に対する善管注意義務および忠実義務違反等を構成する可能性がある[20]。

## 4　証券会社による投資証券の引受け（いわゆる「アンダーライティング」）

### (1)　有価証券の引受審査

　前述のとおり、投資証券の上場に際しては、募集、売出しが行われ、投資法人は、その募集に関する事務を第三者に委託しなければならない（投信法117条1号）。通常、投資法人は、証券会社（以下、金融商品取引業者を「証券会社」という）と引受契約を締結し、証券会社が投資証券の引受業務を行う[21][22]。

---

17)　エンジニアリングレポートは、建築物・設備等および環境に関する専門的知識を有する者が行った不動産の状況に関する調査報告書であって、通常、①建物状況調査報告書、②建物環境リスク評価報告書、③土壌汚染リスク評価報告書、④地震リスク評価報告書によって構成される（公益社団法人ロングライフビル推進協会＝社団法人日本ビルヂング協会連合会『不動産投資・取引におけるエンジニアリング・レポート作成に係るガイドライン〔2011年版〕』2頁参照）。
18)　また、後述するとおり、引受け証券会社に提出する監査法人等によるコンフォートレターも取得する必要があると考えられる。
19)　本節5(5)「目論見書の作成」参照。
20)　金商法42条1項・2項。
21)　金商法上、「引受け」とは、有価証券の募集もしくは売出しまたは私募もしくは特定投資家向

第 1 節　不動産投資法人の上場

　引受人となる証券会社は、引受けを行うにあたって証券会社自身が増資資金の払込人となるため、引受けに係るリスクを踏まえ、振替投資口が広く投資者に取得され、投資者の信頼を損ねることのないような銘柄であるか否かを適切に判断する、いわゆる「引受責任」を負っているとされる。また、投資法人の上場サポート役を担うとともに、推薦書を提出する立場から、当該投資法人が将来にわたって投資者の期待に応えられるか、当該ファイナンスが資本市場における資金調達としてふさわしいか、および、情報開示が適切に行われているか等の観点から、当該投資法人の公開適格性、企業内容および開示内容について、厳正な審査を行うことが求められている。

　また、証券会社が有価証券の引受けを行う場合、当該証券会社は売れ残りリスクを負担することから、安易な引受けは証券会社の財務の健全性を害する危険性がある上、証券会社がかかる引受けリスクを投資者に転嫁するために投資者保護に欠ける勧誘行為をなす可能性も懸念される。

　そこで、日本証券業協会は、証券会社の適正な業務の運営と投資者の保護を図るとともに、資本市場の健全な発展に資することを目的として、「有価証券

---

け売付け勧誘等に際し、金商法 2 条 6 項各号に掲げるもののいずれかを行うことと定義されており（金商法 2 条 8 項 6 号）、金商法 2 条 6 項各号は、(i)当該有価証券を取得させることを目的として当該有価証券の全部または一部を取得すること（ 1 号）、(ii)当該有価証券の全部または一部につき他にこれを取得する者がない場合にその残部を取得することを内容とする契約をすること（ 2 号）、を定めている。(i)は、のちに売り出す目的で、当該有価証券の全額を取得し投資者に売りさばく買取引受であり、(ii)は、有価証券の発行に対して応募した一般の投資者が予定発行額に達しない場合に残額について取得する残額引受である。なお、会社法上の引受人は、会社から募集株式の割当てを受けた者を意味し、金商法上の引受人とは意味が異なる。

22)　一般に、有価証券の引受けが証券会社により行われるのは、証券会社に発行市場に関する情報があり、売れ残りが発生した場合には、引受人が投資口を取得することになるため、発行会社にとって、売れ残りリスクを心配せずに有価証券を発行できることからである（服部育生『「新」証券取引法〔第 6 版〕』（泉文堂・2003）41頁、山下＝神田・金融商品取引法概説86頁参照。なお、引受けを行うに際して、引受シンジケート団が結成されることが多いが、これは、(i)販路を拡張し、また、(ii)売れ残りが発生した場合の自己の危険の分散が見込めるためである（鈴木竹雄＝河本一郎『法律学全集53　証券取引法〔新版〕』（有斐閣・1984）265頁）。

23)　買取引受（前掲注(21)参照）による場合、引受人が募集投資口をすべて取得することになるため、募集投資口の発行に際して申込者に対する通知（投信法83条 1 項）や、申込者による申込書の投資法人に対する交付（同条 3 項）は、不要である（投信法83条 9 項、会社法205条。江頭・株式会社法720頁参照）。

24)　後掲注(26)・最終報告 3 頁参照。

25)　引受規則 1 条。

の引受け等に関する規則」（以下「引受規則」という）および「有価証券の引受け等に関する規則」に関する細則（以下「引受細則」という）を定めている。引受規則が対象とする「株券等」は、投資証券を含むものとして定義されているため（同規則2条1項ホ）、これらの自主規制規則は、投資証券に対しても適用される。[26]

したがって、証券会社が投資証券の引受けを行うには、当該引受規則および引受細則に従って、引受審査を実施する必要がある。[27]

(2) 証券会社に対する資料の開示

有価証券の引受けを行う証券会社は、当該有価証券の価格の決定および投資証券の取得の申込みの勧誘にとどまらず、増資等に係る資本政策の作成、内部管理体制の整備の助言、金融商品取引所との折衝業務等の、専門的な知識に基づいたアドバイスを行うサービスを投資法人に提供することとなる。引受証券会社がこれらの業務を行うためには、相当程度の情報が必要であるため、投資法人は財務情報その他の情報を、引受審査を行うために十分な期間をおいて引受証券会社に提供する必要がある（引受細則6条1項）。[28]

投資法人が引受証券会社に提供すべき資料は、おおむね以下のとおりである。

（ⅰ）　規約（引受規則12条2項1号）

---

26)　「有価証券の引受け等に関する規則」は、金融庁内に設置された証券会社の市場仲介機能等に関する懇談会の2006年6月30日付論点整理（http://www.fsa.go.jp/singi/mdth_kon/20060630.pdf）を経て、日本証券業協会に設置された「会員における引受審査のあり方等に関するワーキング・グループ」の最終報告『会員における引受審査のあり方・MSCBの取扱いのあり方等について』がとりまとめられ（http://www.jsda.or.jp/shiryo/web-handbook/105_kabushiki/files/hikiuke4.pdf　なお、この中で、「REITに係る引受審査項目の新設」が提言されている）、2007年5月29日に全面的な改正が行われている。なお、日本証券業協会は、金商法上、「有価証券の売買その他の取引及びデリバティブ取引等を公正かつ円滑にし、並びに金融商品取引業の健全な発展及び投資者の保護に資することを目的とする」ものと規定される認可金融商品取引業協会である（金商法67条1項）。

27)　また、有価証券の引受けを行った証券会社は、使用した目論見書に不実記載があった場合や提出された有価証券届出書に不実記載があった場合に、「相当な注意」をしたにもかかわらず当該不実記載を知ることができなかったことを証明し、投資者に対する損害賠償責任を免れるためにも、適切な引受審査（デューデリジェンス）を実施する必要がある（金商法17条、21条参照）。

28)　なお、引受証券会社のうち、有価証券の元引受契約の締結に際し、当該元引受契約に係る有価証券の発行者または売出人と当該元引受契約の内容を確定させるための協議を行う証券会社として当該発行者または売出人から指名された証券会社を、主幹事証券会社という（引受規則2条9項）。

（ii）　計算書類および事業報告ならびにこれらの附属明細書（同規則12条2項2号）
（iii）　税務申告書（修正申告書および更正通知書を含む。同規則12条2項3号）
（iv）　金商法25条1項各号に規定する書類（直近の財務情報が記載されているものに限る。同規則12条2項4号）
（v）　調達資金使途（引受規則12条2項5号、引受細則7条1項）
（vi）　予想貸借対照表および予想キャッシュ・フロー表（引受細則7条2項）
（vii）　投資法人の概要（同細則7条3項）
（viii）　営業の状況と利益計画（同細則7条4項）
（ix）　経理の状況（同細則7条5項）
（x）　最近の財政状況および経営成績（同細則7条6項）
（xi）　事業等のリスクに関する検討事項（同細則7条7項）
（xii）　その他引受証券会社が必要と認める資料[29]（同細則7条8項）
（xiii）　引受審査質問回答書[30]（引受規則12条3項）
（xiv）　AUPレター、コンフォートレター[31]（同規則12条5項）

---

[29] 証券会社が必要と認める資料としては、おおむね、次の書面等が想定される（ARES・上場の手引き82頁参照）。
　(i)有価証券届出書のドラフト、(ii)投資法人の設立届出、登記申請、登録申請書類一式、投資法人規約、役員会規則等の諸規程、資産運用委託契約等の主要な契約書、役員会、投資主総会の議事録、(iii)資産運用会社の定款、資産運用ガイドラインを含む規程類、計算書類等、金融商品取引業登録申請資料一式、取締役会および株主総会の議事録、投資委員会およびコンプライアンス委員会の議事録、(iv)投資法人が保有する物件の物件概要書、重要事項説明書、登記簿謄本、鑑定評価書、レントロール、エンジニアリング・レポート、環境調査報告書、地震リスク評価書、法務デューデリジェンスに係る報告書等、主要な物件に関する契約書（信託契約、売買契約、賃貸借契約等）、(v)リーガルオピニオン、タックスオピニオン

[30] 引受規則12条3項は、「主幹事会員は、第16条から第19条までに規定する引受審査項目を審査するため、引受審査資料に記載されている事項の内容を確認する場合には、発行者に対し、当該確認すべき内容を書面により送付し、その回答を書面により受領するよう努め、必要に応じて当該発行者との間で面談を行うものとする」と定めている。

[31] コンフォートレターとは、「監査人が作成する株券等又は社債券の発行者に関する調査報告であり、記載事項、内容等について、『監査人から引受事務幹事会社への書簡』要綱（日本公認会計士協会、日本証券業協会）に準拠して作成されたもの」をいう（引受規則2条7項）。欧米での制度を参考に、1975年に日本にも導入され、実務上定着しているものである（日本公認会計士協会監査委員会報告第68号「監査人から事務幹事証券会社への書簡について」、https://jicpa.or.jp/specialized_field/pdf/00491-001416.pdf 参照）。
　引受証券会社は、届出書の重要な事項に虚偽記載がありまたは記載すべき重要な事項もしくは誤解を生じさせないために必要な重要な事実の記載が欠けていた場合には、一定の責任を負う（金商法17条、21条1項4号）。主幹事証券会社は、監査人からコンフォートレターを受領するものとされており（引受規則12条5項）、(1)有価証券届出書に記載された監査済財務諸表に関する

### (3) 引受審査項目

証券会社は社内規則として引受けの適否の判断に資する事項の審査に関する適切な規程を整備し、実質的な審査を行うことが要求されている[32]。

引受規則は引受審査における審査項目を定めており、その内容は、**図表2-2**のとおりである（引受規則16条1項2号イ〜ト、引受細則9条2項1号〜6号）。

**図表2-2　引受審査項目一覧**

| 規則 | | 細則 | |
|---|---|---|---|
| イ | 公開適格性 | 1-イ | 投資法人、資産運用会社及びその親会社等の事業の適法性及び社会性 |
| | | 1-ロ | 投資法人の執行役員、資産運用会社の経営者及びその親会社等の経営者における法令遵守やリスク管理等に対する意識 |
| | | 1-ハ | 反社会的勢力への該当性、反社会的勢力との関係の有無及び反社会的勢力との関係排除への仕組みとその運用状況 |
| | | 1-ニ | 上場するに当たっての市場の利用目的の健全性 |
| ロ | 資産運用の健全性 | 2-イ | 資産運用会社及びその親会社等との関係 |
| | | 2-ロ | 資産運用会社、その親会社等及びその他利害関係人との利益相反取引に対する牽制のための体制 |
| | | 2-ハ | 「投資信託及び投資法人に関する法律」第2条第1号に規定する特定資産の売買等に関する手続き |
| | | 2-ニ | 利害関係人との取引の必要性及び取引条件の妥当性 |

---

　信頼性、(2)有価証券届出書に記載されている非監査項目の信頼性、そして、(3)事後変動内容の確認、に関して監査人が確認を行った結果、一定の内容が記載されたコンフォートレターを取得してきた。これにより、「相当な注意を用いたにもかかわらず知ることができなかったこと」（金商法17条ただし書、21条2項3号）を主張することが、取得しない場合に比して容易になっていた。監査人と引受証券会社の責任の内容が一部明確ではなかったため、日本公認会計士協会による2016年の「『監査人から引受事務幹事会社への書簡』要綱」の改正により、明確化された（「監査人から引受事務幹事会社への書簡」要綱6条2項）。

32)　金融商品取引業者等向けの総合的な監督指針Ⅳ-3-2-2(1)は、「日本証券業協会自主規制規則『有価証券の引受け等に関する規則』等を踏まえ、発行体の財務状況及び経営成績その他引受けの適否の判断に資する事項の審査に関する適切な規程が整備され、実質的な審査が的確に行われているか。また、これらの審査結果を確実に検証できる体制が整備されているか」、と規定している。

| | | | |
|---|---|---|---|
| ハ | コーポレート・ガバナンス及び内部管理体制の状況 | 3－イ | 投資法人の執行役員及び資産運用会社の代表取締役、取締役及び取締役会の責任遂行（委員会設置会社の場合には、代表執行役及び執行役等の責任遂行をいう。）の状況 |
| | | 3－ロ | 投資法人の監督役員及び資産運用会社の監査役及び監査役会の責任遂行並びに内部監査機能（委員会設置会社の場合には、取締役会、指名委員会、報酬委員会及び監査委員会の責任遂行並びに内部監査機能をいう。）の状況 |
| | | 3－ハ | 資産運用会社の内部管理体制（運用方針、運用体制、利益相反への対策についての組織及び社内規則の体制をいう。）の運用状況 |
| ニ | 組入予定物件の投資方針との適合状況 | 4－イ | 投資方針 |
| | | 4－ロ | 組入物件の内容（関係法令への適応、物件に係る契約及びエンジニアリングレポート（建物の状況、リスク等の調査に関する報告書をいう。以下同じ。）の内容等をいう。） |
| | | 4－ハ | 取得価格及び取得の経緯 |
| ホ | 投資法人及び物件の収益見通し | 5－イ | 財政状態及び経営成績 |
| | | 5－ロ | 利益計画の策定根拠の妥当性 |
| | | 5－ハ | 成長性及び安定性 |
| ヘ | 適正な開示 | 6－イ | 投資法人及び資産運用会社の法定開示制度及び適時開示制度への適応力 |
| | | 6－ロ | ファンドの状況、物件情報、投資リスク等、開示内容の適正性、開示範囲の十分性及び開示表現の妥当性 |
| | | 6－ハ | 調達する資金の使途の適切な開示 |
| ト | その他証券会社が必要と認める事項 | | |

## 5 有価証券届出書および目論見書の作成

　不動産投資法人の発行する振替投資口は、特定有価証券に該当するため[33]、振替投資口を募集または売出しにより発行する場合には、原則として、発行者で[34]

---

33) 金商法5条1項、金商法施行令2条の13第2号、金商法2条1項11号・2項柱書。
34) 「発行者」とは、原則として有価証券を発行し、または発行しようとする者であり（金商法2条5項）、発行開示を行う義務を負うのは、「発行者」である（同法4条1項・2項）。これは、有価証券の発行者が、当該有価証券などに関する情報を最もよく知る者であるといえるからで

ある不動産投資法人が当該募集または売出しに関して、内閣総理大臣に提出するための有価証券届出書および投資家に交付するための目論見書を作成する必要がある[35]。有価証券届出書による開示は、有価証券の発行に際して行われる開示であり、発行開示の1つである[36][37]。

なお、開示書類を提出すべき時期については、特に定めはないが、有価証券届出書の効力発生時期との関係で取引規制があるため、留意が必要となる[38]。

### (1) 特定有価証券について

個々の投資者が、有価証券に対する投資判断を合理的に行うために必要な様々な情報を自ら収集することは困難であるため、金商法は、投資者の投資判断の基礎として必要な有価証券の価格形成に影響を与えるべき一定の重要な情報を投資者に強制的に開示させる制度を設けている[39]。しかし、個々の投資者が投資判断をする際に必要となる情報は、個々の有価証券の性質に応じて異なることから、その開示規制も、有価証券の性質に応じて異なっている。

この点、有価証券の発行者自身の信用力とは切り離された資産をその価値の裏付けとする、いわゆる資産金融型証券は、①資産金融型証券に対する投資者[40]

---

る。ただし、資産金融型有価証券については、有価証券の発行者が必ずしも当該有価証券について有益な情報を有しているとは限らないため、発行者とは別の者を「発行者」に含めることとしている（金商法2条5項括弧書、金融商品取引法第2条に規定する定義に関する内閣府令（以下「定義府令」という）14条2項。山下=神田・金融商品取引法概説98頁）。

35) なお、不動産投資法人の有価証券届出書は、管轄を有する財務局長に提出することとなる（特定有価証券開示府令10条1項柱書・1項3号）。

36) 金商法5条1項。金商法4条1項ないし3項に基づく届出書を、以下、「有価証券届出書」という。なお、不動産投資法人など、有価証券の発行者が会社以外の者である場合には、金商法5条は直接適用されず、同法27条に基づき、同法5条の規定が準用されることとなるが、以下では同法27条の引用は割愛する。

37) 有価証券届出書は、発行市場における証券の適正な価格形成を確保する機能を有するのに対して、目論見書は、それと並んで投資者に対し自己が取得しようとしている証券の内容を明らかにし、投資判断に資する機能を有しているため、記載事項が有価証券届出書と全く同一というわけではない。

38) 後述(3)参照。

39) 山下=神田・金融商品取引法概説69頁、神崎克郎=志谷匡史=川口恭弘『証券取引法』（青林書院・2006）（以下「神崎=志谷=川口」という）139頁。

40) 資産金融型証券には様々なものがあるが、多数の投資者から資金を集めて専門的に管理・運用するもの（集団投資スキーム）として、投資信託の受益証券や投資法人の投資証券、ファンド持分（民法上の組合、匿名組合、投資事業有限責任組合、有限責任事業組合等の持分）等がある。

第 1 節　不動産投資法人の上場　107

にとっては、発行者自身の情報よりも、その価値の裏付けとなっている資産の内容やその運用管理の状況、あるいはそれらを証券化するためにいかなる仕組みが用いられているかといった情報こそが重要である。また、②資産金融型証券では、証券発行の主体が必ずしも開示すべき必要な情報を有しているとは限らないため、その主なものを「特定有価証券」として掲げ[41]、その実体・特性に合わせて[42]、開示内容や様式を詳細に定めている[43]。

　たとえば、不動産投資法人の発行する振替投資口は、特定有価証券のうちの内国投資証券に該当し、有価証券届出書の様式は、特定有価証券開示府令10条1項3号において規定されている「第4号の3様式」に従うこととなる。同様式では、内国投資証券に特有の事項も掲げられており、ファンド情報として、ファンドの状況、財務ハイライト情報、内国投資証券事務の概要、投資法人の詳細情報の項目が、投資法人の詳細状況として、投資法人の追加情報、手続等、管理および運営、関係法人の状況、投資法人の経理状況、販売および買戻しの実績が記載事項とされている。

　なお、内国投資証券の有価証券届出書の形式には、記載すべき情報をすべて直接に記載する完全開示方式のほかに、一定の期間にわたって継続開示を行っている不動産投資法人について[44]、当該継続開示情報を利用して記載を簡略化する方式として組込方式[45]と参照方式[46]が認められている[47]。いずれの方式においても、

---

　　また、特定の資産を企業本体から切り離し、そのキャッシュ・フローや資産価値を裏付けとして投資者に証券等を発行することにより流動化を図り資金調達を行うもの（資産流動化証券）として、資産の流動化に関する法律（平成10年法律105号）に基づいて設立された特定目的会社の優先出資証券や特定社債等がある（山下＝神田・金融商品取引法概説236頁）。
[41]　山下＝神田・金融商品取引法概説237頁。
[42]　金商法5条1項、金商法施行令2条の13、特定有価証券開示府令8条参照。
[43]　これに対して、株式や社債に代表される企業金融型証券は、その発行者である企業自身が資金調達の主体であり、その発行によって投資者から得られた資金を自らの営む事業に投じて収益を上げ、そこから配当や償還のかたちで投資者への還元を行っている証券であるので、発行者である企業自体の価値を基礎に置いて発行されるものといえる。そのような企業金融型証券の開示内容については、発行者である企業およびその企業の属する企業グループの財務状況、事業の状況、コーポレートガバナンスの状況などの情報の開示に、重点が置かれている（山下＝神田・金融商品取引法概説235頁）。
[44]　金商法5条5項・1項、特定有価証券開示府令10条1項3号。
[45]　組込方式とは、有価証券届出書に、ファンド情報などとして直近の有価証券届出書とその添付書類、当該有価証券報告書提出後に提出される四半期報告書・半期報告書、およびこれらについての訂正報告書の写しを綴じ込み、かつ当該有価証券報告書提出後に生じた事実のうち内閣府令

証券情報については記載しなければならないが、ファンド情報等については、継続開示に関する書類を参照すべき旨を記載すれば足りるため、参照方式のほうが、組込方式よりも簡素化の程度が進んでおり、実務上も参照方式を採用する例が多い。ただ、当該継続開示が行われた時点と有価証券届出書提出時点では時間的な間隔があることから、その間の変化に関する情報を補完するために、添付書類に加えて、有価証券報告書提出日後に発生した重要な事実の内容を記載した書類の添付を求めている[48]。また、参照方式においては、不動産投資法人の最近の傾向についての一覧性を高めるために、不動産投資法人の目的および基本的性格ならびに主要な経営指標の推移を的確かつ簡明に説明した書面の添付が要求される[49]。

---

で定める事項について記載する方式である（金商法5条5項・3項、特定有価証券開示府令11条の2）。組込方式による場合、証券情報については記載しなければならないが、ファンド情報等については、追完情報を付した上で上記各書類を組み込むことで足りる（特定有価証券開示府令11条の2第3項1号、4号の3の2様式）。なお、組込方式を利用するには、1年以上（同府令11条の2第1項）、正式な継続開示の様式（同府令11条の2第2項1号、7号の3様式）により有価証券報告書を提出している必要がある。

46) 参照方式とは、直近の有価証券届出書およびその添付書類ならびに当該有価証券報告書提出後に提出される四半期報告書・半期報告書・臨時報告書、ならびにこれらについての訂正報告書を参照すべき旨を記載することで、ファンド情報等の記載に代える方式である（金商法5条5項・4項、特定有価証券開示府令11条の3）。なお、参照方式を利用するためには、組込方式を利用しようとする場合の要件に加えて、当該継続開示に関する情報（条文上は、金商法5条1項2号に関する情報）がすでに公衆に広範に提供されているものとして、当該届出者が発行者である有価証券の取引所金融商品市場における取引状況に関して内閣府令で定める基準に該当する必要がある（金商法5条5項・4項2号、特定有価証券開示府令11条の3第4項1号）。具体的には、特定有価証券開示府令11条の3第4項1号において、当該不動産投資法人の発行する内国投資証券に関する市場取引について取引総額や時価総額が一定以上であることなどが基準として定められている。

47) 完全開示方式による有価証券届出書の記載のうち、「ファンド情報」と「投資法人の詳細情報」（金商法5条5項・1項2号）は、有価証券報告書等によって継続開示される情報と共通しているため、ある程度の継続開示がなされていれば、投資者はそれらの情報を容易に取得することができるし、すでに市場においても当該情報が織り込まれた上で価格形成がされていると考えられ（近藤=吉原=黒沼・金融商品取引法入門142頁）、新しい情報があるとしても、すでに開示されている情報に適切な補正を加えれば情報開示としては十分であり、それによって情報の質を下げることもないと考えられる。また、重複する部分の作成を省略することができれば、届出者にとってもコスト削減につながり、便利である（以上につき、山下=神田・金融商品取引法概説109頁）。以上により、このような記載の簡略化が認められるのである。

48) 特定有価証券開示府令12条1項3号ニ。

49) 特定有価証券開示府令12条1項3号ホ。以上の点につき、近藤=吉原=黒沼・金融商品取引法入門139頁参照。

## (2) 有価証券届出書の訂正

募集・売出しの届出の日以後、その届出が効力を生ずる日以前に、以下のアないしウが発生した場合には、届出者は自発的に訂正届出書を内閣総理大臣に提出しなければならない。[50]

> ア　届出書類に記載すべき重要な事項の変更
> イ　公益または投資者保護のために内容を訂正する必要があるものとして内閣府令で定める事情[51]
> ウ　届出者が訂正を必要とするものがあると認める事情

## (3) 有価証券届出書の効力発生

### a) 原則

有価証券の募集または売出しに関する届出は、内閣総理大臣が有価証券届出書を受理した日から15日を経過した後に、その効力を生ずる。[52]この期間は一般に「待機期間」と呼ばれており、内閣総理大臣による届出書の審査期間であるとともに、投資者による投資判断を行うための熟慮期間としての意味を持っている。[53]

### b) 待機期間の短縮

例外として、届出書類（有価証券届出書やその添付書類ならびに訂正届出書）

---

[50] 金商法7条、特定有価証券開示府令13条各号。このような訂正は自発的訂正と呼ばれるが、これらの事情があるときは、訂正届出書を提出しなければならないのであって（罰則規定として金商法200条2号）、提出しないときには、内閣総理大臣は届出書類に記載すべき重要な事項の記載が不十分であるとして、また、重要な記載が欠けているとして、訂正届出書の提出を命ずることになろう（金商法9条、10条。近藤＝吉原＝黒沼・金融商品取引法入門155頁）。

[51] 特定有価証券開示府令13条は、①当該有価証券届出書提出日前に発生した当該有価証券届出書またはその添付書類に記載すべき重要な事実で、これらの書類を提出する時にはその内容を記載することができなかったものにつき、記載することができる状態になったこと、②当該有価証券届出書またはその添付書類に記載すべき事項に関し重要な事実が発生したこと、③金商法5条1項に掲げる事項で当該有価証券届出書に記載しなかったものにつきその内容が決定したこと、が定められている。

[52] 金商法8条1項。

[53] 近藤＝吉原＝黒沼・金融商品取引法入門153頁。また、訂正届出書が提出された場合（金商法7条）には、当該訂正届出書が受理された日から新たに待機期間が計算され（同法8条2項）、訂正届出書の提出が命令された場合（同法9条1項、10条1項）には、内閣総理大臣が指定した期間を経過した後に届出の効力が生ずる（同法9条2項、10条2項）。いずれの場合も、訂正届出書によって訂正された情報についての審査期間・熟慮期間を取るためである（山下＝神田・金融商品取引法概説115頁）。

の内容が公衆に容易に理解されると認める場合、または当該届出者についての企業情報[54]がすでに公衆に広範に提供されていると認める場合には、内閣総理大臣は、短縮した待機期間を指定し、または届出の当日もしくは翌日に効力を発生させることができる[55]。これらの場合には、審査も容易であるし、熟慮期間を長く取らずとも、一般投資者が当該募集・売出し等について理解することが可能と考えられるからである[56]。

具体的には、金融庁総務企画局より公表されている、有価証券の開示に関する一般的な留意事項に関する「企業内容等の開示に関する留意事項について（企業内容等開示ガイドライン）」では、次のような場合が示されている。なお、金融庁総務企画局より公表されている「特定有価証券の内容等の開示に関する留意事項について（特定有価証券開示ガイドライン）」の冒頭において、特定有価証券の開示に関する一般的な留意事項については企業内容等開示ガイドラインを参照するものとされている。

> ア　組込方式や参照方式によって有価証券届出書を提出した場合、待機期間をおおむね7日とすることができる（企業内容等ガイドライン8-2①②③）。
> イ　有価証券届出書の証券情報に関する事項に係る訂正届出書の提出があった場合には、待機期間を1日とする（企業内容等開示ガイドライン8-4イ）。
> ウ　発行価格もしくは売出価格または利率が未定であるものであって有価証券届出書の証券情報に関する事項に係る訂正届出書の提出につき、次に掲げる場合には、当該訂正届出書の提出またはその翌日にその届出の効力を生じさせるものとする（企業内容等開示ガイドライン8-4ロ）。
> 　(ア)　当該有価証券の取得等の申込みの勧誘時において発行価格等に係る仮条件を投資者に提示し、当該有価証券に係る投資者の需要状況を把握した上で発行を行う場合
> 　(イ)　企業内容等開示府令2号の4様式により有価証券届出書を提出して募集または売出しを行う場合
> エ　証券情報以外の情報に関する事項に係る訂正届出書の提出があった場合は、原則として、待機期間を3日とする（企業内容等開示ガイドライン8-4ニ）。

上記ウ(ア)の例外は、ブックビルディング方式による発行など、市場の動向を[57]

---

54)　金商法5条1項2号参照。
55)　金商法8条3項。
56)　山下=神田・金融商品取引法概説116頁。
57)　ブックビルディング方式については、後述III 4(2)参照。

見ながら、時価または時価に近い価格で不動産投資法人の振替投資口を発行しようとする場合の日程の短縮に意味を持っている。このような発行は不動産投資法人の振替投資口の発行時にも多く見られるが、このような場合には、発行価格等の事項を記載しないで有価証券届出書を提出することが認められ、その内容が決定したときに訂正届出書を提出すべきとされている[58]。しかし、原則に従って訂正届出書が受理された日から再び待機期間が開始するのでは、時価にできるだけ近い価格で証券を発行するという時価発行の目的が達成されないので、当該訂正届出書の提出日またはその翌日に届出の効力が発生する取扱いとし、発行価格等の決定および訂正届出書の提出と届出の効力発生との間に時間的間隔が開かないようにされている[59]。[60]

### (4) 発行開示と取引規制

　有価証券の募集・売出しは、いずれも有価証券を投資者に取得させる前段階の行為であるが[61]、これらの行為は、発行者が必要な届出を行った後でなければ行うことができないとされる[62]。これは、有価証券届出書の公衆縦覧によって、有価証券の投資判断に必要な重要な情報が完全に開示されるまでは、勧誘行為を認めないとする趣旨である。

　また、発行者、有価証券の売出しをする者、引受人、金融商品取引業者、登録金融機関、または金融商品仲介業者は、募集・売出し等について届出の効力が発生しているのでなければ、当該有価証券を取得させ、または売り付けてはならない[63]。これは、上述した待機期間を、投資者に対して投資判断のための熟慮期間とする趣旨である。

---

58)　金商法5条5項・1項ただし書、特定有価証券開示府令11条。
59)　金商法7条1項、特定有価証券開示府令13条3号。
60)　近藤=吉原=黒沼・金融商品取引法入門154頁。
61)　有価証券の「募集」概念の基礎は「投資者が取得の申込みをするよう勧誘すること」であり、有価証券の「売出し」概念の基礎は「投資者に向けて売付けの申込み、または取得の申込みの勧誘をすること」である。
62)　金商法4条1項ないし3項。
63)　金商法15条1項。

## (5) 目論見書の作成

### a) 交付目論見書・請求目論見書

　目論見書とは、有価証券の募集もしくは売出し、適格機関投資家取得有価証券一般勧誘（有価証券の売出しに該当するものを除く）または特定投資家等取得有価証券一般勧誘（有価証券の売出しに該当するものを除く）のために当該有価証券の発行者の事業その他の事項に関する説明を記載する文書であって、相手方に交付し、または相手方からの交付の請求があった場合に交付するものをいう[64]。

　不動産投資法人の振替投資口を募集または売出しにより発行する場合には、原則として、有価証券届出書が提出されることとなり、振替投資口の発行者たる不動産投資法人は、目論見書を作成しなければならない[65]。そして、当該投資口を募集または売出しにより取得させ、または売り付けようとする者（発行者、売出しをする者、引受人、金融商品取引業者、登録金融機関または金融商品仲介業者）は、直接投資者に対して、遅くとも当該取得または売付けと同時に目論見書を交付しなければならない[66]（この目論見書は「交付目論見書」といわれる）。これは、有価証券の発行開示について正規の手続が踏まれている限り、有価証券の募集・売出しが行われている段階ではすでに有価証券届出書が提出されており、投資者はそれを縦覧することが可能であるものの、金融商品取引法は、そのような間接開示にとどまらず、直接投資者に対して情報そのものを交付させることによって、投資者による情報の入手をより容易にしようとしているのである[67]。

　さらに、当該振替投資口を取得しようとする投資者からの請求が行われた場合にも、目論見書を交付しなければならない[68]（この目論見書は「請求目論見書」

---

64) 金商法2条10項。
65) 金商法13条1項前段。
66) 金商法15条2項。なお、交付を受けるべき者の承諾を得ている場合における電子情報処理組織を使用する方法によって目論見書の記載事項を提供することができる（金商法27条の30の9第1項）。
67) 山下＝神田・金融商品取引法概説120頁。なお、有価証券届出書について訂正届出書が提出されたときには、当該事項について記載された目論見書を作成し、交付しなければならない（いわゆる「訂正目論見書」。金商法15条4項）。
68) 金商法15条3項、金商法施行令3条の2。

といわれる)。これは、様々な投資者のニーズに合わせて情報提供できるようにするためのものである。[69]

#### b) 届出仮目論見書

金商法13条1項の規定による目論見書であって、届出の効力が生じる日前に行う有価証券の募集または売出しのために使用される目論見書を、届出仮目論見書という。[70]

募集または売出しの届出後は勧誘行為等をすることができるが、届出の効力発生後に用いられることを前提とした届出目論見書は、その際には用いえない。しかし、だからといって、不適切な内容の文書が自由に使われることも好ましくなく、また投資勧誘を円滑に行うためには目論見書が必要となることが多いため、届出の効力発生前において、届出目論見書とその主要部分を同じくする届出仮目論見書の作成および使用が許容される。もっとも、届出仮目論見書は、その使用を強制されるものではない。[71]

## III 上場手続

### 1 金融商品取引所への上場

#### (1) 上　場

前述のとおり、上場とは、金融商品等を金融商品取引所の開設する金融商品市場において、有価証券の売買または市場デリバティブの取引の対象とすることである。金融商品取引所は、振替投資口の発行者である投資法人およびその資産の運用に係る業務の委託を受けた資産運用会社から新規上場の申請がなされた場合、当該投資法人、その発行する投資証券および資産運用会社が上場審査基準を満たすか否かを審査し、当該投資証券を上場させるか否かを決定する。

---

69) なお、交付目論見書と請求目論見書の交付にあたっては、同時にまたは、1冊に合冊したものを交付することができる（総合ディスクロージャー研究所監修=小谷融編著『金融商品取引法におけるディスクロージャー制度〔2訂版〕』（税務研究会・2010）632頁)。
70) 特定有価証券開示府令1条19号。なお、届出が効力を生じた日以後において使用する目論見書を届出目論見書という（特定有価証券開示府令1条18号)。
71) 以上につき、近藤=吉原=黒沼・金融商品取引法入門187頁。

第2章　不動産投資法人の上場およびその後の対応

　上場審査を経て、投資法人および資産運用会社は、金融商品取引所に不動産投資信託証券上場契約書[72]を提出し、上場が承認されることになる。
　一般に、上場することにより、振替投資口に関する定期的な決算情報の開示や、業績等に影響を与える事項の適時開示が行われるとともに、取引が当該上場する金融市場に集中し、また、当該市場外で行われている取引についても売買価格、売買数量の開示が要求される。これにより、振替投資口に高度の市場性が付与され、円滑な流通と、公正な価格形成が期待できることになる。また、増資が容易になる等、資金調達面で有利な立場に立ちうるほか、社会的な信用が高まるという利点があると考えられる[73]。
　他方、その発行する振替投資口を上場させようとする投資法人およびその資産運用会社は、後述するとおり、上場審査を経なければならない上、上場後には、金商法上の開示規制のほかに、当該振替投資口が上場する金融商品取引所の業務規程、有価証券上場規程、その他の規則およびこれらの取扱いに関する規定等の規制を受けるといった負担も伴うこととなる[74][75]。

(2)　上場と、証券会社および監査法人

　振替投資口の上場は、投資法人、資産運用会社、証券会社および監査法人（または公認会計士）の共同作業によって初めてなしうるものである。証券会社が上場にあたって主に行う業務は、前述のとおり、上場準備指導および振替投

---

72)　投資法人が、「取引所が現に制定している及び将来制定又は改正することのある業務規程、有価証券上場規程、その他の規則及びこれらの取扱いに関する規定（以下「諸規則等」という。）のうち、当社（又は当投資法人）が上場申請し、上場される不動産投資信託証券（以下「上場不動産投資信託証券」という。）に適用のあるすべての規定を遵守すること」（第1項）、「諸規則等に基づいて、取引所が行う上場不動産投資信託証券に対する上場廃止、売買停止その他の措置に従うこと」（第2項）、および、「今後、取引所に不動産投資信託証券を上場するについても、この度上場する不動産投資信託証券と同様に、前2項に定めるところに従うこと」（第3項）、をその内容とする（東証HP掲載の不動産投資信託証券上場契約書参照）。上場契約は、「新規上場申請に係る不動産投資信託証券の上場日にその効力を生ずる」とされる（上場規程1203条2項）。
　　　　上場契約書の法的性質については、インベストメント昭和40年1月号92頁、鈴木=河本・前掲注(22)427頁参照。また、上場契約書における条項の内容の変遷につき、同書426頁参照。
73)　これに対し、投機の対象になるリスクに加え、敵対的買収の対象となるリスクも存在する。
74)　これらの規定が変更された場合、上場投資法人と金融商品取引所の権利関係が自動的に変更されると考えるか否かについては、議論がある（インベストメント昭和40年1月号84頁以下参照）。
75)　東証HP掲載の不動産投資信託証券上場契約書1項参照。

### 図表2-3　上場までのスケジュール概要

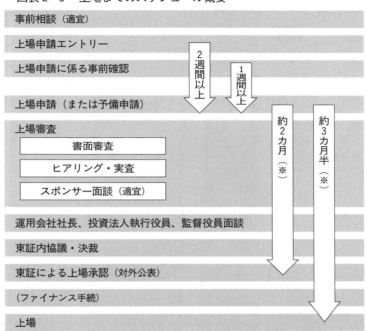

※標準的な日程を示すものであり、十分な事前相談がなされている場合などには日程を短縮することが可能ですのでご相談ください。

出所：東京証券取引所 HP「REIT（投資証券）上場の手引き」3頁

資口の引受けである。

　証券会社には、いわゆる主幹事証券会社と幹事証券会社があり、上場準備に関わる上場準備指導業務、および上場審査の対応業務を行うのは、主幹事証券会社の役割である。

### (3)　上場手続の流れ

　投資口が上場されるまでの東証におけるスケジュール概要は、**図表2-3**のとおりである。

## 2　金融商品取引所への上場申請

### (1)　事前相談、事前申請

　振替投資口を上場するためには、各金融商品取引所の定める業務規程等に従った上場審査を受ける必要があり、その前提として、上場申請の際に、当該上場審査基準を満たす内容の書面を上場しようとする市場を開設する金融商品取引所に提出する必要がある。[76]投資法人およびその資産運用会社は、主幹事証券会社や監査法人の協力を得ながら、また、金融商品取引所に対して事前に相談しながら準備することによって、上場審査をより円滑に進めていくことができる。

　上場申請（予備申請）にあたっては、幹事取引参加者が上場申請の2週間前までに上場申請のエントリーを行う。そして、上場申請を行う1週間以上前の段階で主幹事証券会社と金融商品取引所の間において、次の事項についての事前確認が行われる。

- 投資法人の仕組み、投資方針、コンプライアンス体制およびスポンサー企業の概要
- 反社会的勢力排除のための体制等
- その他主幹事証券会社との契約関係等

### (2)　上場申請前の投資証券発行の留意事項

　投資証券の上場申請日の6カ月前の日以後上場申請日までの間に投資証券を公募によらずに発行している場合、当該投資証券に係る投資者は、上場日以後6カ月を経過する日まで当該投資証券を所有する旨の確約書の提出を求められる。[77][78]

---

[76]　上場規程1204条以下参照。

[77]　上場日以後6カ月を経過する日が投資口発行の効力発生日から1年を経過していない場合、当該効力発生日から1年が経過する日までの期間。

[78]　上場規程1208条、上場規程施行規則1220条1項・4項。かかる規制の趣旨は、上場前に特定の投資主が有利な投資機会を得ることで、一般投資者に不公平感を与えるような状況となることを防止することにある（2004年8月17日付東証公表に係る『不動産投資信託証券に係る上場制度の整備』に寄せられたパブリック・コメントの結果について、https://www.jpx.co.jp/files/tse/rules-participants/public-comment/data/040817js-re.pdf）。具体的には、上場後の初値は、

このため、投資法人は、当該投資証券の発行日を上場申請予定日の6カ月よりも前の日とすることのほか、すでに当該期間内に投資証券を発行している場合には、ロックアップに関する確約書の取得の可否を検討する必要がある。

### (3) 上場申請書の提出

新規上場における上場申請は、投資法人および資産運用会社が、金融商品取引所に対する上場申請書の提出により行う[79]（上場規程1204条1項）。資産運用会社が上場申請書の提出者となるのは、投資法人の資産の運用に係る業務の委託を受けた資産運用会社も、上場のために必要となる対外的事務を行うことが要求される趣旨であると考えられる。

東証の場合、上場承認を想定する日から起算して60日以上前の日を上場申請日として上場申請書を提出し[80]、このほか、各種上場申請書類をも併せて提出する必要がある[81]。

### (4) 上場申請書類

上場申請者は上場申請にあたって、上場審査のために金融商品取引所に対して上場申請書とともに一定の書類を提出する必要がある[82][83]。

## 3 上場審査および上場審査基準

### (1) 上場審査の目的

金融商品取引所は、当該有価証券の上場が、公正な価格の形成および適正な

---

私募段階での価額よりも高値が付くことが多く（日本証券業協会「会員におけるブックビルディングのあり方等について」（2007）資料3参照）、このような場合に、上場直前の私募で投資口を取得した投資者が上場時に公開価格で当該投資口を売却した場合には、上場時の公募または売出しで投資口を取得した投資者が損害を被る可能性があるため、私募により取得された当該投資口につき一定期間の譲渡を行わない旨のロックアップ契約を締結する等の対応が必要となる。

79) 金融商品取引所所定の様式による。
80) 東証HP掲載の「REIT（投資証券）上場の手引き」（https://www.jpx.co.jp/equities/products/reits/listing/01.html）参照。
81) 東証の場合、上場申請書類が揃わない場合、予備申請を行い、必要書類は上場承認予定日の14日以上前の日までに提出することも可能とされている。
82) 上場規程1204条、上場規程施行規則1202条、1203条。
83) 前掲注(80)・「上場の手引き」8頁以下に、提出必要書類、部数、提出時期および提出の根拠規定の一覧表が掲載されている。

流通の保持を容易にし、公益または投資者保護のため必要かつ適当であるか否かに重点をおいて、上場審査を行う[84]。具体的には、上場規程に定められた形式要件および実質審査基準に適合するか否かについての確認が行われることになる。実質審査は、形式要件を充足する見込みのある者に対して行われる。

以下では、上場審査の概要について説明する。

### (2) 形式審査（上場規程1205条）

形式審査として、次の各事項について審査が行われる。

| a） 財務数値に関する基準 | ①不動産等の組入れ比率（上場規程1205条2号a・b）<br>②純資産総額（上場規程1205条2号e）<br>③資産総額（上場規程1205条2号f） |
|---|---|
| b） 投資証券の流動性の確保に関する基準 | ①上場投資口口数（上場規程1205条2号d）<br>②大口投資主の所有比率（上場規程1205条2号g）<br>③投資主の数（上場規程1205条2号h） |
| c） 適正な開示を担保するための基準 | ①適時開示に関する助言契約（上場規程1205条2号c）<br>②財務諸表の適正性（上場規程1205条2号i(a)・(b)） |
| d） 投資証券の市場流通の安定性を確保するための基準 | ①証券保管振替機構による取扱い見込み（上場規程1205条2号l）<br>②名簿管理人の条件（上場規程1205条2号m） |
| e） その他投資者保護に関する基準 | ①一般社団法人投資信託協会への加入（上場規程1205条1号）<br>②投資口の払戻しをしないことが投資法人の規約に記載されていること（上場規程1205条2号j）<br>③営業期間が6カ月以上（上場規程1205条2号k） |

### (3) 実質審査（上場規程1206条）

実質審査基準では、次の4要件を充足しているか否かが審査され、より具体的な基準は、「上場審査等に関するガイドライン」[85]Ⅷが定めている。

　a） 投資口の新規上場を申請した者が、当該投資口に関する情報の開示を適正に

---

84) 鈴木=河本・前掲注(22)427頁。
85) 東証のHPで公表されている（http://jpx-gr.info/rule/tosho_regu_201305070042001.html）。

行うことができる状況にあること。
　b）　投資口の新規上場を申請した者が、資産の運用等を健全に行うことができる状況にあること。
　c）　新規上場申請銘柄に係る金銭の分配または収益の分配が上場後継続して行われる見込みのあること。
　d）　その他公益または投資者保護の観点から、その上場が適当でないと認められるものでないこと。

## 4　発行価格の決定[86]

### (1)　有価証券届出書提出から上場日までの流れ

　投資法人の発行する振替投資口の上場承認から、上場までの手続は、次のaからnまでのとおりである。

　この中で特に問題となるのが、発行価格の決定方法である。発行価格の決定方法として、ブックビルディング方式が採用されている。(2)以下において、ブックビルディング方式について説明する。

　　a　金融商品取引所の上場承認
　　b　募集投資口発行に関する投資法人の役員会決議（条件価格未定）
　　c　有価証券届出書を財務局へ提出（想定発行価格（仮条件）の開示）
　　d　ロードショーの実施期間
　　e　発行価格および売出しの条件決定に関する役員会決議
　　f　仮条件価格帯提示
　　g　訂正有価証券届出書（第1回）提出
　　h　ブックビルディング（需要の申告）の実施期間
　　i　発行価格および売出価格決定等に関する役員会決議
　　j　訂正有価証券届出書（第2回）提出（発行価格の開示）
　　k　有価証券届出書効力発生
　　l　投資証券の取得の申込の期間
　　m　払込期日
　　n　上場日（売買開始日）

---

86)　いわゆる、公開価格である。

## (2) ブックビルディング方式

ブックビルディング方式とは、引受証券会社が、あらかじめ機関投資家等の意見を参考に当該投資口に対する需要の予測を行い、それらをもとに発行価格を決定する方式である。[87] わが国では、1992年7月に転換社債の発行において初めて採用され、1996年12月に株式の新規募集の際にも採用され、現在では、定着した発行価格の決定方式となっている。[88]

### a) 想定発行価格の算定

主幹事証券会社は、収益規模や成長性、資産内容から企業価値の理論価格を算出することになるが、類似会社比準方式等による他投資法人との比較評価、収益還元方式の評価等も参考にされる。さらに主幹事証券会社は、かかる理論価格をベースにして、一定のディスカウントを付し想定発行価格を決定する。[89]

そして、募集および売出しに関する役員会の決議がなされ、有価証券届出書が提出される。[90] 有価証券届出書の提出により、投資証券の取得の申込みの勧誘が可能となる[91]（金商法4条1項）。

### b) 仮条件の価格帯の決定

有価証券届出書の提出後、想定発行価格をベースに複数の機関投資家に対し

---

87) 河本一郎=大武泰南『金融商品取引法読本〔第2版〕』（有斐閣・2011）535頁。
88) ブックビルディング方式は、欧米では一般に採用されている方式であるとされる。日本では、かかる方式を導入する以前は、類似会社比準方式、入札方式が採用されていたが、それぞれに問題があり、現在ではブックビルディング方式が一般的に採用されている。しかしながら、ブックビルディング方式にも問題がないわけではなく、(i)需要申告期間において、シンジケート団を形成している複数の引受証券会社に対して重複して投資者が申告を行っている例があるとの指摘、(ii)投資者からの申告がないのに申告があったものとして証券会社が主幹事証券会社に報告する、いわゆる空積みの問題等の指摘がなされている（日本証券業協会・前掲注(78)参照）。なお、証券会社には、かかる同一の需要に基づく重複申告、投資者の需要に基づかない申告と明らかに認められるものを需要の集計から排除すること等が義務付けられている（引受細則14条1項2号）。
89) あくまでも想定発行価格であり、実際に発行される際の発行価格とは異なる。想定発行価格は、有価証券届出書に発行価額の総額を記載するために利用される数値であり、最終的に発行価額が確定した段階で、有価証券届出書の内容を訂正することになる。
90) 役員会の議事録は、有価証券届出書を提出する際の添付書類であるため（金商法5条5項・6項、特定有価証券開示府令12条1項1号ロ）、役員会の決議は、有価証券届出書の提出までに行う必要がある。なお、発行価格の記載は未定であっても受理される（金商法5条5項・1項ただし書、特定有価証券開示府令11条1号の3。内国投資証券の定義については、特定有価証券開示府令1条2号の2ロ参照）。
91) 有価証券届出書の効力が発生する日（金商法8条1項・2項）までは、当該投資口を投資者に取得させることはできない（同法15条1項）。したがって、有価証券届出書の効力発生日までの間は、有価証券の取得の申込みの勧誘は行えるものの、取得させることはできない。

て、自投資法人の財務状況等の説明を行う。かかるプロセスを一般に、ロードショーと呼ぶ。その後、主幹事証券会社は、当該機関投資家に対して、投資証券の発行価額の妥当性、申込予定投資口数等の意見を聴取する。

主幹事証券会社および投資法人は、ロードショーの実施により、想定発行価格の妥当性を検討するとともに、機関投資家の投資証券に対する実際の需要から[92]、協議の上[93]、仮条件の範囲[94]を決定する。

c) ブックビルディングの実施

仮条件を決定した後、投資家からの購入希望投資口口数および購入希望価格を調査する。投資家が示す需要を、シンジケート団を形成する各引受証券会社が主幹事証券会社に報告し、主幹事証券会社は各報告を集計し、当該投資口についての投資家の需要を把握する[95]。

ブックビルディングの期間は、数日から1週間程度である。

d) 発行価格（初値）の決定

主幹事証券会社は、ブックビルディングの結果（申込投資口口数、最多申込価格帯等）や市場の状況を総合的に勘案し、発行価格を決定する。かかる発行価格について、主幹事証券会社は投資法人と協議、調整し[96]、最終的に合意された価格が、投資法人の役員会において、発行価格として決定される[97]。これにより、一定の範囲の仮条件の記載にとどまっていた有価証券届出書上の発行価格の記

---

92) 具体的には、(i)募集または売出しに係る投資証券の発行者の事業内容、財政状態および経営成績、(ii)有価証券に対する投資に係る専門的知識および経験を有する者の意見、ならびに(iii)その他仮条件の決定に関し参考となる資料および意見、を総合的に勘案して決定する（引受細則14条1項イ(1)ないし(3)）。

93) 一定の範囲を定めるのは、募集期間中の需要の変動に対応するためである。

94) 仮条件を役員会の決議により決定した後に、第1次の有価証券届出書の訂正届出書を提出する（金商法7条、特定有価証券開示府令13条3号参照）。

95) 各引受証券会社から主幹事証券会社に対して需要を報告する際、投資者の顧客名を主幹事証券会社に伝えることは困難であり、どの投資者がどの引受証券会社に対して申告したかまで把握できない。そのため、重複申告を完全に排除できず、ブックビルディング方式の問題点の1つとして指摘されている（日本証券業協会・前掲注(78) 8頁参照）。

96) かかる協議は、日本証券業協会の規則上、引受証券会社の義務とされている（引受規則25条1項）。

97) なお、主幹事証券会社が元引受契約の締結にあたり付与を受ける、募集または売出しに係る株券等と同一銘柄の株券等を当該株券等の発行者または保有者（外国株信託受益証券の募集または売出しを行う場合においては、金商法施行令2条の2第3号に規定する受託有価証券となる外国株券の保有者をいう）より取得することができる権利を、「グリーンシューオプション」という（引受規則2条21項）。

載欄の記載内容が決定されるため、第2次の有価証券届出書の訂正届出書を提出することとなる（金商法7条、特定有価証券開示府令13条3号）。

そして、有価証券届出書の効力発生日をもって、投資家に対して投資口を取得させることが可能となる（金商法15条）。投資口は、上場日を投資証券の売買開始日として、金融商品取引所を舞台として取引される。

## 5　オーバーアロットメント手続

ブックビルディング方式とは別に、引受証券会社が募集または売出しに係る投資証券について、当該募集または売出しの予定数量のほかに同一条件で追加的に売出しを行うことを、「オーバーアロットメント」という（引受規則2条20項）。主幹事証券会社は、あらかじめ発行会社の大株主等から株券を賃借して当該売出しを実施するが[98]、かかる投資証券の返還に必要な投資証券を主幹事証券会社に取得させるために、主幹事証券会社を割当先とする第三者割当てによる新投資口の発行を投資法人の役員会で決議しておくことがある[99]。

## 6　振替投資口とする手続

前述のとおり、投資証券の新規上場を申請する場合には、当該投資法人の発行する投資口について、ペーパーレス化されていることが上場審査の形式要件とされている[100]。

現在、指定振替機関[101]は、株式会社証券保管振替機構（以下「機構」という）のみであるため、投資法人が発行する投資口を、指定振替機関の振替業における取扱いの対象とするためには、機構の振替業務規程等に従う必要がある[102]。

---

98) ただし、オーバーアロットメント手続を実施しないこともある。
99) 通常、かかる投資口の第三者割当では、主幹事証券会社が投資法人から投資口を取得するか否かの選択権を有するもの（いわゆる「グリーンシューオプション」）と定められる。このほか、オーバーアロットメントを行った引受証券会社が、募集または売出しの申込期間が終了した後に、当該オーバーアロットメントにより生じたショートポジションの数量を減少させるために行う当該引受証券会社の計算による当該募集または売出対象有価証券の買付け（シンジケートカバー取引。同規則2条22項）を行うことがある。
100) 前掲注(12)参照。
101) 上場規程2条42号、振替法2条2項参照。
102) 振替投資口についての新規記録、振替等の各手続については、振替株式における各手続と基本的には同様の手続とされており、振替投資口に固有の手続については、機構の振替業務処理要領2章17節に説明がなされている（振替業務処理要領2章17節以下参照）。

## (1) 投資法人の同意等

　振替機関は、あらかじめ発行者から当該振替機関において取り扱うことについて同意を得た投資口でなければ、取り扱うことができない[103]。そこで、投資口を発行する投資法人（投資主名簿等管理人が代理する場合を含む）[104]は、機構に対して、当該同意をする必要がある。

　また、当該同意は、原則として金融商品取引所が上場を承認する日[105]に、所定の同意書および添付書類のドラフト版を機構に提出しなければならないとされる[106]。そして、投資法人が、その発行する投資口について機構が取り扱うことに同意しようとするときは、投資法人、引受主幹事証券会社および投資主名簿管理人は、振替法228条により読み替えて準用される同法131条1項の通知（当該投資口の投資主または登録投資口質権者（以下「投資主等」という）への新規記録に係る一定の日等の通知（以下「特別口座開設等通知」という））をしようとする日の2週間程度前の日までに、機構に対し、新規記録に係る手続日程案等の所定の事項を定めた書面（取扱開始事前連絡票）により連絡しなければならないとされ[107]、機構は、当該通知を受けたときは、投資法人、引受主幹事証券会社および投資主名簿管理人と協議により、取扱いを開始しようとする投資口の投資主数等を踏まえて、新規記録に係る手続日程を定めるとされている[108]。また、投資法人がその投資口について振替法13条1項の同意を与えるには、設立企画人全員の同意または執行役員の決定によらなければならず、執行役員の決定については役員会の承認を受けなければならない（振替法226条2項・3項）。

## (2) 新規記録手続

　特別口座開設等通知を受けた投資主等は、口座管理機関に口座を開設している場合にはその口座を、自己の口座を開設していない場合には新たに口座管理

---

[103]　振替法13条1項、振替業務規程7条1項、振替業務規程施行規則3条参照。
[104]　投信法166条2項8号。
[105]　機構において取扱い対象とする投資口は、金融商品取引所に上場されている投資口または上場する予定の投資口のうち、金融商品取引所による上場承認が行われているものとされている（振替業務規程6条8号）。
[106]　振替業務処理要領2章17節前文、2節第1の1(1)c参照。
[107]　振替業務処理要領2章17節前文、2節第1の1(1)a参照。
[108]　振替業務処理要領2章17節前文、2節第1の1(1)b参照。

機関に口座を開設し、自己が口座を開設した口座管理機関を通じて、投資法人（または投資主名簿管理人）に対して自己の口座を通知する。

これに対して、当該投資主が自己の口座を通知しなかった場合には、当該投資主の口座については投資口の発行者である投資法人によって、特別口座が開設される。

投資法人は、新規記録の際には、機構に対して投資主から通知を受けた口座および自己が開設した特別口座を通知し、当該通知された口座に、振替投資口に関する記録がなされることとなる。

## 第2節　上場後の対応

### I　総　　論

　不動産投資法人の発行する投資口が金融商品市場に上場された場合、当該投資口を発行する不動産投資法人およびその資産の運用に係る業務の委託を受けた資産運用会社は、金融商品取引法に基づく開示規制、上場している市場を開設している金融商品取引所による自主規制に服することとなる上、当該資産運用会社は、一般社団法人投資信託協会（以下「投資信託協会」という）の会員として、投資信託協会の自主規制に服することとなる。

　また、上場投資法人等は、その発行する振替投資口の上場を維持するために、上場している金融商品取引所の上場廃止基準に抵触しないよう留意しなければならない。

　なお、前述のとおり、上場投資法人の発行する投資口は、振替制度の対象とされていることから、投信法の特別法としての振替法の適用を受けることとなるため、振替法の規定にも留意する必要がある。

### II　金融商品取引法に基づく開示規制

#### 1　概　　要

　金融商品市場がその機能を十分に発揮するためには、金融商品市場に上場し

---

1)　特別法とは、一般法の対象とするある事項と同じ事項について、特定の場合または特定の人もしくは特定の地域を限って、一般法と異なる内容を定めた法令をいう（法制執務研究会編『新訂ワークブック法制執務〔第2版〕』（ぎょうせい・2018）45頁）。振替法は、投資口の発行者が、その発行する投資口を振替機関において取り扱うことに同意した場合に限り適用される点において（振替法13条1項等）、投信法の特別法にあたると考えられる。振替法が適用されることにより、投資口に関する権利の帰属は、振替機関等に開設された振替口座簿中の口座の記録により定まることとなり（同法226条1項）、投資証券の発行は禁止される（同法227条1項）。

2)　金融商品市場の機能は、国民の有価証券による資産運用と企業の有価証券の発行による長期安

ている有価証券について投資判断をする際に必要な情報が適切に投資者に開示され、金融商品市場の公正性と健全性に対する投資者の信頼が確保される必要がある。そこで、金融商品取引法が、法定開示制度を設けて有価証券の発行者に情報の開示を強制していることは、前述したとおりである。

まず、上場投資法人は、金商法の開示規制により、その発行する振替投資口に関する有価証券報告書[3]を各営業期間[4]経過後3カ月以内に、関東財務局長に提出しなければならない[5]。また、内閣府令で定める重要事実[6]が発生した場合には、その内容を記載した報告書（臨時報告書）を、遅滞なく、関東財務局長に提出しなければならない[7]。なお、営業期間が6カ月を超える期間である場合には、半期報告書も関東財務局長に提出する義務が生じる[8]。

また、上場投資法人の発行する振替投資口の保有者で、その振替投資口の保有割合が5％を超え大量保有者となった者は、原則としてその日から5営業日以内に、大量保有に係る情報を、財務局長等に提出しなければならない[9]。

## 2　有価証券報告書の開示項目

有価証券報告書については、前述のとおり、その「特定有価証券」の実態・特性に応じて記載内容が定められており、内国投資証券の場合、特定有価証券開示府令7号の3様式に従うこととなる。なお、その記載内容は、有価証券届出書（4号の3様式）の記載内容とほぼ同様の内容となっている。

---

定資金の調達とを適切かつ効率的に結び付けることによって、国民経済の発展に資することにある等といわれる（東京証券取引所上場部編『2018年8月版東京証券取引所会社情報適時開示ガイドブック』25頁参照）。

3）　金商法24条5項・1項、特定有価証券開示府令22条1項3号。なお、不動産投資法人の発行する振替投資口など、その発行する特定有価証券が、金商法24条1項各号に掲げる有価証券のいずれかに該当する場合には、同条5項に基づき、同条1項〜4項の規定が準用されることとなるので、以下では、同条5項の引用は割愛する。

4）　特定有価証券開示府令23条1号参照。

5）　提出された有価証券報告書等は、EDINETにより公衆の縦覧に供される（http://disclosure.edinet-fsa.go.jp/）。

6）　特定有価証券開示府令29条1項・2項参照。

7）　金商法24条1項、24条の5第4項、特定有価証券開示府令29条1項・2項参照。

8）　金商法24条1項、24条の5第3項・1項、特定有価証券開示府令28条1項3号参照。

9）　大量保有府令2条1項参照。

## 3　臨時報告書の提出事由・記載内容等

　上場投資法人が臨時報告書を提出すべき場合は、下表のとおりである。左欄に掲げた各場合の区分に応じ、右欄に定める事項を記載した臨時報告書3通を作成して、関東財務局長に提出しなければならない。[10]

| 臨時報告書の提出事由 | 記載事項 |
|---|---|
| ①　当該上場投資法人の発行する振替投資口と同一の種類の振替投資口の募集[11]または売出し[12]を本邦以外の地域において行う場合[13] | イ　当該振替投資口の名称<br>ロ　発行数または売出数<br>ハ　発行価格または売出価格<br>ニ　発行価額の総額または売出価額の総額<br>ホ　引受人または売出しをする者の氏名または名称<br>ヘ　募集または売出しをする地域<br>ト　発行年月日または受渡年月日<br>チ　振替新投資口予約権にあっては、イからトまでに掲げる事項のほか、次に掲げる事項<br>　(1)　振替新投資口予約権の目的となる投資証券の内容および口数<br>　(2)　振替新投資口予約権の行使に際して払い込むべき金額<br>　(3)　振替新投資口予約権の行使期間<br>　(4)　振替新投資口予約権の行使の条件<br>　(5)　振替新投資口予約権の譲渡に関する事項 |
| ②　主要な関係法人[14]の異動[15]が | イ　当該主要な関係法人の名称、資本金の額および |

---

10) 金商法24条の5第4項、特定有価証券開示府令29条1項・2項参照。
11) 均一の条件で50名以上の者を相手方として行うものに限る。
12) 金商法2条4項に規定する「有価証券の売出し」であり、均一の条件で50名以上の者を相手方として行うものに限る。以下同じ。
13) 当該募集または売出しに係る振替投資口と同一の種類の振替投資口の募集または売出しが、本邦以外の地域と並行して本邦において開始された場合であって、その本邦における募集または売出しに係る有価証券届出書または発行登録追補書類に本邦以外の地域において開始された募集または売出しに係る表右欄に掲げる事項を記載したときを除く。
14) 「関係法人」とは、ファンドの資金を運用する法人またはファンド、信託財産、管理資産、特定信託財産もしくは組合等財産に関し業務上密接な関係を有する法人をいい（特定有価証券開示府令12条1項1号ハ）、「ファンド」とは、投資信託証券の発行者が当該投資信託証券の所有者のために主として有価証券、不動産その他の特定資産（投信法2条1項）に対する投資として運用する財産をいう（特定有価証券開示府令1条9号）。なお、投資信託証券には、内国投資証券も含まれる（同府令1条2号・2号の2ロ）。
15) 関係法人であった法人が関係法人でなくなること、または関係法人でなかった法人が関係法人

| | |
|---|---|
| 当該上場投資法人における業務執行決定期間により決定された場合[16]または主要な関係法人の異動があった場合[17] | 関係業務の概要<br>ロ　当該異動の理由およびその年月日 |
| ③　当該上場投資法人の運用に関する基本方針、運用体制、投資制限もしくは利子もしくは配当の分配方針について、重要な変更があった場合[18] | イ　変更の内容についての概要<br>ロ　当該変更の年月日 |
| ④　当該上場投資法人の発行する振替投資口に係るファンド等に係る重要な災害[19]が発生し、それがやんだ場合で、当該重要な災害による被害が当該ファンド等の運用実績に著しい影響を及ぼすと認められる場合 | イ　当該重要な災害の発生年月日<br>ロ　当該重要な災害が発生した場所<br>ハ　当該重要な災害により被害を受けた資産（有価証券を除く）の種類および帳簿価額ならびにそれに対し支払われた保険金額<br>ニ　当該重要な災害による被害が当該ファンド等の運用実績に及ぼす影響 |
| ⑤　当該上場投資法人に対し訴訟が提起され、当該訴訟の損害賠償請求金額が、当該上場投資法人の発行する振替投資口に係るファンド等の最近特定期間の末日における純資産額の100分の15以上に相当する額である場合または当該上場投資法人に対する訴訟が解決し、当該訴訟の解決による損害賠償支払金額が、当該ファンド等の最近特定期間の末日における純資産額 | イ　当該訴訟の提起があった年月日<br>ロ　当該訴訟を提起した者の名称、住所および代表者の氏名（個人の場合においては、その氏名および住所）<br>ハ　当該訴訟の内容および損害賠償請求金額<br>ニ　当該訴訟の解決の場合には、次に掲げる事項<br>　(1)　訴訟の解決があった年月日<br>　(2)　訴訟の解決の内容および損害賠償支払金額 |

になることをいう。

16) 当該主要な関係法人の異動の決定を表右欄に掲げる事項とともに記載した有価証券届出書（その訂正届出書を含む）をすでに提出した場合を除く。

17) 当該主要な関係法人の異動が当該上場投資法人における業務執行等決定機関により決定されたことについて臨時報告書もしくは表右欄に掲げる事項とともに記載した有価証券届出書をすでに提出した場合または当該主要な関係法人の異動を表右欄に掲げる事項とともに記載した有価証券届出書をすでに提出した場合を除く。

18) 当該変更があったことを表右欄に掲げる事項とともに記載した有価証券届出書をすでに提出した場合を除く。

19) 当該ファンド等の当該災害による被害を受けた資産（有価証券を除く）の帳簿価額が当該ファンド等の最近特定期間の末日における純資産額（資産の総額から負債の総額を控除して得た額（控除してなお控除しきれない金額がある場合には、当該控除しきれない金額はないものとする）をいう）の100分の3以上に相当する額である災害をいう。

| | |
|---|---|
| の100分の3以上に相当する額である場合 | |
| ⑥ 当該上場投資法人の資産の額が、当該上場投資法人の最近特定期間の末日における純資産額の100分の10以上増加することが見込まれる吸収合併（投信法147条1項）もしくは当該上場投資法人の営業収益が、当該上場投資法人の最近特定期間の営業収益[20]の100分の3以上増加することが見込まれる吸収合併または当該上場投資法人が消滅することとなる吸収合併に係る契約の締結が、当該上場投資法人の役員会により承認された場合 | イ　当該吸収合併の相手方となる投資法人についての次に掲げる事項<br>　(1)　商号、本店の所在地、執行役員の氏名、出資総額、純資産の額、総資産の額ならびに資産運用の対象および方針<br>　(2)　最近3年間に終了した各特定期間の営業収益、営業利益、経常利益および純利益<br>　(3)　主要投資主（投資主（投信法2条16項）のうち、その有する投資口（同法2条14項）の口数の多い順に5名をいう）の氏名または名称および発行済投資口（同法77条の2第1項）の総口数に占める当該主要投資主の有する投資口の口数の割合<br>　(4)　当該発行者との間の資本関係、人的関係および取引関係<br>ロ　当該吸収合併の目的<br>ハ　当該吸収合併の方法、吸収合併消滅法人（投信法147条1項1号）となる投資法人の投資口1口に割り当てられる吸収合併存続法人（同法147条1項1号）となる投資法人の投資口の口数または金銭の額その他の吸収合併契約の内容<br>ニ　吸収合併に係る割当ての内容の算定根拠[21]<br>ホ　当該吸収合併の後の吸収合併存続法人となる投資法人の商号、本店の所在地、執行役員の氏名、出資総額、純資産の額、総資産の額ならびに資産運用の対象および方針 |
| ⑦ 新設合併（投信法148条1項）に係る契約の締結が、当該上場投資法人の役員会により承認された場合 | イ　当該新設合併における当該上場投資法人以外の新設合併消滅法人（投信法148条1項1号）となる投資法人についての次に掲げる事項<br>　(1)　商号、本店の所在地、執行役員の氏名、出資総額、純資産の額、総資産の額ならびに資産運用の対象および方針<br>　(2)　最近3年間に終了した各特定期間の営業収益、営業利益、経常利益および純利益 |

---

[20] 当該上場投資法人の特定期間が6カ月である場合にあっては、最近の連続特定期間（連続する2特定期間をいう）における各特定期間の営業収益の合計額をいう。

[21] 当該発行者または当該吸収合併の相手方となる投資法人以外の者が当該吸収合併に係る割当ての内容の算定を行い、かつ、当該発行者が当該算定を踏まえて当該吸収合併に係る割当ての内容を決定したときは、当該吸収合併に係る割当ての内容の算定を行った者の氏名または名称を含む。

| | |
|---|---|
| | (3) 主要投資主の氏名または名称および発行済投資口の総口数に占める当該主要投資主の有する投資口の口数の割合<br>(4) 当該発行者との間の資本関係、人的関係および取引関係<br>ロ　当該新設合併の目的<br>ハ　当該新設合併の方法、新設合併消滅法人となる投資法人の投資口1口に割り当てられる新設合併設立法人（投信法148条1項2号）となる法人の投資口の口数または金銭の額その他の新設合併契約の内容<br>ニ　新設合併に係る割当ての内容の算定根拠[22]<br>ホ　当該新設合併の後の新設合併設立法人となる投資法人の商号、本店の所在地、執行役員の氏名、出資総額、純資産の額、総資産の額ならびに資産運用の対象および方針 |
| ⑧　当該上場投資法人、当該上場投資法人の発行する振替投資口に係るファンド等の主要な関係法人に係る民事再生法の規定による再生手続開始の申立て、会社更生法の規定による更生手続開始の申立て、破産法の規定による破産手続開始の申立てまたはこれらに準ずる事実（以下「破産手続開始の申立て等」という）があった場合 | イ　当該破産手続開始の申立て等を行った者の名称、住所および代表者の氏名[23]<br>ロ　当該破産手続開始の申立て等を行った年月日<br>ハ　当該破産手続開始の申立て等に至った経緯<br>ニ　当該破産手続開始の申立て等の内容 |
| ⑨　当該上場投資法人に債務を負っている者および当該上場投資法人から債務の保証を受けている者（以下「債務者等」という）について手形もしくは小切手の不渡り、破産手続開始の申立て等またはこれらに準ずる事実があり、当該上 | イ　当該債務者等の名称、住所、代表者の氏名および資本金または出資の額（個人の場合においては、その氏名および住所）<br>ロ　当該債務者等に生じた事実およびその事実が生じた年月日<br>ハ　当該債務者等に対する債権の種類および金額ならびに保証債務の内容および金額 |

---

22) 当該発行者または当該発行者以外の新設合併消滅法人となる投資法人以外の者が当該新設合併に係る割当ての内容の算定を行い、かつ、当該発行者が当該算定を踏まえて当該新設合併に係る割当ての内容を決定したときは、当該新設合併に係る割当ての内容の算定を行った者の氏名または名称を含む。

23) 個人の場合においては、その氏名および住所とし、当該破産手続開始の申立て等を行った者が当該発行者である場合を除く。

| | | |
|---|---|---|
| | 場投資法人の発行する振替投資口に係るファンド等の最近特定期間の末日における純資産額の100分の3以上に相当する額の当該債務者等に対する売掛金、貸付金、賃料その他の債権につき取立不能または取立遅延のおそれが生じた場合 | ニ　当該事実が当該ファンド等の管理、運用または処分に及ぼす影響 |
| ⑩ | 当該上場投資法人の発行する振替投資口に係るファンド等の財政状態、経営成績およびキャッシュ・フローの状況に著しい影響を与える事象[24]が発生した場合 | イ　当該事象の発生年月日<br>ロ　当該事象の内容<br>ハ　当該事象の損益に与える影響額 |
| ⑪ | 当該上場投資法人の発行する振替投資口に係るファンド等の管理、運用または処分に関して、当該上場投資法人、当該上場投資法人の発行する振替投資口に係るファンド等の主要な関係法人に対し、登録の取消または業務の停止の処分その他これらに準ずる行政庁による法令に基づく処分（これらに相当する外国の法令に基づく処分を含む）があった場合 | イ　当該処分の年月日<br>ロ　当該上場投資法人、その主要な関係法人または当該信託および当該処分を行った行政庁の名称<br>ハ　当該処分の内容<br>ニ　当該処分が当該ファンド等の管理、運用または処分に与える影響 |
| ⑫ | 当該上場投資法人の解散または解散等の決議[25]に関する議案を提案することが、当該上場投資法人における業務執行等決定機関により決定された場合（⑥、⑦の場合を除く） | イ　当該解散等の年月日<br>ロ　当該解散等に係る決定に至った理由<br>ハ　法令に基づき当該解散等に係る決定に関する情報を当該上場投資法人の発行する振替投資口の所有者に対し提供している場合または公衆の縦覧に供している場合には、その旨 |

---

24) 財務諸表等規則8条の4に規定する重要な後発事象に相当する事象であって、当該事象の損益に与える影響額が、当該ファンド等の最近特定期間の末日における純資産額の100分の3以上かつ最近5特定期間における純利益（当該発行者の特定期間が6カ月である場合にあっては、最近の5連続特定期間（連続特定期間（最近の連続特定期間を含む）の開始日の前日に終了するものに限る）における合計後純利益（1の連続特定期間における各特定期間の純利益の合計額または純利益および純損失の合計額（当該合計額が零を上回る場合に限る）をいう））の平均額の100分の20以上に相当する額になる事象をいう。
25) 投資主総会または受益者集会の決議その他これらに準ずるものをいう。

## 4 大量保有報告

　大量保有報告制度とは、ある銘柄の有価証券を大量に保有する投資者に情報開示義務を課す制度であり、2007年1月1日に証券取引法施行令が改正され[26]、投資証券等もその対象となった[27]。

　たとえば、上場投資法人が発行者である振替投資口または振替新投資口予約権の保有者は、当該振替投資口または振替新投資口予約権に係る株券等保有割合[28]が5％を超える場合、「大量保有者」として、大量保有者となった日から5営業日以内[29]に、取得資金に関する事項、保有の目的等を記載した報告書（以下「大量保有報告書」という）を、財務局長等に提出しなければならない[30]。また、大量保有報告書を提出した後も、株券等保有割合が1％以上増加または減少した場合や大量保有報告書で開示した事項の中で重要とされた事項に変更が生じた場合には、変更報告書を提出しなければならず[31]、当該提出した大量保有報告書または変更報告書に誤りがあることを認識した場合には訂正報告書を提出する必要がある[32]。

　大量保有者は、大量保有報告書もしくは変更報告書またはこれらの訂正報告書（以下「大量保有報告書等」という）を提出したときは、遅滞なく、これらの写しを当該上場投資法人と当該投資証券が上場されている金融商品取引所に送付する必要があり[33]、当該提出された大量保有報告書等は、金融商品取引所で備え置かれるとともに、財務局と金融商品取引所によって5年間公衆縦覧に供されることとなる[34]。

---

26) 平成18年12月8日政令377号。なお、当該証券取引法施行令の改正は、「証券取引法等の一部を改正する法律（平成18年法律65号）」の段階的施行に伴い、証券取引法施行令および関係府令のうち、公開買付制度・大量保有報告制度の見直しに係る部分について所要の改正を行うものである。

27) 金商法27条の23第1項・2項、金商法施行令14条の4第1項3号、14条の5の2第4号。なお「投資証券等」とは、投資証券および外国投資証券で投資証券に類する証券をいう（金商法施行令1条の4第1号柱書）。

28) 金商法27条の23第4項。

29) 日曜日、行政機関の休日の日数は、算入しない（金商法27条の23第1項、金商法施行令14条の5）。

30) 金商法27条の23第1項、大量保有府令2条・1号様式参照。

31) 金商法27条の25第1項、金商法施行令14条の7の2。

32) 金商法27条の25第3項。なお、いずれの報告書もEDINETによる提出が義務付けられている（金商法27条の30の2、27条の30の3）。

33) 金商法27条の27第1号。

## 5 フェア・ディスクロージャー

### (1) 制度導入の背景

わが国では、上場会社等の株式等の発行者による適時の情報開示を求めるルールとして、金商法による臨時報告書制度や、証券取引所規則による適時開示制度が整備されているほか、インサイダー取引規制など、情報管理にまつわる規制が存在していた。一方で、公表前の投資者の投資判断に重要な影響を及ぼす情報を発行者が第三者（たとえば、アナリスト）に提供する場合に、当該情報が他の投資家へも公平に提供されることを確保するルール（以下「フェア・ディスクロージャー・ルール」という）は定められていなかった。これを受け、2017年、通常国会において、フェア・ディスクロージャー・ルールが金商法において規定された[35]（金商法27条の36）。

### (2) 制度の概要

上場投資法人の資産運用会社またはその役員、代理人、使用人その他の従業者が、その業務に関して、取引関係者に、未公表の重要情報を伝達する場合には、当該伝達と同時に、当該重要情報を公表しなければならない。また、当該重要情報の伝達時には伝達した情報が重要情報に該当することを知らなかった場合には、重要情報に該当することを知った後、速やかに、当該重要情報を公表しなければならない。

ここで、「重要情報」とは、「当該上場会社等の運営、業務又は財産に関する公表されていない重要な情報であって、投資者の投資判断に重要な影響を及ぼすもの」と規定されている。どのような情報をかかるルールにのっとって管理する必要があるかについては、投資法人ごとに異なり得るが、金融庁は、「金融商品取引法第27条の36の規定に関する留意事項について」（いわゆる、フェア・ディスクロージャー・ルールガイドライン）を公表することで、一定の指針を与えている[36]。投資法人が上場した際には、かかるガイドラインも参考にし、

---

34) 金商法27条の28第1項・2項、大量保有府令20条・21条参照。
35) かかる法改正を受け、金融商品取引法第2章の6の規定による重要情報の公表に関する内閣府令（平成29年内閣府令54号）が定められた。
36) なお、かかるガイドラインの策定にあたっては、パブリックコメント手続が実施されており、かかる結果は、金融庁のHPの平成30年2月6日付報道発表資料に掲載されている。

重要情報の管理を適切に行うことが必要になる。[37]

また、「取引関係者」とは、当該投資法人の資産運用会社を除く金融商品取引業者、登録金融機関、信用格付業者、投資法人、専門的知識および技能を用いて有価証券の価値等または金融商品の価値等の分析・評価を行い、特定の投資者に当該分析・評価の内容の提供を行う業務により継続的な報酬を受けている者、高速取引行為者等（金商法27条の36第1項1号、重要情報公表府令4条）、および、上場会社等の投資者に対する広報に係る業務に関して重要情報の伝達を受ける、当該投資証券の保有者、適格機関投資家、有価証券に対する投資を行うことを主たる目的とする法人その他の団体、上場会社の運営、業務または財産に関する情報を特定の投資者等に提供することを目的とした会合の出席者をいう（金商法27条の36第1項2号、重要情報公表府令7条）。

重要情報が公表されていないと認められるときには、当局より、当該重要情報の公表その他の適切な措置をとるべき旨の指示をすることができる（金商法27条の38第1項）。また、公益または投資者保護のために必要かつ適当であると認めるときには、重要情報を公表した者もしくは公表すべきであると認められる者もしくは参考人に対し参考となるべき報告もしくは資料の提出を命じ、または当該職員をしてその者の帳簿書類その他の物件を検査させることができることとされている（金商法27条の37）。

## III　金融商品取引所による自主規制

### 1　概　　要

金融商品取引所は、内閣総理大臣の免許を受けて金融商品市場を開設する金融商品会員制法人または株式会社である。[38]金融商品取引所は、金融市場の機能

---

37) 公平性の担保が目的の制度であるため、インサイダー取引規制の対象となる情報および公表前の確定的な（年度および四半期の）決算情報が対象になると思われる。

38) 金商法2条16項、80条1項、87条の6第1項参照。金融商品取引所（証券取引所）の組織形態については、従来、会員制法人の形態しか認められていなかったが、21世紀を展望した金融サービスに関する基盤整備として、内外の金融環境の変化に対応し、活力ある金融・証券市場を実現する観点から、証券取引法の一部が改正され、2000年12月1日より、株式会社形態が導入された（平成12年法律96号）。金融商品取引所が株式会社形態をとった場合には、環境の変化あるいは市

の確保を図るため、上記金商法に基づく情報開示規制とは別に、自主規制ルールを定め、その開設する金融商品市場に振替投資口を上場している上場投資法人等に対して、投資者の投資判断に影響を与える振替投資口の情報について適時開示を義務付けている[39]。また、各金融商品取引所の定める上場審査基準や上場廃止基準、投資法人および資産運用会社と締結する上場契約を通じて、上場投資法人等に対して投信法よりも一歩進んだ内部体制・運用体制を求めているといえる。

そして、上場投資法人等が、金融商品取引所の定める適時開示義務等の自主規制ルールに違反した場合、当該金融商品取引所は、その定めた自主規制ルールの実効性を確保するため、その裁量により、当該上場投資法人等に対して、その発行する振替投資口を上場廃止にする等の不利益な処分を下すことがある[40]。

## 2 適時開示

### (1) 適時開示の内容

適時の開示が要請される事項は、一般投資者の振替投資口の投資判断に影響を与える情報であり、上場投資法人等は、投資者への適時、適切な情報の開示[41]が健全な金融商品市場の根幹をなすものであることを十分に認識し、常に投資者の視点に立った迅速、正確かつ公平な情報の開示を徹底するなど、誠実な業務遂行に努めなければならない[42]。

適時に開示すべき事項としては、振替投資口に関する事項、その発行者である投資法人に関する事項のみならず、当該上場投資法人の運用する資産に係る

---

場利用者の多様なニーズに対応して迅速な意思決定ができることや、多様な方法によって資金調達ができる等のメリットがあると考えられる。他方、会員の同質性が極めて高い場合等においては、会員組織のほうがより適切といえる場合もありうるため、従来の会員組織形態も引き続き残している（玉木雄一郎=望月光弘「証券取引所等の株式会社化とディスクロージャー制度の電子化」時の法令1630号（2000）31頁以下参照。なお、2018年12月31日現在、東京証券取引所は株式会社形態を採用し、福岡証券取引所は、会員制法人の形態を採用している。

39) 上場規程1213条等参照。
40) 上場規程1217条、501条～504条、506条、508条～510条参照。
41) なお、上場投資法人の発行する振替投資口は、上場規程の「不動産投資信託証券」に該当し（上場規程1201条13号参照）、上場投資法人等は、「上場不動産投資信託証券の発行者等」に該当すると解される（同規程1209条1項、1201条の2第1項1号参照）。
42) 上場規程1213条6項、401条、1213条4項、412条、1213条6項、411条の2等参照。

業務を受託している資産運用会社に関する情報も含まれる。[43]

たとえば、東証においては、おおむね以下の事項を振替投資口および上場不動産投資法人等に関する開示事項として要請している。[44]

| 投資証券（振替投資口）について[45] ||
|---|---|
| 情報区分 | 内　　容 |
| 投資法人の決定事実に関する情報 | (a) 投資口の併合または分割<br>(b) 投資口の追加発行または売出し<br>(c) 投資法人債の募集または資金の借入れ<br>(d) 合併<br>(e) 規約の変更または解散<br>(f) 不動産投資信託証券[46]の上場の廃止に係る申請<br>(g) 破産手続開始または再生手続開始の申立て<br>(h) 有価証券報告書または半期報告書に記載される財務諸表等または中間財務諸表等の監査証明を行う公認会計士等の異動<br>(i) 投資主名簿に関する事務を東京証券取引所の承認する機関に委託しないこと<br>(j) 資産の運用に係る委託契約の締結またはその解約<br>(k) 金銭の分配<br>(l) 金商法166条6項4号または金商法167条5項5号に規定する公開買付けに対抗するための買付け等の要請 |

---

43) 2001年3月の不動産投資信託（REIT）の市場開設当時には、上場規程において、投資法人の資産運用会社についてまで、適時開示の義務を課していなかったが、資産運用会社の責任をより強く求める観点等から、東証は、2006年に上場規程の一部を改正し、投資法人の資産運用会社に対しても適時開示の義務を課すこととした（上場規程1201条の2第1項1号参照）。

44) 詳細は、上場規程1213条各項参照。なお、適時開示された情報はTDnetにより、開示と同時に閲覧可能である。

45) 上場規程1213条2項1号a～d。なお、2008年5月12日に施行された上場規程の一部改正により、①投資法人の決定事実に関する事実、②投資法人の発生事実に関する情報、③資産運用会社の決定事実に関する情報、および④資産運用会社の発生事実に関する情報については、上場規程施行規則1229条1項で定める基準に該当する者その他の投資者の投資判断に及ぼす影響が軽微なものと取引所が認めるものについては、適時開示を要しないこととし、適時開示に係る軽微基準が追加されている。たとえば、法令の改正等に伴う記載表現のみの変更、本店所在地の変更については、適時開示は要しない。

46) 不動産投資信託証券とは、その投資者の資金を主として「不動産等」に対する投資として運用することを目的とする投資証券であり（上場規程1201条13号）、東証に上場しているものを上場不動産投資信託証券という（同規程1201条17号）。なお、前記2008年5月12日の一部改正により、海外における不動産等および不動産関連資産が、REITの保有資産となる不動産等および不動産関連資産の対象に含められた（同規程1201条11号・12号参照）。

|  | (m) 投信法80条の2第1項（投信法80条の5第2項の規定により読み替えて適用する場合を含む）の規定による自己投資口の取得<br>(n) 新投資口予約権無償割当て<br>(o) 投信法136条2項の規定に基づき、損失の全部または一部を出資総額等から控除すること<br>(p) その他上場不動産投資信託証券または投資法人の運営、業務もしくは財産に関する重要な事項であって投資者の投資判断に著しい影響を及ぼすもの |
|---|---|
| 投資法人の発生事実に関する情報 | (a) 投信法214条の規定による業務改善命令<br>(b) 上場廃止の原因となる事実[47]<br>(c) 純資産の額が投信法124条1項に定める基準純資産額を下回るおそれが生じたこと<br>(d) 投信法215条2項の規定による登録取消しの通告<br>(e) 有価証券報告書または半期報告書に記載される財務諸表等または中間財務諸表等の監査証明を行う公認会計士等の異動（業務執行を決定する機関が、当該公認会計士等の異動を行うことについての決定をした場合（当該決定に係る事項を行わないことを決定した場合を含む）において有価証券規定1213条2項1号aの規定に基づきその内容を開示した場合を除く）<br>(f) 2人以上の公認会計士または監査法人による監査証明府令3条1項の監査報告書または中間監査報告書を添付した有価証券報告書または半期報告書を、内閣総理大臣等に対して、金商法24条1項または24条の5第1項に定める期間内に提出できる見込みのないことおよび当該期間内に提出しなかったこと（当該期間内に提出できる見込みのない旨の開示を行った場合を除く）、これらの開示を行った後提出したことならびに当該期間の延長に係る内閣総理大臣等の承認を受けたこと<br>(g) 投資主名簿に関する事務の委託契約の解除の通知の受領その他投資主名簿に関する事務を東京証券取引所の承認する機関に委託しないこととなるおそれが生じたことまたは投資主名簿に関する事務を東京証券取引所の承認する機関に委託しないこととなったこと<br>(h) 災害に起因する損害または業務遂行の過程で生じた損害<br>(i) 財産権上の請求に係る訴えが提起されたことまたは当該訴えについて判決があったこともしくは当該訴えに係る訴訟の全部もしくは一部が裁判によらずに完結したこと<br>(j) 資産の運用の差止めその他これに準ずる処分を求める仮処分命令の申立てがなされたことまたは当該申立てについて裁判があったこともしくは当該申立てに係る手続の全部もしくは一部が裁判 |

---

47) 上場規程1218条1項1号aに掲げる事由に係るものに限る。

| | | |
|---|---|---|
| | | によらずに完結したこと |
| | | (k) 投信法216条1項の規定による投信法187条の登録の取消しその他これに準ずる行政庁による法令に基づく処分 |
| | | (l) 債権者その他の当該投資法人以外の者による破産手続開始または再生手続開始の申立て |
| | | (m) 不渡り等 |
| | | (n) 債務者または保証債務に係る主たる債務者について不渡り等、破産手続開始の申立て等その他これらに準ずる事実が生じたことにより、当該債務者に対する売掛金、貸付金その他の債権または当該保証債務を履行した場合における当該主たる債務者に対する求償権について債務の不履行のおそれが生じたこと |
| | | (o) 主要取引先（金商法施行令29条の2の3第7号に定める主要取引先をいう）との取引の停止または同一事由によるもしくは同一時期における複数の取引先との取引の停止 |
| | | (p) 債権者による債務の免除もしくは返済期限の延長（債務の免除に準ずると取引所が認めるものに限る）または第三者による債務の引受けもしくは弁済 |
| | | (q) 資源の発見 |
| | | (r) 資産の総額のうちに占める投信法施行規則105条1号ヘに規定する不動産等資産（以下この(r)において同じ）の価額の合計額の割合が100分の50を超えることとなったこと（資産の総額の100分の50を超える額を不動産等資産に対する投資として運用することを規約に定めている場合を除く） |
| | | (s) 投資主による投資証券の発行の差止めの請求 |
| | | (t) (a)から前(s)までに掲げる事実のほか、上場不動産投資信託証券または当該投資法人の運営、業務もしくは財産に関する重要な事実であって投資者の投資判断に著しい影響を及ぼすもの |
| 資産運用会社の決定事実に関する情報 | | (a) 不動産投資信託証券の上場の廃止に係る申請 |
| | | (b) 合併 |
| | | (c) 破産手続開始、再生手続開始または更生手続開始の申立て |
| | | (d) 解散（合併による解散を除く） |
| | | (e) 当該投資法人から委託された資産の運用に係る事業の休止または廃止 |
| | | (f) 当該投資法人から委託を受けて行う資産の運用の全部または一部の休止または廃止 |
| | | (g) 会社分割 |
| | | (h) 事業の全部または一部の譲渡または譲受け |
| | | (i) 当該投資法人と締結した資産の運用に係る委託契約の解約 |
| | | (j) 株式交換 |
| | | (k) 株式移転 |
| | | (l) 当該投資法人から委託を受けて行う資産の運用であって、新たな資産の運用であるものの開始 |

|  |  |
|---|---|
|  | (m) 当該資産運用会社が法令に基づき行政庁に対して行う認可もしくは承認の申請または届出<br>(n) (a)から前(m)までに掲げる事項のほか、上場不動産投資信託証券または当該資産運用会社の運営、業務もしくは財産に関する重要な事項であって投資者の投資判断に著しい影響を及ぼすもの |
| 資産運用会社の発生事実に関する情報 | (a) 金商法51条の規定による業務改善命令<br>(b) 上場廃止の原因となる事実[48]<br>(c) (a)および前(b)に掲げる事実のほか、行政庁による法令に基づく認可、承認または処分<br>(d) 特定関係法人（金商法166条5項に規定する特定関係法人をいう。以下同じ）の異動<br>(e) 主要株主の異動<br>(f) 当該投資法人から委託された資産の運用に係る財産権上の請求に係る訴えが提起されたことまたは当該訴えについて判決があったこともしくは当該訴えに係る訴訟の全部もしくは一部が裁判によらずに完結したこと<br>(g) 当該投資法人から委託された資産の運用に係る事業の差止めその他これに準ずる処分を求める仮処分命令の申立てがなされたことまたは当該申立てについて裁判があったこともしくは当該申立てに係る手続の全部もしくは一部が裁判によらずに完結したこと<br>(h) 債権者その他の当該資産運用会社以外の者による破産手続開始の申立て等<br>(i) 不渡り等<br>(j) 特定関係法人に係る破産手続開始の申立て等<br>(k) 特別支配株主（当該特別支配株主が法人であるときは、その業務執行を決定する機関をいう）が当該投資法人の資産運用会社に係る株式等売渡請求を行うことについての決定をしたことまたは当該特別支配株主が当該決定（公表がされた（金商法166条4項に規定する公表がされたものをいう）ものに限る）に係る株式等売渡請求を行わないことを決定したこと<br>(l) (a)から前(k)までに掲げる事実のほか、上場不動産投資信託証券または資産運用会社の運営、業務もしくは財産に関する重要な事実であって投資者の投資判断に著しい影響を及ぼすもの |

---

48) 上場規程1218条1項1号bに掲げる事由に係るものに限る。

| 投資法人の決算に関する情報[49] ||
| --- | --- |
| 情報区分 | 内　　容 |
| 決算内容 | 決算短信（中間決算短信） |
| 営業収益予想の修正等 | 営業収益について、公表がされた直近の予想値（当該予想値がない場合は、公表がされた前営業期間または前計算期間の実績値）に比較して、新たに算出した予想値または当営業期間もしくは当計算期間の決算において差異が生じた場合（ただし、新たに算出した予想値または当営業期間もしくは当計算期間の決算における数値を公表がされた直近の予想値（当該予想値がない場合は、公表がされた前営業期間または前計算期間の実績値。以下同じ）で除して得た数値が1.1以上または0.9以下である場合に限る）[50] |
| 経常利益予想または純利益予想の修正等 | 経常利益または純利益について、公表がされた直近の予想値（当該予想値がない場合は、公表がされた前営業期間または前計算期間の実績値）に比較して、新たに算出した予想値または当営業期間もしくは当計算期間の決算において差異が生じた場合（ただし、新たに算出した予想値または当営業期間もしくは当計算期間の決算における数値を公表がされた直近の予想値で除して得た数値が1.3以上または0.7以下（公表がされた直近の予想値がゼロの場合は、この基準に該当するものとして取り扱うものとする）である場合に限る）[51] |
| 金銭の分配予想または収益の分配予想の修正等 | 金銭の分配予想額または収益の分配予想額について、公表がされた直近の予想値（当該予想値がない場合は、公表がされた前営業期間または前計算期間の実績値）に比較して、新たに算出した予想値または当営業期間もしくは当計算期間の決算において差異が生じた場合（ただし、新たに算出した予想値または当営業期間もしくは当計算期間の決算における数値を公表がされた直近の予想値で除して得た数値が1.05以上または0.95以下（公表がされた直近の予想値がゼロの場合は、この基準に該当するものとして取り扱うものとする）である場合に限る）[52] |

| 上場不動産投資信託証券の運用資産等に関する情報 ||
| --- | --- |
| 情報区分 | 内　　容 |
| 資産運用会社の決定事実に関する情報 | (a)　運用資産等に係る資産の譲渡または取得（5000万円未満の場合を除く）[53] |

[49]　決算短信・中間決算短信の作成にあたっては、日本取引所グループのHP上で、様式および作成要領が公表されている（https://www.jpx.co.jp/equities/products/reits/summary/index.html）。
[50]　上場規程1213条3項5号、上場規程施行規則1229条5項1号参照。
[51]　上場規程1213条3項5号、上場規程施行規則1229条5項2号・3号参照。
[52]　上場規程1213条3項5号、上場規程施行規則1229条5項4号参照。
[53]　上場規程1213条3項1号ａ、上場規程施行規則1229条1項16号ａ・ｂ参照。

| | |
|---|---|
| | (b) 運用資産等（賃借権、地上権または地役権の目的となる不動産、上場規程1201条12号 f に規定する信託の信託財産に含まれる不動産および不動産関連資産の裏付けとなる不動産を含む）の貸借または貸借の解消[54] |
| | (c) (a)および前(b)に掲げるもののほか、運用資産等に関する重要な事項であって投資者の投資判断に著しい影響を及ぼすもの |
| 発生事実に関する情報 | (a) 運用資産等に係る災害に起因する損害または業務遂行の過程で生じた損害の発生[55] |
| | (b) 運用資産等の貸借の解消（資産運用会社等が、当該運用資産等の貸借の解消を行うことについての決定をした場合において、上場規程1213条3項1号 b の規定に基づきその内容を開示したときを除く）[56] |
| | (c) (a)および前(b)に掲げるもののほか、運用資産等に関する重要な事実であって投資者の投資判断に著しい影響を及ぼすもの |
| 利益相反のおそれがある取引等に関する情報[57] | 資産運用会社が、投信法13条1項各号（同法54条において準用する場合を含む）または同法203条2項に定める取引を行ったこと（投資信託の受益者に対してこれらの規定に基づく書面の交付を要する場合に限る） |

| 「不動産投資信託証券の発行者等の運用体制等に関する報告書」の提出[58] | |
|---|---|
| 提出時期 | 内　　容 |
| 不動産投資信託証券に係る営業期間経過後3カ月以内 | 投資情報として重要であると考えられる不動産投資信託証券の発行者等の運用体制等の情報を投資者に対して継続的に提供することを目的に、投資法人、資産運用会社およびスポンサーの資本関係・人的関係・取引関係、これらを踏まえた利益相反取引への対応方針、運用体制および利害関係人等など特別な利害関係にある者との具体的な取引状況などを記載。 |

出所：日本取引所グループ HP を参照して作成

### (2) 適時開示義務違反に対する制裁

　金融商品取引所による適時開示は、法令上の義務ではなく、金融商品取引法

---

54) 上場規程1213条3項1号 b。ただし、一定の基準に該当するものを除く（上場規程施行規則1229条1項17号 a・b 参照）。
55) 上場規程1213条3項2号 a、上場規程施行規則1229条1項4号参照。
56) 上場規程1213条3項2号 b。ただし、一定の基準に該当するものを除く（上場規程施行規則1229条1項19号参照）。
57) 上場規程1213条3項3号参照。
58) 上場規程1213条5項。なお、様式・記載要領については、https://www.jpx.co.jp/equities/products/reits/listing/02.html 参照。

上の刑事責任や民事責任は課せられない。しかし、金融商品取引所が適時の開示を求める情報を、上場投資法人等が速やかにかつ正確に開示しない等、上場規程に違反する場合、金融商品取引所は、改善報告書・改善状況報告書の提出、開示注意銘柄の指定、特別注意銘柄の指定、公表措置等の措置を講ずる等、当該上場投資法人に対して一定の制裁を科すことがある。

そして、当該違反が重大である場合には、上場契約違反として違約金を科せられることや上場廃止となる等の不利益な処分を下されるおそれもある。[59]

## 3 コーポレートガバナンス・コードと投資法人

2015年3月に東京証券取引所から原案が示されたコーポレートガバナンス・コードは、①株主の権利・平等性の確保、②株主以外のステークホルダーとの適切な協働、③適切な情報開示と透明性の確保、④取締役会等の責務、⑤株主との対話、の5つの基本原則で構成されており、同年6月1日から、これに伴う改正を経た有価証券上場規程が適用されている。その内容は東京証券取引所により公表されているが、コーポレートガバナンス・コードは上場会社を対象としているため、すでにガバナンスについて厳格な規制が存在する上場投資法人はかかるルールの適用を受けない。しかし、同コードにおいて示された原則（プリンシプル）の根底にある趣旨や基本的考え方については、Jリートにおいても参照すべきものであり、Jリートの特性に照らし矛盾しない限りは、プリンシプルの趣旨に即した情報開示に取り組むべきものと考えられるとされる。[60]

## 4 金融商品取引所の上場廃止

### (1) 上場廃止基準

各金融商品取引所の上場規程においては、上場廃止基準[61]が定められ、当該基準を下回った場合には、原則として上場廃止となる。前述のとおり、各金融商品取引所は、上場審査基準を設けているが、上場後に、上場投資法人を運営し

---

59) 上場規程1217条、501条〜504条、508条〜510条、1218条2項10号等参照。
60) 一般社団法人不動産証券化協会「投資家の利益に資するJリートの情報開示のあり方研究会報告書」(2016) 5頁。
61) 上場規程1218条、上場規程施行規則1232条、1233条、上場管理等に関するガイドライン参照。

ていく際においても、継続的に当該基準を維持する必要があるといえる。[62][63]

　たとえば、東証においては、おおむね以下のような上場廃止基準が設けられている。

| 上場不動産投資信託証券が投資証券（振替投資口）である場合の廃止基準 |
|---|
| ａ．上場不動産投資信託証券の発行者である投資法人が次のいずれかに該当する場合は、当該上場不動産投資信託証券の上場を廃止する。<br>　(a)　投信法143条に掲げる解散事由のいずれかに該当する場合<br>　(b)　法律の規定に基づく破産手続もしくは再生手続を必要とするに至った場合またはこれに準ずる状態になった場合 |
| ｂ．上場不動産投資信託証券の発行者である投資法人の資産の運用に係る業務の委託を受けた資産運用会社が次のいずれかに該当する場合は、当該上場不動産投資信託証券の上場を廃止する。ただし、当該資産の運用に係る業務の委託を受けた資産運用会社が行っていた業務が他の資産運用会社に引き継がれ、かつ、当該他の資産運用会社が「不動産投資信託証券上場契約書」および上場規程1204条7項に規定する「取引所規則の遵守に関する確認書」を提出するほか、当該上場不動産投資信託証券が同規程1206条1項各号に適合する場合は、この限りでない。<br>　(a)　金商法50条の2第2項の規定により、金融商品取引業の登録が失効した場合<br>　(b)　金商法52条1項または54条の規定により、金融商品取引業の登録を取り消された場合<br>　(c)　投資信託協会の会員でなくなった場合<br>　(d)　当該投資法人の資産の運用に係る業務の委託を受けた資産運用会社でなくなった場合<br>　(e)　金商法31条4項に規定する変更登録を受けることにより投資運用業を行うものでなくなった場合 |
| 各上場不動産投資証券に共通の上場廃止基準[64] |
| (1)　運用資産等の総額に占める不動産等の額の比率が、上場不動産投資信託証券に係る毎営業期間または毎計算期間の末日において70％未満となった場合において、1年以内に70％以上とならないとき |
| (2)　運用資産等の総額に占める不動産等、不動産関連資産および流動資産等の合計額の比率が、上場不動産投資信託証券に係る毎営業期間または毎計算期間の末日において |

---

62)　なお、投資証券（振替投資口）の上場廃止は、その発行者の申請に基づいて行うこともできる（上場規程1225条、608条参照）。
63)　熊谷真喜＝根井真「J-REITを非公開化するための法的ステップ」金融法務事情1856号（2009）16頁以下が詳しく論じているので参照されたい。
64)　なお、以下においても投資法人の発行する投資証券であることを前提に記載している。

95％未満となった場合において、1年以内に95％以上とならないとき
(3) 営業期間または計算期間に係る金銭の分配または収益の分配を行わなかった場合において、1年以内に金銭の分配または収益の分配を行わないとき（天災地変等、上場不動産投資信託証券に係る発行者等の責めに帰すべからざる事由によるものであると東京証券取引所が認める場合を除く）[65]
(4) 純資産総額が、上場不動産投資信託証券に係る毎営業期間または毎計算期間の末日において5億円未満となった場合において、1年以内に5億円以上とならないとき
(5) 資産総額が、上場不動産投資信託証券に係る毎営業期間または毎計算期間の末日において25億円未満となった場合において、1年以内に25億円以上とならないとき
(6) 上場投資口口数[66]が、4000口未満である場合
(7) 毎年の12月末日以前1年間の売買高が20口未満である場合
(8) 有価証券報告書または半期報告書の提出遅延
 2人以上の公認会計士または監査法人による監査証明府令3条1項の監査報告書または中間監査報告書を添付した有価証券報告書または半期報告書を、金商法24条1項または24条の5第1項に定める期間の経過後1カ月以内（天災地変等、上場不動産投資信託証券の発行者の責めに帰すべからざる事由によるものである場合は、3カ月以内）に、内閣総理大臣等に提出しなかった場合
(9) 次のaまたはbのいずれかに該当する場合
a．上場不動産投資信託証券に係る有価証券報告書等に虚偽記載を行った場合であって、直ちに上場を廃止しなければ市場の秩序を維持することが困難であることが明らかであると東京証券取引所が認めるとき
b．上場不動産投資信託証券に係る財務諸表等に添付される監査報告書または中間財務諸表等に添付される中間監査報告書において、公認会計士もしくは監査法人またはこれらに相当する者によって、監査報告書については「不適正意見」または「意見の表明をしない」旨（天災地変等、上場不動産投資信託証券の発行者の責めに帰すべからざる事由によるものである場合を除く。以下このbにおいて同じ）[67]が、中間監査報告書については「中間財務諸表等が有用な情報を表示していない意見」または「意見の表明をしない」旨が記載された場合であって、直ちに上場を廃止しなければ市場の秩序を維持することが困難であることが明らかであると東京証券取引所が認めるとき
(10) 上場不動産投資信託証券に係る上場契約を締結した者が上場契約に関する重大な違反を行った場合として上場規程施行規則で定める場合、上場規程1204条1項の規定により提出した宣誓書において宣誓した事項について重大な違反を行った場合または上場契約を締結すべき者が上場契約の当事者でなくなることとなった場合（ただし、当該者（投資法人を除く）が、1項1号bただし書、同項2号aただし書、同号bただし書または同項3号ただし書のいずれかに該当する場合は、この限りでない）

---

65) 上場規程施行規則1233条1項4号。
66) 自己投資口口数（自己投資口処分決議を行った場合には、処分する投資口口数を除く）を除く（上場規定1218条2項6号）。
67) 上場規程施行規則1233条4項。

⑾　上場不動産投資信託証券について、投資法人の規約の変更により、投資主の請求による投資口の払戻しが行えることとなる場合
⑿　投資法人の規約の変更により、営業期間が6カ月未満となる場合
⒀　指定振替機関の振替業における取扱いの対象とならないこととなった場合
⒁　投資主名簿に関する事務を東京証券取引所の承認する機関に委託しないこととなった場合または委託しないことが確実となった場合
⒂　上場不動産投資信託証券の発行者等が反社会的勢力の関与を受けているものとして上場規程施行規則436条の4で定める関係を有している事実が判明した場合において、その実態が東京証券取引所の市場に対する投資主および投資者の信頼を著しく毀損したと東京証券取引所が認めるとき
⒃　前各号のほか、公益または投資者保護のため、東京証券取引所が当該銘柄の上場廃止を適当と認めた場合

出所：日本取引所グループHPを参照して作成

## (2) 上場廃止

　上場投資法人等またはその上場投資法人が発行する振替投資口が上場廃止基準に抵触し、当該振替投資口が上場廃止となるおそれがある場合には、金融商品取引所は、その事実を投資者に周知させるため、当該投資証券を監理銘柄に指定することができる。

　また、有価証券報告書に虚偽記載を行うなどして上場廃止のおそれが生じたものの、上場廃止に至らない場合においても、内部管理体制等について改善の必要性が高いと認められるときは、特設注意市場銘柄に指定されることがある。[68]

　振替投資口の上場廃止が決定した場合には、金融商品取引所は、その事実を投資者に周知させるため、当該振替投資口を整理銘柄に指定することができ、上場廃止日に当該振替投資口の上場が廃止されることとなる。[69]

---

[68]　上場規程1217条、501条参照。
[69]　上場規程1220条、1222条、上場規程施行規則1234条、1236条。

## Ⅳ 投資信託協会による自主規制

### 1 自主規制の概要

　不動産投資法人が、その発行する振替投資口を金融商品市場に上場させるためには、当該上場投資法人の資産運用会社が、投資信託協会の会員であることが前提となる[70]。このため、上場投資法人の資産運用会社は、必ず投資信託協会の自主規制ルールに服している。

　投資信託協会は、投資信託および投資法人など投資運用業等の健全な発展、ならびに投資者の保護に資することを目的として設立された認定金融商品取引業協会であり[71]、私的団体であるものの、自治的な規則を定めて金融商品取引業者等の規制等の業務[72]を行う自主規制機関としての役割を担っている。

　たとえば、投資運用業者の不動産投資法人に係る業務を適切に執行するために必要な事項[73]に関して「不動産投資信託及び不動産投資法人に関する規則」を定め、投資法人に係る資産運用報告の表示すべき項目、表示すべき内容および交付の方法等に関して「投資信託及び投資法人に係る運用報告書等に関する規則」[74]を定めている。

　また、投資信託協会は、会員である投資運用業者の営む投資法人に係る金融商品取引業等の業務に関して、当該投資運用業者の金商法等の法令に基づく命令や投資信託協会の定款その他の規則、投資法人規約等の遵守の状況ならびに当該投資法人の業務の状況もしくは財産の状況もしくはこれらの帳簿書類その他の物件を調査（以下、かかる調査を「会員調査」という）することができ[75]、当

---

70) 上場規程1205条1号a等参照。
71) 金商法78条以下。
72) 金商法78条2項各号、投信協会定款4条各号、投信協会業務規程参照。
73) 具体的には、各規則で使用する用語の定義、投資法人に関する会計通則、保有不動産の評価方法、振替投資口の評価方法等、資産管理計画書の記載事項等。
74) 運用報告書に係る表示事項の様式および表示要領については、「不動産投資信託等の運用報告書等に関する委員会決議」により定められている。
75) 投信協会定款4条3号、投信協会業務規程9条各項、10条、会員調査に関する規則、会員調査に関する規則に関する細則、投信協会定款15条1項参照。

該投資運用業者は会員調査に応じなければならないとされている[76]。

そして、投資運用業者は、投資信託協会から会員調査の結果に基づく処理について報告を求められた場合は、投資信託協会が指定する期日までに、その処理に関する報告書を細則で定める様式により提出しなければならないとされている[77]。

さらに、投資信託協会の正会員は、定期的に投資信託協会に対して投資法人の財産その他の事項に関する報告義務が課せられており、具体的には下記の報告書等を各提出日に提出する義務を負っている[78]。

| 報告書等名 | 報告書様式[79] | 提出日 |
|---|---|---|
| 1　不動産投信の固有情報 | 別表29 | 新規登録の場合は募集開始前まで、および登録情報の変更のつど |
| 2　不動産投信の月末情報 | | |
| 　イ　資産増減状況 | 別表30 | 翌月第20営業日から月末まで |
| 　ロ　募集・売出し等の状況 | 別表31 | 募集等を行った当該月の翌月第20営業日から月末まで |
| 　ハ　組入不動産全体の状況（保有状況） | 別表32 | 翌月第20営業日から月末まで |
| 　ニ　資産の売買状況 | 別表33 | 同上 |
| 3　不動産投信の決算・財務状況 | | |
| 　イ　財務状況 | 別表34 | 決算日の属する月の末日から起算して3カ月以内 |
| 　ロ　運用資産構成情報 | 別表35 | 同上 |
| 　ハ　組入不動産個別の状況（取得・売却および期末保有状況） | 別表36 | 取得または売却の場合は、そのつど期末保有状況は、決算日の属する月の末日から起算して3カ月以内 |

---

76) 投信協会定款15条2項。
77) 会員調査に関する規則12条。
78) 投信協会「投資信託及び投資法人に係る報告に関する規則に関する細則」3条。なお、各報告書様式については、同細則の各別表を参照。
79) 投信協会「投資信託及び投資法人に係る報告に関する規則に関する細則」参照。

## 2 投資法人等に発生した重要事実の投資信託協会への報告

決算時に限らず、投資法人等に重要な事実が発生した場合、資産運用会社はその内容を投資信託協会へ報告する必要がある[80]。その主なものは、以下のとおりである。なお、投資信託協会への報告は、報告様式が定められている事項については、当該様式によることを要する。

| 報告事項 | 様式[81] |
| --- | --- |
| 1　金商法31条の規定に基づき同法29条の2第1項5号に定める業務の種別（投資運用業を除く）について変更登録を受けたときまたはこれを廃止したとき | 9号 |
| 2　金商法35条2項に規定する業務を行う旨を同条3項の規定に基づき届出したとき、または同条6項の規定に基づきこれを廃止した旨の届出をしたとき | 10号 |
| 3　金商法35条4項に基づき金融商品取引業ならびに同条1項および2項に規定する業務以外の業務について承認を受けたとき、または同条6項の規定に基づきこれを廃止した旨の届出をしたとき | 11号 |
| 4　金融商品取引業（投資運用業に限る）を休止し、または再開したとき | 12号 |
| 5　定款を変更したとき | 13号 |
| 6　業務の内容および方法を変更したとき | 14号 |
| 7　資本の額を変更したとき | 15号 |
| 8　商号または名称を変更したとき | 16号 |
| 9　支店、営業所を設置し、または廃止したとき | 17号 |
| 10　本店、支店または営業所の名称もしくは所在地を変更したとき | 18号 |
| 11　役員の変更（役職の変更を含む）があったとき[82] | 19号 |

---

[80] 投信協会「定款の施行に関する規則」10条参照。
[81] 各報告事項に対応した投信協会「定款の施行に関する規則」所定の別紙様式を列挙する。
[82] 当該報告書には、①新たに就任する役員の履歴書、②住民票の抄本の写しまたはこれに代わる書面、③金商法29条の4第1項2号イおよびロに該当しない旨の官公署の証明書の写しまたはこれに代わる書面、④金商法29条の4第1項2号ハ～トのいずれにも該当しない者であることを当該役員が投資信託協会会長に誓約する書面を添付するものとする（投信協会定款の施行に関する規則9条2項）。

| | | |
|---|---|---|
| 12 | 重要な使用人の変更（役職の変更を含む）があったとき（投資運用業を営む正会員に限る）[83] | 20号 |
| 13 | 事業報告書（添付書類を含む）を作成したとき（投資運用業を営む正会員に限る） | |
| 14 | 自社の財務状況等を表す財務諸表、中間財務諸表について、公認会計士または監査法人より監査証明を取得したとき | |
| | イ　投資信託委託業を営む正会員 | イ　21号 |
| | ロ　投資法人資産運用業を営む正会員 | ロ　22号 |
| 15 | 14に基づき報告した内容について純資産額の合計額で30％以上の増減があったとき、および本15に基づき報告を行った場合で、次に14に基づく報告を行うまでの間に純資産額の合計額で30％以上の増減（直近に提出した報告書に記載した純資産額の合計額をもとに計算するものとする）があったとき。ただし、本15に基づく報告は、純資産額の合計額が150億円に満たない正会員について、純資産額の合計額が150億円に達するまでの間は除く。 | |
| | イ　投資信託委託業を営む正会員 | イ　21②号 |
| | ロ　投資法人資産運用業を営む正会員 | ロ　22②号 |
| 16 | 投資運用業に係る業務を廃止したとき | 23号 |
| 17 | 会社の合併もしくは解散、または事業の全部または一部の譲渡もしくは譲受があったとき | |
| | イ　合併があったとき | イ　24号 |
| | ロ　事業の全部または一部の譲渡もしくは譲受があったとき | ロ　25号 |
| 18 | 金商法56条の2または投信法22条の規定に基づく主務官庁による検査が開始されたとき | 27号 |
| 19 | 18に掲げる主務官庁による検査が終了したとき | |
| | イ　法令違反等の指摘を受けたとき | イ　28号 |
| | ロ　指摘を受けなかったとき | ロ　29号 |
| 20 | 金商法もしくは投信法もしくはこれらの法令に基づく命令もしくはこれらに基づく処分もしくは投資信託協会の定款その他の規則（理事会決議を含む）もしくは投資法人規約に違反し、もしくは取引の信義則に背反する行為が行われていた事実を認識したとき、または金商法もしくは投信法もしくはこれらの法律に基づく命令もしくはこれらに基づく処分もしくは投資信託協会の定款その他の規則（理事会決議を含む）もしくは投資法人規約もしくは取引の信義則の遵守の状況もしくは資産運用等の業務の状況もしくは財産の状況が適切でないと認識したとき | 30号 |

---

[83] 当該報告書には、当該新たに就任する重要な使用人についての前注記載①～④に対応する書面を添付するものとする（投信協会定款の施行に関する規則9条2項）。

| | | |
|---|---|---|
| 21　正会員または正会員の主要な関係法人について、金商法51条の規定に基づく業務改善命令を受けたとき | 31号 |
| 22　正会員または正会員の主要な関係法人について、金商法52条の規定に基づく監督上の処分を受けたとき | 32号 |
| 23　金商法56条の2の規定に基づく報告書もしくは資料の提出命令を受けたとき | 33号 |
| 24　金商法51条および56条の2の規定に基づく主務大臣の命令等により提出を命じられた業務改善報告書または報告書もしくは資料を提出したとき | 34号 |
| 25　金商法29条の4第2項に規定する主要株主について、変更があったことを知ったとき | 37号 |
| 26　投資信託協会の定める個人情報の保護に関する指針22条に規定する個人情報の漏えい事案等の事故が発生したとき | 38号 |
| 27　1～26に掲げるもののほか、投資信託協会が必要と認めるとき | |

## V　不公正取引規制

### 1　インサイダー取引規制導入の背景

　従前、投資法人においては、投資法人は株式会社である上場会社等とは異なり簡素な仕組みを採用しており、構成する資産から算出される純資産価額（NAV）が投資口価格を根拠づけると考えられており、かつ、金商法157条の不正行為の禁止規定は投資証券にも適用があることから、上場投資法人の投資証券はインサイダー取引規制の対象には含まれていなかった。しかし、投資口の価値にも相当程度のボラティリティが存在し、内部者による不公正取引が実際にあり得ること、および、海外では不動産投資法人の投資証券についてもインサイダー取引規制の対象となっている例が多いことを背景として、2013年の金商法改正により、インサイダー取引規制が、投資口にも適用されることとなった。これを受け、日本証券業協会が協会員の投資勧誘、顧客管理等に関する規則や有価証券の引受け等に関する規則等を改正したため、証券会社においてもインサイダー取引防止のための内部管理体制の取組の中で投資証券に対する対応を行うことが必要になった。

金商法が定めるインサイダー取引規制は、具体的には、金商法166条1項の定める会社関係者で投資法人にかかる業務等に関する重要事実を同項各号に定めるところにより知ったものは、当該業務等に関する重要事実の公表がされた後でなければ、当該投資証券にかかる売買等をしてはならないと規定している。また、同項1号ないし5号に掲げるところにより重要事実を知った会社関係者であって会社関係者でなくなった後1年以内のもの、ならびに会社関係者または元会社関係者から重要事実の伝達を受けた者、および職務上重要事実の伝達を受けた者が所属する法人の他の役員等でその職務に関し重要事実を知ったものについても、当該重要事実が公表されるまでは、インサイダー取引規制の適用を受ける（金商法166条3項）。

　重要事実として、投資法人自体に関する重要事実に加え、資産運用会社に関する重要事実を規定している。言うまでもなく、投資法人の資産の運用主体に関する一定の事実は、投資家の投資判断に影響を与えることが想定されるので、資産運用会社に関する事実も重要事実として規定されている。

　さらに、インサイダー情報の公表前における情報伝達行為や、取引推奨行為も禁止されることになった（金商法167条の2第1項）。

## 2　公開買付者等関係者に関するインサイダー取引規制

　2013年の金商法改正により、投資証券も公開買付者等関係者に関するインサイダー取引規制の対象に含まれることとなった。その結果、公開買付者等関係者であって、公開買付け等をする者の公開買付け等の実施に関する事実または公開買付けの中止に関する事実を職務等に関して知ったものは、公開買付け等の実施・中止が公表された後でなければ、公開買付け等の実施の場合には株券等の買付け等、公開買付け等の中止の場合には株券等の売付け等をしてはならないこととなった（金商法167条1項）。なお、同項1号ないし6号に掲げるところにより公開買付け等の実施に関する事実または公開買付け等の中止に関する事実を知った公開買付者等関係者であって、公開買付者等関係者でなくなった後6カ月以内のもの、ならびに、公開買付者等関係者または元公開買付者等関係者から公開買付け等の実施に関する事実または公開買付け等の中止に関する事実の伝達を受けた者、および職務上公開買付け等の実施に関する事実または公開買付け等の中止に関する事実の伝達を受けた者が所属する法人の他の役員

等でその職務に関し重要事実を知ったものについても、当該公開買付け等事実が公表されるまでインサイダー取引規制が課される（同法167条3項）。

同法167条に規定する公開買付者等関係者（公開買付者等関係者でなくなった後6カ月以内のものを含む）による、公開買付け等事実について公表される前の当該公開買付け等事実の伝達や、取引推奨行為に対する規制も設けられている（同法167条の2第2項）。

### 3　短期売買規制等

2013年の金商法改正により、投資法人が発行する投資証券の取引も、短期売買利益の提供義務および売買報告書の提出義務の対象に含まれることとなった。これに加え、金商法157条に基づく不正行為の一般的規制、風説の流布・偽計等の規制、同法159条に基づく相場操縦行為の規制についても、投資証券の取引が対象に含まれている。

# 第 3 章　不動産投資法人の資金調達

## 第1節　資金調達総論

　不動産投資法人は、投資家から集めた資金により不動産や不動産を信託財産とした信託受益権等の特定資産（以下「不動産等」という）を取得し、当該不動産等を運用することによって収益を上げ、当該収益を投資法人の投資家に分配することを主な事業として予定しているが、当該事業活動を行うためには通常の事業会社と同様、かかる事業に必要な資金を調達する必要がある。

　もっとも、たとえば株式会社の場合には、その事業活動によって得た利益を株主に配当せずに内部留保し、当該資金を事業活動のための資金として使用することが可能であるが、投資法人の場合、導管性要件を充足するために配当可能利益の90％超を配当に回す必要があるため（当該導管性に関しての詳細については、第6章を参照されたい）、多額の内部留保が見込めないことも多く、投資法人が不動産等を取得する場合、リファイナンスを行う場合、その他投資法人が何らかの理由により資金を必要とする場合は、借入れ、投資法人債の発行、投資口の発行または保有する不動産等を売却する等内部留保以外の方法により、資金を調達することが多い。

　たとえば、投資法人が不動産等の取得を行うに際して、早急に当該不動産等の購入資金を調達する必要がある場合もある。投資法人の投資口による資金調達の手法として公募増資を用いるような場合、当該公募増資には相応の準備期間が必要であること等の理由により、機動的な資金調達を行いえないといったデメリットがあり[1]、かかる場合、資金調達の機動性の観点から借入れ等のデットによって調達する方が、メリットが大きい。また、かかる借入れ等のデットを資金調達手段として利用することは、そのレバレッジ効果により、投資口の利回りを上げることが可能となるというメリットも存在する。

　他方で、多くのデットで資金調達を行うとLTV[2]が上昇することになるが、[3]

---

[1]　投資口による機動的な資金調達の方法として、発行登録制度が採用されていることにつき、後述する。

[2]　LTV（Loan to Value）とは、総資産有利子負債比率のことであり、一般的に投資法人の有利子負債÷総資産×100といった算式によって算出される数値をいう。

各資産運用会社は、投資法人の財務の健全性維持の観点から運用ガイドラインにおいてLTVに関し一定の水準を定めていること、LTVが一定水準以上となることが投資法人の借入れまたは投資法人債等の期限の利益喪失事由を構成する場合があること、LTVの上昇が格付けに影響を与える可能性があること、金利リスク、リファイナンスリスク（返済資金が増え、さらに、LTVが高い投資法人には、レンダーも貸付けに慎重になる等）が高まること等のデメリットがあり、LTVの改善という観点からは、投資口の発行による資金調達の方が望ましいという特徴がある。

なお、デットである借入れと投資法人債の関係についてみると、間接金融型の銀行借入れに比して、直接金融型である投資法人債の場合、巨額の資金調達が可能となるといった特徴があり[4]、また、調達コストの削減も図りうる。

以下、投信法における資金調達に関する種々の法規制につき、投資口、投資法人債、新投資口予約権、借入れの順で概説する。

---

3) 後述するように、劣後投資法人債を利用することによって、デットによる資金調達を行ったとしてもLTVの上昇を防止しうる可能性がある。
4) 後述するように、一定の要件を充足した場合、投資法人は短期投資法人債の発行も可能となる。

## 第2節　投資口の募集

### I　投資口

#### 1　投資口の意義

　投資口とは、均等の割合的単位に細分化された投資法人の社員の地位をいう（投信法2条14項）。投資口は、規約において1口の金額の定めがなく、また、投資証券にも券面額の記載がなく、単にその表象する投資口数のみが記載される無額面投資口とされる（同法76条）。前述したように、投資口は金融商品取引法上の有価証券であり、また、機動的な資金調達の観点から、投資口の発行は役員会の承認事項とされている（同法82条）。

#### 2　投資主の権利・義務

　まず、投資主の責任は、その有する投資口の引受価額が限度となる（投信法77条1項）。

　また、投資主は、投資法人から直接経済的な利益を受けることを目的とする自益権と投資法人の経営に参与することを目的とする共益権を有する。前者の代表例が、金銭分配請求権[1]（同法77条2項1号）と残余財産分配請求権（同法77条2項2号）であり、後者の代表例が、投資主総会における議決権（同法77条2項3号）である。その他自益権の例としては、投資口買取請求権などがあり、その他の共益権の例として執行役員等の違法行為の差止請求権や投資口発行差止請求権などがある。そして、投資主が投資法人に対してかかる権利の行使を行う場合、投資主の地位が均等の割合的単位であるため、投資法人は、投資主をその有する投資口の内容および数に応じて、平等に取り扱わなければならない（投信法77条4項、会社法109条）。

---

1）　なお、投資法人は、利益を超えて金銭の分配をすることができ（投信法137条1項）、当該利益を超えて投資主に分配された金額は、出資の払戻しとして取り扱われる（同条3項）。

## 3 投資主名簿・振替口座簿・基準日・投資証券

### (1) 投資主名簿

　投資法人は、投資主名簿を作成し、これに①投資主の氏名または名称および住所、②投資主の有する投資口の口数、③投資主が投資口を取得した日、④投資口（投資証券が発行されているものに限る）に係る投資証券の番号および⑤発行済投資口の総口数を記載し、または記録しなければならない（投信法77条の3第1項）。なお、振替投資口を発行する投資法人の投資主名簿には、当該振替投資口について、振替法の規定の適用がある旨を記載し、または記録しなければならない（振替法228条、150条3項）。

　また、投資法人は、投資主が適切にその権利を行使しうるように、作成した当該投資主名簿を投資主名簿等管理人の営業所に備え置かなければならない（投信法77条の3第3項、会社法125条1項[2]）。投資主および債権者は、当該投資主名簿の閲覧または謄写を請求することができ、投資法人は、当該請求につき、当該請求者の権利行使に関する調査以外の目的である場合、投資法人の業務を妨害するなど不当な目的がある場合等の投信法77条の3第3項が準用する会社法125条3項に定める事由が存在しない限り、当該請求を拒むことができない（投信法77条の3第3項、会社法125条2項・3項[3]）。

### (2) 振替口座簿

　2009年1月に「株式等の取引に係る決済の合理化を図るための社債等の振替に関する法律の一部を改正する法律」の施行により、株券電子化がなされたが、投資法人の投資口のうち金融商品取引所に上場されているものについても、株券と同様に社債株式振替法の適用を受け、ペーパーレス化が図られた。

　すなわち、当該金融商品取引所に上場されている振替投資口の場合には、振替機関・口座管理機関が作成する振替口座簿に投資口の銘柄・数等の当該投資

---

[2] 投資主名簿等管理人（投資法人に代わって投資主名簿、新投資口予約権原簿および投資法人債原簿の作成および備置きその他の投資主名簿、新投資口予約権原簿および投資法人債原簿に関する事務を行う者をいう。投信法173条1項6号において同じ）の氏名または名称および住所ならびに営業所については、登記をする必要がある（投信法166条2項8号）。

[3] その他投資法人の親法人の投資主名簿の閲覧謄写請求、投資主または投資口質権者に対する通知または催告に関しては、会社法の各規定が準用されている（投信法77条の3第4項）。

口に係る情報が記載・記録され、当該記載・記録により、投資口に関する権利の帰属が定められることになる（振替法226条1項）。

### (3) 基準日

投資法人は、一定時点で投資主として会社に対し特定の権利を行使することができる者を確定するために、一定の基準日を定めて、基準日において投資主名簿に記載され、または記録されている投資主をその権利を行使することができる者と定めることができる（投信法77条の3第2項）。振替投資口の場合は、投資法人は、基準日における振替口座簿上の投資主、投資口質権者につき総投資主通知を受領する（投信法228条、振替法151条1項1号）。基準日を定める場合には、投資法人は、基準日において投資主名簿に記載され、または記録されている投資主が行使することができる権利（基準日から3ヵ月以内に行使するものに限る）の内容を定めなければならない（投信法77条3項、会社法124条2項）。また、投資法人は、基準日を定めたときは、原則として、当該基準日の2週間前までに、当該基準日および基準日投資主が行使できる権利の内容について公告しなければならない（投信法77条3項、会社法124条3項）[4]。

### (4) 投資証券

投資法人は、投資口を発行した日以後遅滞なく、当該投資口に係る投資証券を発行しなければならない（投信法85条1項）。投資証券には、投資法人の商号、当該投資証券に係る投資口の口数およびその番号を記載し、執行役員がこれに署名し、または記名押印しなければならない（同法85条2項）。これに対し、投資主は、投資法人に対し、当該投資主の有する投資口に係る投資証券の所持を希望しない旨を申し出ることができる（投信法85条3項、会社法217条1項）[5]。なお、前述したように、振替投資口の場合には投資証券を発行する必要はない（振替

---

4) なお、会社法上、基準日株主が行使することができる権利が株主総会または種類株主総会における議決権である場合には、株式会社は、当該基準日後に株式を取得した者の全部または一部を当該株式の基準日株主の権利を害しない範囲で当該権利を行使することができる者と定めることができるが（会社法124条4項）、投信法上、投資法人にはかかる規定は準用されていない。

5) その他、投資証券不所持の申出につき会社法の規定が準用されている。また、投資主の請求により投資口の払戻しをする旨の規約の定めがある投資法人は、規約によって、投資主の請求があるまで投資証券を発行しない旨を定めることができる（投信法86条1項）。

法227条1項)。

## 4　投資口の譲渡・質入れ

　投資主は、その有する投資口を譲渡することができ、投資法人は、投資口の譲渡について、役員会の承認を必要とすることその他の制限を設けることができない（投信法78条1項・2項[6]）。投資口は無記名証券であることから、投資口の譲渡は、当該投資口に係る投資証券を交付しなければその効力を生じないものとされ、権利移転の成立要件となる（同法78条3項）。また、投資法人の事務処理上の便宜のため、投資証券の発行前にした投資口の譲渡は、投資法人に対し、その効力を生じない（同法78条4項）。

　投資口の譲渡は、その投資口を取得した者の氏名または名称および住所を投資主名簿に記載し、または記録しなければ、投資法人に対抗することができず、投資証券の占有者は、当該投資証券に係る投資口についての権利を適法に有するものと推定される（同法79条1項・2項）。また、投資証券の交付を受けた者は、悪意または重大な過失がない限り、当該投資証券に係る投資口についての権利を取得する（投信法79条3項、会社法131条2項[7]）。

　振替投資口の場合、その譲渡は、振替の申請により譲受人がその口座における保有欄に当該譲渡に係る口数の増加の記載または記録を受けなければその効力を生じない（振替法228条、140条）。また、加入者は、その口座における記載または記録がなされた振替投資口についての権利を適法に有するものと推定される（同法228条、143条）。また、振替の申請によりその口座において特定の銘柄の振替投資口についての増加の記載または記録を受けた加入者は、当該加入者に悪意または重大な過失がない場合に限り当該増加の記載または記録に係る権利を取得する（同法228条、144条）。

　また、投資主は、その有する投資口に質権を設定することができる（投信法79条4項、会社法146条）。投資法人の投資口の質入れは、当該投資口に係る投資証券を交付しなければ、その効力を生じず（投信法79条4項、会社法146条2項）、

---

[6]　上場投資法人は、上場のためには投資口の払戻しをしない旨の規約を定める必要があるため、上場投資法人の投資主の投下資本回収手段は、投資口の譲渡に限定される。

[7]　当該投資口を取得した場合等の投資主名簿への記載等に関し、会社法の規定が準用されている（投信法79条3項）。

投資法人の投資口の質権者は、継続して当該投資口に係る投資証券を占有しなければ、その質権をもって投資法人その他の第三者に対抗することができない（投信法79条4項、会社法147条2項）。[8]

振替投資口の場合、その質入れは、振替の申請により、質権者がその口座における質権欄に当該質入れに係る口数の増加の記載または記録を受けなければ効力を生じない（振替法228条、141条）。

## 5　自己投資口・親法人投資口の取得

### (1)　自己投資口の取得

#### a）　自己投資の取得が認められる場合

投資法人は、次に掲げる場合には自己投資口の取得が認められ、それ以外の場合には禁止される。[9] ①その資産を主として不動産等に対する投資として運用することを目的とする投資法人が、投資主との合意により当該投資法人の投資口を有償で取得することができる旨を規約で定めた場合（投信法80条1項1号）、②合併後消滅する投資法人から当該投資口を承継する場合（同法80条1項2号）、③投信法の規定により当該投資口の買取りをする場合（同法80条1項3号）、④当該投資法人の投資口を無償で取得する場合（投信法80条1項4号、投信法施行規則129条1号）、⑤当該投資法人が有する他の法人等の株式（持分その他これに準ずるものを含む。⑥において同じ）につき当該他の法人等が行う剰余金の配当または残余財産の分配（これらに相当する行為を含む）により当該投資法人の投資口の交付を受ける場合（投信法80条1項3号、投信法施行規則129条2号）、⑥当該投資法人が有する他の法人等の株式につき当該他の法人等が行う組織の変更、合併、株式交換に際して当該株式と引換えに当該投資法人の投資口の交付を受ける場合（投信法80条1項3号、投信法規則129条3号）、⑦その権利の実行にあたり目的を達成するために当該投資法人の投資口を取得することが必要かつ不可欠である場合（投信法80条1項1号および2号ならびに投信法施行規則129条1号～3号に掲げる場

---

8) その他、投資口質権者の投資主名簿への記載の請求、投資口の質入れの効果等につき会社法の規定が準用されている。

9) 旧商法の2001年改正前においては、株式会社においても自己株式の取得が禁じられていたが、その趣旨として、会社の財産的基礎が害される、株主平等原則に反する、会社支配権の歪曲化などが挙げられていた（江頭・株式会社法247頁参照）が、投資法の自己投資口の取得規制も同様の趣旨によるものと考えられる。

合を除く。投信法80条1項3号、投信法施行規則129条4号）である。

b）　投資主との合意による自己投資口の取得

　投信法80条1項1号に基づく自己投資口の取得は、投資法人の資本政策の多様化を図るために2014年12月1日施行の投信法改正により認められた。すなわち、投資法人によるかかる投資口の取得により、市場に対して、投資口価格が適正に評価されていないという意思を表明する効果が期待でき、投資口価格の上昇につながり、また、投資法人が手元資金を自己投資口の取得に充てることによって、市場に流通する投資口数を削減させ、一投資口当たりの配当金向上を図ることができる。

　投資法人による投資主との合意による自己投資口の取得の方法は、投資主全員に譲渡の勧誘を行う方法（投信法80条の3、80条の4）、または、取引所金融商品市場における取引もしくは公開買付けの方法（同法80条の5）がある。ただし、上場投資法人による取引所金融商品市場外における自己投資口の取得については、公開買付けによらなければならないとされているため（金商法27条の22の2第1項、金商法施行令14条の3の2第2項）、前者の方法は私募REITに限定される。なお、特定の投資主から自己投資口を相対取得する方法に相当する方法については、明文がないため認められていないと解される[10]。

　当該自己投資口の取得に係る決定は、自己投資口の取得については規約の定めを要すること、利益超過分配の決定や計算書類の承認が役員会に委ねられること等から、役員会の決議による（投信法80条の2第3項）。

　また、金銭の分配については、純資産額から基準純資産額（投信法124条1項3号、投信法施行令90条）を控除した金額が上限とされており、またそれに違反した場合の責任（投信法138条）や投資主に対する求償権の制限等（同法139条）が規定されていることを踏まえ、自己投資口の取得についても同様に、その取得の上限および違反した場合の責任等に関する規定が適用される（同法80条の2第2項）。

　さらに、金銭以外の財産よる投資口の払戻しや分配が認められていないため、自己投資口の取得対価の交付についても金銭に限定される（同法80条の2第1項2号）。

---

10）　会社法では特定の株主から自己株式を相対取得する方法が認められている（会社法160条）。

### c） 自己投資口の取得後の取扱い

　自己投資口を取得した場合、当該投資法人は相当の時期にその投資口の処分をしなければならない（投信法80条2項）。かかる自己投資口の処分の方法は、(i)投資口が金融商品取引所に上場されている投資口である場合には、取引所金融商品市場での売却、(ii)店頭売買有価証券である場合は、店頭売買有価証券市場での売却、(iii) (ii)(iii)以外の投資口の場合は、当該投資口を発行する投資法人の純資産の額に照らして公正妥当な金額による売却がそれぞれ必要とされている（投信法80条3項、投信法施行規則130条）。

### (2)　親法人投資口の取得

　子法人は、次に掲げる場合を除き、その親法人（他の投資法人を子法人とする投資法人をいう。以下同じ）である投資法人の投資口（以下、「親法人投資口」という）を取得してはならない。[13] ①合併後消滅する投資法人から親法人投資口を承継する場合（投信法81条2項1号）、②親法人投資口を無償で取得する場合（投信法81条2項2号、投信法施行規則131条1号）、③その有する他の法人等の株式（持分その他これに準ずるものを含む。④において同じ）につき当該他の法人等が行う剰余金の配当または残余財産の分配（これらに相当する行為を含む）により親法人投資口の交付を受ける場合（投信法81条2項2号、投信法施行規則131条2号）、④その有する他の法人等の株式につき当該他の法人等が行う組織の変更、合併、株式交換、株式移転に際して当該株式と引換えに当該親法人投資口の交付を受ける場合（投信法81条2項2号、投信法施行規則131条3号）、⑤その権利の実行にあたり目的を達成するために親法人投資口を取得することが必要かつ不可欠である場合（投信法81条2項2号、投信法施行規則131条4号）。

---

11)　株式会社における自己株式のように投資法人が自己投資口を保有し続けることは認められない。

12)　会社法の自己株式の場合と異なり、投資口の処分に際し、投資口の発行と同様の手続を経ることは要しない。すなわち、会社法においては、株式会社の成立後において新規に「発行する株式」も既発行の「自己株式」も、いずれも「募集株式」として区別することなく整理されており（会社法199条1項参照）、株式会社が行う自己株式の処分も新株発行も同様の手続で行われる。これに対し、投信法においては、「募集投資口」とは、新規に「発行する投資口」を想定しており（投信法82条1項参照）、投資法人の成立後における「自己投資口」の処分は投資口の発行手続に準じた手続として整理されていないことから、「自己投資口」の処分の手続は、単なる売買として扱われるものと考えられる。

13)　上述した自己投資口の取得規制と同様の趣旨と考えられる（江頭・株式会社法272頁参照）。

子法人が親法人投資口を取得した場合、当該子法人は相当の時期にその投資口の処分をしなければならない（投信法81条3項）。他の投資法人の発行済投資口の過半数の投資口を、親法人および子法人または子法人が有するときは、当該他の投資法人はその親法人の子法人とみなされる（同法81条4項）。処分の方法は、自己投資口の場合に準じることになる（同法81条5項）。

## 6　投資口の併合・分割

投資法人は、投資口の併合をすることができる（投信法81条の2第1項）。投資口の適正な市場価格の維持等の理由から当該投資口の併合が行われる。投資法人は、投資口の併合をしようとするときは、そのつど、投資主総会の決議によって、①併合の割合、②投資口の併合がその効力を生ずる日を定めなければならず（投信法81条の2第2項、会社法180条2項）、執行役員は、当該投資主総会において、投資口の併合をすることを必要とする理由を説明しなければならない（投信法81条の2第2項、会社法180条4項）。さらに、投資法人は、投資口の併合が効力を生ずる日の2週間前までに、投資主および登録投資口質権者に対する上記①および②の事項の通知または公告を行わなければならない（投信法81条の2第2項、会社法181条）。そして、投資主は投資口の併合が効力を生ずる日に、その日の前日に有する投資口の口数に、上記投資主総会の決議で定めた併合の割合を乗じて得た口数の投資口の投資主となる（投信法81条の2第2項、会社法182条）。投資証券発行会社は、投資口の併合をしたときは、効力発生後遅滞なく併合した投資口に係る投資証券を発行しなければならない（投信法81条の2第2項、会社法215条2項）。投資法人が投資口の併合をする場合には、当該行為の効力が生ずる日までに当該投資法人に対し全部の投資口に係る投資証券を提出しなければならない旨を当該日の1ヵ月前までに、公告し、かつ、すべての投資主およびその登録投資口質権者には、各別にこれを通知しなければならない（投信法87条1項1号）。ただし、投資口の全部について投資証券を発行していない場合は、この限りでない（同法87条1項ただし書）。[14]

また、投資法人は、投資口の分割をすることができる（投信法81条の3第1項）。当該分割を行うことによって、1口の市場価格を下げ、投資口の市場性

---

[14] その他当該投資証券の提出に関する公告につき、会社法の規定が準用されている（投信法87条2項）。

を高めることが可能となる。投資法人は、投資口の分割をしようとするときは、執行役員は、そのつど、①投資口の分割により増加する投資口の総口数の投資口の分割前の発行済投資口の総口数に対する割合および当該投資口の分割に係る基準日、②投資口の分割がその効力を生ずる日を定め、役員会の承認を受けなければならない（投信法81条の3第2項、会社法183条2項）。基準日において投資主名簿に記載等がなされている投資主は、分割の効力発生日に、基準日に有する投資口の口数に上記割合を乗じて得た数の投資口を取得する（投信法81条の3第2項、会社法184条1項）。投資法人は、投資主総会の決議によらないで、分割の効力発生日における発行可能投資口総口数をその日の前日の発行可能投資口総口数に上記割合を乗じた得た口数の範囲内で増加する規約の変更をすることができる（投信法81条の3第2項、会社法184条2項）。投資証券発行会社は、投資口の分割をしたときは、効力発生後遅滞なく分割した投資口に係る投資証券（すでに発行されているものを除く）を発行しなければならない[15]。

　投資法人が投資口の分割または投資口の併合をすることにより投資口の口数に1口に満たない端数が生ずるときは、その端数の合計数（その合計数に1に満たない端数が生ずる場合にあっては、これを切り捨てるものとする）に相当する口数の投資口を、公正な金額による売却を実現するために適当な方法として投信法施行規則138条で定めるものにより売却し、かつ、その端数に応じてその売却により得られた代金を投資主に交付しなければならない（投信法88条1項[16]）。かかる場合の処分の方法とは、(i)投資口が金融商品取引所に上場されている投資口である場合には、取引所金融商品市場での売却、(ii)店頭売買有価証券である場合は、店頭売買有価証券市場での売却、(iii) (i)(ii)以外の投資口の場合は、当該投資口を発行する投資法人の純資産の額に照らして公正妥当な金額による売却である（投信法施行規則138条）。

---

15) なお、投資主の請求により、投資口の払戻しが行われる旨の規約の定めがある投資法人に関しては、設立時の最初の規約によって、上記記載の手続に従わずに分割を行いうる旨を定めることができ、投信法上、かかる場合の分割の手続について種々の規定が置かれている（投信法81条の4）。

16) なお、投資主の請求により投資口の払戻しをする旨の規約の定めがある投資法人については、当該端数の部分について、当該投資法人の純資産の額に照らして公正な金額をもって払戻しをすることができる（投信法88条2項）。

## 7　無償減資

　投資法人は、役員会の承認を受けた金銭の分配に係る計算書に基づき、内閣府令で定めるところにより、損失（出資総額等の合計額が貸借対照表上の純資産額を上回る場合において、当該出資総額等の合計額から当該純資産額を控除して得た額をいう）の全部または一部を出資総額等から控除することができ（投信法136条2項）、これを無償減資という。

　投資法人は、損失を吸収する内部の利益蓄積が少ないため、一度に多額の損失を計上すると、その後生じる利益により当該損失を解消するためには長期間が必要となる。累積した損失が残った状態での配当はその全部または一部が利益超過配当扱いとなるため、実質的な配当原資は各期の利益であったとしても、原則として利益超過配当（出資の払戻し）（投信法137条3項）に該当するという状態が長期固定化するという問題があった。

　かかる問題を解消することを目的として2014年12月1日施行の投信法改正により無償減資の制度が導入された。

　無償減資は、役員会の承認を受けた金銭の分配にかかる計算書に基づき実施されることになる（投信法136条1項・2項、131条2項）。

　なお、無償減資による損失の処理は会計上の処理にすぎず、投資法人から直ちに資金が流出するものではないこと、当該処理の前後で純資産額、発行済投資口総口数および1投資口当たりの純資産額に変化はないこと等の理由により、無償減資に係る債権者保護手続の制度は設けられていない。

## 8　種類投資口の導入の検討

　会社法における種類株式に相当する種類投資口[17]は、認められていないものと解されている。これは、資産運用型スキームにおいては複数の種類の投資証券を発行すれば投資者間の利害対立が生じるためである。投資法人は同質的な利益を有する投資主から構成されることを前提に、簡素かつ一元的なガバナンス

---

17)　会社法では、①配当、残余財産の分配に係る優先株式、劣後株式、②議決権制限株式、③譲渡制限株式、④取得請求権付株式、⑤取得条項付株式、⑥全部取得条項付種類株式、⑦拒否権付種類株式、⑧取締役・監査役の選解任についての種類株式といった種類株式が認められている。

の仕組みが採用されていることから、かかる制約が必要となる。[18]

　かかる種類投資口の発行が認められた場合、たとえば、他の投資口に優先して金銭の分配または残余財産の分配を受ける権利がある投資口（優先投資口）を議決権制限投資口とし、さらに、非参加的・累積的優先投資口とすれば、投資法人債に近い投資口の発行が可能となる。このような優先投資口の発行が認められれば、LTVを上昇させることなく、デット形式に近い資金調達が可能となり、また、不況下での資金調達も容易になる。また、かかる非参加的・累積的優先投資口に普通投資口への転換を請求できる取得請求権が付された取得請求権付優先投資口の発行も考えられる。これは、投資法人の業績が不振の間は、優先投資主として安定的な配当を受け、当該投資法人の業績が回復した場合には取得請求権を行使することによって、より多くの金銭の分配を受けることができる普通投資口に転換する権利を与えるものであり、かかる取得請求権付優先投資口も投資法人の資金調達をより容易にするであろう。他方で、優先投資口は、普通投資口に優先して金銭の分配を受けうることから、既存の普通投資主に悪影響を及ぼす可能性がある。

　このような種類投資口制度の導入につき、金融審議会の「投資信託・投資法人法制の見直しに関するワーキング・グループ」においても議論がなされたが、上記のとおり資金調達の多様化のメリットがある一方で、投資者間の利害対立や投資法人のガバナンスの観点から、2014年12月1日施行の投信法改正においてもその導入は見送られた。

## II　投資口の募集総論

　投資法人は、一般の事業会社と異なり、従業員もいない投資の器というべき法人であることから、執行役員は投資口の募集に係る事務を行うことができず（投信法196条）、投資口の募集については、その事務を一般事務受託者に委託して行わせなければならない（同法117条1号）。当該事務を受託する一般事務受託者は、顧客の知識、経験、財産の状況および投資口を引き受ける目的を十分勘案して投資口の引受けの申込みの勧誘を行うなどの義務を負う（投信法施行規則

---

18)　神作裕之「会社型投資信託の導入―証券投資法人制度―」月刊資本市場165号（1999）47頁。

169条1項。詳細は後述)。

　投資口の募集の方法としては、公募、第三者割当、投資主割当の方法が考えられる。

　公募とは、投資主に投資口の割当てを受ける権利を付与しない方法で投資口を募集する方法であって、不特定多数の者に対して募集を行う方法をいう[19]。かかる公募の方法が採用される場合、金融商品取引業者を介在させずに行うことも可能であるところ、実際はまず引受証券会社が募集投資口の全部を取得した上で、当該引受証券会社が投資家に当該募集投資口を取得させ、当該投資家が投資主となる形式で行われる（いわゆる買取引受けであり、当該引受証券会社は金商法2条6項にいう「引受人」として関与する[20]）。そして、前述したように、投資法人の投資口による主な資金調達の方法は公募である。

　第三者割当とは、投資主に投資口の割当てを受ける権利を付与しない方法で投資口を募集する方法であって、特定の第三者に対して募集を行う方法をいう[21]。リファイナンス等資金調達が必要であるが、業績不振のために他の方法による資金調達が期待できないようなときに当該投資法人の実質上のスポンサーである事業会社が当該引受人となる場合や、当該引受人との業務提携などを目的とする場合に利用される。

　投資主割当とは、投資主に投資口の割当てを受ける権利を付与する方法で投資口を募集する方法をいう[22]。この点、前述したように、不況下においては投資法人の資金調達が困難になることから、投資法人に多様な資金調達方法を認める必要があり、かかる投資主割当も当該資金調達方法の1つとして利用されることが考えられるところ、投信法上、投資法人が当該投資主割当を行いうるのか否か、明確ではなかった。そのため、業界内では投資主割当の実現に向けた声が上がり、2008年10月受付規制改革要望（内閣府）で日本証券業協会より「投資法人における投資主割当増資の解禁」に関する要望が提出されたところ、

---

19) 江頭・株式会社法719頁参照。
20) 有価証券の引受けの一種であり、有価証券の募集もしくは売出しまたは私募もしくは特定投資家向け売付け勧誘等に際し、当該有価証券を取得させることを目的として当該有価証券の全部または一部を取得する（金商法2条8項6号・6項1号）。
21) 江頭・株式会社法718頁参照。
22) 江頭・株式会社法717頁参照。

金融庁から「投資法人が既存投資主に対して公正な金額で募集投資口を割り当てることは必ずしも禁止されていない」との回答がなされ、現行の投信法の枠組みの中で投資主割当を行うことは可能と解されている。

そして、実際に投資主割当を実施する場合、会社法202条で認められている株主割当が投信法で準用がされていない以上、投信法82条に定められた投資口の発行手続に従って行うことになるものと考えられるが、発行価格、基準日、有価証券届出書の提出時期等についてどのように取り扱うべきか明らかでないため、以下、これらの点につき、若干の検討を行う。なお、これら以外の点でも手続上不明確な点が多々存在するため、当該投資主割当の実施に際しては関係当局との十分な協議が必要となろう。

まず、(i)発行価格についてであるが、会社法202条で認められている株主割当ての場合、既存株主全員へ基準日現在の持株比率に応じて新株を割り当てることを前提として、既存株主に新株引受けの機会を均等に提供することによって少数株主の利害に配慮されており、失権株を減らすために一般的には時価を下回る価格で実施されている。しかし、投資主割当の場合は、2008年10月受付規制改革要望（内閣府）での金融庁の回答は「公正な金額とは異なる価格での投資主割当増資を認めることは困難である」とのことであり、現投信法上では大幅なディスカウントでの実施は難しいと解される。[23]

次に、(ii)基準日については、会社法における株主割当では発行決議において株主に「新株の割当てを受ける権利」を与えることができる（会社法202条1項）と規定されている。一方、投信法ではかかる規定がないことから、会社に対する特定の権利を行使できる者を確定する目的で設定される基準日の制度を投資主割当の場合に利用しうるか否か明らかでない。当該基準日の制度を利用することによって投資主割当の割当先を特定する必要があることから、投信法77条の3第2項に定められた基準日の制度は、当該割当先の特定のための制度として利用できるものと解される必要がある。

---

23) 今後、制度の改正により、株主割当と同様に、公正な価格を下回る価格での発行が認められる場合もあると思われるが、かかる場合、当該投資主割当を引き受けることができない投資主は、自らの保有する投資口が希薄化することから、当該投資主に損害を与える可能性がある。その他投資主割当に関しては、投資法人としても既存投資主が新投資口を引き受けるか否か不確定であるため、どの程度の資金調達が見込めるのか予測困難であるといった問題がある。

また、(iii)有価証券届出書の提出時期の問題であるが、投資口が上場されている場合、その投資口の募集について有価証券届出書の届出が必要であるところ、金商法4条4項は主として株式を前提とする規定であること、(「株主名簿」「株主」等との文言参照)、企業内容開示府令3条1号は「株券（優先出資証券を含む。以下同じ。）、新株予約権証券及び新株予約権付社債券以外の有価証券」について同項は適用されないものと規定していること等の理由から、投資口は金商法4条4項の適用を受けず、同条1項本文の規定に従って届出がなされることになると解される。ただし、投資家保護の観点から、投資家に十分な熟慮期間を与える必要があると考えられることから、実際に投資主割当を行う場合には、当局と協議した上で十分な期間を設ける必要があると思われる。

以上、投資主割当に係る若干の論点についての解釈を示したが、上記の解釈については、投信法あるいは金商法上明確ではなく、また、上述したように手続上不明確な点も多いことから実際の運用に支障が生じることが予測されるため、今後投資主割当に関する法制度の整備が必要と思われる[24]。なお、既存投資主に新投資口予約権を無償で割り当てることによる増資手法であるライツ・オファリングが2014年12月1日施行の投信法改正により認められることとなった。ライツ・オファリングについては本章第4節で記述する。

## III 投資証券の募集手続

### 1 投資証券の募集と投信法上の手続

投資法人は、規約に定められた投資口の総口数の範囲内で、投資口の募集を行うことができる。かかる投資口の募集手続は、株式会社における会社法上の株式の募集手続と基本的に類似しているが、株式会社と異なる点も多い。たとえば、前述のとおり、会社法における株主割当に相当する手続はなく、出資の履行は金銭による払込みを予定しているため、出資の履行を現物出資により行うことはできない。また、公開会社である株式会社においては、株主割当以外

---

[24] 現在、投資主割当増資の例は存在していないようであり（「フォーラムとりまとめ」参照）、投信法には会社法のような株主割当に関する規定がないために利用しにくいものになっていると推測される。

の募集株式の発行等を行う場合、取締役会の決議によって募集事項を定めたときは、事前に株主に対し、当該募集事項の通知または公告をなす必要があるが（会社法201条3項・4項）、投資法人には、このような通知または公告を要する旨の規定はない。さらに、投資法人は、株式会社と異なり、投資口の募集事務等を含め投資法人の業務に係る事務を外部委託することが予定されている（投信法117条、196条1項）。

なお、前述したとおり、「自己投資口」の処分の手続は、単なる売買として扱われるものと考えられるため、以下、ⅢおよびⅣにおいては、特に明記しない限り、新規に発行する投資口の発行を念頭に置くものとする。また、投信法上の「募集」とは、第5節において述べる金商法における「募集」の意味とは異なり、単に、株式の引受けの申込みの誘引をいい（投信法82条1項参照）、金商法上の有価証券の募集を含むがこれに限られず、同法上の有価証券の私募も投信法上の募集に含まれる。金商法上の手続については、本章第5節で記述する。

## 2　募集事項の決定

### (1) 募集事項

投資法人がその発行する投資口を引き受ける者の募集をしようとするときは、執行役員は、そのつど、募集投資口（当該募集に応じて当該投資口の引受けの申込みをした者に対して割り当てる投資口）について、以下に掲げる募集事項を定める必要がある（投信法82条1項）。募集事項は、募集ごとに、均等に定めなければならない（同法82条5項）。

> ① 募集投資口の口数
> ② 募集投資口の払込金額またはその算定方法
> ③ 募集投資口と引換えにする金銭の払込みの期日またはその期間

#### a) 募集投資口の口数

投資法人が発行することができる投資口の総口数（発行可能投資口口数）は、投資法人の規約に規定されており（同法67条1項4号）、投資法人は、かかる発行

---

25) なお、オープンエンド型の投資法人が、一括承認方法により募集投資口の発行を行う場合には、確定した募集ごとの払込金額を公示する必要がある（投信法82条4項）。
26) 相澤哲編「立法担当者による新会社法の解説」別冊商事法務295号（2008）51頁。

可能投資口口数を超えて投資口を発行することはできない。実務上、発行可能投資口口数は200万口に設定されていることが多いが、これを超過して投資口を発行したい場合には、規約を変更する必要がある。[27]

### b）払込金額またはその算定方法

募集投資口の「払込金額」は、「投資法人の保有する資産の内容に照らし公正な金額」としなければならない（同法82条6項）。そのため、株式会社とは異なり、投資法人においては、投信法上、特に有利な払込金額での募集投資口の発行、いわゆる有利発行を行うことはできないと解される。「投資法人の保有する資産の内容に照らし公正な金額」の意義については投信法上明確ではないが、その判断にあたっては、非上場投資法人の投資口については投資口1口当たりのNAV（Net Asset Value：資産の現在価値から負債を差し引いた純資産価値）、上場投資法人の投資口であれば市場価格が重要な要素になるものと考えられる[28]（詳細は後述）。「払込金額」を定める代わりに、募集投資口の払込金額の「算定方法」を定めることもできる。「算定方法」とは、算式に一定の数値をあてはめること等により具体的な払込金額を算定することができるものをいうと考えられる。[29][30]

---

[27] 公開会社である株式会社においては、定款を変更して発行可能株式総数を増加する場合には、変更後の発行可能株式総数は、当該定款の変更が効力を生じた時における発行済株式の総数の4倍を超えることができない（会社法113条3項。なお、同法37条3項）。これに対し、投資法人においては、投信法上、かかる制限に相当する規定はない。

[28] 日本証券業協会の会員である証券会社は、日本証券業協会の指針に基づき、上場銘柄の発行会社（外国会社を除く）がわが国において第三者割当（企業内容等の開示に関する内閣府令19条2項1号ヲに規定する方法をいう）により株式の発行（自己株式の処分を含む。以下同じ）を行う場合には、当該発行会社に対し、払込金額について、以下に定める内容に沿って行われるよう要請することが求められている。「1.(1)払込金額は、株式の発行に係る取締役会決議の直前日の価額（直前日における売買がない場合は、当該直前日からさかのぼった直近日の価額）に0.9を乗じた額以上の価額であること。ただし、直近日又は直前日までの価額又は売買高の状況等を勘案し、当該決議の日から払込金額を決定するために適当な期間（最長6か月）をさかのぼった日から当該決議の直前日までの間の平均の価額に0.9を乗じた額以上の価額とすることができる。2.会員は、1.(1)のただし書により払込金額が決定されるときには、発行会社に対し、株式の発行に係る取締役会決議の直前日の価額を勘案しない理由及び払込金額を決定するための期間を採用した理由を適切に開示するよう要請する」（2010年4月1日付日本証券業協会「第三者割当増資の取扱いに関する指針」）。かかる指針は、投資口の発行を直接的には対象としていないが、投資口の発行においても一定の参考となりうる（東京地決平成22・5・10参照。詳細は後述Ⅳ1）。

[29] 相澤哲ほか編著『論点解説　新・会社法　千問の道標』（商事法務・2006）78頁・86頁。

[30] なお、会社法上は、公開会社である株式会社においては、市場価格のある株式を引き受ける者の募集をするときは、「募集株式の払込金額……又はその算定方法」（同法199条1項2号）に代

なお、株式会社においては、会社法上、金銭以外の財産を出資の目的とすること、いわゆる現物出資も許容されているが（会社法199条1項3号・4号、207条等参照）、投信法上は、かかる現物出資を認める規定はなく、また会社法の規定も準用されていないことから、投資法人において現物出資は許されないと解される。そのため、払込みは、常に金銭による必要があり[31]、投資法人に対する債権を現物出資することにより募集投資口の発行をすること（いわゆるDES）はできないと考えられる。

### (2) 決定機関

投資法人がその発行する投資口を引き受ける者の募集をしようとするときは、執行役員が、そのつど、募集投資口について募集事項を定め、役員会の承認を受けなければならない（投信法82条1項）[32]。

### (3) 証券保管振替機構への通知

振替投資口の発行者である投資法人は、募集投資口の募集事項の決定をした場合、証券保管振替機構に対し、役員会承認後速やかに、その内容（募集方法、募集投資口の銘柄、募集投資口の口数、募集投資口の1口当たりの払込金額、募集に係る手続日程、申込期日、払込期日等）を通知する必要がある（振替法228条1項、130条1項）。

## 3 投資口の取得の勧誘

前述したとおり、投信法上、投資法人の執行役員は、当該投資法人の発行す

---

えて、「公正な価額による払込みを実現するために適当な払込金額の決定の方法」を募集事項として定めることができ（同法201条2項）、いわゆるブックビルディングにより払込金額を決定することを定めれば足り、これを株主に対し通知または公告すれば足りるとされている（同法201条3項・4項）。投資法人の場合、投信法上、募集事項として、ブックビルディングによる払込金額の決定を定めれば足りるとする規定はなく、上記会社法201条2項も準用されていない。そのため、投資法人の場合には、ブックビルディング方式により払込金額が決定した後に改めて投資法人の役員会の承認を得る必要がある。

31) 設立に関する記載ではあるが、乙部・詳解投資信託法132頁参照。
32) 投資主の請求により投資口の払戻しをする旨の規約の定めがある投資法人、いわゆるオープンエンド型の投資法人の執行役員は、発行期間を定め、その発行期間内における募集投資口を引き受ける者の募集について、役員会の承認を一括して求めることもできる（投信法82条2項）。

る投資証券等の募集等に係る事務を行ってはならず(投信法196条1項)、投資口を引き受ける者の募集に関する事務については、他の者(一般事務受託者)に委託しなければならない(同法117条1号。なお、後述の「9 外部委託」も参照されたい)。

　実務上、投資家に対する投資口の取得の勧誘については、第1種金融商品取引業者である証券会社に委託し、投資法人との間で募集事務委託契約を締結した証券会社が一般事務受託者として行うのが通常である[34](本章第5節も参照)。

　かかる投資口を引き受ける者の募集に関する事務を委託する契約においては、所定の事項を定める必要があり(投信法施行規則169条1項)、当該契約を通じて当該事務を受託する一般事務受託者は、投資法人に対して、顧客の知識、経験、財産の状況および投資口を引き受ける目的を十分勘案して投資口の引受けの申込みの勧誘を行う義務を負うほか(同規則169条1項1号)、当該勧誘を行うにあたり、顧客に対し、投資法人による募集投資口の引受けの申込みをしようとする者に対する通知事項、投資主の権利内容、手数料、投資口の価額変動リスクなどを説明する義務を負う(同項2号)。

## 4　募集投資口の申込みと割当て

　募集投資口の募集事項が決定されると、以下の募集投資口の引受けの申込みと割当ての手続を経て、当該募集投資口の引受人となる者が決定される(投信法83条9項、会社法206条1号)。なお、以下に述べる募集投資口の引受けの申込みおよび割当てならびに総口数引受契約に係る意思表示については、心裡留保・虚偽表示を理由とする無効についての民法の規定(民法93条1項ただし書、94条1項)は、適用されない(投信法84条、会社法211条1項)。

---

33)　ここにいう「募集等」とは、金商法2条3項に規定する有価証券の募集、同項に規定する有価証券の私募、その行う募集または私募に係る有価証券の転売を目的としない買取りその他これに類する行為をいう(投信法196条1項、投信法施行令119条)。

34)　一般事務受託者の資格については、投信法上制限はなく、投資法人の資産運用会社が、投資口の募集に関する事務を受託することもできる。もっとも、かかる場合には当該資産運用会社が行う投資法人の発行する投資証券等の募集の取扱い等を行う業務は、第二種金融商品取引業とみなされ(投信法196条2項)、当該資産運用会社において第二種金融商品取引業の登録が必要となる。

## (1) 投資口の申込者に対する募集事項等の通知

投資法人は、募集に応じて募集投資口の引受けの申込みをしようとする者に対し、当該投資法人の規約に記載されている事項、募集事項および投資法人の資産に属する不動産に関する事項等を通知しなければならない[35]（投信法83条1項）。また、振替投資口の発行者である投資法人は、当該通知において、当該投資口について振替法の適用がある旨を示さなければならない（振替法228条、150条2項）。

もっとも、投資法人が当該事項を記載した金商法2条10項に規定する目論見書を募集に応じて募集投資口の引受けの申込みをしようとする者に対して交付している場合その他相手方保護に欠けるおそれがないものとして内閣府令で定める場合[36]には、申込みをしようとする者に対する当該通知を要しない（投信法83条5項、投信法施行規則137条）。

## (2) 募集投資口の引受けの申込み

募集投資口の引受けの申込みをする者は、①申込みをする者の氏名または名称および住所[37]、②引き受けようとする募集投資口の口数を記載した書面を投資法人に交付しなければならない[38][39]（投信法83条3項）。振替投資口の引受けの申込

---

[35] かかる通知事項に変更があったときは、投資法人は、直ちに、その旨および当該変更があった事項を申込者に通知しなければならない（投信法83条6項）。

[36] 内閣府令で定める場合とは、①(i)当該投資法人が金商法の規定に基づき目論見書に記載すべき事項を電磁的方法により提供している場合、または(ii)当該投資法人が外国の法令に基づき目論見書その他これに相当する書面その他の資料を提供している場合であって、②投資法人が募集に応じて募集投資口の引受けの申込みをしようとする者に対して投信法83条1項各号に掲げる事項を提供している場合をいう（投信法施行規則137条）。

[37] 投資法人が申込者に対してする通知または催告は、かかる住所（当該申込者が別に通知または催告を受ける場所または連絡先を当該投資法人に通知した場合にあっては、その場所または連絡先）に宛てて発すれば足り（投信法83条7項）、その通知または催告が通常到達すべきであった時に、到達したものとみなされる（同条8項）。

[38] かかる申込みをする者は、当該書面の交付に代えて、政令で定めるところにより、投資法人の承諾を得て、当該書面に記載すべき事項を電磁的方法により提供することができる。この場合において、当該申込みをした者は、当該書面を交付したものとみなされる（投信法83条4項）。

[39] 実務上、投資口の公募が行われる場合には、有価証券届出書には申込取扱場所として引受証券会社の全国本支店および営業所が記載されるのが通常であり、また投資口の第三者割当が行われる場合には、申込取扱場所として投資法人本店が記載される例が多い。もっとも、投資法人は自己募集をすることが制限されていること（投信法196条1項参照）、投資口の募集事務を一般事務受託者に委託しなければならないところ（同法117条）、申込取扱場所を投資法人本店とすること

みをする者は、新規記録する振替口座の開設が必要であり、自己のために開設された当該振替投資口の振替を行うための口座（特別口座を除く）[40]を上記書面に記載する必要がある（振替法228条、150条4項）。

### (3) 投資口の割当ての決定および通知

申込みに対し、投資法人は、申込者の中から募集投資口の割当てを受ける者を定め[41]、かつ、その者に割り当てる募集投資口の口数を定めた上（投信法83条9項、会社法204条1項）、金銭の払込期日（金銭の払込期間を定めた場合にあってはその期間の初日、投信法82条2項の場合にあっては同法82条3項2号に掲げる方法により確定した同号の期日）の前日までに、申込者に対し、当該申込者に割り当てる募集投資口の口数を通知しなければならない（投信法83条9項、会社法204条3項）。

この場合において、投資法人は、当該申込者に割り当てる募集投資口の口数を、当該申込者が引受けを希望する募集投資口の口数（投信法83条3項2号）より減少することもできる（投信法83条9項、会社法204条1項）。

申込者は、投資法人の割り当てた募集投資口の口数について募集投資口の引受人となる（投信法83条9項、会社法206条1号）。

### (4) 総口数引受契約の締結による場合

募集投資口を引き受けようとする者がその総口数の引受けを行う契約を締結する場合には、上記(1)ないし(3)の手続は不要となる（投信法83条9項、会社法205条）。

第三者割当の方法により、募集投資口の発行を行う場合には、投資法人は募集投資口を引き受けようとする者との間でかかる総口数引受契約を締結することにより、上記手続を省略することが多い。また、公募を行う場合には、前述

---

は、これらの規定との整合性の観点から疑義が生じる余地がありうる。投資口の第三者割当においても申込取扱場所を当該募集事務の委託を受けた証券会社の本店等としている例としては、2010年6月30日発行に係る日本賃貸住宅投資法人の2010年2月26日付有価証券届出書、2010年1月15日発行に係るニューシティ・レジデンス投資法人の2009年9月18日付有価証券届出書がある。

40) 特別口座（振替法131条）への振替はできない。

41) 投資法人は、その執行役員、監督役員、資産運用会社など一定の関係者との間で、有価証券の取得または譲渡を行うことが原則として禁止されているが、例外的にその投資口を資産運用会社に取得させることは許容されている（投信法193条1項1号、195条、投信法施行令117条6号）。

したとおり、証券会社による投資口の買取引受が行われるのが通常であり、投資法人と証券会社との間において総口数引受契約が締結される。

総口数引受契約については、契約書が1通であることや契約の当事者が1人であることは必要とされていない。実質的に同一の機会に一体的な契約で募集投資口の総口数の引受けが行われたものと評価できれば、投資法人が複数の契約書で、複数の当事者との間で契約を締結する場合にも、手続を省略することが可能と解される[42]。なお、振替投資口の引受けの申込みをする者は、総口数引受契約を締結する際に、自己のために開設された当該振替投資口の振替を行うための口座（特別口座を除く）を当該振替投資口の発行者に示さなければならない（振替法228条、150条4項）。

### 5 出資の履行

募集投資口の引受人は、金銭の払込期日または払込期間内[43]に、投資法人が定めた銀行等[44]の払込みの取扱いの場所において、それぞれの募集投資口の払込金額の全額を払い込まなければならない（投信法84条1項、会社法208条1項）。当該投資口の払込金額については、その総額を出資総額に組み入れなければならない（投信法82条7項）。募集投資口の引受人は、かかる払込み（出資の履行）をする債務と投資法人に対する債権とを相殺することができない（投信法84条1項、会社法208条3項）。

また、出資の履行をすることにより募集投資口の投資主となる権利の譲渡は、投資法人に対抗することができない（投信法84条1項、会社法208条4項）。募集投資口の引受人は、出資の履行をしないときは、当該出資の履行をすることにより募集投資口の投資主となる権利を失う（投信法84条1項、会社法208条5項）。

---

42) 相澤哲ほか・前掲注(29)208頁。
43) 投信法82条2項の場合にあっては、同条3項2号に掲げる方法により確定した期日をいう（投信法84条1項、会社法208条1項）。
44) 投信法71条2項に規定する銀行等をいう。投信法上は、会社法と異なり、金融商品取引業者（金商法2条9項に規定する金融商品取引業者をいい、同法28条5項に規定する有価証券等管理業務を行う者に限る）も払込みの取扱いを行うことができる（投信法71条2項、投信法施行規則112条7号）。

## 6　投資主となる時期

　募集投資口の引受人は、募集投資口と引換えにする金銭の払込期日を定めた場合には当該期日$^{45)}$、または払込期間を定めた場合には出資の履行をした日に、出資の履行をした募集投資口の投資主となる（投信法84条1項、会社法209条）。募集投資口の引受人は、投資主となった日から1年を経過した後またはその投資口について権利を行使した後は、錯誤を理由として募集投資口の引受けの無効を主張し、または詐欺もしくは強迫を理由として募集投資口の引受けの取消しをすることができない（投信法84条1項、会社法211条2項）。

## 7　投資証券の発行・投資主名簿等への記録

　前述したとおり、投資法人は、投資口を発行した日以後遅滞なく、当該投資口に係る投資証券を発行しなければならない（投信法85条1項）。もっとも、投資口の上場のためには、指定振替機関の振替業における取扱いの対象であることが必要とされているところ（上場規程1205条2号m、1218条2項13号）、振替投資口については、投資証券を発行することができない$^{46)\ 47)}$（振替法227条1項）。

　また、投資口を発行した場合には、投資主名簿に投資主名簿記載事項が記載または記録され（投信法79条3項、会社法132条1項1号）、振替投資口の場合は、払込みの確認が行われた後、投資主名簿管理人が機構に対して引受人の記録先口座を含む新規記録通知を行い、引受人の振替口座簿に新投資口数が記録される（振替法228条、130条2項参照）。

---

45)　ただし、投資主の請求により投資口の払戻しをする旨の規約の定めがある投資法人において、投信法82条2項に基づき募集投資口の発行期間を定めた場合には、同条3項2号に掲げる方法により確定した同号の期日。
46)　振替投資口ではない投資口については、原則として、投資証券を発行する必要がある。
47)　振替投資口の投資主（投信法2条16項に規定する投資主をいう。以下同じ）は、当該振替投資口を取り扱う振替機関が振替法22条1項の規定により同法3条1項の指定を取り消された場合もしくは同法41条1項の規定により当該指定が効力を失った場合であって当該振替機関の振替業を承継する者が存しないとき、または当該振替投資口が振替機関によって取り扱われなくなったときは、前項の規定にかかわらず、発行者に対し、投資証券の発行を請求することができる（振替法227条2項）。

## 8　登録事項および登記事項

　投信法上、一般事務受託者の名称および住所ならびに沿革、一般事務受託者と締結した事務の委託契約の概要については、投資法人の登録事項とされている（投信法188条1項7号、投信法施行規則214条7号・8号）。そのため、投資口の発行に際して選任された証券会社などの一般事務受託者に関して、その選任および終任について登録事項の変更の届出が必要となる。そのほか、投信法188条1項各号に規定される登録事項に変更がある場合には、変更があった日から2週間以内に届け出る必要がある（投信法191条1項）。

　株式会社においては、資本金の額および発行済株式総数は登記事項とされていることから（会社法911条3項5号・9号、915条1項）、増資にあたりこれらの変更登記を行う必要がある。これに対し、投資法人においては、これらは登記事項とされておらず（投信法166条2項参照）、また最低純資産額（同法166条2項5号）も投資口の発行自体によって変更するものではないことから、発行可能投資口総口数の変更を伴う増資など、投資法人に係る登記事項の変動を伴う行為を行わない限り、変更登記は不要である。

## 9　外部委託

　投資法人は、①発行する投資口を引き受ける者の募集に関する事務、②投資主名簿の作成および備置きその他の投資主名簿に関する事務、③投資証券の発行に関する事務、④機関の運営に関する事務などの事務、⑤投資主に対して分配または払戻しをする金銭の支払いに関する事務などについては、他の者（一般事務受託者）に委託する必要がある（投信法117条、投信法施行規則169条2項）。実務上、投資口の募集事務については、証券会社に、投資口の名義書換事務、投資証券の発行に関する事務、機関運営事務等については、信託銀行に委託されることが多い。

　投資法人からこれらの事務の委託を受けた一般事務受託者は、当該投資法人のため忠実にその事務を行う義務（忠実義務）や善良な管理者の注意をもってその事務を行う義務（善管注意義務）を負う（投信法118条）。

## Ⅳ 違法な募集投資口の発行に対する対抗措置

### 1 募集投資口の発行等の差止め

投資主は、投資口の発行等が法令または定款に違反するような場合や著しく不公正な方法により行われるような場合において、投資主が不利益を受けるおそれがある場合、投資法人に対し、投資口の発行の差止めを請求することができ（投信法84条１項、会社法210条）、これは2014年12月１日施行の投信法改正により可能になったものである。

上記投信法改正以前は、投信法においては、会社法210条の募集株式の発行等の差止めに相当する募集投資口の発行等の差止めに関する規定はなく、当該会社法210条の準用もなされておらず、投資主が投資口の発行の差止めを求めるためには、執行役員の違法行為等の差止請求権（投信法109条５項、会社法360条１項）を利用する必要があった。

当該投資口の発行の差止めを請求する場合の例としては、募集投資口が不公正な払込金額で募集された場合（投信法82条６項）が挙げられる（投資口の募集が同法82条６項に違反するものとして執行役員の違法行為の差止めが争われた事案として、東京地決平成22年５月10日金商1343号21頁（以下「東京地裁決定」という）がある）。

ここで当該投信法82条６項は、旧投資主の持分価値が水割りされる危険を防止する趣旨で定められたものであるが[48]、同法82条６項の「公正な金額」の意義が問題となる。

東京地裁決定によれば、「公正な金額」とは、「払込金額決定前の当該投資法人の投資口の市場価格、従前の市場価格や売買高の動向、投資法人の資産状態、収益及び分配金の状況、将来の業績の見通し、発行済投資口数と募集投資口数、金融商品取引市場の動向や募集投資口の消化可能性等の諸事情を総合し、既存投資主の利益と投資法人が有利な資金調達を実現するという利益の調和の中に求められるべきものである」とされる。そして、通常市場価格は、多数の投資家の評価を通じて投資口の客観的価値を反映しているものと推認されることか

---

48) 神作・前掲注(18)47頁参照。

ら、「払込金額が公正な金額であるというためには、原則として、払込金額決定前の発行済投資口の市場価格に近接していることが必要である」(東京地裁決定) と解される。そして、上記のとおり、当該市場価格に「近接」していれば、市場価格と同額である必要はなく、払込期日までに市場価格が下落するリスクや募集投資口の消化可能性の観点から、当該市場価格から若干割り引いた金額であっても「公正な金額」に該当しうる。東京地裁決定は、第三者割当に関する裁判例ではあるが、かかる判断基準は公募の場合でも同様と考えられよう。

　なお、投信法82条6項における「投資法人の保有する資産の内容に照らし」との規定は、必ずしも当該投資法人の資産価値のみから投資口の価値、すなわちNAVを算出して公正金額を決定することを要求しているわけではなく、投資口の「公正な金額」の判断に関し、資産の内容を考慮すべき旨を確認的に規定したものにすぎず、上記のとおり、当然資産の内容以外の諸般の事情を考慮して公正な金額とすべきことを規定しているものと考えられる。投資口の評価は、不動産の評価手法と極めて類似性を持っているが、不動産の集合体の評価ではなく、あくまで企業体の評価なのである。東京地裁決定は、投信法82条6項の趣旨につき、「投資法人は、投資主から払い込まれた資産等を主として特定資産に対する投資として運用することを目的とする社団であり (投信法2条12項)、運用資産を保有して収益を分配する機能に特化した性格を有しており、投資法人の客観的価値が主としてその保有する資産の内容によって形成される特色があることから、投資法人が募集投資口を発行する場合に執行役員がその払込金額を定めるに当たっては、投資法人の保有する資産の内容に照らし公正な金額、すなわち、既存の投資口の客観的価値に照らして公正な金額としなければならない旨を定めたものと解することができる」旨判示しており、同項は、上記「投資法人の客観的価値が主としてその保有する資産の内容によって形成される特色」から、あえて資産の内容を公正な金額を決定する場合の考慮要素

---

49) なお、投信法82条6項は、「公正な金額」での発行が求められている。「特に有利な金額」の場合の規制を定めている会社法199条3項と比較すると、基準が厳格であるようにも読めるが、いずれの規定も既存のエクイティホルダーの保護等趣旨を同じくするものと考えられ、かかる文言の違いから、投信法82条6項の「公正な金額」に関して会社法の有利発行の場合と比べて厳格に解釈されることはないと思われる。

50) 髙瀬博司「不動産投資分析入門第13回」不動産鑑定 (2001) 50頁参照。

として勘案しなければならない旨を明示したにすぎないと考えるべきであろう。そして、東京地裁決定も、「新投資口を純資産価格を基準として発行しなければならないとすれば、純資産価格が市場価格よりも高い投資法人は新投資口を発行する道が閉ざされてしまう」、「投資法人においては、その保有する資産価値こそが企業価値を決定する唯一かつ重要な指標となる」などの投資法人側の主張を排斥している。[51]

そして、募集の形式が公募の場合には、通常ブックビルディング方式により投資口の払込金額が決定されており、当該ブックビルディング方式による決定方法による場合は、市場価格からの割引率を低く抑えることができ、通常は公正な金額と評価されることが多いであろう。もっとも、投資法人に関し、公募増資に相応の準備期間とコストがかかること、増資後の物件取得余力をある程度確保したいことから、投資法人の1回当たりの新規発行口数は大きくなり、需給悪化懸念が強まることで、本来価値から乖離した価格での増資になりやすいとの指摘もあり、ブックビルディング方式による発行の場合でも、かかる客観的価値からの乖離が著しく、既存の投資主に対する影響が過大なものとなる場合には「公正な金額」とは評価できない例も考えられよう。

これに対し第三者割当の場合には、前述したように、株式の払込金額決定に関する日証協の指針があり、東京地裁協定も、当該日証協の指針について、「上場投資法人が第三者割当てによる新投資口を発行する場合にも、払込金額が公正な金額と認められるか否かの判断基準として一応の合理性が認められるものと解される」旨判示しており、当該日証協の指針に従っている場合には、原則として「公正な金額」に該当するものとして判断されることになろう。[52]すなわち、投資口の発行に係る役員会の決議の直前日の価額(直前日における売

---

[51] 投信法82条6項の定めに関しては、会社法201条2項等の「公正な価額」と同様に、投資口の時価を基準とする価格であることが明らかとなる規定ぶりにしてほしい旨の要望が不動産証券化協会から金融庁に対してなされた。金融庁の回答として、現行の規定であっても、個別具体的状況にはよるものの、通常は市場価格を基準にした金額については「投資法人の保有する資産の内容に照らし公正な金額」に該当するものと考えられることから、特段これらの規定を見直す必要はないものと考えている旨の回答がなされており、同趣旨の考え方といえる。

[52] 株式の第三者割当を行う場合のディスカウントが有利発行に該当するか否かについても、日本証券業協会の自主ルールである「第三者割当増資等の取扱いに関する指針」を重視するいくつかの裁判例があり、それを踏襲したものといえよう(たとえば、東京地決平成16・6・1判時1873号159頁参照)。

買がない場合は、当該直前日から遡った直近日の価額）が投資口の客観的価値を反映していないと考えられる相当な理由がない限りは、当該価額に0.9を乗じた額以上の価額であれば、原則として「公正な金額」と判断されると考えられる。

　他方で、ある投資口が買収の対象になるなどにより投資口の価格が一時的に高騰し、当該高騰が投資口の客観的価値を示すとは認められないような合理的な理由がある場合には、東京地裁決定によれば、当該決議の日から払込金額を決定するために適当な期間（最長6カ月）を遡った日から当該決議の直前日までの間の平均の価額に0.9を乗じた額以上の価額とすることができ、当該ルールに従って算定された払込金額は、原則として「公正な金額」と評価されることになろう。すなわち、この点に関し、東京地裁決定は、「新投資口の払込金額を、①の承認の前日における投資口の市場価格を基準として算定するのではなく、②の発行承認の前日までの市場価格又は売買高の状況等を勘案し、当該承認の日から払込金額を決定するために適当な期間をさかのぼった日から当該承認の直前日までの間の平均の市場価格を基準として算定した場合に、その算定金額が払込金額として公正な金額と認められるためには、市場価格の急激な変動や当時の市場環境の動向などの当該承認の直前日の市場価格によることが相当とはいえない合理的な理由が必要であるというべきである。日証協指針が、当該直前日の市場価格を勘案しない理由及び払込金額を決定するための期間を採用した理由を適切に開示するよう求めているのは、その趣旨を踏まえたものであると解される」旨判示している。つまり、かかる判示によれば、適当な期間の平均の価額により払込金額を決定する場合には合理的理由の存在が必要とされるのであり、とすると、上記「一時的な高騰」が認められる場合であっても、当該「一時的な高騰」が投資口の客観的価値を反映している場合もあると考えられることから、当該投資口が客観的価値を反映していないことおよび払

---

53) なお、株式の場合に関し、株式が買占めの対象になった事例において、証券業界の自主ルールに則って払込金額を決定している場合に会社法における有利発行に該当しない旨を判断した裁判例がある（たとえば、東京地決平成元・9・5判時1323号48頁）。

54) 当該直前日の市場価格を勘案しない理由および払込金額を決定するための期間を採用した理由の開示に関する日証協の指針の改正について、その実質を考慮し、単に説明責任を課したものというよりも積極的に合理的な理由を要求しているものと評価されている（金商1343号21頁）。

込金額を決定するための期間が社会通念上相当なものであることについて、合理的根拠に基づき証明される必要がある。かかる判断は経済的専門的見地からの判断が必要であり、裁判所としてもいかなる場合が客観的価値を反映していないといえるのかについて慎重に判断する必要があろう。[55]

また、裁判所が「公正な金額」を判断する際にかかる日証協の指針に従っていることは尊重されることになると思われるが、株式の場合を含め当該日証協の指針に従っているからといって直ちに有利発行に該当しないとするものではないと考えられ、当該日証協に基準に従った場合でも、投資口の客観的価値から著しく乖離し、投資家保護の観点から問題が生じる場合は、「公正な金額」に該当しない旨の判断もなされうると思われる。したがって、かかる指針のみに一律に依拠するのではなく、金融工学的な手法も用いつつ、常に個別具体的な事案に応じて投資口の客観的価値を探求する姿勢が必要と思われる。

非上場投資口の場合でも、投資法人の資産状況、収益・配当状況等を総合的に考慮して「公正な金額」を決定することになるが、非上場投資口の場合には、市場価格がないことから、金融工学的手法等が用いられることにより投資口の客観的価値が算定されることになろう。そして、このように算定された手法に合理性が認められれば、原則として「公正な金額」と認められることになると思われる。なお、当該客観的価値の算定に際しては、算定の基礎となる事実関係を適切に評価した上で、当該事実関係に照らして合理的な算定手法が採用されることが望まれ、裁判所としてもかかる算定には恣意的な評価がなされる可能性があることを踏まえた検討が必要となる。そして、上場投資口の場合と異なり、非上場投資口の場合は、執行役員が払込金額を決定してから引受人が投資口を取得するまでの値下がりのリスク等につき考慮する必要がないと思われることから、当該合理的に算出された価格から10％の値引きをしたような発行

---

55) なお、東京地裁決定で問題になった事例において、投資法人は、当該投資法人が発行する投資口が買占めの対象となり、異常な値動きがあったことを理由として、3ヵ月平均の東証の投資口価額の終値の平均値を算出し、当該値から10％の減額修正を行うことにより投資口の払込金額を決定している。一方、東京地裁決定は、投資法人が主張する買占めが、一時的な高騰を招くような買占めではなく、投資口の価格上昇を招くような公表事実はなかったこと等に鑑み、当該投資口につきそもそも異常な値動きはなかったものと判断し、払込価額決定の直前日の市場価格によることが相当とはいえない合理的理由が示されたとはいえない旨判断している。その上で、払込価額決定の直前日の市場価格である23万5000円の76.6％に相当する18万円の払込金額での新投資口の募集は「公正な金額」に該当せず、投信法82条6項に違反する旨判示している。

価額を「公正な金額」と評価してよいか否かについては、上場投資口以上に慎重な検討を要する。

## 2　新投資口発行の無効の訴え・新投資口発行不存在の訴え

　投資法人の投資主等は、投資口の発行の効力が生じた日から6カ月以内に、投資法人の成立後における投資口の発行の無効の訴えを、当該投資口を発行した投資法人に対し提起することができる（投信法84条2項、会社法828条1項2号・2項2号、834条2号）。投信法上、募集投資口の発行の無効事由は、法定されておらず、解釈にゆだねられているが、投資口譲受人の取引の安全、無効とされた場合の混乱を踏まえ、無効事由は、限定的に解されるものと考えられる[56]。また、新投資口の発行は、新投資口不存在確認の訴えの対象になりうる（投信法84条3項、会社法829条1号、834条13号）。

## 3　関係者の民事責任

　役員がその任務を怠り、そのことにより投資法人に損害を生じさせたときは、これらの者は連帯して投資法人に損害賠償責任を負うことから（投信法115条の6第1項）、執行役員が不公正な払込金額で投資口の募集を行った場合は、当該執行役員は、投資法人に対し、当該払込金額と当該募集投資口の公正な価額との差額に相当する金額を支払う義務を負う可能性がある。また、役員等がその職務を行うについて悪意または重大な過失があったときは、当該役員等は、これによって第三者に生じた損害を賠償する責任を負うことから[57]（投信法115条の7第1項）、当該規定に基づき、当該募集により損害を受けた既存投資主から損害賠償請求を受ける可能性がある。

---

56) 会社法上の議論を踏まえれば、規約所定の発行可能投資口総数を超える発行については、無効原因となりうるが、役員会の適法な承認を欠いた場合、募集投資口の引受人に特に有利は払込金額による発行を行った場合などは無効原因には該当しにくいように思われる。また、当該新投資口発行の無効判決の効力についても、会社法840条が準用されている（投信法84条2項）。

57) 執行役員および監督役員が、投資口もしくは投資法人債を引き受ける者の募集をする際に通知しなければならない重要な事項についての虚偽の通知または当該募集のための当該投資法人の事業その他の事項に関する説明に用いた資料についての虚偽の記載もしくは記録をしたときも、執行役員および監督役員は、これによって第三者に生じた損害を賠償する責任を負う。ただし、その者が当該行為をすることについて注意を怠らなかったことを証明したときは、この限りでない（投信法115条の7第2項1号イ）。

また、かかる募集についての実質的な判断は資産運用会社が行うことになると思われることから、当該資産運用会社についても当該募集に係る任務懈怠に基づき、投資法人および既存投資主に対し損害賠償責任が認められる可能性がある（投信法204条1項・3項、会社法429条1項）。さらに、一般事務受託者についても、当該募集に関し任務懈怠があれば投資法人に損害賠償責任を負う（投信法119条1項）。

　また、募集投資口の引受人は、執行役員と通じて著しく不公正な払込金額で募集投資口を引き受けた場合には、投資法人に対し、当該払込金額と当該募集投資口の公正な価額との差額に相当する金額を支払う義務を負う（投信法84条1項、会社法212条1項1号）。「執行役員と通じて」「著しく」との要件があることから、不公正な金額で引き受けたとしても直ちに当該責任は負担しないこととなる。[58]

---

58）　以上の役員、資産運用会社、一般事務受託会社、引受人の責任追及のために、6カ月前から引き続き投資口を有する投資主は代表訴訟を提起することができる（投信法84条4項、116条、119条3項、204条3項、会社法847条（2項除く））。

## 第3節　投資法人債の募集

### I　投資法人債総論

　投資法人債とは、投信法の規定により投資法人が行う割当てにより発生する当該投資法人を債務者とする金銭債権であって、投信法139条の3第1項各号に掲げる事項についての定めに従い償還されるものをいう（投信法2条17項）。

　投資法人債は、株式会社における社債に相当するものであり、有価証券を発行することにより、一般公衆から巨額の金銭を長期にわたって借り入れることに特色がある。よって、当該投資法人債を引き受けることになる多くの投資法人債権者の保護はもちろんのこと、当該投資法人債が発行されることにより大きな影響を受ける投資主の保護の見地からも種々の規制が必要となる。

　投資法人債は当初認められていなかったが、本章1節で述べたように投資法人における資金調達の重要性から、投資法人に多様な資金調達の可能性を認めるために2000年の投信法改正により投資法人債の制度が導入された。

　当該投資法人債の制度によると、投資法人債の発行は投資主の請求により投資口の払戻しをしない旨の規約の定めがある投資法人のみ、規約で定めた額を限度としてその発行が認められる（同法139条の2第1項）。かかる払戻しが行われる場合、多くの一般の利害関係人が生じる可能性がある投資法人債権者の利益を害するおそれがあるからである。また、借入れの場合と異なり、導管性を維持するために機関投資家に投資法人債を引き受けてもらう必要はない。[1]

　投資法人は、投資法人債の募集につき、投資口の場合と同様にその事務を一般事務受託者に委託して行わせなければならず（同法117条1号）、当該事務を受託する一般事務受託者は、顧客の知識、経験、財産の状況および投資法人債を引き受ける目的を十分勘案して投資法人債の引受けの申込みの勧誘を行うなどの義務を負う（投信法施行規則169条1項。詳細は後述）。

　投資法人債は、発行する形態によって公募投資法人債と私募投資法人債に分

---

1）　2010年12月3日に、ユナイテッド・アーバン投資法人が、J-REITで初めて個人の投資家を対象とした投資法人債の発行を決定した（2010年12月3日付プレスリリース）。

けることができる。公募投資法人債は、投資口の公募の場合と同様に証券会社が募集投資法人債の全部の引受人となり、証券会社が当該投資法人債を投資家に転売する買取引受けの形式でなされることが通常である。また、私募投資法人債は、少人数あるいは適格機関投資家等金商法で定められた一定の者に対してのみ勧誘がなされる場合であり、公募投資法人債と異なり金商法に基づく開示を要しない。

## II　投資法人債の種類

### 1　担保付投資法人債

　投資法人債の債務の支払いを担保するために担保が付されている担保付投資法人債を発行する場合には、担保付社債信託法の適用があることから、担保を付す場合は当該法律に従う必要がある（投信法139条の11）[2]。なお、当該担信法の規定に従い、物上担保を付す場合の当該物上担保の種類は無限定である[3]。当該担信法の定めに従う必要があることから、担保付投資法人債はあまり利用されていない。

### 2　劣後投資法人債

　劣後投資法人債とは、一定の場合に、当該投資法人債に係る債務の弁済につき、他の一定の債務の弁済に劣後する旨の条項が定められた投資法人債である[4]。当該劣後投資法人債についても、投信法上発行が認められると考えられている[5]。すなわち、当該発行の可否につき、投信法上明らかではなく、投信協会規則上

---

[2]　投資法人債を保証債として発行されることも、通常の株式会社における社債同様認められると解される（たとえば、德岡卓樹＝野田博編『ビジネス法務大系3　企業金融手法の多様化と法』（日本評論社・2008）85頁以下参照）。もっとも、これについても株式会社における社債と同様であるが、投資法人債権者である保証人が将来発生する可能性のある求償権に担保を付すような場合には、民法上の混同、担保法等との関係でその法的有効性に問題がある（我妻榮『新訂債権総論（民法講義Ⅳ）』（岩波書店・1964）371頁以下参照）。

[3]　金商法パブコメ595頁、7番参照。

[4]　当該劣後投資法人債が劣後することになる対象の債務として、たとえば、借入れその他一般債務などと規定される。

[5]　他の債務に劣後する以上、利率は他の借入れなどよりも高く設定されることになろう。

では、「クローズド・エンド型の投資法人において投信法第139条の2の規定に基づき投資法人債を発行する場合は、当該投資法人の資産の状況等に鑑み、当該投資法人債の償還期限、償還方法、利率及び利払方法等の発行条件を適切に設定するものとする」とされており（投信協会規則45条）、劣後投資法人債の発行が規則上認められるのか不明瞭な点があったが、2009年2月、投資信託協会により劣後投資法人債という商品を認める公式見解が出され、投信法や関係諸法令上の解釈が明確化された。

当該劣後投資法人債が発行される趣旨は、投資法人のLTVを引き下げるためには、通常投資口の追加発行または物件の売却等により資金を調達して、投資法人のデットの返済に充当する必要があるが、不動産市況の悪化等を理由として当該投資口の発行が希薄化等の問題から困難となった場合に、その代替手段として当該劣後投資法人債を発行することが考えられる。すなわち、一定の場合に当該投資法人債の債務の支払いが他の債務の支払いに劣後することになるために、金融機関によっては当該劣後投資法人債を負債ではなく資本と評価する場合があり、その場合には劣後投資法人債の発行によりLTVの引下げが見込めることになる。

ただし、「投資法人が劣後投資法人債を発行する場合には、発行条件（利回り等）によっては投資主の利益を損ねるおそれがあることを踏まえ、当該発行による資金調達の必要性や発行条件の妥当性等について慎重に検討するとともに、それらの情報を適切に公表しているかどうかに留意することとする」とされている（監督指針Ⅵ-2-5-3(4)③）。

## 3 短期投資法人債

2007年の投信法改正により、投資法人による短期の資金調達の需要を満たすために短期投資法人債の発行が、法律上明文化されて認められることになった。短期投資法人債とは、以下の要件を充足する投資法人をいう。すなわち、①各投資法人債の金額が1億円を下回らないこと、②元本の償還について、投資法人債の総額の払込みのあった日から1年未満の日とする確定期限の定めがあり、かつ、分割払の定めがないこと、③利息の支払期限を、前号の元本の償還期限と同じ日とする旨の定めがあること、④担保付社債信託法の規定により担保が付されるものでないことである（投信法139条の12第1号～4号）。かかる短期投資

法人債を発行する場合、投資法人は投資法人債原簿の作成を要しない（同条柱書）。

投資法人債の発行は原簿作成等の手続に相当の期間を要し、銀行借入れも審査に相当の期間を要する場合がある一方で、投資法人が不動産その他の個別性の強い資産を取得しようとする場合において、その売却情報を入手してから実際に取引を行うまでの時間が極めて限られる場合があることから、当該短期投資法人債が短期の資金調達ニーズに応えるための制度として整備された[6]。

かかる短期投資法人債の規定が置かれた趣旨に鑑み、短期投資法人債を発行するためには、以下の要件を満たす必要がある。①特定資産（不動産その他投信法施行令98条の2において規定される資産に限る）[7]の取得に必要な資金の調達その他の内閣府令で定める目的のために発行するものであること[8]、②規約においてその発行の限度額が定められていること、③その他投資主の保護のため必要なものとして投信法施行規則192条2項に規定されている要件であり[9]、資金使途が

---

[6] 松尾直彦編著「金融商品取引法・関係政府令の解説」別冊商事法務318号（2008）79頁。なお、不動産投資規則46条において、「クローズド・エンド型の投資法人において投信法第139条の12の規定に基づき短期投資法人債を発行する場合は、当該投資法人の資産の状況等にかんがみ、当該短期投資法人債の発行価額及び償還価額等の発行条件を適切に設定する」ことが要求されている。

[7] たとえば、不動産のほか、不動産賃借権、地上権、これらの資産のみを信託する信託受益権などである（投信法施行令98条の2）。

[8] たとえば、特定資産（投信法施行令98条の2に規定されているものに限る）の取得のほか、緊急に必要となった不動産の修繕、不動産の賃借人に対する敷金または保証金の返還、投資証券または投資法人債の発行により資金の調達をしようとする場合における当該発行までの間に必要な資金の調達などが当該目的として規定されている（投信法施行規則192条1項）。なお、個別事例ごとに実態に即して実質的に判断されるが、たとえば不動産、不動産賃借権または地上権を取得する場合において、当該不動産等に係る「地役権」または「敷金、保証金等の金銭」を併せて取得することが客観的に必要不可欠と認められる場合は、不動産等を当該地役権または金銭と併せて取得するために短期投資法人債を発行することも、不動産等の「特定資産……の取得に必要な資金の調達」（同規則192条1項1号）に該当しうるものと考えられている（金商法パブコメ593頁参照）。

[9] たとえば、特定資産の取得または修繕を目的とする場合は、当該取得または修繕に係る契約が締結され、または、締結されることが確実であること、敷金または保証金の返還を目的とする場合は賃貸借契約の終了の見込みが確実であること、投資証券または投資法人債の発行までのつなぎ融資を目的とする場合は、短期投資法人債の元本の償還期限を、当該短期法人債の払込金の総額の払込みがあった日から6カ月未満の日とすること等の要件である。なお、「見込みが確実であること」とは、たとえば、契約書案の作成等、契約の締結または解約の準備が終了しており、当事者の意思表示または期間の経過等により直ちに契約の締結または終了の効果が生じることとなる場合等が考えられているが、個別事例ごとに実態に即して実質的に判断される（金商法パブコメ594頁・595頁参照）。

限定されている。

　担保付社債信託法の規定により、短期投資法人債に担保を付すことはできない（投信法139条の11）。

　なお、短期投資法人債については、投信法139条の8から139条の10までの規定は適用しない（同法139条の12第2項）。すなわち、投資法人債管理者の設置、投資法人債権者集会に関する規定の適用がない。

## 4　振替投資法人債

　短期投資法人債および投資法人債の発行の決定において、当該決定に基づき発行する投資法人債の全部について振替法の適用を受けることとする旨が定められた投資法人債は、振替投資法人債として同法の適用を受ける（振替法115条、66条）。かかる振替投資法人債については、投資法人債券が発行されない（同法115条、67条1項）。また、投資法人債を発行した投資法人は、発行後に振替投資法人債の金額等を振替機関に通知し、振替機関は各加入者の口座に、投資法人から通知された振替投資法人債の金額等が記載・記録される（同法115条、69条）。振替投資法人債の譲渡・質入れについては振替の申請により、譲受人がその口座における保有欄または質権欄に当該譲渡または質入れに係る金額の増額の記載または記録を受けなければ効力が発生しない（同法115条、73条、74条）。

## 5　新投資口予約権付投資法人債制度の導入の検討

　株式会社における新株予約権付社債に相当する新投資口予約権付投資法人債は、投信法上認められていない。もっとも前述した種類投資口同様、当該新投資口予約権付社債の導入を認めるべきか否かが、「フォーラムとりまとめ」において報告されている。かかる新投資口予約権付投資法人債の発行が認められる場合、たとえば、当該新投資口予約権付投資法人債の発行を受けた当該新投資口予約権付投資法人債権者は、投資法人の業績が思わしくないときは、投資法人債権者として安定的な利払いを受け、仮に、投資法人の業績が回復した場合には、当該新投資口予約権を行使し、投資口を取得することによってキャピタルゲインを得る等、投資法人債権者としての地位を有している場合より大きな利益を上げることが可能となり、他方で、業績が回復しなければ、そのまま投資法人債権者の地位にとどまることができる。このように、当該新投資口予

約権付投資法人債を発行することによって、投資家の多種多様なニーズに応えることができ、投資法人の資金調達を容易にしうることから、前述の種類投資口同様に、金融審議会の「投資信託・投資法人法制の見直しに関するワーキング・グループ」においてその制度の導入が議論されたが、既存投資主の将来の希薄化の程度の予測を困難とすること、不当な行使価額の下方修正条項が付されるような場合には、空売り等により既存投資主に重大な損害を与える可能性があること等、既存投資主保護の観点からその導入は見送られた。

## III　投資法人債の発行手続

### 1　投資法人債の募集と投信法上の手続

　投資法人債の発行は、本節Ⅰで前述したように、投資主の請求により払戻しをしない旨の規約の定めがある投資法人のみ行うことができ[10]、当該投資法人は、規約で定めた額を限度として投資法人債を発行することができる（投信法139条の2第1項）。規約には、「投資法人債の発行目的、投資法人債発行の限度額及び投資法人債の発行により調達した資金の使途に関する事項」を記載する必要がある（投信法67条1項15号、投信法施行規則105条7号ロ）。

　投資法人債発行の限度額は、実務上、借入れと併せて1兆円に設定されることが一般的である[11]。また、本節Ⅰで前述したように、借入れと異なり、租税特別措置法上、投資主への支払配当金の損金算入要件として、募集投資法人債の割当先が機関投資家であることは要求されていない。

　なお、投信法上の「募集」とは、本章第5節において述べる金商法における

---

10)　東京証券取引所の規則上、かかる規約の定めのあることが要求されていることから、上場投資法人の場合、規約にはかかる定めが置かれている。なお投資法人は、その成立後、投資主総会の決議によって規約を変更することもできるが（投信法140条）、投資口の払戻しの請求に応じることとする規約の変更は、投資法人債の残高が存しない場合に限りすることができる（同法141条2項）。

11)　投資口の発行の場合と異なり希薄化の問題がないこと、負債性資金調達に関する重要な投資法人の資産運用の推移により変動するため相当程度の柔軟性を確保する必要があることから、規約の作成時または改定時の状況に鑑みて必要とはいえない金額であっても、一定の合理性が認められる金額であれば適法といえるとの指摘がある（ARES・上場の手引き240頁）。

「募集」の意味とは異なり、単に、投資法人債の引受けの申込みの誘引をいい（投信法139条の4第1項参照）、金商法上の有価証券の募集を含むがこれに限られず、同法上の有価証券の私募も投信法上の募集に含まれる。なお、金商法上の手続については本章第5節で記述する。

## 2　募集事項の決定

### (1)　決定事項

投資法人は、その発行する投資法人債を引き受ける者の募集をしようとするときは、そのつど、募集投資法人債（当該募集に応じて当該投資法人債の引受けの申込みをした者に対して割り当てる投資法人債をいう）について、以下に掲げる事項を定める必要がある（投信法139条の3第1項）。また、振替投資法人債として発行するためには、これに加えて、投資法人債の発行の決定において、当該決定に基づき発行する投資法人債の全部について振替法の規定の適用を受けることとする旨を定める必要がある（振替法115条、66条2号）。

① 募集投資法人債の総額（投信法139条の3第1項1号）
② 各募集投資法人債の金額（同2号）
③ 募集投資法人債の利率（同3号）
④ 募集投資法人債の償還の方法および期限（同4号）
⑤ 利息支払いの方法および期限（同5号）
⑥ 投資法人債券を発行するときは、その旨（同6号）
⑦ 投資法人債権者が投信法139条の7において準用する会社法698条の規定による請求の全部または一部をすることができないこととするときは、その旨（同7号）
⑧ 投資法人債管理者が投資法人債権者集会の決議によらずに投信法139条の9第4項2号に掲げる行為をすることができることとするときは、その旨（同8号）
⑨ 募集投資法人債の割当てを受ける者を定めるべき期限（同9号）
⑩ ⑨の期限までに募集投資法人債の総額について割当てを受ける者を定めていない場合においてその残額を引き受けることを約した者があるときは、その氏名または名称（同10号）
⑪ 各募集投資法人債の払込金額（各募集投資法人債と引換えに払い込む金銭の額をいう）もしくはその最低金額またはこれらの算定方法（同11号）
⑫ 募集投資法人債と引換えにする金銭の払込みの期日（同12号）
⑬ 数回に分けて募集投資法人債と引換えに金銭の払込みをさせるときは、その旨および各払込みの期日における払込金額（投信法139条の3第1項13号、投信法施行規則176条1号）

⑭　投信法139条の8の規定による委託に係る契約において法に規定する投資法人債管理者の権限以外の権限を定めるときは、その権限の内容（投信法139条の3第1項13号、投信法施行規則176条2号）
⑮　投信法139条の9第8項において準用する会社法711条2項本文に規定するときは、同項本文に規定する事由（投信法139条の3第1項13号、投信法施行規則176条3号）

　なお、会社法上、会社が社債を発行する場合、打切発行が原則とされ、社債の応募額が社債の総額に達しないときであっても実際の応募額を総額として社債が成立するが[12]、投信法上、投資法人債の打切発行は認められていない（投信法139条の3第1項9号および第3項）。また、会社法上は、募集社債と引換えにする金銭の払込みに代えて金銭以外の財産を給付する旨の契約を締結することも可能であるが（会社法676条12号、会社法施行規則162条3号）、投資法人債にはこれに相当する規定はなく、現物による払込みはできないものと解される。

## (2) 決定機関

　投資法人債の募集をしようとするときには、役員会で募集投資法人債の総額その他の投資法人債を引き受ける者の募集に関する重要な事項として、以下の内閣府令で定める事項を決議しなければならないが（投信法139条の3第2項、投信法施行規則177条）、これら以外の事項は、役員会で決議せずに、その決定を執行役員に委任することも認められるものと解される。かかる場合、委任を受けた執行役員は、役員会で決定された事項の範囲内で募集事項の決定を行うことができる。

①　二以上の募集に係る投信法139条の3第1項各号に掲げる事項の決定を委任するときは、その旨
②　募集投資法人債の総額の上限（①に規定する場合にあっては、各募集に係る募集投資法人債の総額の上限の合計額）
③　募集投資法人債の利率の上限その他の利率に関する事項の要綱
④　募集投資法人債の払込金額の総額の最低金額その他の払込金額に関する事項の要綱

## (3) 証券保管振替機構への通知

　振替投資法人債発行の決議を行った投資法人は、当該振替投資法人債を発行

---

[12] 相澤哲編著『一問一答　新・会社法〔改訂版〕』（商事法務・2009）187頁。

した日以後遅滞なく、発行代理人を通じて、振替機構に対して、振替投資法人債の銘柄に関する所定の情報を通知する必要がある（振替法115条、69条１項、振替命令３条）。

### 3　投資法人債の取得勧誘

　投資口の場合と同様、投資法人の執行役員は、当該投資法人の発行する投資法人債の募集等に係る事務を行ってはならず[13]（投信法196条１項）、投資法人債を引き受ける者の募集に関する事務については、他の者（一般事務受託者）に委託しなければならない（同法117条１号）。

　実務上、投資家に対する投資法人債の取得の勧誘につき、投資法人との間で募集事務委託契約を締結した証券会社が一般事務受託者として行うのが通常であること、募集事務委託契約につき定めるべき内容、説明義務については投資口の場合と同様である（本章第２節Ⅲ３も参照）。

　なお、投資口の募集とは異なり、投資主への支払配当金の損金算入要件として、投資法人債の募集については海外募集に係る制限は課されていない。

### 4　募集投資法人債の申込みと割当て

　募集投資法人債の募集事項が決定されると、以下の募集投資法人債の引受けの申込みと割当ての手続を経て、当該募集投資法人債の投資法人債権者が決定される（投信法139条の７、会社法680条）。

#### (1)　投資法人債の申込者に対する募集事項等の通知

　投資法人は、募集に応じて募集投資法人債の引受けの申込みをしようとする者に対し、募集事項等の所定の事項を通知しなければならない[14][15]（投信法139条の４第１項、投信法施行規則178条）。また、募集投資法人債が振替投資法人債である場合には、投資法人は、短期投資法人債を除き、当該振替投資法人債について

---

13)　ここにいう「募集等」の意義については、投資口の場合と同様である（本章第２節Ⅲ３参照）。
14)　かかる通知事項について変更があったときは、投資法人は、直ちに、その旨および当該変更があった事項を募集投資法人債の引受けの申込みをした者に通知しなければならない（投信法139条の４第５項）。
15)　なお、担信法の適用がある投資法人債については、担信法上の通知事項を通知する必要がある（投信法139条の11、担信法24条）。

振替法の規定の適用がある旨を示さなければならない（振替法115条、84条1項）。

もっとも、投資法人が当該事項を記載した金商法2条10項に規定する目論見書を募集に応じて募集投資法人債の引受けの申込みをしようとする者に対して交付している場合、その他相手方保護に欠けるおそれがないものとして内閣府令で定める場合[16]には、申込みをしようとする者に対する当該通知を要しない[17]（投信法139条の4第4項、投信法施行規則179条）。

### (2) 募集投資法人債の引受けの申込み

募集投資法人債の引受けの申込みをする者は、①申込みをする者の氏名または名称および住所、②引き受けようとする募集投資法人債の金額および金額ごとの数、③投資法人が各募集投資法人債の払込金額の最低金額（投信法139条の3第1項11号）を定めたときは希望する払込金額を記載した書面を投資法人に交付しなければならない[18]（同法139条の4第2項）。また、振替投資法人債の引受けの申込みをする者は、新規記録する振替口座の開設が必要であり、自己のために開設された当該振替投資法人債の振替を行うための口座を当該書面に記載する必要がある（振替法115条、84条3項）。

### (3) 募集投資法人債の割当ての決定および通知

申込みに対し、投資法人は、申込者の中から募集投資法人債の割当てを受ける者を定め、かつ、その者に割り当てる募集投資法人債の金額および金額ごと

---

16) 内閣府令で定める場合とは、①(i)当該投資法人が金融商品取引法の規定に基づき目論見書に記載すべき事項を電磁的方法により提供している場合、または(ii)当該投資法人が外国の法令に基づき目論見書その他これに相当する書面その他の資料を提供している場合であって、②投資法人が募集に応じて募集投資法人債の引受けの申込みをしようとする者に対して投信法139条の4第4項各号に掲げる事項を提供している場合をいう（投信法施行規則179条）。

17) 投資法人が申込者に対してする通知または催告は、投信法139条の4第2項1号の住所（当該申込者が別に通知または催告を受ける場所または連絡先を当該投資法人に通知した場合にあっては、その場所または連絡先）に宛てて発すれば足りる（投信法139条の4第6項）。当該通知または催告は、その通知または催告が通常到達すべきであった時に、到達したものとみなされる（同法139条の4第7項）。

18) かかる申込みをする者は、当該書面の交付に代えて、政令で定めるところにより、投資法人の承諾を得て、当該書面に記載すべき事項を電磁的方法により提供することができる。この場合において、当該申込みをした者は、当該書面を交付したものとみなされる（投信法139条の4第3項）。

の数を定めた上（投信法139条の5第1項）、金銭の払込期日（同法139条の3第1項12号）の前日までに、申込者に対し、当該申込者に割り当てる募集投資法人債の金額および金額ごとの数を通知しなければならない（同法139条の5第2項）。

この場合において、投資法人は、当該申込者に割り当てる募集投資法人債の金額ごとの数を、当該申込者が引受けを希望する募集投資法人債の金額ごとの数よりも減少することができる（同法139条の5第1項）。

なお、投資法人は、募集事項に募集投資法人債の総額について割当てを受ける者を定めていない場合においてその残額を引き受けることを約した者があるとき（同法139条の3第1項10号）を除き、募集投資法人債の割当てを受ける者を定めるべき期限（同法139条の3第1項9号）までに募集投資法人債の総額について割当てを受ける者を定めていない場合には、募集投資法人債の全部を発行してはならない（同法139条の3第3項）。したがって、打切発行は認められていない。

### (4) 総額引受契約の締結による場合

募集投資法人債を引き受けようとする者がその総額の引受けを行う契約を締結する場合には、上記(1)ないし(3)の手続は不要となる（投信法139条の6）。

特定の第三者に対し募集投資法人債の発行を行う場合や公募を行う場合に、当該特定の第三者または証券会社との間で総額引受契約が締結される場合が多いこと、総額引受契約については、契約書が1通であることや契約の当事者が1人であることは必要とされていないと解されていることについては投資口の場合と同様である（本章第2節Ⅲ4(4)も参照）。

また、振替投資法人債の引受けの申込みをする者は、総額引受契約を締結する際に、自己のために開設された当該振替投資法人債の振替を行うための口座を、当該振替投資法人債を発行する投資法人に示さなければならない（振替法115条、84条3項）。[19]

---

19) なお、上述した投資法人債の引受けの申込みをしようとする者への通知または総額引受契約には、当該投資法人債の内容を定めた投資法人債要項が添付される。かかる投資法人債要項には、担保制限条項（なお、わが国におけるデフォルトがほとんどなかったために、わが国の投資法人債に関する担保提供制限条項は投資法人債間限定同順位特約であることが多く、国内債務全体を対象とする担保提供限定特約が付されるものはほとんどないようである（吉川浩史ほか「社債の

## 5　投資法人債の成立および金銭の払込みの履行

　募集投資法人債は、募集投資口と異なり、投資法人が申込者に対して割当てを行うことにより成立し、募集投資法人債の申込者は当然に、募集投資法人債に係る投資法人債権者となる。また、総額引受契約により募集投資法人債の総額を引き受けた者は、その引受けにより投資法人債権者となる[20]（投信法139条の7、会社法680条）。

## 6　投資法人債券の発行

　投資法人債を発行した投資法人は、原則として投資法人債券を発行する必要はない。もっとも、募集事項で投資法人債券を発行する旨を定めた場合（投信法139条の3第1項6号）には、当該定めのある投資法人債を発行した日以後遅滞なく、当該投資法人債に係る投資法人債券を発行しなければならない（投信法139条の7、会社法696条）。

　投資法人債券には、①投資法人債を発行した投資法人の商号、②当該投資法人債券に係る投資法人債の金額、③当該投資法人債券に係る投資法人債の種類および④投資法人債券の番号を記載し、当該投資法人の代表者がこれに署名し、または記名押印しなければならない（投信法139条の7、会社法697条1項）。投資法人債券には、利札を付すこともできる（投信法139条の7、会社法697条2項）。なお、振替投資法人債については、投資法人債券を発行することができない[21][22]（振替法

---

　　担保提供制限条項を巡る日米の相違とわが国への示唆」資本市場クォータリー2010 Spring 3頁参照）。他方で、借入れの場合は、借入れ、投資法人債の双方に関し担保提供制限条項が付されることから、先行して発行された投資法人債であっても、事後の借入れに劣後する可能性があり（事実上は劣後することになる）、LTV、DSCR等の財務制限条項に係るコベナンツや期限の利益喪失事由が設定されることが多い。

[20]　投資法人債は、募集投資口の発行の場合と異なり、投資法人債の割当てを受けた者または総額の引受けを行った者による払込みの完了を待たずとも投資法人債が成立することになるものと考えられる。また、募集投資口の発行手続と異なり、払込期日までに払込みがなかった場合でも、投資法人債は当然には消滅せず、割当てを受けた者または総額の引受けを行った者の払込義務は消滅しないものと考えられる。

[21]　なお、担信法の適用がある投資法人債については、投資法人債券に担信法上の記載事項を記載する必要がある（投信法139条の11、担信法26条）。

[22]　ただし、振替投資法人債に係る債権者は、当該振替投資法人債を取り扱う振替機関が振替法22条1項の規定により同法3条1項の指定を取り消された場合もしくは同法41条1項の規定により

115条、67条1項）。

## 7　投資法人債原簿の作成・名義書換え

　投資法人は、投資法人債を発行した日以後遅滞なく、投資法人債原簿を作成し、所定の事項を記載し、または記録しなければならない（投信法139条の7、会社法681条）。

　なお、振替投資法人債においても、投資法人債原簿を作成する必要があるが、振替投資法人債の権利は振替口座によって権利が規律されることとなり、投信法が準用する会社法上の社債権者の社債原簿記載事項を記載した書面等の交付請求、社債譲渡の対抗要件等にかかる規定の適用は除外されている（振替法116条の2）。振替投資法人債についての投資法人債原簿には、当該振替投資法人債について振替法の規定の適用がある旨を記載し、または記録しなければならない（同法115条、84条2項）。そして、振替投資法人債の場合、投資法人債の発行時に、振替機関にある各加入者の口座に当該投資法人債を発行した投資法人から通知された振替投資法人債の金額の増額等が記載・記録される（同法115条、69条2項）。

## 8　投資法人債券台帳

　投資法人は、投資法人に係る業務に関する帳簿書類を作成し、これを保存しなければならない（投信法211条1項）。当該書類のうち投資法人債券台帳（投信法施行規則254条1項11号）には、投資法人債券の発行日、償還日もしくは消却日または無効年月日、券種、記番号、投資法人債権者の氏名または名称、償還もしくは消却または無効および残存枚数ならびにその金額を記載し、併せて発行金額の確定に関する書類を保存する必要がある（投信法施行規則254条2項、別表第2）。

## 9　登録事項および登記事項

　投信法上、一般事務受託者の名称および住所ならびに沿革、一般事務受託者

---

　当該指定が効力を失った場合であって当該振替機関の振替業を承継する者が存しないとき、または当該振替社債が振替機関によって取り扱われなくなったときは、同法67条1項の規定にかかわらず、発行者に対し、投資法人債券の発行を請求することができる（振替法115条、67条2項）。

と締結した事務の委託契約の概要については、投資法人の登録事項とされている（投信法188条1項7号、投信法施行規則214条7号・8号）。そのため、投資法人債の発行に際して選任された証券会社などの一般事務受託者に関して、その選任および終任について登録事項の変更の届出が必要となり、それぞれ変更があった日から2週間以内に届け出る必要がある（投信法191条1項）。

　また、投信法上、投資法人に代わって投資主名簿、新投資口予約権原簿および投資法人債原簿の作成および備置き等の事務を行う投資主名簿等管理人は、投資法人の登記事項とされている（同法166条2項8号）。そのため、投資法人債の発行に際して新たな投資主名簿等管理人を選任する場合は変更登記が必要となり、投資法人債の償還などにより当該管理人に対する委託事務が終了し、当該管理人が投資主名簿等管理人でなくなったときにも、その旨の変更の登記が必要となり、それぞれ2週間以内に変更登記をする必要がある（同法167条1項）。

## 10　投資法人債管理者の設置

　投資法人は、投資法人債を発行する場合には、投資法人債管理者を定め、投資法人債権者のために、弁済の受領、債権の保全その他の投資法人債の管理を行うことを委託しなければならない（投信法139条の8本文）。このような投資法人債の管理に係る事務の委託をしようとするときは、執行役員は役員会の承認を受ける必要がある（同法109条2項3号）。もっとも、各投資法人債の金額が1億円以上である場合は、投資法人債管理者を設置する義務はない（同法139条の8ただし書）[23]。実務上は、各投資法人債の金額を1億円以上に設定することにより、投資法人債管理者を設置しないことが多い[24]。

---

23)　株式会社においては、ある種類の社債の総額を当該種類の各社債の金額の最低額で除して得た数が50を下回る場合においても、社債管理者を設置することを要しないとされているが（会社法702条ただし書、会社法施行規則169条）、投資法人においてはこれに相当する規定はなく、投資法人債管理者の設置義務の例外は、各投資法人債の金額が1億円以上である場合に限られる。その趣旨は、投資法人は、資産運用型の集団投資スキームとしてその仕組みが複雑であり一般投資者を保護する必要性が高いことから、リスク管理能力があると想定される大口投資家に購入が限定されると思われる各投資法人債の金額が1億円以上である場合のほかに、投資法人債管理者による管理を義務付けることが適当であると考えられたことによるとされている（額田雄一郎『逐条解説投資法人法』（きんざい・2012）247頁）。

24)　各投資法人債の金額を1億円としつつも、投資法人債管理者を設置しているものとしては、

## 11 外部委託

投資法人は、①発行する投資法人債を引き受ける者の募集に関する事務、②投資法人債原簿の作成および備置きその他の投資法人債原簿に関する事務、③投資法人債券の発行に関する事務、④機関の運営に関する事務、⑤投資法人債権者に対する利息または償還金の支払いに関する事務などについては、他の者（一般事務受託者）に委託する必要がある（投信法117条、投信法施行規則169条2項）。[25] 実務上、投資法人債の募集事務については証券会社に、投資法人債券の発行に関する事務および機関運営事務等については信託銀行に委託されることが多い。

## Ⅳ 違法な募集投資法人債の発行に対する対抗措置

投資口の場合と同様に、執行役員による投資法人債の募集手続に法令または規約違反等があった場合も、当該投資法人に回復することができない損害が生ずるおそれがある場合は、差止めの対象になると考えられる（投信法109条5項、会社法360条1項）。また、投資口の場合と同様に、投資法人債の募集に関し、執行役員、資産運用会社または一般事務受託者に任務懈怠等が認められる場合には、当該執行役員、資産運用会社または一般事務受託者は投資法人または第三者に対し、損害賠償責任を負担する可能性がある（投信法115条の6第1項、115条の7第1項、204条1項・3項、会社法429条1項、投信法119条1項。本章第2節Ⅳも参照）。

---

2003年4月30日発行（払込期日）のジャパンリアルエステイト投資法人第2回無担保投資法人債、第3回無担保投資法人債、2007年3月13日発行（払込期日）のジョイント・リート投資法人第1回無担保投資法人債、第2回無担保投資法人債などがある。

25) 上記②④⑤などの事務を委託する一般事務受託者に係る事務の委託の内容に変更があったときは、その内容（新たな一般事務受託者にこれらの事務を委託したときは、その者の氏名または名称および住所ならびにその者に委託する事務の内容を含む）を当該変更があった種類（投信法139条の7において準用する会社法681条1号に規定する種類をいう）の投資法人債権者に通知しなければならない（投信法施行規則169条4項）。

# 第4節　新投資口予約権の発行

## I　新投資口予約権の発行総論

　2014年12月1日施行の投信法改正により、新投資口予約権制度すなわちライツ・オファリングの導入がなされた（投信法88条の2～88条の23）。
　ライツ・オファリングとは、既存投資主全員に新投資口予約権を無償で割り当て、新投資口予約権の保有者から新投資口予約権の行使を受け、金銭の払込みを受けることによる増資手法であり、新投資口予約権の無償割当てを受けた既存投資主は、新投資口予約権を行使せずに、市場にて新投資口予約権の売却を行うこともできる。
　前述のとおり、投資法人は、資金調達・資本政策手段の制約が多いところ、ライツ・オファリングにより、投資法人の資金調達・資本政策手段の多様化を図り、もって、信用収縮時においても円滑かつ確実な資金調達を実現し得ること、ライツ・オファリングは、投資口を取得する権利が既存投資主にその持分割合に応じて与えられるため、希薄化懸念の緩和に資することになり、かつ、新投資口予約権の行使を望まない既存投資主は新投資口予約権の売却が可能であることから、既存投資主の公平な取扱いに配慮されており、投資主間の利害の調整の必要性が低いこと等との観点から、ライツ・オファリングの制度が導入されたものである。
　このように投信法における新投資口予約権制度の導入の趣旨が、投資法人の資金調達・資本政策手段の多様化のためのライツ・オファリングを可能にすることにあることから、投信法における新投資口予約権は、新投資口予約権無償割当てによる発行に限定されている（投信法88条の4第1項）、新投資口予約権の行使可能期間は、新投資口予約権無償割当ての効力発生日から3カ月以内に限定されている（同法88条の4第2項）、新投資口予約権に譲渡制限を付すことはできない（同法88条の6第2項）、新投資口予約権行使時の払込みおよび新投資口予約権の取得対価の交付は金銭に限定される（同法88条の2第2号・4号ニ）、新投資口予約権無償割当ての決定は役員会決議事項とされる（同法88条の14第3項）

等、会社法の新株予約権と異なる点がある。[1]

　もっとも、投資法人が、投資主より新投資口予約権の行使を受け、金銭の払込みがなされれば、資金調達を図ることができるが、投資主が新投資口予約権を行使するか否かは任意であり、投資法人は資金調達を受けえない可能性もある。

　そこで、以下のようなコミットメント型ライツ・オファリングの方法も考案されている。

　すなわち、投資法人は、投資法人による取得条項付きの新投資口予約権を発行し、かつ、証券会社との間で、一定期間内に行使されなかった新投資口予約権を証券会社が取得し、かつ、行使を行う旨のコミットメント契約を締結する。新投資口予約権を保有している投資主が、一定期間内に新投資口予約権を行使しなかった場合には、上記取得条項に基づき、投資法人は新投資口予約権を取得し、かつ、上記コミットメント契約に基づき証券会社に譲渡する。

　新投資口予約権の譲渡を受けた証券会社は、当該コミットメント契約に基づく新投資口予約権を行使し、これにより投資法人は想定した資金調達を受けることができる。なお、新投資口予約権の行使により投資口を取得した証券会社は当該投資口を市場で売却する。

## II　投信法上の新投資口予約権の発行手続

### 1　新投資口予約権の発行と投信法上の手続

　新しく新設された新投資口予約権は、前述のとおり、その導入の目的がライツ・オファリングを可能ならしめるところにあるため、投信法上、投資法人は、新投資口予約権無償割当てを行う場合に限り、新投資口予約権を発行することができるものとされており（投信法88条の4第1項）、新投資口予約権の募集による発行は認められておらず、株式会社における新株予約権よりもその利用範囲は制限されている。かかる新投資口予約権の発行手続は、株式会社における会社法上の新株予約権無償割当ての発行手続と基本的に類似しているが、その導

---

1）　古澤ほか・逐条解説2013年金商法改正337頁。

入目的や投資法人の特色等を踏まえ、前述のとおり、会社法上の新株予約権と異なる点も多い。以下においては、投信法上の主な手続について述べるが、上場投資法人においてライツ・オファリングをする場合には、金商法および社債等振替法上の規制等にも留意する必要がある。

## 2　新投資口予約権の内容

　投資法人が新投資口予約権を発行するときは、以下に掲げる事項を当該新投資口予約権の内容としなければならない（投信法88条の2第1項）。

---

① 当該新投資口予約権の目的である投資口の口数またはその口数の算定方法
② 当該新投資口予約権の行使に際して出資される金銭の額またはその算定方法
③ 当該新投資口予約権を行使することができる期間
④ 当該新投資口予約権について、当該投資法人が一定の事由が生じたことを条件としてこれを取得することができることとするときは、次に掲げる事項
　イ）一定の事由が生じた日に当該投資法人がその新投資口予約権を取得する旨およびその事由
　ロ）当該投資法人が別に定める日が到来することをもつてイの事由とするときは、その旨
　ハ）イの事由が生じた日にイの新投資口予約権の一部を取得することとするときは、その旨および取得する新投資口予約権の一部の決定の方法
　ニ）イの新投資口予約権を取得するのと引換えに当該新投資口予約権の新投資口予約権者に対して交付する金銭の額またはその算定方法
⑤ 新投資口予約権を行使した新投資口予約権者に交付する投資口の口数に1口に満たない端数がある場合において、これを切り捨てるものとするときは、その旨
⑥ 当該新投資口予約権に係る新投資口予約権証券を発行することとするときは、その旨
⑦ 新投資口予約権証券を発行する場合において、記名式の新投資口予約権証券を無記名式とし、または、その無記名式の新投資口予約権証券を記名式とすることの請求の全部または一部をすることができないこととするときは、その旨

---

### a）行使価額またはその算定方法

　新投資口予約権の行使に際して出資される財産は金銭に限られる（投信法88条の2第2項）。新投資口予約権の行使に際して出資される金銭の額（行使価額）には、募集投資口の払込金額のように「公正な金額」としなければならないとの制限（同法82条6項）は設けられていない。そのため、行使価額については、

基本的には自由に設定することができるものと考えられ、投資主に対して新投資口予約権の行使による追加出資のインセンティブを付与しつつ、投資法人の資金需要等も踏まえ、市場の株価よりも低い金額に設定することも可能である。

なお、投資法人は、新投資口予約権無償割当ての方法のみによる新投資口予約権の発行が認められるため、新投資口予約権の発行に際して、投資主による新たな払込みは想定されていない。

#### b）行使期間

新投資口予約権の内容として、当該新投資口予約権を行使することができる期間を定める必要がある（投信法88条の2第3号）。かかる新投資口予約権の行使期間は制限されており、当該新投資口予約権無償割当てがその効力を生ずる日から3カ月を超えることができないとされている（同法88条の4第2項）。

新投資口予約権者がその有する新投資口予約権を行使することができなくなったときは、当該新投資口予約権は消滅する（同法88条の20）。したがって、ノン・コミットメント型のライツ・オファリングにおいて行使期間に行使されなかった新投資口予約権は消滅することになる。

#### c）取得条項付新投資口予約権

一定の事由が生じた日に投資法人がその発行する新投資口予約権を取得する旨およびその事由についての定めがある新投資口予約権を、取得条項付新投資口予約権という（投信法88条の9第1項）。

いわゆるコミットメント型ライツ・オファリングについては、かかる取得条項付新投資口予約権を利用して、一定の期間内に権利行使がなされなかった新投資口予約権については、取得条項に基づいて投資法人が当該投資口予約権を取得した上で証券会社に売却することにより資金調達を図ることが想定される。

かかる取得条項付新投資口予約権については、その内容として、新投資口予約権を取得するのと引換えに、当該新投資口予約権の新投資口予約権者に対して交付する金銭の額またはその算定方法を定めるものとされている（同法88条の2第4号ニ）。株式会社が発行する会社法上の取得条項付新株予約権と異なり、取得条項付新投資口予約権の取得の対価は金銭のみに限られている。

なお、投資法人は、その取得した新投資口予約権（自己新投資口予約権）を行使することはできないが（同法88条の16第3項）、投資法人が取得した自己新投資口予約権は当然には消滅せず、また、投信法上は、当該自己新投資口予約権

を消却することは義務ではない（同法88条の12第1項）。

　　d）　端数の処理

　新投資口予約権を行使した場合において、当該新投資口予約権の新投資口予約権者に交付する投資口の口数に1口に満たない端数があるときは、投資法人は、かかる端数部分の経済的価値を塡補するため、当該新投資口予約権者に対し、一定の金銭を交付しなければならない（投信法88条の19本文）。

　もっとも、新投資口予約権を行使した新投資口予約権者に交付する投資口の口数に1口に満たない端数がある場合において、これを切り捨てる旨の定め（同法88条の2第5号）を新投資口予約権の内容とすることにより、かかる端数部分についての金銭交付による調整を不要とすることもできる（同法88条の19ただし書）。

　　e）　譲渡制限

　新投資口予約権者は、その有する新投資口予約権を譲渡することができるとされており（投信法88条の6第1項）、また、投資法人は、新投資口予約権の譲渡について、役員会の承認を必要とすることその他の制限を設けることができない（同法88条の6第2項）。新投資口予約権は、その自由譲渡性が確保されており、投資主は、新投資口予約権を行使して金銭を払い込んだうえで投資口を取得するか、または、新投資口予約権を行使せずに市場等で当該新投資口予約権を売却することを選択することができる。

## 3　新投資口予約権無償割当てに関する事項の決定

### (1)　決定事項

　投資主に対して新たに払込みをさせないで投資法人の新投資口予約権の割当てをすることを新投資口予約権無償割当てというところ（投信法88条の13）、前述のとおり、投資法人は、かかる新投資口予約権無償割当てを行う場合に限り、新投資口予約権を発行することができる（同法88条の4第1項）。かかる新投資口予約権無償割当ては、一方的に新投資口予約権を各投資主に割り当てるものであり、投信法上、各投資主は、新投資口予約権無償割当ての効力発生日において、新たな払込みその他の手続を要することなく新投資口予約権を取得する。

　投資法人は、新投資口予約権無償割当てをしようとするときは、その都度、以下に掲げる事項（決定事項）を定める必要がある（同法88条の14第1項）。

① 投資主に割り当てる新投資口予約権の内容および数またはその算定方法
② 当該新投資口予約権無償割当てがその効力を生ずる日

### a）新投資口予約権の内容

投資法人が、新投資口予約権無償割当てを行うにあたっては、前述のとおり、新投資口予約権の内容を決定する必要がある。なお、割り当てられる新投資口予約権の内容は、当該投資法人以外の投資主の有する投資口の口数に応じて新投資口予約権を割り当てることを内容とするものでなければならない（投信法88条の14第2項）。

### b）新投資口予約権の数またはその算定方法

投資主に割り当てる新投資口予約権の数またはその算定方法についての定めは、当該投資法人以外の投資主の有する投資口の口数に応じて新投資口予約権を割り当てることを内容とするものでなければならない（投信法88条の14第2項）。

### c）払込金額

投資法人は、新投資口予約権無償割当ての方法のみによる新投資口予約権の発行が認められるため、新投資口予約権の発行に際して、投資主による新たな払込みは想定されていない。

### d）効力発生日

投信法上、投資法人は、新投資口予約権無償割当ての効力発生日を基本的に任意の日に設定することができる[2]。

## (2) 決定機関

投資法人は、新投資口予約権無償割当てをしようとするときは、役員会の決議により、その都度、前述の新投資口予約権無償割当てに関する決定事項を定める必要がある（投信法88条の14第3項）。

---

2) ただし、保振業務処理要領においては、新投資口予約権無償割当ての効力発生日は、割当基準日の翌営業日を想定しているものと思われる（株式等振替制度に係る業務処理要領（5.3版）4-14-1、4-2-3、資料4-2-2および4-2-3）。

## 4　新投資口予約権者となる時期

　新投資口予約権無償割当てを受けた投資主は、新投資口予約権無償割当ての効力発生日として定められた日に、当該新投資口予約権の新投資口予約権者となる（投信法88条の15第1項）。

## 5　割当通知

　投資法人は、新投資口予約権無償割当ての効力発生日後遅滞なく、投資主およびその登録投資口質権者に対し、当該投資主が割当てを受けた新投資口予約権の内容および数を通知（割当通知）しなければならない（投信法88条の15第2項）。

　かかる割当通知は、新投資口予約権の行使期間の末日の2週間前までに行えば足り、当該割当通知がされた場合において、新投資口予約権の行使期間の末日が当該割当通知の日から2週間を経過する日前に到来するときは、行使期間は、当該割当通知の日から2週間を経過する日まで延長されたものとみなされる（同法88条の15第3項）。

　なお、2週間という期間は、各投資主に対して新投資口予約権の行使の準備を行う時間的余裕を与える趣旨で設けられていることから、ある特定の投資主に対する割当通知が新投資口予約権の行使期間の末日の2週間前より遅れてされた場合に、当該行使期間が延長されたものとみなされるのは、当該投資主との関係に限られ、他の投資主には、このような延長の効果は及ばないと解される[3]。

## 6　新投資口予約権証券の発行

　新投資口予約権の内容として新投資口予約権証券を発行する旨の定め（投信法88条の2第6号）がある新投資口予約権を証券発行新投資口予約権といい（同法88条の5第1項2号ニ）、投信法上は、新投資口予約権証券を発行するか否かを選択することができる。

---

[3]　坂本三郎ほか「平成26年改正会社法の解説(Ⅳ)」商事法務2044号（2014）14頁参照。

## 7　投資法人による新投資口予約権の取得

### (1)　取得する日の決定

　取得条項付新投資口予約権内容として投資法人が別に定める日が到来することをもって投資法人による取得事由とする旨の定め（投信法88条の2第4号ロ）がある場合には、投資法人は、当該取得条項付新投資口予約権の内容として別段の定めがある場合を除き、投資法人が別に定める当該日を役員会の決議によって定めなければならない（同法88条の9第1項）。

　投資法人が別に定める日として当該日を定めたときは、投資法人は、取得条項付新投資口予約権の新投資口予約権者[4]およびその登録新投資口予約権質権者[5]に対し、当該日の2週間前までに、当該日を通知するか、または、当該日を公告しなければならない（同法88条の9第2項・3項）。

### (2)　取得する新投資口予約権の決定等

　投資法人は、新投資口予約権の内容として一定の事由が生じた日に新投資口予約権の一部を取得することおよび取得する新投資口予約権の一部の決定の方法についての定め（投信法88条の2第4号ハ）がある場合において、取得条項付新投資口予約権を取得しようとするときは、その取得する取得条項付新投資口予約権を決定しなければならない（同法88条の10第1項）。

　かかる取得の対象となる取得条項付新投資口予約権の決定は、当該取得条項付新投資口予約権の内容として別段の定めがある場合を除き、役員会の決議によって定める必要がある（同法88条の10第2項）。そして、かかる決定をしたときは、投資法人は、取得する取得条項付新投資口予約権の新投資口予約権者およびその登録新投資口予約権質権者に対し、直ちに、当該取得条項付新投資口予約権を取得する旨を通知し、または、公告しなければならない（同法88条の10第3項・4項）。

---

　4）　投信法88条の2第4号ハの新投資口予約権の一部を取得する定めがある場合にあっては、取得する取得条項付新投資口予約権の新投資口予約権者。
　5）　投信法88条の8第5項において準用する会社法269条1項各号に掲げる事項が新投資口予約権原簿に記載され、または記録された質権者をいう（投信法88条の9第2項）。

### (3) 新投資口証券の提出に関する公告等

投資法人が、取得条項付新投資口予約権の取得をする場合において、新投資口予約権証券を発行しているときは、当該投資法人は、当該行為の効力が生ずる日（新投資口予約権証券提出日）までに当該投資法人に対し当該新投資口予約権証券を提出しなければならない旨を新投資口予約権証券提出日の1カ月前までに、公告し、かつ、当該新投資口予約権の新投資口予約権者およびその登録新投資口予約権質権者には、各別にこれを通知しなければならない（投信法88条の22第1項）。

かかる新投資口予約権証券提出日までに当該投資法人に対して新投資口予約権証券を提出しない者があるときは、当該投資法人は、当該新投資口予約権証券の提出があるまでの間、当該投資法人による取得条項付新投資口予約権の取得の対価として新投資口予約権者が交付を受けることができる金銭の交付を拒むことができる（同法88条の22第2項）。

また、当該取得条項付新投資口予約権に係る新投資口予約権証券は、新投資口予約権証券提出日に無効となる（同法88条の22第3項）。

### (4) 取得の効力の発生等

投資法人は、新投資口予約権の内容として定めた取得事由が生じた日（投信法88条の2第4号イ）に、取得条項付新投資口予約権を取得する（同法88条の11第1項）。

投資法人は、新投資口予約権の内容として取得事由が生じた日に新投資口予約権の一部を取得する旨の定め（同法88条の2第4号ハ）がある場合にあっては、取得事由が生じた日または投信法88条の10第3項・4項の通知の日もしくは公告の日から2週間を経過した日のいずれか遅い日に、取得の決定をした取得条項付新投資口予約権を取得する（同法88条の11第1項）。

投資法人は、取得事由が生じた後、遅滞なく、取得条項付新投資口予約権の新投資口予約権者およびその登録新投資口予約権質権者（取得事由が生じた日に新投資口予約権の一部を取得する旨の定めがある場合にあっては、取得する取得条項付新投資口予約権の新投資口予約権者およびその登録新投資口予約権質権者）に対し、当該事由が生じた旨を通知しまたは公告しなければならない（同法88条の11第2項本文・3項）。ただし、かかる通知または公告については、投資法人

が別に定める日が到来することをもって取得の事由とする旨の定めを設けた場合に当該日を定めて、投信法88条の9第2項の規定による通知または同条3項の公告をしたときは不要となる（同法88条の11第2項ただし書）。

## 8 新投資口予約権の消却

投資法人が有する自己の新投資口予約権を自己新投資口予約権という。投資法人は、自己新投資口予約権を消却することができる。この場合においては、役員会の決議によって、消却する自己新投資口予約権の内容および数を定めなければならない（投信法88条の12）。

## 9 新投資口予約権の行使

### (1) 行使方法

新投資口予約権の行使は、①その行使に係る新投資口予約権の内容及び数、②新投資口予約権を行使する日を明らかにしてしなければならない（投信法88条の16第1項）。

また、証券発行新投資口予約権を行使しようとするときは、当該証券発行新投資口予約権の新投資口予約権者は、当該新投資口予約権証券が発行されていない場合を除き、当該証券発行新投資口予約権に係る新投資口予約権証券を投資法人に提出しなければならない（同法88条の16第2項）。

なお、投資法人は、自己新投資口予約権を行使することができない（同法88条の16第3項）。ただし、自己新投資口予約権が第三者に譲渡された場合には、当該新投資口予約権の内容に従って行使することは可能であり、たとえば、いわゆるコミットメント型ライツ・オファリングのスキームにおいては、取得条項に基づいて投資法人が取得した未行使の新投資口予約権は証券会社に譲渡されることが想定される。

### (2) 新投資口予約権の行使に際しての払込み等

新投資口予約権者は、新投資口予約権を行使する日に、投資法人が定めた銀行等の払込みの取扱いの場所において、その行使に係る新投資口予約権の行使に際して出資される金銭の額の全額を払い込まなければならない（投信法88条の17第1項）。新投資口予約権者は、かかる新投資口予約権の行使に基づき払込み

をする債務と投資法人に対する債権とを相殺することができない（同法88条の17第2項）。

#### (3) 新投資口予約権者が投資主となる時期等

新投資口予約権を行使した新投資口予約権者は、当該新投資口予約権を行使した日に、当該新投資口予約権の目的である投資口の投資主となる（投信法88条の18第1項）。

#### (4) 端数の処理

新投資口予約権を行使した場合において、当該新投資口予約権の新投資口予約権者に交付する投資口の口数に1口に満たない端数があるときは、投資法人は、かかる端数部分の経済的価値を塡補するため、当該新投資口予約権者に対し、当該投資口が市場価格のある投資口である場合には、当該投資口1口の市場価格として内閣府令で定める方法により算定される額[6]、市場価格のある投資口以外の投資口の場合には、1口当たり純資産の額に照らして公正な金額に、その端数を乗じて得た額に相当する金銭を交付しなければならない（投信法88条の19本文）。

もっとも、新投資口予約権を行使した新投資口予約権者に交付する投資口の口数に1口に満たない端数がある場合において、これを切り捨てる旨の定め（同法88条の2第5号）を新投資口予約権の内容とすることにより、かかる端数部分についての金銭交付による調整を不要とすることができる（同法88条の19ただし書）。

### 10 登録事項および登記事項の変更

新投資口予約権無償割当ての発行に際して、一般事務受託者に関する事項の変更など登録事項の変更がある場合には変更の届出をする必要があり（投信法

---

6) 具体的には、①新投資口予約権の行使日における当該投資口を取引する市場における最終の価格（当該行使日に売買取引がない場合または当該行使日が当該市場の休業日にあたる場合にあっては、その後最初になされた売買取引の成立価格）または②新投資口予約権の行使日において当該投資口が公開買付け等の対象であるときは、当該行使日における当該公開買付け等に係る契約における当該投資口の価格のいずれか高い額をいう（投信法施行規則139条の4）。

191条1項)、また、投資主名簿等管理人に関する事項の変更など登記事項に変更が生じた場合には変更登記をする必要がある（同法167条1項）。

## 11　外部委託

　投資法人は、①新投資口予約権無償割当てに関する事務、②新投資口予約権原簿の作成および備置きその他の新投資口予約権原簿に関する事務、③新投資口予約権証券の発行に関する事務、④機関の運営に関する事務、⑤新投資口予約権者の権利行使に関する請求その他の新投資口予約権者からの申出の受付に関する事務などについては、他の者（一般事務受託者）に委託する必要がある（投信法117条、投信法施行規則169条2項）。

　投資法人からこれらの事務の委託を受けた一般事務受託者は、当該投資法人のため忠実にその事務を行う義務（忠実義務）や善良な管理者の注意をもってその事務を行う義務（善管注意義務）を負う（投信法118条）。

## III　米国証券法への対応

### 1　投資口のライツ・オファリングと米国証券法

　一般に、日本企業がライツ・オファリング[7]を行う場合、株主に一定割合の米国居住者がいると、これらの者にも株式の取得勧誘を行っていることになり、米国での公募（public offering）と扱われるおそれがある[8]。米国証券法（Securities Act of 1933。以下「33年証券法」という）[9]は、その定義規定である第2条の(3)において、offer について、"…… offer shall include …… solicitation of an offer to buy, a security or interest in a security, <u>for value</u>"（下線筆者）と

---

[7]　ライツ・オファリングという用語は、株主割当てのうち、新株予約権が発行されて既存株主の株式の割当てを受ける権利が市場で流通する形態のものを意味するのが通常である（神田・会社法151頁）。

[8]　大証金融商品取引法研究会（現：日本取引所グループ金融商品取引法研究会）研究記録2011年11月25日付黒沼悦郎（現：東京大学教授）による報告「ライツ・オファリングにかかる金融商品取引法の改正について(2)」（以下「黒沼報告(2)」という）12頁参照。なお、本項の記述は同記録2011年10月28日付「ライツ・オファリングにかかる金融商品取引法の改正について(1)」を含め、黒沼悦郎教授による報告に依拠するところが多い。

[9]　http://legcounsel.house.gov/Comps/Securities%20Act%20Of%201933.pdf

規定するため、株主に無償で新株引受権を割り当てる行為自体は public offering に該当しないものの、割り当てられた株主が権利を行使して株式を取得する際に対価を支払うので、ライツ・オファリングを全体としてみれば米国証券法上の public offering に該当すると考えられるためであり、投資主に一定割合の米国居住者がいる投資法人がライツ・オファリングを実施する場合にも同じことがいえる。

　33年証券法は public offering に該当する行為を行う発行者に Securities Exchange Commission（SEC）への事前登録義務を課すとともに[10]、以後、米国証券取引所法（Securities Exchange Act of 1934。以下「34年取引所法」という)[11]により継続開示が義務づけられる。かかる義務は、米国の証券取引所に上場していない発行者にとってライツ・オファリングを事実上不可能とするほどの負担となるものであり、SEC はこのような負担の回避を目的として Rule 801[12]を制定し[13]、①ライツ・オファリング対象証券の米国保有者の割合が10％未満であり、②米国保有者によるライツ・オファリング参加の条件が他の保有者と少なくとも同等であること、および③発行者のライツ・オファリングに関する情報を Form CB[14]に従い SEC に提出すれば、当該ライツ・オファリングは米国証券法5条の登録を免れることができるとした。しかしながら、米国居住の投資家は信託・証券会社等（ノミニー）の名義で外国証券を保有することが多いことから、①の「10％要件」を満たすかを発行者が確認することは難しく、この適用除外規定はあまり用いられていないといわれている[15]。

---

10)　正確には、同法第5条による事前登録義務の適用除外行為を定める同法第4条の第a項第2号が "transactions by an issuer not involving any public offering"（下線筆者）を掲げるため、public offering に該当する行為は第5条の適用を免れないことになる。本節Ⅲ3参照。
11)　http://legcounsel.house.gov/Comps/Securities%20Exchange%20Act%20Of%201934.pdf
12)　外国発行者は Form F-1または F-3という名称の様式により登録し（33年証券法の様式に関する Rule31および33）、Form F-20という名称の様式により継続開示する義務を負うため（34年取引所法の様式に関する Rule220f）、たとえば、財務諸表について米国 GAAP（U. S. generally accepted accounting principles）と実質的に類似する事項の開示（Form F-1, Item 4-b. Form 20-F, Item 18）などの負担が課されることになる。
13)　https://www.ecfr.gov/cgi-bin/text-idx?SID=59b68f89d20456c076415cb1035fac8d&mc=true&node=pt17.3.230&rgn=div5#se17.3.230_1801
14)　https://www.sec.gov/files/formcb.pdf
15)　前掲注（8）で言及した黒沼報告(2)13頁。

## 2　米国投資主の権利行使制限と投資主平等原則

　新株予約権無償割当てに関するものではあるが、ブルドックソース事件において最高裁は、特定の株主による支配権の取得に伴い企業価値が毀損され、会社の利益、ひいては株主共同の利益が害されることとなるような場合には、その防止のために当該株主を差別的に取扱ったとしても、当該取扱いが公平の理念に反し相当性を欠くものではない限り、直ちに株主平等原則の趣旨に反するわけではないという趣旨の判示をしている。[16]当該判示が支配権争いがない場合においても適用されるかについて議論の余地はあるものの、2011年に金融庁内に設置された法制専門研究会が、特定の株主を区別して取り扱う客観的・合理的な必要性があり、かつ、区別して取り扱われる株主の不利益が補われる状況にある場合には、株主平等原則に反しないという理論枠組みをライツ・オファリングにも応用して、ライツ・オファリングを円滑に実施できるようにする必要があり、かつ権利行使を制限される特定の外国投資家の利益との関係で相当性が認められる場合には、特定の投資家に関してライツ・オファリングに基づく権利行使を制限することは株主平等原則に抵触しないとする解釈を示しており、[17]かかる解釈に依拠するのが昨今の実務の主流のようである。[18]

　同報告書は、相当性の要件について、ライツ・オファリングにかかる新株予約権がわが国の金融商品取引所に上場されることにより流動性が確保され、[19]市

---

16)　最決平成19・8・7民集61巻5号2215頁。

17)　金融庁・開示制度ワーキング・グループ法制専門研究会報告「ライツ・オファリングにおける外国証券規制への対応と株主平等原則の関係について」https://www.fsa.go.jp/news/23/sonota/20110916-4/02.pdf
　　なお、前掲注（8）・黒沼報告(2)が13頁で紹介しているが、英国 Financial Conduct Authority（当時：Financial Services Authority）の上場規則（Listing Rule https://www.handbook.fca.org.uk/handbook/LR/9/?view=chapter）では、第9.3.11条において、上場会社は既存株主に対して持株数に応じて持分証券の取得を勧誘しなければならないと規定しつつ、同条の適用除外を定める第9.3.12条(2)(b)が、発行者が他の法域の規則を考慮して募集から除外することが必要であると考える株主に引受権を与えずライツイシューを行う場合を掲げており、法域をまたいで投資家が点在する場合に株主平等原則が後退する局面があることを示唆する。

18)　たとえば、2018年10月1日に東京証券取引所に上場されたサムティ株式会社第19回新株予約権に係る「一部コミットメント型ライツ・オファリング（Q&A）」のA1-16。https://www.samty.co.jp/news/auto_20180918407939/pdfFile.pdf 参照。

19)　なお、日本証券業協会は、「有価証券の引受等に関する規則」の第32条において、「引受会員は、コミットメント型ライツ・オファリングのうち、特定の外国に居住する株主又は投資主による新

場価格での取引により経済的利益の回収が可能であれば、権利行使を制限される特定外国株主は、当該権利を市場で売却することにより経済的利益を確保できるし、また権利行使が制限された持分相当の株式を市場で買い増せば持分割合の維持も可能なので、相当性の要件は充足されるとしている。また、同報告書は権利行使制限のあり方について、特定外国株主でないことを権利行使の条件として定めるのが最も簡明であるとしているが、Regulation D および Rule 144A（いずれも後述）をセーフハーバーとした私募の対象となる機関投資家は、権利行使制限の対象外とすることもできるのではないかとする見解もある。[20]

## 3　米国証券法上の開示義務概説[21]

### (1)　事前登録義務、Gun Jumping、法定目論見書（33年証券法第 5 条）

33年証券法第 5 条は、いかなる証券も登録書の SEC への届出がなされる前に勧誘されてはならず（同条 c 項、いわゆる Gun Jumping）、当該登録書が有効になるまで販売されてはならず（同条 a 項）、かかる証券の販売は法定要件を備えた目論見書を伴うものでなければならない（同条 b 項）と規定し、同条に違反した証券勧誘または販売をした者は、同法第11条および第12条に基づき厳格な民事責任が課されることになる。また、ひとたび第 5 条に基づく証券発行を行[22]

---

　　株予約権又は新投資口予約権の行使が制限されるものの引受けを行う場合にあっては、取引所金融商品市場における新株予約権証券又は新投資口予約権証券の流動性を阻害する要因がないかとの観点から引受審査を行うものとする」と規定している。

20)　前掲注(8)で言及した黒沼報告(2)の18頁。Regulation D および Rule 144A に依拠することにより、米国投資家に対する勧誘において、SEC への事前登録義務を回避できるためと考えられる（後述）。

21)　もとより米国証券法を概説することは筆者らの能力をはるかに越えるものであり、本項の記述は、前述のライツ・オファリングに関連して理解しておくと便宜にかなうと思われる事項にとどめる。なお、本項の記述の多くは、大串が受講した A. C. Pritchard 教授（University of Michigan Law School）、および八巻が受講した Stephen J. Choi 教授（New York University School of Law）の共著である "Securities Regulation" [Essentials シリーズ] Aspen Publishers（2008）に多くを依拠している。

22)　おおまかにいうと、33年証券法第11条および第12条に基づく民事責任を追及する原告は同法第 5 条違反の勧誘または販売であること（重要な虚偽開示、またはガンジャンピング）を立証すれば足りるが、原告適格や損害範囲に制限がある。これに対し、34年取引所法第10条およびその下位規則である Rule10b-5（https://www.ecfr.gov/cgi-bin/text-idx?node=17:4.0.1.1.1&rgn=div5&se17.4.240_110b_65）は証券詐欺を広く対象とする反面、原告は不法行為のすべての要件（重要な虚偽開示、悪意、正当な信頼、因果関係）を立証することを要する。

った発行者は、34年取引所法第13条および第15条に基づく継続開示義務を負うことになる。

　このような重い負担を発行者に課すことになる33年証券法第5条の適用を回避する措置として、同法第4条が、第a項において、①発行者（issuer）、引受人（underwriter）[23]または販売業者（dealer）のいずれにも該当しない者による取引、②発行者による公募（public offering）に該当しない取引など、第5条適用除外となるいくつかの取引類型を掲げ、また、同法第3条が、第5条適用除外となる証券を列挙している。

### (2) Regulation D

　SECは、米国証券関係法令について幅広い規則制定権を有しており、適用除外証券を定める33年証券法第3条b項1号は、少額発行（発行総額500万ドル以下）のため第5条の適用除外としても公益に反せず投資家保護に欠けることのない類型の証券の範囲を定める権限をSECに包括的に委任しているが、かかる権限に基づき、また同法第4条a項2号における"public offering"に該当しないもの（すなわちprivate placement）に関するSEC公式解釈を示すセーフハーバーを設けるため、1982年に33年証券法の下位規則としてRule 500ないし508から構成されるRegulation D[24]を制定した。

　Regulation Dによるセーフハーバーは、発行総額上限、投資家の数および属性（知識経験）、一定の開示、広告禁止、転売制限、の視点からなるが、このうちRule 504（小規模発行）による適用除外の要件は、発行総額の上限が500万ドルであること、広告禁止、および転売制限のみであり、投資家の数お

---

23) underwriterは、同法第2条a項11号において、分売を予定して（with a view to distribution）、発行者から証券を購入する者と定義されているが、Gilligan, Will & Co. v. SEC (267 F. 2d 461,1959) がdistributionを同法第4条a項2号におけるpublic offering（本文参照）と同義と解したため、発行者の相手方が自らリスクを回避する（fend for themselves）能力がある場合には、当該発行はpublic offeringに該当しないとする判例（SEC v. Ralston Purina Co. (346 U. S. 119, 1953)）と相俟って、fend for themselvesの能力がある相手に対する転売（いわゆる私売出し）を行う者はunderwriterに該当しないことになり、かかる転売は同条項1号により第5条の適用を免れるとの解釈が定着した（いわゆる、4条1/2項免除）。

24) https://www.ecfr.gov/cgi-bin/text-idx?SID=59b68f89d20456c076415cb1035fac8d&mc=true&node=pt17.3.230&rgn=div5#sg17.3.230_1498.sg11

および属性を問わない。他方、Rule 506（特定投資家向け発行）による適用除外の要件は、発行規模の制限がない反面、投資家の数および属性に制限を課すものであり、accredited investorに該当する投資家については数に制限を課さないものの、accredited investor に該当しない投資家の数は35名以下という制限があり、しかも accredited investor に該当しない投資家は、当該投資のリスクとメリットを評価するだけの知識経験を有する（いわゆる sophisticated investor）と評価され得る者であることを要する。Rule 504 および506のいずれの要件に基づく発行であっても、最初の発行から15日以内に SEC に対する届出は必要となる。

(3) Rule 144A

　Rule 144A に隣接する規定である Rule 144 が、証券の転売者が underwriter に該当することにより当該売却が33年証券法第 5 条の適用を受けること（それにより、事前開示義務・Gun Jumping・厳格責任・継続開示義務が発生）を回避するためのセーフハーバーとして制定されたものであるのに対し、Rule 144Aは、対象とする証券を米国内の証券取引所にすでに上場されている証券と同種でない証券に限定し、また、転得者を適格機関購入者（Qualified

---

25) 従前、投資家の数および属性を問わないRule 504による発行の上限は100万ドルとされ、Rule 504のほかに、発行上限を500万ドルとしつつ、投資家の属性（accredited investor限定）および数（accredited investor 以外は35名以下）を要件とする Rule 505 が存在していたが、accredited investor の範囲の見直しを主眼としたいわゆる Reform to Regulation D により、2017年に Rule 504 に基づく発行上限が500万ドルに引き上げられ要件が重複することになったため、Rule 505 は廃止された。
26) Rule 501a において定義されるが、おおまかにいうと、銀行、ブローカー、ディーラー、投資会社、500万ドル以上の資産を保有する企業、発行者の役員、100万ドル以上の純資産を保有する個人、直近過去 2 年における年間収入が20万ドルを超える個人等であり、いわゆるプロ投資家に相当する。
27) Rule 506b.2.ii. 参照。
28) Rule 503 に基づく Form D による届出。
29) Rule 144 の表題は "Persons deemed not to be engaged in a distribution and therefore not underwriters" であり、規則の制定目的を端的に表現している（下線筆者）。https://www.ecfr.gov/cgi‐bin/text-idx?SID=59b68f89d20456c076415cb1035fac8d&mc=true&node=pt17.3.230&rgn=div5 %20‐%20sg17.3.230_1498. sg11#se17.3.230_1144
30) https://www.ecfr.gov/cgi‐bin/text‐idx?SID=59b68f89d20456c076415cb1035fac8d&mc=true&node=pt17.3.230&rgn=div5#se17.3.230_1144a
31) Rule 144A‐d.3. 参照。

Institutional Buyer。略称 QIB）に限定し、さらに、Rule 144 が要件とする転売者による一定期間の保有を要件としないことにより、外国の発行者が米国資本市場において一定の属性を有する投資家から資金調達することを容易ならしめるために設けられたものである。

すなわち、米国市場において証券を上場していない外国の発行者が Rule 506 に基づき accredited investors に限定して証券を発行した場合、当該証券と同種の証券は米国証券取引所に上場されていないので、当該証券を取得した accredited investors が一定期間の保有を経ることなく即座に当該証券を転売したとしても、当該転売先が QIB に限定されていれば、Rule 144A に基づき33年証券法第 5 条の適用を回避できるので、外国発行者は、事前開示、ガンジャンピングルール等の重い義務を課されることなく、public offering による資金調達と実質的に同じ効果を得られることになる。

Rule 144A は1990年に施行されて以来、日本企業が国内および海外での有価証券の同時募集・売出し（いわゆるグローバル・オファリング）による資金調達を行う場合において資金調達先が米国市場を対象とする場合に利用されており、不動産投資法人がグローバル・オファリングを行う場合も同様である。

---

32) Rule 144A-a において定義されるが、おおまかにいうと、1 億ドル以上の投資有価証券（関連会社が発行者であるものを除く）を保有する保険会社、投資会社、投資助言業者等（銀行は、直近監査済財務諸表における純資産額が2500万ドル以上であることも要件）の機関投資家である。

33) Rule 144A-d.1. 参照。

34) Rule 144-d. 参照。

35) 前掲注(21)で言及した Pritchard・Choi "Securities Regulation" 366頁参照。なお、Rule 144A の表題は "Private resale of securities to institutions" であり、Rule 144 との要件の差違の一部を表現するにとどめる。

36) もっとも、Form D の届出その他の Rule 506 に基づく発行要件を満たす必要があり、また、Rule 144A-d.2. に基づき、転売者は、当該売却が33年証券法第 5 条の適用除外として行われていることを転得者が知るための合理的な手段をとらなければならない。

37) 不動産投資法人が Rule 144A に依拠して、米国市場を含むグローバル・オファリングを実施した最近の例として、インベスコ・オフィス・ジェイリート投資法人が2018年 5 月に行った新投資口発行および売出しの例が掲げられる。http://www.invesco-reit.co.jp/file/news-dc44c7f7b469b55e3ec0c2da6b5732b4e4d3247c.pdf

# 第5節　投資証券および投資法人債券の募集と金融商品取引法

## I　はじめに

　投資法人の発行する投資証券（投資口）および投資法人債券（投資法人債。以下、総称して「投資証券等」という）は、金商法上の有価証券であり（金商法2条1項11号・2項柱書）、投資法人が投資証券等の発行を行うに際しては、金商法上の発行開示規制に留意する必要があり、「有価証券の募集」を行う場合には、原則として、有価証券届出書の作成・届出などが必要となる（金商法上の発行開示規制および継続開示規制については、第2章も参照）。

　なお、投信法上の「募集」には、金商法上の「有価証券の募集」のほか、同法上の「有価証券の私募」も含まれ、その意味するところが異なる。以下においては、単に「募集」とした場合には投信法上の募集をいい、金商法上の募集をいう場合には基本的に「有価証券の募集」という。また、投資証券の発行については、新投資口の発行を念頭に置くこととする。

## II　有価証券届出書

### (1) 有価証券の募集・私募

　投資法人は、有価証券の募集を行う場合には、原則として有価証券届出書を提出する必要がある。[1][2]

　有価証券の募集とは、新たに発行される有価証券の取得の申込みの勧誘（以下「取得勧誘」という）のうち、金商法2条3項各号に定める要件に該当するものをいい、新たに発行される有価証券の取得の申込みの勧誘を、50名以上の

---

[1]　有価証券の募集または売出しであっても、発行価額または売出価額の総額が1億円未満のもの等については、有価証券届出書の提出義務は免除されている（金商法4条1項5号、特定有価証券開示府令2条）。
[2]　実務上、有価証券届出書は、EDINET（電子開示システム）を通じて管轄する財務局に提出される。

者を相手方として行う場合またはいわゆる適格機関投資家私募・特定投資家私募・少人数私募のいずれにも該当しない方法で行う場合をいう（金商法2条3項1号・2号）。[3][4]

実務上は、投資証券等の発行に係る役員会の承認決議をした後に、当該役員会議事録を添付した有価証券届出書を提出し、その後適時開示を行うのが通常である。

(2) 届出の効力

有価証券届出書の提出は、原則として、それが受理された日から15日を経過した日にその効力が生ずるが（金商法8条1項）[5]、組込方式や参照方式によって有価証券届出書を提出した場合には、おおむね7日を経過した日にその効力が生ずる（金商法8条3項、企業内容等開示ガイドラインB8-2参照）。

前述のとおり、有価証券の募集は、原則として、有価証券届出書の届出前に行うことができない（金商法4条1項）。なお、実務上、第三者割当による投資口の発行を行う場合、有価証券届出書の提出前に、投資口の割当予定先の選定、割当予定先による投資法人のデュー・デリジェンス、割当予定先との間での払込日や引受価格等の発行条件に関する一定の事前交渉などが行われていることが通常であると考えられる。この点、事業会社（株式会社）が行う第三者割当増資については、企業内容等開示ガイドラインにおいて、かかる一定の行為が有価証券の取得勧誘に該当しない旨の解釈が示されているが[6]、投資法人が行う投資口の第三者割当についても同様の取扱いがなされるものと考えられる。[7]

有価証券届出書の届出をした後は、有価証券の取得の勧誘を行うことが可能

---

3) 上場投資法人が投資口を発行する場合には、たとえ当該投資口の勧誘対象者が1名であっても、適格機関投資家のみであっても、あるいは特定投資家のみであっても、いわゆる適格機関投資家私募・特定投資家私募・少人数私募のいずれにも該当しないため、「有価証券の募集」に該当する（金商法施行令1条の4第1号イ、1条の5の2第2項1号イ、1条の7第2号イ(1)参照）。

4) たとえば、投資口の募集に関する文書を頒布すること、投資主等に対する増資説明会において口頭による説明をすること、および新聞、雑誌、立看板、テレビ、ラジオ、インターネット等により投資口の募集に係る広告をすることは、「有価証券の募集」行為に該当するものと考えられる（企業内容等開示ガイドラインB4-1参照）。

5) 届出日と発行日の間に中15日を置く必要がある。

6) 企業内容等開示ガイドラインB2-12。

7) 特定有価証券開示ガイドライン冒頭参照。

になるが（同法4条1項）、当該届出の効力が生じているのでなければ、有価証券の募集により投資者に新規発行の有価証券を取得させることはできない（同法8条、15条1項）。

## III 発行登録制度の利用

　発行登録制度は、参照方式の利用適格要件を満たしている者が利用しうる制度であり、投資者保護を損なわない範囲でできる限り機動的な有価証券の発行を許容する、もっとも簡素化された発行開示の方法である[8]。将来有価証券の発行を予定している者が、一定期間内の発行予定額、発行予定有価証券の種類等を記載した発行登録書を提出しておくことにより、実際の発行時には新たに届出を行うことなく、単に発行条件等証券情報のみを記載した発行登録追補書類を提出するだけで、売付けを行うことが可能となる[9]。

　発行登録は、募集を予定している投資証券等の発行価額の総額（発行予定額）が1億円以上である場合に発行登録書を提出することによって行うことができる。発行登録書は、有価証券の種類ごとに提出をする必要がある。そのため、たとえば、投資法人債券に関する発行登録書を提出していたとしても、当該発行登録書に基づき投資証券の勧誘を行うことはできない。

　なお、実務上、発行登録制度の利用適格を満たす投資法人において、投資法人債券については発行登録制度が広く利用されているが、投資証券については、現状ではあまり利用されていない状況にある[10]。

## IV 有価証券通知書の提出

　有価証券の募集に際して有価証券届出書の提出義務がない場合であっても、その行為が「特定募集等」に該当する場合には、有価証券通知書の提出が求められる（金商法4条6項）。前述のとおり、発行価額の総額が1億円未満のもの

---

[8] 近藤＝吉原＝黒沼・金融商品取引法入門156頁。
[9] 2004年証券取引法改正により、発行登録制度が導入された。
[10] 投資口につき発行登録書を提出した例としては、日本リテールファンド投資法人（2005年8月26日）、ケネディクス不動産投資法人（2007年4月26日、2009年4月22日）がある。

などについては、有価証券届出書の提出義務が免除されているが、発行価額の総額が1000万円超1億円未満の有価証券の募集を行う場合には、かかる「特定募集等」に該当するため有価証券通知書を提出する必要がある[11]（金商法4条1項5号・5項・6項ただし書、特定有価証券開示府令5条1項3号、1号の3様式）。かかる有価証券通知書は、特定募集等を開始する日の前日までに内閣総理大臣に対して提出する必要がある（金商法4条6項）。

## V 目論見書の作成および交付

有価証券の募集につき金商法4条1項本文、2項本文または3項本文の規定の適用を受ける有価証券の発行者は、当該有価証券の募集に際し、目論見書を作成し[12]（同法13条1項前段）、有価証券を取得させる場合には、原則として、あらかじめまたは同時に目論見書を交付する必要がある（商法15条2項）。なお、目論見書の作成および交付については、第2章も参照。

## VI 臨時報告書

当該発行者の発行する投資証券等と同一の種類の投資証券等の募集を本邦以外の地域において行う場合には、遅滞なく、臨時報告書を提出する必要がある。ただし、臨時報告書を提出する必要があるのは、均一の条件で50名以上の者を相手方として行うものに限られることから、49名以下の者を相手方として本邦以外の地域において勧誘を行う場合には、臨時報告書を提出する必要はない（金商法24条の5第4項、特定有価証券開示府令29条1項および2項1号）。

## VII 大量保有報告

大量保有報告制度とは、上場会社が発行する株券等の大量保有者となった者

---

11) 有価証券の私募により投資口を発行する場合には、有価証券通知書の提出は不要である。
12) かかる目論見書の作成にあたっては、金商法、特定有価証券開示府令のほか、有価証券届出書の各様式とその注記、特定有価証券開示ガイドライン、投資信託協会の関連規則・ガイドライン等に留意する必要がある。

について、所定の期間内に大量保有報告書の提出を通じて、その保有状況の開示を求めるものであり、経営に対する影響力等の観点から、重要な投資情報である上場株券等の大量保有に係る情報を、投資者に対して迅速に提供することにより、市場の公正性、透明性を高め、投資者保護を図ることを目的とした制度である[13]。

2006年証券取引法改正により、金融商品取引所に上場または店頭登録されている投資証券も、議決権を有する証券であり、投資法人の支配権の獲得につながる有価証券であることから[14]、大量保有報告制度の対象となった（金商法27条の23第1項、金商法施行令14条の4第1項3号）。したがって、引受人が上場投資法人の発行する投資証券を、その株券等保有割合が5％を超えて保有するに至った場合には、原則として、5％を超えて保有することになった日から5日以内に[15]、大量保有報告書を、管轄財務局長等に提出する必要がある。また、大量保有報告書の提出後、1％以上保有割合に変動があった場合には、原則として、変更報告書を提出する必要がある（金商法27条の25第1項。詳細は、第4章第3節Ⅱ2(1)参照）。

## Ⅷ　有価証券の引受け・有価証券の募集の取扱い

公募により投資証券等の発行が行われる場合には、証券会社による投資証券等の買取引受けが行われるのが通常であり、投資口の引受けに伴い、証券会社による引受審査が行われる。

また、投資法人の執行役員は、当該投資法人の発行する投資証券等の募集等に係る事務を行ってはならないとされ（投信法196条1項）、投資証券等の募集事務については、他の者（一般事務受託者）に委託しなければならない（同法117条）。かかる投資証券等の募集の取扱いは、第一種金融商品取引業に該当する

---

13) 池田唯一＝大来志郎＝町田行人編著『新しい公開買付制度と大量保有報告制度』（商事法務・2007）161頁。

14) 金融審議会金融分科会第一部会「公開買付制度等ワーキング・グループ報告―公開買付制度等のあり方について―」13頁。

15) 日曜日その他政令で定める休日の日数は算入しない（金商法27条の28第1項、金商法施行令12条の5）。

ことから（金商法28条1項1号）、投資法人は証券会社（第一種金融商品取引業者）との間で募集事務委託契約を締結し、証券会社が一般事務受託者として投資証券等の募集の取扱いを行うのが通常である[16][17][18]。なお、かかる一般事務受託者の資格については、投信法上制限はない。投資法人の資産運用会社が行う当該投資法人の発行する投資証券等の募集の取扱いその他政令で定める行為を行う業務[19]は、第二種金融商品取引業とみなされるとの特例扱いがなされていることから（投信法196条2項）、投資法人の発行する投資証券等の募集の取扱いを、当該投資法人の資産運用会社自身が第二種金融商品取引業の登録を取ることにより行うことも可能である[20]。

## IX 公開買付け規制

公開買付けとは、不特定かつ多数の者に対し、公告により株券等の買付け等の申込みまたは売付け等の申込みの勧誘を行い、取引所金融商品市場外で株券等の買付け等を行うことをいい（金商法27条の2第6項）、当該株券等には投資証券も含まれる（金商法27条の2第1項、金商法施行令6条1項3号）。金商法上、一定

---

16) 通常、事業会社が行う株式の第三者割当増資において、証券会社が募集の取扱いを行うことはない。
17) 投資法人による自己募集が禁止されているため、第三者割当により投資口の発行が行われる場合には、証券会社による投資口の買取引受けは行われないが、証券会社が募集の取扱いを行うのが通常である。
18) 実務上、スポンサーと投資法人との間の利益相反関係を緩和する目的で、投資法人のスポンサーが公募により発行される投資口の一部を引き受けることがある（いわゆるセイムボート出資）。この点、日本証券業協会の規則上、投資口について金商法2条6項に規定する引受人となる引受会員（引受証券会社）は、投資証券等の募集または売出しの引受けを行うにあたっては、原則として、親引け（発行者が指定する販売先への売付けをいい、販売先を示唆する等実質的に類似する行為を含む）を行うことはできないものとされており、一定の要件を満たす場合に親引けが許容されている（株券等の募集等の引受け等にかかる顧客への配分に関する規則2条2項）、セイムボート出資を、引受証券会社からスポンサーに対する売付けによって実行する場合には、当該規則等に基づき投資口の割当てが行われる必要がある。
19) 金商法2条8項9号に規定する私募の取扱いおよび売買の代理をいう（投信法施行令120条）。
20) ただし、資産運用会社が第二種金融商品取引業の登録をするにあたっては、登録をすることによって取り扱うことが可能となる業務の範囲、当該業務を取り扱う必要性などのほか、登録をすることによって必要となる金商法上の各種帳簿の整備・弊害防止措置などへの対応およびコストなどのデメリットにも留意する必要があろう。現状において、このような第二種金融商品取引業の登録に係る特例の利用は進んでいない。

の要件に該当する場合には、かかる公開買付けを行うことが強制されるが（金商法27条の2）、新投資口の発行による新投資口の取得は、「発行者以外の者が行う買付け等」には該当しないと解されることから、原則として、公開買付け規制の対象外である。

ただし、急速な買付け規制（同法27条の2第1項4号・6号）の対象となる点に留意が必要である。公開買付け規制の詳細については、第4章第3節II 2(2)を参照。

## X　インサイダー取引規制・IR活動

金商法上、上場会社等に係る業務等に関する重要事実を知った者が、当該業務等に関する重要事実の公表前に、当該上場会社等の特定有価証券等に係る売買等をすることは原則として禁止されている（金商法166条1項、インサイダー取引規制）。従来、投資法人の発行する有価証券の売買等については、かかる金商法上のインサイダー取引規制の対象とはなっていなかったが、2013年金商法改正により、一定の上場投資法人が発行する特定有価証券等の売買等もインサイダー取引規制の対象となっており、現在では、投資証券、新投資口予約権証券、投資法人債券の売買等もインサイダー取引規制の対象となっている（インサイダー取引規制の概要は、第2章V参照）。

上場投資法人の業務執行を決定する機関が、投資法人の発行する投資口を引き受ける者の募集[21]、新投資口予約権無償割当て[22]などの事項を行うことについての決定をしたことまたは当該決定（公表されたものに限る）に係る事項を行わないことを決定したことは、インサイダー取引規制の対象となる重要事実に該当する（金商法166条2項9号ロ・ニ等参照）。また、上場投資法人による投資口等のファイナンスの実行と不動産の取得は密接に関連していることが多いが、上

---

[21]　投資法人の発行する投資口を引き受ける者の募集の払込み金額の総額が1億円（外国通貨をもって表示される投資証券の募集の場合にあっては、1億円に相当する額）未満であると見込まれる場合を除く（取引規制府令55条の2第1号）。

[22]　新投資口予約権無償割当てにより割り当てる新投資口予約権の行使に際して払い込むべき金額の合計額が1億円（外国通貨をもって表示される新投資口予約権証券に係る新投資口予約権を割り当てる場合にあっては、1億円に相当する額）未満であると見込まれ、かつ、当該新投資口予約権無償割当てにより1口に対し割り当てる新投資口予約権の目的である投資口の数の割合が0.1未満である場合を除く（取引規制府令55条の2第2号）。

場投資法人等の資産運用会社の業務執行を決定する機関が、当該上場投資法人等による特定資産の取得もしくは譲渡または賃貸を行うことについての決定をしたことまたは当該決定（公表されたものに限る）に係る事項を行わないことを決定したことも、インサイダー取引規制の対象となる重要事実に該当する（同法166条2項12号イ）。「行うことについての決定」とは、当該行為の実施自体についての最終的な決定には限られず、当該行為の実施に向けての調査や準備、交渉等の諸活動を業務として行う旨を決定した場合も含まれると解されており、上場投資法人において資金調達等を行う場合には、いつの時点において重要事実が発生したものとして取り扱うべきか留意する必要がある。

なお、上場投資法人の資産運用会社は、投資法人の事業内容や業績などについて投資家に広く知ってもらうために、種々のIR活動を行っている[23]。たとえば、上場投資法人は、実務上、決算が確定した後、速やかに決算発表を実施しているところ（決算短信[24]・中間決算短信[25]）、当該投資法人の資産運用会社は決算発表の当日または翌日に、証券アナリスト、格付機関、債権者等向けに決算説明会を行っているほか、決算発表後は、既存の投資主である国内や海外の機関投資家を中心に、個別に訪問して決算の内容についての説明などをしている（決算IR）。また、株式に比べて、個人投資家への知名度も個人投資家の投資口比率も低い投資法人の場合、その取込みのための活動が重要視されており、国内の個人投資家向けのIRを実施している投資法人は多い。そのため、資産運用会社は、各証券会社の支店において、投資家や各証券会社の営業員向けの小規模なセミナーを実施したり、不動産証券化協会や証券会社の子会社のIR企業が実施する大規模な個人投資家セミナーに参加することもある。

この点、決算情報などの投資口の市場価格に影響を与える可能性のある未公表情報を、特定の投資家がこのようなセミナー等を通じて取得し、これを利用

---

23) 有価証券の取得の勧誘に至らない程度の資産運用会社が行う投資法人のIR活動は、一般的には投資運用業の付随業務に該当するものと考えられる。
24) 第1章第1節Ⅳ参照。
25) 決算短信・中間決算短信は、決算に関する有用な投資情報を、法定開示である有価証券報告書による開示に先立ち、その内容がまとまった時点で直ちに、市場・投資者に迅速に伝達するものとして、実務上定着しているものである。東京証券取引所では、上場投資法人が決算発表を行う場合の各社共通の発表形式として、決算短信（中間決算短信を含む）についての様式・記載要領を定めている。

して投資口の売買を行うに至った場合には、J-REIT 市場の公正性と健全性が損なわれ、J-REIT 市場への一般投資家の信頼を害するおそれがある。このため実務上は、かかる弊害等に配慮し、決算から決算発表にかけて上記セミナー等は実施されないのが一般的である。

また、資産運用会社は、投資法人とは別個の法人であることから、資産運用会社が投資法人の発行する投資証券等の取得の勧誘を行えば、「有価証券の募集の取扱い」に該当することとなり（金商法2条8項9号[26]）、第二種金融商品取引業の登録が必要となる（投信法196条2項、金商法29条）。現状、資産運用会社は、第二種金融商品取引業の登録を得ていないのが通常であることから、投資法人による投資証券等の発行の準備期間中において、資産運用会社が投資家に対して投資法人の事業内容や業績の説明などの IR 活動を行う場合には、運用会社による当該活動が、投資証券等の取得の勧誘と評価されないよう留意する必要がある。

なお、金融商品取引業者である資産運用会社が、その行う金融商品取引業の内容について広告その他これに類似する行為をするときには、当該広告等につき一定の規制があり（金商法37条）、別途留意が必要である。この点、当該広告等規制の適用対象は金融商品取引業者等であることから、金融商品取引業者ではない投資法人は当該広告等規制の直接的な対象にはならないものと考えられる。ただし、資産運用会社と投資法人は一体となって密接に運用されているところ、形式的には金融商品取引業者等の名義になっていない場合であっても、実質的に金融商品取引業者等が行うものに該当する場合には、当該金融商品取引業者等が広告等規制の対象となると解されている点に留意が必要である。[27]

## XI 金融商品取引所[28]

上場不動産投資信託証券（東京証券取引所に上場している不動産投資信託証券

---

26) 田辺信之「金融商品取引法への対応―J-REIT 運用会社の現場から―」ARES30号（2007）18頁。
27) 松尾直彦＝松本圭介編著『実務論点 金融商品取引法』（金融財政事情研究会・2008）95頁。
28) 大半の投資口は東京証券取引所に上場されていることから、ここでは東京証券取引所を前提とする。

をいう）の発行者等[29]は、上場不動産投資信託証券の発行者等および上場不動産投資信託証券の運用資産等に関する情報の適時開示を行う必要があり（上場規程1213条1項、適時開示については第2章も参照）、たとえば、上場不動産投資信託証券の発行者である投資法人が、投資口の追加発行や投資法人債の募集を行うことについての決定をした場合（当該決定に係る事項を行わないことを決定した場合を含む）は、直ちにその内容を開示しなければならない（同規程1213条2項(1) a (b)、(c)）。実務上は、投資口の発行に係る役員会の承認決議をした後に、当該役員会議事録を添付した有価証券届出書を提出し、その後適時開示を行うのが通常である。

## 第6節　金銭の借入れ

### I　金銭の借入れ総論

投資法人は規約に借入金の限度額を記載しなければならないとされている（投信法67条1項15号）ことからも明らかなとおり[1]、投資法人も金銭の借入れを行うことができる。そして、投資信託協会の不動産投資信託及び不動産投資法人に関する規則（以下「投信協会規則」という）[2] [3]において、不動産投信等の資金の

---

29）　投資証券の発行者である投資法人およびその資産の運用に係る業務の委託を受けた資産運用会社をいう（上場規程1209条1項、1201条1項(1)）。

1）　規約において、「借入れの目的、借入金の限度額及び借入金の使途に関する事項並びに借入先を適格機関投資家に限る場合はその旨」を記載することが要求されている（投信法67条1項15号、投信法施行規則105条7号イ）。

2）　金融審議会において「個別性の強い資産については、売却のオファーがされている時期を逃すと取得は困難であることから、このような資産に投資するファンドについては、機動的で柔軟な資金調達の道が用意されている必要があり、その手段として借入が行えるようにすることが必要である」旨が述べられていた（金融審議会第一部会「集団投資スキームに関するワーキング報告『横断的な集団投資スキームの整備について』（平成11年11月30日）」）。

3）　なお、保有する不動産を信託し、当該信託の受託者が信託内借入れを行い、当該借入金から投資法人が当該信託によって取得した信託受益権の元本償還を受けることによって資金調達を行う手法も実施されている（ジャパン・オフィス投資法人2010年9月15日付「信託内借入による資金調達及び既存借入金の一部返済に関するお知らせ」参照）。かかる手法により、投資法人の財務戦略の多様化が期待できる。かかる場合、当該信託内借入れを利用した投資法人による資金調達が真正信託と評価しうるか否かが問題となり、慎重な検討を要する。

借入れは、資産運用等の必要から行う場合に限るものとし、当該投資信託財産または投資法人の財産の健全性に留意して行うものとされている（投信協会規則18条1項）。また、導管性維持の観点から、通常規約において借入先は租税特別措置法上の機関投資家に限定される旨が定められる[4]。そのため、貸付人による投資法人に対する貸付債権の譲渡については、通常、上記の意味での機関投資家以外の者に対する譲渡は制限される。

## II　金銭の借入れに係る手続

　金銭の借入れについては、投信法上、特段手続が定められていないことから、原則として投資法人の業務を執行する執行役員の判断でこれを行うことができると考えられる。もっとも、執行役員は、投信法109条2項各号に掲げる事項「その他の重要な職務」を執行しようとするときは、役員会の承認を受けなければならない（投信法109条2項）。会社法上、株式会社が行う多額の借財は取締役会の決議事項とされていること（会社法362条4項2号）に準じて、投資法人においても多額の借入れを行う場合には役員会の承認を得ていることが多い[5]。なお、実務上、投資法人の資金の借入れの決定は、資産運用会社に委託されている[6]。

---

[4]　規約上は、借入先を適格機関投資家に限る旨の記載をするか否かは自由であり、借入先について投信法上の制限は特段ないが、税務上の導管性を満たし、優遇措置を受けるためには、導管性要件の事業年度要件において、「機関投資家以外の者から借入れを行っていないこと」が要件とされる（税特措67条の15第1項2号ト、税特措令39条の32の3第8項）。なお、租税特別措置法上の「機関投資家」（税特措67条の15第1項1号ロ(2)）の範囲と、金商法上の「適格機関投資家」（金商法2条3項1号）の範囲は異なるので留意が必要である。

[5]　借入れについては、投信法上、役員会の承認事項とはされておらず、借入れの判断を運用会社に一任することができるし、投資法人の役員会での個々の借入れに関する決議は不要との見解もある（田邊昇ほか『実務・不動産証券化』（商事法務・2003）151頁）。

[6]　金商法上、投資運用業者は、その行う投資運用業に関して、顧客に対し金銭もしくは有価証券を貸し付け、または顧客への第三者による金銭もしくは有価証券の貸付けにつき媒介、取次ぎもしくは代理をしてはならないとされているが（金商法42条の6本文）、資産運用会社が資産の運用を行う投資法人への金銭または有価証券の貸付けの媒介または代理を行う場合は適用除外とされている（金商法42条の6ただし書、金商法施行令16条の13第5号、金商業等府令133条）。また、投資運用業者は、資金調達の助言、貸金業法2条1項に規定する貸金業その他金銭の貸付けまたは金銭の貸借の媒介に係る業務を行うこととなったときは、遅滞なく、その旨を内閣総理大臣に届け出なければならないとされているが（金商法35条3項・2項3号・2項7号、金商業等府令68条21号・23号）、金銭の貸借の媒介については本業に該当するものとして不要と考えられる。

上場不動産投資信託証券の発行者である投資法人が、資金の借入れを行うことについての決定をした場合（当該決定に係る事項を行わないことを決定した場合を含む）は、直ちにその内容を開示しなければならない（上場規程1213条2項(1) a(c)）。

## III　融資契約の内容

　まず、実際に融資を受けるのは投資法人であるが、当該投資法人の不動産等を実際に運用するのは、資産運用会社であり、当該資産運用会社はスポンサーの関連会社であることが多いことから、投資法人に関する事項のみならず、資産運用会社に関する事項も実行前提条件、表明保証事項、誓約事項として融資契約に規定される場合がある。たとえば、投資法人について投信法187条に基づく登録を受けたことのほか、資産運用会社が投信法199条の要件を充足していることや過去に行政処分を受けたことがないことや上場投資法人については金融商品取引所への上場が維持されており、上場廃止基準に抵触しないことなどが実行前提条件や表明保証事項として求められる。さらに、投資法人に投信法216条に規定する登録取消事由が発生したような場合、投資法人が投信法214条に規定する業務改善命令を受けた場合、あるいは上場廃止基準に抵触したような場合には、かかる事態に誠実に対応することが投資法人の義務として明記される例も多い。

　また、貸付人としては、実行前提条件や誓約事項の規定を通じて、投資法人から投資法人の規約などの投資法人に関する書類および保有不動産等に係る登記事項証明書、エンジニアリングレポート、不動産鑑定評価書などのほか、資産運用会社の定款、コンプライアンス規程や運用委員会規程などの資産運用会社に関する書類の提出を受けることになる。

　さらに、融資契約において、投資法人の財務状況が借入れに係る債務の返済にとって問題がないことを確認するために、種々の財務に関する条項が規定されることが多い。

　たとえば、LTV値が一定の基準を上回った場合の担保提供義務、配当制限、期限の利益喪失事由などが規定されることがある。当該LTV値は、「貸付実行日の直近の決算期における投資法人の貸借対照表上の総負債÷総資産」など

の算式により算出される（当該算式により算出されたLTV値は「投資法人LTV値」などと呼ばれる）。また、ある一定の不動産等の価値を重視として貸付けが行われる場合には、当該ローンの元本額と当該ローンの引当ての対象となる不動産の価格の比率が重要になることから、「不動産等を引当てとするローンの元本額÷引当ての対象となる不動産等の鑑定評価額」のような算式によってもLTV値が算出され（当該算式により算出されたLTV値は「不動産LTV値」などと呼ばれる）、当該不動産LTV値も一定基準を下回っていることが要求される場合がある。

上記LTV値に加え、DSCR値（Debt Service Coverage Ratio：元利金支払能力を示す指標の1つで、「一般的に元利金支払前のキャッシュフロー÷元利金支払予定額」といった算式で算出される数値）が一定の基準を下回った場合の担保提供義務、配当制限、期限の利益喪失事由などが規定されることがある。当該DSCR値は、「貸付実行日の直近の決算期における投資法人の元利金返済前キャッシュフロー（当該キャッシュフローは、通常、当該決算期における損益計算書上の経常利益に支払利息、減価償却費等を加えることによって算出される）÷当該決算期に係る営業期間中の投資法人の有利子負債に係る元利金返済額」などの算式によって算出される。

そして、投資法人は定期的にDSCR値とLTV値の報告が求められ、貸付人としてはその報告を通じて、当該DSCR値もしくはLTV値に係る配当制限事由や期限の利益喪失事由などに該当していないかどうか確認することになる。

かかるLTV値およびDSCR値以外にも、投資法人の財務状況を確認するため、実行前提条件や誓約事項の規定を通じて直近の決算期に係る投信法129条2項に定める計算書類等の提出が求められる。

---

7) 前述したLTVの引上げを防止するために劣後投資法人債を発行する場合には、当該負債から劣後投資法人債は除外するように貸付人と交渉することになろう。

# COLUMN　J-REITの資金調達とIRについて

株式会社東京リアルティ・インベストメント・マネジメント
取締役 財務部長　埜村 佳永

## 1．はじめに

　2001年9月に日本で初の投資法人が上場して以来、J-REITは今年（2019年）で創設18年目を迎える。その間リーマンショックに伴う信用収縮時に一部投資法人の破たん・合併等もあったが、以降も順調に市場規模が拡大し、2018年12月末現在、上場投資法人は61法人となり、資産規模は上場REIT（J-REIT）のみで約18兆円、私募を含めると21兆円程度まで成長している。また、将来的にも政府が不動産投資市場の成長目標として、私募REIT等を含めたREIT等の資産総額を2020年頃までに30兆円を目指すことを掲げており、一層の成長が期待されている。

　そういったなかで本項では主にJ-REITの資金調達とIRについて、実務に携わる立場からコメントしたい。

## 2．エクイティ調達

　コーポレートアクションが限られているJ-REITにとって、公募増資によるエクイティ調達は単なる資金調達手段といった面のみではなく、将来に向けての成長ドライバーとなり得る重要なアクションであり、公募増資の成否が、その後の投資家の評価に大きな影響を与える可能性がある。

　それでは評価が高い増資と評価の低い増資との違いはどこにあるのであろうか？　増資により希薄化は生じるものの、増資の前後を通じての分配金・NAVの水準について、一般的に希薄化の影響が小さければ投資家に評価されるし、希薄化の影響が大きければ評価が下がる。

　そこで希薄化の影響を小さくするための具体的な方策について考えてみたい。

　まず1点目が増資のタイミングである。J-REITの場合、純利益が分配金総額と基本的にはほぼ一致するため、増資を単独で実施すると希薄化により一口当たりの分配金（DPU）の低下が生じる。これを避けるため、増資のタイミングでの新規物件の取得等による収益の向上が求められる。また増資の時期も、期中収益の最大化と既存投資主への希薄化への影響を考慮して、一般的には期初に行われ

ることが多い。

　次にあげられるのが、発行価格（価額）とNAVとの関係である。一口当たりNAVを上回る価格での増資をプレミアム増資といい、逆に一口当たりNAVを下回る価格での増資をディスカウント増資という。

　プレミアム増資は一口当たりNAVが増加し、DPUについても、希薄化による影響を小さくすることが可能となる。ただし著しく低い利回りの物件を取得する場合や増資による調達資金と比較して物件の取得額が小さい場合、すなわちLTVが大幅に低下する場合は、DPUの減少等希薄化の影響が大きくなる可能性があるので留意が必要である。一方でディスカウント増資は、一口当たりNAVが低下し、希薄化による影響がより大きくなる。ただし既存ポートフォリオの利回りを上回る高い利回りの物件を取得することにより、ディスカウント増資のマイナス効果を低減させることが可能となるが、取得資産の既存の資産に対する割合が小さい場合は相殺効果が限定される。

　このため、運用会社としては極力プレミアム増資を志向したいところだが、発行価格（価額）は条件決定日のマーケットに晒されるためコントロールできない部分もあり、また将来の成長や安定的な運用のために、あえてディスカウント増資に踏み切るといった判断をする可能性もある。そのため新規取得物件の収益や内部成長等によるDPUの向上や、今後の成長余力・安定性の確保とDPUとのバランスを意識した適切なLTVコントロール等の工夫をするとともに、投資家から持続的成長につながる公募増資であると評価されるようなエクイティ戦略の立案と説明が重要になってくる。

　また、2017年6月から8月にかけてインベスコ・オフィス・ジェイリート投資法人がJ-REITとして初めて自己投資口の取得と消却を行った。投資口価格が一口当たりNAVを下回っている状況にあって、投資主価値の向上にも繋がる資金のより有効な活用手段として選択したようだ。以降、複数の投資法人が同様のアクションを行っている。内部留保の蓄積手段が限られるJ-REITではあるが、手元資金を物件の取得や借入金の返済、また自己投資口の取得等どのように活用するのかといった施策は、その時点のみではなく将来の不動産マーケット・金融環境・投資口価格の水準等を踏まえて判断すべき重要な事項であり、各運用会社の運用力や運用方針の訴求が強く求められる。

## 3．デット・ファイナンスの現状と課題

　続いてデットの調達について考えてみたい。2018年12月末時点でのJ-REIT全体の負債総額は約8兆円。2018年12月時点で簿価ベースでのLTVは平均で44

％、鑑定評価ベースでは38％と比較的低位の水準にあり、財務の健全性は総じて高い。

しかしながらその内訳を見てみると、J-REIT固有の事情も垣間見える。特徴の1つが間接金融の比率が高い点である。2018年12月末時点でのJ-REITの投資法人債による調達の割合は有利子負債全体の約8％であり、上場不動産会社の約17％（社債での調達比率）に対して、相対的に低くなっている。なお投資法人債の比率は2007年のピーク時には27％あったものが、2008年のリーマンショック以降低下していったものである。

主要因として、投資法人債と事業会社の社債における、BIS規制での標準的手法によるリスクウエイトの差（事業会社の社債は、リスクウエイトが発行体の格付けに応じて設定されており、たとえばAA以上の場合はウエイトが20％になる。一方で投資法人債については格付けにかかわらずウエイトが一律100％となっている）により、投資家が限定されることが考えられる。そのため、多額の発行をしようとすると投資家を広く募る必要があり、より高い利率が求められることから、現状の金融環境下においては、特に高格付けを取得している投資法人にとって、借入金とのコスト比較やリファイナンスリスクを懸念し、発行額を抑える傾向がある。またこの結果、発行額が増えないためセカンダリーマーケットの流動性が低いことも、投資家層拡大の阻害要因となっている。

もう1つの特徴が、大半を占める金融機関からの借入れについても、借入先が一部の大手金融機関に集中していることである。メガバンク・信託銀行・日本政策投資銀行をはじめとする主要行からの借入れが全体の70％超を占めているのに対して、地方銀行からの借入れは、8.5％にすぎない。その主要因として、前述したBIS規制によるリスクウエイトや、スポンサー企業のメインバンク等主要取引先が上記主要行に集中していること等が考えられるが、J-REITのビジネスモデルについて多くの地域金融機関に理解が十分浸透していないことも一因ではないかと考えられる。通常借入金は、事業活動による利益や資産の売却等による内部留保により返済される。しかしながらJ-REITでは利益のほとんどすべてを投資家に分配するため、内部留保は限られている。また基本的にはゴーイングコンサーンのビジネスモデルのため、一度取得した資産の売却の可能性は低い。そのため、借入金の返済原資が明確ではなく、返済は通常リファイナンスが前提となり、また期中の元本返済も限られることから、融資に対して消極的となる金融機関が多いようである。一方でJ-REITのビジネスモデルは不動産から得られる収益を源泉としており、LTVも総じて低く、また開示も積極的であることから、融資先としての信用度・事業の安定性は極めて高い。そういったJ-REIT

の安定性について丁寧に説明し理解を求めていくことが必要であろう。

　そういったなかで、冒頭に触れたようにREIT等の資産総額30兆円の達成に向けて、その重要な資金供給源であるデット調達の多様化に向けての動きも一部に見られるようになってきている。1つは金融機関側の動きである。2017年以降三菱東京UFJ銀行（当時、現在の三菱UFJ銀行）がREIT向け融資を「シンセティックCDO（債務担保証券）」というかたちで証券化し、地域金融機関や機関投資家に融資債権を売却している。間接的ではあるもののREITの資金調達先の広がりを企図しているようである。

　また昨今ESG投資に関心が高まっているなか、2018年5月の日本リテールファンド投資法人の発行を皮切りに、複数の投資法人がグリーンボンドやグリーンローンの発行等を行っている。通常の投資法人債や借入金と比較して明確なコスト面でのメリットは今のところ見られないが、少なくとも投資家層の広がりによる発行額の増加といったメリットがあるとともに、ESGへの積極的な取組姿勢を投資家にアピールできるといった効果も期待される。また個人投資家向けの投資法人債なども、これまで発行されている。J-REITの資産規模拡大に向けて、調達先の多様化に加えて、資金調達手法の多様化が極めて重要であると考えている。

## 4．J-REITの投資家構成とIRについて

　2018年8月末時点におけるJ-REITの投資家の割合（金額ベース）を見てみると、投資信託が34.7％と最も多く、続いて海外投資家が24.6％となっており、上場事業会社と比較すると投資信託の保有比率が多い。また地域金融機関の保有比率が一定水準あることもJ-REITの特徴である。あおぞら銀行による地域金融機関に対するアンケート調査（2018年9月）では、回答をした214社のうち83％がJ-REITに投資をしており、投資残高についても43％が増やす方針との回答があった。昨今の低金利下において、投資信託を保有している個人投資家や地域金融機関にとってJ-REITは有力な資金の運用先となっていることが伺える。

　上記はJ-REIT全体の投資家構成だが、個別銘柄別に見てみると、多少投資法人によって差異が生じている。一般的には時価総額が大きい投資法人やグローバルのインデックスに採用されている投資法人は金融機関や外国人の保有比率が高く、時価総額が小さい投資法人は個人投資家の比率が高い傾向がある。

　個々の投資法人によって投資家層が異なるため、投資家構成に応じたIRが必要になってくる。

　個人投資家の投資比率については全体で約9％とさほど高くないが、ETFや

投資信託を通じて投資するケースも多いため、一般社団法人不動産証券化協会においても個人投資家の拡大に向けて J-REIT フェアや J-REIT 普及全国キャラバンを開催しており、個々の投資法人による説明会に加え、そういった機会を通じて個人投資家へのアクセスを行っている運用会社も多い。筆者も痛感しているが、未だ J-REIT の認知度・理解度は一般的には低い。今後益々高齢化が進む日本にあって、個人の資産形成において相対的に利回りが高い J-REIT は魅力的な商品である。協会を含めて各運用会社による積極的な J-REIT の認知度向上に向けての動きを期待したい。

またフェアディスクロージャールールの導入により、ホームページでの開示をはじめ、様々な投資家に情報を遍く開示することが重要になっている。さらに欧州での投資家に対する規制の強化やグローバルでのパッシブ化の動きもあり、今後は IR の手法の変化の可能性も想定される。

そういった動きを見極めながらも、投資家と適切にコミュニケーションを図っていくことが運用会社にこれまで以上に求められてくる。

# 第 4 章　不動産投資法人の再編および多様化

# 第1節　不動産投資法人の再編の概要

　2007年以降、いわゆるサブプライムローン問題の発生を契機とする世界的な金融市場の混乱の影響を受け、国内不動産市況が低迷し、上場投資法人の投資口価格も市場全体として下落し、上場投資法人の中には、公募増資やリファイナンスによる資金調達が困難な状況に陥る投資法人も見られた[1][2]。そのような状況下では、新たなスポンサーによる経営参加等を通じて、投資法人の信用力の回復を図る[3]ことで、資金調達やリファイナンスを実施することが有効な選択肢の1つと考えられ、現にいくつかの投資法人の買収・再編事例がみられた。

　また、金融市場の回復後においては、外部成長[4]の一環として投資法人間での合併等により運用資産の規模の拡大を図り資産効率を高める必要性が考えられよう。さらに、新たにREIT市場への参入を予定する業者にとっては、投資法人を設立し上場させるより、既存の投資法人を取得するほうが、時間的、金銭的コストを低く抑えられるというニーズもありうる。

　もっとも、投資法人の買収・再編については、株式会社と比較して以下のような特徴に留意する必要がある。

　①投資法人は、資産運用会社にその資産の運用に係る業務を委託しなければならない（投信法198条1項）ことから、投資法人の資産運用は資産運用会社が実質的に支配しているといえる。そのため、投資法人の買収の際には、資産運

---

[1]　このような状況を踏まえ、国土交通省は、2008年12月付で「住宅・不動産市場活性化のための緊急対策」を公表し、Ｊリートを含む健全な事業を営む住宅・不動産事業者に対し、日本政策金融公庫の危機対応円滑化業務を活用した資金繰り支援等を実施した。

[2]　2009年9月には、不動産市場安定化ファンドが創設され、当該ファンドによる投資法人に対する融資実施例が見られた。

[3]　投資法人の借入れに際して、契約上、スポンサーが投資法人の投資口を一定割合以上保有しなくなったことを失期事由とする例が見うけられることからも、金融機関において、スポンサーの信用力が投資法人自体の信用力を判断する上での重要な要素の1つとして考えられているといえよう。

[4]　一般的に、外部成長とは、新たな資産の取得による収益の拡大と運用効率の改善により利益の拡大を図ることをいい、これに対し、内部成長とは、賃料単価や稼働率の上昇による収益の拡大と建物管理費等のコスト削減により保有物件の収益力の向上を図ることをいう。

用会社の支配権を取得することが、実質的に投資法人の資産運用を掌握するために重要な要素と考えられる。

　②また、投資法人には、投資法人段階での課税と投資家段階での課税のいわゆる二重課税を回避するため、利益配当の損金算入が認められていることから（租特措67条の15）、たとえば、投資口の取得等による投資法人の買収に際しては、当該利益配当損金算入要件（導管性要件）を欠くことにならないよう留意することも重要な要素となる。

　③会社法上、株式会社に認められる会社分割、株式交換、株式移転の制度は投信法には規定がなく、また、株式会社に認められる新株予約権の第三者割当や種類株式に相当する制度は投信法上認められていないため[5]、一般的に、投資法人の買収は、株式会社の場合に比べて選択肢が限定されていると評価しうる。

　④このほか、上場不動産投資法人の場合には、金融商品取引所の上場廃止基準に該当しないよう留意する必要性も挙げられよう。

　以上の投資法人の特徴を踏まえつつ、以下では、投資法人の買収・再編の手法として主に想定される、資産運用会社の支配権取得、投資口の取得および合併を中心に論ずる。

## 第2節　資産運用会社の株式取得および資産運用会社の変更

### I　概　　要

　投資法人は資産運用会社に資産運用業務を委託しなければならず（投信法198条1項）、投資法人の資産運用は資産運用会社が実質的に支配していることから、投資法人の運営を支配しようとする者（以下、場合に応じて「買収者」という）が、新たなスポンサーへの就任を企図する場合、投資法人の買収方法として資産運用会社の支配権を取得する方法が考えられる。

　資産運用会社の支配権を取得する方法としては、対象となる投資法人および

---

5）　2014年施行の投信法の改正により新投資口予約権が創設されたものの、新投資口予約権無償割当てによる発行に限定されており、新投資口予約権の募集による発行は認められていない（投信法88条の4第1項）。

既存のスポンサーの賛同の有無に応じて、資産運用会社の株式を取得する方法、投資法人の資産の運用に係る業務の委託先である資産運用会社を買収者側の支配下にある新たな資産運用会社に変更する方法等がありえよう。

なお、買収者側が、投資法人の買収方法として資産運用会社の支配権の取得を予定する場合、資産運用会社の支配権取得と併せて、投資法人への関与の強化や投資法人の財務体質の改善等といった目的から、投資法人の投資口を第三者割当により取得する場合がある。また、敵対的な買収の場合には、投資法人の投資主総会での議決権行使を視野に入れ、一定数の投資口を取得する必要性も考えられよう。なお、投資口の取得については、本章第3節を参照。

## II 手法・手続

### (1) 資産運用会社の株式取得

買収者が、既存のスポンサーの賛同を得て友好的に資産運用会社の支配権を取得する場合には、投資法人の資産運用会社の株式を、現在の株主から譲渡により取得する方法が一般的である[1]。資産運用会社は全株式譲渡制限会社であることが通常であり[2]、株式譲渡には原則として取締役会による承認が必要となる（会社法139条1項）。

これに併せて、投資法人の役員を買収者の支配下にある者に変更する場合には、現在の執行役員の協力が得られることから、現在の執行役員が役員会の承認を得て投資主総会を招集し（投信法90条1項、109条2項1号）、投資主総会を開催した上で、役員の辞任および新役員の選任決議を行う（同法96条）ことになろう[3]。

---

[1] 投資法人のスポンサーは、一般的には、資産運用会社の発行済株式総数の過半数を保有していることが多い。

[2] 資産運用会社は、金融商品取引業者（投資運用業者に限る）として、株式会社（取締役会および監査役または委員会を置くものに限る）でなければならない（投信法199条、2条11項、金商法29条の4第1項5号イ）。

[3] 投資法人の投資主総会にはみなし賛成制度が認められており（投信法93条1項）、規約に定めることにより、投資主が投資主総会に出席せず、かつ、議決権を行使しないときは、原則として、当該投資主はその投資主総会に提出された議案について賛成するものとみなすことができる（ただし、相反する趣旨の議案があるときは除く）ため、執行役員が提出した議案については、実務上承認決議が得られる場合が多いであろう。

## (2) 資産運用会社の変更

　多数の投資法人においては、スポンサーが資産運用会社の発行済株式総数の過半数を保有しており、かつ、資産運用会社は全株式譲渡制限会社であることが一般的であることから、株主である既存のスポンサーの意向に反して敵対的に資産運用会社の株式を取得することは困難である。そのため、敵対的に投資法人の資産運用会社の支配権を取得する方法としては、一定数の投資口を取得した上で、資産運用会社を変更し、投資法人の役員も変更する方法が考えられる。

　もっとも、投資法人が資産運用会社を変更するためには、既存の資産運用会社との間の資産運用委託契約の解約および新たな資産運用会社との間の資産運用委託契約の締結について、投資主総会の承認を得なければならない（投信法198条2項、206条1項）。また、買収者が、投資法人の既存の役員を解任し、自己の支配下にある新役員を選任するには、投資主総会の承認を得なければならない（同法104条、106条、96条1項）[4]。

　したがって、買収者が、敵対的にこれらの手続を実施しようとする場合には、現在の執行役員の協力が得られないことが通常であるため、承認決議成立のために一定数以上の投資口を取得する必要がある。さらに、たとえば、買収者が、定時投資主総会の時期[5]に合わせて投資主総会の承認を得ようとする場合には、自ら、執行役員に対し、従前の資産運用委託契約の解約および新たな資産運用委託契約の締結、ならびに既存の役員を解任し新役員を選任することの承認に関する議題および議案を提案する（投信法94条1項、会社法303条2項、会社法304条）[6]等の手続を検討する必要もあろう。

---

[4]　なお、投資法人は、資産運用会社および執行役員または監督役員を変更した場合には、その日から2週間以内にその旨を管轄財務局長等に届け出なければならない（投信法191条1項、188条1項3号等、225条1項・5項、投信法施行令135条3項）。

[5]　投資法人においては、計算書類、資産運用報告および金銭の分配に係る計算書等の承認は役員会による承認とされているため（投信法131条2項）、事業年度ごとに投資主総会を開催することを要せず、それゆえ投資法人における定時投資主総会は、執行役員の任期（最長2年。投信法99条）に合わせて、2年に1度開催されることが多いようである。

[6]　発行済投資口の100分の1以上の口数の投資口を6ヵ月前から引き続き有する投資主は、投資主総会の日の8週間前までに、執行役員に対し、一定の事項を投資主総会の目的とすることを請求することができ（投信法94条1項、会社法303条2項、投信法施行令80条）、投資主総会の目的である事項につき議案を提出することができる（投信法94条1項、会社法304条）。

しかしながら、この方法は、一定数以上の投資口の取得を要することから、上記手続に加え、公開買付規制、導管制要件等に配慮する必要があるなど、実現には手続上の困難が伴うため、実務上ほとんど活用されていないものと思われる。

### (3) その他

買収者が、資産運用会社の支配権を取得し、新たなスポンサーとして投資法人の運営に関与する場合、新スポンサーとしての当該買収者、資産運用会社および投資法人の間で、新スポンサーからの物件情報の優先的提供を目的とした、いわゆるパイプラインサポート契約を新たに締結することが多いようである。また、買収者が資産運用会社の株式取得および投資法人の投資口の取得を行う場合、併せて投資法人が買収者から新規に物件取得する例も少なからず見受けられる。この場合には、買収者は資産運用会社の利害関係人に該当する場合が多いであろうから、通常、資産運用会社の社内規程（たとえば、利害関係人等取引規程等）上、一定の手続を充足した上で買収者からの物件取得をしなければならない場合も多いであろう。

## III 金商法上の留意点

### (1) 対象議決権保有届出

金商法上は、資産運用会社が金融商品取引業者であることから（投信法199条）、買収者が、資産運用会社の株式取得に伴い資産運用会社の主要株主（会社の総株主等の議決権の100分の20（ただし、会社の財務および業務の方針の決定に対して重要な影響を与えることが推測される事実として内閣府令で定める事実がある場合には、100分の15）を保有している者（金商法29条の4第2項））となった場合には、当該主要株主となった者が、金商業等府令別紙様式8号により作成した対象議決権保有届出書を、遅滞なく、管轄財務局長等に提出しなければならない[7]

---

[7] 対象議決権保有届出書の提出先は、提出者が居住者である場合には、その本店等の所在地（個人である場合にあっては、その住所または居所）を管轄する財務局長（当該所在地が福岡財務支局の管轄区域内にある場合にあっては、福岡財務支局長）、非居住者の場合には、関東財務局長である（金商業等府令36条）。

（金商法32条１項、金商業等府令36条）。買収者が、資産運用会社を子会社とする持株会社の株式取得に伴い、当該持株会社の主要株主になった場合も同様である（金商法32条の４）。他方、資産運用会社の主要株主であった者が、当該資産運用会社の主要株主でなくなった場合にも、遅滞なくその旨の届出が必要となる（同法32条の３）。

### (2) 議決権の過半数の一団体による保有による届出等

買収者が資産運用会社の株式を取得した結果、資産運用会社の総株主等の議決権の過半数が他の一の法人その他の団体によって保有されることとなった場合には、資産運用会社は、遅滞なく、その旨の届出書を、所管金融庁長官等に提出しなければならない（金商法50条１項６号、65条の４、金商業等府令201条６号、１条４項４号）。また、買収者が資産運用会社の親法人等に該当した場合にも、同様にその旨の届出が必要となる（金商法50条１項８号、金商業等府令199条３号、金商法65条の４、金商業等府令201条10号）。

### (3) 臨時報告書

買収者が、新たなスポンサーとして資産運用会社の議決権の過半数を取得するなど、買収者が「特定関係法人[8]」となった場合には、当該投資法人につき「主要な関係法人[9]の異動があった場合」として、当該投資法人は、遅滞なく、臨時報告書を提出しなければならない（金商法24条の５第４項、特定有価証券開示府令29条２項２号）。

### (4) その他

買収者が、既存の資産運用会社との間の資産運用委託契約を解約し、自己の支配下にある資産運用会社との間で新たな資産運用委託契約の締結を企図する

---

[8] 「特定関係法人」とは、2014年施行の金商法改正により新たに設けられた概念であり、①投資法人の資産運用会社の親会社（財務諸表等規則８条３項に規定する親会社をいう）または②資産運用会社の利害関係人等のうち、金商法施行令29条の３第３項各号のいずれかの取引（一定の基準に該当するものに限る）を行った法人をいう（特定有価証券開示府令12条３項）。

[9] なお「関係法人」とは、「ファンドの資金を運用する法人又はファンド、信託財産、管理資産、特定信託財産若しくは組合等財産に関し業務上密接な関係を有する法人」をいい、上場不動産投資法人にあっては、「特定関係法人」を含む（特定有価証券開示府令12条１項１号ハ）。

場合で、当該資産運用会社がすでに別の投資法人の資産の運用に係る業務の委託を受けている場合には、独立した運用のための態勢整備が求められる場合もあろう（金融商品取引業者等向けの総合的な監督指針Ⅵ-2-6-3(3)「同一の不動産関連ファンド運用業者が複数ファンドからの不動産関連資産の運用受託を行っている場合の留意事項」）[10]。

## Ⅳ　東証上場規程上の留意点

　上場不動産投資法人について、東証の上場規程との関係では、買収者が資産運用会社の議決権の過半数を取得する等により、資産運用会社の特定関係法人または主要株主[11]の異動が生じた場合には、適時開示が必要となる（上場規程1213条2項1号d(d)・(e)）。

　また、買収者が、上場不動産投資法人の資産運用会社を変更する場合には、新たな資産運用会社が「不動産投資信託証券上場契約書」、「取引所規則の遵守に関する確認書」その他東証が要請する書類を提出する等の必要がある（上場規程1218条1項1号b、1214条等）。

---

10)　「不動産関連ファンド運用業者が複数のファンドからの運用を受託している場合には、物件情報を入手した時点で、運用する各ファンドで取得が競合することのないような措置を講じているか、各ファンドごとに独立した意思決定が行えるための態勢が整備されているかといった点に留意するものとする」。

11)　金商法163条1項に規定する主要株主（自己または他人（仮設人を含む）の名義をもって総株主等の議決権の100分の10以上の議決権（取得または保有の態様その他の事情を勘案して内閣府令で定めるものを除く）を保有している株主）をいう。

# 第 3 節　不動産投資法人の投資口の取得

## I　目　　的

　投資法人の資産運用は、資産の運用に係る業務の委託を受けた資産運用会社によって行われていることに鑑みると、資産運用会社の支配権を取得し、さらに投資法人の役員の協力が得られる場合には[1]、事実上、投資法人の運営を掌握することが可能となる場合が多いであろう[2]。

　他方で、合併を予定する場合や既存のスポンサーおよび投資法人の役員の協力が得られないような敵対的買収の場合等には、投資法人の発行する投資口の取得も行う必要性があると考えられる。

　すなわち、合併、規約の変更等の投資法人の運営上の重要事項の決定については、規約に別段の定めがある場合を除き、投資主総会の特別決議（発行済投資口の過半数の投資口を有する投資主が出席し、出席した当該投資主の議決権の3分の2（これを上回る割合を規約で定めた場合にあっては、その割合）以上にあたる多数による決議）が必要となる（投信法93条の2第2項）ため、これらに関する意思決定を支配しようとする場合には、一定数の投資口を取得し、投資主総会の決議に必要となる議決権を確保する必要がある。また、敵対的買収の場合において、対象となる投資法人（以下、便宜上「対象投資法人」という）の役員の選解任、資産運用会社の交代（資産運用委託契約の締結または解約）を企図する場合には、規約に別段の定めがある場合を除き、投資主総会の決議（発行済投資口の過半数の投資口を有する投資主が出席し、出席した当該投資主の議決権の過半数による決議）が必要となる（同法93条の2第1項、96条1項、104条、198条、206条）ため、一定数以上の投資口を取得することが必要となろう。

---

1) 投資法人が、募集投資口の募集事項の決定、投資主総会の招集、合併契約の締結、資産運用委託契約の締結または契約内容の変更等を行うためには、役員会の承認または決議を得る必要がある（投信法82条1項、109条2項、139条の3第2項等）。
2) 投資法人の投資主総会にはみなし賛成制度（投信法93条1項）が認められていることから、執行役員の協力が得られる場合には、執行役員によって提出された議案が投資主総会において成立する可能性が高い。

以上の点から、投資法人の運営を支配する等その目的に応じて、一定数以上の投資法人の投資口を取得することの検討が必要となる。

　そこで、以下では、投資口を取得する方法として、既存の投資主から投資口の譲渡を受けて取得する方法、新規投資口の第三者割当を受けて投資口を取得する方法について検討を加える。

## II　既存の投資主から既発行投資口を取得する方法

### 1　投資口の譲渡

　投信法上、投資主は、その有する投資口を譲渡することができ（投信法78条1項）、投資法人は、投資口の譲渡について、役員会の承認を必要とすることその他の制限を設けることができない（同法78条2項）。投資口の譲渡は、当該投資口に係る投資証券を交付しなければ、その効力を生じないとされている（同法78条3項）ことから、投資口を譲渡するには、原則として投資証券を交付して譲渡することになる。

　もっとも、上場投資法人の投資口の譲渡については、振替の申請をし、その口座において振替投資口についての増加の記載または記録を受ける必要がある。[3]

### 2　金商法上の留意点

　買収者が、投資法人を支配する目的で金融商品取引市場または市場外で一定数以上の当該投資法人の発行する投資口を取得する場合には、金商法上、以下の制度の適用に留意する必要がある。

(1)　大量保有報告制度
　a)　手　　続
　買収者が、上場投資法人の発行する投資証券を、その株券等保有割合が5％[4]

---

3)　振替投資口の場合、その譲渡は、振替の申請により譲受人がその口座における保有欄に当該譲渡に係る口数の増加の記載または記録を受けなければその効力を生じない（振替法228条、140条）。

4)　大量保有報告の対象となる有価証券は、金融商品取引所に上場または認可金融商品取引業協会

を超えて保有することになった場合には、原則として５％を超えて保有することとなった日から５営業日以内に、大量保有報告書を、管轄財務局長等に提出する必要がある（金商法27条の23第１項）。また、大量保有報告書の提出後、株券等保有割合に１％以上の変動があった場合には、原則として、変更報告書を提出する必要がある（金商法27条の25第１項）。

なお、大量保有報告制度の意義については第３章第５節Ⅶも参照。

上記により大量保有報告書を提出する義務のある者は、大量保有報告書について大量保有府令１号様式により大量保有報告書を作成し、提出することになる（大量保有府令２条１項）。また、変更報告書についても同様に大量保有府令１号様式により作成し提出する必要がある（同令８条１項）。なお、この提出については、2007年４月より、ＥＤＩＮＥＴによる提出が義務付けられている（金商法27条の30の２、27条の30の３）。ＥＤＩＮＥＴによる提出を行う場合には、あらかじめ管轄財務局長等に対し電子開示府令１号様式による電子開示システム届出書を提出しなければならず（金商法施行令14条の10第２項、電子開示府令２条１項、１号様式）、これには一定の期間を要することになるので、留意が必要であろう。

また、提出義務者は、大量保有報告書もしくは変更報告書またはこれらの訂正報告書を提出したときは、遅滞なく、これらの書類の写しを当該株券等の発行者および金融商品取引所または認可金融商品取引業協会に送付しなければならない（金商法27条の27、金商法施行令14の９）。ただし、当該大量保有報告書等がＥＤＩＮＥＴを通じて提出された場合には、金融商品取引所または認可金融商品取引業協会への送付については、大量保有報告書等の写しに代えた通知がなさ

---

に店頭登録されている「株券関連有価証券」の発行者である法人が発行する「対象有価証券」（対象有価証券に係る権利を表示する有価証券を含む。以下本文中において「株券等」という）をいい（金商法27条の23第１項・２項、金商法施行令14条の４、14条の４の２、14条の５の２）、上場投資法人の発行する投資証券および新投資口予約権証券は、これに含まれる（金商法27条の23第１項・２項、金商法施行令14条の４第１項３号、14条の５の２第４号・５号）。なお、券面が発行されない上場投資法人の投資口（振替投資口）についても、有価証券に表示される権利（有価証券表示権利）として、投資証券とみなされる（金商法２条２項前段）ことから、以下、本節において単に投資証券と表現する。

5) 提出先は、提出者が居住者である場合には、当該居住者の本店または主たる事務所の所在地（当該居住者が個人の場合にはその住所または居所）を管轄する財務（支）局長または沖縄総合事務局長、非居住者の場合には関東財務局長である（金商法27条の23第１項、大量保有府令19条１項）。

れたものとみなされ、当該株券等の発行者への送付も不要となる（金商法27条の30の6第1項・2項・3項）。

### b) 記載内容

大量保有報告書の記載事項としては、①発行者に関する事項、②提出者に関する事項として、提出者の概要、保有目的、重要提案行為等、提出者の保有株券等の内訳、最近60日間の取得または処分の状況、当該株券等に関する担保契約等重要な契約、保有株券等の取得資金等、③共同保有者に関する事項、④提出者および共同保有者に関する総括表を記載しなければならない。

このうち、「保有目的」の記載については、「純投資」、「政策投資」、「重要提案行為等を行うこと」等の目的およびその内容について、できる限り具体的に記載し、複数ある場合にはそのすべてを記載することが必要である（大量保有府令1号様式記載上の注意(10)）。

この点、実務上は、買収者が、投資法人の支配権取得目的で資産運用会社株式の取得と併せて投資口を取得する場合、単に「純投資」、「経営参加」、「協力関係の構築」との記載例のほか、「成長戦略支援の為の投資」、「政策投資、不動産事業に係る協力関係の構築」、「資産運用会社の親会社として、投資法人との間の協力関係の強化のため」、「投資法人の委託を受けてその資産の運用に係る業務を行う資産運用会社の親会社として、投資法人の成長戦略支援のための投資」、「スポンサーとして、発行者である投資法人の財務基盤の再構築による安定性向上及び財務体質の強化を図るとともに、投資法人の今後の運営に深く関与していくことを市場関係者に示すため」、といった具体的な記載をする例が見られる。

## (2) 公開買付制度

### a) 総　論

公開買付けとは、不特定かつ多数の者に対し、公告により株券等の買付け等の申込みまたは売付け等の申込みの勧誘を行い、取引所金融商品市場外で株券等の買付け等を行うことをいう（金商法27条の2第6項、27条の22の2第2項）。

このような行為は主として会社の支配権取得またはその強化を狙って行われるため、金商法は、会社支配権等に影響を及ぼすような証券取引について透明性・公正性を確保する観点から、おもに取引所金融商品市場外で株券等の大量

の買付け等をしようとする場合には、買付者が買付期間、買付数量、買付価格等をあらかじめ開示し、株主に公平に売却の機会を付与することを義務付けている。公開買付け制度の趣旨は、多様かつ複合的な趣旨により構成されていると考えられるものの、主として、投資者への情報開示と株主の平等な取扱いを保証しようとする点にあると考えられる。

2004年証券取引法の改正により、投資法人の発行する投資証券もその性質が株券と同様であることから、公開買付規制の対象とされ、上場投資法人の投資口は、公開買付規制の対象となる「株券等」（金商法27条の2第1項柱書、金商法施行令6条1項、他社株買付府令2条）に含まれる。詳しくは、後述b）参照。

公開買付規制に違反した場合、課徴金による制裁または刑事罰の対象となる（金商法172条の5、197条の2第4号等）。

なお、公開買付けにより上場投資法人の投資口が取得された実例がほとんどないこと等から、以下では、公開買付けが強制される場合の記述に留め、手続の詳細は割愛する。

### b） 公開買付けの対象となる範囲

① 「株券等」

公開買付規制の対象となる有価証券は、「株券等」（金商法27条の2第1項柱書、金商法施行令6条1項、他社株買付府令2条）とされており、この中に投資法人の発行する投資口および新投資口予約権を表示する証券としての「投資証券等及び新投資口予約権証券等」（金商法施行令6条1項3号、1条の4第1号・2号柱書参照）が含まれることから、上場投資法人の投資口および新投資口予約権も公開買付規制の対象となる。発行者の支配権に与える影響の有無という観点から、投資

---

6) 池田唯一＝大来志郎＝町田行人編著『新しい公開買付制度と大量保有報告制度』（商事法務・2007）27頁。
7) 近藤＝吉原＝黒沼・金融商品取引法入門364頁。
8) 金融審議会金融分科会第一部会公開買付制度等ワーキング・グループ報告「公開買付制度等のあり方について」（2005年12月22日公表）では、公開買付制度等のあり方を考える際の基本的な視点として、①手続の透明性・公正性と投資者間の公正性の一層の確保、②証券市場における価格形成機能の十全な発揮、③企業の事業再編行為等の円滑性の確保、等の重要性が指摘されている。
9) 神崎克郎＝志谷匡史＝川口恭弘『証券取引法』（青林書院・2006）301頁。
10) 実例としては、アップルリンゴ・ホールディングス・ビー・ヴィが2008年8月29日から実施したリプラス・レジデンシャル投資法人の投資口の公開買付けがある。

法人の発行する投資証券等の取引も公開買付規制の対象とされている[11]。

当該「株券等」は、株券等について有価証券報告書を提出しなければならない発行者または特定上場有価証券（特定取引所金融商品市場（いわゆるプロ向け市場）に上場されている有価証券）の発行者の発行する株券等をいう。そのため、投資法人の投資証券または新投資口予約権証券が上場廃止となった場合であっても、当該投資法人につき有価証券届出書提出義務が消滅するか免除されない限り、公開買付規制の対象となりうる[12]。

② 「買付け等」

公開買付規制の対象となる「買付け等」とは、法令上、株券等の買付けその他の有償の譲受けおよびこれに類する一定のものをいうとされている（金商法27条の2第1項柱書、金商法施行令6条3項、他社株買付府令2条の2）。「譲受け」とは、買付けに限定されることなく、交換・代物弁済・相殺等の取引形態も該当することになる[13]。

③ 「特別関係者」

公開買付けの要否を判断するにあたり基準となる株券等所有割合は、買付者の株券等所有割合に、その「特別関係者」の株券等所有割合も加算して算定される。「特別関係者」は、形式的基準による特別関係者と実質的基準による特別関係者とに分けて規定されている（金商法27条の2第7項）。

(ｱ) 形式的基準による特別関係者とは、買付者が個人の場合と法人その他の団体（以下「法人等」という）の場合とに分けて規定され、次のいずれかに該当するものをいう[14]（金商法27条の2第7項1号、金商法施行令9条1項・2項）。

(あ) 買付者が個人の場合

- 買付者の親族（配偶者ならびに1親等内の血族および姻族）

---

11) 山下=神田・金融商品取引法概説268頁。
12) たとえば、投資法人の投資証券が上場廃止となった場合であっても、過去に有価証券届出書を提出していた場合には、金商法24条5項・1項3号により、有価証券報告書の提出義務が残る。
13) 池田=大来=町田編著・前掲注(6)50頁。
14) なお、内国法人の発行する株券等につき、公開買付けの要否の判断に際し、特別関係者の形式的基準の範囲からは、対象会社の総議決権数の1000分の1以下の議決権数の小規模所有者は除外され、原則として形式的基準による特別関係者としては扱われない（金商法27条の2第1項1号、他社株買付府令3条2項1号）。ただし、除外される議決権の数の合計が対象会社の総株主の議決権の100分の1以上となるところからは、除外は認められない。

- 買付者（買付者の親族を含む）が、法人等に対して「特別資本関係」（後述）を有する場合における当該法人等およびその役員（取締役、執行役、会計参与および監査役、理事、監事その他これらに準ずる者）。

(ﾛ) 買付者が法人等の場合
- 買付者の役員
- 買付者が他の法人等に対して「特別資本関係」を有する場合における当該他の法人等およびその役員
- 買付者に対して「特別資本関係」を有する個人および法人等ならびに当該法人等の役員

「特別資本関係」とは、その者（個人の場合はその者の親族を含む）が、法人等の総株主等の議決権の20％以上の議決権に係る株式または出資を自己または他人の名義をもって所有する関係をいう（金商法施行令9条1項2号）。

(ｲ) 実質的基準による特別関係者とは、買付者との間で、次のいずれかのことを合意しているものをいう（金商法27条の2第7項2号）。
- 共同して株券等を取得または譲渡すること
- 共同して対象者の株主としての議決権その他の権利を行使すること
- 株券等の買付け等の後に相互にその株券等を譲渡し、または譲り受けること

④ 「株券等所有割合」

上記「特別関係者」概念を前提として、金商法27条の2第1項各号、または同項ただし書への該当性判断に際して、「株券等所有割合」の計算が問題となる。

「株券等所有割合」は、基本的に、買付者および特別関係者が所有する株券

---

15) 個人（その親族を含む）とその「被支配法人等」、または法人等とその「被支配法人等」が合わせて他の法人等の総株主等の議決権の20％以上の議決権に係る株式または出資を自己または他人の名義をもって所有する場合には、当該他の法人等は特別資本関係を有する法人とみなされる（金商法施行令9条3項）。ここで「被支配法人等」とは、個人（その親族を含む）または法人等が他の法人等の総株主等の議決権の50％を超える議決権に係る株式または出資を自己または他人の名義をもって所有する当該他の法人等をいう（同施行令9条5項）。さらに、個人（その親族を含む）とその被支配法人等または法人等とその被支配法人等が合わせて他の法人等の総株主等の議決権の50％を超える議決権に係る株式または出資を所有する場合には、当該他の法人等は、当該個人または当該法人等の「被支配法人等」とみなされる（同施行令9条4項）。
16) 「所有」とは、株券等を現に所有している場合に限らず、(i)契約に基づき株券等の引渡請求

等に係る議決権の数を分子として、対象者の総議決権数に買付者および特別関係者が所有する潜在議決権数を足した数を分母として計算する（金商法27条の2第8項、金商法施行令9条の2、他社株買付府令6条）。

計算式を簡単に示すと、図表4−1のようになる。[19]

**図表4−1**

$$株券等所有割合 = \frac{買付者及び特別関係者の所有株券等に係る議決権の数（潜在株式に係る議決権の数を含む）}{総株主等の議決権の数 + 買付者及び特別関係者が所有する潜在株式に係る議決権の数}$$

この式において、
① 対象者が所有する自己株式は分母・分子ともに議決権の数に含めない。
② いわゆる相互保有により議決権のない株式は分母・分子ともに議決権の数に含める。

### c）公開買付けが強制される取得行為

発行者以外の者が行う公開買付けの対象となる買付け等は、その株券等につ[20]

---

権を有する場合、(ii)金銭の信託契約その他の契約または法律の規定に基づき、株券等の発行者の株主もしくは投資主としての議決権を行使することができる権限または当該議決権の行使について指図を行うことができる権限を有する場合、(iii)投資一任契約その他の契約または法律に基づき株券等に投資するのに必要な権限を有する場合、(iv)株券等の売買の一方の予約を行っている場合（当該売買を完結する権利を有し、かつ、当該権利の行使により買主としての地位を取得する場合に限る）、(v)株券等の売買に係るオプションの取得をしている場合（当該オプションの行使により当該行使をした者が当該売買において買主としての地位を取得するものに限る）、(vi)社債券の取得（当該社債権に係る権利として他社の株券等により償還される権利を取得するものに限る）、も所有に該当するとされている（金商法27条の2第1項1号、金商法施行令7条1項、他社株買付府令4条）。

17) 投資証券等の場合、議決権数は投資口に係る議決権の数をいい、新投資口予約権証券等の場合、新投資口予約権等の目的である投資口に係る議決権の数をいう（他社株買付府令8条3項5号、5号の2）。ただし、一定の要件を満たす新投資口予約権証券（コミットメント型ライツ・オファリングにより割り当てられた新投資口予約権証券）は議決権数の計算上零とされる（他社株買付府令8条3項5号の2ただし書）。

18) 投資法人の場合、原則として「新投資口予約権証券等」が潜在株式に該当する権利とされる（金商法施行令9条の2第6号）。

19) 金融庁総務企画局が2009年7月3日（最終追加2012年8月3日）に公表した「株券等の公開買付けに関するQ&A」問30参照。

20) 2014年施行の投信法改正により、投資法人による投資主との合意による自己投資口の取得が認められたが、上場投資法人による取引所金融商品市場外での自己投資口取得も、公開買付規制の適用対象となる（金商法27条の22の2第1項1号、金商法施行令14条の3の2）。

いて有価証券報告書を提出しなければならない発行者の株券等に関する、取引所金融商品市場外における一定の買付け等である[21]。その概要は、次のとおりである。

(ア) 取引所金融商品市場外における株券等の買付け等によって、買付け等の後に所有することになる株券等所有割合がその特別関係者と合算して5％を超える場合[22]、当該株券等の買付け等は公開買付けによらなければならない（金商法27条の2第1項1号）。ただし、①～③の場合を除く（同法27条の2第1項1号括弧書）。

① 店頭売買有価証券市場[23]において株券等の買付け等を行う場合（金商法施行令6条の2第2項1号）

② 一定の要件を満たすPTS（私設の電子取引システム）による取引（PTS取引）[24]により株券等の買付け等を行う場合（金商法施行令6条の2第2項2号）

③ 著しく少数の者から株券等の買付け等を行う場合

著しく少数の者から株券等の買付け等を行う場合とは、株券等の買付け等を行う相手方の人数と当該買付け等を行う日前60日間（計61日間）に、取引所金融商品市場外において行った当該株券等の発行者の発行する株券等の買付け等（公開買付けによる買付け等、①②に該当する買付け等（ただし、当該買付け等の結果、株券等所有割合が3分の1を超える場合を除く）、新株予約権を行使することにより行う買付け等のほか、一定の公開買付規制の対象とならない買付け等を除く）の相手方の人数との合計が10名[25]以下である場合[26]をいう（金商法施行令6条の2第3

---

21) ただし、急速な買付け（金商法27条の2第1項4号・6号）にも公開買付けが強制されることから、一定の場合には、取引所金融商品市場内における買付け等や株券等の発行者が新たに発行する株券等の取得も含まれることがある。

22) 金商法27条の2第1項の「株券等所有割合」の算定においては、原則として、対象者（内国法人）の総議決権数の1000分の1以下の議決権数の小規模所有者は、形式的基準による特別関係者から除外される（金商法27条の2第1項1号、他社株買付府令3条2項1号）。

23) 現在、店頭売買有価証券市場は存在しない。

24) PTS取引は、取引所金融商品市場外取引に該当するものの、2012年施行の金商法施行令および他社株買付府令の改正により、5％基準の適用が除外された。

25) 10名の算定にあたっては、基本的に延べ人数によるべきと解されている（池田＝大来＝町田編著・前掲注(6)31頁）が、これに対しては、1名の株主から一度に5.5％の譲渡を受けた場合と、同一の株主から11回に分けて0.5％ずつ譲渡を受けた場合で、公開買付けを強制する必要性に差を設ける合理的な理由は見当たらないとの指摘がある（長島・大野・常松法律事務所編『公開買付けの理論と実務〔第3版〕』（商事法務・2016）57頁）。

項）。

　(イ)　取引所金融商品市場外における株券等の買付け等であって、著しく少数の者から株券等の買付け等を行う場合であっても、当該買付け等の後の株券等所有割合がその特別関係者と合算して3分の1を超えるときには、当該株券等の買付け等は公開買付けによらなければならない（金商法27条の2第1項2号、金商法施行令6条の2第3項、他社株買付府令3条3項）。

　(ウ)　取引所金融商品市場における立会外取引（東京証券取引所におけるToSTNeT取引[28][29]）を利用した株券等の買付け等（以下「特定売買等」という）については、当該買付け等の後の株券等所有割合がその特別関係者と合算して3分の1を超えるときには、当該株券等の買付け等は公開買付けによらなければならない（金商法27条の2第1項3号[30]）。

　(エ)　PTS取引による株券等の買付け等で、当該買付け等の後の株券等所有割合がその特別関係者と合算して3分の1を超えるときには、当該株券等の買付け等は公開買付けによらなければならない（金商法27条の2第1項6号、金商法施行令7条7項1号[31]）。

---

26)　なお、10名の算定にあたっては、1年間継続して形式的基準による特別関係者であったものは除くこととされている（他社株買付府令3条3項）。

27)　この3分の1基準は、買付け等の後の株券等所有割合が3分の1を超える場合の当該買付け等に広く適用されるものであり、すでに3分の1を超えている者が新たに買付け等を行う場合にも適用される。ただし、買付者と1年以上継続して形式的基準による特別関係者である者の株券等所有割合の合計が50％超の場合における、著しく少数の者から株券等の買付け等を行う場合であって、買付け後の株券等所有割合が特別関係者と合計して3分の2未満にとどまる場合には、公開買付規制の適用除外となる（金商法27条の2第1項ただし書、金商法施行令6条の2第1項4号）。

28)　立会外取引の具体的範囲としては、東京証券取引所におけるToSTNeT取引、大阪証券取引所のJ-NET取引、名古屋証券取引所におけるN-NET取引、札幌証券取引所における立会外取引、福岡証券取引所における立会外取引が指定されている（平成17年金融庁告示53号、最終改正平成26年金融庁告示22号）。なお、2018年12月時点において、不動産投資法人の投資口が上場されている金融商品取引所としては、東京証券取引所および福岡証券取引所が挙げられる。

29)　上場不動産投資法人の投資証券は、ToSTNeTでの売買が可能である。

30)　これは、公開買付けの対象は原則として取引所金融商品市場外における株券等の買付け等であるところ、金融商品取引所における立会外取引はその使い方によっては取引所金融商品市場外の相対取引と類似した形態を取りうることから、立会外取引のうち相対取引と類似した一定の取引を行うことができるものを金融庁長官が指定し、その取引による株券等の買付け等を公開買付規制の適用対象としたものである（池田=大来=町田編著・前掲注(6)32頁）。

31)　前記のとおり、PTS取引は、2012年金商法施行令および他社株買付府令の改正により、5％基準の適用は除外されているが、3分の1基準については適用がある。

第 3 節　不動産投資法人の投資口の取得　255

　(オ)　①3カ月以内に、②取引所金融商品市場外におけるまたは特定売買等による買付け等（公開買付けによる場合を除く）が5％超含まれるような株券等の買付け等であって、③全体として10％超の株券等の取得を取引所金融商品市場内外における買付け等または新規発行取得により行うことで、④当該取得の後の株券等所有割合がその特別関係者と合算して3分の1を超えるときには、株券等の買付け等について公開買付けによらなければならない[32]（急速な買付け規制。金商法27条の2第1項4号、金商法施行令7条2項〜4項、金商法27条の2第1項6号、金商法施行令7条7項2号）。

　なお、新規発行取得とは、株券等の発行者が新たに発行する株券等の取得[33]をいい、③の10％超の取得には算入されるが、公開買付規制そのものの対象とはされていない。また、上記③の10％超の取得には、公開買付けによる買付け等も算入されることに留意する必要がある。

　規制の要件を簡単に示すと図表4-2のようになる[34]。

　(カ)　他者が公開買付けによる買付け等を行っている場合に、当該公開買付けの対象となっている株券等の株券等所有割合が特別関係者と合算して3分の1を超える者が、当該公開買付期間に[35]、5％超の株券等の買付け等を行う場合には、当該株券等の買付け等は公開買付けによらなければならない[36]（金商法27条の

---

32)　これは、たとえば、32％までの株券等を市場外で買い付け、その後、市場内で2％の株券等を買い付ける、あるいは、新株の第三者割当を受ける、といった態様の取引を行うことにより、公開買付けによらずに3分の1超の株券等を所有するに至る者が出て来ることが想定され、この点につき、たとえば一定期間に行われる一連の取引について取引所市場外での取引と、それと同時にまたは引き続いて行われる取引所内での取引あるいは第三者割当とを合計すると株券等所有割合が3分の1を超えるような場合には、公開買付規制の対象となることを明確にしたものであるとされている（金融審議会金融分科会第一部会公開買付制度等ワーキング・グループ・前掲注(8)3頁参照）。

33)　新規発行取得には、第三者割当等による発行取得の場合が含まれると解される。さらに、対象者の合併等の組織再編行為において新たに発行される株券等の取得も含まれる（金融庁2006年12月13日公表の「提出されたコメントの概要とコメントに対する金融庁の考え方」（以下「2006年12月13日パブコメ」という）9頁25番参照）。

34)　金融庁総務企画局・前掲注(19)問5参照。

35)　当該他者が当初の公開買付届出書において記載した公開買付期間を指し、訂正届出書の提出に伴う期間延長部分や、対象者の請求に基づく期間延長部分は含まないと解されており（池田=大来=町田編著・前掲注(6)38頁）、これは、流通市場への影響、過剰規制の回避等の観点から、買付けが競合する場合の公開買付けの義務付けについては、相当厳格な要件の下に規定すべきとの考えに基づくとされている（2006年12月13日パブコメ10頁29番参照）。

36)　これは、公開買付者は、公開買付期間中は、原則として当該株券等を公開買付けによらないで

図表4-2　規制の要件

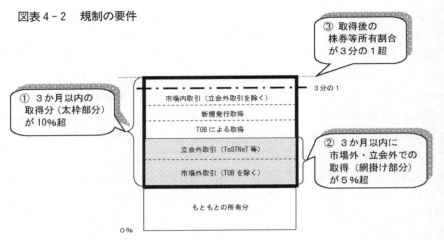

出所：「株券等の公開買付けに関するQ&A」問5

2第1項5号)。

**d) 公開買付規制の適用除外**

　なお、金商法は、公開買付規制の適用対象となる株券等の買付け等に該当する場合であっても、公開買付制度の趣旨に鑑み、公開買付けによらないこととしても投資者保護に欠けることがないもの、公開買付けによる必要性が低いもの等について、公開買付規制の適用除外としている（金商法27条の2第1項ただし書、金商法施行令6条の2第1項）。たとえば、形式的特別関係者（ただし、買付者が買付け等を行う日以前から1年以上継続して形式的特別関係者に該当する者に限られる（金商法27条の2第1項ただし書、他社株買付府令3条1項））に該当するものから投資口の買付け等を行う場合等には、公開買付規制の適用がない。

---

取得する事が禁じられている（別途買付けの禁止。金商法27条の5）にもかかわらず、会社支配権をめぐって闘争がなされているときに、他の主要株主は、公開買付けを強制されることなく、市場から大量の株式を買い集めることができるのは不公平ともいえること、主要株主の買付行為は一般投資家にとって重要な意味を持っていること、会社の支配権をめぐって株券の買付けが競合している場合には、一方で公正な競争、買付者の立場の平等を確保する必要があり、他方で、投資者が十分な情報を得て株券の売買を判断できるようにすべきであること等の考え方に基づき導入されたものである（近藤=吉原=黒沼・金融商品取引法入門373頁、金融審議会金融分科会第一部会公開買付制度等ワーキング・グループ・前掲注（8）10頁等参照）。

## ⑶ インサイダー取引規制

インサイダー取引とは、上場会社等または公開買付者等の役員等、一定の関係を有する者が、当該上場会社等または公開買付者等の内部情報を知って、その公表前に当該上場会社等または公開買付け等の対象者の株券等の売買等を行うことをいう。インサイダー取引規制の趣旨は、市場の公正性と健全性に対する投資家の信頼の確保に求められると解されている[37]。

従来、上場不動産投資法人の発行する投資証券はインサイダー取引規制の対象外とされていたものの、2014年施行の金商法の改正により、上場されている投資証券の売買は会社関係者等によるインサイダー取引規制（金商法166条）および公開買付者等関係者によるインサイダー取引規制（金商法167条）の対象に含まれることが明確にされた[38]。詳細は、第2章第2節Ⅴ参照。

## ⑷ 売買報告書および短期売買差益返還制度

金商法上、上場会社等の役員または主要株主が、当該上場会社等の特定有価証券等を自己の計算で買付け等をした後6カ月以内に売付け等をした場合、または売付け等をした後6カ月以内に買付け等をした場合、上場会社等はそこで生じた利益を会社に提供すべきことを請求できる[39]（金商法164条）。また、当該規定を充実させる観点から、上場会社等の役員または主要株主が、自己の計算において当該上場会社等の特定有価証券等の買付け等または売付け等をした場合には、売買等に関する報告書を売買等があった日の属する月の翌月15日までに内閣総理大臣に提出しなければならない（同法163条）。

前述のとおり、上場不動産投資法人の発行する投資証券がインサイダー取引規制の対象に含まれるため、インサイダー取引規制を防止するための補完的制度であるこれらの規定も上場不動産投資法人の発行する投資証券等に適用され

---

[37] 横畠裕介『逐条解説インサイダー取引規制と罰則』（商事法務研究会・1989）1頁。
[38] なお、インサイダー取引規制の対象とされる投資法人は、主たる投資対象を不動産等資産とする投資法人（上場不動産投資法人）に限定されている（金商法163条1項、金商法施行令27条2号、取引規制府令25条2項・3項）。
[39] これは、上場会社等の役員または主要株主が特定有価証券等について短期売買を行い利益を得た場合には、その利益をすべて会社に提供させることにより間接的にインサイダー取引の防止を図った規定である（横畠・前掲注(37)230頁）。

る。ただし、投資法人の投資主は、規制対象となる主体としての「主要株主」には含まれていないため、これらの規制は適用されない（金商法163条１項）。

### 3　租税特別措置法上の留意点（導管性要件の維持）

買収者が対象投資法人の投資口を取得する場合には、導管性要件を維持するため、当該事業年度の終了時点において、対象投資法人が、同族会社に該当しないこと等の要件の維持にも留意する必要があろう[41]（税特措67条の15第１項２号ニ、税特措令39条の32の３第５項）。

## III　新投資口の第三者割当を受ける方法

### 1　概　　要

買収者が対象投資法人の投資口を取得する方法としては、既存投資主から投資口を取得する方法のほか、対象投資法人による募集投資口の第三者割当による発行に応じ投資口を新規発行取得する方法が考えられる。

投資口の新規発行取得は、前述のとおり、原則として公開買付規制の対象である「買付け等」には該当しないと解されていることに加え、対象投資法人の資金調達にも資するというメリットも挙げられる[42]。

---

[40]　その他、一定の情報伝達、取引推奨行為規制（金商法167条の２）の適用がある。
[41]　アップルリンゴ・ホールディングス・ビー・ヴィ（公開買付者）が2008年８月29日から実施したリプラス・レジデンシャル投資法人の投資口の公開買付けにおいて、公開買付者がその特別関係者であるリンゴ・レジデンシャル特定目的会社と併せて、公開買付および第三者割当増資後における対象者の発行済投資口増加後の発行済投資口総口数の最大で48.40％を取得するよう上限を設定したことにつき、公開買付届出書に、「公開買付者及び公開買付者の特別関係者であるリンゴ・レジデンシャル特定目的会社はそれぞれ、対象者及びリプラス・リート・マネジメントとの間で、対象者の投資証券が東京証券取引所での上場を維持している間は、導管性要件を喪失することになる対象者の投資証券の持株比率の増加を行わないよう最善の努力をすることについて合意しています」と記載されており、買付け予定の株券等の上限を48.40％と設定した理由として導管性要件の維持が重要な要素の１つであると考えられる。
[42]　ただし、急速な買付け規制（金商法27条の２第１項４号・６号）の規制対象となりうる点に留意が必要である（本節II 2(2)(c)(オ)参照）。

## 2　目　　的

　株式会社の場合、募集株式の発行等が、法令もしくは定款に違反する場合または著しく不公正な方法により行われる場合において、株主が不利益を受けるおそれがあるときは、株主に募集株式の発行等の差止請求権が認められている（会社法210条）。著しく不公正な方法には、不当な目的を達成する手段として募集株式の発行等が利用される場合、たとえば会社支配の帰属をめぐる争いがあるときに、取締役が議決権の過半数を維持・争奪する目的または反対派の少数株主権を排斥する目的がある場合が該当すると解されており、その際の判断基準としては、取締役会が募集株式の発行等を決定した種々の動機のうち、自派で議決権の過半数を確保する等の不当目的達成動機が他の動機に優越する場合にその発行等の差止めを認め、他の場合には認めないという「主要目的ルール」との考え方が有力とされている[43]。

　従来、投資法人については、同様の規定がなかったが、2014年施行の投信法改正により、投資主に募集投資口の発行等の差止請求が認められたことから（投信法84条 1 項、会社法210条）、投資法人の場合も、同様に解されることになると思われる[44]。なお、投資法人の再編手続との関係に限定していえば、買収者が対象投資法人の投資口の割当てを受けることができるのは友好的買収の場合に限られ、この場合には、財務体質の強化・物件取得資金の確保等の直接的な資金調達目的に加え、新たな提携先（割当先）との関係構築による信用力強化等[45]の広い意味での資金調達目的が認められやすいと評価できよう。

　投資口の発行に関するその他の論点については、第 3 章第 2 節 II～IVを参照。

---

43)　江頭・株式会社法773頁。
44)　新投資口の発行が法令に違反する場合としては、「公正な金額」（投信法82条 6 項）を下回る価額での発行が挙げられる。詳細については、第 3 章第 2 節IV参照。
45)　一般的に、既存投資口の希薄化による既存投資主に対する影響を最小限にとどめる等の観点から、第三者割当の実施と併せて新たに物件取得を行い、第三者割当による調達資金を当該物件取得資金の一部に充当することも多いようである。

## Ⅳ　公開買付けと第三者割当を組み合わせた方法[46]

　公開買付けによる既発行投資口の取得と第三者割当による新規発行取得を組み合わせて投資法人の投資口を取得することで、投資法人の支配を目的とした投資口の多数保有を目指す場合について簡単に触れる。

　この場合、買収者は、公開買付けを行い、かつ新規発行投資口の第三者割当の引受けも行う。このようなスキームが採られる理由としては、新投資口の発行は、発行済投資口の増加を伴うことから対象投資法人の議決権を取得するために必要となる資金額の観点からみると、既存投資主から投資口を取得する方法に比べて買付者にとって効率的でないものの、対象投資法人に対する一定の議決権比率を獲得するとともに、対象投資法人に資金を拠出する必要がある場合、当該目的も同時に達成することができる点にあると考えられる。

---

46)　投資口の取得につき公開買付けと第三者割当を組み合わせた例としては、リプラス・レジデンシャル投資法人が、2008年8月28日付で、アップルリンゴ・ホールディングス・ビー・ヴィ等に対し投資口の第三者割当を実施した後、2008年8月29日付アップルリンゴ・ホールディングス・ビー・ヴィによるリプラス・レジデンシャル投資法人投資口に対する公開買付けが開始された事例がある。

# 第4節　不動産投資法人の合併

## I　目　的

　合併の目的としては、一般的には、不動産の資産規模の拡大とともに、投資口の発行数の増加による流動性の向上が挙げられ、特に物件取得競争が激化し、資産規模の拡大が困難である状況下においては、合併により一気に資産規模の拡大を実現することができるメリットが大きいといえる。また、被買収者側の投資法人の財務状況の改善や、スポンサーの支援による成長戦略の実現、財務基盤の安定化が困難である場合に、買収者側のスポンサーによる支援によりこれらの実現を目指す場合や、保有する不動産の減損リスクを回避するために合併により会計上の減損処理を伴うことなく時価を切り下げることを企図する場合や、合併に伴い発生する負ののれんを活用することにより、合併後の資産の入替等を柔軟に実現することができるようにすることを企図する場合もありうる[1]。

　上場不動産投資法人の合併形態につき、新設合併[2]の場合、新設法人につき、設立にあたり管轄財務局長等への設立に係る届出、資産運用前に管轄財務局長等への登録[3]が必要となり、さらに、投信法187条[4]、テクニカル上場[5]とはいえ、金融商品取引所への上場申請が必要となるので、上場不動産投資法人を存続させる吸収合併[6]が簡易である。したがって、以下、吸収合併を中心に検討を加える。なお、以下

---

1) ARES・上場の手引き258頁。
2) 投信法148条。
3) 投信法69条1項。なお、投信法に基づく内閣総理大臣の権限は、金融庁長官を経由して、管轄財務局長等に委任されている（投信法225条1項・6項、投信法施行令135条3項）。
4) 投信法187条。
5) 上場規程1207条。野村不動産マスターファンド投資法人（旧NMF）、野村不動産オフィスファンド投資法人（NOF）および野村不動産レジデンシャル投資法人（NRF）の新設合併事例（2015年5月27日公表）においても、旧NMF、NOFおよびNRFの投資口が2015年9月28日に上場廃止となった上で、新設法人である野村不動産マスターファンド投資法人の投資口が、テクニカル上場として、2015年10月2日に上場された。
6) 投信法147条。

において、便宜上、吸収合併後存続する投資法人を存続法人、吸収合併または新設合併により消滅する投資法人を消滅法人、新設合併により設立する投資法人を新設法人、不動産投資法人を単に法人、投資主総会を総会ということもある。

## II 合併の方法と手続

### 1 合併の方法

　合併とは、2つ以上の法人が契約（合併契約）を締結して行う行為であって、当事者の一部（吸収合併の場合）または全部（新設合併の場合）が解散し、解散する法人の権利義務の全部が清算手続を経ることなく存続法人（吸収合併の場合）または新設法人（新設合併の場合）に包括継承される効果を持つものをいうが[7]、投信法上、当事者のうちの1社が存続し（存続法人）、他の当事者となる法人が解散する吸収合併および当事者の全部が解散し、それと同時に新設法人が設立される新設合併が認められている。投信法上、投資法人は他の投資法人とのみ合併でき、その他の法人とは合併できない。さらに、投信法上、会社法において定められている組織再編行為のうち、合併のみが認められ、会社分割および株式移転・株式交換は認められていない[8]。

### 2 合併の手続

#### (1) 概　　要

　以下、合併当事者となる投資法人における合併のために必要となる主な手続につき、吸収合併の場合と新設合併の場合に分けて、それぞれ概観する。そして、東京証券取引所の有価証券上場規程により上場不動産投資法人の投資口は振替投資口である必要がある[9]（この場合投資証券は発行されない）ので、以下、東京証券取引所の上場規程等ならびに振替法および振替機構の手続についても

---

7) 江頭・株式会社法851頁参照。
8) 投信法147条1項、148条1項。
9) 上場規程1205条2号(1)、1218条2項13号。株式会社証券保管振替機構（以下「振替機構」という）が上場規程に定める指定振替機関となっている（上場規程2条42号、上場規程施行規則4条）。

検討を加える。なお、資産運用会社の組織再編行為を併せて行う場合には、投信法、会社法および上場規程等に基づく追加の手続が必要となるが、これについては本書では捨象する。

(2) 吸収合併
　a) 役員会における承認
　存続法人においては、①合併契約締結[10]、②（投資口分割を行う場合においては）投資口分割[11]、③投資主総会招集[12]、④投資主総会の基準日設定[13]について、役員会の承認を受けなければならない。
　消滅法人においても、基本的に同様であるが、資産運用委託契約、一般事務委託契約、資産保管契約およびパイプライン・サポート契約の解約に伴い[14]、これらについても、役員会の承認を受けなければならない。
　b) 合併契約の締結
　合併契約には、投信法上、①存続法人および消滅法人の商号および住所、②存続法人が吸収合併に際して消滅法人の投資主に対して交付するその投資口に代わる当該存続法人の投資口の口数またはその口数の算定方法および当該存続法人の出資総額に関する事項、③消滅法人の投資主（消滅法人および存続法人を除く）に対する②の投資口の割当てに関する事項[15]、④消滅法人が新投資口予約権を発行しているときは、存続法人が吸収合併に際して当該新投資口予約権の新投資口予約権者に対して当該新投資口予約権に代えて交付する金銭の額またはその算定方法、⑤吸収合併がその効力を生ずる日を定めなければならない[16]。

---

10) 投信法109条2項5号。
11) 投信法81条の3第2項、会社法183条2項。
12) 投信法109条2項1号。
13) 投信法109条2項柱書、77条の3第2項・3項、会社法124条2項、山下友信編『会社法コンメンタール3　株式(1)』（商事法務・2013）280頁。
14) 投信法109条2項2号・6号および柱書。
15) なお、消滅法人の投資主に交付する存続法人の投資口の算定にあたって、合併比率調整等のために合併比率調整金または分配代り金等の金銭（合併交付金）を交付することとする場合には、投信法147条1項2号に掲げる事項として、合併交付金の額またはその算定方法および消滅法人の投資主の有する投資口の口数に応じて割り当てる合併交付金の額に関する事項が含まれるものとされている（監督指針Ⅵ-2-9-3）。
16) 投信法147条。

また、合併の本質や強行規定に反しない限り、合併契約には、その他の任意的事項を規定することができると解されていることを受けて、たとえば、①投資口を分割する場合や第三者割当をする場合はその旨、②効力発生日付で存続法人の規約を変更する場合はその旨、③合併に関しレンダー、業務受託者等の第三者からの承諾が必要な場合や米国証券法上のForm F-4に関する確認（後述）を行う必要がある場合は、承諾等を確保するための合併契約の解除事由を規定する。

### c） 合併に係る適時開示

合併に関し、存続法人または消滅法人において①合併契約締結[18]、②投資口分割[19]、③規約変更[20]等を行うことについての決定をした場合は、直ちにその内容を開示しなければならない。

### d） 東証への関連書類の提出

合併に関し、東証に対し、①新投資口の有価証券変更上場申請書[21]、②合併関連書類（合併契約書、法定事前開示書類、合併日程表、法定事後開示書類、合併比率に関する見解を記載した書類等）[22]、③投資口分割関係書類（分割日程表）[23]、④規約変更（変更後の規約）[24]等を提出しなければならない。

### e） 振替機構への通知

全合併当事者が上場法人の場合には、消滅法人は、役員会承認後、速やかに、振替機構に対し、吸収合併に係る事項を通知しなければならない[25]。

他方、消滅法人が振替投資口を発行する上場法人で、吸収合併に際して、非上場の存続法人の振替投資口でない投資口が交付される場合には、消滅法人は、役員会承認後速やかに、振替機構に対し、その振替投資口の記録の全部抹消の

---

17) 森本滋編『会社法コンメンタール17 組織変更、合併、会社分割、株式交換等(1)』（商事法務・2010) 148頁。
18) 上場規程1213条2項1号a(d)。
19) 上場規程1213条2項1号a(a)。
20) 上場規第1213条2項1号a(e)。
21) 上場規程1212条1項。
22) 上場規第1214条1項、上場規程施行規則1230条2項3号、東京証券取引所作成のREIT関係の提出書類一覧（以下「REIT提出書類」という）5(5)。
23) 上場規程施行規則1230条2項1号、REIT提出書類5(11)。
24) 上場規程施行規則1230条2項4号、REIT提出書類7(10)。
25) 振替法228条、138条1項、振替業務規程12条、振替業務規程施行規則6条別表1の4(5)。

通知をしなければならない[26]。

　また、消滅法人が振替投資口でない投資口を発行する非上場法人で、吸収合併に際して、上場の存続法人の振替投資口が交付される場合には、存続法人は、役員会承認後速やかに、振替機構に対し、新規記録の通知をしなければならない[27]。

　なお、合併に伴い、投資口の分割もしくは規約の変更を決定し、または基準日を設定した場合には、決定または設定に係る法人において、役員会承認後速やかに、振替機構に対し、所定の通知をしなければならない[28]。

#### f）投資主総会開催日および基準日公告

　存続法人および消滅法人において、投資主総会の日の2カ月前までに投資主総会開催日について公告しなければならず[29]、また、基準日の2週間前までに基準日その他一定の事項について公告しなければならない[30]。

　なお、合併に伴い、存続法人において、投資口の分割を行う場合には、投資口の分割に係る基準日その他一定の事項についても、基準日の2週間前までに公告しなければならない。

#### g）債権者への官報公告および催告

　存続法人および消滅法人において、効力発生日の1カ月前までに、①吸収合併をする旨、②存続法人の場合には消滅法人の商号および住所、消滅法人の場合には存続法人の商号および住所、③債権者が一定の期間内に異議を述べることができる旨を官報に公告し、かつ知れている債権者に個別に催告[31]しなければならない[32]。

　その上で、債権者が期間内に異議を述べた場合には、その債権者に対して、原則として、弁済もしくは相当の担保の提供、または信託会社等に相当の財産

---

26) 振替法228条、160条3項、135条1項、振替業務規程271条、101条、12条、振替業務規程施行規則6条別表1の4(5)。
27) 振替法228条、130条1項、振替業務規程12条、振替業務規程施行規則6条別表1の4(5)。
28) 振替法228条、137条1項、振替業務規程271条、89条、12条、振替業務規程施行規則6条別表1の4(4)・(7)・(8)。
29) 投信法91条1項。実務的に、一般的には2週間前に公告の枠取りをする必要がある。
30) 投信法77条の3第3項、会社法124条3項。
31) 公告を、官報のほかに、規約に従って時事に関する事項を掲載する日刊新聞紙への掲載または電子公告により行うときは、個別債権者への催告は不要である（投信法149条の4第3項、149条の9）。
32) 投信法149条の4第2項、149条の9。

を信託しなければならない。[33]

### h) 事前開示書類の備置

①存続法人の場合には、投資主総会の日の2週間前の日、投資主に対する合併通知・公告の日、債権者保護手続に係る官報公告の日・債権者に対する個別の異議催告の日のいずれか最も早い日から効力発生日後6カ月を経過する日までの間、②消滅法人の場合には、投資主総会の日の2週間前の日、投資主に対する合併通知・公告の日、新投資口予約権者に対する合併通知・公告の日、債権者保護手続に係る官報公告の日・債権者に対する個別の異議催告の日のいずれか最も早い日から効力発生日までの間、法定事前開示書類[34]を本店に備え置き、その投資主および債権者の閲覧および謄写等に供さなければならない。[35]

### i) 投資主総会招集通知の発送

存続法人および消滅法人は、投資主総会の日の2週間前までに投資主に書面をもって通知しなければならない。[36]書面による議決権行使の期限を前日の夕方までと定める場合には、2週間と1日前に発送しなければならない。[37]

当該通知に際しては、投資主総会参考書類および議決権行使書面を交付しなければならない。[38]

---

33) 投信法149条の4第5項、149条の9。
34) 存続法人については、①合併契約の内容、②合併対価・割当の相当性に関する事項、③消滅法人が新投資口予約権を発行しているときは、存続法人が吸収合併に際して当該新投資口予約権の新投資口予約権者に対して当該新投資口予約権に代えて交付する金銭の額またはその算定方法についての定めの相当性に関する事項、④消滅法人について、(i)最終営業期間に係る計算書類等、(ii)最終営業期間の末日後の重要な財産の処分、重大な債務の負担その他の投資法人の財産の状況に重要な影響を与える事象（最終営業期間末日後重要事象）、⑤存続法人についての最終営業期間末日後重要事象、⑥効力発生日以後における存続法人の債務の履行の見込みに関する事項、⑦備置開始日後、②から⑥までの事項に変更が生じたときは、変更後の当該事項を記載した書類をいう（投信法施行規則194条）。

　また、消滅法人については、①合併契約の内容、②合併対価の相当性に関する事項、③合併対価について参考となるべき事項、④吸収合併に係る新投資口予約権の定めの相当性に関する事項、⑤計算書類に関する事項、⑥吸収合併が効力を生ずる日以後における存続法人の債務の履行の見込みに関する事項、⑦備置開始日後、②から⑥までに掲げる事項に変更が生じたときは、変更後の当該事項を記載した書類をいう（投信法施行規則193条）。
35) 投信法149条、投信法149条の6。
36) 投信法91条1項。
37) 投信法90条の2第1項4号、投信法施行規則140条3号。
38) 投信法91条4項。

投資主総会参考書類には、吸収合併契約の承認議案については、①当該吸収合併を行う理由、②吸収合併契約の内容の概要、③投資主総会の招集の決定をした日における自己の事前開示書類に掲げる事項があるときは、当該事項の内容の概要を記載しなければならない。

また、消滅法人における資産運用委託契約の解約議案については、解約の理由を記載しなければならない。

### j）投資主総会決議

存続法人および消滅法人は、それぞれ効力発生日の前日までに投資主総会の特別決議により、合併契約の承認を受けなければならない。

なお、簡易合併の場合、存続法人においては投資主総会承認が不要であるものの、消滅法人においては投資主総会決議が必要となる。

また、合併に伴い、存続法人で規約の変更を行う場合には、当該変更についても、合併の効力発生を停止条件として、投資主総会の特別決議により承認を受けなければならず、同様に、消滅法人で資産運用委託契約を解約する場合には、当該解約について、合併の効力発生を停止条件として、投資主総会の普通決議により承認を受けなければならない。

### k）投資主等への通知または公告

存続法人においては、効力発生日の20日前までに、その投資主に対し、吸収合併をする旨ならびに消滅法人の商号および住所を通知または公告しなければならない。

消滅法人においては、効力発生日の20日前までに、①登録投資口質権者および登録新投資口予約権質権者に対し、吸収合併をする旨を、②投資主および新投資口予約権者に対し、吸収合併をする旨ならびに存続法人の商号および住所

---

39) ただし、存続法人および消滅法人それぞれにつき、前掲注(34)⑥および⑦に掲げる事項を除く。
40) 投信法91条4項、投信法施行規則141条1項、142条、149条。
41) 投信法91条4項、投信法施行規則141条1項、142条、152条。
42) 存続法人につき、投信法149条の7第1項、93条の2第2項5号。消滅法人につき、投信法149条の2第1項、93条の2第2項5号。
43) 投信法149条の7第2項。
44) 投信法140条、93条の2第2項3号。
45) 投信法206条1項、93条の2第1項。
46) 投信法149条の8第2項・3項。
47) 投信法149条の2第2項・3項。

を、通知または公告しなければならない[48]。

なお、いずれの法人においても、振替投資口の場合は、通知に代えて、当該通知をすべき事項を公告しなければならない[49]。

### l） 投資口の上場廃止

消滅法人について、効力発生日の3営業日前の日に、その投資口が上場廃止となる[50]。

### m） 合併による登記申請

投資法人が吸収合併をしたときは、その効力が生じた日から2週間以内に、その本店の所在地において、消滅法人については解散の登記をし、存続法人については変更の登記をしなければならない[51]。

### n） 行政庁への届出

存続法人においては、効力発生日から2週間以内に、管轄財務局長等へ変更届出をしなければならず[52]、また、変更後30日以内に、国土交通大臣へみなし宅建業者の変更届出をしなければならない[53]。

消滅法人においては、効力発生日から30日以内に、管轄財務局長等への解散届出をしなければならず[54]、また、効力発生日から30日以内に、国土交通大臣へみなし宅建業者の廃業届出をしなければならない[55]。

### o） 事後開示書類備置

効力発生日後遅滞なく、法定事後開示書類を作成し[56]、6カ月間、その本店に備え置き、投資主および債権者の閲覧・謄写等に供しなければならない[57]。

---

48) 投信法149条の3第2項・3項、149条の3の2第2項・3項。
49) 振替法233条2項。
50) 上場規程1218条1項1号a(a)、上場規程施行規則1232条1項1号a。
51) 投信法169条1項。
52) 投信法191条。
53) 宅建業法77条の2第2項、9条。
54) 投信法192条1項1号。
55) 宅建業法77条の2第2項、11条。
56) ①効力発生日、②消滅法人における反対投資主の投資口買取請求手続、新投資口予約権買取請求手続、債権者異議手続および吸収合併差止請求手続の経過、③存続法人における反対投資主の投資口買取請求手続、債権者異議手続および吸収合併差止請求手続の経過、④吸収合併により存続法人が消滅法人から承継した重要な権利義務に関する事項、⑤消滅法人の事前開示書類（合併契約書を除く）、⑥存続法人の変更登記日、⑦その他吸収合併に関する重要な事項を記載した書面をいう（投信法施行規則195条）。
57) 投信法149条の10。

### b) 端数処理

　合併に際して消滅法人の投資主に交付される存続法人の投資口に端数が生じた場合には、その端数の合計数に相当する口数の投資口を、所定の方法で売却し、かつ、その端数に応じて売却代金を交付しなければならず、当該投資口に係る投資証券が金融商品取引所に上場されている場合には取引所金融商品市場において行う取引により売却しなければならない。株式会社の場合には、売却日の終値による市場外での売却も可能であるが、投資法人の端数処理としては認められていない。

　上場法人の場合、その投資証券は振替機関が取り扱う振替投資口である必要があり、権利の帰属は振替口座簿の記録により定まるところ、合併等により他の銘柄の振替投資口が交付される場合において、振替口座中の保有欄および質権欄（以下「保有欄等」という）に1に満たない端数が記録されることとなるときには、その端数の総数は存続法人の口座に記録され、存続法人は、それを処分し、端数の生じた投資主に対して端数に応じて売却代金を交付する。投資主が複数の口座管理機関（証券会社）で消滅法人に係る銘柄を有している場合で、端数の合計が1を超えるときは、その整数部分については消滅法人の投資主の口座（消滅法人に係る銘柄が記録されている口座のうち口数が最も大きい口座）に記録され、残余のみ端数として処理される。

### a) 反対投資主の投資口買収請求

#### ① 概　要

　投資主総会に先立って当該合併に反対する旨を自らが投資主である法人に通知し、かつ、当該総会で反対した投資主は、当該法人に対し、効力発生日の20日前の日から効力発生日の前日までの間に、自己の投資口を「公正な価格」に

---

58) 投信法149条の17。
59) 投信法149条の17、投信法施行規則199条1号。なお、ToSTNeT での取引は可能である（2009年6月2日に「投資家に信頼される不動産投資市場確立フォーラム」にて公表された「ワーキンググループ検討報告」2頁参照）。
60) 会社法施行規則50条2号。
61) 振替法226条1項。
62) 振替法228条1項、138条5項、振替法施行令60条、32条1項、振替業務規程271条、97条。
63) 存続法人につき、投信法149条の8第1項・4項、会社法797条5項、798条、消滅法人につき、投信法149条の3第1項・4項、会社法785条5項、786条。
64) 下級審判例であるが、「吸収合併消滅法人の投資主による投資口買取請求に係る『公正な価格』

て買い取ることを請求できる。

　投資口の買取請求があった場合において、投資口の価格の決定について、投資主と当該法人（当該法人が消滅法人の場合につき、効力発生日後にあっては、存続法人。以下本qにおいて同じ）との間に協議が調ったときは、当該法人は、効力発生日から60日以内に支払わなければならない。

　効力発生日から30日以内に協議が調わない場合には、投資主または当該法人は、期間満了日後30日以内に、裁判所に対し、価格の決定の申立てをすることができる。

　投資口買取請求に係る投資口の買取りは、効力発生日に、その効力を生ずる。
　当該投資口は消滅法人の自己投資口となり消滅し、当該投資口に対する存続法人の投資口等の割当ては行われない。[65]

②　振替投資口の取扱い[66]

　存続法人または消滅法人は、振替機関等に対し、買取口座の開設の申出をしなければならないものとされており、存続法人または消滅法人の投資主は、その有する振替投資口について投資口買取請求をしようとするときは、当該振替投資口について買取口座を振替先口座とする振替の申請をしなければならない。

　存続法人または消滅法人は、合併の効力発生日までは、買取口座に記載され、または記録された振替投資口（当該行為に係る投資口買取請求に係るものに限る）について存続法人または消滅法人の口座を振替先口座とする振替の申請をすることができない。

　存続法人または消滅法人は、振替申請をした振替投資口の投資主による投資口買取請求の撤回を承諾したときは、遅滞なく、買取口座に記載され、または記録された振替投資口（当該撤回に係る投資口買取請求に係るものに限る）について当該投資主の口座を振替先口座とする振替の申請をしなければならない。

---

　　は、裁判所の裁量により、事案に応じて、投資口買取請求がされた日における吸収合併がなければ当該投資口が有していたであろう客観的価値、又は吸収合併によるシナジーを適切に反映した当該法人の投資口の客観的価値を基礎として算定するのが相当である」とした上で、具体的案件の判断としては、「特段の事情がない限り、買取請求日前の1か月間の市場価格の終値による出来高加重平均値をもって算定した価格を『公正な価格』と見るのが相当である」と判示したものがある（東京地決平成24・2・20金判1387号32頁）。

65)　江頭・株式会社法882頁参照。
66)　振替法228条、155条。

存続法人または消滅法人は、買取口座に記載され、または記録された振替投資口については、存続法人または消滅法人または振替申請をした振替投資口の投資主の口座以外の口座を振替先口座とする振替の申請をすることができない。

振替申請をする振替投資口の投資主以外の加入者は、買取口座を振替先口座とする振替の申請をすることができない。

③　個別投資主通知

上場法人の場合、投資口買取請求権は少数投資主権等の行使であることから、投資主は、原則として投資主の申出に基づく個別投資主通知が行われた後、4週間以内に、上場法人に対し、買取請求権行使の手続を行う必要がある[67]。この個別投資主通知の法的性質については、少数投資主権等の行使の際に自己が投資主であることを上場法人に対抗するための対抗要件であると解される[68]。

**ｒ）新投資口予約権買収請求**[69]

消滅法人の新投資口予約権の新投資口予約権者は、当該消滅法人に対し、効力発生日の20日前の日から効力発生日の前日までの間に、自己の有する新投資口予約権を公正な価格にて買い取ることを請求できる。

新投資口予約権買取請求があった場合において、新投資口予約権の価格の決定について、新投資口予約権者と消滅法人（効力発生日後にあっては、存続法人。以下本ｒにおいて同じ）との間に協議が調ったときは、消滅法人は、効力発生日から60日以内にその支払いをしなければならない。

効力発生日から30日以内に協議が調わない場合には、新投資口予約権者または消滅法人は、期間満了日後30日以内に、裁判所に対し、価格の決定の申立てをすることができる。

新投資口予約権買取請求に係る新投資口予約権の買取りは、効力発生日にその効力を生ずる。

(3)　新設合併

a）設立の特則

通常の設立に関する定めは原則として適用されない[70]。また、消滅法人は新設

---

67)　振替法228条、154条、振替法施行令60条、40条。江頭・株式会社法200頁参照。
68)　大野晃宏ほか「株券電子化開始後の解釈上の諸問題」旬刊商事法務1873号（2009）51頁参照。
69)　投信法149条の3の2第1項・4項、会社法787条5項、788条。

法人の規約を作成しなければならない。[71]

  b） 役員会における承認

　消滅法人につき、吸収合併の場合と同様である。

  c） 合併契約の締結

　合併契約には、投信法上、①消滅法人の商号および住所、②新設法人の目的、商号、本店の所在地および発行可能投資口総口数、③その他新設法人の規約で定める事項、④新設法人の設立時執行役員、設立時監督役員および設立時会計監査人の氏名または名称、⑤新設法人が新設合併に際して消滅法人の投資主に対して交付するその投資口に代わる新設法人の投資口の口数またはその算定方法および新設法人の出資総額に関する事項、⑥消滅法人の投資主に対する投資口の割当てに関する事項、⑦消滅法人が新投資口予約権を発行しているときは、新設法人が新設合併に際して当該新投資口予約権の新投資口予約権者に対して当該新投資口予約権に代えて交付する金銭の額またはその算定方法を定めなければならない。[72]

　また、その他の記載として、合併契約の解除事由を規定する。

  d） 合併に係る適時開示

　消滅法人につき、吸収合併の場合と同様である。

  e） 東証への関連書類の提出

　合併に関し、東証に対し、①合併関連書類（吸収合併における消滅法人の提出書類のほか、登記申請証明書および登記事項証明書等）、[73]②上場規程1207条（テクニカル上場）による新規上場申請に係る書類（有価証券新規上場申請書、新規上場申請に係る宣誓書、不動産投資信託証券の発行者等の運用体制等に関する報告書、反社会的勢力との関係がないことを示す確認書等）[74]を提出しなければならない。

  f） 振替機構への通知

　全合併当事者が上場法人で、新設合併に際して、上場する新設法人の振替投資口が交付される場合には、役員会承認後速やかに、振替機構に対し、新設合

---

70）　投信法149条の15第1項。
71）　投信法149条の15第2項。
72）　投信法148条。
73）　上場規程1214条、上場規程施行規則1230条2項3号・4項3号、REIT提出書類5(5)。
74）　上場規程1203条、上場規程施行規則1202条3項2号、上場規程1204条。

併に係る事項を通知しなければならない。[75]

　消滅法人が振替投資口を発行する上場法人で、新設合併に際して、非上場の新設法人の振替投資口でない投資口が交付される場合は、役員会承認後速やかに、振替機構に対し、その振替投資口の記録の全部抹消の通知をしなければならない。[76]

　消滅法人が振替投資口でない投資口を発行する非上場法人で、合併に際して、上場する新設法人の振替投資口が交付される場合は、役員会承認後速やかに、振替機構に対し、その振替投資口の新規記録の通知をしなければならない。[77]

　**g）　投資主総会開催日および基準日公告**

　消滅法人につき、吸収合併の場合と同様である。

　**h）　債権者への官報公告および催告**

　消滅法人において、成立日の１カ月前までに、①新設合併をする旨、②他の消滅法人および新設法人の商号および住所、③債権者が一定の期間内に異議を述べることができる旨を官報に公告し、かつ知れている債権者に個別催告しなければならない。[78] なお、個別催告省略および異議を述べた債権者に対する取扱いは、吸収合併の場合と同様である。

　**i）　事前開示書類の備置**[79]

　投資主総会の日の２週間前の日、投資主に対する合併通知・公告の日、新投資口予約権者に対する合併通知・公告の日、債権者保護手続に係る官報公告の日・債権者に対する個別の異議催告の日のいずれか最も早い日から新設法人の成立日までの間、法定事前開示書類を本店に備え置き、その投資主および債権[80]

---

75) 振替法228条、138条１項、振替業務規程12条、振替業務規程施行規則６条別表１の４(6)。
76) 振替法228条、160条３項、135条１項、振替業務規程271条、101条、12条、振替業務規程施行規則６条別表１の４(6)。
77) 振替法228条、130条１項、振替業務規程12条、振替業務規程施行規則６条別表１の４(6)。
78) 投信法149条の14、149条の４。
79) 投信法149条の11。
80) ①合併契約の内容、②合併対価・割当の相当性に関する事項、③消滅法人の全部または一部が新投資口予約権を発行しているときは、新設法人が新設合併に際して当該新投資口予約権の新投資口予約権者に対して当該新投資口予約権に代えて交付する金銭の額またはその算定方法についての定めの相当性に関する事項、④他の消滅法人についての最終営業期間に係る計算書類等、最終営業期間末日後重要事象、⑤当該消滅法人自身の最終営業期間末日後重要事象、⑥成立日後の新設法人の債務の履行の見込みに関する事項、⑦備置開始日後、②から⑥までの事項に変更が生じたときは、変更後の当該事項を記載した書類をいう（投信法施行規則196条）。

者の閲覧および謄写等に供さなければならない。

**ｊ）投資主総会招集通知の発送**

招集通知の発送の時期は、吸収合併の場合と同様である。

投資主総会参考書類には、新設合併契約の承認議案については、①当該新設合併を行う理由、②新設合併契約の内容の概要、③投資主総会の招集の決定をした日における消滅法人の事前開示書類[81]に掲げる事項があるときは、当該事項の内容の概要、④新設法人の執行役員となる者、監督役員となる者および会計監査人となる者についての各選任議案の参考書類として必要な事項を記載しなければならない。[82]

また、消滅法人における資産運用委託契約の解約議案については、解約の理由を記載しなければならない。[83]

**ｋ）投資主総会決議**

各消滅法人は、投資主総会の特別決議により、合併契約の承認を受けなければならない。[84][85]

また、合併に伴い、消滅法人で資産運用委託契約を解約する場合には、当該解約について、合併の効力発生を停止条件として、投資主総会の普通決議により承認を受けなければならない点につき、吸収合併の場合と同様である。

**ｌ）投資主等への通知または公告**

投資主総会決議の日から２週間以内に、①登録投資口質権者および登録新投資口予約権質権者に対し、新設合併をする旨を、[86]②投資主および新投資口予約権の新投資口予約権者に対し、新設合併をする旨ならびに他の消滅法人および新設法人の商号および住所を通知または公告しなければならない。[87]

振替投資口の場合は、通知に代えて、当該通知をすべき事項を公告しなければならない点につき、吸収合併の場合と同様である。

---

81) 前掲注(39)同様、一定の除外がある。
82) 投信法91条４項、投信法施行規則141条１項、142条、150条。
83) 投信法91条４項、投信法施行規則141条１項、142条、152条。
84) 投信法149条の12第１項、93条の２第２項５号。
85) 新設合併の効力は、登記による新設法人の成立により発生するため（投信法74条、148条の２）、新設法人の設立登記前までに行われなくてはならない（投信法169条２項）。
86) 投信法149条の12第２項・３項。
87) 投信法149条の13第２項・３項、投信法149条の13の２第２項・３項。

m) 投資口の上場廃止

消滅法人について、効力発生日の3営業日前の日に、その投資口が上場廃止となるにつき、吸収合併の場合と同様である。

n) 合併による登記申請

合併承認総会の決議の日、投資主に対する投資口買取請求権の通知・公告日から20日を経過した日、新投資口予約権者に対する新投資口予約権買取請求権の通知・公告日から20日を経過した日、債権者の異議手続が終了した日、または消滅法人が合意により定めた日のうちのいずれか遅い日から2週間以内に、新設法人については設立の登記を、消滅法人については解散の登記をしなければならない。[88]

o) 行政庁への届出

新設法人においては、資産運用を行う前に管轄財務局長等への登録を受けなければならない。[89]

消滅法人においては、吸収合併の場合と同様である。

p) 事後開示書類備置

成立日後遅滞なく、法定事後開示書類[90]を作成し、6カ月間、その本店に備え置き、投資主および債権者の閲覧・謄写等に供しなければならない。[91]

q) 端数処理

吸収合併の場合と同様である。

r) 反対投資主の投資口買収請求[92]

投資主総会に先立って当該合併に反対する旨を消滅法人に通知し、かつ、当該総会で反対した投資主は、当該消滅法人に対し、投資主への通知・公告の日から20日以内に、自己の投資口を公正な価格にて買い取ることを請求できる。

---

88) 投信法169条2項。
89) 投信法187条。
90) ①新設合併の効力が生じた日、②消滅法人における反対投資主の投資口買取請求手続、新投資口予約権買取請求手続、債権者異議手続および新設合併差止請求手続の経過、③新設合併差止請求に係る手続の経過、④新設合併により新設法人が消滅法人から承継した重要な権利義務に関する事項、⑤その他新設合併に関する重要な事項、⑥新設合併契約の内容、⑦消滅法人の事前開示書類(合併契約書を除く)を記載した書面をいう(投信法施行規則197条、198条)。
91) 投信法149条の16。
92) 投信法149条の13第1項・4項、会社法806条5項、807条。

投資口の買取請求があった場合において、投資口の価格の決定について、投資主と当該消滅法人（新設法人設立後にあっては、新設法人。以下本ｒにおいて同じ）との間に協議が調ったときは、消滅法人は、新設法人成立日から60日以内に支払わなければならない。

新設法人成立日から30日以内に協議が調わない場合には、投資主または消滅法人は、期間満了日後30日以内に、裁判所に対し、価格の決定の申立てをすることができる。

投資口買取請求に係る投資口の買取りは、新設法人の成立日に、その効力を生ずる。

### ｓ）　新投資口予約権買収請求[93]

消滅法人の新投資口予約権の新投資口予約権者は、当該消滅法人に対し、新投資口予約権者への通知・公告の日から20日以内に、自己の有する新投資口予約権を公正な価格にて買い取ることを請求できる。

新投資口予約権買取請求があった場合において、新投資口予約権の価格の決定について、新投資口予約権者と消滅法人（新設法人の設立日後にあっては、新設法人。以下本ｓにおいて同じ）との間に協議が調ったときは、消滅法人は、新設法人の設立日から60日以内にその支払いをしなければならない。

新設法人の設立日から30日以内に協議が調わない場合には、新投資口予約権者または消滅法人は、期間満了日後30日以内に、裁判所に対し、価格の決定の申立てをすることができる。

新投資口予約権買取請求に係る新投資口予約権の買取りは、新設法人の設立日にその効力を生ずる。

## Ⅲ　合併の法的問題

不動産投資法人の合併は、ニューシティ・レジデンス投資法人の破綻を機に低迷が続いたＪ-REIT市場の再編を図るため合併が促進された2010年に7件の事例が行われて以来[94]、2019年4月現在14件にのぼり、その目的はたとえばス

---

[93]　投信法149条の13の2第1項・4項、会社法808条5項、809条。
[94]　本書初版302頁、373頁等参照。

ポンサーを同じくする複数の不動産投資法人間の合併による規模拡大で市場における存在感を増すなど多様化している。これまで、不動産投資法人の合併に関連して法的問題が顕在化した例は多くないが[95]、上記でみたとおり、不動産投資法人の合併手続はおおむね会社法のそれを踏襲しているため、会社法上の合併の法的論点を踏まえ、投資法人の特性を加味して、以下合併の法的問題を検討する。

## 1 合併交付金

　吸収合併においては、吸収合併消滅法人が投信法149条１項に基づき備置・開示すべき合併契約の内容その他の事項を定める投信法施行規則193条２項が、「合併対価」を「吸収合併存続法人が吸収合併に際して吸収合併消滅法人の投資主に対してその投資口に代えて交付する当該吸収合併存続法人の投資口又は金銭」と規定しているため、消滅法人の投資主に対して投資口のみならず、金銭を交付することもできる。もっとも、これは、会社法のごとく合併対価を金銭のみとすることが許容されるなど合併対価の柔軟化を認めるものではなく[96]、いわゆる合併交付金として、合併比率の調整に伴い投資口の交付に付随して金銭の交付を行うことや、合併事業年度における吸収合併消滅法人の利益を吸収合併存続法人から配当代わり金として交付すること等が可能であることを明確にしたにとどまる[97]。租税特別措置法上、合併事業年度における吸収合併消滅法人の利益の配当代わり金として、吸収合併存続法人から交付される金銭の額も損金算入することができる[98]。なお、合併交付金が消滅法人の利益の配当代わり金相当額である場合には、合併契約においてその趣旨を明示しておかないと、合併比率調整のための金銭と解釈され、その場合、当該合併交付金の額を変更することは合併比率の変更とみなされ、投資主総会における特別決議を要する

---

95) たとえば、投資口買取請求における価格決定申立事件（後述）がある。
96) 会社法749条１項２号ホにおいて、吸収合併存続会社が吸収合併消滅会社の株主に対してその株式に代わるものとして交付する金銭等が、吸収合併存続会社の株式等以外の財産であることが許容されることが明らかとされている。
97) 2009年１月20日金融庁「パブリックコメントの概要及びコメントに対する金融庁の考え方」44頁参照。
98) 税特措67条の15第１項本文、税特措令39条の32の３第１項。

ことになるとする見解があるので留意を要する[99]。

## 2 投資口買取請求と公正な価格

　投資法人の合併でも、会社法におけると同様に、吸収合併消滅法人、吸収合併存続法人、新設合併消滅法人のいずれにおいても、合併に反対する投資主は、自己の有する投資口を公正な価格で買い取ることを当該投資法人に対し請求できる（投信法149条の3第1項、149条の8第1項および149条の13第1項）[100]。その手続は、承認総会に先立ち投資法人に合併反対であることを通知のうえ、総会において反対することを要件とするなど会社法と同じである（買取請求権の行使手続および投資口価格の決定手続等について、会社法の規定を準用。投信法149条の3第4項、149条の8第4項および149条の13第4項）。

　会社法においては、2005年改正前商法が、合併反対株主による株式買取請求価格を、承認決議が「ナカリセバ」有すべかりし公正な価格と規定していた。しかし、合併は、一般的には各当事会社の企業価値を超える相乗効果（シナジー）に期待して行われるものであり、にもかかわらず多数派が少数派を退出に追い込んで株式買取請求せざるを得ないような場合に、少数派が行使できる株式買取請求における公正な価格を「ナカリセバ」価格とすると、多数派がシナジーを独占できることになりかねないため、株式買取請求における「公正な価格」も合併シナジーを反映できるようにすべく、会社法においては「承認決議がなければ有していたはずの」という趣旨の限定は付されなかった[101]。

　会社法上の組織再編において、反対株主が買取請求権を行使し価格について会社との間で協議が調わないため、裁判所に対し価格決定申立てがなされた事案は近時多数存在し、かかる事案においては、(i)価格算定の基準日（会社による組織再編行為の公表日、反対株主による買取請求権行使日、株式買取請求期間満[102]

---

99) 河本一郎ほか『合併の理論と実務』（商事法務・2005。以下『合併理論実務』という）203～204頁参照。
100) なお、消滅法人の新投資口予約権の新投資口予約権者は、「公正な価格」にて投資口を買い取るよう請求できる（投信法149条の3の2第1項、149条の13の2第1項）。
101) 以上につき、江頭・株式会社法848頁（注9）、880頁（注4）等参照。
102) 2014年会社法改正に先立つ法制審議会会社法制部会においては、買取請求権の濫用防止の観点からの制度見直しも論点のひとつであった（たとえば、第7回議事録37頁高木関係官説明参照）。

了日等が考えうる)、(ii)「公正な価格」の具体的内容(ナカリセバ価格か、シナジーを反映した価格か)、(iii)「公正な価格」の具体的算定方法などが論点となる。これらの事案のうち、抗告審(高等裁判所)の決定を不服として最高裁に許可抗告されたものとして、最高裁平成23年4月19日第三小法廷決定(民集65巻3号1311頁)(以下「最決平成23・4・19」という)、同平成23年4月26日第三小法廷決定(判時2120号126頁)(以下「最決平成23・4・26」という)および同平成24年2月29日第二小法廷決定(民集66巻3号1784頁)(以下「最決平成24・2・29」という)がある。

　最決平成23・4・19は完全親子会社間で前者を持株会社に移行させるため後者に事業承継した吸収分割の事案に関するものであり、当該吸収分割による相乗効果を目的とするものではないため(グループ企業内再編であるため、企業価値に変動はない)、公正な価格はナカリセバ価格となるが、最決平成23・4・19は、価格基準日に関して、反対株主が買取請求権を行使することにより会社の間で反対株主の有する株式について売買契約が成立したのと同様の法律関係が生じることに着目して、株主が会社から退出する意思を明示した時点である株式買取請求がされた日を基準日とするのが合理的であると判示した。そして、「公正な価格」の具体的算定方法に関しては、裁判所による買取価格の決定は「公正な価格」を形成するものであり、裁判所の合理的な裁量に委ねられるとする最高裁昭和48年3月1日第一小法廷決定(民集27巻2号161頁)を引用したうえで、株式買取請求がされた日のナカリセバ価格を算定するにあたり、同日における市場株価やこれに近接する一定期間の市場株価の平均値を用いることも、当該事案に係る事情を踏まえた裁判所の合理的な裁量の範囲内にあると判示した。

　最決平成23・4・19の直後に同じく第三小法廷が行った最決平成23・4・26は株式交換の事案に関するものであるが、株式交換完全子会社の市場株価が、当該株式交換の計画公表直前から上場廃止の直前までに約半値ほどに下落していた[103]。そのため、当該株式交換によるシナジーはなく(むしろ、企業価値が毀損したというべきものであり)、公正な価格はナカリセバ価格となるが、最決平

---

103) 株式交換手続中にリーマンショックが発生したという市場環境も、本件の株価下落に影響したようである。

成23・4・26は、最決平成23・4・19を引用しつつ、反対株主が株式買取請求をした日のナカリセバ価格を算定するにあたり、株式交換を行う旨の公表等がされる前の市場株価を参照し、また市場の一般的な価格変動要因により参照株価に補正を加えることは、裁判所の合理的な裁量の範囲内にあるという趣旨を判示している。

　最決平成24・2・29は資本関係にない株式会社間の企業価値の相乗効果を目的とした株式移転の事案に関するものであり、シナジー効果がないとはいえない点において前二者と異なり、シナジー効果を加味した公正な価格の算定方法が問われた。この点、最決平成24・2・29は、株式移転によりシナジー効果が生じる場合における株式移転後の企業価値は、株式移転設立完全親会社の株式割当により株主に分配されるものであるから、「公正な価格」は、株式移転比率が公正であったとしたら株式買取請求がなされた日において当該株式が有していたと認められる価格であるという趣旨の判示をしたうえで、相互に特別の資本関係がない会社間において、株主の判断の基礎となる情報が適切に開示された上で適法に株主総会で承認されるなど一般に公正と認められる手続により株式移転の効力が発生した場合には、特段の事情がない限り、当該株式移転における株式移転比率は公正なものとみるのが相当という趣旨を判示した（換言すれば、会社の機関決定事項に関しては、裁判所が公正な価格を形成する場面と異なり、もし適式に行われているのであれば、裁判所は介入を差し控えるということだろう）。そして、結論として、株式移転比率が公正なものと認められる場合には、当該比率が公表された後における市場株価は当該株式移転を織り込んだ上で形成されるため、反対株主の買取請求にかかる公正な価格を算定するにあたって参照すべき市場価格として、基準日である株式買取請求がされた日における市場株価や、これに近接する一定期間の市場株価の平均値を用いることは、裁判所の合理的な裁量の範囲内にあるという最決平成23・4・19のロジックを踏襲している。

　以上が、近時の会社法上の株式買取請求における価格決定申立てに関する最高裁の判断であるが、この間に、投資口買取請求における価格決定申立事件に関する下級審裁判例（東京地決平成24・2・20金判1387号32頁）が存在する。[104] 同事件は、吸収合併をする各投資法人が特別の資本関係にない独立した法人同士であり、第三者機関による投資口評価等の合理的な根拠に基づく交渉を経るなど一

般に公正と認められる手続によって吸収合併の効力が発生したと認められる事案として最決平成24・2・29のケースに分類しうるものであるが、同裁判所は、投資口の公正価格は、買取請求日前の1カ月間の投資口価格の終値による出来高加重平均値をもって算定するのが相当であるという趣旨を判示しており、その直後になされた最決平成24・2・29とおおむね軌を一にしている。

## 3　簡易合併

　投信法は、吸収合併存続法人が吸収合併に際して投資主総会の決議を要しない合併として簡易合併の制度を設けている（投信法149条の7第2項）。その要件は、存続法人が吸収合併に際して消滅法人の投資主に対して交付する投資口の総口数が、当該存続法人の発行済投資口の総口数の5分の1を超えない場合であり、かかる場合には、存続法人の投資主総会での合併承認を要しないが、合併契約において、投資主総会の承認を受けないで吸収合併をする旨を定めなければならない。他方、会社法上の簡易合併の要件は、おおむね、吸収合併消滅会社の株主に対して交付する存続株式会社の株式数に1株当たり純資産額を乗じて得た額が、存続会社の純資産額に対する割合として5分の1を超えない場合であり、持分数ベースか純資産額ベースかの違いはあるものの、会社法・投信法いずれも制度趣旨および基準は同じといえよう。2013年投信法改正前の簡

---

104)　日本コマーシャル投資法人を消滅法人、ユナイテッド・アーバン投資法人を存続法人とする吸収合併に反対する前者の投資主を申立人とした投資口買取価格決定申立事件に関する平成24年2月20日東京地裁民事第8部決定。
105)　簡易合併の制度は、基本的に、吸収合併存続法人にとってインパクトが小さく法人の基礎的変更といえないような場合に総会決議を不要とするものであるため（神田・会社法365頁参照）、吸収合併消滅法人には存在しない制度であり、存続法人において簡易合併として総会決議を要しない場合であっても、消滅法人で総会決議を省略することはできない。
106)　会社法は、合併契約について株主総会の承認を要しない場合として、簡易合併（同法796条2項）のほか、特別支配会社（おおむね、ある株式会社の総株主の議決権の10分の9以上を有する他の会社をいう。同法468条1項）を当事会社とすると合併（ただし、合併対価が譲渡制限株式等である場合を除く。略式合併）における被支配会社（吸収合併における消滅会社につき同法784条1項、存続会社につき同法796条1項）を掲げているが、投資法人では略式合併の制度は存在しない。
107)　投信法149条の7第2項。
108)　株式会社の簡易合併の要件は、2005年改正前商法では、合併に際して発行する新株が発行済株式総数の20分の1以下とされていたが、会社法においてベースが変更され基準が緩和された。

易合併の要件は、存続法人が吸収合併に際して消滅法人の投資主に対して交付する投資口の総口数が、当該存続法人の発行可能投資口数から発行済投資口数を控除した数を超えない場合とされており、存続法人の財務内容にインパクトがある場合にも簡易合併が認められ投資主が害されるおそれがあるとの指摘があったことを反映して改正されたものである。[109]

簡易合併では存続法人における投資主の承認のための投資主総会が省略されるため、投資主総会において投資主が吸収合併に反対することを要件とする反対投資主の投資口買取請求権（投信法149条の8第1項）は、存続法人の投資主には認められない。会社法においても、簡易合併における存続会社の株主に株式買取請求権は認められないが（会社法797条1項ただし書）、[110] 会社法では一定数の反対株主の通知による承認総会の強制が認められており（同法796条3項）、かかる場合には反対株主は開催を強制した総会において反対することにより買取請求権が認められることになる（同法797条1項ただし書括弧書）。他方、投資法人では、簡易合併における存続法人の投資主に、かかる総会強制権も認められていない。このように、簡易合併において投資主の異議権は会社法上の株主のそれより制限されているが、もともと投資法人のガバナンス上、たとえば計算書類の確定手続は役員会限りで行われる[111]など投資主の関与が制限されていることから、簡易合併という存続法人の財務インパクトが限定的な手続において、会社法と異なる仕組みとしたものと考えられる。

なお、会社法上、簡易合併の要件を満たす場合にも総会決議を経ることが認められるかという議論があり、これを認めるのが多数説のようで、[112] 投信法上の

---

109) 金融審議会「投資信託・投資法人法制の見直しに関するワーキング・グループ」最終報告（2012年12月7日）11頁参照。
110) 会社法においては、2014年会社法改正前は簡易合併における存続会社の株主に買取請求権が認められており、そのため、総会に先立つ反対通知・総会における反対の手続を経ることなくすべての株主に買取請求権が認められていたので、簡易合併を機にヘッジファンド等から大量の株式買取請求が行われる等の濫用の弊害が目立つことから制度の見直しが行われたとされる（本論点に関する法制審議会の議論につき、前掲注(102)の第7回議事録42頁那須野幹事の発言等参照）。他方、投信法は、従前より簡易合併における存続法人の投資主に買取請求権は認められていなかった。
111) 本書第1章第1節III 2(1)参照。
112) たとえば、江頭・株式会社法887頁、同書において引用する武井一浩=郡谷大輔「簡易組織再編における総会承認決議」旬刊商事法務1842号（2008）61頁等。

簡易合併にこれを敷衍する見解もある[113]。しかしながら、会社法上の簡易合併の要件は純資産額ベースのため合併期日の直前まで充足が確定しない場合もあり得、また反対株主に総会開催強制権が認められているため、結局総会を開催しなければならない余地が残るという不確実さがあり、そうであれば、最初から総会開催を選択したほうが手続的に安定するメリットがある[114]。他方、投信法上の簡易合併の要件は上述のとおり持分数ベースという合併契約締結時点において判定が容易なものであり、かつ、投資主に総会開催強制権も認められないことから、簡易合併の要件を満たす場合の吸収合併存続法人の手続を総会による投資主の意思にかからせることはできないと解すべきではないだろうか[115]。なお、簡易合併の場合においても、通常は、存続法人において、吸収合併に際して規約の変更や執行役員の選任等、投資主総会決議事項が生じるので、実際にはこれら決議事項を目的とする投資主総会が開催されている。

## 4　合併の差止

　会社法上の合併が違法に行われた場合、株主は合併無効の訴えを提起することによりその効果を否定することができるが[116]、合併無効の判決は形成判決であり効力は遡求せず、存続会社・新設会社は将来に向かっていわば分割されることになり、その実現に多大な困難が伴う[117]。そこで、2014年会社法改正において、合併の法令・定款違反により不利益を受けるおそれのある株主による合併の差止請求の制度が設けられ（会社法784条の2、796条の2および805条の2）、2014年会[118]

---

113) 2013年投信法改正前のものであるが、たとえば田中俊平「上場投資法人の合併について」ARES 41号（2009）27頁等。
114) 2014年会社法改正前は簡易合併の要件を満たす場合であっても総会を開催することの目的が、存続会社の株主の買取請求権行使を一定程度制限することにある場合もあり得ることを示唆するものとして、前掲注(112)の旬刊商事法務1842号63頁。
115) 会社法上は、簡易合併の要件について定款による変更が可能とされており（同法796条2項柱書本文括弧書）、したがって、まず総会において簡易合併の要件を狭める定款変更決議をしたうえで、当該合併について承認決議を行うことが考えられるが（前掲注(112)の旬刊商事法務1842号62頁参照）、投信法上の簡易合併には、定款により要件変更を可能とする規定はないことも（同法149条の7第2項本文参照）、そのような解釈の裏付けとなり得よう。
116) 会社法828条1項および2項のそれぞれ8号および9号。
117) 江頭・株式会社法891頁参照。
118) 従前も、組織再編を承認する総会決議が著しく不当である場合に、株主は当該株主総会決議取消の訴えを本案とする仮処分の申立てにより当該組織再編の差止を請求できるという見解もあっ

社法改正に伴い行われた投信法の改正により、投資法人の合併についても同じ制度が導入された（同法150条による会社法の規定の準用）。

　会社法において合併の差止事由となる法令違反とは、たとえば、合併契約の内容が違法、合併契約に関する書面等の不備置、合併承認決議の瑕疵、株式買取請求手続の不履行、債権者異議手続の不履行、要件を満たさない簡易合併・略式合併の手続等であり[119]、合併の無効原因と大部分が重複する[120]。このうち、合併承認決議の瑕疵とは、典型的には招集手続・決議方法の法令違反であるが、特別利害関係人の議決権行使により著しく不当な合併条件が決議された場合も、合併承認決議の取消事由となるから（会社法831条1項3号）、瑕疵ある合併承認決議がなされたものとして合併差止事由となり[121]、このことは、投信法上の合併差止制度についてもあてはまると考えられる。なお、会社法・投信法いずれにおいても、簡易合併の存続会社・法人の株主・投資主には、差止請求は認められていない（会社法796条の2柱書ただし書、投信法150条）。

## 5　米国証券法への対応

### (1)　日本会社の合併と米国証券法の関係

　米国証券法（33年証券法）は、合併当事会社の証券が他の会社の証券と交換される合併契約または合併計画が証券保有者の決議または同意にかかる場合には、当該証券保有者は交換される証券について投資判断を求められるのであるから、当該証券保有者に対して同法第2条(3)の意味における勧誘（offer）が行われるものとみなすと規定し（33年証券法の下位規則として1972年に制定されたRule 145の(a)(2)）[122]、同法に基づく事前登録を義務づける[123]。

---

　　たが、他方、その場合の本案となる実体法上の差止請求権が明らかでなく仮処分は認められないとする見解もあったことから、立法によって一般的な組織再編の差止請求制度を導入するというのが2014年改正の立法理由だったようである（岩原紳作「『会社法制の見直しに関する要綱案』の解説(v)」旬刊商事法務1979号（2012）8頁参照）。

119)　江頭・株式会社法892頁参照。
120)　江頭・株式会社法894頁参照。
121)　江頭・株式会社法893頁（注3）参照。それゆえ、総会が開催されず合併条件の著しい不当を合併承認決議の瑕疵として争うことができない略式合併では、合併条件の著しい不当が個別の差止事由として掲げられている（同法784条の2および796条の2のそれぞれ2号）。
122)　https://www.ecfr.gov/cgi-bin/text-idx?node=17:3.0.1.1.12&rgn=div5#se17.3.230_1145　なお、上記本文中の根拠部分は、Rule 145に関するSECの解説（Preliminary Note）を参照。また、

米国証券法制の基本理念は米国投資家の保護であり、米国内で行われた行為または米国の管轄権が及ぶ手段を用いた取引に適用され、米国内の投資家に証券勧誘が行われる場合には当該証券はSECへの事前登録を要するというのが、SECが沿革的に採用するアプローチであり[124]、したがって、合併を行う会社がいずれも米国会社でなく日本の会社同士の合併であっても、合併対価として証券が交付される株主に米国居住者が含まれる場合には、上記Rule145により米国居住者に対して33年証券法第2条(3)の意味におけるofferが行われるとみなされ、証券の売出に該当する合併契約または合併計画に関する株主総会の時点までに同法上の登録が発効していなければならないことになる[125]。米国証券法[126]

---

offerの定義規定である33年証券法第2条(3)については、本書第3章第4節Ⅲ1を参照。

123) わが国においては、従前、組織再編行為による有価証券の発行は投資者の個別の投資判断によって行われるものでないため「有価証券の取得の申込みの勧誘」はないと考えられており「有価証券の募集」とならないと解されてきたが（金融商品取引法への改正（2006年）前の証券取引法時代の『企業内容等の開示に関する留意事項について』［企業内容等開示ガイドライン］（平11・4大蔵省金融企画局）二-四④）、2005年改正会社法が組織再編行為の対価の柔軟化により、たとえば合併において存続会社の親会社の株式が消滅会社株主に交付される場合など、組織再編行為により交付される株式への投資判断のために十分な情報開示がなされないこともありうることとなったため、金融商品取引法への改正にあたり、2条の2（組織再編成等）を新設し、組織再編行為による一定の有価証券の発行・交付について、有価証券の募集・売出時の開示規制を課すことにした（黒沼・金融商品取引法123頁）。もっとも、同法2条の2が対象とする組織再編成等は会社法上の手続を前提とするものであり、対価の柔軟化の対象とならなかった投資法人の合併（投信法147条1項2号、148条1項5号参照）は、金融商品取引法2条の2による開示の対象とされていない。

124) John M. Basnage et al. "Cross-border Tender Offers and Other Business Combination Transactions and the U. S. Federal Securities Laws : An Overview" ("Cross-border Overview"), pp 462-463.
https://m.hoganlovells.com/〜/media/hogan-lovells/pdf/other/2016/cross_border-tender-offers-and-other-business-combination-transactions.pdf?la=en

125) 登録の様式は、外国企業結合による証券発行に関するForm F-4による（33年証券法の様式に関するRule 34）。

126) Theodore A. Paradise "Form F-4 Registration of Japanese Business Combinations with the U. S. SEC under the U. S. Securities Act", Davis Polk & Wardwell LLP Memorandum (Feb 2010) p7.
https://www.davispolk.com/files/files/Publication/7de0ab81-ac21-4572-ae2c-08c054e6cafc/Preview/PublicationAttachment/24e78a19-2cb4-4bf9-888e-0a47a9b418fd/2010.02.Registration.FormF-4.english.pdf
なお、同メモランダム（p 9）によると、当該株主総会に先立つ招集通知の発送のみならず、初期段階の基本合意の公表等も33年証券法上の勧誘とみなされる可能性があるため、Form F-4が提出未了の段階で行う各種通知・公表が33年証券法第5条 c 項によるガンジャンピングルール

におけるSecurityの定義上[127]、株式と投資口の取扱いに差違はないため、投信法に基づく投資法人の合併であっても、投資主に米国居住者が存する場合には同じことがいえる。

### (2) Cross-border Exemptionsによる登録免除

このように米国証券法制は、勧誘の行為地法や発行者の設立準拠法による投資家保護法制にかかわらず、当該勧誘が米国居住者に及ぶことをもってその適用を及ぼすというアプローチであり、これは欧州の多くの国が採用するアプローチと異なる。そのため、米国法域外で実施される証券を対価する公開買付け[128]、ライツ・オファリング、および合併等の企業結合において米国居住者が投資家として含まれる場合、米国証券法制が重畳的に適用される事態を回避するため、米国居住者が当該スキームから排除されることがしばしば行われた[129]。このように米国証券法制の域外適用ゆえに米国居住者が投資機会から排除される事態への対処として、SECは、域外（クロスボーダー）取引における発行者や勧誘者が米国居住者にも等しく投資機会を与えやすくするため[130]、1999年にRule 800ないし802からなるクロスボーダー免除規定（Cross-border Exemptions）[131]を制定した。同規定は、基本的に、米国域外で行われる公開買付け[132]、ライツ・オフ

---

違反とならないようにする目的で制定されたセーフハーバー・ルール（証券勧誘でないことについての注意喚起文言の挿入等）を利用するようである。
127) 米国証券法第2条(a)(1)によるsecurityの定義は相当に広範で、note, stock, bond等の例示から始まるが、最終的には通常securityと認識されるすべての証書または権利を包含するものとなっているため、日本の会社法上の株式のみならず、投信法上の投資口も米国証券法上のsecurityに該当する。
128) 前掲注(124) Basnageほか"Cross-border Overview" pp463-464。
129) SECによるCross-border ExemptionsのFinal Rule（1999年）の公表資料（"Final Rule 1999" https://www.sec.gov/rules/final/33-7759.htm）脚注8参照。
130) Final Rule 1999のp3参照。
131) https://www.ecfr.gov/cgi-bin/text-idx?node=17:3.0.1.1.12&rgn=div5#sg17.3.230_1702_2_t_3_6230_1703_2t_3.sg13
132) 米国証券法制上、公開買付け（tender offer）は一般的に34年取引所法第14条e項に基づく開示規制に服するが、Cross-border Exemptionsは、かかる規制の適用も免除する。もっとも、わが国投資法人の投資口に関してオランダ法人が2008年に行った公開買付けの事例（アップルリンゴ・ホールディングス・ビー・ヴィによるリプラス・レジデンシャル投資法人投資口の公開買付け）においては、米国からの応募を排除する方法により行われている（公開買付者の2008年8月12日付参考資料「2.買付け等の概要」(9)⑧参照）。
http://www.jrhi.co.jp/site/file/20080829_145311v0Ph.pdf

ァリング、および合併等の企業結合において米国居住者の証券保有割合が10％以下の場合には、当該域外取引に33年証券法第 5 条による開示義務は適用せず、Form CB という様式の届出のみを要求するというアプローチをとる。2008年には、Cross-border Exemptions における米国居住者の証券保有割合の計算を容易にする目的の改正が行われている[133]。

他方、わが国においても上場会社の外国人持株比率が上昇するにつれ、経営統合に米国証券法制が重複適用されることが看過しがたい法的問題と認識されるようになり[134]、おりしも会社法制の見直しのため2010年 4 月に設置された法制審議会会社法制部会において、外国人株主のいる日本企業の組織再編・M&Aにおいて、外国の企業法制がわが国に域外適用される場合であって開示義務の二重適用により多額の事務的負担が生じるおそれがあるときに両国制度の矛盾を回避し手続を迅速化・簡素化するため、会社側が株主の属性などによる区分に応じて対価を選択できるとすべきことが経済産業省から提案された[135]。もっとも、同部会による答申に基づく会社法改正（2014年）においてかかる制度は採用されず、投資法人の合併においても米国投資主を別異に取り扱うのではなく、Cross-border Exemptions に従い Form CB を提出したうえで33年証券法に基づく事前登録の免除を受けているのが実務の趨勢のようである[136]。他方、ライツ・オファリングに関しては、前述のとおり（第 3 章第 4 節Ⅲ 2 ）金融庁の法制専門研究会が2011年に株主平等原則に抵触しないための考慮要素の整理を示したこともあり、Cross-border Exemptions に依拠することなく、米国居住者の権利を制限する方向で実務は対応しているようである。

---

133) https://www.sec.gov/rules/final/2008/33-8957.pdf
134) 後掲注(135)経産省資料では、Form F- 4 の提出を理由に経営統合のスケジュールが遅れた例として、新日本石油株式会社と新日鉱ホールディングス株式会社の共同株式移転による統合持株会社の設立（JX ホールディングス株式会社、2010年 4 月）が掲げられている。
135) 法制審議会会社法制部会第 3 回会議（2010年 6 月23日開催）における経済産業省提出参考資料（経産省資料）14頁（http://www.moj.go.jp/content/000049412.pdf）。
136) たとえば、2018年 5 月 1 日を効力発生日として行われた積水ハウス・リート投資法人と積水ハウス・レジデンシャル投資法人の合併は、2018年 1 月24日に合併契約締結が公表されたが、翌25日に、SEC に対し Form CB が提出されており（Rule 802 (a)(3)）、米国投資主をわが国投資主と同等に取り扱っていること（Rule 802 (a)(2)）が伺われる。
https://www.sec.gov/Archives/edgar/data/1725810/000121465918000631/b122180cb.htm

## 第5節　不動産投資法人の清算と再編

　投資法人の再編手法としては、たとえば買収者が、既存のスポンサーの賛同を得または対象投資法人の投資口の多数を取得しその支配権を掌握して、投資主総会での解散決議により対象投資法人を解散・清算させ、清算手続において、自己または第三者をして対象投資法人の保有不動産を取得する方法等も考えられる[1][2]。これは、投資法人の経営権取得を目的とするのではなく、投資法人の保有資産取得を目的とする再編手法といえよう。
　そこで、以下では、投資法人の解散・清算手続を概説した上で、投資法人の再編としての投資法人の清算に伴う保有資産売却の留意点について触れる。

## I　解散

### 1　解散事由

　投資法人は、以下の事由により解散する[3]（投信法143条[4]）。
①規約で定めた存続期間の満了[5]

---

[1]　2010年11月24日に、FCレジデンシャル投資法人の投資主が、投資法人を解散し全資産を売却することを理由として、投資法人の解散を目的事項とする投資主総会招集請求を行った事例がある。もっとも、合計して発行済投資口総数の3分の1を超える投資口を保有する大口投資主2社から、解散を目的とした議案に反対する意向表明を受領したこと等から、最終的に投資主総会の招集は行われなかった。

[2]　このほか、投資法人を解散・清算させることなく、たとえば資産運用会社の支配権を取得し、当該資産運用会社の資産運用の一環として対象投資法人の保有資産を全部売却させる方法も考えられる。

[3]　登録投資法人が、合併により消滅した場合、破産手続開始決定により解散した場合、または投信法143条1号～3号の事由により解散した場合、同法187条の登録は、その効力を失う（投信法192条2項）。

[4]　上場不動産投資法人が、投信法143条に掲げる解散事由に該当すると、東証の上場規程1218条1項1号a(a)の上場廃止基準に該当する。

[5]　存続期間の定めは規約の必要的記載事項とはされていないが、規約で存続期間を定めた場合にはその期間の満了により解散する。

②規約で定めた解散の事由の発生
③投資主総会の決議
④合併（合併により当該投資法人が消滅する場合に限る）
⑤破産手続開始の決定
⑥解散命令・解散判決
⑦投信法187条の登録の取消し
⑧投信法190条1項の規定による同法187条の登録の拒否

## 2　解散の決議

　解散の決議は、発行済投資口の過半数の投資口を有する投資主が出席し、出席した当該投資主の議決権の3分の2（これを上回る割合を規約で定めた場合にあっては、その割合）以上の多数決で行う（特別決議。投信法143条3号、93条の2第2項4号）。

## 3　解散命令・解散判決

　裁判所は、以下のいずれかの場合において、公益を確保するため投資法人の存立を許すことができないと認めるときは、管轄財務局長等[6]、投資主、債権者その他の利害関係人の申立てにより、投資法人の解散を命ずることができる（投信法144条、会社法824条）。
① 　投資法人の設立が不法な目的に基づいてされたとき
② 　投資法人が正当な理由がないのにその成立の日から1年以内にその事業を開始せず、または引き続き1年以上その事業を休止したとき
③ 　執行役員または監督役員が、法令もしくは規約で定める投資法人の権限を逸脱しもしくは濫用する行為または刑罰法令に触れる行為をした場合において、管轄財務局長等から書面による警告を受けたにもかかわらず、なお継続的にまたは反覆して当該行為をしたとき
　また、発行済投資口の総数の10分の1（これを下回る割合を規約で定めた場合にあっては、その割合）以上の口数の投資口を有する投資主は、①投資法人が

---

6）　投信法に基づく内閣総理大臣の権限は、金融庁長官を経由して、管轄財務局長等に委任されている（投信法225条1項・5項、投信法施行令135条3項）。

業務の執行において著しく困難な状況に至り、当該投資法人に回復することができない損害が生じ、または生ずるおそれがあるとき、または②投資法人の財産の管理または処分が著しく失当で、当該投資法人の存立を危うくするとき、のいずれかの場合であって、やむをえない事由があるときは、訴えをもって投資法人の解散を裁判所に請求することができる（投信法143条の3）。

## II 清　　算

### 1　清算中の投資法人

　投資法人は、合併、破産等の場合を除き、解散した場合に清算手続に入る（投信法150条の2）。
　投資法人は、解散後も清算の目的の範囲内において、清算が結了するまでは存続するものとみなされる（同法150条の3）。清算をする投資法人（以下「清算投資法人」という）は、1人または2人以上の清算執行人、清算執行人の員数に1を加えた数以上の清算監督人、清算人会および会計監査人を置かなければならない（同法150条の4第1項）。

### 2　清算執行人、清算監督人等

#### (1)　選　　任

　投資法人が解散したときは、原則として、執行役員が清算執行人に、また、監督役員が清算監督人になる（投信法151条1項・2項）。ただし、規約に別段の定めがあるとき、または投資主総会において他の人を選任したときはこの限りではない（同法151条1項・2項）。

　清算執行人、清算監督人となる者がいないときは、特別清算が開始したときを除き、管轄財務局長等が、利害関係人の申立てまたは職権により、清算執行人、清算監督人を選任する（同法151条3項）。解散命令・解散判決による解散または設立無効判決確定（同法150条の2第2号）の場合についても、特別清算が開始された場合を除き、管轄財務局長等が、利害関係人の請求または職権により選任する（同法151条4項）。登録の取消し、登録の拒否による解散の場合には、特別清算が開始された場合を除き、管轄財務局長等が職権により選任する（同

法151条5項)。

### (2) 解　任

　特別清算の場合を除き、管轄財務局長等は、投資法人の清算において重要な事由があると認めるときは、利害関係人の申立てまたは職権により、清算執行人、清算監督人を解任することができる。この場合には、管轄財務局長等は清算執行人、清算監督人を選任することができる（投信法153条1項）。

### (3) 清算執行人、清算監督人の事務

　清算執行人は、現務の結了、債権の取立ておよび債務の弁済、残余財産の分配を行う（投信法153条の2）。清算執行人は、清算投資法人の業務を執行し、清算投資法人を代表し（同法153条の3第1項）、清算投資法人の業務に関する一切の裁判上または裁判外の行為をする権限を有する（同法153条の3第2項、会社法349条4項）。清算執行人は、3カ月に1回以上職務の執行状況を清算人会に報告しなければならない（投信法153条の3第2項、109条3項、投信法施行令105条）。

　清算監督人は清算執行人の職務の執行を監督する（投信法154条の2第1項）。清算監督人は、いつでも、清算執行人、一般事務受託者、資産運用会社および資産保管会社に対して、投資法人の業務、財産の状況の報告を求め、必要な調査をすることができる（同法154条の2第2項、111条2項）。

## 3　清算事務

　清算執行人は、就任後遅滞なく、清算投資法人の財産の現況を調査して、財産目録および貸借対照表を作成し、会計監査人の監査を受けなければならない[7]（投信法155条1項・2項）。

　清算執行人は、現務の結了をしなければならない（同法153条の2第1号）。現務の結了とは、解散前の業務の後始末をつけることをいう[8]。また、債務の弁済、

---

7) 清算執行人は、会計監査人の監査を受けた財産目録および貸借対照表、ならびに会計監査報告を清算人会に提出して、財産目録および貸借対照表の承認を受けなければならない（投信法155条3項）。清算執行人は、特別清算が開始された場合を除き、清算人会の承認を受けたときは、遅滞なく、財産目録および貸借対照表、ならびに会計監査報告を管轄財務局長等に提出しなければならない（同法155条4項）。
8) 江頭・株式会社法1005頁。

残余財産の分配を行うため、財産の換価処分が必要となる。

　清算投資法人は、清算開始原因が生じた後遅滞なく、債権者に対して、一定の期間内（1カ月を下回ってはならない）に債権を申し出るよう公告し[9]、かつ、知れている債権者には各別にこれを催告しなければならない（同法157条1項）。清算投資法人は、債権申出期間経過後に、債務の弁済を行う（同法153条の2第2号）[10]。

　清算投資法人は、債務の弁済をした後、清算人会の決議を経て、残余財産の分配を行う[11]（投信法153条の2第3号、157条3項、会社法502条、投信法158条1項）。

　清算投資法人は、清算事務の終了後遅滞なく、決算報告を作成し、会計監査人の監査を受けなければならない[12][13]（投信法159条1項・2項）。

## III　投資法人の清算に伴う資産売却の問題点

### 1　法令上の留意点

　投資法人の清算手続において、換価処分として保有資産の売却を行う場合、以下の点に留意が必要となる。

　(1)　清算執行人は、清算投資法人の現務の結了、債権の取立ておよび債務の弁済、残余財産の分配を行う権限を有することから（投信法153条の2）、債務の弁済、残余財産の分配のための財産の換価処分として保有不動産の売却を行う

---

9) この公告には、期間内に申し出をしないときは清算から除斥される旨も付記する（投信法157条2項）。
10) 清算投資法人は、債権申出期間内は、原則として、債務の弁済をすることができない（投信法157条3項、会社法500条1項）。
11) 投資主に対する残余財産の割当ては、投資主の有する投資口の口数に応じて行わなければならない（投信法158条2項）。
12) 清算執行人は、会計監査人の監査を受けた決算報告および会計監査報告を清算人会に提出して、決算報告の承認を受けなければならない（投信法159条3項）。清算執行人は、清算人会の承認を受けたときは遅滞なく、決算報告および会計監査報告を添えて、清算事務が終了した旨を投資主に通知する（同法160条1項・3項）。ただし、清算人会による決算報告の承認を受けた場合であっても、会計監査報告に、決算報告が法令、規約に違反し、決算の状況を正しく示していない旨の記載があるときは、決算報告および会計監査報告を投資主総会に提出して、決算報告の承認を受けなければならない（同法159条4項）。
13) 清算執行人は、これらの承認を受けたときは遅滞なく、決算報告および会計監査報告の謄本を管轄財務局長等に提出しなければならない（投信法160条4項）。

権限も清算執行人に属すると解される。もっとも、投資法人は使用人を雇用することができないことから（同法63条2項）、清算執行人のみで財産の換価処分等をすべて行うことは現実的に難しい場合も多いため、清算投資法人が換価処分としての保有不動産の売却等の清算事務を資産運用会社に行わせるために、当該業務の全部または一部を資産運用会社に対し委託することも考えられる[14]。なお、資産運用会社が清算投資法人の清算事務の一部を受託する場合、当該受託業務は、金商法上、付随業務と位置づけられる（金商法35条1項柱書）[15]。

(2) 清算執行人または清算監督人は、投信法上、清算投資法人に対して、善管注意義務（投信法151条6項、97条）および忠実義務（投信法153条の3第2項、154条の2第2項、会社法355条）を負っており、任務懈怠の場合には、清算投資法人に対して損害賠償責任を負う（投信法154条の4）。そして、その責任追及として、投資主による代表訴訟の制度が認められている（投信法154条の7、会社法847条）。したがって、たとえば買収者に廉価で不動産を取得させる目的で清算投資法人の換価処分として保有不動産を売却する場合には、清算執行人または清算監督人が少数投資主から損害賠償責任を追及される可能性があろう。そのため、投資主特に少数投資主からの損害賠償責任を回避する観点からは、スクイーズアウトにより少数投資主を排除した後に行う等の検討が必要となろう[16]。

(3) 租税特別措置法上、清算投資法人の投資主に対する投信法158条に基づく残余財産の分配としての金銭交付には、同法137条1項に基づく金銭の分配

---

14) 投信法上、明示的に清算事務の委託が禁止されていないこと等を理由として、清算投資法人が資産運用会社に対し清算事務の全部または一部を委託することが可能であると論じる見解として、片岡良平「不動産流動化・証券化とコンプライアンス（第5回）J-REITの買収スキームにおける法的問題点(下)」不動産証券化ジャーナル9号（2007）100頁、川崎清隆ほか監修『不動産投資法人のM&A実務マニュアル』（綜合ユニコム・2009）67頁等。
15) 金商法パブコメ211頁23番。
16) 資産運用会社は、金商法上、その投資運用業につき投資法人に対する忠実義務・善管注意義務を負い（金商法42条1項1号・2項）、投信法上、任務懈怠の場合、投資法人に対して損害賠償責任を負うところ（投信法204条1項）、金商法の付随業務については、原則として金商法上の忠実義務・善管注意義務規定は適用されないとの見解が示されている（前掲注(15)・金商法パブコメ425頁2番。ただし、「付随業務と併せて行う投資運用業に該当する業務については忠実義務が適用される」と述べられている）。もっとも、清算手続における受託業務につき、資産運用会社が契約等に基づく忠実義務・善管注意義務および投信法に基づく損害賠償責任を負う場合があるかについては慎重な検討が必要となろう。

としての金銭交付の場合と異なり、損金算入が認められないと解される[17]。この場合、清算投資法人が財産の換価処分として行う保有資産の売却に伴う売却益の税法上の取扱いについては慎重な検討が必要である。

## 2　実務上の留意点

　(1)　再編の一形態としての清算に伴う資産売却については、反対投資主の保護のあり方、投資対象不動産の売却によるJ-REIT市場の縮小、投げ売り等による不動産市場全体への影響等が懸念され[18]、また、不動産投資市場における出口戦略の受け皿としての不動産投資法人の役割に鑑みても[19]、合併等の他の再編手法を選択するか、仮に再編手法として投資法人の清算を利用する場合であっても、スクイーズアウトにより少数投資主を排除した後に解散・清算を行うなど、その実施には慎重な検討が必要となろう。

　(2)　また、投資法人を清算させることなく、資産運用会社の支配権を取得し、その資産運用業務の一環として当該投資法人の保有不動産全部を売却する方法の場合も、投資運用会社および役員に対する少数投資主からの損害賠償請求を回避する等の観点から、前提としてスクイーズアウトによる少数投資主の排除を検討する必要があると考えられる。なお、この方法の場合、規約変更の必要性など、清算に伴う資産売却の場合以上に検討すべき問題が多いといえる[20]。

---

[17]　清算投資法人の投資主に対する投信法158条に基づく残余財産の分配としての金銭交付には税特措67条の15が適用されない旨を論ずる見解として、片岡・前掲注(14)100頁、川崎ほか・前掲注(14)66頁等がある。

[18]　投資家に信頼される不動産投資市場確立フォーラム2009年7月3日付とりまとめ「Jリートを中心とした我が国不動産投資市場の活性化に向けて」11頁参照。

[19]　不動産投資市場政策懇談会の2016年3月付提言「不動産投資市場の成長戦略—2020年に向けた成長目標と具体的取組—」3頁参照。

[20]　その他、たとえば、投資主総会の特別決議の要否、不動産取得税や登録免許税等の軽減措置適用の有無、役員の忠実義務・善管注意義務（投信法97条、109条5項、111条3項、会社法355条）ならびに資産運用会社に適用される投信法および金商法上の義務（金商法42条、42条の2等）への抵触可能性等が考えられる。

# 第 6 節　不動産投資法人の倒産手続と再編

## I　概　　要

　投資法人は、資産の運用以外の営業が禁止されており（投信法63条1項）また、資産運用業務やその他の業務を委託しなければならず（投信法117条、198条1項、208条1項）、制度上一定の倒産隔離が図られているといえよう。

　しかしながら、投資法人は、借入れや投資法人債の発行による資金調達を行う一方で、導管制要件維持のため事業年度ごとに配当可能利益の90％超を配当することが求められ資金の内部留保が恒常的に少ないため、既存の借入れや投資法人債の返済にあたり、リファイナンスや物件売却による資金調達ができない場合や、物件取得にあたって資金調達の目途が立たず結果的に多額の解約違約金が発生する場合等に、支払不能に陥る可能性も否定できない。[1][2][3][4]

---

1) 不動産投資法人初の民事再生手続事例として、ニューシティ・レジデンス投資法人が、2008年10月9日付で東京地裁に民事再生手続開始の申立てを行い、同年10月14日付で民事再生手続開始決定を受けた事例がある。

2) 投資法人においては、おおむね借入比率（LTV）を比較的低い数値（たとえば50％台以下）に維持することが一般的であり、債務超過に陥る可能性は相対的に低いといえる。したがって、投資法人が倒産する理由としては、資産超過であり、かつ賃貸不動産からの一定の収入も確保されているにもかかわらず、市況の悪化等により資金調達に失敗した結果、資金繰りに窮した場合等が考えられよう。

3) ニューシティ・レジデンス投資法人のケースでは、取得予定の資産の決済資金および返済期限の到来する借入金の返済資金について調達の目途が立たなくなったことが民事再生手続申立てに至った理由として挙げられている（ニューシティ・レジデンス投資法人2008年10月9日付プレスリリース参照）。

4) なお、2009年1月30日付で、金融商品取引業者等向けの総合的な監督指針の一部改正が行われ、投資法人がフォワード・コミットメント等（先日付での売買契約であって、契約締結から1月以上経過した後に決済・物件引渡しを行うこととしているものその他これに類する契約をいう）を行う場合の留意事項が規定され（現・金融商品取引業者等向けの総合的な監督指針VI-2-6-3(5)②）、同日付「『金融商品取引業者等向けの総合的な監督指針の一部改正（案）』に対するパブリックコメントの結果等について」の「提出されたコメントの概要とコメントに対する金融庁の考え方」90頁5番によれば、当該改正は「昨今の金融・資本市場や不動産市場の状況を踏まえ、投資法人がフォワード・コミットメントを行う場合にはその履行に必要な資金調達が困難となるおそれがあり、ひいては投資主にも多大な影響を与えかねないことを踏まえたもの」とされている。

投資法人に適用ある法的倒産手続としては、破産手続、民事再生手続、特別清算手続（投信法164条以下[5]）が挙げられる。また、後述するように、破産または民事再生手続開始申立てが行われると直ちに上場廃止となることから、投資家への影響などを考慮し、私的整理手続の活用可能性を検討することも考えられよう[6]。

本節においては、投資法人に適用ある法的倒産手続または私的整理手続についての概要の説明は割愛し、不動産投資法人に法的倒産手続が開始された場合の影響および投資法人の倒産手続に特有の論点について概説する。

## II 影 響

### (1) 上場廃止

上場不動産投資法人が破産手続または再生手続開始の申立てを行った場合には、ただちに当該投資法人の投資証券の上場廃止が決定されることになる[7]。

### (2) 監督官庁への届出等

登録投資法人が破産手続開始決定により解散した場合には、破産管財人がその旨を管轄財務局長等に届け出なければならない（投信法192条1項2号[8]）。この

---

5) ただし、特別清算手続においては、全債権者との個別和解または債権者集会における協定案の可決が必要となる等の手続的負担があるため、投資法人のように債権者が多数存在するような場合には利用される可能性は現実的に低いと考えられる。

6) 「座談会 REIT 倒産の影響とその後の処理」金法1855号（2009）10頁 小田大輔発言。なお、私的整理手続のうち、投資法人による事業再生 ADR の利用可能性に触れる見解として、新家寛ほか編『REIT のすべて〔第2版〕』（民事法研究会・2017）631頁、森・濱田松本法律事務所編『投資信託・投資法人の法務』（商事法務・2016）583頁が挙げられる。

7) 東証の場合、「法律の規定に基づく破産手続若しくは再生手続を必要とするに至った場合又はこれに準ずる状態になった場合」「当該上場不動産投資信託証券の上場を廃止する」とあり（上場規程1218条1項1号 a (b)）、「規程第1218条第1項第1号 a の(b)に規定する法律の規定に基づく破産手続若しくは再生手続を必要とするに至った場合とは、上場投資法人が、法律に規定する破産手続又は再生手続の原因があることにより、破産手続又は再生手続を必要と判断した場合をいう」（上場規程施行規則1232条2項）と規定されているため、投資法人が破産手続または民事再生手続開始の申立てを行った場合、上場廃止となる。

8) もっとも、上場不動産投資法人には多数の投資主が存在するため、投資主保護の観点から、破産手続開始決定や民事再生手続開始決定に至る前の倒産手続開始の申立て段階において、監督官庁へ事前相談を行う等の検討も必要といえよう。現に、ニューシティ・レジデンス投資法人の場

場合、登録投資法人の登録は、その効力を失う（同条2項）。また、投資法人が資産運用会社との間で締結していた資産運用委託契約は当然に終了することになる（民法653条2号）。

### (3) 導管性要件の維持

投資法人に民事再生手続が開始された場合、民事再生法上は、再生手続中の配当を制限する規定はないため、資産超過である場合には理論上は配当が可能といえよう。しかしながら、再生手続において債権者への弁済を停止しているにもかかわらず投資主へ配当を行うことは債権者の理解を得ることは難しく現実的ではないと考えられる。

他方で、民事再生手続開始の申立てをした場合で、申立て後に決算期が到来する事業年度において、法人税法上不動産等の固定資産の評価損を計上できる場合には、当該事業年度での課税が生じない可能性があるため、導管性要件を検討する必要がない場合もありえよう。

### (4) 投資法人債の取扱い

投資法人が、投資法人債管理者が設置されている投資法人債を発行している場合には、投資法人債要項に定めがない限り、投資法人債管理者が、破産手続、民事再生手続または特別清算手続に属する行為（たとえば再生計画案に対する議決権行使等）を行う場合、投資法人債権者集会の特別決議によらなければならない（投信法139条の9第4項2号、139条の10第2項、会社法724条2項1号、706条1項2

---

合、民事再生手続開始の申立てと同日の2008年10月9日付で、関東財務局により財産保全および投資主保護等を内容とする業務改善命令が出されている。
9) それゆえ、破産管財人が、破産手続における財産の換価処分等の清算事務を従前の資産運用会社に委託するためには、改めて資産運用会社との間で業務委託契約を締結することが考えられよう。
10) なお、会社更生法においては、更生会社は、更生手続開始後その終了までの間、更生計画によらずに剰余金の配当をすることができないと規定されている（会社更生法45条1項4号）が、会社更生法は投資法人には適用がない。
11) 法人税法33条2項、法人税法施行令68条1項。
12) これに対し、再生債権者としての再生債権の届出は、「投資法人債に係る債権の実現を保全するために必要な一切の裁判上又は裁判外の行為」（投信法139条の9第1項）として、投資法人債管理者は、投資法人債権者集会での決議によることなく行うことができる。

号)。もっとも、投資法人債権者集会の決議が成立しなかった（投資法人債管理者による議決権行使が認められない）場合において、個々の投資法人債権者が、自ら再生債権の届出をしたとき、または投資法人債管理者が債権届出をした場合において、再生計画案を決議に付する旨の決定があるまでに、裁判所に対し、当該投資法人債につき議決権を行使する意思がある旨の申出をしたときは、当該投資法人債権者は再生手続で議決権を行使できるとし、一定の手当てがなされている（民事再生法169条の2第1項）。

### (5) テナントとの賃貸借関係

不動産投資法人は、オフィスビル、商業施設、住宅等その保有不動産の種類に違いはあるものの、いずれも賃料収入を目的として賃貸不動産を保有していることが一般的であるため、法的倒産手続が開始された場合には、倒産手続における賃貸借契約[13]および敷金返還請求権の取扱いが問題となる。このうち、敷金返還請求権については、民事再生手続または破産手続においては、原則としてそれぞれ再生債権または破産債権として権利変更の対象になるところ、以下の通り一定の保護が予定されている[14]。

民事再生手続の場合、再生手続開始後にその弁済期が到来すべき賃料債務について、再生手続開始後その弁済期に弁済をしたときは、賃借人が有する敷金返還請求権は、再生手続開始の時における賃料の6カ月分に相当する額を限度として、共益債権となる（民事再生法92条3項）とされているため、当該額を限度として随時に弁済を受けることにより敷金返還請求権が保護される。他方、破産手続の場合には、敷金返還請求権を有する賃借人が、破産者に対する賃料債務を弁済する場合には、敷金返還請求権の額の限度において弁済額の寄託を請求できるため（破産法70条後段）、その後に敷金返還請求権を行使できるようになった時点で、敷金返還請求権と賃料債務を相殺し、寄託された弁済金が賃借人に返還されることによって、敷金返還請求権が保護される。

---

13) なお、賃貸人に破産手続または民事再生手続が開始された場合において、賃借人が建物の引渡しを受ける等して対抗要件を備えている場合には、賃貸人側の契約解除権は排除されている（破産法56条1項、民事再生法51条）。

14) なお、有力な反対説があるものの、実務上は、破産手続または民事再生手続において賃貸物件を売却した場合には、敷金返還債務も買主に承継されると一般的に解されている。

⑹　その後の再編との関係

　投資法人が民事再生手続を選択した場合には、新たなスポンサーによる再編手法を伴った支援により投資法人を再建することが考えられる。そして、その際には、他の投資法人との合併、新たなスポンサーによる投資法人への第三者割当増資等による投資口の取得、資産運用会社の交代、資産売却等の手法が考えられよう。[15)] [16)]

　この点に関し、民事再生法上は、合併等の組織法上の行為を再生計画により実施することは予定されておらず、再生手続への投資主の関与を認める規定も置かれていないため、合併を行う場合には、再生手続下であっても通常の場合と同様、投信法に基づく手続（投資主総会特別決議等）を実施する必要がある。また、民事再生法上、株式会社であれば、債務超過等の一定の場合に、裁判所の許可を得て再生計画による株式取得および第三者割当増資による既存株主の排除が認められている（民事再生法166条、166条の2、154条3項・4項等）が、投資法人には適用がないため、新たなスポンサーは、通常の場合と同様に既存の投資主の存在を前提として再編手法を検討する必要があろう。

---

15)　唯一の民事再生手続事例としてのニューシティ・レジデンス投資法人の場合も、その後、ビ・ライフ投資法人との合併が行われている。
16)　各手続については、第2節、第3節および第4節も参照。

## 第7節　投資法人活用の多様化

### I　私募 REIT

#### 1　私募 REIT とは

**(1)　私募 REIT の意義**

　私募 REIT とは、一般に、非上場のオープン・エンド型投資法人をいう。一般社団法人不動産証券化協会（ARES）発行の「私募リート・クォータリー」においては、「私募 REIT」の要件として、①非上場であること（証券取引所に上場していないこと）、②投資信託協会の定める「不動産投資信託及び不動産投資法人に関する規則」（以下「不動産投資規則」という）に定める「不動産投信等」であること[1]、③同規則で定める「オープン・エンド型の投資法人」であること[2]、④運用期間の定めがないこと、のすべての条件を満たすことが挙げられている。

　したがって、将来的に上場を視野に入れているものの、現時点では非上場であり、投資口を私募で販売している投資法人（ほとんどは、クローズド・エンド型である）[3]は、当該時点では「私募」の投資法人であるが、一般に「私募 REIT」とは呼ばれていない。

---

1)　具体的には、「投資法人規約において投資法人の財産の総額の2分の1を超える額を不動産等及び不動産等を主たる投資対象とする資産対応型証券等に対する投資として運用することを目的とする旨を規定している投資法人」をいう（不動産投資規則3条1項）。

2)　規約において、「一定期間毎に、当該投資法人の資産内容に照らし公正な価額をもって投資口の発行を行う旨、又は投資主からの一部払戻し請求に基づき投資口の一部の払戻しをする旨を規定している」投資法人をいう（不動産投資規則3条8項）。もっとも、安定的な運用を確保し、税務上の導管性要件を充足することを目的として、払戻しができない期間（ロックアップ期間）を設けたり、一定の期間の払戻し口数に上限を設けたりする等、払戻しに制限を加えることが一般的である。

3)　上場 REIT は、クローズド・エンド型であることが必要とされる（上場規程1205条(2) j）。

## (2) 上場REITとの異同（概要）

　私募REITも、上場REIT（J-REIT）と同様、投資信託および投資法人に関する法律に基づく投資法人であり、その設立手続や内部機関、その運用の一切を投資運用業の登録を受けた資産運用会社に委託することが必要である等の仕組みは上場REITと同様である。

　しかし、オープン・エンド型であることのほか、投資口の保有者を機関投資家に限定したり、投資口に譲渡制限をかけたりする必要が生じる等、上場REITとは異なった対応が必要となる。

## 2　私募REITの沿革・現況

### (1)　私募REITの沿革

　わが国の私募REIT第1号は野村不動産プライベート投資法人であり、2010年10月に運用が開始された。その後、投資法人数、資産総額ともに緩やかに増加をしてきたが、2013年末に資産総額が5000億円を超えた後は、急激に増加スピードが上がり、2014年〜2016年にかけては毎年4〜5程度の私募REITが運用を開始し、資産総額も毎年5000億円程度積み上げられ、私募リート・ブームともいえる状況となった。2017年に入り増加スピードは一旦緩やかとなったが、2018年に入り、再び増加傾向にある。2018年12月末日現在において、私募REITの数は28、資産総額は2兆8826億円となっている。

### (2)　私募REITの現況

#### ①　スポンサー

　私募REITのスポンサーは、不動産会社、大手金融機関、商社、鉄道会社等、不動産取引・運用に関連する事業を行っている企業が多い。

　私募REITの運営にあたっては、良質な物件の取得を行うために、物件の

---

4）　金商法28条4項。
5）　運用開始時点での資産規模は約200億円。2017年2月末時点の資産規模は、約1625億円（取得価格ベース）であり、2000億円に向けた成長を目指すとしている（野村不動産ホールディングス株式会社「統合レポート2017」47頁。https://www.nomura-re-hd.co.jp/ir/pdf/AR2017j.pdf）
6）　一般社団法人不動産証券化協会「私募リート・クォータリーNo.13（2018年12月末基準）」https://www.ares.or.jp/action/research/pdf/shibo_201812.pdf?open=1

紹介、ウェアハウジング機能の提供等、スポンサーからの協力が重要であることや、金融や不動産の売買・運用に関して専門的な知識・経験を有する人材を確保する必要があることから[7]、不動産の取引・運用に関連する事業を行っている企業がスポンサーに馴染むことは肯首できるところである。

他方、私募REITのスポンサーは、必ずしも、J-REITのスポンサーとなっている企業とは限らない。また、2018年3月には地方銀行の広島銀行が、同年6月には大手ゼネコンの鹿島建設が私募REITの運用を開始する等、これまで私募REITのスポンサーにはなっていなかった業態の企業がスポンサーとなって私募REITの運用を開始している。

② アセットの種類

私募REIT全体のアセットの種類としては、オフィスが46.2％、住宅が19.8％、物流施設が16.1％、商業施設が12.4％（いずれも取得価額ベース）となっており[8]、オフィスが中心であるものの、特段、アセットの種類に偏りはない。同時点のJ-REITの保有アセットは、オフィスが42.1％、住宅が15.1％、物流施設が15.2％、商業施設が18.2％（いずれも取得価額ベース）であり[9]、私募REITに比べ、オフィスの割合がやや低く、商業施設の割合がやや高めであるが、総じて、私募REITとの間に大きな差はないといえる。

個別の私募REITとしては、複数のアセットの種類を組み合わせて運用する総合型が多いが、運用に特殊なノウハウを必要とする物流施設については、これに特化した私募REITが多い。また、大和証券グループの大和リアル・エステート・マネジメント株式会社は、従前、住宅特化型の私募REITを運用していたが、2018年6月にホテル特化型の私募REITの運用を開始しており、特化型の私募REITを複数運営するという戦略を採っていることが注目される。

---

7) 資産運用会社においては、金融商品取引業を適格に遂行するに足りる人的構成を有することが必要とされ（金商業等府令13条）、特に、運用責任者およびコンプライアンス責任者については、相応に高い資格や実務経験が求められており、実務上、かかる人材の確保が投資運用業登録に際してネックになることも少なくない。なお、スポンサーからの出向等による人材供給が行われる場合、利益相反への対応が重要となる。
8) 前掲注（6）・私募リート・クォータリー No. 13。
9) ARES J-REIT Databook（2019年2月末時点）より筆者算出。

また、私募REITは、運用会社と投資家との距離が近く、投資戦略等について、投資家への詳細な説明、意見交換等が可能であり、また、必ずしも多くの投資家からの投資を募る必要がないことから、一般的な投資対象のみならず、特徴のある物件を投資対象とすることが可能となる。地主プライベートリート投資法人が底地のみを対象とし、また、D&Fロジスティクス投資法人が株式会社ファーストリテイリングのための物流施設を対象とする等は、このような私募REITの特徴を活かした例といえよう。

### ③ 資産規模

私募REIT 1法人当りの資産規模は、平均で、約1000億円／25物件である。運用開始時の運用資産は、200～350億円程度のものが多く、当面の目標として1000億円～1500億円程度を目指すとする私募REITが多い。

J-REITの1法人当たりの資産規模は、平均で、約2930億円／64物件であり、規模的には、約3倍の開きがある。[10]

### ④ 投資家層

私募REITの投資家としては、地銀、信金等の地域金融機関が4割近く（38.1％）を占めており、次いで、銀行（地銀を除く）、生損保、系統中央機関等の中央金融法人が26.4％、年金が19.8％となっている。[11]

J-REITにおいては、投資信託が約35％を占め、都銀、地銀、信託銀行（投資信託、年金信託を除く）は合せて13％程度である。[12] 私募REITは、流動性が相対的に乏しいこと、また、事実上、投資主が税法上の機関投資家に限定されること等から、かかる差異が生じているものと思われる。

## 3　私募REITが増加する背景

私募REITは、J-REITと比較した場合、①非上場であることから、投資

---

10) もっとも、日本オープンエンド不動産投資法人の運用資産は、2017年3月末時点で3000億円を超え、長期的には5000億円まで拡大することを目指すとしており、私募REITであっても、J-REITに匹敵する規模のREITも存在する。
11) 前掲注（6）・私募リート・クォータリー No. 13。
12) 日本取引所グループ「上場不動産投資信託証券（REIT）投資主情報調査結果〈2018年8月〉（2018年12月19日公表）」（https://www.jpx.co.jp/markets/statistics-equities/examination/03.html）による。

口の価格が資本市場の価格変動リスクを負わず、投資口価格のボラティリティが相対的に低い、また、②上場コストおよび上場維持コストがかからない（資産運用会社の体制も、相対的に軽いものとすることができる）といったメリットがある。

また、私募ファンドと比較した場合、①一般に、運用期間が無制限となることから、ローンの返済期限時における不動産市場、ローン市場の影響を受けにくい[13]、②物件の入替えを前提とするヴィークルであることから、ローン契約上、物件の新規購入・売却について、比較的自由度の高い条件が得られることが多い[14]等のメリットがある。

このような私募REITのメリットが、投資家サイドでは、長期の安定的な投資先を求める投資家（特に、地銀、信金等）に、また、スポンサーサイドでは、資本市場の動向に影響されることなく運用することができ、比較的、軽い体制で自由度の高い不動産運用を求める企業に好感され、増加しているものと思われる。

## 4　私募REIT／J-REIT／私募ファンドの違い

私募REIT、J-REITおよび私募ファンドの主な違いは、下表のとおりである。

私募REIT／J-REIT／私募ファンドの違い

|  | 私募REIT | J-REIT | 私募ファンド |
| --- | --- | --- | --- |
| 運用期間 | 無期限 | 無期限 | 有期限（3〜7年程度） |
| 運用形態 | オープン・エンド型 | クローズド・エンド型 | クローズド・エンド型 |
| 投資口の上場 | 非上場 | 証券取引所に上場 | 非上場 |
| 出資者間協定 | （スポンサー投資主との間での）投資主間協定 | 投資主間協定は締結されない。 | 私募ファンドがTMKの場合には、優先出資 |

---

13) いわゆる出口リスクを負わないことになる。もちろん、私募REITも借入れを行った場合、リファイナンス・リスクを負うことになるが、基本的に運用期間満了時に全額のリファイナンスまたは物件の売却を行う必要のある私募ファンドと異なり、私募REITにおいては、(J-REITと同様、)借入れの期間を分散させることにより、リファイナンスのタイミングを分散させ、リファイナンス・リスクを軽減させる対応を採ることが可能となる。

14) 無担保とされることが多い。

|  |  |  |  |
|---|---|---|---|
|  | が締結される事例が多い。 |  | 者間協定が締結される場合がある。私募ファンドがGK-TKスキームの場合には、匿名組合出資者間で何らかの合意が締結される事例は少ない。 |
| 価格変動性 | 不動産市場の動向に連動するので、相対的に価格変動は小さい。 | 株式市場の動きに左右されやすく、価格変動が大きくなることがある。 | 不動産市場の動向に連動するので、相対的に価格変動は小さい。 |
| 時価の把握 | ・日々の価格変動はない。<br>・不動産鑑定評価額に基づき「基準価格」が一定期間（主に半年）ごとに算定される。 | ・証券取引所に上場しており、日々取引価格が公表される。 | ・基本的に期中の時価開示はない。 |
| 流動性（換金性） | 相対取引に加えて、一定の条件のもとで払戻しが可能 | 証券取引所にて売買が可能 | 基本的に中途換金は不可 |
| 主な投資家 | 機関投資家（適格機関投資家[15]または租税特別措置法上の「機関投資家」[16]） | 機関投資家・個人投資家 | 機関投資家（特定少数） |
| 投資法人債の発行 | 発行することができない。 | 発行することができる。 | なし。 |
| LTV水準 | 30％から40％前後 | 50％前後 | 0％から80％ |
| 投資のタイミング | 増資時等の定期的なタイミング | 随時可能 | 通常、ファンドの組成時のみ |

---

15) 適格機関投資家向けオープン・エンド型投資法人については、基準価額の算定頻度を各計算期間の末日のみに減少させることができる特例があるので（不動産投資規則47条の3）、この特例を受けるため、私募REITの勧誘方法は、適格機関投資家限定私募となるのが通常である。さらに、租税特別措置法上の導管性要件の「50人以上の者によって所有されていること」を充足できる場合は、投資主は、適格機関投資家であれば足りることになる。

16) 私募REITの組成初期段階といったように、租税特別措置法上の導管性要件の「50人以上の者によって所有されていること」を充足できない場合には、「租税特別措置法上の『機関投資家』のみによって所有されていること」を充足する必要がある（租税特別措置法上の「機関投資家」は、適格機関投資家をさらに限定した概念であるため、勧誘対象を租税特別措置法上の「機関投資家」のみとすれば、適格機関投資家限定私募となる）。

## 5 投資主間協定の具体的な内容

上記1で述べたとおり、私募REITはオープン・エンド型の投資法人であることから、投資口の払戻しを行う必要があり、また、相対取引により投資口の譲渡が行われることが想定される。

このような特徴を有する結果、私募REITにおいては、投資口の払戻しによる投資主数の減少、投資口の相対取引による投資主の変更という事態が生じる可能性があるが、これにより、私募REITは、租税特別措置法上の導管性要件を充足しなくなるおそれがある。[17]

そこで、私募REITにおいては、租税特別措置法上の導管性要件を確保する工夫として、(主には、スポンサー投資主との間での)投資主間協定を締結する事例が多いが、その具体的な内容を紹介する。

### ① 投資主間協定の締結方法

法的安定性の観点からは、本来、投資主間協定は、投資主全員で協定書を締結することが望ましい。しかし、投資主が多数となり、また、投資主の変動が想定される場合には、投資主全員で協定書を締結することは、現実的ではない。

そのため、多くの場合、差入式の投資主契約の雛形を作成し、各投資主が、スポンサー兼投資主に対して、かかる投資主契約を提出することにより、スポンサー兼投資主との間で投資主契約を締結する方法が採用されている。[18] かかる方法であれば、投資主が変更される場合でも、他の投資主との間で契約変更等の手続は不要であり、投資主が多数に及ぶ場合であっても、投資主間の合意を形成することが、比較的容易となる。

### ② ロックアップ期間

投資主間協定には、規約に定める内容を確認する形で、ロックアップ期間を規定する例が多い。

---

[17] 租税特別措置法上の導管性要件を充足するにあたって、重要な要件としては、事業年度の終了の時において、発行済投資口が、①50人以上の者によって所有されていること(租税特別措置法67条の15第1項ロ(2)前段)、または、②租税特別措置法上の「機関投資家」のみによって所有されていること(同号ロ(2)後段)が挙げられる。

[18] 各投資主がスポンサー兼投資主との間で同内容の契約を締結することにより、いわば、スポンサー兼投資主をハブとして、全投資主が、同内容のルールに従う義務を負うことになる。

ロックアップ期間を規定することにより、払戻請求制限と譲渡制限を確保し、租税特別措置法上の導管性要件を確保するとともに、予想外の払戻請求による現金枯渇を防止できることになる。[19]

【ロックアップ期間を確認する規定例】

> 投資口取得者は、本件投資法人の規約により、投資口の取得がなされた日（当日を含む。）から連続して●決算期が経過するまでの期間（以下「ロックアップ期間」という。）中、本件投資法人に対して投資口の払戻請求を行うことができないことを確認する。

【譲渡制限を定める規定例】

> 投資口取得者は、ロックアップ期間中、本件投資口の全部又は一部につき、スポンサーの事前の書面による承諾を得ることなく、①第三者に対する売却、又は②信託譲渡、担保提供若しくは貸付けその他一切の処分を行わない。

③ 租税特別措置法上の導管性要件を確保するための規定

租税特別措置法上の導管性要件を確保するため、導管性要件を充足するための事実の表明保証や、その事実を維持することを誓約する規定を置くことが多い。

【「50人以上の者によって所有されていること」という要件で導管性要件を充足している場合の表明保証、誓約事項の規定例】

> 投資口取得者は、本件協定書の日付時点において、投資口取得者が、金融商品取引法第2条第3項第1号に規定する適格機関投資家に該当する者であることを表明し、保証する。また、投資口取得者は、本件投資口の処分により、本件投資法人の事業年度の終了の時において本件投資法人の投資口を所有する者が50人を下回る場合には、当該処分を行わない。

【「租税特別措置法上の「機関投資家」のみによって所有されていること」という要件で導管性要件を充足している場合の表明保証、誓約事項の規定例】

> 投資口取得者は、本件協定書の日付時点において、投資口取得者が、租税特別措置法上

---

19) 一切の譲渡を制限するのではなく、スポンサー兼投資主の承諾がある場合等の一定の場合には譲渡を許容することが多い。

の「機関投資家」に該当する者であることを表明し、保証する。また、投資口取得者は、租税特別措置法上の「機関投資家」に該当する地位を維持する。

## II　インフラ投資法人

### 1　上場インフラ市場の創設

#### (1)　背　景

　わが国では高度成長期を中心に建設された数多くの公共施設等の社会基盤（インフラストラクチャー）が老朽化により更新時期を迎え、その維持管理・更新費が着実に増大している。他方、長期化する国および地方公共団体の非常に厳しい財政状況や、急速に進行しつつある少子高齢化の状況を踏まえ、インフラへの維持管理・更新を公的資金のみに依存することには自ずと限界があり、民間の資金およびノウハウを活用するPPP/PFI[20]による事業推進が、公的負担を抑制するとともに民間事業者に良好なビジネス機会を創出するものと期待されるところである。しかしながら、インフラの需要変動リスク、自然災害リスクなど、民間事業者に馴染みある不動産投資におけるリスクと質・規模を異にする各種リスクを民間事業者が負担することになるインフラへのリスクマネー供給市場は、わが国ではいまだ本格的に形成されるにいたっていない。民間の資金・ノウハウを活用した公共施設等の整備の促進を図ることを目的とした、民間資金等の活用による公共施設等の整備等の促進に関する法律（PFI法）は1999年に制定されたものの、従前はいわゆる「サービス購入型」（民間事業者が公共施設の管理者である公的機関からサービス購入料として事業期間にわたって事業費相当額の分割払いを受けるタイプ）がほとんどであり、事業費は最終的には公的機関の負担となるものであった。そこで、インフラの維持管理における公的負担を軽減するため、PFI事業において民間事業者が施設利用者からの利

---

[20]　PPPはPublic-Private Partnership（官民連携）の略であり、民間の資金やノウハウを活用して公共施設・サービスを整備・充実させる手法をいう。また、PFIはPrivate Finance Initiative（民間資金主導）の略であり、民間の資金をもって公共施設の建設・運営を行うことをいい、公共サービスの民間委託とともに、PPPの一手法である。

用料金を直接収受して事業費を回収するいわゆる「独立採算型」の推進を図るため、2011年のPFI法改正により、公的施設等運営権制度が導入された[21]。さらに、2013年のPFI法改正により、独立採算型PFI事業を後押しするためインフラに対するメザニン資金（ミドルリスク・ミドルリターン）を供給する官民ファンドとしての株式会社民間資金等活用事業推進機構（PFI推進機構）の設立根拠および機能が規定され、同法に基づきPFI推進機構が政府と民間の出資によって設立されたところである。これと時期を同じくして、上場市場を通じた民間資金の公的分野への活用について検討を進めていた東京証券取引所からは、2013年に「上場インフラ市場研究会報告」[22]として、対象とするインフラの範囲の整理とともに、上場商品の形態として、投資法人・投資信託が投信法や金商法等の規制下にあり法制面で安定性を有することに加え、REITとして広く投資家に理解されていることから適当と考えるとの見解が示された。

(2) 投信法上の手当て

上記を背景として、2014年9月に施行された投信法施行令の改正[23]により、投信法2条1項において「投資を容易にすることが必要であるものとして政令で定めるもの」と定義される「特定資産」に、従前の有価証券、不動産等に加え、再生可能エネルギー発電設備（以下「再エネ発電設備」という）および公共施設等運営権（コンセッション）が追加され[24]、その他登録投資法人が行うことができる取引等に関する必要な改正がなされた[25]。

---

21) 公的施設等運営権はPFI法により物権とみなされ（24条）、譲渡および抵当権設定が可能であるため（25条）、プロジェクトファイナンスによる資金調達も視野に入り、また、利用料金の設定を事業者自ら行うため（23条）、サービス購入型に比べ民間事業者に経営の自由度が与えられる。もっとも、利用料金の設定は公共施設等の管理者（公的機関）が定める実施方針に従うことを要し、また事前に届け出るものとされ、加えて、公共施設等運営権の移転には管理者の許可を要するとされている（26条2項）。

22) 2013年5月14日東京証券取引所「上場インフラ市場研究会報告―我が国における上場インフラ市場の創設に向けて―」参照。https://www.jpx.co.jp/equities/improvements/infrastructure/tvdivq0000004z48-att/b7gje6000003c457.pdf

23) 投信法施行令等の改正に関する金融庁の報道参照。（https://www.fsa.go.jp/news/26/syouken/20140829-4.html）

24) 投信法施行令3条11号が、電気事業者による再生可能エネルギー電気の調達に関する特別措置法（以下「再エネ法」という）2条3項に規定する再生可能エネルギー発電設備を掲げ、同12号が、PFI法2条7項に規定する公共施設等運営権を掲げている。

25) 投信法施行令116条において、不動産投資法人について宅地の造成または建物の建築を自ら行

### (3) 租税特別措置法上の手当て

他方、租税特別措置法においては、2014年度税制改正により、導管性のためのいわゆる事業年度要件として、事業年度終了時において、上記により投信法上追加された二種類の特定資産（再エネ発電設備および公共施設等運営権。これらの特定資産を匿名組合の投資対象資産とする匿名組合出資持分を含む）を除く従前の特定資産の帳簿価額が投資法人の資産総額の2分の1を超えていることという要件（簡易な表現に換言すれば、投信法上追加された二種類の特定資産は原則として租税特別措置の対象としない。税特措67条の15第1項2号ト、税特租令39条の32の3第8項。以下「特定資産要件」という）が追加され、その例外として、再エネ発電設備については、(i)当該投資法人の設立時発行投資口が総額1億円以上で公募されまたはその投資口が上場されており、(ii)当該投資法人の規約に特定資産としての再エネ発電設備の運用方法が賃貸のみである旨の定めがある場合には、上記改正投信法施行令の施行日から2017年3月31日（以下「取得期限」という）までの期間内に取得した再エネ発電設備は、その取得の日から賃貸開始後10年を経過する日（以下「適用期限」という）までの各事業年度において、上記特定資産要件における特定資産とみなすという形で、限定的ながら再エネ発電設備を保有する投資法人の税務導管性が確保された。なお、適用期限は、2016年度税制改正により「20年を経過する日」に伸長され、取得期限は、2017年度税制改正により2020年3月末に延長されている。

租税特別措置法は、公共施設等運営権について、再エネ発電設備のような特定資産算入のための例外規定を設けていないが、これは、公共施設等運営権の公共事業という性格から、従業員雇用禁止[26]、資産運用業務の外部委託義務[27]等に[28]

---

うことはできないとされているのと同様に（同条1号）、インフラ投資法人も、再エネ発電設備の製造、設置等を自ら行う取引はできないとされた（同条3号）。

26) 加えて、公共施設等運営権はPFI法上みなし物権として譲渡可能のたてまえであるが（同法25条）、譲渡には公共施設等の管理者等（各省庁の長、地方公共団体の長、公共法人等。同法2条3項）の許可を要する（同法26条2項）。公共施設等運営権制度の活用で先行している空港案件などにおいて、公共施設等運営権の投資法人への譲渡について管理者等の許可を得るのは、公共施設等運営権設定当初の公募時と同程度の審査がなされると推測され、現実的でないというのがおおかたの見解のようである。また、空港案件では、公共施設等運営権の設定とともに、公共施設等運営の対象とならない航空旅客および貨物取扱施設等を運営するビル施設事業者の全株式を取得することが求められるが、かかる要件は投信法194条1項に抵触することになる。

27) 投信法63条2項。

28) 投信法198条1項。なお、通常、公共施設等運営権実施契約においても、運営権者が第三者に

より自ら行える業務が極めて限定されている投資法人が直接保有することに馴染まず、投資法人は、公共施設等運営権を付与される株式会社形態の特別目的会社（SPC、以下「運営権者」という）の株式を保有することが想定されることから、投資法人が保有する特定資産としては従前より導管性が認められていた「有価証券」に該当するためと解されている。

(4) 上場規程上の手当て

関連法令の整備を受けて、東京証券取引所は2015年4月30日にインフラ施設を投資対象とするインフラファンド市場を、REIT市場と別個のものとして創設した[29]。東京証券取引所の有価証券上場規程[30]によると、「インフラファンド」とは、インフラ資産等に対する投資を主として運用することを目的とする投資法人に係る投資証券をいう[31]。

「インフラ資産等」とは、「インフラ資産」および「インフラ有価証券」をいうとされるが、「インフラ資産」とは、おおむね、(i)再エネ発電設備および上場規程施行規則で定めるその他の資産[32]、(ii)公共施設等運営権（ただし、上記(i)[33]

---

業務委託することは許容されるが、法令等により委託できない業務が委託禁止業務として第三者への委託が禁止される。

29) 東京証券取引所のホームページにおけるインフラファンド市場の概説参照。(https://www.jpx.co.jp/equities/products/infrastructure/outline/index.html)
30) 上場規程第6編「ファンド」の第1章「総則」1201条に規定される定義参照。
31) 上場規程上の「インフラファンド」の定義は、内国インフラファンド、外国インフラファンドおよび外国インフラファンド信託受益証券をいうとされているが、後二者は外国の法令に基づいて設定または設立される信託または法人にかかるものであるため（金商法2条1項10号および11号、投信法2条24項および25項参照）、本書の解説では割愛する。
32) 上場規程1201条1号の2。
33) 上場規程施行規則1201条4項において、(1)エネルギー資源を海上輸送または貯蔵するための船舶、(2)ガス工作物、(3)空港、(4)下水道、(5)港湾施設、(6)水道、(7)石油精製設備、(8)石油貯蔵設備、(9)石油パイプライン、(10)鉄道施設、(11)鉄道車両、(12)電気工作物、(13)電気通信設備、(14)道路・自動車道、(15)熱供給施設、(16)無線設備が掲げられている。他方、PFI法上、公共施設等運営権の設定対象となる「公共施設等」とは、おおむね、①道路、鉄道、港湾、空港、河川、公園、水道、下水道、工業用水道等の公共施設、②庁舎、宿舎等の公用施設、③賃貸住宅および教育文化施設、廃棄物処理施設、医療施設、社会福祉施設、更生保護施設、駐車場、地下街等の公益的施設、④情報通信施設、熱供給施設、新エネルギー施設、リサイクル施設、観光施設および研究施設、⑤船舶、航空機等の輸送施設および人工衛星をいうものとされ（PFI法2条1項）、現状の上場規程上インフラファンドが投資対象とするコンセッションの範囲は、PFI法において公共施設等運営権の対象より限定的であるが、東京証券取引所では、将来の上場市場活用を見据え、これを拡大できないか検討しているということである（未来投資会議構造改革徹底推進会合「第4次産

記載の資産に係る公共施設運営権に限る）、(iii)上記(i)および(ii)記載の資産を運営するために必要な土地・建物ならびに当該土地・建物の賃借権その他の資産、および、(iv)上記(i)ないし(iii)記載の資産に係る信託受益権をいい、「インフラ有価証券」[34]とは、おおむね(i)資産がインフラ対象資産[35]に限定されている企業が発行する株券、(ii)インフラ対象資産に対する投資に限定して運用する匿名組合の出資持分、(iii)特定資産をインフラ対象資産に限定する特定目的会社の優先出資証券、および、(iv)特定資産をインフラ対象資産に限定する投資法人の投資証券をいうとされる。すなわち、上場インフラファンド市場を簡易な表現で換言すれば、インフラ資産またはもっぱらインフラ資産を運用する法人の発行する有価証券に対する投資を主たる運用対象とする投資法人の投資口に係る投資証券の上場市場である。

　インフラファンド市場の制度はおおむね REIT 市場の制度を踏襲しているが[36]、インフラファンドの収益がインフラの運営（オペレーション）に依拠する特性を有しているため[37]、インフラの運営を担当するオペレーターに関して[38]、投

---

業革命」会合（PPP/PFI）第 3 回における東京証券取引所提出資料参照（https://www.kantei.go.jp/jp/singi/keizaisaisei/miraitoshikaigi/suishinkaigo2018/ppp/dai3/siryou1-8.pdf））。

34) 上場規程1201条 1 号の 6 。

35) 「インフラ対象資産」とは、インフラ資産、流動資産等および上場規程施行規則で定める資産（おおむね、1 年以内に現金化できると認められる資産）をいう（上場規程1201条 1 号の 6 a 、上場規程施行規則1201条 6 項、投資法人計算規則37条 3 項 1 号リ）。

36) たとえば、REIT の場合、上場審査の形式要件として、運用資産総額に占める中核資産としての不動産等の額の比率が70％以上となる見込みがあり、かつ、中核資産と周辺資産（不動産関連資産および流動資産等）の合計額の比率が上場時までに95％となる見込みがあることが求められるが（上場規程1205条 2 号 a および b ）、同様に、インフラファンドの上場審査の形式要件では、運用資産総額に占める中核資産としてのインフラ資産等の額の比率が70％以上となる見込みがあり、かつ、中核資産と周辺資産（インフラ関連有価証券および流動資産等）の合計額の比率が上場時までに95％となる見込みがあることが求められている（上場規程1505条 1 項 2 号 a および b ）。なお、「インフラ関連有価証券」の定義は、おおまかにいえば、本文に掲げた「インフラ有価証券」の定義にかかる(i)ないし(iv)の証券のうち、当該発行体が運用する資産の 2 分の 1 を超える額がインフラ資産等である（つまり、「インフラ有価証券」の定義の「限定」を「過半」に読み替える）ものである。

37) これに対し、REIT の場合、その収益は賃貸不動産の賃料収入に依拠しており、収益の源泉たる優良テナントの誘致やそのための資産価値維持など不動産管理会社（プロパティマネージャー）の力量に左右され得るが、インフラ施設のオペレーターとの比較において、その役割は受動的なものといえるだろう。

38) 上場規程上は、インフラ投資資産の運営に関する事項を主導的に決定する者（運営業務を行う者）という趣旨の定義がなされている（上場規程1201条 2 号の 2 、上場規程施行規則1201条 7 項）。

資法人の規約にオペレーターの選定基本方針が記載されていることが求められ、[39]オペレーターに関する情報の適時開示事項などが追加的に整備されている。[40]

　また、上記のようなインフラファンドの特性を踏まえ、安定した収益分配の実現のため、新規に建設するインフラ（いわゆるグリーンフィールド）ではなく、すでに完成・稼働し継続安定的な収益が見込める施設（いわゆるブラウンフィールド）を投資対象としているとされている。[41]すなわち、上場審査において当該インフラファンドが安定した収益分配を実現できるかの見地から、独立第三者[42]によるインフラ投資資産[43]の収益性に係る意見書（以下「収益性意見」という）、およびインフラ投資資産の収益継続性に係る意見書（以下「収益継続性意見」という）が上場申請書類として求められている。[44]収益性意見においては、審査対象となるインフラ投資資産について上場申請日から6カ月以内に収益が計上される見込みであることおよび将来の利益計上が見込まれること等の記載が求められ、収益性継続意見においては、将来の収益状況が安定的であると見込まれること等の記載が求められる。[45]もっとも、当該インフラ投資資産が1年以上のトラックレコードを有する「適性インフラ投資資産」である場合には、[46]収益性

---

39)　上場規程1505条1項2号j(a)。

40)　上場規程1513条3項。なお、インフラファンド上場手続全般については、東京証券取引所が公開している「内国インフラファンド上場の手引き」（https://www.jpx.co.jp/equities/products/infrastructure/listing/nlsgeu000000v2fe-att/nlsgeu000000v5zo.pdf、以下「インフラファンド上場手引」という）を参照。

41)　前掲注(29)。もっとも、PFI法上、公共施設等運営権の対象となる公共施設等は、利用料金を徴収するものに限られているため（同法2条6項）、インフラファンドの対象となるインフラ施設は自ずとブラウンフィールドとなる。

42)　インフラファンド上場手引によると、これら意見書の作成主体として、投資法人、管理会社、オペレーター、スポンサーおよび幹事取引参加者から独立したインフラ投資資産に関する専門的知識を有するコンサルタントなどが想定されているようである。もっとも、本文で続いて述べる除外事由により、現状、実例はないと思われる。

43)　「インフラ投資資産」の定義は、おおまかにいえば、当該投資法人が保有する資産がインフラ資産、インフラ有価証券、またはインフラ関連有価証券のいずれの場合であっても、当該投資対象の裏付となるインフラ資産をいう（上場規程1201条1号の4）。なお、インフラ関連有価証券の定義は、前掲注(36)末尾参照。

44)　上場規程1504条2項、上場規程施行規則1502条2項1号cおよびd。

45)　インフラファンド上場手引17頁参照。かかる意見が付されていない資産は、上場規程1505条（上場審査の形式要件）1項2号aおよびbにおける「インフラ資産等」および「インフラ関連有価証券」に算入できないことになる。

46)　「適性インフラ投資資産」の定義は、おおむね「収益を計上して1年以上経過し、かつ直前決算期又は直前1年間において利益を計上しているインフラ投資資産」である（上場規程1201条9

意見は不要とされ、さらに、当該「適性インフラ投資資産」が再エネ発電設備であれば、収益継続性意見も不要とされる。[47]

## 2　上場インフラ市場の現状および課題

　上記のとおり上場インフラ市場は2015年4月に創設されたが、最初に上場されたインフラファンドはそれから1年以上経過した2016年6月であった。その後、創設から約4年を経過した2019年2月に上場した銘柄を含め、2019年4月現在上場されているインフラファンドは6銘柄となったが[48]、上場市場の銘柄数として必ずしも多くないように感じられる[49]。しかも、いずれも再エネ発電施設をインフラ投資資産とするものであり、公共施設等運営権をインフラ投資資産とするインフラファンドはいまだ上場されていない。このような現状の背景にある課題を以下において検討する。

### (1)　公共施設等運営権

　租税特別措置法が公共施設等運営権をインフラ投資資産とする投資法人を、公共施設等運営権者たるSPCの株式を保有するスキームとして想定していると考えられることは上記のとおりである。公共施設等運営権者の株式譲渡は事業の履行能力を担保するため基本的に制約されることになるが、内閣府による「公共施設等運営権及び公共施設等運営事業に関するガイドライン」[50]（以下「運営権ガイドライン」という）は、運営権者の議決権株式の第三者への譲渡について、譲渡先が公募時に設定された参加資格を満たす者であり、当該譲渡にあたり譲渡企業から運営権者に出向させていた職員を引き上げるなどにより事業実施の継続を阻害しないことを条件として、管理者等はこれを承諾すべきものとしているが（運営権ガイドライン「13 運営権者に係る株式譲渡及び債権流動化」の留意事項(4)）、他方において、運営権者の議決権株式を投資事業有限責任組合

---

　　　号の4、上場規程施行規則1201条8項）。
47)　上場規程施行規則1502条2項1号cおよびdのそれぞれ括弧書参照。
48)　各インフラファンドの銘柄名および上場日は、株式会社日本取引所のウェブサイトにある銘柄一覧（https://www.jpx.co.jp/equities/products/infrastructure/issues/index.html）を参照。
49)　REITの場合、東京証券取引所がREITに関する上場規程を施行した2001年3月（第1章第1節Ⅰ2(2)参照）から半年で最初の2銘柄が上場され、市場創設から4年で12銘柄に達している。
50)　http://www8.cao.go.jp/pfi/hourei/guideline/pdf/uneiken_guideline.pdf

(LPS)等が保有するスキームを排除しないこととしつつも、LPS等を活用する場合には、公共施設等の管理者等が運営権者と締結する基本協定書等において、(LPSの)無限責任組合員の同意なく、有限責任組合員の追加および交代ができないことを規定することが望ましいとしている(同留意事項(5))。かかる記述からすると、LPS等(下線筆者)が保有するスキームを排除しないとはいえ、上場投資法人は有限責任である投資主が上場市場で投資口を自由に譲渡できるため、上場投資法人が運営権者の議決権株式を取得することは想定されていないように思われる。また、運営権ガイドラインは、大規模な資金調達を要する運営事業において、機関投資家等に無議決権株式を発行し、その譲渡に制約を課さない等の工夫により円滑な資金調達を可能とするスキームに言及しているが(同留意事項(3))、無議決権株式の譲渡先としても、投資法人が選択された事例はないのが現状である[51]。その原因が、無議決権株式であっても、不特定多数の投資家が参加することになる上場投資法人が保有することについて事業者サイドに抵抗感があるということであれば、運営権者株式保有が想定され、前述の特定資産要件の問題は生じない公共施設等運営権については、現在利用が拡大している私募REITを参考に、投資主を機関投資家等に限定する私募形態として、公共施設等運営権者の無議決権株式を保有する私募インフラ投資法人を組成することも考えられるのではないだろうか[52]。

### (2) 再エネ発電設備

太陽光発電施設を含む再エネ発電設備をインフラ投資資産とする投資法人に関しては、対象となる再エネ発電設備の収益について、現状の法制度上、電気事業者(オフテイカー)による再生可能エネルギー電気の調達価格が再エネ法により固定化されているものの、当該調達価格による調達期間が20年で終了す[53]

---

51) 前掲注(33)において言及した未来投資会議の会合においては、投資法人が株式を保有するスキームでは運営権者SPCの段階で課税され税務導管性のメリットが限定的であり、運営権を投資法人が(直接)保有する場合の課税取扱いが論点となるのではないかという趣旨の発言がなされたが(同議事録22頁福田大臣補佐官の発言。https://www.kantei.go.jp/jp/singi/keizaisaisei/miraitoshikaigi/suishinkaigo2018/ppp/dai3/gijiyousi.pdf)、投資法人による運営権の直接保有を可能とするためには、税制のほかに前掲注(26)に述べた見地から、投信法等の法改正や公共施設等の管理権者等の許可における柔軟な対応等が必要となろう。

52) 前掲注(19)参照。

53) 再エネ法3条1項に基づく平成29年経済産業省告示35号(平成24年経済産業省告示139号を改

る（固定価格買取制度に依存している）点に留意を要する。投資法人の固定収入を保証する契約が一定期間後に終了する点は、REITにおける特定資産たる賃貸不動産の収益がシングルテナントの定期借家契約に依拠している場合と類似しているともいえるが、シングルテナント定期借家の場合、賃貸期間終了を見越した開発計画立案または新規テナント誘致活動を行うことにより対処すると考えられるところ、再エネ発電施設の場合、再エネ法に基づく調達期間終了後に、固定価格買取制度に法的に拘束された供給契約と同等の条件で任意の供給契約を締結するオフテイカーは存在しないのではないかと予測されるため、インフラファンドの上場商品としての継続性の見地から、長期的視野でその対応が問われることになるのではないだろうか。もとより、かかるリスクは各インフラファンドの有価証券届出書等においてリスク要因として開示されているところであるが、政策的見地からは、再エネ法に基づく固定価格買取制度に先行して2009年に施行された「エネルギー供給事業者による非化石エネルギー源の利用及び化石エネルギー原料の有効な利用の促進に関する法律」（以下「エネルギー供給構造高度化法」という）第3条の規定に従い定められた基本方針に基づく太陽光発電の余剰電力買取制度（再エネ法に基づく固定価格買取制度が2012年に開始したことにより、同制度に移行）の適用対象である住宅用太陽光発電設備が、2019年以降順次10年の買取期間が終了することになり、エネルギー供給構造高度化法に基づく固定価格買取制度終了後の住宅用太陽光発電設備設置者は、小売電気事業者やリソースアグリゲーター[55]などとの間の任意の契約により売電を行う等の対応を迫られているので（いわゆる「2019年問題」）、そのような契約への切替えが円滑に行われるかを取り上げている「総合資源エネルギー調査会　省エネルギー・新エネルギー分科会／電力・ガス事業分科会　再生可能エネルギー大量導入・次世代電力ネットワーク小委員会」第8回（2018年9月）

---

　　正）により、出力10キロワット以上の太陽光発電設備等主要な再エネ発電設備につき、調達期間は20年とされている。
54)　投資法人は不動産開発をすることができないため（投信法193条1項6号、投信法施行令116条1号）、開発を計画するケースでは、計画実施に先立ち当該不動産を投資法人から計画実施者に売却することになろう。
55)　電力需要者サイドに分散する住宅用発電設備、蓄電池等の電力源の情報をICT（電気通信技術）により集約してあたかもひとつの発電所のようなシステムを構築し、小売電力事業者に供給するなど多様なサービスを提供する事業者をいう。

における資源エネルギー庁提出資料が示すような議論が、インフラファンド市場の将来のあり方にも参考になるのではないだろうか。

　類似の制約として、前述のとおり租税特別措置法が再エネ発電設備を特定資産要件における特定資産とみなすのは（おおまかに言えば）再エネ発電設備の賃貸開始後20年を経過する日（適用期限）までに限定されている。適用期限は必ずしも固定価格買取制度における調達期間20年[56]と平仄をあわせたものではないと解されるが、もし将来的に再生可能エネルギー電気について固定価格買取制度に依存しない自立した売電市場が形成されるのであれば、固定価格買取制度上の調達期間経過後も再エネ発電設備を投資資産とするインフラファンドの市場性も維持されようから、その時点においても税務導管性要件を満たせるように、租税特別措置法上の適用期限は廃止されることが求められよう。

　また、前述のとおり、租税特別措置法は特定資産要件における特定資産とみなす再エネ発電設備を、現状2020年3月末までに取得したものに限定しているが、今後インフラファンド市場の拡大を図る見地からは、かかる取得期限の設定も廃止することが望まれる。

---

56）　前掲注(53)記載の告示により、調達期間は、供給開始日を起算日とする。

**COLUMN　私募リート投融資に際して重視しているポイント**

株式会社日本政策投資銀行<br>
アセットファイナンス部次長　辻　早人

## 1．私募リート市場概観

　2010年11月に野村不動産プライベート投資法人が設立されて以来、私募リート市場は順調に発展し、2019年3月末現在で29銘柄、物件運用規模は3.2兆円程度まで成長してきている。銘柄の多くは複数のプロパティタイプを取り扱う総合型であるが、住宅、物流、底地等、特定のプロパティタイプ専業の銘柄も増えてきており、上場リート同様多様な投資家ニーズに対応できるかたちとなってきている。

　スポンサー面でも、不動産ディベロッパー系、商社系、金融系、事業会社（物流事業者等）系、独立系と様々なプレーヤーがあり、それぞれに特色のある運営を行っている。ディベロッパー系は自社開発物件をはじめとするソーシング力、金融系は独立性の高い運用、物流事業者系では事業に関する知見・ネットワークといった点を強みとして打ち出している。

　因みに、日本政策投資銀行では、上場リートでは従来融資を中心に対応してきていたが、私募リート創設後は融資に加えて投資（投資口の取得）も行っている。

## 2．投資商品としての私募リートの特徴

　従来から不動産は、生命保険会社等をはじめとした機関投資家にとって投資対象として認識されていたが、投資規模が大きいこと、流動性（即時の換金可能性）が低いこと、時価の把握が困難であること等がネックとなっていた。わが国では、これらのデメリットを解消する手段として、1990年代の後半から不動産の証券化の活用が開始され、2001年には上場リート（J-REIT）市場が創出された。

　上場リートは、投資単位が小さいこと、上場市場による投資口の即時売却が可能であること、タイムリーな時価把握が可能であること、裏付け不動産に関する情報開示が徹底されること等、機関投資家のニーズに的確に応えるかたちで、不動産投資市場の発展に大きく寄与した。

　このようなメリットの一方で、J-REIT市場が拡大するにつれ、投資口価格と株式市場との相関が徐々に高まり（ベータの上昇）、投資家にとってポートフォリ

オ分散効果が享受しにくい状況が生まれてきた（注：一般的に、不動産市場と、伝統的アセットクラスである株式、債券との価格相関は高くなく、不動産投資にはポートフォリオ分散効果が見込まれる）。

　かかる問題に対応するために設計されたのが私募リートであり、非上場の不動産投資信託として、株式市場の変動の影響を受けない、純粋な不動産のリスク・リターンを反映させた商品となっている。ただし、非上場商品としたことで、時価把握が半年に一度の鑑定評価洗替え時点で行われる点、投資口の償還請求に制限が設けられている点等、一定の制約に服する面がある。

## 3．私募リート評価のポイント

　以下、私募リート投融資にあたって当職が重視しているポイントを述べてみたい。これらはあくまで私見であり、当職の属する組織を必ずしも代表するものではない点、読者にはご留意いただきたい。

### 1）　物件のクオリティ、組入れ価格の妥当性

- 私募リートは長期コア投資に位置付けられるため、組入れ物件が長期的に収益を確保しうるクオリティを有しているかが最大のポイントとなる。立地、スペック、築齢等の総合判断となるが、必ずしも規模が大きいものや機能性が優れているものを高く評価するわけではなく、マーケットニーズとのバランスを重視している。現状は上手く回っていても、万が一テナントが抜けた場合に、埋戻しが利くのかどうかといった点も気になるポイントだ。
- 組入れ価格に関しては、市場実勢に比して割高となっていないかをチェックする。運用会社が規模の拡大を急いでいるケース、スポンサーからの取得物件であるケースなどは、利益相反が発生する可能性があるので、取引の背景等をよく確認するべきだと思う。

### 2）　ポートフォリオのバランス、利回り水準

- ファイナンス理論上は、銘柄内の分散というよりは、銘柄の組合わせによって投資ポートフォリオの分散を形成するということになるが、現実に流通している商品はそこまで多くないので、銘柄内での分散（プロパティタイプ、立地、テナント等）を一定程度意識する必要がある。特に、大口のテナントに集中しているケースにおいては、退去の蓋然性とそのインパクトが気になるところだ。
- また、不動産価格にはサイクルがあるが、投資時点においてサイクルの何処に位置しているのかは分からないケースがほとんどであるため、ヴィンテージ（投資時期）分散の観点を意識した運営が行われているかどうかも、大切だと

考えている。

- 利回り水準については、配当利回り4％程度というのが通り相場となっているようであるが、本来的には物件のクオリティやレバレッジ水準によって差が出てくるはずなので、4％を切る銘柄であっても、排除すべきではないと思う。また、上場リートの投資利回りは、投資口価格水準によって柔軟に変動する一方で、私募リートだけ利回り水準を固定化すると、物件取得に差し障りが出る可能性があるので、運用会社も思考停止的に利回りを固定すべきではないと思う。

3）　ローン調達の安定性

- 現在では記憶の彼方となっているが、リーマンショック後においては、複数の上場リートがローンレンダーからのリファイナンスが受けられず非常に苦労した。この観点から、ローン調達の将来に渡る安定性を確認することは極めて重要であると考える。
- レンダーの分散、リファイナンス時期の分散が重要である一方で、いざというときにこのリートが頼りにできるレンダーは誰なのかを見極めることも必要だと思う。
- レバレッジ水準に関しては、どの銘柄もおおむねLTV40％前後というところなので、その水準であれば大きな心配は要らないと思う。

4）　エクイティ調達のバランス、投資家との対話力（IR）

- 今後の成長性を評価する上では、エクイティ調達力の評価は欠かせない。税法上の要件をクリアするために50名以上の投資家を確保できているかが1つ目のハードルとなるが、その上で多様な属性の投資家にアピールできているかも気になるポイントだ。
- 私募リートの投資家としては、中央金融法人、年金基金、地域金融機関等が中心となるが、機関数や金額規模のバランスは見るようにしている。今後の成長を見据えた際には、投資余力の大きい大手の中央金融法人や公的年金が参画することが有利に働くと考えられる。
- また、運用会社と投資家の対話も重要だと考えている。投資家の多くは金融機関であり、金融の発想でものごとを捉える傾向があるので、運用会社には不動産の市場で起こっている現実を金融の言葉に置き換えて伝えて欲しい。筆者自身の経験でもあるが、不動産の相場観のない組織内の関係者に不動産投資の話をすることは極めて難しいので、分かりやすい説明や資料の提供等を通じて、運用会社にはその手助けを行ってもらえると大変助かるというのが正直なとこ

ろだ。

5） スポンサーのサポート、成長性
- 私募リートは、物件の供給、専門人材の派遣等を通じて、スポンサー会社のサポートを受けているケースが多い。評価にあたっては、スポンサーサポート契約の内容をよく確認するとともに、現実にどのようなサポートがなされてきているかを確認する必要がある。
- スポンサーによっては、傘下に複数の上場リート、私募リート、私募ファンドなどを運用しているケースもあり、パイプラインサポート契約も複数存在する場合がある。そのようなケースにおいては、投資対象として検討する私募リートがグループの中でどのような位置付けにあり、戦略のバッティング等がないのか確認すべきである。
- 成長性の評価にあたって、スポンサー会社のパイプラインサポートは有利に働くので、スポンサーの物件供給能力（開発実績等）の確認は重要である。また、スポンサー企業が傘下の私募リートに物件を供給するインセンティブを有しているかどうかもチェックのポイントとなる。

6） 流動性確保の仕組み
- 前述のように、上場リートと違って、私募リートには上場市場による投資口売却の選択肢はないため、即時換金性に制約がある。そのような制約を緩和するために、投資口の償還請求や、証券会社が介在して投資口のマッチングを行う仕組みが組み込まれているケースが多い。ただし、償還請求の規模については一定の制限が課されていることが通常であり、万全な仕組みではないことに留意すべきである。
- 現状、償還請求が行われた例は聞かないが、マッチング等を通じた投資口のセカンダリー取引は一定程度行われているようである。

7） 報酬体系
- 私募リートの報酬体系が、私募ファンドに比べて割高となっているケースも見受けられる。仕組みが大がかりであり、一定のコストがかかることは理解するものの、投資規模が拡大すればスケールメリットも出るので、市場の成熟とともに適正水準に関する議論が今後なされていくものと思われる。
- NOIパフォーマンス連動の比率を高める等、投資家と運用会社がWin-Winとなれる報酬体系の構築に向けた取組は今後も必要と考えられる。

### 4．私募リート市場発展に向けて

　私募リートは、不動産のリスク・リターンを享受したい投資家にとって、適切な商品として市場に定着しつつある。昨今では、大小様々な機関投資家から強い取得ニーズがあり、新設時や増資時の資金調達は大幅な需要超過となるケースも多いようだ。今後の規模拡大、特徴ある銘柄の増加等により、市場の魅力がさらに高まるよう期待したい。

　ただし、私募リートは創設以来未だに不動産価格の下落局面を経験していない点には留意が必要である。この点、リーマンショック後における上場リートのリファイナンストラブル等を参考に、レバレッジ水準を低く抑える等、一定の手当てがなされてはいるが、同じ私募商品であるドイツのオープンエンドファンドにおいては、リーマンショック後に長期の償還停止から解散に追い込まれている例もあり、危機時の対応については、しっかりとした準備が必要であろう。

　また、投資家側でも、私募リートは株式、債券といった伝統的資産とは違い、流動性に一定の制約がある商品であるとの認識を持った上で、対応する必要がある。

　運用者および投資家の側でこのような認識を持ちつつ、いずれ訪れるであろう価格下落局面を乗り越えることで、私募リートが成熟した投資対象としての地位を確立することを期待している。

# 第5章　不動産投資法人の会計

## 第1節　不動産投資法人の概要

　REITとは、Real Estate Investment Trustの略称であり、一般には不動産投資信託と訳され、不動産、および不動産信託受益権等を主たる投資対象とする金融商品である。

　REITについて定める「投資信託及び投資法人に関する法律」（以下「投信法」という）では、投資信託には、契約型の投資信託制度と会社型の投資法人制度が規定されているが、現在のところ、すべてのREITは、会社型で組成されている。このため、以下では、投資法人を前提とする。また、日本の上場REITの場合、特に「J」をつけてJ-REITであるとか、あるいは単にREIT、投資法人、不動産投資法人と呼ばれている。

　本章では、以下、上場REITについて記載する場合をJ-REIT（あるいは上場REIT）、上場を前提とせず私募での運用の場合を私募REIT、REIT全般について記載する場合を不動産投資法人、として記載するものとする。また、J-REITと非上場REITの私募REITには、いくつかの相違点（後述の本章第9節IIを参照）はあるものの、その取扱いは同じであるので、J-REIT（上場REIT）を前提として記載するものとする。

　このような金融商品が可能となったのは、2000年5月の「証券投資信託及び証券投資法人に関する法律」の大幅な改正であり、同法の名称からは証券がとれて、「投資信託及び投資法人に関する法律」（投信法）として同年11月に施行され、投資対象が有価証券のみから不動産等へと拡大されたことによる。

　不動産投資市場は、2001年9月に「日本ビルファンド投資法人」と「ジャパンリアルエステイト投資法人」の2銘柄が東京証券取引所に登場して以来、J-REITは順調に推移し、2007年には42銘柄、そのマーケット規模は時価総額にして約7兆円に迫る規模にまで拡大したが、2007年後半以降、サブプライムローン問題を発端とした金融市場の混乱や不動産市況の低迷により、不動産投資法人の再編が進行した（2012年には東京証券取引所のJ-REIT銘柄数は33銘柄まで縮小した）。

2011年3月には東日本大震災にも見舞われたが、政府によるアベノミクスや日銀の量的・質的異次元金融緩和施策等により、景気回復・デフレ脱却の追い風を受け、現在では堅調な成長軌道を維持している。このように紆余曲折を経ながら、不動産投資市場は拡大しつづけ、2019年3月末現在、東京証券取引所のJ-REIT銘柄数は63銘柄、時価総額は約14兆2千億円にまで至っている。

　現在ではアセットタイプは多様化し、ホテル、物流施設、あるいはヘルスケアに特化したREITや、地方創生を掲げたREITも組成されている。また、海外不動産の組入れ事例（後述の本章第9節III参照）や上場インフラ投資法人（後述の本章第9節IV参照）も登場しているが、物件取得環境は価格高騰により、依然として厳しい状況が続いており、スポンサーグループからのサポートを最大限に活用した成長戦略が重要となっている。

　また、2010年11月からは、投資口を上場しない私募REITの運用も開始されており、その市場規模は2019年3月末時点で、29銘柄、保有不動産総額は約3兆2千億円を超え拡大基調が継続している。

　不動産投資法人の特徴としては、2つ掲げることができよう。まず1つは、上場を前提とした不動産投資法人においてはクローズド・エンド型を採用しているため、投資主に対する投資口の払戻しは認められていないということである。不動産は流動性が低く、すぐに投資主からの払戻し請求に応じることは極めて困難なため、通常の株式会社の株券と同様に、流通市場において投資証券である投資口を売却することにより、市場取引による換金が実現できるようになっている。一方、上場を前提としない私募REITにおいては、投資主からの請求により投資口の払戻しをすることができるオープン・エンド型が採用されている。

　そしてもう1つは、不動産投資法人において、一定の要件を満たし、利益の90％超を投資主に分配すれば、税務上、支払配当額を損金に算入することができ、結果としてほとんど法人税等は生じないという優遇措置が採られている（以下「90％ルール」という）ということである。

　これまでの90％ルールでは、税会不一致が生じた場合には、不動産投資法人に課税が生じてしまう結果となっていたが、2015年度税制改正において「一時差異等調整引当額」および「一時差異等調整積立金」制度が新設され、当該制

度を利用すれば、会計上の処理と税務上の処理が異なる場合でも、不動産投資法人に過大な税負担が生じることのないよう、一定の配慮がなされている（詳細は後述の本章第4節Ⅳを参照）。

　ただし、不動産投資法人において、一時差異等調整引当額は税務上の配当等として取り扱われるが、会計上はあくまでも出資の払戻しであり、したがって会計上の処理と税務上の処理が異なるので、処理の煩雑さは残ってしまっている。このためできるだけ税会不一致を回避したいというニーズは引き続き残るものと思われる（90％ルールの適用要件等については、第6章第1節を参照）。

　なお、一般社団法人「投資信託協会」（以下「投信協会」という）の不動産投資信託及び不動産投資法人に関する規則（以下「不動産投資規則」という）では、いわゆる通常の利益超過分配に上限を設けており、2015年度税制改正に伴い、当期末減価償却費累計額の増加額の60％に相当する額を限度とする（不動産投資規則43条）と変更されているので留意が必要である。当期に保有物件が売却された場合、前期減価償却累計額が大幅に減少してしまうこともありうるので、場合によっては利益超過分配に影響する場合もありうる。一方、一時差異等調整引当額を利用した利益超過分配には上限ない。

　また、不動産投資法人においても税効果会計が適用され、一般事業会社と同様、一定の記載と注記が必要である（投資法人の計算に関する規則（以下「投資法人計算規則」という）45条、65条、「財務諸表等の用語、様式及び作成方法に関する規則」（以下「財規」という）2条参照）。

　また、2018年4月1日以降開始する事業年度の期首から「『税効果会計に係る会計基準』の一部改正」（企業会計基準28号）の適用により、繰延税金資産は「投資その他の資産」の区分に、繰延税金負債は「固定負債」の区分に表示することとされており、前期の財務諸表については、新たな表示方法に従い財務諸表の組替えを行うことになる。

　以下、次節以降は、不動産投資法人の会計処理について、各局面（主として、取得時、運用時、決算時、再編時）において留意すべき事項を中心に記載するものとする。また、不動産投資法人の再編後の動向についても触れてみたい。

## 第2節　設立時の留意事項

### I　設立時の検討事項

不動産投資法人は、設立に際して様々な費用を支出するが、その費用を会計上いかに取り扱うかについての検討が必要となる。投資法人計算規則37条3項5号では、「繰延資産として計上することが適当であると認められるもの」を繰延資産として計上することを規定している。繰延資産の具体的な内容については、企業会計基準委員会より公表された実務対応報告19号「繰延資産の会計処理に関する当面の取扱い」によることとなる。

### II　創立費の会計処理

実務対応報告19号「3　会計処理 (3)創立費の会計処理」によれば、創立費の会計処理については、以下のとおり定めている。

| 原則的処理方法 | 支出時に費用（営業外費用）として処理する。 |
|---|---|
| 例外的処理方法 | 創立費を繰延資産に計上することができる。この場合には、会社の成立のときから5年以内のその効果の及ぶ期間にわたって、定額法により償却をしなければならない。 |

創立費とは、会社の負担に帰すべき設立費用、たとえば、定款および諸規則作成のための費用、株式募集その他のための広告費、目論見書・株券等の印刷費、創立事務所の賃借料、設立事務に使用する使用人の給料、金融機関の取扱手数料、証券会社の取扱手数料、創立総会に関する費用その他会社設立事務に関する必要な費用、発起人が受ける報酬で定款に記載して創立総会の承認を受けた金額ならびに設立登記の登録免許税等をいう。また、不動産投資法人における創立費には、以下のものが含まれる。

| 設立企画人が受ける報酬 | 投信法67条1項17号の規定により支出した報酬 |
|---|---|
| 設立費用 | 設立の際に発行する投資口の発行のために支出した費用および投信法166条1項の設立の登記のために |

| | 支出した税額その他の設立報酬であって同法67条1項18号の規定により支出した費用 |
|---|---|
| 創立総会費用 | 投信法73条3項に規定する創立総会のために支出した費用 |
| 登録費用 | 投信法187条に規定する登録のために支出した費用 |

　なお、国際的な会計基準においては無形固定資産等の問題として取り扱われ費用処理が求められると考えられるため、今後、無形固定資産に関する会計基準が整備された場合には、国際的な会計基準とのコンバージェンスの観点から、実務対応報告19号が廃止されることも十分に考えられる。

## 第3節　物件取得時の留意事項

### I　不動産投資法人における物件取得時の特徴

　不動産投資法人が、その投資対象となる不動産物件を購入するにあたり、不動産投資法人に特別に適用される会計処理等があるわけではない。しかしながら、その特徴ゆえに、法的、経済的、物理的な調査（デューディリジェンス）を慎重に行ったうえで物件取得がなされており、一般事業会社と比べて会計処理上の工夫が見られる。以下、その点についても触れながら、いくつかの論点についてみていくこととする。

　なお、不動産投資法人において、不動産の開発行為を一切禁止しているわけではないが、東京証券取引所における上場審査等においては、運用資産等には賃貸事業収入が生じている不動産等を継続して所有することにより安定した金銭の分配が行える見込みがあることが必要とされている（上場審査等に関するガイドラインⅧ.不動産投資信託証券の新規上場審査　4）。また、投信法193条および投信法施行令116条1項によれば投資法人ができる取引とは、不動産の取得または譲渡、賃借、管理の委託、「宅地の造成又は建物の建築を自ら行うことに係る取引」以外の取引となっている。このため、長期間を要する不動産開発事業として、土地を購入し新規に建物等を建築することを不動産投資法人が直接行うことは困難と考えられている。ただし、金融商品取引業者等向けの総合的な

監督指針Ⅵ-2-6-3 不動産関連ファンド運用業者の業務に係る評価項目 (5)
①では、不動産の取得には宅地の造成または建物の建築に係る請負契約の注文者になることを含むとされているので留意が必要である。

## Ⅱ 取得原価の決定

物件取得に際して取得原価を構成する支出としては、図表 5-1 のとおり購入代価と付随費用とからなる。付随費用とは、下記のとおり様々なものが考えられるが、不動産投資法人では、実施されたデューディリジェンスがその物件

図表 5-1　取得原価の構成内容

| 取得原価 | ＝ | 購入代価 | ＋ | 付随費用 |
|---|---|---|---|---|
| | | | | 不動産鑑定評価書の作成費用 |
| | | | | エンジニアリング・レポート作成費用 |
| | | | | 固定資産税等の精算金 |
| | | | | 所有権移転等に伴う登録免許税 |
| | | | | 不動産取得税 |
| | | | | 登記に係る司法書士報酬 |
| | | | | 不動産仲介手数料 |
| | | | | 控除対象外消費税(注) |
| | | | | 資産除去債務に対応する資産計上額 |
| | | | | 特定資産の価格調査費用 |
| | | | | その他 |

（注）後述のとおり、付随費用に含めない取扱いもある。

---

1) ただし、以下のような場合などは、投資法人が宅地の造成または建物の建築に係る請負契約の注文者になることはふさわしくないとされている。
　イ）大規模修繕・改修工事等を行う場合など、一定期間テナントの退去が必要になることがあり、当該キャッシュフローの変動が不動産投資法人のポートフォリオ全体に過大な影響を与える場合。
　ロ）不動産投資法人が更地を購入し、新たな建物を建築するときは、当該開発行為に係る各種リスク（開発リスク、許認可リスク、完工リスク、テナントリスク、価格変動リスク、開発中の金利変動リスクおよび大規模な自然災害リスク等）を投資家に負わせることおよび直ちにキャッシュフローを生まない投資であることに鑑み、不動産投資法人のポートフォリオ全体に過大な影響を与える場合。

の取得に付随して支出されるものであり、事業の用に供するために直接要した支出であるかどうかの観点から取得原価に含めるか否かを考慮することとなる。

上記の付随費用について解説を加えることとする。なお、未経過固定資産税等に係る精算金の会計処理については、本章第4節を参照。

## 1　所有権移転等に伴う登録免許税、不動産取得税について

これらの支出については、法人税法上、取得原価に含めることが任意とされており、一般事業会社等ではそれに準じて会計処理されていると思われるが、不動産投資法人においては、費用負担の平準化等の観点から取得原価に含める会計処理が慣行となっている。

## 2　控除対象外消費税について

消費税に係る課税売上割合が一定割合を下回る場合に生じる控除対象外消費税については、「消費税の会計処理について（中間報告）」(1989年1月18日、日本公認会計士協会　消費税の会計処理に関するプロジェクトチーム）に従って処理することとなる。それによれば、固定資産等に係る控除対象外消費税の処理は、次のとおりである。

> 【固定資産等に係る控除対象外消費税の会計処理】
> ①　資産に計上する方法
> 　(1)　当該固定資産等の取得原価に算入する方法
> 　(2)　固定資産等に係るものを一括して長期前払消費税として費用配分する方法
> ②　発生事業年度の期間費用とする方法

このうち、②が最も健全な方法であると考えられるが、実務上は①の(1)当該固定資産等の取得原価に算入する方法を採用する不動産投資法人が多く見受けられる。これは、費用配分の平準化の観点から、当該金額を対象となる固定資産の付随費用として取得原価に含め、減価償却を通じて当該資産の耐用年数にわたり費用処理するためである。この会計処理に係る注記例は、次のとおりである。

【注記例】

> 6．消費税等の処理方法
>   消費税及び地方消費税の会計処理は、税抜方式によっている。
>   ただし、固定資産等に係る控除対象外消費税は個々の資産の取得原価に算入している。

　また、①(2)の場合の長期前払消費税は、その金額に重要性がない場合を除き、貸借対照表上、「長期前払消費税」等その内容を示す適当な勘定科目にて表示することになる。

## 3　資産除去債務に対応する借方項目について

　資産除去債務は企業会計基準18号「資産除去債務に関する会計基準」（以下「除去債務基準」という）に基づき計上される債務である。「資産除去債務」とは、除去債務基準3項によれば、「有形固定資産の取得、建設、開発又は通常の使用によって生じ、当該有形固定資産の除去に関して法令又は契約で要求される法律上の義務及びそれに準ずるものをいう」とされている。また、この場合の義務等には、「有形固定資産を除去する際に当該有形固定資産に使用されている有害物質等を法律等の要求による特別の方法で除去するという義務も含まれる」とされている。PCB（ポリ塩化ビフェニル）やアスベスト等の除去に係るもの等が該当するものと考えられる。

　不動産投資法人の保有する資産に係る資産除去債務としては、定期借地契約に基づき保有する建物等の契約期間経過時における取壊義務や、アスベストの除去に係る義務等が考えられる。資産除去債務に対応する借方項目は対象となる資産の取得原価に含まれ、減価償却を通じて毎期の費用として処理されることとなるが、法人税法上は、損金として認められないこととなるため、不動産投資法人にとっては、重要な検討課題であろう。

　不動産投資法人の経営戦略上から考えると、保有物件を耐用年数経過時まで保有することは現実的ではなく、全体的な不動産ポートフォリオの観点から賃貸収益の生じている適当な段階で売却することが想定される。このため、不動産投資法人においては資産除去債務の計上は不要ではないかという考えが出てきても不思議ではないが、除去債務会計基準上、そのような例外措置はない。

なお、資産除去債務の発生時に、資産除去債務の履行時期を予測することや、将来の最終的な除去費用を見積ることが困難であるため、合理的に資産除去債務を算定できない場合には、これを計上せず、当該債務額を合理的に見積ることができるようになった時点で負債として計上することも認められている（除去債務基準5項・35項）。ただし、このようなケースは極めて限定的であると考えられている。

## III　土地建物等の按分方法

土地と建物等を一括して購入した場合、その取得価額を個々の資産の種類ごとに区分して資産計上する必要がある。不動産売買契約書上、土地と土地以外の建物等の金額については区分して記載されており、通常は、当該金額に基づいて、土地と土地以外の建物等の金額に区分されることとなる。

なお、不動産投資法人の場合は物件取得時に行われるデューディリジェンス等の結果を踏まえ決定されていることが多いと思われるが、理論上は購入時点における各々の資産の時価をベースにその取得価額を区分する必要があると考える。ただし、不動産は個別性が強く、時価を把握することが困難なため、通常は不動産鑑定評価基準に従って算定された価格等に基づき、下記の方法等により評価されているものと思われる。

① 　購入代価を原価法に基づく土地および建物等の積算価格で按分する方法
② 　土地積算価格を土地の価額とし、購入代価から土地の価額を控除して建物等の価額を求める方法
③ 　建物等積算価格を建物等の価額とし、購入代価から建物等の価額を控除して土地の価額を求める方法

理論的には、按分方法に合理性があれば、上記のいずれの方法によっても問題はないと考えるが、不動産投資法人において、実務上は①の方法が多く利用されていると思われる。また、購入代価が物件全体の積算価格を上回る場合には、②の方法では、その乖離する金額が建物の価額にすべて含まれ、③の方法では、土地の価額にすべて含まれることとなるため、その配分結果が適正であるか否か十分に留意する必要がある。[2]

また、実務上は、建物等の金額を耐用年数等の区分に従い、さらに、按分す

る必要がある。このために利用できる資料としては、当該物件の新築時の工事見積書、前所有者の固定資産管理台帳あるいはエンジニアリング・レポート等が考えられる。入手できたこれらの資料の情報に基づき、建物等の価額を各資産へ按分することとなる。以上をまとめると、**図表 5 - 2** のとおりである。

図表 5 - 2　土地建物等の按分

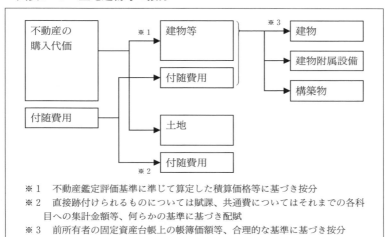

※ 1　不動産鑑定評価基準に準じて算定した積算価格等に基づき按分
※ 2　直接跡付けられるものについては賦課、共通費についてはそれまでの各科目への集計金額等、何らかの基準に基づき配賦
※ 3　前所有者の固定資産台帳上の帳簿価額等、合理的な基準に基づき按分

## Ⅳ　経済的耐用年数の利用

不動産投資法人に限らず、有形固定資産の減価償却計算に際して用いられる耐用年数については、企業が自主的に決定し、適用するのが原則である。すなわち、耐用年数は、対象となる「資産」の材質・構造・用途等のほか、使用上の環境、技術の革新、経済事情の変化による陳腐化の危険の程度、その他当該企業の特殊的条件も考慮して、各企業が自己の「資産」につき、経済的使用可能予測期間を見積って自主的に決定すべきであるとされている（監査・保証実務委員会実務指針81号「減価償却に関する当面の監査上の取扱い」13項）。

---

2）　会計監査上、取得価額と鑑定評価書の積算価格に大きな乖離がある場合の留意点については、日本公認会計士協会より公表されている業種別委員会報告14号「投資信託及び投資法人における当面の監査上の取扱い」（以下「投資法人の監査上の取扱い」という）48.(2)③に記載がある。

しかしながら、実務慣行としては税法耐用年数の適用が広く行われている事情を鑑み、企業の状況に照らし、耐用年数に不合理と認められる事情のない限り、当面、監査上妥当なものと取り扱うことができるとされている（同81号24項）。

不動産投資法人では、安定した高額の分配金の確保と、税務導管性の観点から税務と会計との処理を可能な限り近づけて対応したいと志向する。その点、税法耐用年数より長い耐用年数を用いることについては、税務と会計の不一致を生じさせず、しかも、費用負担の軽減により毎期の支払分配金を増額できることから、経営戦略上、俎上に上がりやすい対応であると思われる。

ただし、経済的根拠のない長期間の耐用年数を用いることは、会計上妥当な処理とは認められず、経済的使用可能予測期間に基づく経済合理性のある耐用年数である必要がある。なお、現行の税法耐用年数は、1998年に、減価償却の損金算入限度額を増額するという極めて政策的な理由により、それまでの耐用年数を一律に短縮する内容の改正がなされていることから、改正前の税法耐用年数を利用することについても合理性があるという意見もある。また、耐用年数の検討に際して前提とされるものに、不動産物件購入時のデューディリジェンスの一環として作成されたエンジニアリング・レポートに記載された耐用年数があるが、これは物理的使用可能予測期間であり、その算定の根拠となる資料や記述が極めて少ないのが通常である。

いずれにしても耐用年数を自主的に決定することは本来あるべき姿ではあるが、税法耐用年数以外の年数を耐用年数として採用する場合には、それが経済的使用可能予測期間（経済的耐用年数）に基づくものであるという合理的な理由が必要となることに留意する必要がある。

なお、投信協会の不動産投資規則15条（保有する不動産の耐用年数の算定）では、保有する不動産の耐用年数を以下の事項を勘案し、適正に定める旨規定している。

> ① 取得の現況（取得時までの経過年数等）
> ② 修繕の実施状況又は実施予定等
> ③ 当該不動産の構造
> ④ 法人税法施行令（昭和40年政令第97号）第56条並びに減価償却資産の耐用年数等に関する省令（昭和40年省令第15号）による耐用年数

## V 固定資産台帳の作成

固定資産台帳とは、減価償却計算を正しく行うという目的のほか、帳簿価額と固定資産現物との対応関係を把握するという目的のために作成するものである。ただし、後者の目的を果たすために十分に整備された固定資産台帳を作成している不動産投資法人は、そう多くないのではないかと思われる。

このことは不動産投資法人に限ったことではないが、この目的を果たせるよう固定資産台帳を整備することは不動産投資法人の課題の１つであるといえるであろう。帳簿価額と固定資産現物との対応関係が把握できるようになると、たとえば、電気設備等の更新時にその対象となった部分の帳簿価額を特定し、会計上および税務上除却処理が可能となる。現状では、そこまでの特定ができないため、除却処理がなされないまま更新等に要した支出を資本的支出として資産計上しているケースが多いのではないかと考える。もっとも更新対象の設備について適切な簿価の計上と償却が行われていれば、すでに耐用年数が経過し、帳簿価額はかなりの少額になっていることも想定できる。

## VI 信託物件の処理について

### 1 信託受益権利用のメリット

不動産投資法人は、不動産物件を現物で保有する場合もあるが、信託受益権の形で保有する場合が多く見受けられる。

信託受益権を利用することのメリット[3]としては、以下のことが挙げられる。

① 現物不動産と比較して流通税等のコストを安く抑えられること。不動産取得税、登録免許税が優遇される。

② 管理の手間がかからなくなること。受託者である信託銀行が通常管理を行

---

3) 不動産物件の管理が受託者の下で行われるため、受益者の自由とならず、信託財産としてある程度のキャッシュ・リザーブが必要となり受益者の資金として利用できないこと、受託者に対して委託手数料を負担すること等のマイナス面もある。

うので、信託銀行の管理ノウハウを利用することができる。
③ 信託財産である当該不動産は、信託法上、分離独立の財産として保護されるので結果として倒産隔離の機能を持つこととなること。不動産投資法人が破綻したとしても、信託法上、独立の財産として保全される。

## 2 不動産信託受益権の会計処理

不動産信託受益権の会計処理については、実務対応報告23号「信託の会計処理に関する実務上の取扱い」Q3「委託者兼当初受益者が単数である金銭以外の信託における委託者及び受益者は、どのように会計処理するか」が、不動産投資法人に関連する。

〔他から受益権を譲り受けた受益者の会計処理〕

### (1) 原則的な取扱い

〔受益権取得時〕 信託導管論[4]に基づき、受益者は、信託財産を直接取得したものとみて総額法により会計処理を行う。総額法とは、信託財産のうち持分割合に相当する部分を受益者の貸借対照表における資産および負債として計上し、損益計算書についても同様に持分割合に応じて処理する方法である。

【会計処理】

| (借方) | | (貸方) | |
|---|---|---|---|
| 信託建物 | ××× | 預金 | ××× |
| 信託構築物 | ××× | 前渡金 | ××× |
| 信託土地 | ××× | | |

〔受益権売却時〕 受益者は、信託財産を直接保有していたものとみて、売却処理（不動産流動化実務指針19項および20項）の要否を判断する。売却の判断については、現物不動産と同様、リスク経済価値アプローチに基づくこととなる。

---

[4] 「特別目的会社を活用した不動産の流動化に係る譲渡人の会計処理に関する実務指針」（会計制度委員会報告15号、以下「不動産流動化実務指針」という）44項において受益者が「当該信託財産を直接所有するものとみなして会計処理する考え方」を信託導管論と称し、わが国の会計慣行となっているものと考えられる。

【会計処理】

| （借方） | | （貸方） | |
|---|---|---|---|
| 預金 | ×××　 | 信託建物 | ××× |
| 信託構築物 | ××× | 信託土地 | ××× |
| | | 固定資産売却益 | ××× |

〔期末時〕　信託財産を直接保有する場合と同様に会計処理することとなるため、総額法によることとなる。

(2)　当該信託に係る受益権が質的に異なるものに分割されている場合や受益者が多数となる場合の取扱い

　この場合、各受益者は、信託財産を直接保有するものとみなして会計処理を行うことは困難であることから、受益権を当該信託に対する有価証券とみなして処理することとなる。このため、当該受益権を取得したときは、有価証券の取得とみなして処理し、受益権をさらに売却したときには、有価証券の売却とみなして売却処理を行うかどうか判断することとなる。

## 3　不動産投資法人における信託受益権の取扱い

　上記のとおり、不動産に係る信託受益権については、原則として信託導管論に基づき、受益者が信託財産を直接所有するものとみなして会計処理することとなる。不動産投資法人においては、信託受益権として保有している不動産については、貸借対照表および損益計算書へは総額法により記載し、信託受益権として保有していることがわかるように「信託建物」「信託預り敷金及び保証金」という具合に頭に「信託」の文字を付した勘定科目名を用い、注記表において、その旨を記載している（「土地の信託に係る監査上の留意点について」（1985年3月5日、日本公認会計士協会、審理室情報 No.6）（注）参照）。

【注記例】

　（不動産等を信託財産とする信託受益権に関する会計処理方法）
　保有する不動産等を信託財産とする信託受益権は、信託財産内全ての資産及び負債勘定並びに信託財産に生じた全ての収益及び費用勘定について、貸借対照表及び損益計算書の該当勘定科目に計上している。

なお、該当勘定科目に計上した信託財産のうち重要性がある下記の科目については、貸借対照表において区分掲記している。
① 信託現金及び信託預金
② 信託建物、信託構築物、信託機械及び装置、信託工具、器具及び備品、信託土地、信託借地権
③ 信託預り敷金及び保証金

# 第4節　物件運用時の留意事項

## I　固定資産税等の処理方法

不動産投資法人の「重要な会計方針に係る事項に関する注記」の1つとして、固定資産税等（固定資産税、都市計画税および償却資産税等をいう。以下同じ）の処理方法があり、下記のような会計方針が記載されている。当該固定資産税等の処理方法は、物件の取得時、運用時（保有時）、売却時において、それぞれ留意すべき事項がある。

【重要な会計方針の記載例】

> 保有する不動産等にかかる固定資産税、都市計画税及び償却資産税等については、賦課決定された税額のうち当該計算期間に対応する額を賃貸事業費用として費用処理する方法を採用している。
> なお、不動産等の取得に伴い、精算金として譲渡人に支払った初年度の固定資産税等相当額については、費用に計上せず当該不動産等の取得原価に算入している。
> 不動産等の取得原価に算入した固定資産税等相当額は前期××千円、当期××千円である。
> （注）上記はJ-REITの有価証券報告書における重要な会計方針の記載を想定している。

### 1　取得時

物件を取得した場合、未経過固定資産税等について買主である不動産投資法人と売主との間で精算がなされるのが一般的である。固定資産税等は、毎年1

月1日時点の不動産所有者に納税義務が生じる租税であり、本来であれば買主である不動産投資法人に納税義務はないが、売主と買主との間の精算合意に基づいて、未経過分固定資産税等の精算金を負担している。

また、売主は当該物件の1月1日時点の納税義務者として、固定資産税等の年額（全額）を納付することになる。

買主が売主に支払った未経過固定資産税等の会計処理に関して、一般事業会社では、物件取得に係る付随費用として取得原価に算入するという会計処理のほか、あくまでも物件取得後の管理費用であるとして、期間費用とする方法も見受けられる。いずれの会計処理も会計上は継続適用を前提として認められている処理であると思われる。

一方、不動産投資法人において、未経過固定資産税等の精算が売買当事者間で行われるとき、税務上は、当該物件に係る譲渡対価として取り扱われる（消費税法基本通達（以下「消税基」という）10-1-6）ことになるので、会計処理上は当該税務リスクを考慮し、取得原価の付随費用として取得原価に算入しているものと思われる。当該支出額は取得物件に係る未経過固定資産税等ではなく未経過固定資産税等の相当額であり、物件取得に係る付随費用であるという根拠である。

また、未経過固定資産税等の精算が売買当事者間で行われる場合、取得した物件において固定資産税等が賃貸事業費用して計上されるのは、物件取得1年後となるので留意が必要である。

なお、未経過固定資産税等の計算方法には、固定資産税等の起算日を1月1日とし、1月1日から12月31日までの暦年（1年間）を対象期間として売買当事者間で精算額を算定する方法と、4月1日を起算日として、4月1日から翌年の3月31日までの1年間を対象期間として精算額を算定する方法（主に関西圏）がある。

## 2　運用時（保有時）

保有する物件に係る固定資産税等は、賦課決定された年額のうち、当該計算期間に対応する額を費用処理すべきであるが、実務上は、継続適用を前提として、賦課決定された年額のうち、当該計算期間内に納付した額をそのまま費用

計上する方法を採用している場合も見受けられる。

　ここで、不動産投資法人の計算期間が6カ月決算の場合、決算期の設定によっては、固定資産税等の費用計上の金額に隔たりが生じてしまう場合がある。

　たとえば、東京都において、不動産投資法人の計算期間が2月期と8月期の6カ月決算で、年4回（6月、9月、12月、2月）の納税期限に納税した額をそのまま当期の費用としている場合には、2月期は9月、12月、2月と3回分の納付額が費用として計上されるのに対して、8月期は6月の1回分のみの納税額しか費用として計上されないことになってしまう。[1]

　これにつき、実務上は、固定資産税等の費用負担が平準化するよう、たとえば、継続的に納付時期を調整することで各計算期間の固定資産税等の納付金額がおおむね均等になるようにする、あるいは場合によっては未払計上するといった対応がなされていると考えられる。

## 3　売却時

　保有物件を売却した場合においても、売主である不動産投資法人と買主との間で未経過固定資産税等についての精算が一般に実施されているが、前述のとおり、税務上の固定資産税等の納税義務者は、あくまでも1月1日時点における対象物件の所有者として登録されている者であることから、売主である不動産投資法人は、固定資産税等の年額のうち、未経過分（すなわち買主負担分）も含めて年額を納付し、買主からは未経過固定資産税等に係る精算金を受領することで負担関係を調整している。

　ここで、当該物件に係る固定資産税等について、保有期間のみならず売却後の期間分もあわせて通期分の賃貸事業費用に計上することは、損益計算書上、当該物件に係る租税公課が過大に計上されることになり、物件収支（賃貸事業損益）を歪めてしまうことになる。したがって、会計処理上は合理的な処理であるとは必ずしもいえない。このため売主である不動産投資法人では、本来は、買主から受領した未経過固定資産税等に係る精算金と、損益計算書に計上され

---

[1]　固定資産税の納期は、原則として4月、7月、12月および2月中において市町村の条例で定める（地方税法362条）とされているが、特別の事情がある場合においてこれと異なる納期を定めることができるとされ、たとえば、東京都の場合、6月、9月、12月、2月とされている（東京都都税条例129条）。

ている通期分の固定資産税等（租税公課）とを相殺し、保有期間に対応する固定資産税（租税公課）のみを表示することが望ましいと考えられる。なお実務上は、買主から受領した未経過固定資産税等に係る精算金は簡便的に売却諸経費等で調整されている事例も見受けられる。

## II　資本的支出と修繕費の取扱い

　不動産投資法人では、年間の運用計画に基づいて計画的に保有物件の改修工事が実施されている。

　ここで、資本的支出とは、その支出により、当該資産の取得時に予想される使用可能期間を延長させるか、または当該資産の価値を増加させると判断される場合の支出額をいい、当該固定資産の取得原価に算入されるものである。また、修繕費とは、資本的支出以外の単なる維持管理にすぎない支出額であり、支出した期の期間費用として処理されるものである。

　会計処理上、具体的な資本的支出と修繕費との区分基準等はないので、実務上は法人税法施行令（以下「法税令」という）132条の取扱いにのっとった処理がなされると思われる。

以下、資本的支出の額を求めるための算定式を示す。

---

① 価値の増加をもたらす資本的支出
　＝支出直後の金額 － 通常の管理または修理をするものとした場合に予想されるその支出時における価額

② 耐用年数の延長をもたらす資本的支出

$$= 支出金額 \times \frac{支出後の使用可能期間 - 支出しなかった場合の残存使用可能期間}{支出後の使用可能期間}$$

（注）上記①と②のいずれにも該当する場合には、いずれか多い金額

---

　上記の算定式に基づき、資本的支出か否かを判断するとしても、価値の増加や残存期間等を客観的に判断することは、実務的に非常に困難である。このため、法人税法基本通達（以下「法税基」という）では、形式基準による区分を認め、資本的支出と修繕費の例示が示されている。

### 図表 5 - 3　資本的支出と修繕費の区分のフローチャート

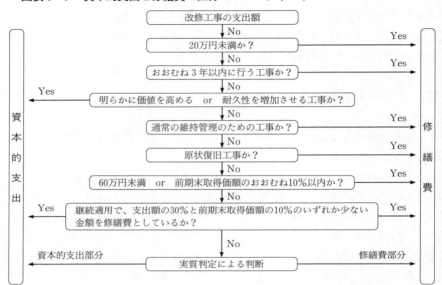

(注)　災害の場合は、法税基7-8-6【災害の場合の資本的支出と修繕費の区分の特例】を参照されたい。

| (資本的支出の例示) |
|---|
| 法税基7-8-1 |
| 　　法人がその有する固定資産の修理、改良等のために支出した金額のうち当該固定資産の価値を高め、又はその耐久性を増すこととなると認められる部分に対応する金額が資本的支出となるのであるから、例えば次に掲げるような金額は、原則として資本的支出に該当する。<br>　(a)　建物の避難階段の取付等物理的に付加した部分に係る費用の額<br>　(b)　用途変更のための模様替え等改造又は改装に直接要した費用の額<br>　(c)　機械の部分品を特に品質又は性能の高いものに取り替えた場合のその取替えに要した費用の額のうち通常の取替えの場合にその取替えに要すると認められる費用の額を超える部分の金額<br>　(注)　建物の増築、構築物の拡張、延長等は建物等の取得に当たる。 |

| (修繕費に含まれる費用) |
|---|
| 法税基7-8-2 |
| 　法人がその有する固定資産の修理、改良等のために支出した金額のうち当該固定資産の通常の維持管理のため、又はき損した固定資産につきその原状を回復するために要したと認められる部分の金額が修繕費となるのであるが、次に掲げるような金額は、修繕費に該当する。<br>　(a)　建物の移えい又は解体移築をした場合（移えい又は解体移築を予定して取得した建物についてした場合を除く。）におけるその移えい又は移築に要した費用の額。ただし、解体移築にあっては、旧資材の70％以上がその性質上再使用できる場合であって、当該旧資材をそのまま利用して従前の建物と同一の規模及び構造の建物を再建築するものに限る。<br>　(b)　機械装置の移設（法税基7-3-12《集中生産を行う等のための機械装置の移設費》の本文の適用のある移設を除く。）に要した費用（解体費を含む。）の額<br>　(c)　地盤沈下した土地を沈下前の状態に回復するために行う地盛りに要した費用の額。ただし、次に掲げる場合のその地盛りに要した費用の額を除く。<br>　　イ　土地の取得後直ちに地盛りを行った場合<br>　　ロ　土地の利用目的の変更その他土地の効用を著しく増加するための地盛りを行った場合<br>　　ハ　地盤沈下により評価損を計上した土地について地盛りを行った場合<br>　(d)　建物、機械装置等が地盤沈下により海水等の浸害を受けることとなったために行う床上げ、地上げ又は移設に要した費用の額。ただし、その床上工事等が従来の床面の構造、材質等を改良するものである等明らかに改良工事であると認められる場合のその改良部分に対応する金額を除く。<br>　(e)　現に使用している土地の水はけを良くする等のために行う砂利、砕石等の敷設に要した費用の額及び砂利道又は砂利路面に砂利、砕石等を補充するために要した費用の額 |

　不動産投資法人の会計処理としては、できるだけ税会不一致リスクを回避するよう会計処理を行うことが想定されるため、本来、修繕費として処理すべきものを資本的支出とするなど、資本的支出と修繕費の区分の判断において過度に税務に保守的な対応とならないよう留意すべきである。実務上は、必要に応じて、事前に資産運用会社や不動産投資法人の顧問税理士法人等との意見調整等も必要であり、慎重な対応が求められている。

　また、不動産投資法人としては、適切な区分基準を策定し、当該区分基準に基づき継続的な運用がなされていることが必要である。

## III 税会不一致が生じる可能性のあるその他の項目

その他、不動産投資法人の運用時において、会計上と税務上の処理において乖離が生じる可能性のある項目のうち、主なものは下記のとおりである。

① 修繕引当金の計上：多額の修繕に備え、修繕費を引当計上する場合の当該引当金額。
② 減価償却限度超過額の計上：会計処理上計上した減価償却費が税務上の限度額を超える場合には、その超える部分の金額。
③ 固定資産の減損損失の計上：固定資産の減損会計の適用のうち、一定の事由が発生した場合を除いて、当該減損損失額は損金として認められない。
④ 貸倒引当金の計上：会計基準に基づいて計上された貸倒引当金が税務上、すべて認められるとは限らない。
⑤ 定期借地権の償却額計上：会計上は借地期間にわたって償却されるが、税務上は償却が認められない。
⑥ 資産除去債務の借方項目の減価償却額計上：除去債務基準の適用に伴い、アスベスト（石綿）除去、PCB（ポリ塩化ビフェニル）の処分、賃貸借契約に基づく原状復旧義務、定期借地権付建物の建物撤去、土壌汚染対策等に関して、資産除去債務を見積計上し支払利息を認識するとともに、当該資産除去債務に対応する部分として有形固定資産計上された金額を減価償却した場合、当該支払利息および減価償却額は損金として認められない。
⑦ 正ののれんの償却額計上、負ののれん発生益計上：合併に際し、会計上は正ののれんは資産計上して20年で償却し、負ののれん発生益は一括特別利益に計上されるが、税務上は適格合併の場合には、これらは認識されない。

なお、これらはあくまでも例示であるので、個々の取引について慎重に検討する必要がある。

また、不動産投資法人が保有物件を売却する場合で、固定資産税等の賦課決定通知が間に合わない場合にも留意すべきである。

たとえば、不動産投資法人の決算期が5月決算（6カ月決算を想定）の場合で、6月（地域によっては5月）の固定資産税等の賦課決定通知前の3月に保有物件を売却した場合には、決算期末までに物件の売却（引渡済み）は行われているが、固定資産税等の賦課決定通知が未達のため固定資産税等の精算が確定しない場合が考えられる。

図表 5 - 4　固定資産税等の賦課決定通知が決算に間に合わない場合

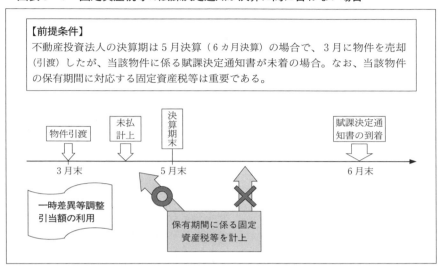

　この場合、固定資産税等が賃貸事業費用のうちの重要な部分を占めている状況において、売主である不動産投資法人の適正な期間損益計算の確保の観点からは、賦課決定通知が届くまで固定資産税等の精算をしないのは合理的な処理であるといえない。会計的には、売却時の属する決算期において、売主である不動産投資法人は当該物件に係る固定資産税等の年額を合理的に見積り、保有期間に係る固定資産税等を未払計上することで不動産売却損益を計上すべきであると思われる。

　ここで、税務上は、固定資産税等の損金経理のタイミングは賦課決定のあった日もしくは実際に納付をした日（または納期の開始の日）の属する事業年度において損金算入すると規定されているため、税務上は未払計上した固定資産税等を損金計上することができず、会計と税務の不一致が生じてしまうことになる。このため、物件の売却のタイミングには十分に留意する必要がある。

　これにつき、実務上においては、一定の対応がなされていると思われる。

　まず、当該物件の売却後であっても、決算期末までに当該物件に係る固定資産税等の賦課決定通知が間に合うのであれば、売主である不動産投資法人と買主との間において、未経過固定資産税等についての実額精算が実施され、売主

である不動産投資法人では、保有期間に係る固定資産税等が売却諸費用あるいは賃貸事業費用として計上されていると考えられる。

　また、決算期末まで固定資産税等の賦課決定通知が未着の場合には、当該物件が信託物件であれば、売主である不動産投資法人では、当該売却物件につき保有期間に係る固定資産税等を合理的に見積り、物件売却に係る売却諸費用として費用計上していると考えられる。この場合、後日、固定資産税等の賦課決定通知が到着したとしても、買主との間では追加的な精算は行わないものとし、確定精算している。なお、上記処理が可能となるのは、信託物件の場合であることに留意すべきである。これは、信託物件の場合、固定資産税等の納税義務があるのは、あくまでも当該信託物件の受託者（すなわち、1月1日現在の信託物件の所有者）であり、不動産投資法人は受益者であって売主ではないためである。したがって、信託物件を売却した場合には、不動産投資法人が負担するのは、保有期間に相当する固定資産税等見合いの信託諸費用であって、固定資産税等の租税公課そのものではないということになる。一方、売却物件が現物物件であれば、信託物件と同様、確定精算してしまうことも可能であるが、税務上、1月1日時点の所有者（この場合、売主は不動産投資法人）が固定資産税等の納税義務者であるとされている以上、上記の信託物件と同様の会計処理を行うことは税会不一致のリスクが生じる可能性が依然として残されることになり、物件売却のタイミングについての留意が必要である。

　このように一定の場合には、売却物件に係る確定した諸費用等として対応する等、税会不一致となるリスクをできるだけ回避して実務対応しているものと思われるが、税会不一致となる場合も依然として残っていることに留意しておくべきである。

　もっとも、売主である不動産投資法人において、保有期間に係る固定資産税等を未払計上し税務上加算処理となったとしても、当該所得超過税会不一致に対し、一時差異等調整引当額を計上して分配してしまえば、税務上、配当等の額の支払額に含められ、損金算入ができるので、税支出リスクは回避することができるようになっている。詳細は下記Ⅳ参照のこと。

## Ⅳ 一時差異等調整引当額および一時差異等調整積立金制度の新設

### 1 はじめに

　90％超配当要件（以下「90％ルール」という）は、税会不一致による二重課税を回避すべく、これまで幾度となく改正されてきたが、2015年度税制改正前までは、たとえば、多額の減損損失が計上されて税務上の所得が会計上の利益を上回ってしまっても、会計上の利益を超えて金銭の分配を行うことで、90％ルールを満たすことができる可能性があったが、利益超過分配の金額は90％ルールの計算上、分母、分子にともに加算されることとなるので、多額の利益超過分配を行わないと90％ルールを充足できなかった。また、当該利益超過分配は、おおむね全額、資本の払戻しとて取り扱われ、税務上の損金算入の対象とはならなかったため、どうしても不動産投資法人において課税が生じてしまう結果となっていた。

　この問題に対処するため、2015年度税制改正では、「一時差異等調整引当額」および「一時差異等調整積立金」制度が新設され、積年の課題であった税会不一致による二重課税の防止がようやく手当てされた。また、繰延ヘッジ損失等の純資産控除項目についても2016年度税制改正により追加手当てが施された。また、あわせて投資法人計算規則においても、所要の改正が実施された。

【90％ルール】

【2015年度税制　改正前】

$$\frac{配当等の額の支払額＋利益超過分配金額}{配当可能利益の額（注１）＋利益超過分配金額} > 90\%$$

(注１)　配当可能利益の額＝税引前当期純利益－前期繰越損失－負ののれん発生益－特別損失に計上された減損損失の70％相当額－正ののれん償却額の70％相当額－買換特例圧縮積立金繰入額

(注２)　上記（注１）の配当可能利益の額において、控除済負ののれん発生益の100年での加算額、買換特例圧縮積立金取崩額および出資総額戻入金額は想定していない。

> 【2015年度税制　改正後】
>
> $$\frac{配当等の額の支払額＋利益超過分配金額}{配当可能利益の額（注3）＋利益超過分配金額}$$
>
> （注3）　配当可能利益の額＝税引前当期純利益－前期繰越損失－一時差異等調整積立金の積立額－買換特例圧縮積立金繰入額
> （注4）　上記（注3）の配当可能利益の額において、繰越利益等超過純資産控除項目額、繰越利益等超過純資産控除項目額の当期加算額、一時差異等調整積立金の取崩額、買換特例圧縮積立金の当期加算額、出資総額戻入額は想定していない。
> （注5）　2015年度税制改正後は、利益超過分配金額には、いわゆる通常の利益超過分配と一時差異等調整引当額が含まれることに留意。

なお、投信協会より各REITの事務連絡者に対して、「投資法人の『一時差異等調整引当額等』の処理に関するＱ＆Ａ」が2015年5月に通達されている。

## 2　一時差異等調整引当額

　一時差異等調整引当額とは、たとえば、多額の減損損失の計上により、税務上の所得が会計上の利益を上回っている場合、あるいは、繰延ヘッジ損失等の計上により、純資産控除項目の合計がマイナスの場合において、投信法の利益（投信法136条1項の規定する利益をいう。以下「投信法の利益」という）を超えて分配される金額（利益超過分配金額）のうち、所得超過税会不一致等の範囲内において利益処分に充当するものをいい、税務上、配当等の額の支払額に含められるとともに、損金算入の特例の対象となるものである。この結果、所得超過税会不一致等による課税の影響を回避することができる。

> 一時差異等調整引当額：投信法の利益を超えて金銭の分配をする金額（利益超過分配金額）のうち、次の掲げる金額の合計額の範囲内で、利益処分に充当する金額をいう（投資法人計算規則2条2項30号）。
> ①　所得超過税会不一致：税務上の所得が会計上の利益を超えた場合の税会不一致をいう。
> ②　純資産控除項目(注)の合計額がマイナスとなる場合の、その合計額
> 　　（注）　純資産控除項目：評価・換算差額等、新投資口予約権、新投資口申込証拠金および自己投資口の合計額

一時差異等調整引当額を利益処分に充当する場合には、計上する期、およびその翌期以降において下記の処理が求められている。なお、一時差異等調整引当

額の処理に関する注記に関しては、その詳細は投信協会の不動産投資規則43条の3、同43条の3の2に規定されている。一時差異等調整積立金も同様である。

〈計上する期〉
(1) 金銭の分配に係る計算書において、一時差異等調整引当額は、いわゆる通常の利益超過分配と区分して表示しなければならない。一口当たり利益超過分配の付記も同様である（投資法人計算規則77条、78条）。
(2) 一時差異等調整引当額の計上は、会計と税務における損益の認識のタイミングの調整のために行われるものであるため、計上する期において、その他の注記として、引当ての発生事由、発生した資産等、引当額、戻入れの具体的な方法を注記しなければならない（不動産投資規則43条の3(1)）。

　ここで、留意すべき事項は、計上する（した）タイミングにおいて、翌期以降における適切な戻入れ対応が可能となるよう、個別の管理方針が求められていることである。

　また、計上する（した）期においては、まだ貸借対照表に一時差異等調整引当額は計上されていない。このため、これらの記載事項は、その他の注記として注記表に追加情報を記載するか、あるいは、金銭の分配に係る計算書に関する注記として記載することになる。実務上では、注記表に追加情報として記載しているケースが多く見受けられる。

〈翌期以降において〉
(3) 翌期以降において、一時差異等調整引当額は、貸借対照表上、出資総額（または出資剰余金）の控除項目として計上されるが、この場合、一時差異等調整引当額は、他の控除額と区分して表示しなければならない（投資法人計算規則39条3項・6項）。
(4) また、貸借対照表に関する注記として、一時差異等調整引当額の戻入れに関する処理の事項（引当て、戻入れの発生事由、発生した資産等、当初発生額、当期首残高、当期引当額、当期戻入額、当期末残高、戻入れの具体的な方法）を注記しなければならない（投資法人計算規則62条13号、不動産投資規則43条の3の2(1)）。

　なお、一時差異等調整引当額は、投信法上の利益超過分配であることから、圧縮積立金や当期未処分利益等の投信法136条1項で規定する投信法上の利益が存在する場合には、これを計上することはできない。このため、まずは、圧縮積立金などの任意積立金を取り崩したうえで、利益超過分配が可能となることに留意する必要がある。

**【計上する期の記載例】**
(一時差異等調整引当額の引当て及び戻入れに関する注記)

1．引当ての発生事由、発生した資産等及び引当額　　　　　　（単位：千円）

| 発生した資産等 | 引当ての発生事由 | 一時差異等調整引当額 |
|---|---|---|
| 信託土地、信託建物等 | 減損損失の発生 | ×× |
| 繰延ヘッジ損益 | 金利スワップ評価損の発生 | ×× |

2．戻入れの具体的な方法

| 項　目 | 戻入れの方法 |
|---|---|
| 信託建物等 | 該当物件の減価償却及び売却等の時点において、対応すべき金額を戻し入れる予定である。 |
| 信託土地 | 該当物件の売却等の時点において、対応すべき金額を戻し入れる予定である。 |
| 繰延ヘッジ損益 | ヘッジ手段であるデリバティブ取引の時価の変動に応じて戻し入れる予定である。 |

**【翌期以降の記載例】**
(貸借対照表に関する注記)

※5　一時差異等調整引当額
1．引当て・戻入れの発生事由、発生した資産等及び引当額　　（単位：千円）

| 発生した資産等 | 引当ての発生事由 | 当初発生額 | 当期首残高 | 当期引当額 | 当期戻入額 | 当期末残高 | 戻入れの事由 |
|---|---|---|---|---|---|---|---|
| 信託建物等 | 減損損失の発生 | ×× | ― | ― | △×× | ×× | 減価償却費 |
| 信託土地 | 減損損失の発生 | ×× | ― | ― | ― | ×× | ― |
| 繰延ヘッジ損益 | 金利スワップ評価損の発生 | ×× | ×× | ― | △×× | ×× | デリバティブ取引の時価の変動 |
| 合計 | | | | | | | |

2．戻入れの具体的な方法

| 項　目 | 戻入れの方法 |
|---|---|
| 信託建物等 | 該当物件の減価償却及び売却等の時点において、対応すべき金額を戻し入れる予定である |
| 信託土地 | 該当物件の売却等の時点において、対応すべき金額を戻し入れる予定である。 |
| 繰延ヘッジ損益 | ヘッジ手段であるデリバティブ取引の時価の変動に応じて戻し入れる予定である。 |

## 3　一時差異等調整積立金

　合併により負ののれん発生益が生じた場合では、会計上の利益が税務上の所得を上回っているものの、配当原資（現金）がないために、90％ルールを満たすことができない場合が想定されていた（ただし、2015年度税制改正前においても、負ののれん発生益については、90％ルールの判定上、分母の配当可能利益の額からは控除する手当てはされていた）。この場合において、当該制度を利用し、会計上の利益が税務上の所得を上回っている利益超過税会不一致に相当する額を一時差異等調整積立金として積み立てれば、90％ルールの判定上、配当可能利益の額から当該一時差異等調整積立金を一時的に控除することができるようになったため、当該問題も解消することが可能となった。

> 一時差異等調整積立金：投資法人が積み立てた任意積立金のうち、利益超過税会不一致(注)の範囲内において、将来の利益処分に充当する目的のために留保するものをいう（投資法人計算規則2条2項31号）。
> 　（注）　利益超過税会不一致：会計上の利益が税務上の所得を超えた場合の税会不一致をいう。

　一時差異等調整積立金を積み立てる場合においても、積み立てる期、およびその翌期以降において下記の処理が求められている。

　なお、過去に計上された負ののれん発生益がある場合には、投資法人計算規則附則3条では2015年4月1日から2年間までの間に一時差異等調整積立金として積み立てることができるとされているが、投信協会の不動産投資規則附則3では積み立てることにするとされている。

〈積み立てる期〉
(1)　積み立てる期の金銭の分配に係る計算書において、一時差異等調整積立金は、その他の任意積立金と区分して表示しなければならない（投資法人計算規則76条3項）。
(2)　一時差異等調整積立金を計上するのは、負ののれん発生益等の会計上の利益が税務上の所得を上回っているものの、配当原資（現金）がない場合の一時的な内部留保を認める措置である。したがって積み立てる期においては、その他の注記として、積立ての発生事由、積立額、取崩しの具体的な方法を注記しなければならない（不動産投資規則43条の3(2)）。
　　また、積み立てる(た)期においては、まだ貸借対照表上に一時差異等調整積立

金は計上されていない。このため、これらの記載事項は、その他の注記として注記表に追加情報を記載するか、あるいは、金銭の分配に係る計算書に関する注記として記載することになる。実務上では、金銭の分配に係る計算書に関する注記として記載しているケースが多く見受けられる。

〈翌期以降において〉
(3) 翌期以降において、一時差異等調整積立金は、貸借対照表上および投資主等変動計算書の任意積立金の項目において計上されるが、この場合、一時差異等調整積立金は、その他の任意積立金と区分して表示しなければならない（投資法人計算規則39条5項、56条5項）。
(4) また、貸借対照表に関する注記として、一時差異等調整積立金の取崩しの処理に関する事項（積立て、取崩しの発生事由、当初発生額、当期首残高、当期積立額、当期取崩額、当期末残高、取崩しの具体的な方法）を注記しなければならない（投資法人計算規則62条13号、不動産投資規則43条の3の2(2)）。
　　また、負ののれんや合併に伴う資産簿価差異を起因とする一時差異等調整積立金を積み立てる場合には、50年以内による毎期均等額以上の取崩しが求められているので留意が必要である。

　このように、一時差異等調整積立金への移行により、これまでの負ののれん発生益による繰越利益は、毎期一定額は最低でも配当原資とすることが求められることに変更となった。また50年以内による毎期均等額以上の取崩しとなっているので、減損損失等の計上された場合には、均等額以上の取崩しを実施することで、分配金平準化財源としての利用も引き続き可能である。
　なお、一時差異等調整積立金の計上後その取崩しがあった場合には、90％ルールの分母に当該取崩し金額を足し戻すことになる。

【積み立てる期の記載例】
（金銭の分配に関する計算書に関する注記）

> 「投資法人の計算に関する規則」（平成27年内閣府令第27号）附則第3項の経過措置を適用し、20××年×期の金銭の分配に係る計算書において、過年度に計上した負ののれん発生益に細分化された金額の残高である××千円を一時差異等調整積立金へ積み立てている。当該積立額は積み立てを行った期の翌期以降、積立時の残高の毎期50年均等額以上（××千円以上）の取崩しを行う予定である。
> 　（注）　上記は過年度に計上した負ののれん発生益の残高を一時差異等調整積立金に積み立てる場合である。

## 【翌期以降の記載例】
（貸借対照表に関する注記）

※6　一時差異等調整積立金の積立て及び取崩しの処理に関する事項 (単位：千円)

|  | 当初発生額 | 当期首残高 | 当期積立額 | 当期取崩額 | 当期末残高 | 積立て、取崩しの発生事由 |
| --- | --- | --- | --- | --- | --- | --- |
| 負ののれん発生益 | ×× | ×× | — | ×× | ×× | 分配金に充当 |

(注)　過年度に計上した負ののれん発生益に細分化された金額の残高を一時差異等調整積立金に積み立てた期の翌期以降、50年以内に毎期均等額以上（××千円以上）を取り崩す予定である。

## 4　繰延ヘッジ損失等の純資産控除項目

　投資法人の利益の分配は投信法上の利益が上限となっていることから、繰延ヘッジ損失等の純資産額控除項目がある場合、純資産額に直入処理されるため、投信法上の利益が減少してしまう結果、当期未処分利益はあっても投信法上の利益がなく、よって90％ルールが充足できないという場合が想定されていた。これにつき実務上は、投信協会からの各不動産投資法人への事務連絡通知によって、繰延ヘッジ損益の金額を純資産額から控除することで、配当可能利益の額の算定においては影響させない措置がとられてきた。

　今回の2015年度税制改正においては、当該純資産控除項目についても手当てされ、一時差異等調整引当額を利用して利益処分に充当することが可能になったが、90％ルールの判定上は、算定式の分母、分子の両方に加算することになったので、90％ルールの判定式の配当等の額の支払額（分子）が配当可能利益の額（分母）を大きく下回ることもあり、その金額次第では90％ルールを充足できなくなる可能性があった。

　しかしながら、2016年度税制改正によって、純資産控除項目のうち、前期繰越利益、任意積立金、買換特例圧縮積立金および一時差異等調整積立金の合計

---

2)　「投資法人においてヘッジ目的でデリバティブ取引を利用した場合の会計処理に係る実務上の留意事項」（平成19年12月13日、投信協会）。

額を超える部分（以下「繰越利益等超過純資産控除項目額」という）の金額を、90％ルールの判定上、分母となる配当可能利益の額から控除する手当てがなされ、かかる影響が解消されることになった。

　なお、その後、純資産控除項目が減少する場合は、90％ルールの判定上は分母となる配当可能利益の額に適宜調整が必要となる。

　また、繰延ヘッジ損失において、一時差異等調整引当額を計上した場合には、金銭の分配に係る計算書において繰延ヘッジ損失と同額の次期繰越利益が残る結果となり、翌期以降の繰延ヘッジ損失の減少に伴う一時差異等調整引当額の戻入れ財源となる。

　なお、金利スワップ等により繰延ヘッジ利益があり、かつ何らかの要因で所得超過税会不一致が生じているとき、課税回避のために当該繰延ヘッジ利益を原資として利益超過分配を実施している場合がある。この場合、繰延ヘッジ期間が終了した期の翌期においては慎重に対応すべきである。繰延ヘッジ期間の終了により、繰延ヘッジ利益相当の繰越損失が一期に生じることになるからである。事前に担当顧問税理士法人や監査法人と十分に協議して対応することが望まれる。

　このように税会不一致が伴う処理が発生したとしても、「一時差異等調整引当額」および「一時差異等調整積立金」制度を利用して分配を実施することで、不動産投資法人において課税が発生することを回避することがおおむね可能となった。

　しかしながら、「一時差異等調整引当額」および「一時差異等調整積立金」制度の処理を利用するかどうかは、投資法人の任意で行うものであり、本制度を適用しない場合は依然として税会不一致問題は残ることになる。

　また、不動産投資法人において、一時差異等調整引当額は税務上の配当等として取り扱われるが、会計上はあくまでも出資の払戻しである。しかも、会計上の処理と税務上の処理が異なるので、処理の煩雑さは残ってしまっている。このため、できるだけ税会不一致を回避したいというニーズは引き続き残っているものと思われる。

## V　保有物件の売却時（除却時も含む）の取扱い

　保有物件を売却した場合、損益計算書において、不動産売却収入から不動産売却原価および売却諸費用を差し引いた後の不動産売却損益（売却益であれば営業収益、売却損であれば営業費用に表示）のみが営業損益として計上されている（投資法人計算規則48条2項）。

　また、損益計算書に関する注記において、物件ごとに不動産売却収入、不動産売却原価および売却諸費用が、その内訳として注記される（投資法人計算規則63条3号）。

　なお、保有物件を売却した場合、売主が買主から受領する未経過固定資産税等に係る精算金の会計処理の取扱いについては、前述の第4節Ⅰ「固定資産税等の処理方法　3　売却時」およびⅢ「税会不一致が生じる可能性のあるその他の項目」に記載したとおりである。

　固定資産を除却した場合には、固定資産台帳から除却対象資産を特定し、原則として特別損失として除却損を計上する必要がある。

　しかしながら、実務上、固定資産台帳がある程度のレベルまで正確かつ精緻に作成されていない場合には、除却対象資産が特定できない場合が考えられる。したがって、物件取得時の固定資産台帳の正確な作成は、将来の除却時に除却資産を特定するためにも重要な作業となるといえる。

# 第5節　資金調達時の留意事項

## Ⅰ　新投資口の発行の取扱い

　不動産投資法人が新規に投資口を発行する場合、投資口の交付に係る費用のうち会計上の繰延資産に該当する支出額は、投資口交付費として処理される。

　投資法人計算規則上、繰延資産とは「繰延資産として計上することが適当であると認められるもの」（投資法人計算規則37条3項5号）と規定されているのみであるので、同規則3条に従い、会計慣行にゆだねて対応することとなる。実

務対応報告19号「繰延資産の会計処理に関する当面の取扱い 3 会計処理 (1)株式交付費の会計処理」によれば、投資口交付費とは、投資口募集のための広告費、金融機関の取扱手数料、証券会社の取扱手数料、目論見書・投資証券等の印刷費、変更登記の登録免許税、その他投資証券を交付等のために直接支出した費用となる。なお、投資口交付費の範囲に該当しない費用は、投資口交付時の営業外費用として全額費用処理される。

また、投資口交付費の会計処理は、支出時に費用（営業外費用）とすることが原則であるが、不動産投資法人の規模拡大のためにする資金調達等の財務活動に係る投資口交付であれば、繰延資産に計上することができる。この場合には、投資口の交付のときから、3年以内のその効果の及ぶ期間にわたって定額法にて償却しなければならない。

なお、同一の繰延資産項目についての会計処理が前事業年度にも行われている場合において、当事業年度の会計処理方法が前事業年度の会計処理方法と異なるときは、原則として、会計方針の変更として取り扱う必要がある[1]。ただし、同一の繰延資産項目がないため、会計処理が前事業年度において行われていない場合には、会計方針の変更として取り扱わないこととする点に留意が必要である（実務対応報告19号「繰延資産の会計処理に関する当面の取扱い」 3 会計処理 (7)繰延資産に係る会計処理方法の継続性②）。

## II 投資法人債および借入金による資金調達の取扱い

不動産投資法人が投資法人債を発行する場合においても、当該発行費用の処理方法について、実務対応報告19号「繰延資産の会計処理に関する当面の取扱い」に従って対応することになる。

ここで、投資法人債発行費とは、実務対応報告19号「繰延資産の会計処理に関する当面の取扱い 3 会計処理 (2)社債発行費等の会計処理」に従い、投資法人債募集のための広告費、金融機関の取扱手数料、証券会社の取扱手数料、目論見書・投資法人債券等の印刷費、投資法人債の登記の登録免許税、その他投資法人債発行のため直接支出した費用をいう。なお、投資法人債の範囲に該

---

1) 会計方針の変更に伴い、過年度遡及修正が行われる場合には、後述の第7節Ⅰ1を参照。

当しない費用は、投資法人債発行時の営業外費用として全額費用処理される。

投資法人債発行費の会計処理は、支出時に費用処理することが原則であるが、繰延資産に計上することができる。この場合には、投資法人債の償還までの期間にわたり利息法（または継続適用を条件として定額法）により償却する。

また、不動産投資法人に対し、長期の資金調達を行う場合において、複数の金融機関が協調してシンジケートローン団を組成して融資を実行する場合がある。この場合、エージェントに対する手数料（エージェントフィー）、アレンジャーに対する手数料（アレンジメントフィー）が借入利息とは別に発生することになる。

ここで、アレンジャーとは、幹事金融機関のことであり、契約条件の検討、シンジケート団を構成する貸付人となる金融機関の募集、契約締結手続等を行うものをいう。また、エージェントとは、契約締結後の各貸付人の代理人であり、契約期間中の借入人・貸付人間の通知取次や、元利金の受払い等の資金決済に関する事務のとりまとめを行うものをいい、通常、アレンジャーを務めた金融機関がエージェントに就任する。

エージェントフィーはローン期間中に係る事務管理手数料であり、アレンジメントフィーはシンジケートローンを組成するまでの業務報酬である。また、上記以外に、不動産投資法人が金融機関の融資団に対しイニシャルコストとして、融資総額の一定割合がアップフロントフィーとして支払われることがある。

これらのフィーの会計処理にあたっては、当該フィーの内容を十分に検討の上、対応すべきである。このうち、アレンジメントフィーはあくまでもシンジケートローンを組成するまでの業務報酬としての性格であれば、シンジケートローンが実行されたときに属する決算期に一括費用処理することが考えられる。

ただし、アップフロントフィーを含め、これらのフィーにファイナンスのアレンジメントに対する対価という要素のほか、金利（利息）の調整的な要素も含まれている場合には、金利の調整的な要素については融資期間にわたり利息の調整として費用計上することも許容されよう。なお、金利の調整的な要素が認められない場合は発生時に費用処理すべきであろう。

また、これらのアレンジメントフィー等の財務活動費用は営業外費用において、融資関連費用（重要性がない場合には営業外費用のその他）として開示されている。

## 第6節　決算時の留意事項

### I　保有物件の期末評価に係る減損対応と90％ルール

#### 1　保有物件の期末評価

　不動産投資法人で保有する不動産物件（特定資産）は、基本的には、それらを賃貸することにより収益を得ることを目的に保有していることから、固定資産として計上し企業会計審議会より公表された「固定資産の減損に係る会計基準」（以下「減損会計基準」という）に基づき期末評価されることとなる。以下では、減損会計基準にのっとった期末評価について見ていくこととする。

#### 2　不動産投資法人における対応

　不動産投資法人における減損の兆候の判断に際しては、すべての保有不動産について決算期ごとに鑑定評価を行うことが義務付けられていることから、減損の兆候の例示の1つである「市場価格の著しい下落」に関連付けて、当該評価額と帳簿価額との比較により、減損の兆候の判定を行っている場合が多い。当該鑑定評価額の評価目的は特定価格であり、不動産投資法人における投資採算価格を意味することから、減損会計基準で規定する使用価値に近似した評価額であると考えられる。ところで、使用価値が帳簿価額より下回っているということは、現在の使用状況を前提とした場合には、想定される利回り（使用価値算定上の割引率）を下回る回収しかできないことを意味している。減損の兆候としての市場価格の著しい下落における「著しい下落」の程度としては50％程度以上とされているが、使用価値に近似した鑑定評価額を市場価格とみなして帳簿価額とを比較することにより減損の兆候の判定をする場合には、上述のことに留意し、適切に会計処理することが望まれる。

　なお、不動産投資法人における、その他の減損の兆候としては、主要テナントの撤退や賃料の大幅減額改定などが考えられる。

## 3 減損損失計上と90％ルール

　税務上の導管性要件である90％ルールは2015年度税制改正により、一時差異等調整引当額および一時差異等調整積立金制度が導入され、当該制度を利用すれば、一時差異等調整引当額からの分配については税務上配当等として取り扱うことになり、また一時差異等調整積立金については90％超配当要件の判定において考慮されることから、税会不一致による税流出の生じるリスクが回避された（詳細は本章第4節Ⅳおよび第6章第1節Ⅱを参照のこと）。ただし、これらの制度は実務上の煩雑さも伴うことから、減損損失の影響について、設例を用いて確認することとする。

### 【設例】　減損損失計上の影響

　税引前当期純利益が、毎期経常的に50計上されている不動産投資法人において、ある保有不動産（減損損失計上前の期末帳簿価額は200とする）に減損損失150（特別損失）を計上した場合の×1期の業績は、以下のとおりである。支払配当額は、当期純利益相当額全額を分配するものとする。なお、税会不一致の項目は減損損失のみであり、減損損失計上資産は当面保有されており、×2期においても減損損失は税務上認容されない、ただし将来減算一時差異は、全額回収可能であるものとする。また、×1期における前期繰越利益はゼロ、出資総額は5,000とし、法人税等の実効税率は30％と仮定する。

|  | ×1期 |
|---|---|
| 経常利益 | 50 |
| 減損損失（特別損失） | △150 |
| 税引前当期純損失 | △100 |

〔減損損失計上資産の概要〕

|  | ×1期 |
|---|---|
| 減損損失控除前帳簿価額 | 200 |
| 回収可能額 | 50 |
| 差引：減損損失 | △150 |

ただし、以下の試算結果のとおり、会計上の利益はなく、このままでは減損損失150は税務上の損金算入ができないため、配当ができないばかりか税負担が生じることとなる。

《試算結果》

〔法人税等の算定〕

| | 金　額 |
|---|---|
| 税引前当期純損失 | △100 |
| 加算：減損損失否認 | ＋150 |
| 支払配当の損金算入 | 0 |
| 課税所得（a） | 50 |
| 法人税等（a×30％） | 15 ……(A) |

　減損損失の計上に伴った税引前当期純損失が生じた場合、前提に記載のとおり本設例では、将来減算一時差異（減損損失）には回収可能性があるものと判断されることから、当期未処理損失は△70と算出され、一般に利益のほとんどすべてを分配している不動産投資法人にとって、純資産に剰余金はほとんど計上されていないことから、投信法上の利益[1]はなく、このため利益の分配ができない。

〔損益計算書〕

| | ×1期 | |
|---|---|---|
| 経常利益 | 50 | |
| 減損損失（特別損失） | △150 | |
| 税引前当期純損失 | △100 | |
| 法人税、住民税及び事業税 | 15 | ……(A)より |
| 法人税等調整額[2] | △45 | |
| 法人税等合計 | △30 | |
| 当期純損失 | △70 | |
| 前期繰越利益 | 0 | |
| 当期未処理損失 | △70 | |

---

1）　4,930－5,000＝△70（投信法136条2項に規定する「投信法上の損失」）
2）　減損損失△150×30％＝△45

〔貸借対照表　純資産の部〕

|  | ×1期 |
|---|---|
| 純資産の部 |  |
| 投資主資本 |  |
| 　出資総額 | 5,000 |
| 　剰余金 |  |
| 　　当期未処理損失 | △70 |
| 純資産合計 | 4,930 |

　このため、利益超過分配ではあるものの、利益の配当と同様に損金に算入される一時差異等調整引当額を分配することで税負担を軽減することになる。

〔法人税等の算定〕
（一時差異等調整引当額を計上し分配）

|  | 金　額 |  |
|---|---|---|
| 税引前当期純損失 | △100 |  |
| 加算：減損損失否認 | +150 |  |
| 支払配当の損金算入<br>　（一時差異等調整引当額） | △50 |  |
| 課税所得（a） | 0 |  |
| 法人税等（a×30％） | 0 | ……(B) |

　一時差異等調整引当額を計上し分配した結果として、×1期の損益計算書は以下となる。

〔損益計算書〕

|  | ×1期 |  |
|---|---|---|
| 経常利益 | 50 |  |
| 減損損失（特別損失） | △150 |  |
| 税引前当期純損失 | △100 |  |
| 法人税、住民税及び事業税 | 0 | ……(B)より |
| 法人税等調整額[2] | △45 |  |
| 法人税等合計 | △45 |  |

| | |
|---|---|
| 当期純損失 | △55 |
| 前期繰越利益 | 0 |
| 当期未処理損失 | △55 |

〔金銭の分配に係る計算書〕

| | ×1期 |
|---|---|
| Ⅰ．当期未処理損失 | △55 |
| Ⅱ．利益超過分配金加算額<br>　うち一時差異等調整引当額 | <br>50 |
| Ⅲ．分配金の額 | |
| 　うち一時差異等調整引当額<br>　（うち一口当たり利益超過分配金<br>　（一時差異等調整引当額に係るもの）） | 50<br><br>（××） |
| Ⅳ．次期繰越損失 | △55 |
| 分配金の算出方法<br>当期未処理損失に、出資総額等から控除した当期計上の減損損失相当額を加算した額を超えない額で、発行済投資口の総口数の整数倍の最大値となる50を一時差異等調整引当額の分配として、本投資法人規約に定める利益を超えた金銭の分配を行うことといたしました。 | |

ここで、当期未処理損失について何ら処理をせずに次期繰越損失として×2期に繰り越された場合について試算してみる。

《試算結果》

〔損益計算書〕

| | ×2期 | |
|---|---|---|
| 経常利益 | 50 | |
| 減損損失（特別損失） | — | |
| 税引前当期純利益 | 50 | |
| 法人税、住民税及び事業税 | 15 | ……(C) より |
| 法人税等調整額 | — | |
| 法人税等合計 | 15 | |
| 当期純利益 | 35 | |

| | |
|---|---|
| 前期繰越損失 | △55 |
| 当期未処理損失 | △20 |

〔法人税等の算定〕

| | 金　額 |
|---|---|
| 税引前当期純利益 | 50 |
| 加算：なし | — |
| 支払配当の損金算入 | 0 |
| 課税所得（a） | 50 |
| 法人税等（a×30%） | 15 ……(C) |

　×1期では一時差異等調整引当額を計上し利益超過分配することにより、×1期における税負担の軽減が図れているが、翌事業年度である×2期の分配においては、税引前当期純利益50が生じても、まずは前期繰越損失△55の穴埋めに使用されてしまうため通常の利益分配ができない。また、一時差異等調整引当額の計上が可能となる「所得超過税会不一致」は単年度利益の比較によるため、所得超過税会不一致が発生していない×2期においては一時差異等調整引当額を分配することができない。そのため、通常の利益超過分配を実施しようとしても、損金には算入されないため、税負担を軽減することができない結果となってしまう。

　したがって、下記例のとおり損失処理（無償減資による欠損填補）（詳細につき本節Ⅴおよび第6章第2節Ⅲ4を参照のこと）を金銭の分配に係る計算書に基づき行うことで会計上の損失を×1期において処理し、×2期に生じる税引前当期純利益を全額分配することで課税の軽減を図ることができる。

〔金銭の分配に係る計算書〕

| | ×1期 |
|---|---|
| Ⅰ．当期未処理損失 | △55 |
| Ⅱ．損失処理額<br>　うちその他の出資総額控除額 | 55 |
| Ⅲ．利益超過分配金加算額<br>　うち一時差異等調整引当額 | 50 |
| Ⅳ．分配金の額 | |

| | |
|---|---|
| うち一時差異等調整引当額<br>　（うち一口当たり利益超過分配金<br>　　（一時差異等調整引当額に係るもの）） | 50<br><br>（××） |
| Ⅴ．次期繰越利益 | 0 |

分配金の算出方法
当期未処理損失に、出資総額等から控除した当期計上の減損損失相当額を加算した額を超えない額で、発行済投資口の総口数の整数倍の最大値となる50を一時差異等調整引当額の分配として、本投資法人規約に定める利益を超えた金銭の分配を行うことといたしました。
なお、当期未処理損失については、投資信託及び投資法人に関する法律第136条第2項に従い、出資総額から控除することにより処理しています。

〔×1期の利益処分後の貸借対照表　純資産の部〕

| | ×1期 |
|---|---|
| 純資産の部 | |
| 投資主資本 | |
| 出資総額 | 5,000 |
| 出資総額控除額 | △55 |
| 出資総額（純額） | 4,945 |
| 剰余金 | |
| 当期未処分利益 | 0 |
| 純資産合計 | 4,945 |

〔損益計算書〕

| | ×2期 | |
|---|---|---|
| 経常利益 | 50 | |
| 減損損失（特別損失） | ― | |
| 税引前当期純利益 | 50 | |
| 法人税、住民税及び事業税 | 0 | ……(D)より |
| 法人税等調整額 | ― | |
| 法人税等合計 | 0 | |

| | |
|---|---|
| 当期純利益 | 50 |
| 前期繰越利益 | 0 |
| 当期未処分利益 | 50 |

〔法人税等の算定〕

| | 金額 | |
|---|---|---|
| 税引前当期純利益 | 50 | |
| 支払配当の損金算入 | △50 | |
| 課税所得（a） | 0 | |
| 法人税等（a×30％） | 0 | ……(D) |

　上記設例のとおり、一定の煩雑さは伴うものの、減損損失のように多額の税会不一致となる損失が会計上で計上された場合も、2015年度税制改正により導入された一時差異等調整引当額からの分配により課税負担の軽減が図られている。ただし、生じた損失について翌期を見越した損失処理の要否を検討することにも留意する必要がある。なお、当該減損損失に係る繰延税金資産の回収可能性については、企業会計適用指針26号「繰延税金資産の回収可能性に関する適用指針」に従って判断されることにも留意が必要である。

　不動産投資法人においても減損損失および一時差異等調整引当額を計上した事例が出てきており、重要な税会不一致が生じた場合でも不動産投資法人の90％ルールを満足させるための手当てが整ってきている。

## Ⅱ　決算日後物件売却の取扱い

### 1　後発事象と減損損失の関係

　計算書類および財務諸表は、事業年度に係る財政状態および経営成績を示すためのものであるが、その作成のためには、決算日後、ある程度の期間を要する。当然のことながら、その間にも経済取引は継続して行われており、決算日後に、特定資産の購入・売却、資金調達や取引先の倒産等が生ずることもある。このような場合、計算書類および財務諸表においてどのように取り扱うかについての検討が必要となる。後発事象の問題である。

ここで、監査・保証実務委員会報告76号「後発事象に関する監査上の取扱い」(以下「監査委員会報告76号」という) 3(1)によれば、修正後発事象とは、「決算日後に発生した会計事象ではあるが、その実質的な原因が決算日現在において既に存在しており、決算日現在の状況に関連する会計上の判断ないし見積りをする上で、追加的ないしより客観的な証拠を提供するものとして考慮しなければならない会計事象である」とされているが、減損損失と後発事象について、以下で検討を行う。

不動産投資法人において保有物件に含み損があったとしても、割引前キャッシュ・フローにより簿価を回収可能である場合には、減損損失は認識されない(減損会計基準 二1、および投資法人監査上の取扱い27(6))。ただし、特に含み損のある物件に関して、決算期末時点で売却損となる売却取引の意思決定がされている場合や、売買契約は締結済みで物件の引渡時期が決算日後である場合には、当該物件の評価額は売買金額でもって期末評価し、減損損失を計上する必要がある。さらに、決算日後、投信法監査報告書日までの間に、含み損のある物件について売却の意思決定がされた場合や売買契約が締結された場合には、修正後発事象として取り扱って期末決算に減損損失を取り込む場合も十分に想定されるため、より慎重な対応が求められる。

## 2　決算日後物件売却の取扱い

決算日後に不動産物件を売却する場合、**図表5-5**に示すケース1からケース6のパターンが考えられる。大きく分けると、ケース1からケース3までは決算日において売買契約自体は成立し、売却取引の途中で決算日を迎えたケースであり、ケース4からケース6については、売却契約自体が決算日において成立していない。ただし、すべてのケースにおいて、会計上、物件の売却処理(引渡し)は決算日においては未だなされていない。

以下、監査委員会報告76号に基づき検討する。

### (1)　ケース1からケース3について

監査委員会報告76号[付表2]によれば、重要な資産の譲渡については、「合意成立又は事実の公表のとき」を事象発生の時期とされていることから、いずれのケースも後発事象としての事象発生は、決算日前であるが、前述のと

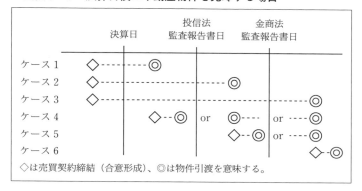

図表5-5　決算日後に不動産物件を売却する場合

おり、決算日において売却処理（引渡し）はなされていない。

　ケース1では、売買契約自体は決算日前に行われており、開示の対象とならないが、これに基づく物件の引渡しが、決算日後、投信法監査報告書日までに行われているので、当該引渡しのあったことを後発事象として投信法計算書類において開示することになる。

　次にケース2では、決算日後、投信法監査報告書日までの間には何らの事象も生じていないことから、後発事象として開示の対象となるものはない。しかしながら、金融商品取引法（以下「金商法」という）における財務諸表においては、金商法監査報告書日までに物件の引渡しがなされているため、当該引渡しのあったことを後発事象として開示することになる。

　ケース3については、決算日後、金商法監査報告書日までの間に何らの事象も生じていないことから、後発事象として開示の対象となるものはない。ただし、物件の引渡しが今後行われることになるので、これについて重要であれば、投信法計算書類および金商法財務諸表において追加情報としての注記が必要となる。

　また、ケース1からケース3では、決算日現在において売買契約を締結済みであり、売却価額についても確定していることから、売却損益についても明らかである。その結果、売却益となる場合は何ら問題ないが、売却損となる場合には、決算日現在の帳簿価額（投資額）の回収が見込めなくなったことが明らかであることから、固定資産の減損[3]に該当し、当該売却損相当額について当期

末に減損損失を計上することとなる。

### (2) ケース4について

決算日後、投信法監査報告書日までに売買契約が締結されていることから、当該事象を開示の対象（開示後発事象）として、投信法計算書類および金商法財務諸表において、その内容を注記[4]することとなる。

また、売却損の生ずるおそれが見込まれる場合には、前述1のとおり、修正後発事象として取り扱うべきであるか否かについても検討する必要がある。具体的には、当該物件の期末不動産鑑定価額が期末貸借対照表価額を上回っているか否か、売却に至るまでの経緯等を慎重に検討する必要がある。その結果、期末の会計処理にあたり、修正後発事象として取り扱うべきである場合には、減損会計基準に基づき、減損損失が計上されることとなる。

### (3) ケース5について

売買契約締結は、決算日後、金商法監査報告書日までになされているが、投信法監査報告書日までにはなされていないため、投信法計算書類に開示することは事実上不可能である。なお、金商法財務諸表においては、当該事象を開示後発事象として、その内容を注記することとなる。

また、売買契約締結の結果、売却損の発生が明らかとなった場合であるが、投信法監査報告書が提出されているため、修正後発事象として投信法計算書類および金商法財務諸表において修正を織り込むことは、実務上困難である。

### (4) ケース6について

売買契約締結が金商法監査報告書日後であるため、投信法計算書類および金

---

3) 企業会計審議会から公表された固定資産の減損に係る会計基準の設定に関する意見書三3．では、固定資産の減損とは、資産の収益性の低下により投資額の回収が見込めなくなった状態であり、減損処理とは、そのような場合に、一定の条件の下で回収可能性を反映させるように帳簿価額を減額する会計処理と定義している。

4) 監査委員会報告76号［付表2］によれば、重要な資産の譲渡について後発事象としての開示を行う場合には、その旨および理由、譲渡する相手会社の名称、譲渡資産の種類・譲渡前の使途、譲渡の時期、譲渡価額、その他重要な特約等がある場合にはその内容を記載するよう列挙している。

商法財務諸表において、開示後発事象および修正後発事象として取り扱う余地はない。

## III 圧縮積立金の取扱い

### 1 圧縮記帳

　不動産投資法人も、法人税や租税特別措置法に規定された圧縮記帳の適用を受けることができ、実務上は2009年および2010年に先行取得をした土地等に係る圧縮記帳の特例を適用した圧縮積立金の計上が見受けられる（税務上の取扱いは、第6章第2節III 2を参照）。会計上は取得原価主義の原則に照らし、特別の事情等がない限り、帳簿価額を直接減額する（直接減額方式）のではなく、利益処分において任意積立金として積み立てている（積立金方式）ものと思われる。

　なお、支払配当損金算入が認められる不動産投資法人において、圧縮積立金を計上することにより課税の繰延べを図るという趣旨は乏しく、内部留保が難しい不動産投資法人の特質から内部留保を目的として利用されている面は否めない。その意味で、圧縮積立金は本来その積立ての趣旨から対象物件に紐付けられて取崩し処理されるべきものであるが、後記の買換特例圧縮積立金と異なり、任意積立金の取崩し自体は不動産投資法人の判断にゆだねられている。このため、配当の安定化・平準化を背景した、取崩し処理が行われることが実務上は見受けられる。

### 2 買換特例圧縮積立金（積立て）

　上述した圧縮積立金は結果として内部留保されるため、不動産投資法人が90％超配当要件を満たすためには、配当可能利益の額の10％が積立ての上限となっていた。そこで、2011年度の投資法人計算規則および税制の改正により買換特例圧縮積立金の制度が導入され、特定の資産の買換えの場合の課税の特例（震災特例法に基づくものを含む）および2009年および2010年に土地等の先行取得をした場合の課税の特例の適用を受けた圧縮積立金について、金銭の分配に係る計算書において一定額の圧縮積立金を買換特例圧縮積立金として積み立て

た場合は、当該圧縮積立金に控除限度割合を乗じた金額（以下「買換特例圧縮積立金個別控除額」という）を90％超配当要件における分母の金額から控除することにより、配当可能利益の額の10％以上の圧縮積立金を計上することが可能となった（計算式等の詳細につき税務上の取扱いは第6章第2節Ⅲ2を参照）。

なお、上記の一定額の圧縮積立金計上にあたっては、端的にいえば、配当可能利益の額の10％以下の積立てをした場合は買換特例圧縮積立金には該当しないとされ、これまでの任意積立金とかわりなく取り扱われる。これは、後述するが、買換特例圧縮積立金は任意に取崩しができない中で、先行していた任意積立金との整合性が図られた形となっている。一方で、上記に該当しない場合（すなわち、配当可能利益の額の10％超の積立てをした場合）、その全額が買換特例圧縮積立金となる。また、買換特例圧縮積立金の積立てにあたっては、積立てを行う事業年度ごとに、買換特例圧縮積立金要件を満たしているかどうかが判断されることになる。ただし、事業年度ごとにいずれか一方を選択することになり、同一事業年度において両方の積立金を積み立てることはできない。

なお、買換特例圧縮積立金の積立てにおいては、その他の任意積立金とは区別して表示することが求められている。

## 3　買換特例圧縮積立金（取崩し）

買換特例圧縮積立金の取崩しの特徴は、投信法や投資法人計算規則において、償却や売却等の買換特例圧縮積立金の取崩しができる場合およびそれぞれの場合の金額が規定されているため、任意積立金と異なり配当の安定化・平準化を背景した、任意の取崩し処理ができないことである（投資法人計算規則18条の2）。

なお、買換特例圧縮積立金の目的取崩しは損益計算書において、その他の任意積立金取崩額とは区別して表示することが求められている。また、目的外取崩しの場合も、金銭の分配に係る計算書において買換特例圧縮積立金取崩高として区分して表示されることになる。その他、買換特例圧縮積立金に関する開示については、投資法人計算規則70条を踏まえ一定の注記（その旨、内容、対象資産、発生原因、金額と残高、取崩方針、当期取崩しについての説明等）が記載されるものと考えられる（投資法人計算規則39条5項、54条3項、56条5項、76条2項・3項）。また、積立てを行った期は当該積立金額、取崩しを行った期は、損益計算書または金銭の分配に係る計算書に取崩額が記載される。なお、投資法

人の監査上の取扱い付録2に一般的な注記文例があるので参照されたい。

## IV　自己投資口の取得

### 1　自己投資口取得の背景

　2013年の投信法の改正により資本政策の多様化に対応することを目的として①自己投資口の取得、②無償減資、③ライツオファリングに関する制度が導入されている。

　まずは、自己投資口の取得について見ていくが、これまで不動産投資法人における自己投資口の取得は、合併後消滅する投資法人から自己投資口を承継する場合等、合併等の場合に限られており、厳格な制限を受けていた。ただし、リーマンショック以降の地価下落の局面で投資口価格のボラティリティが拡大していることを踏まえ、金融資本市場の動向が投資口価格に与える影響を緩和することを目的として、自己投資口の取得規制が緩和されている。自己投資口の取得は、不動産投資法人が、投資主との合意により当該不動産投資法人の投資口を有償で取得することができる旨を規約に定めた場合に、自己投資口の取得が可能となっている（投信法80条1項）。なお、自己投資口を取得した不動産投資法人は、これを相当の時期に処分または消却しなければならない（投信法80条2項）とされており、一般事業会社の自己株式と同様に金庫株として長期間保有し続けることはできないことに特徴がある。

### 2　自己投資口の取得

　自己投資口の取得は資本取引にあたり、その取得原価により投資主資本の控除科目として計上される（投資法人計算規則39条2項4号）。また、取得に関する付随費用は営業外費用に計上される（自己株式及び準備金の額の減少等に関する会計基準14項）。なお、税務上は自己投資口を認識せず、あたかも取得直後に消却したかのように処理を行う（税務上の取扱いは第6章第2節III 3を参照）。

### 3　自己投資口の処分および消却

　自己投資口を売却した場合も資本取引として取り扱われ、取得原価と譲渡価

額との差額は、まず出資剰余金に計上または控除される。なお、出資剰余金以上に控除すべき差額が生じた場合は、出資総額から控除される（投資法人計算規則19条2項〜4項）。

　また、自己投資口を消却する場合は、その消却を行う自己投資口の帳簿価額だけ、出資剰余金（出資剰余金から控除しきれない場合には出資総額）が減少することとなる（投信法80条5項、投資法人計算規則20条2項、21条2項）。なお、上述したとおり取得した自己投資口に関して投信法では早期の処分または消却を求めており、原則としてその期の中で処分または消却されると思われるが、取得期間が期をまたぐこと等により期末までに消却が行われない場合もある。その場合は、純資産控除項目相当額が配当制限を受けることになり、税引前当期純利益のおおむねすべてを分配しようとすると、計上されている自己投資口相当額を利益超過分配として取り扱う必要がある。ただし、一時差異等調整引当額の分配が純資産控除項目相当額についても認められていることから、繰延ヘッジ損失と同様に一時差異等調整引当額の分配によって導管性の充足および課税の回避が可能となっている。

## V　欠損塡補のための無償減資

　不動産投資法人は、導管性要件を満たすため通常内部留保を多く保有していないこともあり、多額の不動産売却損や減損損失などが計上されると累積損失が計上され、解消されるまで利益の配当を行うことができない。継続的に利益の配当を行うことが目的の不動産投資法人においてその問題を解消するため、2013年の投信法の改正により欠損塡補のための無償減資が手当てされた。具体的には、損失発生事業年度の金銭の分配に係る計算書に基づき、損失の全部または一部を出資総額から控除すること（いわゆる、欠損塡補の無償減資）となる（投信法136条2項）。これは、翌期の当期純利益が繰越損失に充当されないよう、損失発生事業年度に無償減資を実施する必要があるためである。なお、税務上の繰越欠損金は欠損塡補のための無償減資を行っても消えないため、期限切れ前の繰延欠損金は、将来的な税会不一致等を理由に課税所得が生じた際には使用することも考えられる。

## VI　新投資口予約権の発行（ライツ・オファリング）

　ライツ・オファリングは、リーマンショック後に投資口価格が１口当たりの時価純資産価額を大きく下回っている状況が継続する中で、既存の投資主との公平性を配慮した増資手法の必要性から、2013年の投信法の改正により導入された（税務上の取扱いは、第６章第２節Ⅲ５を参照）。なお、不動産投資法人による新しい資金調達手段であるが、出資が金銭に制限されている点や無償割当によること、権利行使期間に上限があることを除き、基本的には会社法の新株予約権に近い制度設計となっている。

　ライツ・オファリングに関して、新投資口予約権を無償で発行した際には特に会計処理は必要なく、実際に払い込まれた額に合わせて出資総額が増加する（投資法人計算規則31条の２第１項・２項）。また、自己新投資口予約権を取得した場合は、新投資口予約権の金額から直接控除するが、控除項目として自己新投資口予約権を表示することもできる（投資法人計算規則46条の２）。

## 第7節 開　　示

### I　開示制度の概要

　不動産投資法人に係る開示としては、投信法に基づく開示と金商法に基づく開示がある。このうち、投信法に基づく開示は、すべての不動産投資法人に求められるものであり、金商法に基づく開示は、当該法律の要件に該当する場合において作成が求められるもので、J-REITであれば、証券取引所の規制に基づき決算短信等の開示も行われている。

#### 1　投信法に基づく開示

　不動産投資法人は、投信法に基づき各営業期間に係る計算書類等を作成しなければならない（投信法129条2項）。ここで、営業期間とは、ある決算期の直前の決算期の翌日から当該決算期までの期間をいう。作成が必要となる計算書類等の内容は、次のとおりである（投信法129条2項、投資法人計算規則34条1項）。なお、これらの書類は、電磁的記録をもって作成することができる（投信法129条3項）。

【投信法に基づく計算書類等】

```
計算書類
  貸借対照表
  損益計算書
  投資主資本等変動計算書
  注記表
資産運用報告
金銭の分配に係る計算書
上記に係る附属明細書
```

## 【計算書類等の開示手続】

| 計算書類等の作成（投信法129条2項）、会計監査人への提出 |

　会計監査人による監査

| 会計監査人による執行役員への会計監査報告の内容通知※1（投資法人の会計監査に関する規則6条1項）、会計監査報告の提出 |

| 役員会による計算書類等の承認（投信法131条2項） |

| 計算書類等の承認の投資主への通知（投信法131条3項）、計算書類等ならびに会計監査報告の投資主への提供（同法131条5項）、計算書類等の備置※2・閲覧（同法132条1項） |

※1　通知期限は、次のうち、いずれか遅い日までとされている（投資法人の会計監査に関する規則6条）。
・計算書類等（附属明細書を除く）の全部を会計監査人が受領した日から4週間を経過した日
・附属明細書を会計監査人が受領した日から1週間を経過した日
・特定執行役員と会計監査人との間で合意により定めた日がある場合は、その日

※2　備置は、役員会の承認を受けた日から5年間、その本店に備え置かなければならない（投信法132条1項）。

なお、投信法に基づく計算書類等は、投信法および投資法人計算規則に基づいて作成されている。投資法人計算規則3条では、「用語の解釈及び規定の適用に関しては、一般に公正妥当と認められる企業会計の基準その他の企業会計の慣行をしん酌しなければならない」とされており、このため、不動産投資法人の会計処理においても、一般に公正妥当な企業会計の基準が適用されている。投信協会の会員は、投信協会が制定した不動産投資信託及び不動産投資法人に関する規則（不動産投資規則）等を遵守することが求められており、特に東証の上場基準では、不動産投資法人の資産運用会社が投信協会の会員であることが上場審査の形式要件の1つとなっているので、J-REITは実質的に当該規則等を遵守することになる（有価証券上場規程1205条）。

また、投信法上、不動産投資法人の営業期間についての規定は特になく、中間配当に関する規定がないので中間配当することができない。また、東証の有

価証券上場規程1205条2項kによれば、営業期間または計算期間は6カ月以上であればよいとされ、税務上の90％ルールの要件（税特措67条の15）においても、会計期間は1年を超えてはならないとされているため、多くの不動産投資法人では一般に投資法人規約のなかで会計期間を6カ月決算と定めている。

　投信法の計算書類等上、キャッシュ・フロー計算書の作成は求められていないが、実務上は、参考情報として掲載することが通例となっている。

　また、投信法上の計算書類等は、本来、単年度決算であり、前期情報は必ずしも必要ではないが、前期はあくまでも参考情報であるという位置付けで実務上は2期併記にて計算書類等が作成されている。一方、金商法の財務諸表においては、前期は当期財務諸表を構成する比較情報として作成が求められている。このため、会計方針の変更に伴い、「会計上の変更及び誤謬の訂正に関する会計基準」ならびに「同適用指針」（企業会計基準24号、同適用指針24号）が適用されて過年度遡及修正が行われた場合には、投信法上の計算書類等の前期の取扱いと金商法の財務諸表の前期比較情報の取扱いとは異なる可能性があるので十分に留意する必要がある。

## 2　金商法に基づく開示

　金商法上、不動産投資法人の発行する投資証券および投資法人債券は、特定有価証券に該当し、その開示は、「特定有価証券の内容等の開示に関する内閣府令」（以下「特定有価証券開示府令」という）に基づくこととなる。

　金商法5条1項本文によれば、特定有価証券は、「その投資者の投資判断に重要な影響を及ぼす情報がその発行者が行う資産の運用その他これに類似する事業に関する情報である有価証券として政令で定めるものをいう」と定義されている。すなわち、特定有価証券は、発行体自体の信用力ではなく、その保有する資産価値を裏付けとして発行される有価証券であり、その特殊性を考慮し、開示内容については、一般の有価証券とは異なるディスクロージャー制度が整備されている。

　金商法に基づく開示制度は、発行開示と継続開示とに分かれている。発行開示とは、投資証券の募集や売出しの際、発行市場において投資判断に必要な情報を提供することを目的としている。また、継続開示は、流通市場において投資判断に必要な情報を提供することを目的とするものである。

不動産投資法人に係る発行開示および継続開示における開示資料は、次のとおりである。そして、これらの開示内容等については、特定有価証券開示府令において定められている。

【発行開示における開示資料】
・有価証券届出書
・発行登録書
・目論見書

【継続開示における開示資料】
・有価証券報告書
・半期報告書
・臨時報告書

なお、一般の有価証券の発行会社と異なり、不動産投資法人をはじめとする特定有価証券の発行体に対しては四半期報告書、内部統制報告書および確認書の提出義務はない[1]。

また、半期報告書は、計算期間が6カ月を超える場合に6カ月間の財務状況を開示するものであるが、2019年3月末現在におけるJ-REIT 63社のうち、62社が6カ月であり、6カ月を超える1年を計算期間としている法人は、ジャパン・ホテル・リート投資法人のみであり、当該J-REITのみが、半期報告書を提出している。

## 3　有価証券届出書、有価証券報告書および半期報告書の記載事項

不動産投資法人における各開示資料の開示内容は、財規および特定有価証券開示府令に規定されており、具体的には次のとおりである。

---

[1] 特定有価証券の発行会社で有価証券報告書提出会社については、四半期報告書の提出義務が準用されている（金商法24条の4の7第3項）が、四半期報告書提出の必要な会社の範囲（金商法施行令4条の2の10）には特定有価証券の発行会社は該当がなく、それ以外に四半期報告書の提出を規定する政令が定められていないことから、四半期報告書の提出義務はない。また、確認書の提出義務のある会社の範囲は四半期報告書と同じ（同施行令4条の2の5）であり、内部統制報告書の提出の必要な会社の範囲は確認書と同じであることから、特定有価証券の発行会社は、確認書および内部統制報告書の提出義務もない。

| 開示資料 | 開示内容 |
|---|---|
| 有価証券届出書 | 第四号の三様式<br>第四号の三の二様式（組込方式）<br>第四号の三の三様式（参照方式） |
| 有価証券報告書 | 第七号の三様式 |
| 半期報告書 | 第十号の三様式 |

なお、開示内容の具体的な項目は以下のとおりである。

| 有価証券届出書<br>（第四号の三様式） | 有価証券報告書<br>（第七号の三様式） | 半期報告書<br>（第十号の三様式） |
|---|---|---|
| 【表紙】 | 【表紙】 | 【表紙】 |
| 第一部【証券情報】<br>第1【内国投資証券（新投資口予約権証券及び投資法人債券を除く。）】<br>第2【新投資口予約権証券】<br>第3【投資法人債券（短期投資法人債を除く。）】<br>第4【短期投資法人債】 | | |
| 第二部【ファンド情報】<br>第1【ファンドの状況】<br>1【投資法人の概況】<br>2【投資方針】<br>3【投資リスク】<br>4【手数料等及び税金】<br>5【運用状況】<br>6【手続等の概要】<br>7【管理及び運営の概要】<br>第2【財務ハイライト情報】<br>1【貸借対照表】<br>2【損益計算書】<br>3【金銭の分配に係る計算書】<br>4【キャッシュ・フロー計算書】<br>第3【内国投資証券事務の概要】<br>第4【投資法人の詳細情報の項目】 | 第一部【ファンド情報】<br>第1【ファンドの状況】<br>1【投資法人の概況】<br>2【投資方針】<br>3【投資リスク】<br>4【手数料等及び税金】<br>5【運用状況】 | 1【投資法人の概況】<br><br><br><br><br>2【投資法人の運用状況】 |
| 第三部【投資法人の詳細情報】<br>第1【投資法人の追加情報】<br>1【投資法人の沿革】<br>2【役員の状況】 | 第二部【投資法人の詳細情報】<br>第1【投資法人の追加情報】<br>1【投資法人の沿革】<br>2【役員の状況】 | |

| | | |
|---|---|---|
| 3【その他】<br>第2【手続等】<br>1【申込(販売)手続等】<br>2【買戻し手続等】<br>第3【管理及び運営】<br>1【資産管理等の概要】<br>2【利害関係人との取引制限】<br>3【投資主・投資法人債権者の権利】<br>第4【関係法人の状況】<br>1【資産運用会社の概況】<br>2【その他の関係法人の概況】<br>第5【投資法人の経理状況】<br>1【財務諸表】<br>2【投資法人の現況】<br>第6【販売及び買戻しの実績】 | 3【その他】<br>第2【手続等】<br>1【申込(販売)手続等】<br>2【買戻し手続等】<br>第3【管理及び運営】<br>1【資産管理等の概要】<br>2【利害関係人との取引制限】<br>3【投資主・投資法人債権者の権利】<br>第4【関係法人の状況】<br>1【資産運用会社の概況】<br>2【その他の関係法人の概況】<br>第5【投資法人の経理状況】<br>1【財務諸表】<br>2【投資法人の現況】<br>第6【販売及び買戻しの実績】<br>第7【参考情報】 | 3【資産運用会社の概況】<br><br>4【投資法人の経理状況】<br><br>5【販売及び買戻しの実績】 |
| 第四部【その他】 | | |

　一般の有価証券に係る開示内容として、証券情報、企業情報（企業の概況、事業の状況、設備の状況、提出会社の状況、経理の状況等）などが規定されているが、不動産投資法人における開示内容としては、証券情報のほか、特定有価証券の区分に応じて、ファンド情報や投資資産の内容に係る情報、資産運用を行う委託会社の情報などが規定されている。

　開示内容に違いがあるのは、前述のとおり、不動産投資法人は、その信用力ではなく、その保有する資産価値を裏付けとして有価証券を発行しているためである。

　なお、金商法に基づく財務諸表の作成においては、投資法人が別記事業に該当していることに留意が必要である。投資法人は、財規における別記に掲げる事業のうち「投資業（投資法人の行う業務に限る）」（別記18号）に該当しており、このため、投信法で作成した計算書類等を、注記事項等の一部の事項を除き、そのまま財務諸表に利用することができる（財規2条）。[2]

---

2）　金商法の財務諸表作成において、投信法の規定が適用される事項（財規2条）は、財規11条から68条の2、68条の4から77条、79条から109条、110条から121条である。

前述のとおり、注記事項については財規除外の適用対象とはなっていない。このため、金商法の財務諸表における注記表は財規に基づいて作成されることになる。ただし、通常であれば結果的に、金商法の注記表と投信法の注記表とはほとんど同じ内容になると思われる。

なお金商法上、財規と同一の注記事項が投資法人計算規則にもある場合には、財規が優先される（財規10条）ので留意が必要である。この結果、リース取引に関する注記や関連当事者との取引に関する注記等は投信法における注記と異なってくる。

また、投信法上または金商法上には個別の規定がなくとも不動産投資法人の財産および損益の状態を正確に判断するために必要な場合には、投信法上では「その他の注記」、金商法では「追加情報の注記」が認められている（投資法人計算規則70条、財規8条の5）。

セグメント情報等に関する注記は投信法の注記にはなく、金商法の注記のみに開示されている。

また、関連当事者との取引に関する注記については、投信法と金商法とでは開示対象範囲が異なるので注意が必要である。さらに投信法の開示においては関連当事者取引に関する注記のほか、資産運用報告において関連当事者との取引よりも開示対象の広い利害関係人等との取引状況が開示されている。

なお、金商法上の附属明細書は財規2条により、財規121条の附属明細書は作成されず、投資法人計算規則80条の附属明細書の規定がそのまま適用されるように思われるが、財規122条に別記事業の附属明細書の規定があるため、同9号に従い、投資法人計算規則に基づき附属明細書が作成されるので留意が必要である。

**【金商法上の附属明細表】**

```
別紙様式
第1   有価証券明細表
第3   デリバティブ取引及び為替予約取引の契約金額等及び時価の状況表
第4   不動産等明細表のうち総括表
第9   その他特定資産の明細表
第11  投資法人債明細表
第14  借入金明細表
```

## 【利害関係人等の範囲】

「投資信託及び投資法人に関する法律施行令」(投信法施行令)123条、および投信協会の「投資信託及び投資法人に係る運用報告書等に関する規則」(以下「不動産投資法人運用規則」という)26条1項27号において下記のとおり、規定されている。

### 投資信託及び投資法人に関する法律施行令(投信法施行令)123条

| |
|---|
| 1号　当該資産運用会社の親法人等(金商法31の4第3項)(注1)<br>2号　当該資産運用会社の子法人等(金商法31の4第4項)(注1)<br>3号　当該資産運用会社の特定個人株主(金商法施行令15条の16)(注1)<br>4号　前3号に掲げる者に準ずる者として内閣府令で定める者(投信法施行規則244条の3、資産運用会社の主要株主をいう)。|

(注1)　親法人等、子法人等、および特定個人株主の範囲については、金商法施行令15条の16、および金商業等府令33条ないし34条を参照のこと。

### 不動産投資法人運用規則26条1項27号

| |
|---|
| 以下の(イ)～(ハ)いずれかの要件を満たすもの<br>(イ)　投信法施行令123条に定める利害関係人等<br>(ロ)　資産運用会社の利害関係人等と不動産等に係る一任型の投資顧問契約を締結している法人等(注2)<br>(ハ)　資産運用会社の利害関係人等が過半を出資している、又は役員等の過半を占めている法人等 |

(注2)　不動産投資法人運用規則22条25号によれば、「一任型の投資顧問契約とは、不動産投資顧問業登録規程2条5項または金商法2条8項12号ロに規定する投資一任契約をいい、法人等とは、法人、組合、信託その他これに類似するものをいう」とされている。

### 金商法29条の4第2項

| |
|---|
| 「主要株主」とは、会社の総株主等の議決権(総株主、総社員、総会員、総組合員又は総出資者の議決権をいい、……以下同じ。)の20%(会社の財務及び業務の方針の決定に対して重要な影響を与えることが推測される事実として内閣府令で定める事実がある場合には15%)以上の数の議決権を保有している者をいう。 |

## II　不動産投資法人における連結の取扱い

　投信法上における不動産投資法人の開示は、投資法人計算規則や投信協会による不動産投資規則等に従って作成されるが、一般事業会社であれば規定されているはずの連結計算書類に関する規定はなく、個別ベースの計算書類等の作成についてのみ規定されている。

　また、金商法上における不動産投資法人の開示は、財規および前述の特定有価証券開示府令に従い作成されるが、ここでも、一般の有価証券の発行体に係る開示様式と異なり、連結財務諸表について規定されていない。

　したがって、現状において、法律上、連結計算書類および連結財務諸表の作成義務はないと考えられる。

　なお、投信法194条および投信法施行規則221条の2により、海外不動産保有法人の株式の過半を保有することが可能になっているが、「他の会社の過半を保有する子会社が存在する場合であっても連結計算書類または連結財務諸表の作成は求められない」（金融庁　平成26年6月27日付パブリックコメント No.67）とされている。

　ただし、理論上は、連結計算書類や連結財務諸表の作成が求められる場合には、投資家の利便に資するため、たとえば、参考情報として積極的に開示を行うケースもあっていいのではないかと思われる。

　たとえば、不動産投資法人であっても、国内において、他の事業体の出資持分の一定規模を保有することは可能であり、出資持分の50％超を保有していなくても、その事業体を実質的に支配していると判断されるのであれば、連結計算書類や連結財務諸表を作成し、開示することが有用であると考えられる。

　また、不動産投資法人が保有する出資持分として、たとえば、不動産投資法人が、ある特定の不動産開発を目的として設立した特別目的会社を営業者とする匿名組合出資等を保有することが想定される。この場合、当該匿名組合出資等の会計処理については、持分相当額を純額で計上するのが原則とされているが、その実態に応じた会計処理も認められており、当該持分相当額を総額により個別の計算書類および財務諸表に取り込むことで、より連結計算書類および連結財務諸表に近い開示も可能であると考えられる。

# 第8節　不動産投資法人の再編

## I　不動産投資法人同士の合併についての動向とその要因

　リーマンショック後の世界金融危機の影響で景気は後退し、低迷していた不動産投資市場では2010年ころより不動産投資法人の再編が進行し、2010年2月から2012年4月までの間に9件の不動産投資法人同士の合併が承認され、負ののれんの発生益が計上された事例も多い。その後、不動産投資市場は落ち着きを取り戻したが、2015年頃より、再び、今度は主として同一スポンサー系の不動産投資法人同士での再編がなされている。

　これまでの合併事例を見る限りにおいて、2012年ころまではリーマンショック後の救済合併の意味合いが色濃く感じられ、スポンサー会社の破綻によるものや、スポンサー会社が財閥系でないもの同士の合併等が見受けられ、結果として、一般に投資口価格が市況の影響を受けにくいといわれる住宅系の不動産投資法人との合併が多く見受けられた。一方、2015年以降の不動産投資法人の合併はさらなる外部成長を図る成長戦略としての合併が行われているように思われる。

　なお、これらの各合併では、米国証券法のForm F-4による届出手続が必要かどうかについて慎重に検討を行い、必要な場合はスケジュールが実現可能かも含めて実務上の対応について留意する必要がある。[1]

　このように、不動産投資法人同士の合併が進んだことは2009年以降の投信法および税制改正、ならびに2013年以降の投信法および税制改正によって制度設計が整備されたことに他ならない。端的にいえば、2009年度税制改正により、①90%ルールが改正され、負ののれん発生益の取扱いとともに、減損損失の計

---

1)　不動産投資法人の場合、外国人持株比率が高いことが多いため、外国人持株比率が10%を超える場合には、米国居住株主の持株割合を調査し、米国証券取引委員会（SEC）へのForm F-4登録届出書の提出義務の有無を判断する必要がある。仮に届出が必要な場合、膨大な作業を短期間で対応する必要が生じ、合併スケジュールの変更も余儀なくされる可能性があることに留意すべきである。なお、詳細はSECルールに詳しい弁護士事務所等に相談して対応されたい。

上によって90％ルールそのものが破綻してしまうリスク（以下、ここでは「減損リスク対応」という）について、一定の整備がされたことのほか、②不動産投資法人同士の合併が税務上の適格合併に該当することが明らかとされたこと、ならびに③損金算入となる支払配当額に利益配当見合いの合併交付金が含まれることが明らかにされたことである。また、その後の2015年度税制改正では、④のれんの償却額に対しては一時差異等調整引当額を計上することで税会不一致による課税の影響を回避することができることが明らかとされた。これにより、金融および不動産投資市場が堅調に推移成長していることを背景に正の値であるのれん（以下、単に「のれん」という）が生じることを想定し、のれんへの実務上の問題点への対応が図られている。

前述のとおり、2010年ころは負ののれんが計上されるケースが多かったが、2013年度税制改正以降の不動産投資法人の合併はのれんが生じるケースが増えている。このため、以下ではのれんが生じた場合と負ののれんが生じた場合の双方について、一時差異等調整引当額および一時差異等調整積立金の処理を併せて検討する（一時差異等調整引当額および一時差異等調整積立金について、詳細は第5章第4節Ⅳおよび第6章第1節Ⅱを参照のこと）。

## Ⅱ　企業結合における会計処理

合併が行われた場合には、企業会計基準21号「企業結合に関する会計基準」（以下「企業結合会計基準」という）および企業会計基準適用指針10号「企業結合会計基準及び事業分離等会計基準に関する適用指針」（以下「企業結合会計基準適用指針」という）を適用して会計処理される。

ここで合併とは、企業結合の1つの手法であって、2つ以上の会社が合併契約によって合体し1つの会社になることをいう。合併は、ある企業が他の企業

---

2）　不動産投資法人同士の合併が税務上の適格合併に該当することについては、2009年3月19日付の、金融庁総務企画局長から国税庁課税部長への文書照会に対する回答文書において明らかとされた（詳細は国税庁のHP参照のこと）。また、2009年1月23日の投資信託及び投資法人に関する法律施行規則（以下「投信法施行規則」という）の改正において、不動産投資法人の合併交付金の取扱いが明らかとされたことに伴い、税制も改正され、利益配当見合いの合併交付金が損金算入となる支払配当額に含まれることが明確にされた。なお、税務上の適格合併の要件等については、第6章第4節を参照。

の支配を獲得する（取得する）という経済的実態であるため、取得企業を決定し、当該取得企業において、パーチェス法（被取得企業から受け入れる資産および負債の取得原価を、対価として交付する株式等の企業結合日時点の時価（公正価値）で評価とする方法）により会計処理される（企業結合会計基準66項～72項参照）。

また、企業結合日とは、被取得企業に対する支配が取得企業に移転した日（企業結合会計基準15項）をいい、会社法上の組織再編の効力が発生する日と同じであり、合併の場合には合併期日である。

## 1　取得企業の決定

取得企業の決定は、企業会計基準22号「連結財務諸表に関する会計基準」（以下「連結会計基準」という）における支配概念の考え方を利用して行われる。連結会計基準により支配関係が明らかとなれば、当該支配することになる企業が取得企業であり、明らかでない場合には、株式等の対価を支出した企業が取得企業となる。ただし、主な対価の種類が株式の場合、会計上、逆取得[3]（株式を交付した企業が取得企業にならず、法律上消滅する会社（消滅会社）が取得企業となる場合）と判定される場合もありうるので、相対的な議決権比率の大きさや、最も大きな議決権比率を有する株主の存在、取締役会等への影響を考慮するとともに、相対的な規模（たとえば、総資産額、売上高あるいは純利益）を含むその他の諸要素を考慮の上、取得企業を決定することになる。

合併の種類としては、吸収合併と新設合併の2つがある。吸収合併とは合併の当事者となる会社のうちの1つの会社を存続会社（取得企業）として残し、他の会社（被取得企業）の権利義務を存続会社に承継させて消滅させること（会社法2条27号）をいい、新設合併とは、合併の当事者となる各会社を解散して、新たに設立する会社にすべて承継させること（同条28号）をいう。

実際の事例としては、吸収合併による場合がほとんどであると思われるので、以下では、吸収合併を前提として記載する。

---

[3]　逆取得の場合、法律上存続する存続会社（被取得企業）の財務諸表では、消滅会社（取得企業）の資産および負債が合併直前の適正な帳簿価額により計上される（企業結合会計基準34項）。

## 2　取得企業における取得原価の配分

　取得企業と決定された企業では、被取得企業から受け入れた資産および引き受けた負債のうち、企業結合日時点において識別可能なもの（識別可能資産および負債）に対して、その企業結合日における時価を基礎として、企業結合日以後1年以内に配分し、取得原価が受入資産および引受負債に配分された純額を上回る場合には、その超過額は、のれんとして、下回る場合には、その不足額は負ののれんとして処理される。

　のれんは、資産に計上し、企業結合日より20年以内のその効果の及ぶ期間にわたって、定額法その他の合理的な方法により規則的に償却し、販売費および一般管理費に計上する。ただし、のれんの金額に重要性が乏しい場合には、当該のれんが生じた事業年度の費用として処理することができる。また、のれんの未償却残高は、減損処理の対象となるため、留意が必要となる。

　また、負ののれんが生じると見込まれる場合には、まずは、取得企業はすべての識別可能資産および負債が把握されているか、またはそれらに対する取得原価の配分が適切に行われているどうかについて見直しを行い、当該見直しを行っても、なお負ののれんが生じる場合には、当該負ののれんは、それが生じた事業年度の特別利益として計上されることになる（企業結合会計基準28項～33項、企業結合会計基準適用指針51項、76項～78項、減損会計基準一、二8）。

　このように、のれんは取得原価の配分残余であり、また、負ののれんはその発生原因が特定できないものを含む算定上の差額である。その会計処理は、現行の国際的な会計基準の考え方を斟酌し、負ののれんは負債として計上されるべき要件を満たしていないため一時の利益とされている。

　さらに、取得原価の配分上、識別可能資産および負債の範囲については、わが国において一般に公正妥当と認められる企業会計の基準の下で認識されるものに限定されており、被取得企業の企業結合日前までに貸借対照表に計上されていない項目が含まれることがあることや、無形資産についても識別可能と判断されたものであれば原則として識別して資産計上する必要があることにも、留意が必要である（企業結合会計基準99項、100項、企業結合会計基準適用指針52項）。

　また、現状ではあまり認識されていないが、テナントとの訴訟案件等の偶発債務や契約関係に基づき、取得後に発生することが予測される特定の事象に対

応した費用または損失であって、その発生の可能性が取得の対価の算定に反映されている場合には、負債として認識する必要がある。当該負債は、原則として、固定負債として表示し、その主な内容および金額を貸借対照表に注記する必要がある。当該負債（以下「企業結合に係る特定勘定」という）の計上は、企業結合日後に発生することが予測され、被取得企業に係る特定の事象に対応した費用または損失であり、契約条項等で明確であること、合併の取得対価の算定に含まれている場合に限られる。なお、認識の対象となった事象が貸借対照表日後１年内に発生することが明らかなものは流動負債として表示する（企業結合会計基準30項、企業結合会計基準適用指針62項〜66項）。

なお、不動産投資法人において、たとえば、吸収合併消滅会社が固定資産税等の処理方法について、年４回の納付期限に納付した金額をそのまま費用処理している場合（いわゆる、現金主義に近い方法を採用している場合である）には、納付期限によっては翌月初支払いとなってしまう場合もありうる。また、吸収合併消滅会社において監査報酬等について現金主義にて対応している場合、最終事業年度末時点ではまだ役務提供が完了していない状況にあるので未払計上することができない等、吸収合併消滅会社における会計処理にも留意する必要がある。

また、取得原価の配分は、企業結合後１年以内に完了させればよいとされ、配分額の確定前の決算においては、暫定的な会計処理も認められている。

ただし、暫定的な会計処理が認められるのは、原則として、識別可能資産および負債の企業結合日における時価と被取得企業の適正な帳簿価額とが大きく異なることが想定され、かつ、その時価の算定に時間を要するものに限られ、繰延税金資産・負債のほか、土地、無形固定資産、偶発債務に係る引当金など、実務上、取得原価の配分が困難な項目に限定されている（企業結合会計基準適用指針69項）。

なお、暫定的な会計処理の確定または見直しが当該企業結合の翌事業年度に行われた場合には、のれんまたは負ののれんの額が企業結合年度で修正されたものとして会計処理されることになる（企業結合会計基準28項（注６）、企業結合会計基準適用指針70項）ため、税会不一致となるのれんの償却を一時差異等調整引当額により調整する不動産投資法人においては留意が必要であろう。

取得企業の取得原価は、原則として取得の対価（合併の対価）となる財の企業結合日における時価で算定する。取得関連費用（外部のアドバイザー等に支払った特定の報酬・手数料等は、発生した事業年度の費用として処理する（企業結合会計基準23項、26項、94項））。

また、投資口交付に伴って発生する費用（登録免許税、証券会社への業務委託手数料等）は取得の対価というよりも、財務的な活動としての性格が強い支出と考えられるため、取得原価には含めず、別途、投資口交付費として会計処理することになる（企業結合会計基準適用指針49項）。

## 3 取得企業における税効果会計

取得企業における税効果会計の取扱いについても簡単に触れておく。

取得企業では、企業結合日において、被取得企業からの受入資産および引受負債に関して、識別可能資産および負債への取得原価の配分額（時価）と税務上の資産および負債の金額との間に差額が生じている場合には、税効果会計を適用し、当該差額を一時差異等（取得企業に引き継がれる被取得企業の税務上の繰越欠損金等も含む）として認識し、将来の事業年度において回収または支払いが見込まれない額を除き、それに係る税金の額が繰延税金資産または繰延税金負債として計上される。なお、のれん（または負ののれん）は取得原価の配分残余であるため、のれん（または負ののれん）に対する税効果は認識されない（企業結合会計基準適用指針71項、72項））。

また、繰延税金資産の回収可能性の判断については、企業結合後において、取得企業の収益力に基づく一時差異等加減算前課税所得等により判断される（企業結合会計基準適用指針75項、企業会計基準適用指針26号「繰延税金資産の回収可能性に関する適用指針」6項）。

不動産投資法人同士の合併において、税務上は基本的に適格合併に該当することが想定されていると思われるが、仮に税務上は非適格合併であると判定された場合には、算出される資産調整勘定（のれん）または負債調整勘定（負ののれん）の償却計算はともに5年間の均等償却（法人税法62条の8）となるので留意が必要である。

また、取得企業（合併存続会社）における合併受入仕訳において、会計上は基本的にパーチェス法により時価評価による受入れとなるが、税務上は適格合

併か非適格合併かによって受入資産・負債を時価評価するかどうかが分かれるため、企業結合後（合併後）の会計処理に影響が生じることがある。つまり、会計上はパーチェス法、税務上は簿価引継法による場合には、会計上、時価評価された資産および負債に係る差額が一時差異として認識され、それに係る税金が繰延税金資産または繰延税金負債として計上されることとなる。

なお、不動産投資法人同士の合併において、被取得企業からの受入資産等を時価評価することにより一時差異が認識された場合、それに係る繰延税金資産等が算出され、その後の減価償却または売却を通じて解消されていくことになるが、一時差異等調整引当額を利用することで税会不一致による課税所得が発生することを基本的に防ぐことができるものと思われる。

## 4 吸収合併消滅会社の最終事業年度の会計処理

次に、吸収合併により消滅する会社（吸収合併消滅会社）の最終事業年度の財務諸表についてであるが、吸収合併消滅会社が存続すると仮定した場合の適正な帳簿価額によるとされている。これは本来、吸収合併消滅会社の最終事業年度の財務諸表は清算を前提とした正味売却価額よる時価に基づいて作成されるべきであるが、実務上は、吸収合併後に存続する会社（吸収合併存続会社）がパーチェス法を適用する際に改めて時価評価するので、吸収合併消滅会社において最終事業年度の測定を厳密に行うことの有効性が低く、このため、実務における費用対効果を勘案して、直前の適正な帳簿価額とされたものである（企業結合会計基準適用指針83項、391項参照）。

したがって、実務上、吸収合併消滅会社は、吸収合併存続会社において、合併受入時において時価評価されることになる。

## 5 吸収合併存続会社による、吸収合併消滅会社の時価評価

以下、吸収合併存続会社による、吸収合併消滅会社の時価評価受入時のイメージを示し、各項目について個別に検討するものとする。

**図表 5 - 6 ①　吸収合併消滅会社の貸借対照表の時価評価受入時のイメージ図**
（のれんが生じている場合）

| 受入資産（時価評価）<br>＝<br>識別可能資産 | 引受負債（時価評価）<br>＝<br>識別可能負債 |
|---|---|
| のれん | 合併交付金 |
| | 合併対価 |

**図表 5 - 6 ②　吸収合併消滅会社の貸借対照表の時価評価受入時のイメージ図**
（負ののれんが生じている場合）

| 受入資産（時価評価）<br>＝<br>識別可能負債 | 引受負債<br>＝<br>識別可能資産 |
|---|---|
| | 合併交付金 |
| | 合併対価 |
| | 負ののれん |

のれん（または負ののれん）＝受入資産(時価評価)－引受負債(時価評価)－合併対価
　　　　　　　　　　　　　－その他の諸費用－合併交付金

### (1)　合併交付金

　まず、吸収合併消滅会社の利益配当見合いの合併交付金についてであるが、これは、吸収合併契約（投信法147条1項2号、投信法施行規則193条2項参照）に記載された方法（たとえば、合併成立日前日の分配可能利益を合併成立日前日における発行済投資口の総口数で除した額。ただし、1円未満は切り捨て）に基づき、1口当たりの合併交付金が算定され、吸収合併消滅会社の投資主に割り当てられることになる。

## (2) 合併対価

次に、合併対価は下記の算式にて算出される。

> 合併対価＝吸収合併消滅会社の発行済投資口の総口数×合併比率×合併日の投資口価格

投資証券を合併対価として交付する場合の当該対価の測定日は、企業結合日の株価（投資口価格）でもって測定する（企業結合会計基準24項、企業結合会計基準適用指針38項）。

なお、取得企業において、合併に際して増加すべき出資総額および出資剰余金の内訳については、投信法上の規定に基づき、合併契約の定めに従って決定される（投資法人計算規則22条）ものとされている。

## (3) 受入資産および引受負債の時価評価

吸収合併存続会社では、吸収合併消滅会社からの受入資産および引受負債を時価評価し、直接、貸借対照表に取り込むことになる。

受入資産および引受負債の時価にあたっては、「賃貸等不動産に関する注記」および「金融商品に関する注記」が参考になるものと思われる。

「賃貸等不動産に関する注記」および「金融商品に関する注記」が開示されているということは、重要性のある受入資産および引受負債については、企業結合後も、引き続き、「賃貸等不動産に関する注記」および「金融商品に関する注記」において時価が開示されるということになるので、合併時の時価評価の取扱いとその後の「賃貸等不動産に関する注記」および「金融商品に関する注記」での時価の取扱いとの整合性にも留意が必要である。

吸収合併消滅会社の資産および負債を時価評価するにあたり、流動資産および流動負債は短期で決済されるため、帳簿価額と時価は近似しているとして、時価イコール帳簿価額と評価されていると思われる。このため、以下においては、主な固定資産および固定負債についての時価評価上の重要なポイントのみを記載する。

また、擬制的資産である繰延資産等については、受入資産の対象から除外されている。資産性のない資産は、引き継がれないということである。

### a) 有形固定資産（信託分も含む）の評価

どの時点の、どの時価を利用するのかがポイントとなる。不動産投資法人では、従来から特定資産については特定価格による時価が開示されているので、直近の決算において開示された特定価格による鑑定評価額を利用するという方法や、合併比率の算定時に利用した鑑定評価額を利用するという方法も考えられるが、これらの時価はあくまでも価格時点が合併期日とは異なるものである。また、特定価格は、投資家に示すための投資採算価値を示す価格である。したがって、合併処理時においては、合併期日を価格時点とした新たに入手した適正な価格（正常価格）による鑑定評価額に基づいて、基本的には対応すべきであると思われる。ただし、不動産投資法人の最近の鑑定評価においては、収益価格（特にDCF法による収益価格）が重視されているので、適正な価格（正常価格）と特定価格との間に特段の相違はないものと推察される[4]。

なお、不動産市況が低迷している局面においては、価格時点を修正するだけで前提条件の変更等により鑑定評価額が下方修正されることも十分ありうるので、注意が必要である。

### b) 敷金および保証金、預り敷金および保証金（信託分も含む）の評価

賃借人の入居から退去までの実質的な賃借期間を、いかに合理的に見積れるかが重要なポイントである。賃貸借契約書上の約定期間を利用するという方法もありうるが、自動更新条項や6カ月前解約予告の条項等があり、実質的かつ合理的な預託期間を判断することは困難な場合が多いと思われる。

「金融商品に関する注記」では、敷金および保証金、預り敷金および保証金（信託分も含む）は、時価を把握することが極めて困難と認められる金融商品であるとし、時価開示の対象としていない事例が数多く見受けられる。しかし、合併処理においては、たとえば、将来キャッシュ・フローを見積り、過去の実績等から合理的な預託期間を算出し、信用リスクを加味した利率にて割引現在価値を算出して対応すべきである。

---

4) 時価評価においては、2014年10月30日付にて国土交通省より「財務諸表のための価格調査の実施に関する基本的考え方」が改正されている。固定資産の減損、棚卸資産の評価、賃貸等不動産の時価等の注記、企業結合等において不動産鑑定士が価格調査を行う際の基本的な考え方が記載されているので、参照されたい。

### c) 借入金・投資法人債の時価評価

「金融商品に関する注記」が参考になると思われる。

「金融商品に関する注記」を見る限りにおいて、短期間で決済されるもの、あるいは、短期間で市場金利を反映する借入金については、時価は帳簿価額に近似しているとして、時価イコール帳簿価額としている。一方、長期で固定金利による借入金については、元本および利息の支払いに係る将来キャッシュ・フローを見積り、新規に同様の借入れを行った場合に想定される利率によって割引現在価値を算定している。

また、投資法人債については、市場価格のあるものは市場価格に基づき、市場価格のないものは、元利金の合計額を当該投資法人債の残存期間および信用リスクを加味した利率で割り引いた現在価値により算定している。

このように、長期で固定金利の借入金等の負債項目については時価評価して受入処理すべきであるが、その返済期日および償還期限においては元本にて返済（償還）することになるので留意が必要である。すなわち、元本と時価評価額との差額については、たとえば、負債評価差額として認識し、返済期日あるいは償還期限までの残存期間にわたって調整計算することが必要である。

なお、これら受入資産および引受負債の時価評価において、実務上は、実務の負担を考慮し、吸収合併消滅会社の帳簿価額が適正であり、かつその帳簿価額と受入資産および引受負債の時価との差異が重要でないときには、吸収合併消滅会社の帳簿価額を基礎として取得原価に配分できるとされている（企業結合会計基準適用指針54項、363項）。ただし、当該規定はあくまでも容認規定であり、帳簿価額をそのまま利用できるのは、原則的な処理との間に重要性がない場合のみであるため、当該方法の適用については、慎重に判断して対応すべきものであると考えられる。

### (4) その他
#### a) 会計処理方法の統一について

吸収合併存続会社と吸収合併消滅会社との間で会計処理方法に相違がある場合には、「親子会社間の会計処理の統一に関する当面の監査上の取扱い」（監査・保証実務委員会報告56号、以下「親子会社間会計処理の取扱い」という）に準じ、同

一環境下で行われた同一の性質の取引等については、会計方針の変更に準じて適切と考えられる方法に統一することになる（企業結合会計基準適用指針84-5項）。ここで、会計処理の統一については、統一しないことに合理的な理由がある場合または重要性がない場合を除いて、統一しなければならないと考えられているので留意が必要である（親子会社間会計処理の取扱い3）。

また、吸収合併の場合において、原則として、吸収合併存続会社が、合併期日における正当な理由による会計処理の変更として行う。なお、会計処理の変更は、あくまでも合併後の財産の状態および損益の状況を適切に開示するという観点から行われるべきものであって、適正開示を後退させるような変更は認められない（「親子会社間の会計処理の統一に関する当面の監査上の取扱い」に関するQ&A7）。

また、会計処理方法の統一については、吸収合併消滅会社が吸収合併計画の中で、吸収合併期日前に正当な理由による会計処理の変更として行うことも認められるが、この場合には、その変更に伴う影響を適切に開示する必要がある（企業結合会計基準適用指針84-6項参照）。

## III のれんの取扱い

のれんは原則20年以内で均等償却されるが、税務上適格合併の場合はのれんが認識されないため税会不一致が生じる。のれんの償却費相当の課税が生じることに起因して90％超配当要件が満たせなくなる可能性もあった。そのため、税会不一致に基づく二重課税を回避すべく導入された2015年度税制改正による一時差異等調整引当額を利用することで、税会不一致に基づく二重課税を回避できるよう手当てされた。すなわち、のれんの償却に合わせて同額の利益の超過配当を行うとともに一時差異等調整引当額を利益処分に充当することとなる。なお、一時差異等調整引当額は投信法上の利益超過分配であることから、任意積立金（圧縮積立金および買換特例圧縮積立金）の取崩しを行う必要があることに留意する必要がある。

## Ⅳ　負ののれん（利益剰余金）の取扱い

### 1　負ののれんの活用方法

　これまでの不動産投資法人同士の合併事例を見る限り、合併後の負ののれんの活用方法については、合併後の不動産投資法人の財務内容や負ののれん発生益の額にもよるが、下記のように活用しているものと思われる。

> ・積極的な物件の入替えに伴う不動産等売却損に充当する
> ・有利子負債返済の資金調達のための機動的な物件売却時に利用する
> ・増資時の分配金の希薄化を抑制する
> ・その他（不動産投資法人の状況によって異なる）
> 　　保有物件に係る固定資産の減損損失に充当する
> 　　資産除去債務等の税会不一致費用に充当する
> 　　合併時の負債評価差額の償却費等、特殊な償却費用を吸収する、等々

　負ののれんを利用することにより、不動産市況が低迷している状況下においても、ポートフォリオの再構築（ポートフォリオの質の向上）のために、積極的な物件の入替えや、有利子負債返済のための機動的な物件の売却が可能となった。この場合、仮に不動産等売却損が生じたとしても、負ののれんと不動産等売却損を組み合わせることにより、特殊な損益に左右されない、安定した配当を維持することができる。

　また、合併前では、高いLTV（Loan to Valueの略で、総資産有利子負債比率をいう）の状況下にあっては、入念なリファイナンス対策等が必要であったと思われるが、負ののれんを利用し、ノンコア物件等を売却することにより、一定の返済原資が確保され、かつポートフォリオの再構築（ポートフォリオの質の向上）およびLTVの低下をも実現することができるようになった。

　さらに、新規の投資口を発行した場合には、投資口増加により分配金の希薄化が予想されるが、負ののれんを利用することで分配金の希薄化を抑止することができる。従来は、新規の投資口の発行前においては、分配金の希薄化を懸念した既投資主が投資口を売却することにより、投資口価格が押し下げられる

ことがあったと思われるが、負ののれんを利用することで、それを抑制する効果が期待されている。

その他の項目としては以下のものがある。

資産除去債務に対応する部分として有形固定資産に計上された金額を減価償却した場合や、合併受入仕訳時において、長期借入金や投資法人債等の引受負債を時価評価した際に生じた負債評価差額を調整計算した場合には、何らかの税負担額が生じることになるが、これらの場合においても、負ののれんを利用することで、課税を避けながら配当をしていくことができる。

このように、負ののれんを利用することによって、特殊な要因に対応しても分配金を減少させることなく、中長期にわたって安定した利益分配が可能となる。

## 2 負ののれんの取扱いについて

負ののれんの発生益は特別利益として一括して利益計上されるが、税務上は認識されないため税会不一致が生じる。ただし、この場合において当該発生益相当額について一時差異等調整積立金を利用することで、90％ルールの判定式上、配当可能利益から一時差異等調整積立金が控除されるため、問題が解消されている（詳細は本章第4節Ⅳおよび第6章第1節Ⅱを参照のこと）。

なお、一時差異等調整積立金は、50年以内で毎期均等額以上の取崩しをすればよいとされており、不動産投資法人において数少ない内部留保として減損損失等が生じた際の分配金平準化等の配当政策に積極的に活用されている。ただし、負ののれんは資金的裏付けのない利益剰余金であることから、配当財源を確保するための内部留保の充実という課題への対応と、中長期にわたる計画的なキャッシュ・マネジメントは引き続き重要であろう。

# 第9節　補論——不動産投資法人の再編後から今日までの動向

## I　ヘルスケアリートの背景と現状

### 1　概　　況

　平成29年版「高齢社会白書」によると、わが国の総人口は2016年10月1日現在、1億2,693万人であり、このうち65歳以上の高齢者は3,459万人で、総人口に占める割合は27.3％にまで上がってきている。高齢者人口は、団塊の世代が75歳以上となる2025年には3,677万人に達すると見込まれており、その後も高齢者人口は増加傾向が続き、2042年には3,935万人でピークを迎え、その後は減少に転じると推計されている。

　こうしたなか、高齢化の進展に伴う高齢者向け住宅や老人ホーム、病院等へのヘルスケア施設への需要の高まりを踏まえ、2013年6月、「日本再興戦略」には「ヘルスケアリートの活用に向けた高齢者向け住宅等の取得・運用に関するガイドラインの整備、普及啓蒙等」が掲げられた。

　これを受けて、ヘルスケア施設の特性を踏まえた各種ガイドラインの制定や規則等の改正が行われている。すなわち、国土交通省からは2014年6月に「高齢者向け住宅等を対象とするヘルスケアリートの活用に係るガイドライン」（以下「国交省ヘルスケアガイドライン」という）、一般社団法人不動産証券化協会からは、2013年12月に「『ヘルスケア施設供給促進のためのREITの活用に関する実務者検討委員会』中間取りまとめ」が公表された。また、投信協会からは2014年5月に「ヘルスケア施設供給促進のためのREITの活用に関する

---

1) ヘルスケア施設とは、高齢者の居住の安定確保に関する法律（平成13年法律26号）5条に規定する「サービス付き高齢者向け住宅」（以下「サ高住」という）ならびに老人福祉法（昭和38年法律133号）29条に規定する「有料老人ホーム」（以下「有料老人ホーム」という）および同法5条の2第6項に基づく「認知症高齢者グループホーム」（以下「グループホーム」という）をいう（国交省ヘルスケアガイドライン2．(1)、投信協会の不動産投資規則24条の5）。

2) ヘルスケア施設の特性として、一般にヘルスケア施設は、借主である運営事業者（以下「オペレーター」という）の運営能力が不動産の価値に大きく影響するという「オペレーショナル・アセット」であるということと、ヘルスケア施設の利用者に配慮した適切な対応をすることが求められることなどが挙げられる。

ガイドライン」(以下「投信協会ヘルスケアガイドライン」という)の公表と不動産投資規則の改正等が行われ、さらにヘルスケアリートに関する適時開示に対応すべく東証の上場規程が改正され、開示体制が整えられた。その後、病院不動産[3]についても展開され、国土交通省より「病院不動産を対象とするリートに係るガイドライン」(以下「病院ガイドライン」という)が2015年6月に公表された。

　国交省ヘルスケアガイドラインでは、不動産投資法人の資産運用会社がヘルスケア施設を取得するにあたり、整備すべき組織体制を示すとともに、ヘルスケア施設の取引に際し留意すべき事項等を示している。整備すべき組織体制とはヘルスケア施設の事業特性を十分に理解しているものを配置または関与させることであり、ヘルスケア施設の取引に際し留意すべき事項とは、オペレーターとの信頼関係の構築、およびオペレーターから不動産投資法人への情報提供、不動産投資法人から投資家への情報開示、施設利用者への情報開示の提供である。なお、投信協会ヘルスケアガイドラインによれば、不動産投資法人から投資家への情報開示の提供において、秘匿性や専門性が高いものについては、複数の施設の情報をまとめて開示すること、あるいは秘匿性が高く個別の項目での開示が難しい場合には、指標・指数・割合表示等といった形で参考情報として開示するといった開示の工夫が示されている。また、ヘルスケア施設への投資額の割合が低く、かつ、ヘルスケア施設の影響等が軽微であると認められる場合には、その割合や影響度合いに応じた対応を行うことができるとされている。

　このような中、2014年1月にはわが国において初めてのヘルスケア特化型のJ-REITである「日本ヘルスケア投資法人」が設立され、同年3月より実質的な運用が開始された。その後、2015年3月に「ヘルスケア&メディカル投資法人」、同年7月に「ジャパン・シニアリビング投資法人」が相次いで設立された。

　なお、現在、「ジャパン・シニアリビング投資法人」は2018年3月に同じ系列の「ケネディクス・レジデンシャル投資法人」に吸収合併(合併後、存続法

---

3) 病院不動産とは、医療法(昭和23年法律205号)1条の5第1項に規定する病院の用に供されている不動産(その一部を病院の用に供されている不動産を含む。以下「病院不動産」という)をいう(病院ガイドライン2.(1))。

人は、「ケネディクス・レジデンシャル・ネクスト投資法人」に商号変更）されており、2019年3月末現在、ヘルスケア特化型のJ-REITは2銘柄のみである。なお、このほか現状において、レジデンシャル系の不動産投資法人もヘルスケア施設に投資している。また、「ジャパン・シニアリビング投資法人」は、J-REITとして初めて、2017年11月に病院不動産を信託する信託受益権を取得した。

　ヘルスケア施設は、オペレーターがもともと保有している施設自体が少なく、一般に賃貸物件を中心に展開してきた。また、これまで実際にヘルスケア施設に多く投資してきたのは、地方の個人地主による不動産遊休活用によるものが多かったため、ヘルスケア施設は小規模なものが多かった。このため、ヘルスケアリートの投資対象となる物件はかなり少ないのが現状である。したがって、今後はオペレーターや地方の地主が保有する物件だけではなく、個人地主の少ない都市部の開発案件等への関与が求められていると考えられている。

## 2　物件取得時におけるファイナンス・リース取引判定

　有料老人ホームが増加する中、入居者の居住の安定を確保する観点から、有料老人ホームに対する適切な指導監督が不可欠となっている。2002年7月、厚生労働省老健局は、各都道府県知事、各指定都市市長、各中核市市長宛に対し、有料老人ホームの設置および運営に関して遵守すべき事項を定めた「有料老人ホームの設置運営標準指導指針について」（以下「指導指針」という）を通知している。

　当該指導指針では、サービス付き高齢者向け住宅（サ高住）についても有料老人ホームに該当するものが多いという実態もあることから、サ高住についても適確に把握のうえ、必要に応じて適切な指導を求めるとしている。

　ところで、ヘルスケア施設を不動産投資法人が取得する場合、必ずファイナンス・リース取引[4]に該当するかどうかについて検討されている。これは、前述

---

4）ファイナンス・リース取引とは、リース契約に基づくリース期間の中途において当該契約を解除することができないリース取引またはこれに準ずるリース取引で、借手が、当該契約に基づき使用するリース物件からもたらされる経済的利益を実質的に享受することができ、かつ、当該リース物件の使用に伴って生じるコストを実質的に負担することとなるリース取引をいう（企業会計基準13号「リース取引に関する会計基準」（以下「リース会計基準」という）5項）。

の指導指針において、借家において有料老人ホーム事業を実施する場合、入居者の契約期間中における居住の継続を確実なものとするため、有料老人ホーム事業を運営する事業者（オペレーター）と物件所有者との賃貸借契約期間は「当初契約の契約期間は20年以上であること」と記載されているためである。

したがって、ヘルスケア施設における運営事業者（借主）と物件所有者（貸主）との賃貸借契約期間は通常は20年となっているものが多く、当該賃貸借契約を確認した場合には、ファイナンス・リース取引に該当してしまっていることもあるかもしれない。ファイナンス・リース取引と判定された場合は、通常の売買取引に係る方法に準じた会計処理となり、不動産投資法人は物件ではなく債権の取得となってしまう。

このため、不動産投資法人がヘルスケア施設を取得する際には、運営事業者であるオペレーターと物件所有者との賃貸借契約書がオペレーティング・リース取引[5]と判定されるかについて、必ず当該賃貸借契約書の内容を検討し、場合によっては不動産投資法人が当該ヘルスケア施設を取得するにあたり、賃貸借契約内容を見直したうえで取得することも検討されている。

ファイナンス・リース取引に該当するかどうかは、①解約不能のリース取引であること、および②フルペイアウトのリース取引であることの2つを、いずれも満たすことがファイナンス・リース取引の判定基準としている（企業会計基準適用指針16号「リース取引に関する会計基準の適用指針」（以下「リース適用指針」という）5項）。

ここで、①解約不能のリース取引には、法的形式上は解約可能であっても、相当の違約金を支払わなければならない等の理由により、事実上解約不能と認められるリース取引（解約不能のリース取引に準ずる取引）が解約不能のリース取引に含められている。したがって、判定にあたっては、契約条項の内容、商慣習等を勘案し、契約実態に応じて判断をすることが必要である（リース適用指針6項、92項）。

また、②フルペイアウトのリース取引の具体的な判断基準は、(1)解約不能のリース期間中のリース料総額の現在価値が、当該リース物件の借手が現金で購

---

[5] オペレーティング・リース取引とは、ファイナンス・リース取引以外のリース取引をいう（リース会計基準6項）。

入するものと仮定した見積現金購入価額のおおむね90％以上であること（現在価値基準）と、(2)解約不能のリース期間が、当該リース物件の経済的耐用年数のおおむね75％以上であること（経済的耐用年数基準）のいずれかに該当することであり、いずれかに該当する場合には、ファイナンス・リース取引と判定される（リース適用指針9項、同8項～13項参照）。

なお、土地と建物等を一括したリース取引は、リース料総額を合理的な方法により土地に係る部分と建物等に係る部分に分割した上で、建物等について現在価値基準の判定を行うことになるので留意が必要である（リース適用指針20項）。

## 3　ヘルスケアリートに特有な開示

投信協会ヘルスケアガイドラインにおいて、秘匿性や専門性が高いものについては、不動産投資法人が投資家にそのまま開示するのではなく、複数の施設の情報をまとめて開示する、あるいは、指標・指数・割合表示等を参考情報として開示するといった工夫が示されていることはすでに述べた。

有価証券報告書の「第一部　ファンド情報　第1　ファンドの状況　5　運用状況 (2)投資資産　③その他投資資産の主要なもの」では、賃貸借契約を締結した相手方（テナント）がある場合には物件ごとに総賃料収入の合計等が開示されるが、オペレーターから施設の収益に関する情報の開示が了承されることは少ないので、やむをえない事項により非開示としていることが多いと思われる。このため、実務上は、物件ごとの収益情報の代替として「鑑定NOI（Net Operation Income）」を開示している事例も見受けられる。また、オペレーターの情報としては、オペレーターが入居者に開示している重要説明事項の内容を記載している事例も見受けられる。

このほか、ヘルスケアリートのポートフォリオ全体に係る事項として、(1)ポートフォリオの分散の他、たとえば(2)賃貸借の状況として、残存賃貸借契約期間別分散、賃料負担力別分散と平均賃料負担力、鑑定賃料負担力別分散と平均鑑定賃料負担力、介護報酬割合別分散と平均介護報酬割合、入居一時金償却収入割合別分散と平均入居一時金償却収入割合、(3)入居者の状況として、年齢帯別割合、男女別割合、要介護・支援度別割合と平均要介護度等を開示している事例も見受けられる。

## 【ヘルスケアリートの特有な開示　記載例（抜粋）】

(2) 賃貸借の状況
・賃料負担力別分散

| 賃料負担力(注1) | 年間賃料（百万円）(注2) | 比率（％）(注3) |
| --- | --- | --- |
| 2.0倍超 | ×× | ××.× |
| 1.5倍超2.0倍以下 | ×× | ××.× |
| 1.2倍超1.5倍以下 | ×× | ××.× |
| 1.2倍以下 | ×× | ××.× |
| 合計 | ×× | 100.0 |

(注1)　「賃料負担力」とは、各信託不動産における直近のEBITDARを賃料（オペレーターとの各賃貸借契約における月額賃料を12倍することにより年換算して算出した値）を除した倍率をいう。「EBITDAR」とは、各信託不動産における営業利益に、減価償却費及び賃料を加えた額をいう。なお、営業利益と減価償却費は、各オペレーターから開示された××年×月から××年×月における事業収支の情報に基づいている。

(注2)　「年間賃料」は、賃料負担力毎のオペレーターとのヘルスケア施設を対象とする各賃貸借契約における月額賃料を12倍することにより年換算して算出した金額を合算し、百万円未満を切り捨てて記載している。

(注3)　「比率」は、信託不動産の年間賃料総額に対する賃料負担力毎の年間賃料の合計額の比率を、小数第2位を四捨五入して記載している。

| 平均賃料負担力（注） |
| --- |
| ×.×倍 |

(注)　「平均賃料負担力」とは、信託不動産のEBITDAR総額を、賃料総額で除した倍率を、小数第2位を四捨五入して記載している。

・介護報酬割合別分散

| 介護報酬割合(注1) | 年間賃料（百万円）(注2) | 比率（％）(注3) |
| --- | --- | --- |
| 50％以内 | ×× | ××.× |
| 50％超60％以内 | ×× | ××.× |
| 60％超70％以内 | ×× | ××.× |
| 70％超 | ×× | ××.× |
| 合計 | ×× | 100.0 |

(注1)　「介護報酬割合」とは、各信託不動産における売上高に対する介護報酬（入居者の負担を含む。）の割合をいう。なお、営業利益と介護報酬は、各オペレーターから開示された××年×月から××年×月における事業収支の情報に基づいている。

(注2)　「年間賃料」は、介護報酬割合毎の各賃貸借契約における月額賃料を12倍することにより年換算して算出した金額を合算し、百万円未満を切り捨てて記載している。
(注3)　「比率」は、信託不動産の年間賃料総額に対する介護報酬割合毎の年間賃料の合計額の比率を、小数第2位を四捨五入して記載している。

| 平均介護報酬割合（注） |
| --- |
| ××.×％ |

(注)　「平均介護報酬割合」とは、信託不動産の売上高総額に対する介護報酬（入居者の負担を含む。）総額の割合を、小数第2位を四捨五入して記載している。

・入居一時金償却収入割合別分散

| 入居一時金償却収入割合(注1) | 年間賃料(百万円)(注2) | 比率(％)(注3) |
| --- | --- | --- |
| 5％以内 | ×× | ××.× |
| 5％超15％以内 | ×× | ××.× |
| 15％超25％以内 | ×× | ××.× |
| 25％超 | ×× | ××.× |
| 合計 | ×× | 100.0 |

(注1)　「入居一時金償却収入割合」とは、各信託不動産における売上高に占める入居一時金償却収入の割合をいう。なお、売上高と入居一時金償却収入は、各オペレーターから開示された××年×月から××年×月における事業収支の情報に基づいている。
(注2)　「年間賃料」は、入居一時金償却収入割合毎の各賃貸借契約における月額賃料を12倍することにより年換算して算出した金額を合算し、百万円未満を切り捨てて記載している。
(注3)　「比率」は、信託不動産の年間賃料総額に対する入居一時金償却収入割合毎の年間賃料の合計額の比率を、小数第2位を四捨五入して記載している。

| 平均入居一時金償却収入割合(注) |
| --- |
| ××.×％ |

(注)　「平均入居一時金償却収入割合」とは、信託不動産の売上高総額に対する入居一時金償却収入総額の割合を、小数第2位を四捨五入して記載している。

## II　私募REITの台頭

### 1　私募REITの概要と特徴

　リーマンショック以降、不動産投資市場では、J-REIT、不動産私募ファン

ドに次ぐ第3の不動産金融商品として、私募の形態で投資口を発行するオープン・エンド型の非上場の不動産投資法人（これを一般に「私募REIT」という）[6]が相次いで設立されている。

　不動産投資市場に私募REITが初めて登場したのは、2010年11月の「野村不動産プライベート投資法人」であり、その後着実に成長を続け、2019年3月末時点では、29銘柄、資産規模は約3兆2千億円にまで拡大している。また、最近では年金基金や地方銀行等の機関投資家の運用対象として注目が集まっており、さらなる拡大が期待されている。

　私募REITの特徴は、J-REITのメリットと不動産私募ファンドのメリットを兼ね備えたものとなっている。第1に、J-REITであれば、株式市場の値動きに強く連動してしまうが、私募REITの場合、投資口を非上場とすることで価格変動リスクを直接受けにくくしている。第2に投資口価格には市場価格はないので、不動産鑑定評価額に基づいたNAV[7]を基礎として基準価額が算定され、新投資口の発行や払戻し時の基準として用いられている。また、私募REITの投資主は通常、適格機関投資家に限定することで[8]、基準価額の算定は各計算期間の末日のみ（不動産投資規則48条2項、47条の3）としている。第3に

---

6) 一般社団法人不動産証券化協会が公表している「私募リート・クォータリー」では、私募REITを下記のように定義している。
   ① 非上場（証券取引所に上場していない）であること。
   ② 投信協会の不動産投資規則3条で定める「不動産投信等」であること。
   ③ 投信協会の不動産投資規則3条で定める「オープン・エンド型の投資法人」であること。
   ④ 運用期間の定めがないこと。
7) NAVとは、Net Asset Valueの略で、純資産価値をいい、REITの場合、純資産額に、保有物件の含み損益を加えた額をいう。
8) 税特措67条の15第1項1号ロ(2)における導管性要件においても、①発行済投資口が50人以上の投資主に所有されていること、または、発行済投資口は機関投資家のみによって所有されていることのいずれかを満たす必要があるが、私募REIT設立当初において50人以上の投資主で所有されるのは困難である。この結果、設立当初の私募REITは租税特別措置法の機関投資家に限定されることが多い。なお、金商法上の適格機関投資家の範囲とは異なり（金商法2条3項1号）、租税特別措置法上の機関投資家のほうが狭い。
   また、租税特別措置法および金商法において機関投資家である投資事業有限責任組合（以下「LPS」という）を利用して、私募REITへの間接投資を行うことが見受けられるが、LPSの運用期間は無期限ではなく有期限なので留意が必要である。（金融商品取引法第二条に規定する定義に関する内閣府令10条1項18号、税特措22条の19第1項、22条の18の4第1項）。

投資法人の器を利用することによって、投資法人としての運用期間を定める必要はなく、長期安定運用に適したスキームとすることを可能としている。リーマンショック以降、投資家の安定運用のニーズに応えるべく、多くの不動産私募ファンドが組成されたが、運用期間には期限があるので、出口時点の不動産市況次第では、キャピタルロスの可能性もあった。一方、私募REITの場合は、運用期間が無期限なので、出口の時期に左右されることはない。この結果、長期安定的に賃貸事業収入を獲得することができ、LTV（総資産有利子負債比率）も保守的に保たれている。

しかしながら、私募REITにデメリットがないというわけではない。私募REITは、投資主が投資口を換金したいときにいつでも換金できるわけではなく、一定条件のもとで、基準価額にて投資法人に買取を求めることを可能としているにすぎない。私募REITの安定性を維持するためであるが、投資口の流動性という観点では、J-REITと比較して流動性は低い。

## 2　出資の払戻し処理

私募REITの会計処理において、J-REITと明らかに異なるのは、投資口の払戻しの会計処理である。

日本公認会計士協会の業種別委員会実務指針14号「投資信託及び投資法人における監査上の取扱い」Ⅲ　監査上の留意事項　6．オープン・エンド型における純資産（出資勘定）の監査(3)オープン・エンド型投資法人における留意点では、「オープン・エンド型投資法人において出資の払戻しが行われた場合には、関連する契約書等により基準価額を確認し、投資法人計算規則や一般に公正妥当を認められる企業会計の基準に従って、適切に処理されていることを検討する」とのみ規定されているだけである。

投信法上、投資主の請求により投資口の払戻しを行う場合、払戻金額は公正な金額による（投信法125条1項）とされ、当該払戻金額はNAVによる基準価額に基づいて算定される。不動産投資規則では、オープン・エンド型投資法人において出資の払戻しを行う場合には、基準価額は総資産額に保有資産の評価損益を加減した金額から負債を控除した額を投資口数で除した金額と規定されている（不動産投資規則47条2項、36条）。

また、実際の払戻しにあたっては、払戻しに応じるための資金の確保が必要

であり、場合によってはいつでも資金調達できるように設定しておく、あるいは、払戻しに応じるために保有不動産等の売却も考えられ、払戻金額の一定金額を解約留保金あるいは払戻留保金として控除し、払戻金額としている事例も多く見受けられる。解約留保金（払戻留保金）は保有物件の換金化コストを留保し投資主間の公平性の確保を目的とするものである。

ここで、留意すべき事項は、払戻金額はNAVに基づいて算定されるため、投信法上は、出資総額等の減少額が、当該払戻金額を超える場合、すなわち保有物件に含み損があった場合、当該払戻金額を超える額は、出資剰余金として積み立てると規定されている（投信法135条1項）が、保有物件に含み益があった場合の処理については何ら規定されていないことである。

当該払戻額が、出資総額等の減少額を超える額の処理について、会計的には、出資剰余金または出資総額（もともと出資剰余金があり当該出資剰余金から控除しきれない場合）を減少させる方法と、利益剰余金を減少させる方法の2つが考えられると思われるが、実際に投資口の払戻しが実施された事例はほとんど見受けられず、いまだ投資口の払戻しに係る実務は会計慣行として定着していないように思われる。私募REITの計算書類等は当事者のみにしか開示され

【出資の払戻し処理】

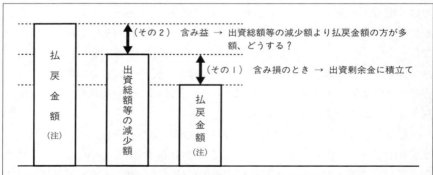

(注) 基準価額＝（総資産額±保有資産の評価損益−負債）／発行済投資口数の総口数
　　　払戻金額＝（基準価額−払戻留保金（解約留保金））×払戻口数
(その1) 出資総額等の減少額＞払戻金額のとき（含み損の場合）；払戻金額を超える額は出資剰余金に積立て
(その2) 出資総額等の減少額＜払戻金額のとき（含み益の場合）；出資総額等の減少額を超える額は？

ない状況も影響していると思われる。しかしながら、出資の払戻しは、純資産額に直接影響を及ぼす取引となるので、事前に当該処理を慎重に検討しておく必要があろう。

実際のところ、投資主より投資口の払戻しの希望があった場合には、主幹事証券会社に依頼し、払戻し希望投資主と買取り希望投資主をマッチングさせ、セカンダリー取引を成立させる仕組みをつくること（払戻しのマッチング手続）で、出資総額等が直接減少することがないよう回避してきたと思われる。

なお2018年4月初旬には、証券会社以外でもセカンダリー取引を成立させる事例が成立したとの報道も見受けられた。

### 3　その他

その他、私募REITでは投資法人債は発行できないことに留意すべきである。投信法139条の2第1項によれば、投資主の請求による投資口の払戻しをしない旨の定めのある投資法人は、規約で定めた額を限度として投資法人債を発行できると規定されている。私募REITでは出資の払戻しが行われるため、容易に投資法人債権者の利益が損なわれうるので、投資法人債は発行できない。

また、いわゆる通常の利益超過分配は、不動産投資規則47条の2によれば、適格機関投資家向けの私募REITの場合、当期末減価償却費に相当する金額まで利益超過分配ができるとされている。クローズド・エンド型の不動産投資法人のように、当期末減価償却累計額の増加額とは規定されていない。

## III　海外不動産投資

### 1　概　　況

従来より不動産投資法人が海外不動産に直接投資することは法文上、明示的には禁止されていなかったが、J-REITは東証の上場規程によって、国内投資に制約されていた。これは、日本において、海外不動産についての鑑定評価の方法が定まっておらず、J-REITによる海外不動産の取得に際して投資家の適切な投資判断を確保するための状況が整っていなかったことがその1つの要因であった。また、海外での非居住者による直接の不動産取得は現法上の規制等

によって困難な場合もあった。

　このため、海外不動産に直接投資するのではなく、不動産所在国にSPCを設立し、当該SPCを通じて現地不動産に投資するという、海外不動産への間接投資ニーズは徐々に高まっていった。しかしながら、投信法上、REITは他法人の発行済株式の50％超を保有することができないので、事実上、海外不動産の取得等を行うことは困難な状況にあった（投信法194条1項）。

　また、一方において、諸外国ではREITの海外不動産への投資には制約が存在しない国が大半であり、日本における不動産投資法人の投資魅力を高めるためにも海外不動産への投資制約の解除が求められていた。

　このような状況下、海外不動産の適切な鑑定評価が行われることを目的として、国土交通省より2008年1月に「海外不動産鑑定評価ガイドライン」が公表され、海外不動産に対する適切な投資判断を確保する仕組みが整備されたことから、2008年5月、東証は上場規程における不動産投資法人に対する海外不動産への投資制約を解除した。

　これを受けて多くの不動産投資法人においては、規約上の海外不動産への投資制限を撤廃している。また、2014年6月には、「イオンリート投資法人」が、J-REITとして初めて、海外不動産の共有持分に係る信託受益権を取得した。

　また、2014年12月には、ようやく投信法も改正され、不動産投資法人が行うことが禁止されている他法人の発行済株式の過半数の取得に関し、外国法令の規定その他の制限により当該国における不動産取引を行うことができない場合には、海外不動産を保有する法人（以下「海外不動産保有法人」という）の株式の過半数を取得することができる（投信法194条2項）とされた。これによって不動産投資法人の海外不動産の取得がより現実的なものとなったといえる。

　なお、ここで、海外不動産保有法人とは、不動産投資法人が、国外の特定資産において、当該特定資産が所在する国の法令の規定、慣行その他やむをえない理由により、不動産の取得または譲渡、不動産の貸借および不動産の管理の委託のうち、いずれかの取引を自ら行うことができない場合において、例外的に、これらの取引をもっぱら行うことを目的として設立された現地法人をいう（投信法194条2項、投信法施行令116条の2）。また、金融庁は2014年6月の「投資法人に関するQ&A」において、他法人の発行済株式の過半を保有することがで

きる具体的な国は、各国の法令の規定、慣行等に鑑み、たとえば、アメリカ合衆国、インド、インドネシア、中華人民共和国、ベトナムおよびマレーシアが該当すると紹介している。

海外不動産保有法人は、各事業年度（1年を超えることができない）経過後6カ月以内に、配当可能な額のうち当該海外不動産保有法人が所在する国における法令の規定または慣行により割り当てることができる額の金銭を不動産投資法人に分配することが必要である（投信法施行規則221条の2第2項）。ここで割り当てることができる額とは、各事業年度の監査済み財務書類に基づき、資産の額から負債の額、資本金の額、資本準備金・利益準備金その他法定準備金の合計額、保有物件を時価評価した場合の純資産増加額、当該法人の所在する国における法令の規定・慣行により配当できない額を控除して算出された金額をいい、当該法人の所在する国における会計基準に従うとされている（投信法施行規則221条の2第3項、金融庁 平成26年6月27日付パブリックコメントNo.49）。

また、投信法上には、子法人や親法人の定めしかなく、子法人や親法人は投資法人であることを前提としているので（投信法77条の2第1項、81条1項）、海外不動産保有法人の株式または出資持分の50％を超えて保有した場合には、子会社株式、関係会社株式または関係会社有価証券等の科目を任意に設定して対応する必要がある（金融庁 平成26年6月27日付パブリックコメントNo.66）。

さらに、海外不動産保有法人への出資比率等次第では、金融商品に関する会計基準（企業会計基準10号「金融商品に関する会計基準」、以下「金融商品会計基準」という）および金融商品に関する実務指針（会計制度委員会報告14号「金融商品会計に関する実務指針」、以下「金融商品会計実務指針」という）における「その他有価証券」に分類される場合もあるので留意されたい。

なお、「イオンリート投資法人」は、2016年4月に2件目（J-REIT全体でも2件目）となる海外不動産を、今度は海外不動産保有法人を通じて取得している。

## 2　海外不動産保有法人を通じた海外投資の取扱い

海外不動産への投資は、直接・間接問わず、外貨建取引になることから、「外貨建取引等会計処理基準（同注解含む）」（以下「外貨建基準」という）および

会計制度委員会報告4号「外貨建取引等の会計処理に関する実務指針」（以下「外貨建実務指針」という）が適用される。

　外貨建取引において、取得発生時の処理として、原則として、当該取引発生時の為替相場による円換算額で記帳することとなる（外貨建基準一1）。

　また、決算時の処理としては、外貨建債権債務においてヘッジ会計を適用する場合[9]や、子会社株式および関連会社株式において取得時の為替相場による円換算額を付すこと等を除き、原則として、決算時の為替相場による円換算額を付すとされている（外貨建基準一2）。なお、換算によって生じた損益は、当期の為替差損益として計上される（外貨建基準一3）。

　したがって、海外不動産を直接取得する場合の当該固定資産や、海外不動産保有法人へ間接投資する場合の当該子会社株式や関連会社株式については、当該取得時の為替相場による円換算のままであり、決算時において決算時の為替相場による換算替えは実施されない。一方、海外不動産保有法人への間接投資の場合で、出資比率等により、その他有価証券に分類されている場合[10]は、決算時の為替相場によって円換算替えが必要であり、換算差額は金融商品会計基準18項の評価差額に関する処理方法に従う（外貨建実務指針15項、16項、58項、59項）。

　また、子会社株式、関連会社株式、その他有価証券につき、時価または実質額に著しい下落により評価替えが求められる場合には、外国通貨による時価または実質価額に決算時の為替相場により円換算額を付すことになる（外貨建基準一2③二、外貨建実務指針18項、19項）。

　なお、本校正時において、企業会計基準委員会から2019年1月18日付にて企業会計基準公開草案63号「時価の算定に関する会計基準（案）」および企業会計基準公開草案65号（企業会計基準10号の改正案）「金融商品に関する会計基準（案）」等が公表され、これらに対応するため会計制度委員会報告4号「外貨建取引等の会計処理に関する実務指針」および同14号「金融商品会計に関する実務指針」の改正案（公開草案）も公表されている。

---

9) ヘッジ会計の要件を充たしていることが前提（外貨建基準一1、同2(1)、金融商品会計実務指針168項、174項）。
10) その他有価証券のうち、時価を把握することが困難と考えられる有価証券で、社債その他の債券以外の有価証券は、取得原価をもって貸借対照表価額とするとされている（金融商品会計基準19項）。

これらの改正基準等の適用後は、時価を把握することが極めて困難な場合は想定されなくなるので、その他有価証券のうち、時価を把握することが極めて困難と認められる有価証券の記載は削除されることになるので留意が必要である。ただしその他有価証券のうち、市場価額のない株式等については、たとえ何らかの方針により価額の算定が可能としても、それを時価としないとする従来の考え方を踏襲することが提案されている。また、これらの改正会計基準等は、原則として2020年4月1日以後開始する事業年度の期首から適用となる。2020年3月31日以後終了する事業年度末から早期適用することもできるが、その場合は今回の改正基準等につき同時に適用する必要がある。

　また、不動産投資法人が納付する外国法人税については、これまで「法人税、住民税、事業税」に含めて処理するとされていた。[11]また、2017年3月に公表された企業会計基準27号「法人税、住民税及び事業税等に関する会計基準」においても、外国法人税についてはこれまでと同様、「法人税、住民税、事業税」に含めて表示するとされている。このため、外国法人税が多額になると、実際の分配可能な支払い額は税引後利益の金額から行われるので、不動産投資法人の海外不動産比率が高い場合には、90％ルールを充足できない可能性があるとされており、これも不動産投資法人による海外不動産投資の阻害要因であった。

　このような状況のもと、不動産投資法人による海外SPCを通じた間接投資の促進が期待されるところ、2018年3月に投資法人計算規則の改正が行われ、2018年4月1日以降に開始する営業期間より、不動産投資法人が海外不動産への投資により納付した外国法人税は、損益計算書上、営業費用に計上されることになった。この結果、90％ルール上の配当可能利益の額の算定においても外国法人税控除後の額となり、90％ルールを充足するための懸念がなくなったといえる。

## 3　海外不動産投資をした場合の開示上の取扱い

　不動産投資法人が海外不動産へ投資した場合、決算期ごとに保有物件の減損

---

11) 監査・保証実務委員会実務指針63号「諸税金に関する会計処理及び表示に係る監査上の取扱い」（2017年3月16日付で廃止）において、外国法人税のうち、法人税法上の税額控除を受ける金額は「法人税、住民税、事業税」に含めて処理するとされていた。

判定や賃貸等不動産に関する注記を作成するため、保有不動産等の期末時点の不動産鑑定評価書を入手する必要がある。海外不動産の鑑定評価においては、国土交通省の「海外不動産鑑定評価ガイドライン」に従い、日本の不動産鑑定士と現地鑑定士が連携・共同して鑑定評価を行う必要があるとされている。

当該ガイドラインでは、不動産鑑定評価制度が十分に整っている国または地域は、アメリカ合衆国、英国、オーストラリア、シンガポール、台湾、大韓民国、ドイツ、香港とされているので、これらの国または地域以外に所在する海外不動産の場合には、十分な対応ができない可能性があることに留意すべきである。

また、不動産投資法人が海外不動産保有法人の株式または出資の50％超を保有する場合であっても、連結計算書類および連結財務諸表の作成は要求されていない（金融庁 平成26年6月27日付パブリックコメントNo.67）。

場合によっては、投信法上では、「持分法に関する会計基準」（企業会計基準16号）を適用した場合の持分法投資損益等の注記を開示することも考えられるが、投資法人計算規則66条の4の注記（資産の運用の制限に関する注記）により株式の取得額の総額および出資の総額ならびに貸借対照表項目および損益計算書項目が注記されるので不要と考えられている（金融庁 平成26年6月27日付パブリックコメントNo.68）。

なお、（資産の運用の制限に関する注記）に記載される、海外不動産保有法人の貸借対照表および損益計算書における主要項目の開示については、円換算後の日本の会計基準にて作成される貸借対照表および損益計算書における数値であり、必ずしも現地の法令等による配当可能な額の算定の基礎とする会計基準に基づく決算数値に合致するものではないことに留意すべきである。

海外不動産保有法人の決算日が不動産投資法人の決算日と異なる場合は、連結財務諸表に関する会計基準（企業会計基準23号）等における取扱いに準じ、監査済みの直近の海外不動産保有法人の決算日における数値を開示することも考えられよう（投資法人計算規則66条の4、金融庁 平成26年6月27日付パブリックコメントNo.69、70）。

一方、資産運用報告の「投資法人の現況に関する事項」（投資法人計算規則73条1項9号）においても、海外不動産保有法人の、当営業期間中における全賃料

収入および売買総額の記載が求められているが、海外不動産保有法人は監査対象ではないので、これらの数値は、監査対象の会計数値ではないとされている（金融庁 平成26年6月27日付パブリックコメントNo.72）。

損益計算書に関する注記には、海外不動産保有法人の売却損益および受取配当金が注記されている（投資法人計算規則63条4号）。

**【海外不動産へ間接投資をした場合の記載事例（抜粋）】**

（損益計算書に関する注記）
　※3　受取配当金の内訳
当期（自　××2年9月1日　至　××3年2月28日）
　A社の第×期の決算に基づく配当可能限度額の全額が配当金として本投資法人に対して支払われており、その算定根拠は以下のとおりである。

　　　　　損益計算書項目及び配当金算定根拠
　　　　（自　××2年3月1日　至　××2年8月31日）　　　（単位：千円）

| 不動産賃貸事業収益 | ×××× |
| --- | --- |
| 不動産賃貸事業費用 | ×××× |
| その他費用 | ×××× |
| 税引前当期純利益 | ×××× |
| 法人税等 | ×××× |
| 配当可能限度額 | ×××× |
| 配当金 | ×××× |

（注1）　上記はB国の会計基準に準拠している（但し、表示・開示を除く）。
（注2）　為替相場は、期中平均換算相場（1＄＝××.××円を用いている）。
（注3）　配当可能限度額及び配当金は、×年×月×日の為替相場（1＄＝××.××円、小数点第3位を切捨て）を用いて換算している。

（資産の運用の制限に関する注記）
当期（自　××2年9月1日　至　××3年2月28日）
　当投資法人は、海外不動産保有法人の発行済株式又は出資（当該海外不動産保有法人が有する自己の株式又は出資を除く。）の総数又は総額に投資信託及び投資法人に関する法律施行規則221条に規定する率を乗じて得た数又は額を超えて当該発行済株式又は出資を有する場合における当該海外不動産保有法人として、A社（B国）の株式を保有している。A社にする事項は以下のとおりである。なお、B国の会計基準に準拠した財務諸表については、C監査法人の監査を受けている。

1．A社の株式の取得額の総額

×××千円
2. A社の発行済株式の総数に対する、本投資法人の資産に属するA社の株式の数の割合
   ××.×％
3. A社の貸借対照表及び損益計算書における重要な項目の金額

貸借対照表項目（××2年8月31日現在）　　　　　（単位：千円）

| 流動資産項目 | ×××× |
|---|---|
| 固定資産項目 | ×××× |
| （うち、投資不動産合計） | ×××× |
| 流動負債合計 | ×××× |
| 固定負債合計 | ×××× |
| 純資産合計 | ×××× |

(注1) 上記貸借対照表は、B国の会計基準に準拠して作成された財務諸表数値を、日本の会計基準（ただし、表示・開示は除く）に準拠した数値に組み替えたものである。
(注2) 決算時（××2年8月31日）の為替相場（1＄＝××.××円、小数点第3位を切捨て）を用いている。

損益計算書項目（自 ××2年3月1日　至 ××2年8月31日）（単位：千円）

| 売上高 | ×××× |
|---|---|
| 税引前当期純利益 | ×××× |
| 当期純利益 | ×××× |

(注1) 上記損益計算書は、B国の会計基準に準拠して作成された財務諸表数値を、日本の会計基準（ただし、表示・開示は除く）に準拠した数値に組み替えたものである。
(注2) 為替相場は、期中平均為替相場（1＄＝××.××円、小数点第3位を切捨て）を用いている。

# Ⅳ　インフラファンド市場の創設

## 1　概　　況

　近年、世界的な低金利環境の長期化を受け、投資家の資金運用ニーズの背景に、経済動向等の影響を受けにくい安定的なアセットクラスとして、「インストラクチャー」（以下「インフラ」という）を対象とした投資への関心が高まり、インフラ設備（道路、空港、上下水道、太陽光発電設備等）の整備・運用に関し、

より一層の民間資金の活用が図られている。

　このような状況下、2014年9月、投信法施行令上の特定資産に再生可能エネルギー発電設備および公共施設等運営権（コンセッション）が追加され（投信法施行令3条11号・12号）、その他必要な関係法令等の改正が行われた。また、東証では金融・資本市場の活性化策として、2015年4月、再生可能エネルギー発電設備を実質の投資対象とする、インフラファンド市場を開設した。

　2015年4月のインフラファンド市場の開設後、太陽光発電設備を投資対象とする上場インフラ投資法人の第1号である「タカラレーベン・インフラ投資法人」が登場したのは約1年後の2016年6月であった。ここまで時間がかかったのは、インフラ投資法人の導管性要件の保有資産の要件において、インフラ投資法人が保有する特定資産のうち、再生可能エネルギー発電設備および公共施設等運益権を除いた帳簿価額がインフラ投資法人の総資産の帳簿価額の50％超となることが必要であり、総資産の50％超を再生可能エネルギー発電設備や公共施設等運営権に投資するインフラ投資法人では、導管性要件を充足すること

---

12）　再生可能エネルギー発電設備とは、電気事業者による再生可能エネルギー電気の調達に関する特別措置法（以下「再エネ特措法」という）に規定する再生可能エネルギー源（太陽光、風力、水力、地熱、バイオマス等）を電気に変換する設備およびその附属設備をいう（再エネ特措法2条3項）。なお、投信法施行令3条11号における特定資産の範囲では、同条3号の不動産は再生可能エネルギー発電設備から除外されている。

13）　公共施設等運営権とは、「民間資金等の活用による公共施設等の整備等の促進に関する法律」（以下「PFI（プライベイト・ファイナンス・イニシアティブ）法」という）に規定する公共施設等運営事業を実施する権利をいい、特定事業であって、公共施設等の管理者等が所有権を有する公共施設等について、運営等（運営および維持管理ならびにこれらに関する企画をいい、国民に対するサービスの提供を含む）を行い、利用料金を自らの収入として収受するものをいう（PFI法2条6項・7項）。

14）　インフラファンド市場は、既存のJ-REIT市場とは別の市場として整備されているが、J-REIT市場をベースに修正が加えられているものである。投信協会の「インフラ投資信託及び投資法人に関する規則」（以下「インフラ投信規則」という）等も同様である。

15）　インフラ投資法人とは、投資法人規約において、投資法人の資産総額の50％超の額を、インフラ資産等およびインフラ関連資産に対する投資として運用することを目的とする投資法人をいう（インフラ投信規則3条3項）。ここで、インフラ資産等とは、インフラ資産（再生可能エネルギー発電設備および公共施設等運営権等）およびインフラ資産に伴う土地・建物、土地・建物の賃借権、土地に係る地上権、地役権および建設仮勘定ならびにこれらの資産を信託する信託受益権他をいい、インフラ関連資産とは、資産の50％超をインフラ資産等に対する投資として運用することを目的とする株式や匿名組合出資持分、特定目的会社の優先出資証券、投資法人の投資証券他をいう（詳細はインフラ投信規則3条4項・5項・6項を参照して確認されたい）。

は困難な状況にあったためである。

　ただし、当該保有資産の要件は、再生可能エネルギーの導入促進という政策的要請により、2015年度税制改正において税特措令に特例が設けられ、対象資産を再生可能エネルギーに限定し、下記の3つの条件、すなわち、①2017年3月31日までに特定資産である再生可能エネルギー発電設備を取得すること、②投資口は上場していること（このため、私募REITによる運用はできない）、③規約上、再生可能エネルギー発電設備の運用は賃貸方式のみであること、を充足すれば、導管性要件上、再生可能エネルギー発電設備を特定資産にみなすとされたのである（税特措令39条の32の3第10項）。

　なお、当該特例は、再生可能エネルギーの導入促進という政策的要請によるものであることから10年間の時限措置とされ、このため、特例の適用期間が10年と限定されていることも上場インフラ投資法人がなかなか組成されなかった要因の1つであったとも考えられている。

　その後、2018年度の税制改正において、当該導管性要件の特例を適用できる期間は20年に延長され、特定資産である再生可能エネルギー発電設備の取得も2020年3月31日までとなり、その結果、上場するインフラ投資法人は、毎年少しずつではあるが増加をみせ、2019年3月末現在、上場インフラ投資法人の銘柄は全部で6銘柄となった。ただし、現時点で上場しているのは、どれも再生可能エネルギー電源設備のうち、太陽光発電設備を投資対象としているインフラ投資法人のみである。

## 2　上場インフラ投資法人の特徴とリスク

　上場インフラ投資法人の最大の特徴は、導管性要件上の保有資産の要件の特例を利用することを前提として、導管性要件の適用期間は20年に限定されていることであると思われる。一方、J-REITにはこのような制限はない。

　また、20年という期間は、電気事業者に対して再生可能エネルギー電気の固定価格での買取りを定めている「電気事業者による再生可能エネルギー電気の調達に関する特別措置法」（以下「再エネ特措法」という）の10キロワット以上の太陽光発電設備の固定価格買取期間（FIT（Feed-in Tariff）期間）とも一致している。

固定価格買取期間（FIT期間）が20年である以上、太陽光発電設備のオペレーターとの賃貸借期間は20年内に制約されることが多いと思われ、解約不能のリース期間次第では、ファイナンス・リース取引と判定されてしまう可能性もありうるので留意が必要である（ファイナンス・リース取引については、前述の「Ⅰ2　物件取得時におけるファイナンス・リース取引判定」を参照のこと）。

　また、ファイナンス・リース取引と判定されないまでも、運営開始後20年を経過後は、導管性要件を充足することは困難となり、このままでは通常の企業と同様に法人税が課せられることになってしまう。さらにいえば、太陽光発電設備の現行の法定耐用年数は17年であるため、経過年数とともに減価償却が進んでいけば特定資産の帳簿価額は減少し保有資産の要件が満たせなくなる可能性もありうる。

　インフラ投資法人におけるオペレーターとの賃料の設定において、20年間の固定価格買取制度（FIT制度）があるので、収益の安定性があるものの、各年度の固定買取価格は年々低下傾向にある。

　また、インフラ投資法人がオペレーターから受け取る賃料収入は、オペレーターが電力会社から受領する売電収入と連動するのが一般的である。したがって、インフラ投資法人において、天候等の季節的要因による賃料収入の変動リスクを回避すべく、オペレーターとの賃貸借契約では、実務上、発電量予想値に基づく固定賃料を設定し、実際の売電収入が当該固定賃料を上回っていれば、その超過分の一定額を実績連動賃料として受領することで、投資家に対しても安定した賃料収入の確保を図っている。

　再生可能エネルギー発電設備を取得した場合、投信法上、利害関係人等でないものによる価格の調査が求められており（投信法201条2項、投信法施行規則245条1項、22条2項8号）、不動産等の場合は不動産鑑定士、不動産等以外の場合は、不動産鑑定士以外のものが行うとされている（投信法施行令124条）。

　ここで太陽光発電設備は動産に該当する場合も多いかと思われるので、留意が必要である。投信協会のインフラ投信規則によれば、保有インフラ資産の評価方法として、公認会計士による評価額が規定されている（インフラ投信規則5条1項(2)）。

　また、金融庁の平成26年8月29日付のパブリックコメントNo.9では、再生

可能エネルギー発電設備または公共施設等運営権については、公認会計士、弁護士等であって利害関係のないもの等に価格の調査等を行わせなければならないとされている。また、日本公認会計協会からは、2015年8月に「東京証券取引所インフラファンド市場におけるインフラ資産等の評価実務」（経営研究調査会研究報告56号）が公表されている。

　なお実務上は、先行事例をみる限り、インフラ資産等については、土地・地上権等と太陽光発電設備とを一体で捉えた場合の評価価値を記載したバリュエーションレポートを外部評価機関より取得し、当該評価価値をレンジにて開示している。

# 第10節　不動産鑑定評価

## I　証券化対象不動産における鑑定評価の必要性

　不動産証券化は、不動産の収益性を裏付けに証券を発行して投資家から資金を募って不動産を取得し、当該不動産から得られる賃料収入等から配当を分配する仕組みである。したがって、投資家による投資判断には、不動産の収益性の把握、すなわち適正な不動産の評価が欠かせない。また、特別目的会社に対してノンリコースローンを提供するレンダーにとっても、LTV（Loan To Value）の算出に必要であり、ローン契約のコベナンツにLTV条項がある場合は、ローン期間中に継続的に不動産の評価が必要となる。また、格付機関にとっても不動産証券化商品の格付けに不動産の評価を必要としており、債権回収業務を担当するサービサーも債権回収計画策定のために不動産評価が必要である。

　このように不動産証券化に関連するプレイヤーと不動産の評価は非常に関わりが深いものであり、法的には不動産証券化スキームごとに不動産の鑑定評価が要請されている。

- ▷　TMKスキーム／資産の流動化に関する法律（以下「資産流動化法」という）
    優先出資申込証・特定社債申込証作成の際や資産流動化計画に特定資産の取得価格を記載する際に「特定資産の価格につき調査した結果」を記載する必要があるが、この特定資産が不動産であるときは「不動産鑑定士による鑑定評価を踏まえて調査したものに限る」と規定されているため、実質的に不動産の鑑定評価が必要となる。
- ▷　J-REITスキーム／投資信託及び投資法人に関する法律（以下「投信法」という）
    投資信託委託業者は、不動産を取得または譲渡する際は、当該不動産の価格を調査させなければならない。このため、不動産の鑑定評価が必ず義務付けられているわけではないが、「その調査する資産が不動産であるときは、不動産鑑定士による鑑定評価を踏まえて調査しなければならない」と規定されていることから、実質的に不動産鑑定士による不動産の鑑定評価が必要となる。また、毎期の決算期においても鑑定評価が必要となる。

▷ その他のスキーム

　資産流動化法・投信法以外のスキーム（GK-TK スキーム等）では、法的に鑑定評価を要請しているわけではないが、前記と同様の場面で半ば「慣習的に」不動産の鑑定評価を実施することが多い。

　以上のように、不動産の鑑定評価は、資産の新規取得時に限らず、スキーム継続中は年に１～２回の評価見直しが行われ、鑑定評価書はスキームに絡む多くの関係者（アセットマネジャー、ローン供与者、各種投資家等）の幅広い目に晒され、当該関係者の意思決定材料として、あるいは他の関係者に対する利益相反回避や取引公正性を示す手段として利用されるに至っており、不動産証券化市場全体の信頼性を確保するうえで極めて重要な役割を担っている。

　このように不動産証券化に関連する取引や手続において不動産の鑑定評価が必要とされる理由は、価格形成が一般の財と相違する不動産について、投資家保護の観点から客観的な評価を行い得る専門的知識と豊富な経験を有する中立的な不動産鑑定士による鑑定評価が必要であるとの考え方に基づいている。

　なお、不動産証券化における不動産の鑑定評価は、投資家保護の観点を含め、次の点で重要な位置付けを持つ。

▷ 対象不動産からどの程度のキャッシュフローが期待できるかという観点から求められる鑑定評価額、その判断資料、判断過程等は投資家の投資判断の重要な指標となる。
▷ 鑑定評価額は、運用者や投資対象不動産の拠出者の意思決定にあたっての重要な指標として活用される。
▷ 利益相反取引において、適正な取引価格であることの参考資料として不動産の鑑定評価が利用される。
▷ 発行証券の基準価格の算定にあたり、特に上場されていないものについて、対象となる不動産の鑑定評価額が参考とされる。
▷ 発行される投資法人債や特定社債等のデットファイナンスについて格付機関による格付けがなされる場合に、鑑定評価書の記載事項が重要な参考資料とされる。
▷ 鑑定評価額は、上場される証券については金融商品取引法上の有価証券届出書の記載事項とされている。また、私募のときは引受価格の決定における参考資料とされる。
▷ 運用期間中の各決算期に対象不動産の鑑定評価額に関する情報開示を行う場合

に、鑑定評価書が利用される。

　不動産の鑑定評価を取り巻く環境が大きく変化し、「依頼者との関係」とともに、その背後に存在する投資家その他の「幅広い利用者との関係」をより一層意識することが求められており、特に証券化対象不動産の鑑定評価をめぐっては、次に述べるような動きが見られている。

## II　証券化対象不動産に関する鑑定評価制度の概要

### 1　不動産鑑定評価基準および不動産鑑定評価基準運用上の留意事項

　「不動産鑑定評価基準」（以下「鑑定評価基準」という）および「不動産鑑定評価基準運用上の留意事項」（以下「鑑定評価基準留意事項」という）は、不動産鑑定士等が鑑定評価を行うにあたっての統一的基準であるとともに、不動産の鑑定評価に関する法律40条1項および2項の規定に基づく不動産鑑定士についての懲戒処分に関する判断根拠となるものである。

　近年の改正の流れを概観すると、2002年には収益性を重視した鑑定評価手法の充実、鑑定評価の結果についての説明責任の強化を主眼として1990年以来の大幅な改正が行われた。また、不動産証券化市場の急速な進展と、投資家や市場関係者に対し利益相反の回避や取引の公正性を示す上で不動産鑑定評価に求められる社会的要請が高度化したことを背景に、証券化対象不動産の鑑定評価に関する基準の明確化等が行われた。

　2007年改正では、鑑定評価基準に「各論　第3章」が新設され、証券化対象不動産として鑑定評価を行う場合の適用範囲、エンジニアリング・レポートについての不動産鑑定士の主体的な活用、DCF法の適用過程の明確化や収益費用項目の統一等の内容が盛り込まれた。

　その後、2009年には、依頼者のニーズの多様化や企業会計における不動産の時価評価の一部義務化等に伴い、鑑定評価基準に厳格に則った鑑定評価以外の価格等調査のニーズが増大したことを受けて、不動産鑑定業者が業として価格等調査を行う場合に、当該価格等調査の目的と範囲等に関して依頼者との間で確定すべき事項および成果報告書の記載事項等について定めた「不動産鑑定士

が不動産に関する価格等調査を行う場合の業務の目的と範囲等の確定及び成果報告書の記載事項に関するガイドライン」(以下「価格等調査ガイドライン」という)が国土交通省により2009年8月に策定された。これを踏まえ、2009年の鑑定評価基準一部改正では、「総論 第8章 鑑定評価の手順」において、第2節に「依頼者、提出先等及び利害関係等の確認」が付け加えられた。

また、2014年10月には、不動産市場の国際化、ストック型社会の進展、事業用不動産に対する証券化ニーズの拡大といった状況に対応するため、下記の改正が行われた。[1]

① スコープ・オブ・ワークの概念の導入[2]
② 価格概念に関する国際評価基準との整合性の向上[3]
③ 事業用不動産に対する収益価格評価の規定の充実化[4]
④ 建物評価における価格形成要因の精緻化と原価法の見直し[5]
⑤ 定期借地権に係る規定の充実化[6]

---

1) 鑑定評価基準、鑑定評価基準留意事項、価格等調査ガイドライン、「不動産鑑定士が不動産に関する価格等調査を行う場合の業務の目的と範囲等の確定及び成果報告書の記載事項に関するガイドライン運用上の留意事項」(以下「価格等調査ガイドライン留意事項」という)について改正が行われた。

2) 不動産市場の国際化の流れを受けて、海外の評価基準等との整合を図るべく、スコープ・オブ・ワークの概念が導入され、土壌汚染やアスベストの有無等の価格形成要因に関する調査範囲等条件を設定することや、造成工事や建築工事等が完了していない状態の未竣工建物等について当該工事の完了を前提として鑑定評価を行うことが、一定要件の下で可能となった。なお、証券化対象不動産の鑑定評価は投資家に公表・開示され、鑑定評価の結果が投資判断等に大きな影響を与えるため、投資家保護の観点から原則として現状を所与として鑑定評価を行う必要があり、調査範囲等条件の設定はできない。一方、未竣工建物等の鑑定評価は厳格な要件の下で投資家のリスク回避策がとられている場合に限り、例外的に条件設定をすることが認められている。

3) 不動産市場が国際化する中で、鑑定評価基準と国際評価基準(International Valuation Standards:IVS)との整合を高め、利用者である投資家等にとって分かりやすい鑑定評価とするため、従来は証券化対象不動産の価格の種類として一律的に用いられていた「特定価格」について、対象不動産が最有効使用であり結果として正常価格と相違がない場合には「正常価格」と表示することとなった。

4) ホテル・ゴルフ場・ヘルスケア施設・病院等の事業用不動産は、証券化市場においても投資対象として注目されてきており、これらの事業用不動産の評価にあたっては、共同住宅やオフィス等の一般的な賃貸用不動産とは異なり、当該事業の採算性に着目して収益性の分析を行うことが求められることから、鑑定評価基準において事業用不動産に係る評価手法や留意事項が明示された。

5) ストック型社会の進展を背景として、住宅、オフィス、商業施設、物流施設など各アセットに応じて建物に関する価格形成要因を精緻化するとともに、原価法において建物の増改築や修繕等の状況を適切に反映した評価を行うべく原価法に関する規定の見直しが行われた。

⑥ 継続賃料評価に関する規定の見直し[7]

## 2 証券化対象不動産の鑑定評価に関する実務指針

　証券化対象不動産の鑑定評価に関する実務指針[8]（以下「証券化評価実務指針」という）は、不動産鑑定士が証券化対象不動産の鑑定評価の実務を行うにあたって原則として準拠すべき指針として、公益社団法人日本不動産鑑定士協会連合会（以下「連合会」という）が公表したものであり、鑑定評価を活用する証券化市場関係者をはじめとする広範な関係者の参考資料（その適正さを確認するための指針等）となるべく作成されている。

　証券化評価実務指針は、鑑定評価基準に「各論 第3章」が新設されたことを受けて連合会が策定した「証券化対象不動産の価格に関する鑑定評価手法適用上の留意事項」（2007年3月）等が基礎となっている。

　その後、国土交通省が2009年8月に価格等調査ガイドラインを、続いて同年12月に「証券化対象不動産の継続評価の実施に関する基本的考え方」を策定したことを受け、連合会は証券化評価実務指針を2011年12月に一部改正している。また、2014年に鑑定評価基準等の改正が行われ、これに合わせて、国土交通省が「証券化対象不動産の継続評価の実施に関する基本的考え方」に代えて新たに、「証券化対象不動産の継続評価の実施に関する留意点」を策定したことを受けて、2014年11月に連合会は証券化評価実務指針を一部改正した。

　証券化評価実務指針と、鑑定評価基準、価格等調査ガイドライン、その他の実務指針、業務指針等の位置づけは次頁の図とおりである。

---

6) 定期借地権に関して、前払地代を授受している場合の評価方法や、新規地代の評価手法として「賃貸事業分析法」に関する規定が新設された。
7) 継続賃料に関する最高裁判例（平成15・6・12民集57巻6号595頁、平成15・10・21判時1844号50頁、平成15・10・23判時1844号54頁、平成16・6・29判時1868号52頁、平成16・11・8判時1883号52頁、平成17・3・10判時1894号14頁、平成20・2・29判時2003号51頁）を踏まえて、継続賃料評価に際しての一般的な留意事項や直近合意時点および価格時点に関する考え方を整理するとともに、継続賃料固有の価格形成要因の明確化をはじめ、各評価手法の精緻化が行われた。
8)「実務指針」とは、連合会の「指針の制定改廃に関する規程」3条2号の規定に基づき、不動産鑑定士が不動産鑑定評価等業務に係る実務を行うにあたり指針とすべきものとして、かつ当該業務の適正さを確認するための指針として、連合会が公表するもので、不動産鑑定士が当該業務を行う際には準拠するものとし、準拠できない場合または他の方法に拠る場合は、その合理的な根拠を明示しなければならないものをいう。

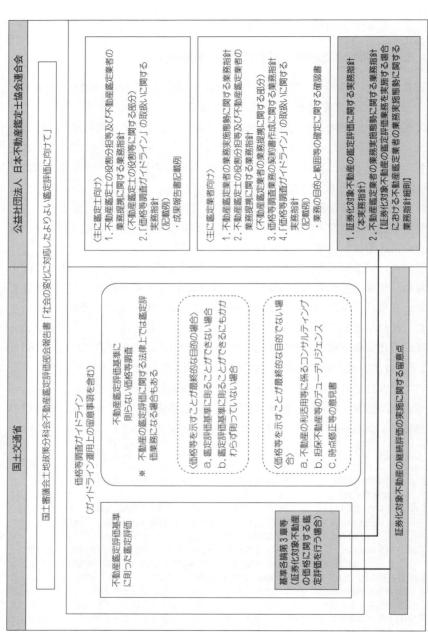

## III　証券化対象不動産における鑑定評価

### 1　証券化対象不動産の範囲

　証券化対象不動産は、現に証券化されている不動産だけではなく、今後証券化される予定の不動産、過去に証券化されSPC等が保有中の不動産（従前に鑑定評価が行われたものを再評価する場合を含む）が該当する。

　また、鑑定評価基準各論第3章は、「証券化対象不動産以外の不動産の鑑定評価を行う場合にあっても、投資用の賃貸大型不動産の鑑定評価を行う場合その他の投資家及び購入者等の保護の観点から必要と認められる場合には、この章の定めに準じて、鑑定評価を行うよう努めなければならない」とされている。

　一方、鑑定評価基準各論第3章「証券化対象不動産の価格に関する鑑定評価」と表題されるように、証券化対象不動産の賃料（新規賃料・継続賃料）を求める鑑定評価は鑑定評価基準各論第3章の適用範囲外となる。

　また、証券化評価実務指針においては、証券化対象不動産に該当しても、鑑定評価書の利用者の利益を害するおそれがないと判断される場合は、鑑定評価

---

9)　鑑定評価基準各論第3章において証券化対象不動産とは「次のいずれかに該当する不動産取引の目的である不動産又は不動産取引の目的となる見込みのある不動産（信託受益権に係るものを含む。）をいう。(1)資産の流動化に関する法律に規定する資産の流動化並びに投資信託及び投資法人に関する法律に規定する投資信託に係る不動産取引並びに同法に規定する投資法人が行う不動産取引　(2)不動産特定共同事業法に規定する不動産特定共同事業契約に係る不動産取引　(3)金融商品取引法第2条第1項第5号、第9号（専ら不動産取引を行うことを目的として設置された株式会社（会社法の施行に伴う関係法律の整備等に関する法律第2条第1項の規定により株式会社として存続する有限会社を含む。）に係るものに限る。）、第14号及び第16号に規定する有価証券並びに同条第2項第1号、第3号及び第5号の規定により有価証券とみなされる権利の債務の履行等を主たる目的として収益又は利益を生ずる不動産取引」と定義されている。

10)　証券化評価実務指針の中では、下記の場合を例示している。

　ア　不動産鑑定評価基準各論第3章第1節Ⅰ(3)（上記(3)）のうち、証券化の仕組みを用いていないことが明確な不動産取引の場合

　イ　住宅ローン等の収益目的でない不動産を担保不動産とするローン債権の証券化等派生商品に係る鑑定評価の場合

　ウ　鑑定評価書が依頼者の内部における使用にとどまる場合、又は鑑定評価額が公表されない場合で、運用計画を前提とせず、基準各論第3章等を適用しないことについて、依頼者及びすべての開示・提出先の承諾が得られている場合

基準各論第3章を適用しないことができるとしている。

この場合、鑑定評価書の鑑定評価額の近傍に、「当該鑑定評価書は基準各論第3章等を適用していないため、不動産証券化の取引等に用いることができない」旨が記載されることに留意する必要がある。

## 2 受付時の確認事項と不動産鑑定士の調査

証券化対象不動産に係る不動産の鑑定評価は、多くの利害関係者にその内容が開示されることから、証券化評価実務指針において、不動産鑑定士が鑑定評価の依頼の受付時に依頼者へ確認すべき事項が詳細に説明されている。鑑定評価の依頼者は、その運用する不動産が最新の資料・情報に基づき評価され、当該鑑定評価額が投資家・レンダー等に開示されることを踏まえ、不動産鑑定士に対して依頼背景・資料・情報の提供などに協力する必要がある。

また、国土交通省が定めた価格等調査ガイドラインにより、鑑定評価の依頼契約締結前までに「業務の目的と範囲等の確定に係る確認書」（確認書）を、不動産鑑定業者から依頼者へ交付することが義務付けられており、本節においては当該確認書において確認される事項の中で特に証券化対象不動産の鑑定評価において留意すべき事項を説明する。

### (1) 依頼者、公表・開示・提出の有無[11]

証券化対象不動産については依頼者以外にも関与する関係者が多く、その鑑定評価の結果も多数の者に開示（ときには公表）され、投資等の判断材料として利用されることから、証券化対象不動産の鑑定評価にあたっては、基準上、

---

　エ　売却目的の売主依頼の鑑定評価で、買主が証券化を行うことが予定されているが、売主はオフバランス等を目的として証券化スキームを利用する者でない場合
　オ　SPC等の保有する不動産を購入する買主依頼の鑑定評価で、購入後証券化の仕組みを用いないことが明確である場合
11)　「開示」および「提出」とは、連合会の鑑定評価基準実務指針77頁によると下記のとおりである。
　　「開示とは、依頼者に提出した鑑定評価書（ドラフト等鑑定評価の作業の過程で提出したものを含む。）を提示し内容を見せることのほか、当該鑑定評価書のコピーの提供や鑑定評価書の内容を依頼者が別途加工して提示（鑑定評価額のみの開示を含む。）することも含まれる」。
　　「提出とは、依頼者以外の者への鑑定評価書の正本又は副本（不動産鑑定業者が作成する、割印等のある写しを含む。）を提出することをいう」。

下記の事項を鑑定評価報告書に記載することとなっている。
- 依頼者が証券化対象不動産の証券化に係る利害関係者（オリジネーター、アレンジャー、アセットマネジャー、レンダー、エクイティ投資家または特別目的会社・投資法人・ファンド等をいい、以下「証券化関係者」という）のいずれであるかの別
- 依頼者と証券化関係者との資本関係または取引関係の有無およびこれらの関係を有する場合にあっては、その内容
- その他依頼者と証券化関係者との特別な利害関係を有する場合にあっては、その内容

したがって、この事項は、鑑定評価の依頼受付時における不動産鑑定業者から依頼者への確認事項となる。また、公表・開示・提出の有無とその公表方法・開示先・提出先についても鑑定評価報告書に記載することとなっていることから、同じく確認事項となる。

## (2) 鑑定評価の条件[13]

### ① 対象確定条件

証券化対象不動産については原則として現状を所与として鑑定評価を行う必要があることから、安易に評価条件を設定することは許されない。一方で、証券化評価実務指針において、「ただし、竣工の実現性が高いことが客観的に認められる建物等については、当該建物等の竣工を前提として、対象確定条件に係る未竣工建物等鑑定評価を行うことができる」と規定されている。[14]

---

12) 鑑定評価基準実務指針77頁によると、開示先・提出先については、必ずしも具体的な名称である必要はなく、「金融機関」「監査法人」のような属性で足りるが、「金融機関等」のような「等」をつけて曖昧な表現とすることは避けるべきとされている。
13) 鑑定評価の条件は、対象確定条件、想定上の条件、調査範囲等条件に分けられ、基準上の定義はそれぞれ下記のとおりである。
　対象確定条件：鑑定評価の対象とする不動産の所在、範囲等の物的事項および所有権、賃借権等の対象不動産の権利の態様に関する事項を確定するために必要な条件
　想定上の条件：対象不動産について、依頼目的に応じ対象不動産に係る価格形成要因のうち地域要因または個別的要因について想定上の条件を設定する場合があり、この場合の当該条件
　調査範囲等条件：不動産鑑定士の通常の調査の範囲では、対象不動産の価格への影響の程度を判断するための事実の確認が困難な特定の価格形成要因が存する場合、当該価格形成要因について調査の範囲に係る条件
14) 未竣工建物等鑑定評価は、鑑定評価基準において「造成に関する工事が完了していない土地又

② 想定上の条件

原則として地域要因や個別的要因について現況と異なる想定上の条件等を設定できない。なお、証券化評価実務指針において想定上の条件を設定することができる場合として以下が例示されている。

- 一棟の建物に属する複数の区分所有建物およびその敷地について、当該部分の一括売買を前提とする鑑定評価を行う場合[15]
- 土壌汚染や吹付アスベスト等の対策工事が実施中である場合で、工事完了後の不動産として対象不動産の確定、確認が可能な程度に工事が完了している場合に、当該対策工事が完了したものとして鑑定評価を行う場合

③ 調査範囲等条件

基準各論第3章が適用される場合は、調査範囲等条件の設定はできない[16]。

(3) 価格時点・実地調査日・鑑定評価を行った日・発行日

鑑定評価額がいつの時点の価額か、価格時点を確定する必要がある[17]。実務的には、依頼者が不動産鑑定業者に対して受付時に指示することが多いが、鑑定評価を行った日よりも将来時点の評価は、鑑定評価基準留意事項に「原則とし

---

は建築に係る工事（建物を新築するもののほか、増改築等を含む。）が完了していない建物について、当該工事の完了を前提として鑑定評価の対象とすること（この場合の鑑定評価を未竣工建物等鑑定評価という）」と定義され、その要件として「対象不動産に係る諸事項についての調査及び確認を行った上で、依頼目的に照らして、鑑定評価書の利用者の利益を害するおそれがないかどうかの観点から当該条件設定の妥当性を確認しなければならない。なお、未竣工建物等鑑定評価を行う場合は、上記妥当性の検討に加え、価格時点において想定される竣工後の不動産に係る物的確認を行うために必要な設計図書等及び権利の態様の確認を行うための請負契約書等を収集しなければならず、さらに、当該未竣工建物等に係る法令上必要な許認可等が取得され、発注者の資金調達能力等の観点から工事完了の実現性が高いと判断されなければならない」と規定され、さらに証券化対象不動産の場合の追加的要件として鑑定評価基準各論第3章第2節において「工事の中止、工期の延期又は工事内容の変更が発生した場合に生じる損害が、当該不動産に係る売買契約上の約定や各種保険等により回避される場合に限り行うことができる」と規定されている。

15) 一棟の区分所有建物およびその敷地内における複数の専有部分を対象とする場合など、複数の不動産を対象とする場合には、一括評価の鑑定評価額と単体評価の鑑定評価額を合計した価格が異なる可能性があるため、一括評価を前提とするのか、単独評価を前提とするのかを鑑定評価の条件として明確に記載しなければならない。

16) たとえば、土壌汚染、建物に関する有害な物質、埋蔵文化財・地下埋設物について鑑定評価上考慮外とするような条件を設定することはできない。

17) 鑑定評価基準における定義は「不動産の価格の判定の基準日」。

て、このような鑑定評価は行うべきではない」とされており、証券化評価実務指針では「価格時点は、対象不動産の変動状況を考慮し、実地調査により確認した価格形成要因の分析や判定が可能な範囲で設定するものとし、やむを得ず鑑定評価を行った日を基準として将来時点とする場合にはおおむね7日以内とする」と規定されている。

この「鑑定評価を行った日」は、「鑑定評価の手順を完了した日、すなわち鑑定評価報告書を作成し、これに鑑定評価額を表示した日」[18]であり、実務上はエンジニアリング・レポートの最終版も含めて収集可能な全ての資料を受領し、全ての鑑定評価の手順が完了した日となり、鑑定評価書の発行日は鑑定評価を行った日以降となる。なお、鑑定評価を行った日は鑑定評価書のドラフトには記載されず、代わりに「ドラフトとしての評価を行った日」が明記される（後述）。

実地調査日については、証券化評価実務指針において「実地調査日は、現状を所与とした評価の観点から、可能な限り価格時点に近い日に設定するものとするが、一定の期間に大量の不動産の鑑定評価が同時に依頼される場合もあるので、対象不動産ごとに作業の性質、量に応じた処理計画の立案を行い、鑑定評価を的確に実施できるようスケジュールを調整する」と規定されている。

### (4) 価格の種類
#### ① 正常価格と特定価格[19]との関連

証券化対象不動産に係る鑑定評価目的の下で、投資家に示すための投資採算価値を表す価格を求める場合の価格の種類は特定価格となるが、その運用方法が最有効使用と異ならないと判断され、対象不動産の属する市場が投資採算価値を標準として価格形成される場合の価格の種類は正常価格となる。実務的に

---

18) 公益社団法人日本不動産鑑定士協会連合会監修『要説 不動産鑑定評価基準と価格等調査ガイドライン』（住宅新報社・2015）306頁。
19) 正常価格と特定価格の鑑定評価基準上の定義は下記のとおりである。
　「正常価格とは、市場性を有する不動産について、現実の社会経済情勢の下で合理的と考えられる条件を満たす市場で形成されるであろう市場価値を表示する適正な価格をいう」。
　「特定価格とは、市場性を有する不動産について、法令等による社会的要請を背景とする鑑定評価目的の下で、正常価格の前提となる諸条件を満たさないことにより正常価格と同一の市場概念の下において形成されるであろう市場価値と乖離することとなる場合における不動産の経済価値を適正に表示する価格をいう」。

は、投資法人等など運用型の証券化の場合は、証券化対象不動産の運用方法と最有効使用が一致することがほとんどであるため、価格の種類は正常価格となることが大半である[20]。なお、鑑定評価書には、特定価格を求めた場合は特定価格が記載されるともに、正常価格も併記される。

② 証券化対象不動産の譲渡時の価格の種類

投資法人等が証券化対象不動産を譲渡するときに依頼される鑑定評価において求める価格の種類は、運用方法等の制約のない一般的な不動産市場での売却可能価格を判断するものであることから、正常価格を求めることになる。

③ 限定価格との関連[21]

借地権と底地の併合を目的とする売買や隣接不動産の併合を目的とする売買に関連して鑑定評価を行う場合など、限定価格の要件に該当する場合、求める価格の種類は、証券化評価実務指針において下記のように規定されている。なお、鑑定評価書には、求めた価格の種類はすべて併記される。

- 「単独の不動産として鑑定評価を行った場合に、求める価格の種類が正常価格となるときは、一体としての不動産を前提に増分価値等を考慮した限定価格を求めるとともに、単独の不動産としての正常価格を求める」。
- 「単独の不動産として鑑定評価を行った場合に、求める価格の種類が特定価格となるときは、対象不動産の運用方法を所与とし、かつ一体としての不動産を前提に増分価値を考慮した特定価格を求めるとともに、(最有効使用を前提とした)単独の不動産としての正常価格及び増分価値等を考慮した限定価格を求める」。

④ 不動産鑑定評価基準に則らない価格調査における価格の種類

不動産鑑定評価基準に則らない価格調査(後述)においては、価格等調査ガイドラインにより、鑑定評価基準に定める価格の種類を表示せずに、適用した

---

20) 不動産鑑定業者から依頼者に交付される確認書には、鑑定評価依頼契約時には価格の種類は断定できないため「価格の種類:特定価格(但し、価格形成要因の分析等の結果、正常価格と同一の市場概念の下において形成されるであろう市場価値と乖離しない場合は、正常価格)」などと記載される場合が多い。

21) 限定価格の基準上の定義は下記のとおりである。
「限定価格とは、市場性を有する不動産について、不動産と取得する他の不動産との併合又は不動産の一部を取得する際の分割等に基づき正常価格と同一の市場概念の下において形成されるであろう市場価値と乖離することにより、市場が相対的に限定される場合における取得部分の当該市場限定に基づく市場価値を適正に表示する価格をいう」。

手法が成果報告書に記載される[22]。

### (5) 実地調査

　証券化対象不動産の鑑定評価にあたっては、証券化評価実務指針において「依頼者や依頼者の指示を受けた対象不動産の管理者等の立会いのもと、建物の内覧を含めた実地調査を行うことが必須である」とされることから、依頼者はこれに協力する必要がある。この例外としては、下記のとおりである。

- 同一の不動産鑑定士が同一の証券化対象不動産の再評価を行う場合で、再評価の価格時点が、内覧を行った直近の鑑定評価の価格時点から1年未満であり、かつ、当該直近の鑑定評価の価格時点と比較して、対象不動産の個別的要因に重要な変化がないと認められる場合（この場合でも、不動産鑑定士による単独実地調査は必須）
- 対象不動産が更地や底地の場合や、未竣工建物等鑑定評価を行う場合であって、不動産鑑定士の単独調査により十分な調査を行うことが可能な場合

## 3　鑑定評価手法の適用

　不動産の価格を求める鑑定評価の基本的な手法は、鑑定評価基準総論第7章第1節において、「原価法、取引事例比較法及び収益還元法に大別され、このほかこれら三手法の考え方を活用した開発法等の手法がある」と規定されており[23]、不動産鑑定評価業務においては、できるだけこの三手法を併用し、それぞれの手法により求められた試算価格を調整の上、鑑定評価額が決定されること

---

[22] 価格等調査ガイドラインによると成果報告書の記載事項のうち「価格等を求める方法又は価格等の種類」においては「不動産鑑定評価基準に則らない価格等調査を行う場合は、どのような方法で価格等を求めるのか」を記載することとしている。

[23] 三手法の定義は、下記のとおりである。
　原価法は、価格時点における対象不動産の再調達原価を求め、この再調達原価について減価修正を行って対象不動産の試算価格を求める手法である（この手法による試算価格を積算価格という）。
　取引事例比較法は、まず多数の取引事例を収集して適切な事例の選択を行い、これらに係る取引価格に必要に応じて事情補正および時点修正を行い、かつ、地域要因の比較および個別的要因の比較を行って求められた価格を比較考量し、これによって対象不動産の試算価格を求める手法である（この手法による試算価格を比準価格という）。
　収益還元法は、対象不動産が将来生み出すであろうと期待される純収益の現在価値の総和を求めることにより対象不動産の試算価格を求める手法である（この手法による試算価格を収益価格という）。

となる。一方で、証券化対象不動産に係る鑑定評価目的の下で、投資家に示すための投資採算価値を求める場合には、実務上、収益還元法により求められた試算価格（収益価格）が、収益的側面からの価格形成プロセスを忠実に再現し最も説得力を有することから、収益価格をもって鑑定評価額とするケースが多くなる。

なお、原価法は、その試算価格（積算価格）を求める過程において、土地（借地権）および建物それぞれの価格が査定されることから、本章「第3節 III 土地建物等の按分方法」に記載のとおり、会計上、投資法人の取得価額を土地価格（または借地権価格）、建物価格等に按分する際に利用される。

また、取引事例比較法は、対象不動産と類似の不動産の取引事例を多数収集することが困難であり、かつ、対象不動産と各事例の価格形成要因を比較することが困難であることなどから、適用を断念することが多い。[24]

したがって、証券化対象不動産の鑑定評価においては、実務上は、原価法および収益還元法の二手法を適用し、収益還元法による収益価格をもって鑑定評価額とするケースが多くなる。

さらに、収益価格を求める方法には、直接還元法[25]およびDCF法[26]があり、鑑

---

[24] 証券化対象不動産の場合、その多くが稼働中の土地および建物の複合不動産であり、複合不動産の取引事例と比較すべき価格形成要因は、土地の取引事例を比較する場合に比べて、建物要因や土地建物一体としての要因等検討すべき要因が多く複雑であることから、複合不動産の取引事例比較法は評価手法として実務上確立されていない。なお、開発を前提に更地等を証券化対象不動産とする場合（開発型証券化）など土地単独を評価対象とする場合は、取引事例比較法が適用される。

[25] 直接還元法は、一期間の純収益を還元利回りによって還元する方法であり、基本的には下記の式により表される。

$P = \dfrac{a}{R}$　　$P$：求める不動産の収益価格　　$a$：一期間の純収益　　$R$：還元利回り

[26] DCF法（Discounted Cash Flow法）は、連続する複数の期間に発生する純収益および復帰価格を、その発生時期に応じて現在価値に割り引き、それぞれを合計する方法であり、基本的には下記の式により表される。

$P = \sum_{k=1}^{n} \dfrac{a_k}{(1+Y)^k} + \dfrac{P_R}{(1+Y)^n}$　　$P$：求める不動産の収益価格　$a_k$：毎期の純収益
　　　　　　　　　　　　　　　　　　　　　$Y$：割引率　$n$：保有期間（売却を想定しない場合は分析期間）　$P_R$：復帰価格

復帰価格とは、保有期間の満了時点における対象不動産の価格をいい、基本的には次の式により表される。

$P_R = \dfrac{a_{n+1}}{R_n}$　　$a_{n+1}$：$n+1$期の純収益
　　　　　　$R_n$：保有期間の満了時点における還元利回り（最終還元利回り）

定評価基準各論第3章第5節において、「証券化対象不動産の鑑定評価における収益価格を求めるに当たっては、DCF法を適用しなければならない。この場合において、併せて直接還元法を適用することにより検証を行うことが適切である」[27]とされており、実務上は、DCF法および直接還元法を併用し、各手法の特徴に応じた斟酌を行い、両手法により求められたそれぞれの価格の間で収益価格が試算されている[28]。本節においては、証券化対象不動産の鑑定評価において重視される収益還元法（DCF法および直接還元法）について、鑑定評価書の利用者の立場から留意すべき点を説明する。

### (1) 収益費用項目

DCF法を適用する際は、不動産鑑定業者間の比較や継続評価の時系列比較を担保するため、鑑定評価基準各論第3章第5節において下表の収益費用項目の統一等が定められており、証券化評価実務指針において直接還元法を適用する際も手法間の整合性や比較可能性確保のため同様の収益費用項目とするよう定められている。各項目の査定・分類・計上方法については、下記定義された項目ごとの詳細な規定がある。なお、純収益は通常1年単位で査定される。

〔鑑定評価基準各論第3章第5節Ⅱ　DCF法の収益費用項目の統一等（引用）〕

| 項　目 | | 定　義 |
|---|---|---|
| 運営収益 | 貸室賃料収入 | 対象不動産の全部又は貸室部分について賃貸又は運営委託をすることにより経常的に得られる収入（満室想定） |
| | 共益費収入 | 対象不動産の維持管理・運営において経常的に要する費用（電気・水道・ガス・地域冷暖房熱源等に要する費用を含む）のうち、共用部分に係るものとして賃借人との契約により徴収する収入（満室想定） |
| | 水道光熱費収入 | 対象不動産の運営において電気・水道・ガス・地域冷暖房熱源等に要する費用のうち、貸室部分に係るものとして賃借人との契約により徴収する収入（満室想定） |

---

27) 証券化評価実務指針においては、「DCF法（開発賃貸型を含む）を適用する場合には、原則として直接還元法を併用する必要がある」と規定されている。
28) 借地期間満了後に更地返還される定期借地権の付着した底地など、有期の分析期間となり永久還元式たる直接還元法が馴染まない一部の類型については、DCF法のみが適用されることもある。

|  | 駐車場収入 | 対象不動産に附属する駐車場をテナント等に賃貸することによって得られる収入及び駐車場を時間貸しすることによって得られる収入 |
|---|---|---|
|  | その他収入 | その他看板、アンテナ、自動販売機等の施設設置料、礼金・更新料等の返還を要しない一時金等の収入 |
|  | 空室等損失 | 各収入について空室や入替期間等の発生予測に基づく減少分 |
|  | 貸倒れ損失 | 各収入について貸倒れの発生予測に基づく減少分 |
| 運営費用 | 維持管理費 | 建物・設備管理、保安警備、清掃等対象不動産の維持・管理のために経常的に要する費用 |
|  | 水道光熱費 | 対象不動産の運営において電気・水道・ガス・地域冷暖房熱源等に要する費用 |
|  | 修繕費 | 対象不動産に係る建物、設備等の修理、改良等のために支出した金額のうち当該建物、設備等の通常の維持管理のため、又は一部がき損した建物、設備等につきその原状を回復するために経常的に要する費用 |
|  | プロパティマネジメントフィー | 対象不動産の管理業務に係る経費 |
|  | テナント募集費用等 | 新規テナントの募集に際して行われる仲介業務や広告宣伝等に要する費用及びテナントの賃貸借契約の更新や再契約業務に要する費用等 |
|  | 公租公課 | 固定資産税(土地・建物・償却資産)、都市計画税(土地・建物) |
|  | 損害保険料 | 対象不動産及び附属設備に係る火災保険、対象不動産の欠陥や管理上の事故による第三者等の損害を担保する賠償責任保険等の料金 |
|  | その他費用 | その他支払地代、道路占用使用料等の費用 |
| 運営純収益[29] | | 運営収益から運営費用を控除して得た額 |
| 一時金の運用益 | | 預り金的性格を有する保証金等の運用益 |
| 資本的支出[30] | | 対象不動産に係る建物、設備等の修理、改良等のために支出した金額のうち当該建物、設備等の価値を高め、又はその耐久性を増すこととなると認められる部分に対応する支出 |
| 純収益 | | 運営純収益に一時金の運用益を加算し資本的支出を控除した額 |

---

[29] 運営純収益は、会計上の営業損益に含まれない一時金の運用益や大規模修繕等の資本的支出を含まないものであり、不動産賃貸事業に着目した収益概念であり投資判断等に広く用いられるNOI(Net Operating Income)と類似概念である。

[30] 実務上は、「Capital Expenditure」を略した造語で「CAPEX」という用語が用いられること

なお、下記は運営費用に計上されない。
- 減価償却費（キャッシュフローベースの査定を行うため、支出を伴わない会計上の費用項目である減価償却費は、運営費用に計上しない）
- 不動産管理処分信託に係る信託費用、SPC等管理費用、アセットマネジメントフィー（不動産固有のコストではないため、運営費用に計上しない）[31]
- 不動産の取得に係る費用（仲介手数料および不動産取得税や登記費用等）、事業所税、消費税

### (2) DCF法における純収益の変動予測

　DCF法においては、保有期間における純収益の変動が明示されることから、不動産鑑定士は保有期間における純収益の変動予測を行うこととなるが、証券化評価実務指針においては「収益費用の予測には不確実性が伴うために、予測主体によって判断が大きく分かれることも少なくない」と説明されている。DCF法における純収益の変動予測には、依頼者からの提供資料などから確実に起こりうると判断できる変動予測と、経済情勢や不動産市場の動向を考慮すると起こりうる可能性が高いと判断できる変動予測に分けられる。

　前者は、テナントの新規契約、解約予告および定期借家（借地）契約の期間満了到来によるダウンタイムやテナント募集費用等の発生、建物維持管理契約やプロパティマネジメント契約の更新予定、臨時的な修繕費・資本的支出の発生、公租公課（固定資産税・都市計画税等）などに係る変動予測である。これらは、価格時点においては確定的な金額が分からないものがあるが、将来発生する可能性が高いことからDCF法における純収益の変動予測に適切に反映されるべきである。依頼者の立場からすれば、不動産鑑定業者への資料提供を行い、投資家に示す投資採算価値である鑑定評価額に反映させるべき変動予測といえる。

　後者は、現行賃料が新規賃料と比較して割安（割高）である場合、市場動向

---

　　が多く、会計上、修繕費が費用計上されるのに対して、資本的支出は資産計上され減価償却の対象となるものである。
31）これらの費用のうち、たとえばアセットマネジメント契約書上、アセットマネジメントフィーと定義されていても、実質的に、維持管理費やプロパティマネジメントフィー等と判断される場合には、運営費用の各項目に計上される。

を踏まえて賃料改定によりこの開差が縮小すると予測できる場合など、不動産鑑定士によって客観的で合理的に実施される変動予測である。

なお、これら純収益の変動予測に織り込まない不確実性については割引率の査定において反映される。

### (3) DCF法における保有期間末の復帰価格

DCF法における復帰価格は、保有期間末における対象不動産の売却を想定し、予測される売却価格から売却費用を控除して査定する。

売却価格は、保有期間の翌期（保有期間＋1年）の純収益を最終還元利回りで還元して査定する。

保有期間は、証券化評価実務指針においては「不動産投資において一般的と認められる保有期間を対象不動産に即して設定する」とされ、一般的に保有期間を10年としているケースが多い。ただし、保有期間が何年であっても、採用する割引率や最終還元利回りが適切である限り求められる収益価格は変わらない。また、定期借地権付建物や定期借地権が付着した底地の場合は、その保有期間は当該契約期間の制約を受ける。

売却費用は、原則として仲介手数料等相当額（たとえば売却価格×仲介手数料率など）を見込んで査定される。また、借地権付建物の場合は、売却時に借地権者に支払われる譲渡承諾料等（たとえば借地権価格×名義書替料率など）を売却費用に計上するが、借地契約で別途約定がある場合や譲渡承諾料が慣行的に授受されないと判断される場合は計上しない。

### (4) 直接還元法における純収益

直接還元法は、一期間の純収益を還元利回りによって還元する方法であり、一期間の純収益はDCF法の初年度純収益を採用する場合と、標準化された純収益を採用する場合がある。いずれを採用した場合でも求められる収益価格は理論的には同じであり、採用する還元利回りにおいて調整する。臨時的な修繕費用や賃貸借契約の解約違約金の発生が予測されるなど保有期間における純収益の増減が大きい場合、DCF法においては純収益の変動に反映されるが、直接還元法は一期間の純収益のみが採用されるため、この純収益の変動は還元利回りに反映される。

## (5) 還元利回り・割引率・最終還元利回り[32]

　還元利回りは、いわゆるキャップレートといわれ、不動産価格に対する単年度純収益の割合で計算され、不動産の収益性を表すものであることから、賃貸用不動産の投資尺度や取引利回り水準の把握のために不動産証券化市場における共通言語として広く利用されている。証券化対象不動産の鑑定評価における還元利回りは、償却前純収益（NCF：Net Cash Flow）ベースの利回りであり、投資法人のプレスリリースや決算説明資料などで公表される償却後のNOI利回りなどとは異なる。償却前であることから償却後の利回りより大きく[33]、NCF＝NOI－資本的支出＋一時金の運用益であることから、通常はNCF＜NOIであるためNOI利回りより小さくなる。また、上記のとおり、どのような純収益が採用されるかによって還元利回りは上下する。

　還元利回りは、実務的には不動産鑑定士が、証券化対象不動産等類似の不動産の取引事例、投資家等へのヒアリングなどにより地域別・用途別の利回り水準を把握し、さらに対象不動産の個別性（立地・建物の状況、賃借人の状況等による純収益の不確実性の格差、権利関係など）を考慮して査定している。還元利回りは、不確実性（リスク）の大きさと言い換えることができ、安全資産といわれる国債の応募者利回りより不動産固有のリスクプレミアムの分だけ大きい。投資家は、通常、株式や債券など伝統的資産への投資と、不動産、商品、ヘッジファンドなどオルタナティブ投資を検討し、各自の期待利回りとリスク許容度に応じた最適なポートフォリオを組んで分散投資を行っている。マーケットが過熱し、投資家のリスク許容度が高まり要求リターンが小さくなると、不動産への資金流入も相俟って、不動産に対する期待利回りも小さくなる。したが

---

32) 還元利回り・割引率・最終還元利回りの鑑定評価基準上の定義は下記のとおりである。
　還元利回り：「直接還元法の収益価格及びDCF法の復帰価格の算定において、一期間の純収益から対象不動産の価格を直接求める際に使用される率であり、将来の収益に影響を与える要因の変動予測と予測に伴う不確実性を含むものである」。
　割引率：「DCF法において、ある将来時点の収益を現在時点の価値に割り戻す際に使用される率であり、還元利回りに含まれる変動予測と予測に伴う不確実性のうち、収益見通しにおいて考慮された連続する複数の期間に発生する純収益や復帰価格の変動予測に係るものを除くものである」。
　最終還元利回り：「保有期間の満了時点における還元利回り」
33) 償却前利回りと償却後利回りとの関係は下記の式で表される。
$$R' = \frac{a-d}{a} \times R$$
　　$R$：償却前利回り　$R'$：償却後利回り　$a$：償却前純収益
　　$d$：減価償却費

って、還元利回りは、他の金融資産の利回りとも密接な関連があるといえる。還元利回りは、不動産のリスクプレミアムや取引利回りの検証などの定量的な要素と、不動産マーケットとの対話による肌感覚などの定性的な要素の両面によって査定されるものである。

割引率は、DCF法においてある将来時点の純収益を現在時点の価値に割り戻す際に使用される率であり、還元利回りに含まれる変動予測と予測に伴う不確実性のうち、収益見通しにおいて考慮された連続する複数の期間に発生する純収益や復帰価格の変動予測に係るものを除くものである。すなわち、純収益の変動予測はDCF法上のキャッシュフロー表において明示されていることから、割引率には還元利回りに含まれる将来の純収益の変動予測は含まれない。還元利回り（R）、割引率（Y）、変動予測（純収益および将来の売却価格の変動率）を$g$とすると、$R = Y - g$という関係が成り立ち、この式から還元利回りと割引率の大小関係を説明することができる。実務上は$Y < R$となることが多いが、この場合は純収益および将来の売却価格の下落（特に保有期間後の経年等による将来不動産価値の下落）を考慮しているといえる。

- 純収益および将来の売却価格の上昇が見込まれる場合 → $g > 0$ → $Y > R$
- 純収益および将来の売却価格が一定と見込まれる場合 → $g = 0$ → $Y = R$
- 純収益および将来の売却価格の下落が見込まれる場合 → $g < 0$ → $Y < R$

最終還元利回りは、保有期間満了時の翌期の純収益から売却価格を求める際の利回りであり、価格時点の還元利回りに将来の不確実性等を考慮して査定される。なお、一般的には以下のリスクが想定されるため、最終還元利回りは還元利回りより大きくなることが多いが、保有期間後も純収益や不動産の価値の上昇が期待できる場合等においてはこの限りではない。

①期間の経過による不動産の価値下落のリスク
②保有期間後の純収益の見積りリスク
③売却等に係るリスク

## 4　鑑定評価報告書（鑑定評価書）

不動産の鑑定評価の結果は、不動産鑑定業者より依頼者に対して鑑定評価書という成果物を交付することで示される。この鑑定評価書の実質的な内容となるものが鑑定評価報告書であり、その記載事項は基準および実務指針に詳細に

規定されているが、本節では証券化対象不動産に係る鑑定評価報告書（鑑定評価書）について実務上留意すべき点に絞って整理する。

### (1) 基準各論第3章等を適用した旨の記載

証券化対象不動産について、鑑定評価基準各論第3章を適用して鑑定評価を行った場合には、鑑定評価書の表紙または本文の前に、「基準各論第3章規定の証券化対象不動産に該当し、基準各論第3章等を適用したものであること」が記載される。前述のとおり、証券化対象不動産に該当するにもかかわらず、鑑定評価基準各論第3章等を適用しない場合には、鑑定評価額の近傍に「当該鑑定評価書は基準各論第3章等を適用していないため、不動産証券化等の取引等に用いることができない」旨が記載される。

### (2) 不動産鑑定評価基準に則らない価格調査を行った場合の成果報告書

この場合の成果報告書には、調査結果が記載されている近傍に「不動産鑑定評価基準に則った鑑定評価とは結果が異なる可能性がある旨」および「成果報告書に記載された以外の目的での使用及び記載されていない者への調査結果の開示は想定していない旨」が記載される。

さらに、未竣工建物を含む不動産の竣工を前提とする価格等調査を行った場合には、対象確定条件が記載され、調査価格の近傍に当該条件設定を行っていることが記載される。

継続評価など適用する手法を省略する場合には、対象不動産の個別的要因ならびに一般的要因および地域要因について、継続評価の価格等調査の時点と、鑑定評価基準各論第3章等に従って行った鑑定評価の価格時点とを比較して重要な変化がないと判断した根拠が成果報告書に記載される。

また、不動産鑑定評価基準に則らない価格調査を行った場合には、価格等調査ガイドラインにより、その成果報告書に価格の種類ではなく適用した手法が、また、「不動産鑑定評価基準に則った鑑定評価との主な相違点およびその妥当

---

34) 鑑定評価を行った不動産鑑定士がその成果を所属する不動産鑑定業者に報告するための文書が「鑑定評価報告書」、不動産鑑定業者が依頼者へ交付する文書が「鑑定評価書」であり、実務上は、関与した不動産鑑定士が「鑑定評価報告書」に署名押印して「鑑定評価書」としていることが多い。鑑定評価基準および証券化評価実務指針は、「鑑定評価報告書」の記載すべき事項について規定している。

性の根拠」が記載されるなど所定の記載方法に則って作成される。

### (3) 鑑定評価書のドラフトの体裁

　実務上、暫定的な鑑定評価の内容が、鑑定評価書のドラフトとして依頼者等に事前に開示されることが多いが、鑑定評価書のドラフトの内容は、対象不動産の評価額や個別的要因について最終的な鑑定評価書と異なることとなる可能性があるので、ドラフトの提出にあたっては利用する第三者に誤解の生ずることのないよう十分留意のうえ鑑定評価書のドラフトが作成される。[35]

### (4) 鑑定評価書とエンジニアリング・レポートとの関連

　業務指針細則（証券化対象不動産の鑑定評価業務を実施する場合における不動産鑑定業者の業務実施態勢に関する業務指針細則）に「エンジニアリング・レポートの最終版が提出されるまでは鑑定評価書を発行することはできない」とあることから、実務上、エンジニアリング・レポートの最終版が作成され依頼者より提示された後に、鑑定評価書の最終版が作成される。

## 5　継続評価における留意事項

　本書第1章第2節Ⅱ4に記載のとおり、投資法人は、決算期ごと、物件ごとに不動産の鑑定評価を取得することとなる。証券化評価実務指針においては、「過去に同一の不動産鑑定士が不動産鑑定評価基準に則った鑑定評価を行ったことがある不動産の再評価であって、定期的（1年ごと又は半年ごと）に鑑定評価を行う場合を継続評価という」としている。新規の鑑定評価も継続評価も、基本的な鑑定評価の手順は同様であるが、継続評価特有の留意点として下記が

---

35)　証券化評価実務指針には下記のように規定されている。
　　ア　表紙を含め、全頁にドラフトである旨の表示を行う。
　　イ　不動産鑑定士の署名又は記名は行わない。
　　ウ　鑑定評価を行った日に代えてドラフトとしての評価を行った日を明記する。
　　エ　対象不動産の状況、資料等について、最終的な鑑定評価書で採用するものとの違いを明確に記載し、鑑定評価額が変わる可能性があることを明確に記載する。
　　オ　ドラフト提出時点における不明事項（最終的には確認する事項）を記載する。
　　カ　依頼者等が修正可能なファイル形式等では提出しない。なお、不動産鑑定業者は、ドラフトの提出履歴について記録するとともに、鑑定評価書の発行まで、当該ドラフト等を保管する必要がある。

## (1) 実地調査

前述のとおり、継続評価においても実地調査は必須となるが、再評価の価格時点が内覧を行った直近の鑑定評価の価格時点から1年未満であり、かつ、当該直近の鑑定評価の価格時点と比較して、対象不動産の個別的要因に重要な変化がないと認められる場合は、内覧の全部または一部の実施について省略できる[36]。なお、前述のとおり、対象不動産が更地や底地の場合や、未竣工建物等鑑定評価を行う場合であって、不動産鑑定士の単独調査により十分な調査を行うことが可能な場合は、立会を要しない[37]

## (2) 資　　料

継続評価においては、不動産鑑定士は、依頼者から以前提示された資料を活用することにより、資料の確認の一部を省略することができる。依頼者は、継続評価の依頼時に、不動産鑑定業者から主に下記の資料開示請求を受け、不動産鑑定士は、当該資料から主に前回評価との差異を把握し、前回評価との整合性を十分に検討の上、継続評価を行うこととなる。

①直近の鑑定評価の依頼時に提供した月より新しい月次報告書・プロパティマネジメントレポート
②新たに締結した賃貸借契約書・変更契約書・覚書等（予定も含む）
③新たに変更した建物管理委託契約書やプロパティマネジメント契約書

---

36)　重要な変化の有無に関する事項として、証券化評価実務指針には下記の例示がされている。
　　　①敷地の併合や分割（軽微なものを除く）、区画形質の変更を伴う造成工事（軽微なものを除く）、建物に係る増改築や大規模修繕工事（軽微なものを除く）等の実施の有無、②公法上もしくは私法上の規制・制約等（法令遵守状況を含む）、修繕計画、再調達価格、建物環境に係るアスベスト等の有害物質、土壌汚染、地震リスク、耐震性、地下埋設物等に係る重要な変化、③賃貸可能面積の過半を占める等の主たる賃借人の異動、借地契約内容の変更（少額の地代の改定など軽微なものを除く）等の有無。
37)　継続評価の不動産鑑定士が、前回評価時点の不動産鑑定士と同一であることが前提であり、異動・退職等により同一の不動産鑑定士が鑑定評価を担当できない場合は、改めて立会による実地調査が必要となる。また、証券化評価実務指針においては、「複数の不動産鑑定士が、ある不動産の鑑定評価に関与する場合においては、当該複数の不動産鑑定士全員が内覧を含む実地調査を過去に自ら行っている必要はなく、当該複数の不動産鑑定士のうちのいずれかが当該不動産について内覧を含む実地調査を過去に自ら行ったことがあれば足りる」と規定されている。

④直近の鑑定評価の依頼時に提供していない最新年度の公租公課資料
⑤損害保険料に係る資料（通常、1年または数年単位で見直しを行っている）
⑥新たに取得したエンジニアリング・レポート[38]

### (3) 鑑定評価手法の適用

継続評価においても適用する鑑定評価の手順や手法の適用は、新規の鑑定評価と変わりがない。前回評価との整合性が十分に検討される。

なお、継続評価においては鑑定評価基準に則らない価格調査が行われる場合があり、この場合は一部評価手法の省略が認められる（後述）。

## 6 不動産鑑定評価基準に則らない価格調査における留意事項

証券化対象不動産の価格調査は、不動産鑑定評価基準に則って行う必要があるが、証券化評価実務指針は、下記(1)(2)については、価格等調査ガイドラインにおける不動産鑑定評価基準に則らない合理的な理由があると認められることから、不動産鑑定評価基準に則らない価格調査を行うことができるとしている。なお、この場合、成果報告書に価格等調査ガイドラインに則って「不動産鑑定評価基準との主な相違点及びその妥当性」が記載される。

### (1) 継続評価として鑑定評価基準に則らない価格調査を行う場合

継続評価（上述）については、証券化評価実務指針において、「基準各論第3章等に従って行った鑑定評価の価格時点以降継続評価の価格等調査の時点までに、対象不動産の個別的要因のほか、当該不動産の価格形成に影響を与える一般的要因及び地域要因に重要な変化がないと認められる場合には、鑑定評価手法のうち少なくとも収益還元法は適用するものとし、当該評価において適用[39]

---

[38] 実務上は、継続評価のたびに価格時点に合わせたエンジニアリング・レポートが作成されることはないが、新たに取得したエンジニアリング・レポートがあれば鑑定評価にあたって活用される。証券化評価実務指針においては、「（不動産鑑定士は）建物の増改築又は大規模な修繕等の建物に係る個別的要因に大きな変更があった場合には、エンジニアリング・レポートを再取得するように依頼者に要請することが望ましい。また、建物に係る個別的要因に大きな変更がない場合においても、エンジニアリング・レポートの作成後おおむね3年から5年経過しているときには同様の取扱いとする」としている。

[39] 証券化評価実務指針において、必ずしも収益価格が重視されない証券化対象不動産の場合は、

可能と認められる他の手法を省略のうえ、不動産鑑定評価基準に則らない価格調査を行うことができる」と規定されている。

(2) 未竣工建物等鑑定評価を行うための要件を満たさない場合において工事の完了を前提として価格調査を行う場合

開発型証券化について、投資法人がフォワード・コミットメントにより竣工後の当該建物およびその敷地を取得する場合等については基本的には未竣工建物等鑑定評価を行うこととなるが、未竣工建物等鑑定評価に定める条件設定のための要件（前述）を満たさない場合においては、証券化評価実務指針において「建物の基本設計に係る資料や予定されている運用方法等の範囲において、対象不動産の確認が可能であり、当該条件の実現性及び合法性、不特定多数の投資家等の利益保護が図られると認められる場合には、未竣工建物の竣工を前提とする対象確定条件を設定のうえ、不動産鑑定評価基準に則らない価格調査を行うことができる」と規定されている。

## Ⅳ 証券化対象不動産の鑑定評価に係る実務上の留意点

### 1 定期借地権および定期借地権が付着した底地

不動産証券化市場の発展・拡大によりその投資対象も大きく広がり、定期借地権および定期借地権が付着した底地もすでに1つのアセットタイプとして認知され、投資法人の取得および運用の対象となっている。しかしながら、定期借地権および定期借地権が付着した底地については、鑑定評価基準および証券化評価実務指針において体系的に整理されているとは言いがたい[40]。本節においては、定期借地権および定期借地権が付着した底地を証券化対象不動産として鑑定評価する場合の論点を整理する。

---

「直近に行われた不動産鑑定評価基準に則った鑑定評価における鑑定評価額の決定において重視された鑑定評価手法は少なくとも適用する必要がある」としている。

40) 定期借地権の評価の課題や論点が整理・公表されているものとして、「定期借地権にかかる鑑定評価の方法等の検討（平成25年3月）」「定期借地権にかかる鑑定評価上の課題整理（平成24年3月）」がある。

### (1) 定期借地権

　定期借地権が単独で取引対象となることはなく、通常は建物の取引に随伴して取引の対象となるため借地権付建物として取引される。具体的には定期借地権が設定された借地上の賃貸マンション等が対象不動産となるケースが多く、実務上、完全所有権の場合と同様、原価法および収益還元法の二手法を適用し、収益還元法による収益価格をもって鑑定評価額とするケースが多い。本節においては、この定期借地権付建物[41]の収益還元法の適用について説明する。

### ① DCF法

　定期借地権は、契約期間の満了に伴う更新がなされず、契約期間満了時において、借地契約上、借地権設定者に対し更地として返還または借地上の建物の譲渡が行われることから、定期借地権付建物の価格は、借地契約満了までの純収益（Net Cash Flow）の現在価値の合計額と言い換えることができる[42]。実務的には、DCF法のシナリオに定期借地権設定契約書の内容を反映することとなり、留意される事項はおおむね下記のとおりである。

① DCF法における分析期間は、価格時点において残存する借地期間であり、当該期間までが分析期間となる。

② 定期借地権設定契約上、更地として返還する場合は建物解体費用等が、借地上の建物の譲渡が行われる場合は当該譲渡収入等が、借地契約満了時のキャッシュフローに反映される。

　DCF法は、一定の保有期間（たとえば10年）を設定し、保有期間後売却を想定する場合が多く[43]、この場合はDCF法上明示されない保有期間後から借地期間満了後までの想定は最終還元利回りに反映されることとなる[44]。

---

41) 鑑定評価基準において「定期借地権付建物」という類型はないため、鑑定評価上は「借地権付建物」として表示される。

42) たとえば、借地期間が50年以上と長期の場合、遠い将来のNCFを予測することは限界がある一方で、そのNCFを現在価値に割り戻す際の複利現価率が小さくなるため収益価格に与える影響は相対的に小さくなる。逆に、借地期間が短い場合は、借地期間満了時のNCFが収益価格に影響を与える度合いも大きくなるので、NCFの予測はより慎重に行うべきといえる。

43) 『要説 不動産鑑定評価基準と価格等調査ガイドライン』前掲注(18) 195頁に「基準各論第3章の証券化不動産の鑑定評価におけるDCF法の適用においては、売却の想定を行うことが求められている」との記載がある。

44) この場合、残存借地期間を分析期間とするDCF法による収益価格と同額となるように、最終還元利回りが査定され、当該最終還元利回りを基に復帰価格が査定される。

継続評価においては、価格時点の経過した期間だけ残存借地期間が短くなり純収益の合計値が減少するため、その他価格形成要因に変化がなければ、時の経過に伴い鑑定評価額が下落していく評価となる。また、その下落のスピードは、借地期間が短くなるにつれ上がっていくこととなり、借地契約の再契約がなされない限り、最終的には鑑定評価額はゼロに収斂する。

② 直接還元法

直接還元法は、定期借地権付建物のように借地契約期間満了時に土地が返還される有期の類型の場合（特に残存借地期間が短期の場合）、その適用が適切ではないという判断もあろう。一方で、前述のとおり、不動産証券化市場では、価格に対する単年度の純収益（またはNOI）の割合である還元利回り（いわゆるキャップレート）が広く利用されていることから、上記のDCF法で査定された価格との比較において、単年度の純収益に対する還元利回りを査定して直接還元法を適用し検証することも重要と考えられる[46]。

### (2) 定期借地権が付着した底地

底地の鑑定評価額は、鑑定評価基準上、「実際支払賃料に基づく純収益等の現在価値の総和を求めることにより得た収益価格及び比準価格を関連づけて決定するものとする」と規定されている[47]。証券化対象不動産の収益価格を試算する場合は、DCF法を採用し、直接還元法による検証が行われる。

① DCF法

定期借地権設定契約は、契約期間の満了に伴う更新がなされず、契約期間満

---

45) 実務上は、基準留意事項に記載の有期還元法（インウッド式）を採用することも考えうる。また、「定期借地権にかかる鑑定評価の方法等の検討（平成25年3月）」には、「借地に係る契約上の残存期間が相当長期（例えば50年以上）である場合には、収益価格に占める復帰価格の割合が非常に小さくなるため、直接還元法の適用に当たっては、有期還元法ではなく永久還元法を適用して収益価格を求める方法も考えられる」と記載されている。

46) 完全所有権の場合の還元利回りが査定できれば、定期借地権付建物の還元利回りとの差（いわゆる借地スプレッド）を検証することができる。

47) 「定期借地権にかかる鑑定評価の方法等の検討（平成25年3月）」に「（中略）契約内容が判明すれば、各種要因の比準も可能な場合もあると考えられる。しかしながら、借地関係は属人的要素も強く、公表される情報も限られるため、契約内容の確定には困難が伴うことが多いと推測される」と記載されているとおり、底地について取引事例比較法を適用することは困難な場合が多く、実務上は、その適用を断念し、財産評価基本通達に定められた「貸宅地の評価」方法など別方法を適用する場合がある。

了時において、借地権設定者に対し更地にして返還または借地上の建物の譲渡が行われることから、その定期借地権が付着した土地の所有権である底地の価格は、借地契約期間満了までの地代収入等で構成される純収益（建物が譲渡される場合は当該建物取得費用を含む）と更地価格（建物が譲渡される場合は当該建物価格を含む）のそれぞれの現在価値の合計と言い換えることができる。

純収益等の変動予測については、通常の貸家およびその敷地の鑑定評価の場合と同様であるが、借地契約期間満了時における主なシナリオとしては下記が想定される。[48]

- 借地契約通り、更地として返還される場合
    - → 更地として売却
    - → 別借地権者を誘致
    - → 建物を建築し、賃貸用の複合不動産として運用（売却）
- 現行借地権者と再契約する場合（借地契約上の再契約オプションの行使を含む）

実務上、定期借地権は借地期間満了により確定的に借地関係を終了させることを目的とした制度であることを考慮し、定期借地権設定契約の特約通り更地として返還（売却）されることをメインシナリオ（鑑定評価書に記載されるシナリオ）とすることが多い。[49]

割引率（還元利回り）の査定については、上記のとおりであるが、定期借地権が付着した底地特有の論点は次のようなものである。

まず、建物を含む複合不動産の場合、建物は償却資産であることからその回収率（償却率）だけ要求リターン（利回り）は大きくなる。このことから、非償却資産である土地（底地）は、地代水準が適正である場合、複合不動産の利

---

48) 建物が譲渡される場合のシナリオは記載していない。
49) 「定期借地権にかかる鑑定評価上の課題整理（平成24年3月）」においては、「定期借地期間満了時における再契約の可能性とその程度」について「現時点においては、原則として想定上の条件設定に関する3要件が具備されない限り、再契約等が行われることを条件とした鑑定評価は行うべきではない。ただし、想定上の条件設定に関する3要件が具備された場合、すなわち実現性、合法性、関係当事者及び第三者の利益を害する恐れがないか等の観点から妥当であると判断された場合には、再契約等を織り込んだ鑑定評価を行うことができるものとするが、この場合においても3要件について慎重に判断し、当該条件とその条件設定が妥当性を有すると判断した根拠を成果報告書に記載する必要があろう。なお、検証又は参考として再契約シナリオに基づく収益価格を試算することは可能である」と記載されている。

回りより小さくなる。

　次に、定期借地権設定契約は、通常、借地権者との長期契約となるため、他のアセットと比較すると賃借人（借地権者）のクレジット依存度が強いアセットといえる。定期借地権が付着した底地の純収益は期中変動が少なく安定的とされるが、この点については賃借人（借地権者）のクレジットも含めて割引率（還元利回り）の査定において考慮され、さらに賃借人（借地権者）のクレジットが低い場合には、更地としての価値や現行地代を維持しながら他の借地人を誘致できる立地か否かも検証される。

② 直接還元法

　直接還元法は、定期借地権が付着した底地の場合、借地期間満了後更地として返還されるため、特に残存借地期間が短期の場合はその適用が適切ではないという判断もあろう。一方で、前述のとおり、不動産証券化市場では、価格に対する単年度の純収益（またはNOI）の割合である還元利回り（いわゆるキャップレート）が広く利用されていることから、上記のDCF法で査定された価格との比較において、単年度の純収益に対する還元利回りを査定して直接還元法を適用し検証することも重要と考えられる。定期借地権が付着した底地における直接還元法の適用の可否についても、鑑定評価基準および証券化評価実務指針において明確な規定がないため、案件ごとに不動産鑑定士の判断や各不動産鑑定業者の査定方針を基に運用しているのが実態と考えられる。

③ 更地価格と底地価格との関連

　完全所有権である更地は、底地や借地権と比較すると使用収益を制約する権利が付着していないため流動性が優り、担保適格性が高いと考えられ、この考え方に基づくと下記の不等式が成り立つ。

　　　　　更地価格 ≧ 底地価格＋借地権価格

　一方で、借地権者が全国的な出店戦略（ドミナント戦略など）や全社的な事業収支の観点から、地域の地価水準を反映した更地価格と比較して高い地代を支払っている場合がある。このような場合で契約条件や借地権者のクレジット

---

50）底地の標準的な収支構造は、運営収益として固定地代収入、運営費用としてプロパティマネジメントフィー、土地公租公課等であろう。

からその地代負担について安定性が認められる場合、定期借地権が付着した底地の価格が地域の地価水準を反映した更地価格を上回るケースが起きる。このようなケースにおいては、更地価格の妥当性を再検討するとともに、地域の地価水準を超えた部分の価値の要因と、その継続する期間等を総合的に検討し、底地の鑑定評価額が決定される。

### (3) 定期借地権付建物と定期借地権が付着した底地との関連

将来的に、借地権者が底地の購入を検討するケースや底地権者がその借地上の建物の購入を検討するケースが想定される。この場合、両ケースとも完全所有権（自建の建物およびその敷地もしくは貸家およびその敷地）となることを企図しており、経済合理性のみを追求するのであれば下記の不等式が成立することとなる。[51]

定期借地権が付着した底地価格＋定期借地権付建物価格≦完全所有権価格

また、借地権者が底地を購入し、または、底地権者がその借地上の建物を購入した場合は、土地および建物が完全所有権となり借地契約上の制約がなくなることから増分価値が生じることが考えられる。この増分価値は下記の式で表される。標準的な市場参加者の行動として、増分価値の全部または一部を底地または借地権付建物のいずれかの正常価格に上乗せして取得して完全所有権化を図ることが、妥当であると判断される場合は、限定価格の要件に該当する。このため、将来的に、完全所有権化を図ろうとしているケースでは、各価格と増分価値の発生の有無などを検証する必要がある。

増分価値＝完全所有権価格
　　　－（定期借地権が付着した底地価格＋定期借地権付建物価格）

## 2　事業用不動産

鑑定評価基準留意事項によると、事業用不動産とは、「賃貸用不動産又は賃貸以外の事業の用に供する不動産のうち、その収益性が当該事業（賃貸用不動

---

51) なぜなら、たとえば底地権者が定期借地権付建物を購入し、当該取得価格と底地価格との合計価格より併合後の完全所有権価格の方が小さい場合、経済合理性に見合った投資とはいえないからである。地代が高く底地価格が高い場合など、上記の不等式が成立しない場合もある。

産にあっては賃借人による事業）の経営の動向に強く影響を受けるもの」と定義されており、具体的には宿泊施設、レジャー施設、医療・福祉施設、商業施設等が該当する。不動産証券化市場が拡大するとともに、これらの事業用不動産を証券化対象不動産とする取引が活発になってきている。

事業用不動産の収益還元法の査定フローは**図表5-7**のとおりである。事業

**図表5-7　負担可能賃料**

```
対象施設の事業収支の分析
          ↓
将来における事業収支予測・中長期的に安定的な事業収支の査定
          ↓
負担可能賃料の査定
          ↓
【固定賃料型の場合】現行賃料の妥当性の検証
【変動賃料要素を含む場合】事業収支分析に基づく適正賃料の査定
```

【直接還元法】
- 中長期的に安定的な賃貸運営収益
- 中長期的に安定的な賃貸運営費用
- 中長期的に安定的な純収益
- 還元利回り
- 直接還元法による収益価格

【DCF法】
- 分析期間における賃貸運営収益
- 分析期間における賃貸運営費用
- 分析期間における純収益
- 分析期間末の純収益
- 最終還元利回り
- 分析期間末の売却価格
- 復帰価格（売却価格－売却費用）
- 割引率
- DCF法による収益価格

→ 収益価格の調整 → 対象不動産の収益価格

出所：公益社団法人日本不動産鑑定士協会連合会「ホテルの不動産鑑定評価（改訂版）」をもとに作成

用不動産の収益還元法は、一般的な賃貸用不動産の収益還元法と同様に、対象不動産の賃料収入等に基づく賃貸運営収益および賃貸運営費用から純収益を把握し、直接還元法およびDCF法を適用して求める。ただし、一般的な賃貸用不動産の収益還元法と異なる点として、対象不動産の賃料収入の把握にあたっては、対象施設の事業収支を分析し、将来における事業収支予測を行った上で、中長期的に安定的な事業収支を分析し、これに基づく負担可能賃料を査定するというプロセスを経ることが有用である。

現行の賃貸借契約において月額賃料が定まっている場合（固定賃料型）であったとしても、事業用不動産においてはオフィスや共同住宅と異なり、賃貸市場が相対的に成熟しておらず、対象施設の事業採算性に応じて賃料の負担可能性は異なる。したがって、現行賃料の妥当性を検証するために、事業収支分析を行い、適正な賃料（負担可能賃料）を把握した上で、現行賃料が適正水準であるか否か等を検討することになる。また、現行の賃貸借契約において、売上高や事業収益等に連動して賃料が決定されるような歩合賃料を採用している場合や、固定賃料（最低保証賃料）＋歩合賃料で賃料を定めている場合もあるが、このような変動賃料要素がある場合も、事業収支分析をした上で、事業採算性の観点から適正な賃料を査定するという手順をとる。

証券化評価実務指針によると、当該検証を行った上で、「賃借人による事業経営の状況に応じて想定される各種リスク（賃料変動リスク、賃貸借契約期間終了後の新賃借人を見つけるリスク、賃借人の倒産等によるデフォルトリスク、クレジットリスク等）を還元利回りや今後のキャッシュフローのシナリオに織り込む必要がある」と述べている。

さらに、対象不動産の利回り（還元利回り・割引率・最終還元利回り）は、各アセットにおいて立地、対象施設の競争力、対象建物の汎用性、対象建物の規模・品等・築年・リニューアル工事実施の有無、テナント条件（運営者の運営能力、経営状況等）、契約形態（契約の安定性等）、賃料負担力等に応じて、所有者が負担するリスク（将来の収益のボラティリティ、対象不動産の流動性）の程度が異なることに留意する必要がある。

本節では、紙面の都合上、事業用不動産の評価の全体について記載することはできないが、収益還元法の適用上、特に重要となる適正賃料（負担可能賃料）

の査定にあたって一般的に留意すべき事項について述べる。

① 賃借人が対象不動産に空調設備や家具・什器・備品などを付加設置することも多いことから、対象不動産の確定・確認においては賃貸人と賃借人との資産区分を明確にし、オーナー資産を把握する必要がある。

② 商圏の状況、人口動態、需要動向、競合施設、対象施設のポジショニング・売上高の推移、同業種・業態の業績、競合施設との比較における対象不動産の優劣および競争力の程度等に関する資料を収集し分析する。対象施設に関する専門家の作成したマーケットレポートを入手できる場合はマーケットレポートを参考とする。

③ 対象不動産に関する過年度の事業収支実績に関する資料（少なくとも過去3年程度の実績を入手することが望ましい）、運営状況に関する資料の入手、運営者へのヒアリング等を行い、平年度において想定される事業収支をもとに不動産関連経費を控除する前の営業利益である「不動産関連経費控除前営業利益（Gross Operating Profit（以下「GOP」という））」を求める。GOPから、経営に帰属する経費および利益相当額、運営受託者が存する場合は運営受託者に帰属するマネージメントフィーおよびFF&Eが評価対象である場合はFF&Eの更新積立金を控除する。さらに、事業収支の将来的な変動リスクを考慮し、GOPの下ぶれによる負担可能賃料の低下に対応しうる余裕分（経営上のリスクバッファ）を控除することにより、対象不動産の適正賃料（負担可能賃料）を求める。売上高やGOP等に対する賃料の割合（負担率）が、類似不動産の分析等により把握できる場合には、売上高等に当該負担率を乗じて求めることができる。また、類似不動産の賃貸事例が収集できる場合には、これらとの比較により賃料水準を把握することも有用である。

④ 事業用不動産の経営形態は、下表のとおり、A 所有直営方式、B 運営委託方式、C 賃貸借方式、D フランチャイズ方式に分類することができ、それぞれ、土地・建物の所有権の帰属主体、家具・什器・備品（FF&E）の投

---

52) FF&E（Furniture, Fixture & Equipment の略）とは、事業用不動産の運営に必要な家具・什器・備品等の動産をいう。

資・更新・修繕を行う主体、経営主体、運営主体、ブランド・運営技術等を有する主体の位置付けが異なっている。

|  | A | B | C |  |  | D |
|---|---|---|---|---|---|---|
|  | 所有直営方式 | 運営委託方式 | 賃貸借方式 i | 賃貸借方式 ii | 賃貸借方式 iii | フランチャイズ方式 |
| 土地・建物の所有権の帰属主体 | 所有者 | 所有者 | 所有者 | 所有者 | 所有者 | 所有者 |
| 家具・什器・備品（FF&E）の投資・更新・修繕を行う主体 | 所有者 | 所有者 | 所有者または賃借人 | 所有者または賃(転)借人 | 所有者または賃借人 | 所有者 |
| 経営主体（雇用・収益の帰属） | 所有者 | 所有者 | 賃借人 | 賃借人 | 賃借人 | 所有者 |
| 運営主体（人事・監督権） | 所有者 | 受託者 | 賃借人 | 転借人 | 受託者 | 所有者 |
| ブランド・運営技術（ノウハウ）を有する主体 | 所有者 | 受託者 | 賃借人 | 転借人 | 受託者 | ブランドチェーン |

※賃貸借方式 i ：賃借人が経営および運営を行う場合
※賃貸借方式 ii ：賃借人が経営を行い、賃借人と転貸借契約を締結した転借人が運営を行う場合
※賃貸借方式iii：賃借人が経営を行い、賃借人と運営委託契約を締結した受託者が運営を行う場合（賃貸・運営委託方式）

　なお、事業用不動産から得られる収益（GOP）の配分を考える際には、当該経営形態に応じた適切な配分を行うことが必要である。すなわち、FF&Eの投資・更新・修繕を行う主体に対しては、FF&Eの更新のための積立金（FF&Eリザーブ）を配分すべきである。また、経営主体に対しては、本社経費および経営に帰属する利益留保分、運営主体に対しては、マネージメントフィーを配分すべきであり、フランチャイズ方式の場合は、ブランド・運営技術（ノウハウ）を提供するフランチャイザーに対して、フランチャイズ料（ロイヤリティ）を配分すべきである。

　上表の賃貸借方式iii（賃貸・運営委託方式）における事業収支の基本構造は図表5-8のとおりである。

## 3　専門性の高い個別的要因とエンジニアリング・レポート

　対象不動産の価格形成要因には、不動産鑑定士に通常期待される調査の範囲では対象不動産の価格への影響の程度を判断するための事実の確認が困難で、他の専門家による調査が必要な専門性の高い個別的要因がある。証券化対象不

図表 5-8　事業用不動産における事業収支の基本構造（賃貸・運営委託方式）

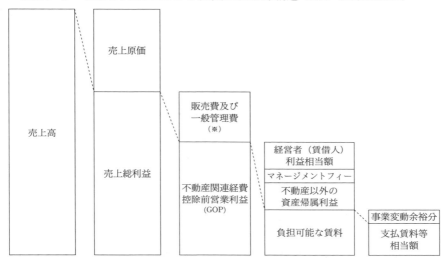

※減価償却費、維持管理費、修繕費、公租公課、損害保険料等の不動産関連経費を含まない
出所：「不動産鑑定評価基準に関する実務指針」

動産の鑑定評価にあたっては、このような価格形成要因については、他の専門家による調査結果を活用する必要があり、当該要因の把握が困難である場合は、価格形成要因に関する不明事項について依頼者に説明し、当該不明事項を明らかにするための方策等について確認するといった対応が必要とされている。[53]

(1) エンジニアリング・レポートの入手

エンジニアリング・レポートは、たとえ BELCA のガイドライン[54]に準拠したエンジニアリング・レポートであっても、鑑定評価に活用する内容として不十分な場合があるので、この場合には追加調査の実施予定を確認し、内容の充

---

53) 価格形成要因の分析に必要な資料が整わず、不明事項について不動産鑑定士による合理的な推定ができない場合には、鑑定評価を謝絶すべきとされている。
54) BELCA のガイドライン：公益社団法人ロングライフビル推進協会=(社)日本ビルヂング協会連合会『不動産投資・取引におけるエンジニアリング・レポート作成に係るガイドライン（2011年版）』。
55) たとえば、土壌汚染リスク評価報告書（フェーズⅠ）で「土壌汚染の可能性があるため、詳細調査を推奨する」とされているにもかかわらず、フェーズⅡの詳細調査が未実施である場合があ

実したエンジニアリング・レポートの入手を要請する。

　なお、エンジニアリング・レポートの調査時点が古い場合など、その記載内容が鑑定評価を行う上で不十分な場合であっても、不動産鑑定士の判断により、自己の調査分析能力の範囲内で価格形成に係る合理的な推定を行うことができる場合には、証券化対象不動産の鑑定評価を行うことができるとされている。[56]

### (2) エンジニアリング・レポートの鑑定評価への反映

　証券化評価実務指針では、専門性の高い個別的要因について、具体的に示しながらエンジニアリング・レポートの活用と鑑定評価への反映方法について解説しており、以下では当該実務指針の内容について適宜補足しながら述べる。

#### a) 土壌汚染[57]

　証券化対象不動産の鑑定評価では、通常BELCAの定義するエンジニアリング・レポートの1つである「土壌汚染リスク評価報告書（フェーズⅠ）」を、依頼者から提供されることが一般的である。鑑定評価にあたっては、エンジニアリング・レポートの内容が実態と合致しているかを検証し、不動産鑑定士の独自調査（地歴調査・法令調査・現地調査を行う）の結果を踏まえ、土壌汚染の端緒がみられない場合は、これを前提として評価を行う。専門調査機関によるフェーズⅡ調査が行われ、土壌汚染が存在しないことが確認された場合も、同様である。

　また、対象地または隣接地等に土壌汚染懸念施設が存する場合あるいは過去に存していた場合であっても、エンジニアリング・レポートのフェーズⅠにおいて土壌汚染の可能性が小さいと判定された調査結果および独自調査の結果を受けて、対象不動産の価格形成に影響を与える土壌汚染が存在する可能性は小さいと判断することができる。

　専門調査機関によるフェーズⅡレベル以上の調査に基づいて、土壌汚染が存

---

げられる。
56) たとえば、継続評価の場合で、増改築工事または大規模修繕の実施、関連法令等の大規模な変更等建物に関する価格形成要因の大きな変更がない場合など、以前に提示を受けたエンジニアリング・レポート等の資料が活用できる場合などが該当する。
57) 対象不動産に土壌汚染が認められる場合には、原則として、土壌の搬出（除去）、浄化等の措置を行う必要があり、その措置工事には多額の費用を要する場合が多く、対象不動産の価格に大きな影響を与える。

在することが判明しており、専門調査機関による対策費用の見積書がある場合には、除去費用を考慮して鑑定評価を行う。なお、心理的嫌悪感等による価格形成への影響の有無についても、不動産鑑定士の市場分析により別途判断し、鑑定評価に反映する。

　過去に土壌汚染が存在していたが、すでにこれが除去された旨のエンジニアリング・レポート（フェーズⅢ）を受領した場合には、これを前提として調査する。なお、心理的嫌悪感等による価格形成への影響の有無については、不動産鑑定士の市場分析により別途判断し、鑑定評価に反映する。

### b）埋蔵文化財[58]

　周知の埋蔵文化財包蔵地に該当するか否か、過去の発掘調査履歴や措置状況、現在の調査状況等に関しては、所轄の教育委員会等で確認することができるため、当該調査は不動産鑑定士が実施する。また、試掘調査や発掘調査に係る期間や費用の算定についても、不動産鑑定士による合理的な推定が可能であることが多い。したがって、埋蔵文化財に関しては、必ずしもエンジニアリング・レポートの入手が必須ではないものの、入手が可能である場合にはこれを活用して鑑定評価を行う。

　なお、埋蔵文化財包蔵地に該当し、将来の試掘調査等が必要である場合においても、現在の対象建物の残存耐用年数が長く当面は建替えの予定がない場合などにおいては、試掘調査等にかかる期間や費用を考慮しても価格時点現在においては対象不動産の価格形成に影響を与えることはないと判断することができる場合もある。

### c）地下埋設物[59]

　不動産鑑定士は、古地図等で従前の使用方法を調査するほか、売買時の重要

---

58) 対象不動産が文化財保護法に定める「周知の埋蔵文化財包蔵地」に該当する場合には、土木工事等で土地を掘削する場合には届出が必要であり、また、届出に基づき教育委員会等が発掘調査を実施する場合には、発掘調査に要する費用は通常土地所有者の負担となる。発掘調査の結果、重要な遺跡の出土に至れば、さらに遺跡保護のための調査が必要となり、発掘に要する費用や土木工事の停止・禁止、設計変更や土地利用上の制限が生じるため、対象不動産の価格に大きな影響を与える。

59) 対象不動産の地下に、従前建物の基礎杭、地下室等の地下施設、地下タンク、防空壕、廃棄物、人骨等の地下埋設物がある場合、当該埋設物の除去や埋め戻し等の措置が必要になり、設計変更や土地利用上の制限を受けるなど、対象不動産の価格に大きな影響を与える。なお、地下埋設物に有害物質を含む場合には、土壌汚染の問題として取り扱う必要がある。

事項説明書の記載概要の入手や依頼者へのヒアリングにより、地下埋設物の存在の可能性についてできる限り調査する。

地下埋設物については、その所在および範囲を特定することは不動産鑑定士の通常の調査能力を超えているので、専門家による調査が行われている場合には、当該調査結果資料を入手することが必要となる。

地下埋設物が存在する場合には、再建築等にあたって埋設物の除去や埋め戻し等の措置が必要になり、設計変更や土地利用上の制限を受けるので、専門家による調査結果資料を活用して地下埋設物の所在・範囲を把握するとともに、専門家へのヒアリング等により掘削費用および期間を把握し、鑑定評価に反映する。

なお、将来建替え等を行うまで当面は土地を掘削する予定がない場合など、地下埋設物が対象不動産の価格形成に与える影響が微少となることもある。

#### d） 遵法性[60]

法令遵守状況調査については、BELCAに定義するエンジニアリング・レポートの1つである「建物状況調査報告書」の必須項目となっているため、依頼者から提供されたエンジニアリング・レポートの内容を不動産鑑定士が自ら判断し、活用する。

遵法性に問題があるまたは緊急修繕の必要がある場合には、原則としてその問題が是正されることを確認した上で、是正に要する費用（工事費だけでなく、工事期間中のテナント退去に要する費用や収入の減少等を含む）や費用負担先を確認し、鑑定評価に反映する。

なお、是正に要する費用が鑑定評価額に対して小さく、対象不動産の価格形成に影響を与えることはないと判断できる場合もある。

#### e） 耐震性・地震リスク[61]

---

60) 遵法性に欠ける建物は、社会倫理に反するだけでなく、事業運営上、思わぬ支出や収入の減少を生じさせる場合がある。たとえば、建築基準法に違反する建物は、同法9条1項により、「除却、移転、改築、増築、修繕、模様替え、使用禁止、使用制限その他これらの規定又は条件に対する違反を是正するために必要な措置」を講じられる可能性がある。また、遵法性に欠けることにより風評リスク等が生じる可能性があるため、対象不動産の価格に大きな影響を与える。

61) 地震が起こる可能性が高く、地震が起きた際の損害額が甚大となる可能性が高い不動産は、投資適格性を判断するにあたり、地震保険の付保、耐震補強工事の実施等の検討が必要となり、追加コストが必要となることから対象不動産の価格に大きな影響を与える。

不動産鑑定士は、建物の竣工年等から、旧耐震基準[62]に基づく建物かどうかを判定する。旧耐震基準に基づく建物であった場合には、さらに耐震改修促進法に準拠した耐震診断が実施されているかどうかを依頼者へ確認し、実施している場合には耐震診断報告書を入手して活用する。なお、BELCA の定義するエンジニアリング・レポートには耐震性の調査は含まれない。

対象不動産が旧耐震基準に基づく建物で、耐震診断結果によって、耐震性に問題があり耐震補強工事が必要とされている場合には、耐震補強工事に要する費用等が価格に与える影響を鑑定評価に反映する必要がある。

地震リスク分析については、BELCA の定義するエンジニアリング・レポートに含まれるため、専門家の作成したエンジニアリング・レポートを入手したうえで鑑定評価に活用する。なお、PML[63]値が一定水準（実務上、おおむね15％〜20％程度が目安とされていることが多い）を超過すると、地震保険が付保されるケースが多いため、このような場合は、地震保険の費用を査定し、鑑定評価に反映する。

### f）アスベスト[64]

アスベストについては、BELCA の定義するエンジニアリング・レポートの1つである「建物環境リスク評価報告書（フェーズⅠ）」の必須項目であるので、依頼者から提供されたエンジニアリング・レポートの内容を不動産鑑定士が自ら判断し、活用する。不動産鑑定士は、独自調査として、建物の構造、用途、施工時期、設計図書による内装、外装等の使用資材の確認、関係者へのヒアリング等を行う。

分析調査（フェーズⅡ）の結果、「吹付けアスベスト使用が確認された」と記

---

62) 1981年5月31日までの建築確認において適用されていた耐震基準（1981年の建築基準法施行令改正以前の耐震基準）をいう。
63) PML（Probable Maximum Loss：予想最大損失率）とは、地震による予想最大損失率を意味し、建物の使用期間中で予想される最大規模の地震（再現期間475年相当の大地震、すなわち50年間で10％を超える確率で発生する地震）に対して予想される最大の物的損失額について、再調達原価に対する割合を求めたものである。
64) 対象建物に飛散性のアスベスト含有吹付け材の使用が認められる場合には、除去、封じ込め等の措置を行う必要があり、その措置工事には多額の費用を要する場合が多く、対象不動産の価格に大きな影響を与える。
　なお、成形材に使用されているアスベストは、劣化、損傷が著しい場合を除き、飛散性のおそれはないため、建物取り壊しの場合以外は、健康被害には直結しないと考えられている。

載されている場合には、原則として、除去、封じ込め等の措置工事が必要となるため、措置工事に要する費用、措置工事中のテナント退去に要する費用、稼働率の低下、措置工事終了後の耐火被覆の復旧工事費用等を考慮し、鑑定評価に反映する。また、措置費用の見積りは、不動産鑑定士の通常の調査能力を超えているため、他の専門家による見積りが必要となる。

　g）PCB[65]

　PCBについては、BELCAの定義するエンジニアリング・レポートの1つである「建物環境リスク評価報告書（フェーズⅠ）」の必須項目であるので、依頼者から提供されたエンジニアリング・レポートの内容を、不動産鑑定士が自ら判断し活用する。

　また、建物管理者や管轄行政機関へのヒアリングにより、PCB廃棄物や使用中のPCB含有製品の届出の有無、処分義務を有する原因者について確認し、処分義務を負っている場合は、将来の処分計画等を確認し鑑定評価に反映する。

　h）修繕計画[66]、再調達価格[67]

　修繕計画および再調達価格については、BELCAの定義するエンジニアリング・レポートの1つである「建物状況調査報告書」の必須項目である。

　鑑定評価において収益価格を求める際に、修繕費および資本的支出の査定を行うが、この際に、エンジニアリング・レポートの修繕計画および依頼者の提示した修繕履歴等の資料を適切に活用する。

---

65) 変圧器、コンデンサー、蛍光灯の安定器等の電気工作物のうち、PCB濃度が0.5％（=5,000 mg/kg）を超える高濃度PCB廃棄物および使用中の高濃度PCB含有製品等については、ポリ塩化ビフェニル廃棄物の適正な処理の推進に関する特別措置法により、全国の地域ごとに定められた処分期間内（処分期間末日の1年後である計画的処理完了期限までに確実に処分委託することを処分業者と約した契約書の写し等を、保管場所を管轄する都道府県市の長に届け出た場合は当該期限内）に処分することが義務付けられている。また、PCB濃度が0.5％以下の低濃度PCB廃棄物および使用中の低濃度PCB含有製品等についても、2027年3月31日までに無害化処理を行うことが義務付けられている。

　なお、PCB廃棄物の譲渡しおよび譲受けは原則として禁止されている。

66) 修繕計画は、対象不動産において将来的に支出される修繕費・資本的支出の支出想定であり、対象不動産の収益性に直接的に係わる要因として、対象不動産の価格に大きな影響を与える。

67) 鑑定評価基準によると、再調達原価とは、対象不動産を価格時点において再調達することを想定した場合において必要とされる適正な原価の総額をいい、発注者が請負者に対して支払う標準的な建設費に発注者が直接負担すべき通常の付帯費用を加算して求めるものとされている。エンジニアリング・レポートの再調達価格は、発注者が請負者に対して支払う標準的な建設費を把握するために活用できる。

また、鑑定評価において積算価格を求める際に、対象建物の再調達原価の査定を行うが、この際に、対象建物と類似の建物の建築費やエンジニアリング・レポートにおける再調達価格等を参考とする。

なお、区分所有物件や共有物件を対象とするエンジニアリング・レポートの場合には、当該建物の再調達価格や修繕・更新費用等の算定対象が、鑑定評価の対象となっている部分と合致しているか否かについて確認が必要である。

〈参考文献〉
「証券化対象不動産の鑑定評価に関する実務指針」（平成26年11月・公益社団法人日本不動産鑑定士協会連合会）
財団法人日本不動産研究所特定事業部編著『不動産評価の新しい潮流〔改訂版〕』（住宅新報社・2011）
財団法人日本不動産研究所編『会計担当者のための不動産評価の実務〔第2版〕』（中央経済社・2011）

# 第6章　不動産投資法人の税務

## 第1節　不動産投資法人の税務の一般概説

### Ⅰ　不動産投資法人に対する税務上の取扱い

#### 1　税務上の優遇措置

　不動産投資法人は、投信法に基づき設立される社団であり、法人税法に規定する内国法人である普通法人に該当することから、法人税等の課税対象となる[1]（法税2条3号・9号）。しかしながら、不動産投資法人は、その器を用いて投資主の資金を主に特定資産に対する投資として集合して運用し、その成果を投資主に分配する制度に基づいて組成されるものであり、実質的には会社組織を利用した集団投資スキームにおける運用資産の集合体であって導管的な存在にすぎない。したがって、税制上もこの不動産投資法人の実態に適合した課税上の取扱いを行う観点から、一定の要件の下、所要の税制上の特例措置が講じられている。当該特例措置の主たるものは、次のとおりである。

(1) 支払配当等の損金算入規定

　不動産投資法人は法人税等の課税対象となるが、一定の要件を満たす不動産投資法人が支払う投信法137条の金銭の分配（出資等減少分配を除く）の額[2]（以下第1節において、「配当等の額」という）で、一定の要件を満たす事業年度に係るものは、当該事業年度の所得の金額の計算上、損金算入する特例措置が講じられており（税特措67条の15、税特措令39条の32の3、税特規22条の19）、当該支払

---

1) 不動産投資法人は、法人事業税において、いわゆる外形標準課税の適用対象外として規定されている。したがって、付加価値割額および資本割額は課されず、所得割額のみの課税となる（地税72条の2第1項1号ロ）。
2) 法人税法24条1項各号（2号、3号および7号を除く）に掲げる事由により、その投資主に対して交付する金銭の額が、当該不動産投資法人の資本金等の額のうち、その交付の起因となった当該不動産投資法人の投資口に対応する部分の金額として政令で定める金額を超える場合におけるその超える部分の金額その他合併に際して被合併法人となる不動産投資法人の投資主に対する利益の配当として交付された金銭の額を含む（税特措令39条の32の3第1項）。

配当等の損金算入の特例により、導管的な存在である不動産投資法人の法人税等の課税所得をゼロに近付けることができる。その結果、投資主への分配前の利益に対する法人税等負担が不動産投資法人にて生じないようにする（不動産投資法人と投資主との間の二重課税の排除）ことが可能となる。

**a）支払配当等の損金算入規定の適用要件（導管性要件）**

上述のとおり、一定の要件を満たす不動産投資法人（下記㈠の投資法人要件を満たす不動産投資法人をいう）が支払う配当等の額で、一定の要件を満たす事業年度（下記㈡の事業年度要件を満たす事業年度をいう）に係るものは、当該事業年度の所得の金額の計算上、損金の額に算入するとされている（税特措67条の15第１項[3]）。当該支払配当等の損金算入の特例の適用のための要件（以下「導管性要件」という）のうち主要なものは、次のとおりである。

㈠　投資法人要件（税特措67条の15第１項１号）

①　投信法187条の登録を受けているものであること。

②　次のいずれかに該当するものであること（以下「投資口所有先要件」という）（詳細につき本章第２節Ｉ１も参照のこと）。

(ｲ)　その設立に際して発行（金融商品取引法に規定するいわゆる公募発行に限る）をした投資口の発行価額の総額が１億円以上であるもの。

(ﾛ)　当該事業年度終了の時において、その発行済投資口が50人以上の者によって所有されているもの。

(ﾊ)　当該事業年度終了の時において、その発行済投資口が機関投資家[4]のみによって所有されているもの。

③　投信法67条１項に規定する規約において、投資口の発行価額の総額のうちに国内において募集される投資口の発行価額の占める割合が100分の50を超える旨の記載または記録があるものに該当するものであること（以下「50%

3）　ただし、その配当等の額が当該事業年度の所得の金額（支払配当等の損金算入の特例、一定の欠損金の繰越控除適用前の当該事業年度の所得の金額をいう）を超える場合には、当該所得の金額を限度とする（税特措67条の15第１項、税特措令39条の32の３第２項）。

4）　機関投資家とは、金商法２条９項に規定する金融商品取引業者（同法28条１項に規定する第一種金融商品取引業のうち同条８項に規定する有価証券関連業に該当するものまたは同条４項に規定する投資運用業を行う者に限る）その他の財務省令で定めるものをいう（税特措67条の15第１項１号ロ(2)、税特措規22条の18の４第１項、22条の19第１項）。

超国内募集要件」という）（税特措令39条の32の3第3項）（詳細につき本章第2節Ⅰ1も参照のこと）。
④　不動産投資法人の法人税法13条1項に規定する会計期間が1年を超えないものであること（税特措令39条の32の3第4項）。

(二)　事業年度要件（税特措67条の15第1項2号）
①　投信法63条の規定に違反している事実がないこと。[5]
②　その資産の運用に係る業務を投信法198条1項に規定する資産運用会社に委託していること。
③　その資産の保管に係る業務を投信法208条1項に規定する資産保管会社に委託していること。
④　当該事業年度終了の時において、法人税法2条10号に規定する同族会社のうち政令で定めるものに該当していないこと（以下「非同族会社要件」という）[6]（詳細につき本章第2節Ⅰ1も参照のこと）。
⑤　当該事業年度に係る配当等の額の支払額が、当該事業年度の配当可能利益の額として政令で定める金額の100分の90に相当する金額を超えていること（以下「90％超配当要件」という）（詳細につき下記b）も参照のこと）。
⑥　他の法人の発行済株式または出資の総数または総額もしくは匿名組合事業に対する匿名組合出資総額の50％以上を有していないこと（匿名組合契約等を通じて間接的に他の法人の株式または出資を保有する場合には、当該間接的な保有分も含めて判定）（以下「他法人支配禁止要件」という）[7]（詳細につき本章第

---

5)　投信法63条において、「不動産投資法人は、資産の運用以外の行為を営業としてすることができない」、また「不動産投資法人は、本店以外の営業所を設け、又は使用人を雇用することができない」と、定められている。
6)　上位1位の投資主グループ（投資主の1人ならびにこれと法人税法2条10号に規定する政令で定める特殊の関係のある個人および法人を含む）が、不動産投資法人の発行済投資口の総数の100分の50を超える数の投資口を有する場合、または一定の重要な事項に関する議決権のいずれかにつきその総数の100分の50を超える数を有する場合における当該不動産投資法人をいう（税特措令39条の32の3第5項）。
7)　投資法人につき、投信法194条2項に規定する場合に該当する場合における投資法人に代わって、もっぱら投信法193条第1項3号から5号までに掲げる取引（国外において行われるものに限る）を行うことを目的とするものとして財務省令で定める法人を除く（税特措規22条の19第8項、投信法規則221条の2第1項各号）。

2節Ⅰ2(5)・第5節Ⅱ1も参照のこと)。
⑦ 当該事業年度終了時において有する投信法2条1項に規定する特定資産のうち一定のものの当該事業年度の確定した決算に基づく貸借対照表に計上されている帳簿価額の合計額が、その時において有する貸借対照表に計上されている総資産の帳簿価額の合計額の2分の1に相当する金額を超えていること(以下「資産割合要件」という)(詳細につき本章第6節Ⅰ2も参照のこと)。
⑧ 不動産投資法人が機関投資家以外の者から借入れを行っていないこと(税特措令39条の32の3第11項)。

(三) 申告要件(税特措67条の15第7項)

当該事業年度の確定申告書等に、損金の額に算入される金額の損金算入に関する申告の記載およびその損金の額に算入される金額の計算に関する明細書の添付があり、かつ、上記(一)②および③に掲げる要件を満たしていることを明らかにする書類を保存していること。

なお、不動産投資法人に対して税務調査が行われ、導管性要件に関して、税務当局との見解の相違により更正処分を受けた場合、事後的に過年度における導管性要件を満たさなくなる可能性がある。現行税制上、このような場合の救済措置は講じられておらず、不動産投資法人にて法人税等を負担する事態が生じうるため、宥恕規定の整備等の改善が求められるものと考える。

b) 導管性要件における90%超配当要件

2015年度税制改正前の90%超配当要件においては、90%超配当要件の判定の分母となる金額が、会計上の税引前利益を基礎に計算されるものである一方で、分子となる金額は実際に分配できる税引後の利益を基礎に計算されることになるため、たとえば、税務上加算調整が生じ、その加算調整金額に対して法人税等が課される場合には、分子と分母に当該税金分の差異が生じることから、導

---

8) 投信法施行令3条1号から10号までに掲げる資産をいう。なお、匿名組合出資持分は、主として対象資産(投信法施行令3条1号に掲げる資産のうち匿名組合契約等に基づく権利以外のものおよび2号から7号までに掲げる資産をいう)に対する投資として運用することを約するものに限るものとされている。また、一定の要件を満たす場合には、その取得した再生可能エネルギー発電設備(匿名組合契約を通じて保有する場合の匿名組合出資持分を含む)について一定期間分子に加算できる特例がある(税特措令39条の32の3第10項・12項)。

管性要件を充足できない可能性が存在していた。

しかし、2015年度の税制改正により、一時差異等調整引当額および一時差異等調整積立金の規定が導入され、90％超配当要件に抵触するリスクが大幅に軽減されている。この他2013年度の税制改正で手当てされた買換特例圧縮積立金の調整ならびに2016年度の税制改正で手当てされた純資産控除項目の調整も踏まえ、現行では90％超配当要件の判定式は以下のとおりとなっている。

▷ 利益超過分配がない場合（税特措67条の15第１項２号ホ、税特措令39条の32の３第６項）

$$\frac{配当等の額}{配当可能利益の額} > 90\%$$

▷ 利益超過分配がある場合（税特措令39条の32の３第７項）

$$\frac{金銭の分配の額^{9)}}{配当可能利益の額 + 利益超過分配の額(i) - 利益超過分配の戻入額(i)} > 90\%$$

配当可能利益の額
上記90％超配当要件の判定式における配当可能利益の額とは投資法人計算規則51条１項の規定により同項の税引前当期純利益金額として表示された金額に一定の調整を加えた後の金額として以下の通りとされている。

　　　税引前当期純利益金額
△　前期繰越損失の額
△　買換特例圧縮積立金個別控除額の合計額　　　　（ii）
＋　買換特例圧縮積立金個別控除額の取崩額の合計額　（ii）
△　一時差異等調整積立金の積立額　　　　　　　　（iii）
＋　一時差異等調整積立金の取崩額　　　　　　　　（iii）
△　繰越利益等超過純資産控除項目の額　　　　　　（iv）
＋　純資産控除項目の減少額　　　　　　　　　　　（iv）

（ｉ）　利益超過分配金（一時差異等調整引当額を含む）の調整

利益超過分配金（一時差異等調整引当額（詳細は後述 II 1 (2) a 参照）としての

---

9）　金銭の分配の額とは、投信法137条の金銭の分配に、出資等減少分配にかかるみなし配当以外のみなし配当および合併交付配当額を含む金額。

分配を含む）が行われた場合においては当該利益超過分配の額は90％超配当要件の判定上、分母の金額に加算され、一方、分子の金額にも加算されることとなる。一時差異等調整引当額を戻し入れた場合には、分母の金額から控除する一方、分配金額が減少したことにより分子の金額も減少することから、90％超配当要件の計算式への影響が生じないよう手当がなされている。

(ii) 買換特例圧縮積立金の調整

2013年度の投資法人計算規則改正および税制改正により、買換特例圧縮積立金の制度が導入され、一定の圧縮記帳（買換の圧縮記帳（震災特例法に基づくものを含む）と土地の先行取得の圧縮記帳）について、その積立額を基礎に計算された買換特例圧縮積立金個別控除額の合計額を配当可能利益の額から控除されることとなり、資金の内部留保を行いつつも90％超配当要件を充足できることとなった（詳細は本章第2節Ⅲ2参照）。

なお、買換特例圧縮積立金については取崩し事由が生じた場合にはその取崩額を基礎に計算された買換特例圧縮積立金個別控除額の取崩額の合計額について配当可能利益の額に加算をすることとなる。

(iii) 一時差異等積立金の調整

一時差異等調整積立金（詳細は後述Ⅱ1(2)b参照）については、その積立時には配当可能利益の額から控除されることとなり、負ののれんの発生益などが生じた場合にも、それを一時差異等調整積立金として積み立てることで、90％超配当要件の分母である配当可能利益の額から控除し、結果90％超配当要件を充足できるように手当てされた[10]。なお、取崩し時には、配当可能利益の額に加算されることとなる[11]。

(iv) 繰越利益等超過純資産控除項目額・純資産控除項目の減少額の調整

---

[10] 負ののれんの発生益については、2015年税制改正前より配当可能利益から控除される手当てはされていた。なお、2015年4月1日以前の事業年度において発生した負ののれんの発生益がある場合には、経過措置として、2017年3月31日までの間に終了する事業年度のうちいずれかの事業年度に係る金銭の分配に係る計算書において、当該金額を一時差異等調整積立金として積み立てることとされている。

[11] 負ののれんや合併に伴う資産簿価差異に起因する一時差異等調整積立金については、50年以内の期間での毎期均等額以上の取崩しを行うこととされている（不動産投資規則43条の3の2）。

2015年の税制改正により純資産控除項目（評価換算差額等および新投資口予約権ならびに新投資口申込証拠金および自己投資口の額の合計額が負となる場合における当該合計額をいう）については、一時差異等調整引当額として金銭の分配を行ったときは、税務上、不動産投資法人の所得の金額の計算上の損金の額に算入されることとされた。しかしながら、一時差異等調整引当額として利益処分により充当された金額については、90％超配当要件の判定上、分母、分子の両方に加算することとされていたため、繰延ヘッジ損失等の純資産控除項目を起因とした一時差異等調整引当額の利益超過分配を行う場合には、その金額次第では90％超配当要件を充足できない可能性があった。

　しかし、2016年度の税制改正によって、純資産控除項目の額のうち前期繰越利益、任意積立金、買換特例圧縮積立金および一時差異等調整積立金の合計額を超える部分（以下「繰越利益等超過純資産控除項目額」という）の金額を90％超配当要件の判定上、分母となる配当可能利益の額から控除する手当てがなされ、かかる影響が解消されることとなった。なお、その後純資産控除項目が減少する場合においては、90％超配当要件の判定上、分母となる配当可能利益の額に適宜調整が必要となる。

### (2) 不動産取得税、登録免許税等の軽減措置

　上述のとおり、不動産投資法人は導管的な存在にすぎないことから、不動産投資法人の設立等および不動産の取得等に関し、登録免許税または不動産取得税の負担軽減を図ることにより、結果として、投資主への分配前の税負担を軽減する措置が講じられている。これらの特例の適用のための要件のうち、主要なものは、次のとおりである。

#### a）登録免許税

(ⅰ) 不動産投資法人の設立等の登記

　不動産投資法人は、投信法上、資産の運用以外の行為を営業としてすることができず、また、本店以外の営業所を設け、または使用人を雇用することができない法人であること等を踏まえ、その設立等の登記に対しては、一般事業法人との比較において、次に掲げる税負担に軽減されている。

㈠　不動産投資法人につきその本店の所在地においてする設立の登記：

1件　3万円

㈡　㈠および㈢に掲げる登記以外の登記（増資を含む）：　　1件　1万5,000円
㈢　登記の抹消：　　　　　　　　　　　　　　　　　　　　1件　1万円

　(ii)　所有権の移転に係る登記

　一定の要件を満たす不動産投資法人が、投信法67条1項に規定する規約に従い、特定資産のうち不動産の所有権を取得した場合（当該不動産投資法人において運用されている特定資産が一定の要件を満たす場合に限る）[12]には、当該不動産の所有権の移転に係る登録免許税の税率は、財務省令で定めるところにより当該取得後1年以内に登記を受けるものに限り、2021年3月31日までの取得分につき、1,000分の13に軽減されている（税特措83条の2の2第3項、税特措規31条の5第3項）。

　なお、所有権の移転登記に係る登録免許税の上記軽減措置の適用対象となる一定の要件を満たす不動産投資法人は、次に掲げるすべての要件を満たすものである。また、適用にあたっては登記の申請書に一定の事項を記載した財務局長等および国土交通大臣の証明書類を添付することが必要となる。

① 投信法67条1項に規定する規約に資産運用の方針として、特定不動産（不動産投資法人が取得する特定資産のうち、不動産、不動産の賃借権もしくは地上権または不動産の所有権、土地の賃借権もしくは地上権を信託する信託の受益権をいう）の価額の合計額の当該不動産投資法人の有する特定資産の価額の合計額に占める割合（以下「特定不動産の割合」という）を100分の75以上とする旨の定めがあること。
② 投信法187条の登録を受けているものであること。
③ 不動産投資法人から投信法198条の規定により、その資産の運用に係る業務を委託された資産運用会社が、宅建業法50条の2第1項の認可を受けていること。
④ 資金の借入れをする場合には、金商法2条3項1号の適格機関投資家からのものであること。

---

12) 次に掲げる要件のいずれかを満たすものであること。
　㈠　特定不動産の割合が100分の75以上であること。
　㈡　不動産投資法人が、当該特例規定の適用を受けようとする不動産を取得することにより、特定不動産の割合が100分の75以上となること。

### b）不動産取得税

　一定の要件を満たす不動産投資法人（投信法187条の登録を受けているものに限る）が、投信法67条1項に規定する規約に従い、特定資産のうち不動産で一定のもの[13]を取得した場合における、当該不動産の取得に対して課される不動産取得税の課税標準の算定については、当該取得が2021年3月31日までに行われたときに限り、当該不動産の価格の5分の2に軽減する措置が講じられている（地税附11条5項、地税令附7条6項・7項・8項、地税規附3条の2の8、3条の2の9）。

　なお、上記軽減措置の適用対象となる一定の要件を満たす不動産投資法人は、次に掲げるすべての要件に該当することにつき、総務省令で定めるところにより証明がされた不動産投資法人である。

(一)　投信法67条1項に規定する規約に資産運用の方針として、特定不動産（不動産投資法人が取得する特定資産のうち、不動産、不動産の賃借権、地上権または不動産、土地の賃借権もしくは地上権を信託する信託の受益権をいう）の価額の合計額の当該不動産投資法人の有する特定資産の価額の合計額に占める割合（以下「特定不動産の割合」という）を100分の75以上とする旨の記載があること。

(二)　不動産投資法人から投信法198条の規定により、その資産の運用に係る業務を委託された資産運用会社が、宅建業法50条の2第1項の認可を受けていること。

(三)　資金の借入れをする場合には、金商法2条3項1号の適格機関投資家のうち総務省令で定めるものからのものであること。

(四)　当該不動産投資法人が運用する特定資産が、次に掲げる要件のいずれかに該当するものであること。

　① 特定不動産の割合が100分の75以上であること。

　② 不動産投資法人が、当該特例規定の適用を受けようとする不動産を取得

---

[13]　総務省令で定める家屋（以下「特定家屋」という）または当該特定家屋の敷地の用に供されている土地もしくは当該特定家屋の敷地の用に供するものとして建設計画が確定している土地をいう。特定家屋は限定列挙されており、市街化区域外の事務所や店舗、住宅では市街化区域外のものや面積要件を満たさないもの、倉庫では面積要件を満たさないものや、流通加工の用に供する空間を有しないものなどは軽減税率の適用対象とはならない。

することにより、特定不動産の割合が100分の75以上となること。

## 2　その他の特例措置

　導管的な存在にすぎない不動産投資法人に適合した課税上の取扱いを行う観点から、その他法人税上の特例措置が講じられており、その主要なものは次のとおりである。

㈠　不動産投資法人が支払いを受ける、または、法人が不動産投資法人から支払いを受ける受取配当等の益金不算入の規定の不適用（税特措67条の15第2項・6項）

㈡　不動産投資法人が支払いを受ける外国子会社等からの配当等の益金不算入の不適用（税特措67条の15第2項）

㈢　中小法人に対する軽減税率（普通法人のうち事業年度終了時における資本金の額もしくは出資金の額が1億円以下であるもの（資本金の額が5億円以上の法人等に株式の100％を直接または間接に所有されているものを除く）に適用される年800万円以下の所得に対する軽減税率15％（2021年4月1日以降に開始する事業年度は19％））の不適用（法税66条6項）

㈣　欠損金の繰越控除の特例
　　中小法人以外の法人は青色欠損金および災害損失欠損金の控除限度額が繰越控除前の所得金額の50％（2018年4月1日以降開始事業年度）相当額と利用制限を受けるが、投資法人が税特措67条の15第1項1号の要件を充足する場合には欠損金の利用制限を受けず、控除限度額は繰越控除前の100％相当額となる。（税特措67条の15第2項）

㈤　外国税額控除の不適用（その代わりに、不動産投資法人が納付した法税69条1項に規定する控除対象外国法人税の額は、税特措で定めるところにより、当該不動産投資法人の配当等の額に係る所得税の額を限度として当該所得税の額から控除するものとされている）（税特措67条の15第2項・4項）

㈥　タックスヘイブン対策税制に抵触する場合において、外国法人からの配当については、当該外国法人が外国子会社等からの配当等の益金不算入の適用要件を備えているか否かにかかわらず、特定課税対象金額および間接特定課税対象金額に達するまでの金額は益金不算入となる。（税特措67条の15第3項）

(七) 中小企業等の貸倒引当金の特例の不適用（法税52条1項）
(八) 中小法人に対する交際費等の損金不算入の特例の不適用（税特措61条の4第2項）
(九) 欠損金の繰戻還付制度の不適用
　　不動産投資法人は資本金の額にかかわらず繰戻還付制度が適用されない。ただし、解散など特別な事実が生じた場合には、適用あり（税特措66条の13第1項）
(十) 土地重課（土地の譲渡等がある場合の特別税率）
　　不動産投資法人が土地の譲渡等をした場合には、短期所有に係る土地の譲渡等をした場合を除き、不動産投資法人の事業年度の要件（90％超配当要件を除く）を満たす場合には土地重課の適用はない（税特措67条の15第3項）。ただし、土地重課は2020年3月31日まで適用が停止されている。
(十一) 外形標準課税の不適用
　　外形標準課税については、不動産投資法人は対象外とされているため、不動産投資法人の資本金の額にかかわらず、事業税は所得割のみが課税される。
（地税72条の2第1項1号ロ）

## II　不動産投資法人の制度、運用に係る税務上の留意点

### 1　会計と税務の乖離による問題点について

#### (1)　一時差異の永久差異化

　不動産投資法人では導管性要件を満たすことで配当を損金算入することができ、法人税等の税流出を最小化することができる。しかしながら、実際に配当可能な利益は、一般に公正妥当と認められる企業会計の基準に従って計算され、税務上の課税所得とも必ずしも一致するわけではない。投資法人の実務において会計処理と税務処理との差異（以下「税会不一致」という）が生じうる主要な事項としては以下のようなものが挙げられる。

| 減損損失 | 税務上、一定の事由に該当する場合を除き評価損は原則認識できない。 |
|---|---|
| のれんの償却費・負ののれんの一時の収益 | 合併に際し、会計上、のれんや負ののれんを認識するものの、税務上は適格合併に該当する場合にはそれらを認識しない。 |
| 定期借地権の償却 | 会計上は借地権の残存期間で償却を行うが、借地権は税務上償却の対象とならない。 |
| 減価償却超過額 | 会計上採用された耐用年数が税務上の耐用年数より短い場合等。 |
| 修繕費 | 税務上は資本的支出となるべき工事費用等につき、会計上修繕費処理される場合等。 |
| 資産除去債務 | たとえば、定期借地権付きの不動産を保有している場合に、会計上、定期借地期間経過後に更地にするための解体費用を債務として見積り、それに対する減価償却費および支払利息を毎期認識するもの。未確定債務であるため税務上は費用にはならない。 |
| 貸倒引当金／貸倒損失 | 所定の要件を満たさない場合には税務上損金にならない。 |
| 交際費／寄附金 | 損金算入限度額を超えた金額は税務上損金にならない。 |
| 事業所税 | 対象年度の事業所税を当該年度において会計上費用認識するが、事業所税については納税申告書を提出した事業年度において損金となる。 |
| 法人税、地方法人税、法人住民税 | 発生年度において会計上費用認識することとなるが、発生年度においても、支払年度においても税務上損金にならない（事業税については納税申告書を提出した事業年度において損金となる）。 |

　これらの税会不一致により税務上の所得が会計上の利益を超過する場合には、会計上の利益の全額を配当したとしても課税所得が残ることとなり、その残った課税所得に対する税流出が生じることとなる。

　また、生じた税会不一致が期間損益の認識時期に起因する差異（以下「一時差異」という）であったとしても、不動産投資法人の事業年度の所得の金額の計算上における実質的な永久差異となり、不動産投資法人にて法人税等を負担する事態が生じることとなる。

　たとえば、翌期売却物件につき、会計上、当期に売却損見合いの減損損失の計上が求められたが、税務上は損金算入要件を満たしておらず、売却がなされる翌期にて税務上の損金算入要件を満たすような場合においては、当該減損損失は、税務上は否認され、後述する一時差異等調整引当額としての分配を行わないときは、不動産投資法人で課税負担が生じることになる。また、翌期においては、当該減損損失否認額の認容減算が税務上行われる一方、会計上はすで

に損失計上済みのため、会計上の利益に基づく金銭の分配が行われるが、当該支払配当等の損金算入制限の規定により、当該認容減算相当額が、損金算入の対象外となる（**図表6-1参照**）。すなわち、税務上の所得が一時差異に起因して会計上の利益を上回った場合においては、当該超過額について課税負担が生じる一方で、当該一時差異が税務上認容され、会計上の利益が税務上の所得を上回ることとなった場合においては、当該支払配当等の損金算入制限の規定により、不動産投資法人は当該一時差異に係る減算効果を享受することができず、結果として一時差異が、不動産投資法人の課税所得の計算上は、実質的な永久差異になることになる（税務上の所得が、一時差異に起因して会計上の利益を下回る場合も同様の悪影響が生じうる）。

また、税流出を伴う場合には、その金額次第では90％超配当要件を充足しない可能性もあり得る。これは、90％超配当要件の判定の分母となる金額が会計上の税引前利益を基礎に計算される一方で、分子となる金額は実際に分配できる税引後利益を基礎に計算されるためである。

**図表6-1　会計と税務による一時差異の影響例**

| 前提条件： | Year 1 | Year 2 |
|---|---|---|
| － 経常取引による会計利益 | 20,000 | 20,000 |
| － 有形固定資産の減損処理 | △1,000 | 0 |
| － 税務調整（加算・減算） | 1,000 | △1,000 |
| － 金銭の分配 | 19,000 | 20,000 |
| － Year 2 において減損後の価額にて処分したものとする | | |
| － 未払法人税等の引当ても含め、上記以外の税務調整は考慮しないものとする | | |
|  | Year 1 | Year 2 |
| 会計上の利益の金額 | 19,000 | 20,000 |
| 税務調整金額 | 1,000 | △1,000 |
| 暫定課税所得（配当等損金算入前） | 20,000 | 19,000 |
| 配当等の損金算入額 | △19,000 | △19,000[*1] |
| 課税所得 | 1,000 | 0 |

(*1) Year 2 において、金銭の分配が20,000行われるが、当該事業年度の所得の金額19,000を配当等の損金算入の限度とするため、当該金額までしか損金算入されない。したがって、残額の1,000（一時差異相当額）は当該特例が適用されないことにより、減算効果が享受できず、結果として、投資法人の課税所得の計算上は永久差異となる。

かかる税会不一致が及ぼす影響に対処するため、投資法人計算規則において一時差異等調整引当額ならびに一時差異等調整積立金が2015年に新設され、2015年度の税制改正においても所要の手当てが行われ、税会不一致が生じた場合の課税の影響を軽減するよう手当てがされている。

### (2) 一時差異等調整引当額・一時差異等調整積立金

#### a) 一時差異等調整引当額

一時差異等調整引当額とは、投信法上の利益を超えて投資主に分配された金額のうち、次に掲げる額の合計額の範囲内において、利益処分に充当するものをいう（投資法人計算規則2条2項30号）。

▷ 所得超過税会不一致（益金の額から損金の額（支払配当または繰越欠損金の損金算入を除く）を控除して得た額が、収益等の合計額から費用等の合計額を控除して得た額を超える場合における税会不一致をいう）。[14]

▷ 純資産控除項目（評価・換算差額等および新投資口予約権ならびに新投資口申込証拠金および自己投資口の額の合計額が負となる場合における当該合計額をいう）。

当該制度に基づけば、税務上加算調整（交際費、寄附金および法人税等の加算調整を除く）が生じた場合に、その加算調整金額を金銭の分配に係る計算書において、一時差異等調整引当額として通常の利益の分配に加算して、追加分配を行うことになるが、この一時差異等調整引当額としての金銭の分配は、税務上配当とみなされ損金算入されることになる。また、繰延ヘッジ損失のような純資産控除項目が生じる場合には、投信法上の利益がその分減少することから、当該純資産控除項目分の利益の配当を行うことができず、課税所得が残ってしまうという問題があるが、その場合も同様に、純資産控除項目の金額見合いの一時差異等調整引当額としての金銭の分配は、税務上配当とみなされ損金算入されることになる。したがって、かかる制度を活用することで税務上加算調整や純資産控除項目が生じたとしても、課税が生じる影響を回避または軽減する

---

14) 交際費、寄附金および法人税等の永久差異の税会不一致は「一時差異等調整引当額」の範囲から除かれている。

### 図表6-2 一時差異等調整引当額の処理例（減損損失がある場合）

| 前提条件： | Year 1 | Year 2 |
|---|---:|---:|
| － 経常取引による会計利益 | 20,000 | 20,000 |
| － 有形固定資産の減損処理 | △1,000 | 0 |
| － 税務調整（加算・減算） | 1,000 | △1,000 |
| － 金銭の分配（通常の利益分配） | 19,000 | 19,000 |
| － 金銭の分配（一時差異等調整引当額としての分配） | 1,000 | 0 |
| － Year 2において減損後の価格にて固定資産を処分したものとする | | |
| － 未払法人税等の引当てを含めて、上記以外の税務調整は考慮しない | | |

| 金銭の分配に係る計算書 | Year 1 | Year 2 |
|---|---:|---:|
| Ⅰ．当期未処分利益 | 19,000 | 20,000 |
| Ⅱ．利益超過分配金加算額 | | |
| 　うち一時差異等調整引当額 | 1,000 | 0 |
| Ⅲ．出資総額組入額 | | |
| 　出資総額控除額減算額 | | |
| 　　一時差異等調整引当額戻入額 | | △1,000 |
| Ⅳ．分配金の額 | △20,000 | △19,000 |
| 　うち利益分配金 | △19,000 | △19,000 |
| 　うち一時差異等調整引当額 | △1,000 | 0 |
| Ⅴ．次期繰越利益 | 0 | 0 |

| 課税所得の計算 | Year 1 | Year 2 |
|---|---:|---:|
| 会計上の利益の金額 | 19,000 | 20,000 |
| 税務調整金額 | 1,000 | △1,000 |
| 暫定課税所得（配当等損金算入前） | 20,000 | 19,000 |
| 配当等の損金算入額 | | |
| 　通常の利益配当 | △19,000 | △19,000 |
| 　一時差異等調整引当額としての分配 | △1,000 | 0 |
| 課税所得 | 0 | 0 |

| 90%超配当要件 | | |
|---|:---:|:---:|
| | $\dfrac{19,000+1,000}{19,000+1,000}=100\%$ | $\dfrac{19,000}{20,000-1,000}=100\%$ |

ことができる（**図表6-2参照**）。なお、一時差異等調整引当額の利益処分への充当による金銭の分配は所得税法上も法人税法上も配当とされ、投資家においても配当所得として認識をすることになる（90％超配当要件への影響は上述Ⅰ1(1) b ) 参照）。

また、留意点であるが、一時差異等調整引当額の利益処分への充当による金銭の分配は、投信法上の利益超過分配に該当する。したがって、同法に基づき利益相当の金銭の分配をまず行った上で、利益超過分配が可能となることから、圧縮積立金などの任意積立金が計上されている際は任意積立金の取崩しをまず行う必要がある。買換特例圧縮積立金については、その取崩しを自由に行うことができないこと、その他の任意積立金についても全額の取崩しを行おうとすると積立金の金額次第では多額の資金が必要となることから、積立金を有する不動産投資法人においては一時差異等調整引当額による二重課税の回避が困難な状況にある。

#### b) 一時差異等調整積立金

一時差異等調整積立金とは、不動産投資法人が、金銭分配計算書に基づき積み立てた任意積立金のうち、利益超過税会不一致（収益等の合計額から費用等の合計額を控除した額が、益金の額から損金の額を控除した額を超える場合の税会不一致をいう）の範囲内において、将来の利益処分に充当する目的のために留保したものをいう（投資法人計算規則2条2項31号）。

この制度の活用の対象になる典型的なものとしては、投資法人間の合併で生じる負ののれんの発生益である。負ののれんの発生益は、会計上は一時の収益、税務上は認識しない（適格合併の場合、負ののれんが生じない）ということになるが、この負ののれんの発生益は会計上の現金を伴わない利益であるため、当該負ののれんの発生益相当の利益の配当ができないことが考えられる。配当ができないこととなると、90％超配当要件を充足しない可能性があり[15]、また、90％超配当要件を充足しようと配当を行っても損金算入額が税務上の課税所得が限度とされるため、課税所得を超過した金額が繰越欠損金を構成しないといった問題があるが、当該一時差異等調整積立金の積立額は90％超配当要件の分母

---

15) 負ののれんの発生益については、2015年度税制改正前より配当可能利益から控除される手当てはされていた。

から控除されることとなるため、90％超配当要件を充足しないという問題を解消することができる（図表6-3参照）。

**図表6-3　一時差異等調整積立金の処理例（負ののれんの発生益がある場合）**

| 前提条件： | Year 1 | Year 2 |
|---|---|---|
| － 経常取引による会計利益 | 20,000 | 20,000 |
| － 負ののれんの発生益 | 10,000 | 0 |
| － 税務調整（減算） | △10,000 | 0 |
| － 金銭の分配（通常の利益分配） | 20,000 | 20,000 |
| － Year 1において一時差異等調整積立金として10,000を積み立てる | | |
| － Year 2において一時差異等調整積立金200を取り崩す | | |
| － 未払法人税等の引当てを含めて、上記以外の税務調整は考慮しない | | |

| 金銭の分配に係る計算書 | Year 1 | Year 2 |
|---|---|---|
| Ⅰ．当期未処分利益 | 30,000 | 20,000 |
| Ⅱ．一時差異等調整積立金の取崩額 | 0 | 200 |
| Ⅲ．分配金の額 | △20,000 | △20,200 |
| Ⅴ．任意積立金 | | |
| 　一時差異等調整積立金 | △10,000 | 0 |
| Ⅴ．次期繰越利益 | 0 | 0 |

| 課税所得の計算 | Year 1 | Year 2 |
|---|---|---|
| 会計上の利益の金額 | 30,000 | 20,000 |
| 税務調整金額 | △10,000 | 0 |
| 暫定課税所得（配当等損金算入前） | 20,000 | 20,000 |
| 配当等の損金算入額 | | |
| 　通常の利益配当 | △20,000 | △20,000＊ |
| 課税所得 | 0 | 0 |

＊暫定課税所得の金額が限度になる。

| 90％超配当要件 | $\dfrac{20,000}{30,000-10,000}=100\%$ | $\dfrac{20,200}{20,000+200}=100\%$ |
|---|---|---|

一時差異等調整積立金の計上後その取崩しがあった場合には、90％超配当要件の分母にはその取崩金額を足し戻すことになる。なお、負ののれんや合併に伴う資産簿価差異に起因する一時差異等調整積立金については、50年以内の期間での毎期均等額以上の取崩しを行うこととされている。[16]

---

16) 一時差異等調整積立金に関しては、一般社団法人投資信託協会による2015年8月25日付の事務連絡通知"一時差異等調整積立金の取崩に係る実務上の留意事項"がある。

## 第2節　不動産投資法人の税務上の取扱い

### I　設立・運用開始時の留意事項

　上述のとおり、不動産投資法人の税務上の優遇措置の適用を受けるためには導管性要件を充足する必要があり、不動産投資法人の設立・運用開始時において重要な導管性要件や基本となる税務上の取扱いとしては以下のような事項がある。

#### 1　投資口の募集および発行に係る導管性要件

##### (1) 投資口所有先要件（税特措67条の15第1項1号ロ）

　導管性要件のうち投資法人要件の1つとして、不動産投資法人が次のいずれかに該当するものであることが求められている。

(一) その設立に際して発行する投資口の募集が、金商法2条3項に規定する取得勧誘であって同項1号に掲げる場合に該当するもの（いわゆる公募）に限り、かつ、その設立に際して発行をした投資口の発行価額の総額が1億円以上であるもの。

(二) 当該事業年度終了の時において、①その発行済投資口が50人以上の者によって所有されているもの、または、②機関投資家のみによって所有されているもの。

　したがって、上記(一)により導管性要件を満たそうとする場合には、設立に際して上記の金商法に規定する手続に従う必要が生じる。しかしながら、上記(一)の投資口の公募・発行による設立は、実務上、容易でない場合も多いため、不動産投資法人は設立後、上記(二)により導管性要件を満たす場合が一般的に見受けられる。なお、不動産投資法人の上場自体は導管性要件とはされていないが、上場の場合は、一般に上記(二)①の要件の充足が容易である。

　非上場の場合にも、上記(二)のうち①または②の要件のいずれか達成可能なものを充足する必要が生じるが、運用開始当初は特に、投資家が50人以上集まら

ないことが多く、②の要件を充足するよう運用されているケースが多い。なお、税法上の機関投資家の範囲（税特措規22条の18の４第１項、税特措規22条の19）については、金商法上の適格機関投資家（金融商品取引法第２条に規定する定義に関する内閣府令（以下「定義内閣府令」という）10条１項）より限定的となっていることにも留意が必要である。特に定義内閣府令10条１項23号イの適格機関投資家は、租税特別措置法上の機関投資家に該当しない場合があるため、導管性要件の判定にあたり留意する必要がある（図表６-４参照）。なお、投資口を引き受ける者が税法上の機関投資家に該当しない場合には、税法上の機関投資家と金商法上の適格機関投資家が一致するベンチャーキャピタル株式会社（定義内閣府令10条１項17号）成りをすることや、投資事業有限責任組合（定義内閣府令10条１項18号）を通じた投資を行うことなどが考えられる。

**図表６-４　定義内閣府令10条１項23号イにかかる適格機関投資家と機関投資家の比較**

| 適格機関投資家<br>（金商法） | 機関投資家<br>（税特措） |
|---|---|
| 定義内閣府令10条１項23号イ | 税特措規22条の18の４第１項３号 |
| 次に掲げる要件のいずれかに該当するものとして金融庁長官に届出を行った法人<br>　イ　当該届出を行おうとする日の直近の日における当該法人が保有する有価証券の残高が10億円以上であること。<br>　ロ　当該法人が業務執行組合員等であって、次に掲げる全ての要件に該当すること（イに該当する場合を除く。）。<br>　　(1)　直近日における当該組合契約、匿名組合契約若しくは有限責任事業組合契約又は外国の法令に基づくこれらに類する契約に係る出資対象事業により業務執行組合員等として当該法人が保有する有価証券の残高が10億円以上であること。<br>　　(2)　当該法人が当該届出を行うことについて、当該組合契約に係る組合の他の全ての組合員、当該匿名組合契約に係る出資対象事業に基づく権利を有する他の全ての匿名組合契約に係る匿名組合員若しくは当該有限責任事業組合契約に係る組合の他の全て | 左記の者（左記のイに掲げる要件に該当する者に限る）のうち次に掲げる者<br>　イ　有価証券報告書を提出している者で、届出を行った日以前の直近に提出した有価証券報告書に記載された当該有価証券報告書に係る事業年度および当該事業年度の前事業年度の貸借対照表における有価証券の金額および投資有価証券の金額の合計額が100億円以上であるもの<br>　ロ　海外年金基金（企業年金基金または企業年金連合会に類するもので次に掲げる要件を満たすもの）によりその発行済株式の全部を保有されている内国法人<br>　(ｱ)　外国の法令に基づき組織されている<br>　(ｲ)　外国において主として退職年金、退職手当等を管理し、または、給付することを目的として運営されている |

| | |
|---|---|
| の組合員又は外国の法令に基づくこれらに類する契約に係る全ての組合員その他の者の同意を得ていること。 | ハ　外国政府、外国の政府機関、外国の地方公共団体、外国の中央銀行および日本国が加盟している国際機関のうち金融庁長官に届出を行った者によりその発行済株式の全部を保有されている内国法人 |

　なお、上記㈡①の要件の50人以上を充足するために、投資口の所有のみを単一目的とする子会社等を複数設立し、当該子会社等を通じて間接的に投資口を所有するような場合は、当該要件の判定上、実質的に１人による所有とみなされるリスクがあるため、留意が必要である。

### ⑵　50％超国内募集要件（税特措67条の15第１項１号ハ）

　50％超国内募集要件については、"投信法67条１項に規定する規約において、投資口の発行価額の総額のうちに国内において募集される投資口の発行価額の占める割合が100分の50を超える旨の記載または記録があるものに該当するものであること"と規定されており、国内における十分な課税の確保を目的として規定されている要件である。2011年度の税制改正前においては、その判定方法について、募集の都度判定されることとされていたが、海外投資家からの追加増資の阻害要因となっていたため、同年改正後は過去において募集された投資口を含めた発行価額の累計により判定されることとされた。[1]

### ⑶　非同族会社要件（税特措67条の15第１項２号ニ）

　非同族会社要件については"当該事業年度終了の時において、法人税法２条10号に規定する同族会社のうち政令で定めるもの[2]に該当していないこと"と規定されているが、当該要件の充足に関しては、上場の際に不特定多数の者を対

---

[1] 同要件の取扱いの明確化の観点から2011年８月５日付一般社団法人投資信託協会による事務連絡通知"投資法人に課されている50％超国内募集要件に係る算定方法等について"においてその判定方法について具体的な解説がされている。

[2] 上位１位の投資主グループ（投資主の１人ならびにこれと法税２条10号に規定する政令で定める特殊の関係のある個人および法人を含む）が、不動産投資法人の発行済投資口の総数の100分の50を超える数の投資口を有する場合、または一定の重要な事項に関する議決権のいずれかにつきその総数の100分の50を超える数を有する場合における当該不動産投資法人をいう（税特措令39条の32の３第５項）。

象に投資口の募集および発行を行うことを鑑みると、通常は当該要件に抵触する可能性は高くないことが予見される。なお、私募の場合には、投資主の数が少数となる可能性が高いと見込まれるため、特殊関係者の持分合算や議決権割合の判定など、非同族会社要件の充足に関してより留意を要すると思われる。たとえば、投資主間契約がある場合において、ある投資主が他の投資主に議決権の行使を委譲している場合には、議決権割合の判定上、その委譲された投資主に委譲している投資主の持分が合算されると考えられる（投資事業有限責任組合における無限責任組合員と有限責任組合員の関係においても同様のことが生じうる）。

## 2 その他の税務上の取扱い

### (1) 設立費用、投資口の発行費用等の取扱い

不動産投資法人が支出する費用（前払費用を除く）のうち、支出の効果がその支出の日以後1年以上に及ぶもので創立費[3]または開業費[4]に該当するものは、繰延資産として取り扱われ（法税2条24号、法税令14条1項1号・2号）、その償却費として損金経理をした金額のうち、その繰延資産の額（すでに損金の額に算入されたものを除く）に達するまでの金額は、各事業年度の所得の金額の計算上損金の額に算入される（法税32条1項、法税令64条1項1号）。したがって、不動産投資法人が支出する設立費用等については、その費用化処理につき会計と税務の乖離は基本的に生じないものと考えられる。（会計上の取扱いは、第5章第2節Ⅱを参照）

また、不動産投資法人が支出する費用（前払費用を除く）のうち支出の効果がその支出の日以後1年以上に及ぶもので投資口交付費[5]に該当するものは繰延資産として取り扱われ（法税2条24号、法税令14条1項4号）、その償却費として損金経理をした金額のうち、その繰延資産の額（すでに損金の額に算入されたものを除く）に達するまでの金額は、各事業年度の所得の金額の計算上損金の額に算入される。したがって、不動産投資法人が支出する投資口交付費について

---

3) 設立企画人に支払う報酬、設立登記のために支出する登録免許税その他不動産投資法人の設立のために支出する費用で、当該法人の負担に帰すべきものをいう（法税令14条1項1号）。
4) 不動産投資法人の設立後、事業を開始するまでの間に開業準備のために特別に支出する費用をいう（法税令14条1項2号）。
5) 投資口を表示する投資証券の印刷費、資本金の増加の登記についての登録免許税その他自己の投資口の交付のために支出する費用をいう（法税令14条1項4号）。

は、上述の設立費用等と同様に、その費用化処理につき会計と税務の乖離は基本的に生じないものと考えられる。(会計上の取扱いは、第5章第5節Iを参照)

## II 運用中の留意事項

　税務上の優遇措置の適用のための導管性要件を継続して充足しつつ、運用中においては、税流出を極力回避するために、税会不一致の最小化を図る必要がある[6]。運用中における基本となる税務処理や留意すべきものとして以下のような事項がある。

### 1 特定資産の取得

#### (1) 取得価額の各資産項目への区分

　不動産投資法人は主たる特定資産として不動産を取得するが、当該取得に伴い、土地(土地の上に存する権利を含む。以下同じ)を除く建物等は減価償却資産として期中において会計上、減価償却(償却費が費用計上)されることから、その減価償却費の負担額が不動産投資法人の配当可能利益の額に影響を与えることとなる。他方、税務の観点において、取得価額の土地と建物等の区分は、土地の譲渡等が消費税法上の非課税取引となることより、当該取得価額のうち消費税等の課税対象額を決定する上で重要な論点となるとともに、建物等の取得価額は税務上の減価償却限度額を算定する基礎となるため、減価償却超過額の発生の有無を確定する上で重要な論点となる。さらに、建物等の内訳に償却資産税の申告対象となる償却資産が含まれている場合には、建物等の取得価額のさらなる区分が当該申告額を決定する上で重要な論点となる。なお、土地および建物等の取得価額を合理的に区分することが税務上は求められており[7]、実

---

6) 前述のとおり、一時差異等調整引当額および一時差異等調整積立金の制度の導入に伴い、税会不一致による税流出が生じるリスクを回避または軽減することができるようになったものの、これらの制度は実務における煩雑さも伴うため、引き続き可能な限り税会不一致が生じないよう運用することが望ましいものと考えられる。

7) 事業者が課税資産と非課税資産とを同一の者に対し同時に譲渡した場合には、それぞれの資産の譲渡対価について合理的に区分しなければならないのであるが、建物、土地等を同一の者に対し同時に譲渡した場合において、それぞれの対価につき、所得税または法人税の土地の譲渡等に係る課税の特例の計算における取扱いにより区分しているときは、その区分したところによる。ただし、合理的に区分されていない場合には、消税令45条3項の規定により、それぞれの譲渡に

務においても、当該不動産の鑑定評価額やエンジニアリングレポートの再調達価額等を参照しながら区分を行うケースが一般的に見受けられる。

### (2) 不動産取得に伴う未経過固定資産税等の取扱い

不動産取引の実務慣行として、不動産の譲渡が行われた場合において、売主が納税義務者（その年の1月1日時点における対象資産の所有者）として負担している当該売買の日の属する年度に係る固定資産税、都市計画税、および償却資産税（以下「固定資産税等」という）について、譲渡時に未経過分があるときは、売主がその未経過分に相当する金額を買主に対し負担を求めるケースが広く見受けられる。上記のような場合に不動産の譲渡に伴い未経過固定資産税等の精算が売買当事者間で行われたときには、税務上、当該精算金額は当該不動産の譲渡の対価として取り扱われることになる（消税基10-1-6）。（会計上の取扱いは、第5章第4節Ⅰを参照）

### (3) 物件取得にかかる消費税の控除

不動産の取得にあたっては、建物部分の取得対価につき消費税が課せられることとなるが、当該消費税の控除（取戻し）については、その課税期間中における課税売上割合が95％以上かつ課税売上高が年換算額で5億円以下であれば、課税仕入等の税額のすべてが仕入税額控除の対象とされ（95％ルール）、課税売上割合が95％未満である場合または課税売上高が年換算額で5億円を超える場合には個別対応方式または一括比例配分方式によって仕入れに係る消費税額が計算される（消税30条1項・2項）[8]。

個別対応方式を適用する場合には、課税仕入を㈠課税売上にのみ要するもの、㈡非課税売上にのみ要するもの、および㈢課税売上と非課税売上に共通して要するもの（以下「共通課税仕入」という）にそれぞれ区分し、課税売上にのみ要

---

係る通常の取引価額を基礎として区分することに留意する（消税基10-1-5）。
[8] 基準期間における課税売上高が5,000万円以下で、簡易課税制度の適用を受ける旨の届出書を事前に提出している事業者は、実際の課税仕入れ等の税額を計算することなく、課税売上高にみなし仕入率を乗じて仕入控除税額の計算を行う簡易課税制度の適用を受けることもできる。ただし継続的に物件を増やすことが前提となる不動産投資法人では、基準期間における課税売上高が5,000万円以下であることを満たせたとしても、簡易課税を採用しないほうが一般的に望ましいと考えられる。

する課税仕入れにかかる消費税に共通課税仕入にかかる消費税に課税売上割合を乗じた金額を加算した金額が控除対象となる消費税額等となる。一括比例配分方式においてはこのような区分は求められず、すべての課税仕入れにつき課税売上割合に基づいて控除対象となる消費税を計算していくこととなる。

　オフィスや倉庫または商業施設など課税売上のみ生じる不動産を取得する場合には、個別対応方式を適用する場合、原則として当該不動産の取得に際して支払った消費税額は全額が控除可能となり、経済的および損益計算書上のインパクトは生じないと考えられるが、非課税売上を生じさせることとなる居住用不動産やオフィス等と居住用が混在する混合物件を取得する場合には、当該不動産の取得に際して支払った消費税額の全額の控除はできず、控除対象外消費税が生じ、その結果、損益計算書上への影響が生じることとなる。控除対象外消費税が生じた場合、資産以外にかかる控除対象外消費税については、原則として全額損金算入されることとなるが、資産にかかる控除対象外消費税については、㈠資産の取得価額に算入し、償却費として損金処理する方法、㈡その事業年度の課税売上割合が80％以上であるため、棚卸資産に係る控除対象外消費税額等であるため、または一の資産に係る控除対象外消費税額等が20万円未満であるため、一時の損金とする方法、㈢繰延消費税等として資産計上し、繰延消費税額等を60で除し、これにその事業年度の月数を乗じて計算した金額の範囲内で、その法人が損金経理した金額を損金の額に算入する方法があるが、実務上は損益計算書への影響や会計基準との整合性も考慮して㈠を採用しているケースが多く見受けられる。

### (4) 課税売上割合が著しく変動した場合の仕入控除税額の調整

　課税事業者が調整対象固定資産の課税仕入れ等を行い、消費税額について比

---

9) 交際費等にかかる控除対象外消費税の額は、交際費等の額に含めて交際費等の損金不算入額の計算を行うこととなる。
10) その資産を取得した事業年度においては、上記によって計算した金額の2分の1に相当する金額の範囲内で、その法人が損金経理した金額を損金の額に算入される。
11) 建物およびその附属設備、構築物、機械装置、船舶、航空機、車両運搬具、工具、器具備品、鉱業権等で一の取引の単位（税抜）が100万円以上のものをいう（棚卸資産を除く）（消税2条1項16号、消税令5条）。

例配分法により計算を行った場合で、当該事業者が第3年度の課税期間[13]の末日においてその調整対象固定資産を有しており、かつ、消費税法上、課税売上割合の著しい変動[14]があったときには、調整対象固定資産の取得に際して行った課税仕入れに係る消費税額について、第3年度の申告書上で調整を行わなければならない（消税33条、消税令53条）。

したがって、保有資産の構成の変化により課税売上割合が大きく変動していないか、継続してモニタリングが必要となる。

### (5) 有価証券の取得と導管性要件（他法人支配禁止要件）

投信法上事業支配を制限する趣旨から、投資先法人株式の議決権の50％超の保有が投信法上禁止されており、租税特別措置法においても導管性要件の1つとして"他の法人の発行済株式または出資の総数または総額もしくは匿名組合事業に対する匿名組合出資総額の50％以上を有していないこと（匿名組合契約等を通じて間接的に他の法人の株式または出資を保有する場合には、当該間接的な保有分も含めて判定）"という要件（他法人支配禁止要件）が規定されている（税特措67条の15第1項2号ヘ）。投信法との違いでいえば、投信法は議決権のある株式に制限を課しており、税特措においては、議決権のある株式に限らず、また出資も対象に含まれる（後述するが、2019年度税制改正により、今後は匿名組合出資も対象に含まれる）。また、投信法は"50％超"であるが、税特措においては"50％以上"となっている。なお、2013年度の投信法改正および税制改正により、海外における一定の要件を満たす法人の発行する株式については、本要件は適用されないこととされ、海外不動産投資の場合には一定の緩和が認められている（詳細は本章第5節参照）。

不動産投資法人は主たる特定資産として不動産を取得するが、優先交渉権を

---

12) 個別対応方式で課税・非課税に共通対応する課税仕入れ等の税額に課税売上割合を乗じて計算する方法または一括比例配分方式により計算する方法（課税売上割合が95％以上であることにより全額控除した場合を含む）。
13) 当該事業者が調整対象固定資産の課税仕入れを行った課税期間（仕入れ等の課税期間）の開始の日から3年を経過する日の属する課税期間。
14) ㈠仕入れ等の課税期間の課税売上割合と、㈡仕入れ等の課税期間から第3事業年度までの通算課税売上割合を比較した場合に、㈠と㈡の差額に対して㈠の占める割合が50％以上、かつ㈠と㈡の差額が5％以上である場合（消税令53条1項・2項）。

得る目的等で、資産流動化法上の特定目的会社の優先出資持分や不動産投資事業を行う営業者に対する匿名組合出資持分を特定資産として取得するケースも想定される。この場合、特定目的会社の優先出資についてはまさにこの要件の適用により、導管性要件を満たすためには、50％以上の保有ができないこととなる。

一方で匿名組合出資持分については、当該要件上の"出資"の定義が明確に規定されていないことから、匿名組合出資持分にも他法人支配禁止要件が適用されるのではないかと実務上は懸念されていたが、2019年税制改正によって、匿名組合契約に基づく出資についても本要件の適用対象として判定されることとされた。また、匿名組合を通じて間接的に保有する株式等については、保有株式等に匿名組合出資割合を乗じて算出した割合を合算して判定することとなる。

## 2　ファイナンス

### (1)　エクイティ・ファイナンス

不動産投資法人が上場後に追加して投資口の募集および発行を行う場合、基本的に金商法上のいわゆる公募の手続に従うことが想定される。他方、非上場の不動産投資法人が追加して投資口の募集および発行を行う場合、基本的に金商法上の私募の手続に従うことが想定される。これらいずれの場合においても、上記Ⅰ1(1)と同様に、投資口引受先要件および50％超国内募集要件ならびに非同族会社要件の充足に留意する必要がある。

#### a)　投資口引受先要件

上場の場合には、通常投資主が50人以上存在することになるため、特段増資時に当該要件は問題とはならないが、非上場の場合においては、事業年度末までに投資主が50人以上にならないと見込まれる場合には、機関投資家による引受けが引き続き求められる。

#### b)　非同族会社要件

上述のとおり、当該要件は事業年度毎の要件であり、また、各事業年度終了の時において判定される要件である。したがって、追加して投資口の募集および発行を行う場合、投資主の構成および所有割合の変動により当該要件に抵触しないよう留意し、必要に応じその手当てを検討の上、実行すべきである。

### c） 50％超国内募集要件

当該要件の50％超の判定については、上述のとおり、過去において募集された投資口を含めた発行価額の累計により判定されることから、追加の投資口の募集および発行に際して、過去の発行価額の累積額を鑑みて当該要件の充足を図るよう留意を要する。

### d） 第三者割当増資

不動産投資法人のスポンサーの交代などの事由により、実務上、投資口の第三者割当増資が行われることがある。この場合における50％超国内募集要件の適用に関し、当該要件上の"募集"の定義が現行法令では明確に規定されていないことから疑義は残るものの、第三者割当増資による投資口の発行についても、当該要件を充足する必要があるものとして対応すべきと考えられる。なお、第三者割当増資の際には、税務の観点から有利発行による投資主間の寄付・贈与および受贈益に関する問題が生じないように留意が必要である。

## (2) デット・ファイナンス

### a） 証券化と機関投資家要件

不動産投資法人のローン（借入金）に係る貸主が、当該ローンを証券化するために、信託銀行等への信託譲渡または当該ローンを担保とする資産対応証券を発行するエンティティ（以下「証券化エンティティ」という）に譲渡を行う場合が考えられる。この場合、当該ローンの譲渡の結果、貸主の権利・地位が信託銀行等または証券化エンティティに対し譲渡されるため、上記導管性要件の充足の観点から当該譲渡先が機関投資家に該当するかにつき留意が必要である。

### b） 融資手数料の取扱い

不動産投資法人が支出する費用（前払費用を除く）のうち支出の効果がその支出の日以後1年以上に及ぶもので投資法人債発行費に該当するものは繰延資産として取り扱われ（法税2条24号、法税令14条1項5号）、その償却費として損金経理をした金額のうち、その繰延資産の額（すでに損金の額に算入されたものを除く）に達するまでの金額は、各事業年度の所得の金額の計算上損金の額に算

---

15) 投資法人債を表示する投資法人債券の印刷費その他投資法人債券の発行のために支出する費用をいう（法税令14条1項5号）。

入される。したがって、不動産投資法人が支出する投資法人債発行費については、上述の設立費用等と同様に、その費用化処理につき会計と税務の乖離は基本的に生じないものと考えられる。

また、ローンに係る融資関連手数料（アップフロントフィー）については、会計上は一般的に借入れの期間にわたり償却・費用化されるが、税務上も繰延資産として支出の効果の及ぶ期間にわたり償却・費用化する場合には、会計と税務の乖離は基本的に生じないものと考えられる。（会計上の取扱いは、第5章第5節Ⅱを参照）

#### c）源泉所得税

投資法人債の支払利息については、社債利息と同様に、原則として源泉所得税15.315％（復興特別所得税を含む）と道府県民税利子割5％（投資法人債権者が法人である場合には、源泉所得税15.315％（復興特別所得税を含む）のみ）が徴収される。ただし、投資法人債が一定の振替社債に該当する場合には、租税特別措置法に規定する手続に従い、当該源泉所得税等の徴収が免除されることがある（税特措5条の3、8条）。

ローンの支払利息については、機関投資家である貸主が外国法人である場合には、原則として源泉所得税20.42％（復興特別所得税を含む）が徴収される。ただし、当該外国法人が国内に恒久的施設を有する外国法人または一定の外国信託会社である場合には、所得税法に規定する手続に従い、当該源泉所得税等の徴収が免除されることがある（所税180条、180条の2、212条）。

### 3 物件保有関連

#### (1) 減　損

固定資産の減損に係る会計基準の適用に伴い、地価の動向および運用不動産の収益状況等によっては、会計上において減損損失が発生する可能性がある。その場合、税務上は評価損の損金算入要件を満たしたときや、減損損失の額のうち税務上の減価償却費相当額を除き、原則として当該不動産の売却まで損金として認識することができないため、税務と会計の乖離が生じることになる（売却に関連しての減損損失については、後述の4(2)参照）。

### (2) 修繕費および資本的支出

　税務上、固定資産の価値を高め、またはその耐久性を増すことになると認められる部分に対応する金額については原則として資本的支出となり（法税令132条、法税基7-8-1）、支出時にその全額を一時の損金として処理することは認められない。一方で、税務上、修繕費として一時の損金として処理することが認められるのは、固定資産の修理、改良等のために支出した金額のうちその固定資産の通常の維持管理費用、または毀損した固定資産の原状回復費用等である（法税基7-8-2、7-8-3、7-8-4、7-8-5）。

　したがって、上述の税務上の要件を満たさない修繕費については、支出時にその全額を損金として処理することは認められず、税務上、資本的支出として認められる償却方法および耐用年数に応じて減価償却費を計上していくこととなる。仮に、このような税務上、資本的支出とされるべき支出が、会計上、修繕費として処理された場合において、税務上の資本的支出として処理したときに認められる一定の減価償却費相当額以上の金額については、損金として処理することができないため、会計と税務の乖離が生じることになる。

　なお、この他税務処理と会計処理で乖離が出うる項目については、本章第1節 II 1(1)参照。

## 4　売　　却

### (1) 譲渡対価の区分

　上述の取得と同様に、不動産投資法人が保有する不動産の売却に際しては、消費税法上、建物等の譲渡は課税取引とされる一方、土地の譲渡は非課税取引とされる。このため、譲渡対価の土地と建物等の区分については、不動産の鑑定評価額等を参照しながら合理的に行う必要がある。

### (2) 売却に係る減損

　固定資産について、決算後に売買契約等の締結がなされ、その売買により売却損が期末直後に生じるような場合には、減損損失が計上される可能性がある（会計上の取扱いは、第5章第6節 I を参照）。その場合、上述のとおり税務上は原則として当該不動産の売却時まで損金として認識することができないため、会計と税務の乖離が生じる可能性があることに留意が必要である。

## III 不動産投資法人における配当政策・資本政策等と税務上の論点

### 1 出資等減少分配

　一時差異等調整引当額としての分配以外のいわゆる通常の利益超過分配については、2015年度の税制改正により出資等減少分配と定義されている。不動産投資規則において、当該出資等減少分配を毎期継続的に実施する場合には、規約の分配方針への記載や社内規則の整備、分配水準の妥当性についての合理的なデータに基づく根拠の開示等一定の事項の遵守を条件に、前期末減価償却累計額と比較した減価償却累計額の当期末増加額の60％までを上限として行うことが可能とされている[16]。

　現状においては、大規模な資本的支出が限定的にとどまる傾向にある物流施設を運用資産とする不動産投資法人を中心に出資等減少分配が行われている。

　出資等減少分配については、一定の計算式（いわゆるプロラタ計算）に基づいて、資本金等の額からの払戻し（投資主側では譲渡収入）と利益積立金からの分配（投資主側ではみなし配当）に区分されることなる（投資主における課税関係について詳細は本章第3節参照）[17]。

### 2 圧縮記帳

　不動産投資法人においても法人税や租税特別措置法に定める圧縮記帳の適用を受けることが制度上可能であり、将来の多額の修繕に備えるための内部留保や配当の安定化も背景に圧縮積立金を計上することがある。圧縮記帳につき、直接減額方式ではなく、積立金方式が適用される場合には、90％超配当要件に抵触しうるため、積立額を税引前当期利益の10％相当を限度にする必要があるが、2013年度の投資法人計算規則改正および税制改正により導入された買換特

---

[16] 不動産投資法人協会規則43において、出資等減少分配は、前期末減価償却累計額と比較した減価償却累計額の当期末増加額の60％までを上限とされており、当期減価償却額の60％とは規定されていない。仮に、物件売却があった場合には、当期末減価償却累計額は減少するので、場合によっては、減価償却累計額の当期増加額が発生しない場合も想定される。

[17] もっとも、実務上は計算の結果、みなし配当は生じないケースが多いと考えられる。

例圧縮積立金については、90％超配当要件の判定上、その積立額を配当可能利益の額から控除されることとなり、資金の内部留保を行いつつも90％超配当要件を充足できることとなっている。不動産投資法人において実務上利用される圧縮記帳については、その内容、税務処理方法および積立金の投信法上の区分について以下のように取りまとめられる。

| 項目 | 概要 | 税務処理方式 | 積立金の投信法上の区分 |
| --- | --- | --- | --- |
| 2009年および2010年に土地等の先行取得をした場合の圧縮記帳 | 2009年、2010年に土地等を取得した場合に、一定の届出を行っている場合には、10年以内の他の土地等の売却益について、一定額の圧縮が可能となる。 | 積立金方式 | 買換特例圧縮積立金<br>（ただし、配当可能利益の額の10％未満の範囲内で積み立てるものはその他の任意積立金） |
| 特定の資産の買換えに係る圧縮記帳（震災特例法に基づくものを含む） | 保有資産の買換えで、譲渡益が生じた場合に、一定の要件を満たす場合には、譲渡益の一部について圧縮が可能となる。 | 積立金方式 | |
| 収用等があった場合の圧縮記帳 | 収用等により対価補償金を収受し、代替資産の取得をした場合に、一定の要件を満たす場合には、譲渡益の一部について圧縮が可能となる。 | 積立金方式または直接減額方式 | その他の任意積立金 |
| 交換の圧縮記帳 | 固定資産の交換を行った場合に、一定の要件を満たす場合には、譲渡益の一部について圧縮が可能となる。 | 直接減額方式 | N/A |
| 換地処分等があった場合の圧縮記帳 | 特定の換地処分、権利変換、交換等により、代替資産の取得をした場合に、一定の要件を満たす場合には、譲渡益の一部について圧縮が可能となる。 | 直接減額方式 | N/A |
| 国庫補助金の圧縮記帳 | 国または地方公共団体等から補助金等を取得し、当該資金により固定資産の取得をした場合には、補助金収入の一部について圧縮が可能となる。 | 積立金方式または直接減額方式 | その他の任意積立金 |
| 保険金等で取得した固定資産等の圧縮記帳 | 滅失または損壊により、保険金等の支払いを受け、その保険金等をもって代替資産を取得した場合には、譲渡益の一部について圧縮が可能となる。 | 積立金方式または直接減額方式 | その他の任意積立金 |

前頁の表のとおり、「買換特例圧縮積立金」と整理されるものについては、㈠2009年および2010年に土地等の先行取得をした場合の課税の特例または㈡特定の資産の買換えの場合の課税の特例（震災特例法に基づくものを含む）の規定の適用を受けたものとなり、それら以外の規定の適用を受けたものについては「その他の任意積立金」と整理されることとなる。なお、当該㈠と㈡の規定の適用を受けたものでも、投信法上の利益から過年度における買換特例圧縮積立金およびその事業年度において積立てを行おうとする買換特例圧縮積立金を控除した金額が、税引前当期純利益の額として一定の調整を行った金額の90％を超える場合（簡略すると、配当可能利益の額の10％未満の範囲内で積立てをしたもの）は、買換特例圧縮積立金には該当しないこととされている（投信法計算規則2条2項28号但書）。

買換特例圧縮積立金とその他の任意積立金について、90％超配当要件の判定上の違いについては上述したとおりだが、それ以外の実質的な取扱いの違いは、その後の取崩しについてである。買換特例圧縮積立金については、その取崩しの事由および金額が、投資法人計算規則において定められているのに対し、その他の任意積立金については特段定められていないことから、任意での取崩しが可能なものと考えられる。したがって、取崩しの自由度を考えれば、その他の任意積立金のほうが運用上は好まれる傾向がある。

（ⅰ）買換特例圧縮積立金（積立て）

90％超配当要件における分母の金額から控除することとなる金額（以下「買換特例圧縮積立金個別控除額」という）は以下のとおりである（税特措規22条の19第2項2号）。

買換特例圧縮積立金個別控除額

$$\text{買換特例圧縮積立金個別控除額} = \text{買換特例圧縮積立金の繰入額} \times \text{控除限度割合}^{*}$$

$${}^{*}\text{控除限度割合} = \frac{\text{その事業年度において譲渡をした不動産の譲渡対価の合計額} - \text{その不動産の譲渡直前の帳簿価額の合計額（譲渡経費を含む）}^{**}}{\text{その事業年度に係る買換特例圧縮積立金繰入額}}$$

＊＊分子の金額は分母の金額が上限とされる。

(ii) 買換特例圧縮積立金の取崩し

買換特例圧縮積立金については投資法人計算規則において、規定されている取崩し事由とその金額は以下のとおりである（投資法人計算規則18条の2）。

| 取り崩すことができる場合 | 取り崩すことができる金額 |
| --- | --- |
| 買換資産について、償却費として損金経理した金額のうち「損金算入額」があるとき | その買換資産に係る買換特例圧縮積立金 × （その買換資産に係る損金算入額 ／ その買換資産の取得価額） |
| 買換資産または先行取得土地等の全部について、譲渡、除却または減失その他これらに類する事由が生じたとき | その買換資産または先行取得土地等に係る買換特例圧縮積立金の額に相当する金額 |
| 利益から買換特例圧縮積立金の額を控除した金額が、配当可能利益の90％を超えない場合において、取崩金額の全額を当期の金銭の分配に充当することにより、導管性要件を充足しようとする場合 | その配当可能利益の額に取崩金額を加えて得た額の90％に相当する金額を超えることとなる金銭の分配をするために最低限必要な金額 |

この取崩しがあった場合においては、90％超配当要件の分母の金額については、取崩事業年度（金銭の分配に係る計算書に基づき買換特例圧縮積立金を取り崩した場合には、その金銭の分配に係る計算書の属する事業年度）の配当可能利益の額の計算上、以下の金額を加算することとされている（税特措規22条の19第4項）。

その不動産に係る買換特例圧縮積立金個別控除額（取崩事業年度前の各事業年度においてすでに加算された金額に相当する金額を除く） × （目的取崩額* ＋ 投資法人計算規則18の2第1項3号に定める金額のうち、その不動産に係る金額） ／ 取崩し事業年度終了の日におけるB/Sに買換特例圧縮積立金として表示された金額のうちその不動産に係る金額

＊投資法人計算規則54条3項の規定より買換特例圧縮積立金の取崩額として表示された金額

## 3 自己投資口の取得

2013年の投信法改正前までは、不動産投資法人における自己投資口の取得

は、合併より承継する場合や、無償で取得する場合などに制限されていたが、金融危機後に投資口価格のボラティリティが拡大したことを受け、金融資本市場の動向が投資口価格に与える影響を緩和し、不動産投資法人の財務基盤の安定性の向上を図るため、2013年の投信法の改正により、自己投資口の取得規制が緩和された。具体的には、投信法80条１項１号として"その資産を主として不動産等資産[18]に対する投資として運用することを目的とする不動産投資法人が、投資主との合意により不動産投資法人の投資口を有償取得することができる旨を規約で定めた場合"に自己投資口の取得が可能となっている。これにより最近では余剰資金を自己投資口の取得に充て、投資口の価値を向上させるための手段として利用されている。

自己投資口の取得にかかる税務上の取扱いについては以下のとおりである。

(ⅰ) 自己投資口の取得時における投資主の税務処理

自己投資口の取得の方法としては、市場取引による取得や投資主全員に勧誘する方法（相対取引）が考えられる。市場取引による取得等一定の場合[19]を除き、自己投資口の取得は税務上、法税24条１項５号《配当等の額とみなす金額》に規定する「自己の株式又は出資の取得」に該当し、その払い戻した金銭の額が、資本金等の額のうち払戻しの対象となった不動産投資法人の投資口に対応する部分の金額を超えるときは、その超える部分の金額がみなし配当として取り扱われることとなる。また、払戻しを受けた金額のうちみなし配当の金額を超える部分は売却収入として取り扱われることとなる。なお、市場取引による取得等一定の場合にはみなし配当は生じず、譲渡損益のみ生じることとなる。

(ⅱ) 自己投資口の取得時における不動産投資法人の税務処理（取得した自己投資口の90％超配当要件への影響）

税務上、自己投資口の取得は、その取得時にみなし配当部分につき利益積立金が減少し、残りは資本金等の額が減少することとなる。ただし、みなし配当の生じない市場取引による取得等一定の場合には資本金等の額のみの減少となる。一方、会計上は自己投資口の取得は、その取得価額をもって貸借対照表上、

---

18) 不動産等資産とは不動産、不動産の賃借権、地上権、再生可能エネルギー発電設備、公共施設等運営権、これらの資産のみを信託する信託の受益権等をいう（投信法施行規則105条１号へ）。
19) 法税令23条３項に規定する取得および法税61条の２第14項１号から３号までに規定する取得。

純資産の控除項目として計上されることとなる（投資法人計算規則19条1項、39条2項）。

　導管性要件の1つである90％超配当要件において、上述のように自己投資口を貸借対照表上、純資産の控除項目として計上されることとなると、税引前当期利益に比し、不動産投資法人が実際に配当できる金額は自己投資口の金額分減少し、結果として、税流出が生じる（金額が大きい場合には90％超配当要件も満たせない）可能性があるため、原則として同事業年度内に自己投資口の消却を行うことが必要と考えられる。なお、同一事業年度内において消却を行わない場合においても、一時差異等調整引当額として利益超過配当を行うことで、税流出を回避または軽減することが可能と考えられる。

　(iii)　自己投資口の消却または処分にかかる不動産投資法人の税務処理

　㈠　消却

　税務上は自己投資口の消却については特段の処理は発生せず、会計上においては、その消却を行った自己投資口の帳簿価額をもって、出資剰余金（出資剰余金から控除しきれない場合には出資総額）が減少することとなる（投信法80条5項、投資法人計算規則19条2項、20条2項、21条2項）。

　㈡　処分

　税務上は自己投資口の処分については資本等取引であるため、自己投資口の処分により取得した金銭相当の資本金等の額が増加することとなる。一方会計上においては、不動産投資法人が自己投資口の処分をする場合には、処分の対価が自己投資口の帳簿価額を上回る場合には出資剰余金となり、下回る場合には出資剰余金（出資剰余金から控除しきれない場合には出資総額）が減少することとなる（投資法人計算規則19条2項・3項・4項）。

## 4　欠損塡補のための無償減資

　売却損や減損損失が発生することなどにより、会計上欠損が累積している場合には、その欠損状態の期間においては利益の配当を行うことができないが、金銭の分配にかかる計算書に基づき、損失の全部または一部を出資総額から控除すること（いわゆる、欠損塡補の無償減資）が2013年の投信法の改正によりできることとなり、継続的な収益の配当を維持することが可能となっている。

税務上は、無償減資が行われたとしても、資本等の額に変更はなく、繰越欠損金はそのまま残ることとなる（なお、会計上減損損失により欠損が生じている場合には、税務上減損損失は損金とはならないため、税務上繰越欠損金はない）。無償減資を行った年度以降、税会不一致がなく課税所得が発生しない場合には、当該繰越欠損金は利用の機会がなくなり、使用期限内に使い切れずに消滅してしまう可能性があるが、将来税会不一致等を理由に課税所得が生じる場合には、当該欠損金の利用により、課税を軽減する効果が考えられる。

## 5　新投資口予約権の発行（ライツ・オファリング）

　従前、不動産投資法人による資金調達手段は基本的に公募増資、借入れまたは投資法人債の発行に限定されていたが、金融市場の状況によってはこれらの資金調達手段の迅速な実行が困難なことから、資金調達手段の多様化の1つとして、ライツ・オファリングが2013年の投信法の改正により導入された。[20]

　ライツ・オファリングとは、既存の投資主全員へ新投資口予約権を無償にて交付し、その権利行使による払込みにより、資金調達を実現する目的で行われるものである。一般に行使価格は相応のディスカウントで行われることとなり、権利行使をしない投資主においては、希薄化による経済的損失を負う可能性があるが、当該取組みにおいては、権利行使を望まない投資主には、市場において新投資口予約権を売却（新投資口予約権が一定期間上場される）できる機会があることから、かかる経済的損失を回避でき、一定の公平性が保たれた制度と考えられる。

　なお、結果的に権利行使がすべて行われなかった場合には、当初予定した資金調達を達成できないこととなるが、当初予定した資金調達を原則達成できるコミットメント型と呼ばれる方式（不動産投資法人が未行使の新投資口予約権を一度取得条項に基づき自己買入れをした後、コミットメント会社（証券会社等）に新投資口予約権を譲渡し、そのうえでコミットメント会社が権利行使を行う取引）も考えられる。ライツ・オファリングにおける一連の取引は図表6-5のような流れとなり、それぞれにおける税務上の取扱いは以下のとおりと考えられる。

---

[20]　一般事業法人においてはライツ・オファリングの活用事例が複数あるものの、不動産投資法人においては現時点では活用事例はない。

## 図表 6-5　ライツ・オファリングにおける一連の取引

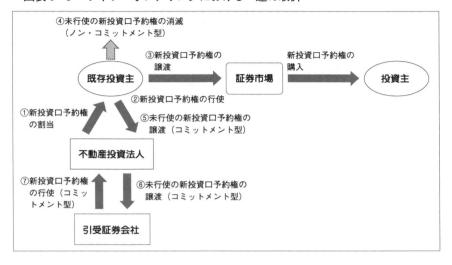

税務上の取扱い

| | 不動産投資法人 | 投資主 |
|---|---|---|
| ①新投資口予約権の割当 | 不動産投資法人は、新投資口予約権の無償発行時において、課税関係は生じない。 | 一律に割り当てられるものであり、発行法人からの資産の移転や既存投資主間における経済的利益の移転はないので、投資主においても課税関係は生じない。 |
| ②新投資口予約権の行使 | 原則として会計上、税務上ともに払込金銭の額の出資総額が増加する（投資法人計算規則16条の2）。 | 新投資口予約権の行使により払い込んだ金額（新投資口予約権を市場で購入した場合には、その購入金額およびその取得のために要した費用の額を加算した金額）が取得した投資口の取得価額となる。 |
| ③新投資口予約権を市場で売却 | 特段の課税関係は生じない。 | 新投資口予約権の譲渡は有価証券の譲渡として、譲渡益について課税されることとなる。譲渡益の金額は当該新投資口予約権が無償で割り当てられていることから、当該新投資口予約権の取得価額は零となるため、原則として譲渡収入の全額が譲渡益の金額となる[21]。 |

---

21)　なお、新投資口予約権の導入に伴い、2014年度の税制改正において新投資口予約権が株式等または上場株式等の定義に含まれる手当てがされ、個人投資主においては、上場株式等または株式

| | | |
|---|---|---|
| ④未行使により消滅（ノン・コミットメント型） | 特段の課税関係は生じない。 | 特段の課税関係は生じない。 |
| ⑤取得条項に基づいた新投資口予約権の取得（コミットメント型） | 会計上、自己新投資口予約権の取得価額は純資産の部の新投資口予約権の金額から直接控除するか、もしくは新投資口予約権の控除項目として自己新投資口予約権を表示することになる（投資法人計算規則46条の2）。<br>税務上は、有価証券の取得として処理されると考えられる。 | 新投資口予約権の譲渡は有価証券の譲渡として、譲渡益について課税されることとなる。譲渡益の金額は当該新投資口予約権が無償で割り当てられていることから、当該新投資口予約権の取得価額は零となるため、原則として譲渡収入の全額が譲渡益の金額となる[22]。 |
| ⑥未行使の新投資口予約権を引受証券会社に譲渡（コミットメント型） | 自己新投資口予約権を証券会社に譲渡する場合には、帳簿価額と譲渡価額の差額は自己新投資口予約権の譲渡損益として取り扱われるものと考えられる。<br>税務上、自己新投資口予約権の取得価額と証券会社等への譲渡対価との差額を譲渡損益として処理することが考えられる[23]。 | 特段の課税関係は生じない。 |
| ⑦引受証券会社による新投資口予約権の行使（コミットメント型） | 原則として会計上、税務上ともに払込金銭の額の出資総額が増加する（投資法人計算規則16条の2）。 | 特段の課税関係は生じない。 |

等に係る譲渡所得等の課税の特例（申告分離課税）、特定口座への受入れ、上場株式等にかかる譲渡損失の損益通算および繰越控除、NISA、ジュニアNISAの適用等が可能となっている。

22) 取得条項に基づき不動産投資法人に取得される場合には、その時点ではすでに新投資口予約権は上場廃止されていると思われるため、その場合上場株式等ではなく、非上場株式としての税務上の取扱いがなされると考えられる。

23) ただし、自己新投資口予約権の取得が資本等取引とされ、譲渡損益は税務上認識しないという見方もあり、取扱いの明確化が望まれる。

なお、ライツ・オファリングによる投資口の発行は募集による発行に該当しないため、50％超国内募集要件の算定対象とはならないこととされている[24]。

---

24) 一般社団法人投資信託協会による2018年2月23日付の事務連絡通知「投資法人に税制上課される50％超国内募集要件におけるライツ・オファリングの取扱いについて」より引用。

# 第3節　投資主の税務上の取扱い

## I　概　　要

　不動産投資法人の投資主に係る税務上の取扱いについては、不動産投資法人が上場法人か非上場法人か、また、投資主が個人か法人か、さらに、個人投資主の場合は居住者か非居住者か、法人投資主の場合は内国法人か外国法人か等によって、不動産投資法人からの利益の配当（一時差異等調整引当額としての分配金を含む）や投資口の譲渡に係る課税関係が異なる。

　不動産投資法人の上場、非上場別にそれぞれの投資主の課税関係を取りまとめると**図表6－6**のように集約される。

**図表6－6　投資主における課税関係（要約）**

| | | | 国内投資家 | | 国外投資家 | |
|---|---|---|---|---|---|---|
| | | | 個人 | 法人 | 個人 | 法人 |
| 利益の配当（一時差異等調整引当額としての分配金を含む） | 非上場不動産投資法人（＊9） | | ・源泉徴収<br>（20.42％）<br>・所得税総合課税<br>（＊2）（＊7） | ・源泉徴収<br>（20.42％）<br>・法人税申告<br>（＊8） | ・源泉徴収<br>（20.42％）<br>（＊4） | ・源泉徴収<br>（20.42％）<br>（＊4） |
| | 上場不動産投資法人 | 持分3％未満 | ・源泉徴収<br>（20.315％）<br>・所得税総合課税、または申告分離課税もしくは申告不要<br>（＊3）（＊5）（＊6）（＊7） | ・源泉徴収<br>（15.315％）<br>・法人税申告<br>（＊8） | ・源泉徴収<br>（15.315％）<br>（＊4） | ・源泉徴収<br>（15.315％）<br>（＊4） |
| | | 持分3％以上 | ・源泉徴収<br>（20.42％）<br>・所得税総合課税<br>（＊2）（＊7） | | ・源泉徴収<br>（20.42％）<br>（＊4） | |

|  |  | 国内投資家 | | 国外投資家 | |
| --- | --- | --- | --- | --- | --- |
|  |  | 個人 | 法人 | 個人 | 法人 |
| 投資口の譲渡 | 非上場不動産投資法人（＊9） | ・所得税申告分離課税(20.315%) | ・法人税申告 | ・事業譲渡類似株式または不動産関連法人株式の譲渡に該当する場合に所得税申告分離課税（＊4） | ・事業譲渡類似株式または不動産関連法人株式の譲渡に該当する場合に法人税申告（＊4） |
|  | 上場不動産投資法人 | ・所得税申告分離課税または申告不要(20.315%)（＊5）（＊6）（＊10） |  |  |  |

（＊1）　2013年1月1日から2037年12月31日までは、復興特別所得税として所得税に2.1％を乗じた金額が課税される。表中の税率は復興特別所得税込みの税率で表示している。
（＊2）　少額配当の申告不要制度の適用あり。住民税は別途申告が必要
（＊3）　確定申告不要制度の適用あり、申告分離課税選択可（その場合、一定の上場株式等の譲渡損失との通算が可能）
（＊4）　租税条約による減免の可能性あり
（＊5）　2014年1月1日から2023年12月31日までの10年間、少額上場株式等の非課税口座制度（通称「NISA」）の適用を受ける場合、所得税および住民税は課されない。
（＊6）　2016年4月1日から2023年12月31日までの期間、未成年者に係る少額上場株式等の非課税口座制度（通称「ジュニアNISA」）の適用を受ける場合、所得税および住民税は課されない。
（＊7）　配当控除の適用なし、源泉税は所得税申告上控除可
（＊8）　受取配当等の益金不算入の適用なし、源泉税は法人税申告上控除可
（＊9）　不動産投資法人が特定投資法人（オープン・エンド型で設立時公募に該当する一定の非上場不動産投資法人）である場合には、基本的に上場不動産投資法人の場合と同様の課税関係となるよう手当てがなされている。本表における非上場不動産投資法人とは特定投資法人ではない前提。
（＊10）特定口座（源泉徴収あり）を選択している場合には申告不要の選択が可能。
（＊11）不動産投資法人の投資口は非課税累積投資契約に係る非課税措置（通称「つみたてNISA」）の対象となる一定の公募等株式投資信託には該当しない。

## II　個人投資主の取扱い

### 1　取　　得

不動産投資法人の投資口の取得に際しては、有価証券の取得として消費税法上、非課税取引として取り扱われるため消費税は課せられない。所得税法上も投資口の取得自体には基本的に投資主における課税関係は生じない。

## 2　利益の配当（一時差異等調整引当額としての分配金およびみなし配当を含む）

### (1) 概　　要

　個人投資主が不動産投資法人から受け取る利益の分配は、株式の配当と同様に配当所得として取り扱われる。したがって、個人投資主が居住者または日本に恒久的施設を有する非居住者[1]（以下「国内個人投資主」という）である場合には、原則として20.42％（所得税20％、復興特別所得税0.42％）[2]の税率により所得税が源泉徴収された後、総合課税の対象となるが、後述のとおり、不動産投資法人が上場か非上場か[3]、また各個人投資主が有する出資口数によって課税関係が異なる。また、個人投資主が日本に恒久的施設を有していない非居住者[4]（以下「国外個人投資主」という）である場合には、租税条約の適用によって日本での課税が減免される可能性があるものの、原則として20.42％（所得税20％、復興特別所得税0.42％）の税率（なお、当該税率は後述のとおり、不動産投資法人が上場か非上場か、また各個人投資主が有する出資口数によって異なる）による源泉徴収のみで課税関係が完了することになる。

　なお、国内個人投資主が、不動産投資法人から受け取った利益の分配について総合課税により所得税の確定申告を行う際には、二重課税の調整措置を目的として設けられている配当控除は適用されない（所税92条1項、税特措9条1項7号）。これは不動産投資法人については、税務上一定の要件を満たす場合には、支払配当の損金算入が認められ実質的に法人税課税されないことから、二重課税に対する配慮を投資家段階において行う必要がないと考えられるためである。ただし、不動産投資法人が利益配当等の損金算入要件を満たさない場合でも、

---

1) 本節において、日本に恒久的施設を有する非居住者とは、配当または譲渡所得が当該非居住者の日本の恒久的施設に帰属する場合を想定している。
2) 2013年1月1日から2037年12月31日までは、所得税に加えて復興特別所得税として所得税額に2.1％を乗じた金額が課される（東日本大震災の復興財源の確保に関する特別措置法8条、28条）。以下、本節において同じ。
3) 不動産投資法人が特定投資法人（オープン・エンド型で設立時公募に該当する一定の非上場不動産投資法人）である場合には、基本的に上場不動産投資法人の場合と同様の課税関係となるよう手当てがなされているが、本節では特定投資法人の場合の取扱いについては記載を省略している。
4) 本節において、日本に恒久的施設を有していない非居住者とは、日本に恒久的施設を有する非居住者のうち、配当または譲渡所得が当該非居住者の日本の恒久的施設に帰属しない場合の当該非居住者も含む。

同様に個人投資主において配当控除の適用はされないことに留意を要する。なお、この利益の分配に係る源泉所得税は、個人投資主が不動産投資法人から受け取った利益の分配を総合課税または申告分離課税とする場合には、所得税の申告上、申告所得に対する源泉徴収税額として差し引くこととなる。また、不動産投資法人が納付した外国法人税の額がある場合には、不動産投資法人の配当等に係る源泉所得税の額から控除する二重課税調整が行われることとなる。[5]

(2) 発行済投資口総数の100分の3未満の口数を有する小口投資主の取扱い

a) 国内個人投資主について

国内個人投資主が不動産投資法人から受け取る配当については、原則として20.42％（所得税20％、復興特別所得税0.42％）の税率により所得税が源泉徴収された後、総合課税の対象となるが、上場不動産投資法人の場合、不動産投資法人の配当基準日において、不動産投資法人の発行済投資口総数の100分の3未満の口数を有する個人投資主（以下「小口個人投資主」という）が、不動産投資法人より受け取る利益の分配に対しては、原則として20.315％（所得税15％、住民税5％、復興特別所得税0.315％）の税率により源泉徴収され（所税181条1項、182条2号、税特措9条の3第1項）、総合課税の対象となる。[6]

ただし、小口個人投資主が上場不動産投資法人から受け取る利益の分配については、その金額にかかわらず、総合課税に代えて源泉徴収だけで納税手続を終了させる確定申告不要の選択が可能である（税特措8条の5第1項2号）。また、上場不動産投資法人から受け取る利益の分配については、総合課税に代えて申告分離課税（この場合の税率は20.315％（所得税15％、住民税5％、復興特別所得税0.315％））を選択することもでき、一定の上場株式等の譲渡損失の金額と通算することが可能である（税特措37条の12の2第1項）。また、上場不動産投資法人からの利益の分配については、金融商品取引業者等における特定口座の源泉徴収選択口座内で受け取ることも可能である。

---

5) 本章第5節Ⅲにて詳述。
6) なお、非上場不動産投資法人から受け取る配当については、1回に受け取る分配金額が、10万円に配当計算期間の月数を乗じてこれを12で除して計算した金額以下の場合に限り、源泉徴収だけで納税手続を終了させる確定申告不要の選択が可能（税特措8条の5第1項1号）。ただし住民税については別途申告が必要。

さらに、小口個人投資主が上場不動産投資法人から受け取る利益の分配について、NISA[7]（その年1月1日において満20歳以上。ただし2023年1月1日以後に設けられる非課税口座については満18歳以上）またはジュニアNISA[8]（その年1月1日において20歳未満。ただし2023年1月1日以後に設けられる未成年者口座については18歳未満）と呼ばれる非課税口座制度の適用を受ける場合（非課税の適用を受けるためには、配当金の受領方法として「株式数比例配分方式」を選択する必要がある）、証券会社等の金融商品取引業者等に開設した非課税口座または未成年者口座において管理される上場株式等に係る配当等については、一定期間所得税および住民税は課されない（税特措9条の8第1項、9条の9第1項）。

b） 国外個人投資主について

国外個人投資主が不動産投資法人から受け取る利益の分配については、原則として20.42％（所得税20％、復興特別所得税0.42％）の税率による源泉徴収のみで課税関係が完了することになる（所税212条、213条）。ただし、小口個人投資家が上場不動産投資法人から受け取る利益の分配については、15.315％（所得税15％、復興特別所得税0.315％）の税率が適用される（税特措9条の3第1項）。

なお、租税条約の適用がある場合には、日本での課税が減免される可能性がある。

(3) 発行済投資口総数の100分の3以上の口数を有する大口投資主の取扱い

a） 国内個人投資主について

不動産投資法人の配当基準日において不動産投資法人の発行済投資口数の100分の3以上に相当する口数を有する個人投資主（以下「大口個人投資主」という）が、不動産投資法人より受け取る利益の分配に対しては、20.42％（所得税20％、復興特別所得税0.42％）の税率により源泉徴収され、総合課税となる。なお、1回に受け取る分配金額が、10万円に配当計算期間の月数を乗じてこれを12で除して計算した金額以下の場合に限り、源泉徴収だけで納税手続を終了

---

7） 2014年1月1日から2023年12月31日までの10年間、非課税管理勘定に管理される上場株式等（新規投資額で毎年120万円（2015年以前は100万円）を上限）に係る配当等で、非課税管理勘定を設けた年の1月1日から5年内に支払いを受けるものについて非課税とする制度。

8） 2016年4月1日から2023年12月31日までの期間、未成年者口座に設定した非課税管理勘定に管理される上場株式等（新規投資額で毎年80万円を上限）に係る配当等で、非課税管理勘定を設けた年の1月1日から5年内に支払いを受けるものについて非課税とする制度。

させる確定申告不要の選択が可能である[9]（税特措8条の5第1項1号）。

　b) **国外個人投資主について**

　大口個人投資主が不動産投資法人から受け取る利益の分配については、原則として20.42％（所得税20％、復興特別所得税0.42％）の税率による源泉徴収のみで課税関係が完了することになる（所税212条、213条）。ただし、租税条約の適用がある場合には、日本での課税が減免される可能性がある。

(4) **利益を超えた金銭の分配（出資等減少分配）に係る税務**

　出資等減少分配は、一時差異等調整引当額としての分配金以外の利益を超えた金銭の分配をいい、出資の払戻しまたは資本の払戻しとして扱われる。この金額のうち払戻しを行った不動産投資法人に対する出資等に相当する金額を超える金額がある場合には、みなし配当として上述における利益の配当と同様の課税関係が適用される。また、出資の払戻し額のうち、みなし配当を上回る金額は、投資口の譲渡に係る収入金額として取り扱われる。各投資主は、この譲渡収入に対応する譲渡原価を算定し、投資口の譲渡損益の額を計算することになる。この譲渡損益の取扱いは、後述における投資口の譲渡の場合と同様である。また、出資の払戻しを受けた後の投資口の取得価額は、この出資の払戻しを受ける直前の帳簿価額から出資の払戻しに係る上記譲渡原価を控除した金額となる。

　みなし配当の金額は、以下のとおり計算される（所税25条1項4号、所税令61条2項5号）。

> みなし配当の金額＝出資等減少分配額－投資主の所有投資口に対応する投資法人の
> 出資等の金額（資本金等の額）

　投資主の所有投資口に相当する投資法人の出資等の金額（資本金等の額）は、以下のとおり計算される。

> 出資等減少分配直前の税務上の資本金等の額 × $\dfrac{\text{投資法人の出資等減少分配により減少した投資法人の出資総額等}^{**}}{\text{投資法人の前々期末の簿価純資産価額}^{*}}$ × $\dfrac{\text{各投資主の出資等減少分配直前の所有投資口数}}{\text{投資法人の発行済投資口総数}}$

---

9) 住民税については別途申告が必要。

※　出資等減少分配の直前までの間に資本金等の額の増減があった場合には、その増減額を加減算した金額。
※※　小数第3位未満の端数がある時は切上げとなる。

投資口の譲渡に係る収入金額は、以下のとおり計算される（税特措37条の10第3項4号、37条の11第3項）。

| 投資口の譲渡に係る収入金額＝出資等減少分配額－みなし配当の金額 |
|---|

投資主の譲渡原価は、以下のとおり計算される。

| 出資等減少分配直前の取得価額 | × | 投資法人の出資等減少分配により減少した投資法人の出資総額等※※ / 投資法人の前々期末の簿価純資産価額※ |
|---|---|---|

※　出資等減少分配の直前までの間に資本金等の額の増減があった場合には、その増減額を加減算した金額。
※※　小数第3位未満の端数がある時は切上げとなる。

投資口の譲渡損益は、以下のとおり計算される。

| 投資口の譲渡損益の額＝譲渡収入金額－譲渡原価の額 |
|---|

## 3　投資口の譲渡

### a)　国内個人投資主について

　国内個人投資主が不動産投資法人の投資口を譲渡した際の譲渡益の取扱いについては、株式を譲渡した場合と同様に、株式等の譲渡所得等として申告分離課税の対象となり、原則として20.315％（所得税15％、住民税5％、復興特別所得税0.315％）の税率により課税される（税特措37条の10、37条の11）。また、上場不動産投資法人の投資口の譲渡から生じた譲渡損失は、他の上場株式等の譲渡所得等との相殺が認められ、非上場不動産投資法人の投資口の譲渡から生じた譲渡損失は、一般株式等（上場株式等以外の株式）の譲渡所得等との相殺が認められる。しかし、株式等の譲渡所得等の合計額が損失となった場合には、その損失は他の所得と相殺することはできない。なお、上場不動産投資法人の投資口を金融商品取引業者等を通じて譲渡等した場合には、以下の特例の対象となる。

㈠　上場不動産投資法人の投資口の譲渡等により損失が生じた場合において、その譲渡損失のうちその譲渡日の属する年度分の上場株式等に係る譲渡所得等の金額の計算上控除しきれない金額は、確定申告書に上場株式等に係る譲渡損失の金額の計算に関する明細書その他一定の書類を添付することにより、上場株式等に係る配当所得等の金額（申告分離課税を選択したものに限る）と損益通算をすることができる（税特措37条12の2第1項）。なお、それでも控除しきれない譲渡損失の金額がある場合には、確定申告書に上場株式等に係る譲渡損失の金額の計算に関する明細書その他一定の書類を添付し、その後も連続して確定申告書を提出することを要件にその年の翌年以降3年間にわたり、上場株式等の譲渡所得等および配当所得等の金額から繰越控除を行うことが認められる（税特措37条の12の2第5項・6項）。

㈡　金融商品取引業者等における特定口座の源泉徴収選択口座（所定の手続により源泉徴収を選択した特定口座）内において譲渡等した場合の所得に関しては、一定の要件の下に源泉徴収による申告不要の選択が認められており、金額にかかわらず申告不要の選択ができる（税特措37条の11の5）。なお、この場合の源泉徴収税率は20.315％（所得税15％、住民税5％、復興特別所得税0.315％）となる。また、金融商品取引業者等における特定口座の源泉徴収選択口座内において上場株式等の配当等を受け取ることを選択したときは、この源泉徴収選択口座内における上場株式等の譲渡損失は、同一の源泉徴収選択口座内における上場株式等の配当等から控除され、この源泉徴収選択口座における上場株式等の配当等に係る源泉徴収税額は譲渡に係る損失の控除後の金額に対して課されるよう調整されることとなる。

なお、国内個人投資主の上場不動産投資法人の投資口の譲渡所得等については、上述した利益の分配と同様、NISA[10]（その年1月1日において満20歳以上。ただし2023年1月1日以後に設けられる非課税口座については満18歳以上）またはジュニアNISA[11]（その年1月1日において20歳未満。ただし2023年1月1日以後に

---

[10] 2014年1月1日から2023年12月31日までの10年間、非課税管理勘定に管理される上場株式等（新規投資額で毎年120万円（2015年以前は100万円）を上限）を、その非課税管理勘定を設けた年の1月1日から5年以内に譲渡した場合、その譲渡所得を非課税とする制度。

[11] 2016年4月1日から2023年12月31日までの期間、未成年者口座の非課税管理勘定に管理される上場株式等（新規投資額で毎年80万円を上限）を、その非課税管理勘定を設けた年の1月1日から5年以内に譲渡した場合、その譲渡所得を非課税とする制度。

設けられる未成年者口座については18歳未満）の非課税口座制度を選択した場合には、証券会社等の金融商品取引業者等に開設した非課税口座または未成年者口座において管理される上場株式等の譲渡については、一定期間所得税および住民税は課されない（税特措37条の14第1項、37条の14の2第1項）。

### b）　国外個人投資主について

国外個人投資主が、不動産投資法人の投資口を譲渡する場合については、当該譲渡が事業譲渡類似株式等の譲渡[12]または不動産関連法人株式の譲渡[13]に該当する場合には、譲渡が行われた年度の株式等の譲渡に係る国内源泉所得として15.315％（所得税15％、復興特別所得税0.315％）の税率により申告分離課税とされる（所税161条、164条1項2号、所税令281条1項4号・5号）。

ただし、不動産関連法人株式の譲渡として課税の対象となるのは、以下の要件に該当するものに限られる（所税令281条9項1号・2号）。

㈠　上場株式の場合：譲渡を行った特殊関係株主等が譲渡年の前年の12月31日（以下、本節において「基準日」という）において発行総額または総数の5％超を保有している場合

㈡　非上場株式の場合：譲渡を行った特殊関係株主等が基準日において発行総額または総数の2％超を保有している場合

したがって、不動産投資法人の投資口が不動産関連法人株式に該当する場合であっても、当該投資口を譲渡した国外個人投資主（特殊関係株主等を含む）が、基準日において上述のとおり一定（上場不動産投資法人の場合は5％超、非上場不動産投資法人の場合は2％超）の投資口を保有していなかった場合には、当該譲渡については日本における課税の対象にはならない。また、課税対象となる事業譲渡類似株式等または不動産関連法人株式の譲渡に該当する場合であっても、租税条約の適用によって日本での課税が減免される可能性がある。

---

12) 譲渡前3年以内のいずれかの時において、譲渡対象とされる内国法人の特殊関係株主等（＊）が発行済株式の25％以上を所有しており、その5％以上を譲渡した場合。
　　（＊）　特殊関係株主等とは、内国法人の一の株主等その株主等と特殊の関係（役員、主要株主、それらの親族、これらの者の支配する法人、主要な取引先等）（法税令4条）その他これに準ずる関係のある者その他一の株主等が締結している組合契約等に係る組合財産である内国法人の株式等につき、その株主等に該当することとなる者（所税令281条4項）。

13) 不動産関連法人とは、その株式の譲渡の日から起算して365日前の日から当該譲渡の直前の時までの間のいずれかの時において、その有する資産の価額の総額のうちに国内にある土地、建物等の価額の合計額の占める割合が100分の50以上である法人をいう（所税令281条1項5号・8項）。

## III 法人投資主の場合

### 1 取　得

　不動産投資法人の投資口の取得に際しては、有価証券の取得として消費税法上は非課税取引となる。法人税法上も、投資口の取得に際し、基本的に投資主における課税関係は生じない。

### 2 利益の配当（一時差異等調整引当額としての分配金およびみなし配当を含む）

#### a) 内国法人投資主および日本に恒久的施設を有する外国法人投資主について

　内国法人である投資主および日本に恒久的施設を有する外国法人である投資主[14]（以下「国内法人投資主」という）が不動産投資法人から受け取る利益の分配は、株式の配当と同様に取り扱われ、原則として分配の決議のあった日の属する法人投資主の事業年度において益金計上される。利益の分配を受け取る際には原則20.42％（所得税20％、復興特別所得税0.42％）の税率により所得税が源泉徴収されるが、上場不動産投資法人の投資口の利益の分配は特例として、15.315％（所得税15％、復興特別所得税0.315％）となる[15]。なお、利益の分配に係る源泉所得税および復興特別所得税は、法人投資主の法人税の申告上、利子配当等に対する所得税として所得税額控除の対象となる。また、受取配当等の益金不算入の規定は適用されない。この取扱いは、不動産投資法人が利益配当等の損金算入要件を満たさない場合も同様であることに留意を要する。

#### b) 日本に恒久的施設を有しない外国法人投資主について

　日本に恒久的施設を有しない外国法人である投資主[16]（以下「国外法人投資主」という）が不動産投資法人から受け取る利益の分配に関する課税関係については、原則20.42％（所得税20％、復興特別所得税0.42％）の税率によって源泉所

---

14) 本節において、日本に恒久的施設を有する外国法人とは、配当または譲渡所得が当該外国法人の日本の恒久的施設に帰属する場合を想定している。
15) 住民税の徴収はない。
16) 本節において、日本に恒久的施設を有しない外国法人とは、日本に恒久的施設を有する外国法人のうち、配当または譲渡所得が当該外国法人の日本の恒久的施設に帰属しない場合の当該外国法人も含む。

得税が徴収され、日本における課税関係が完了する。ただし、上場不動産投資法人の投資口の利益の分配については特例として、所得税の源泉税率は15.315％（所得税15％、復興特別所得税0.315％）となる[17]。

なお、租税条約の適用がある場合には、日本での課税が減免される可能性がある。

(1) 利益を超えた金銭の分配（出資等減少分配）に係る税務

出資等減少分配は、出資の払戻しまたは資本の払戻しとして扱われ、この金額のうち払戻しを行った不動産投資法人に対する出資等に相当する金額を超える金額がある場合には、みなし配当として上述の利益の配当と同様の課税関係が適用される。また、出資の払戻しのうちみなし配当を上回る金額は、投資口の譲渡に係る収入金額として取り扱われる。各投資主はこの譲渡収入に対応する譲渡原価を算定し、投資口の譲渡損益の額を計算する。この譲渡損益の額の取扱いは、後述する投資口の譲渡の場合と同様になる。また、出資の払戻しを受けた後の投資口の取得価額は、この出資の払戻しを受ける直前の取得価額から出資の払戻しに係る上記譲渡原価を控除した金額となる。みなし配当の計算については、上述した「II 2 (4) 利益を超えた金銭の分配（出資等減少分配）に係る税務」と同様。

## 3 投資口の譲渡

### a) 国内法人投資主について

国内法人投資主が不動産投資法人の投資口を譲渡した際には、有価証券の譲渡として取り扱われ、原則、約定日の属する事業年度において譲渡損益が計上される。

### b) 国外法人投資主について

国外法人投資主が、不動産投資法人の投資口を譲渡した場合の法人税法上の取扱いについては、所得税法上の取扱いと同様に、当該譲渡が事業譲渡類似株式等の譲渡または不動産関連法人株式の譲渡に該当する場合には、譲渡が行われた事業年度における国内源泉所得として法人税の申告義務を負う（法税138条、

---

17) 同様に住民税の徴収はない。

141条1項2号、法税令178条)。ただし、租税条約の適用により日本での課税が減免される可能性がある。

## 4　投資口の払戻し

　非上場不動産投資法人のうち私募不動産投資法人(オープン・エンド型の不動産投資法人)の場合には、投資主からの払戻し請求が可能となっている。この投資主からの払戻し請求によって投資口の払戻しとして交付される金銭は、出資の払戻しとして取り扱われ、この金額のうち払戻しを行った私募不動産投資法人に対する出資等に対応する金額を超える金額がある場合には、みなし配当として上述した利益の配当と同様の課税関係が適用される(法税24条1項6号)。また、出資の払戻し額のうち、みなし配当を上回る金額は、投資口の譲渡に係る収入金額として取り扱われることとなる。

　なお、みなし配当や譲渡原価の計算においては、上述の出資等減少分配における計算(いわゆるプロラタ計算)とは異なり、私募不動産投資法人の出資等に対応する金額の計算が以下のとおりとなることに留意を要する(法税令23条1項6号)。

$$\text{投資口の払戻し直前の税務上の資本金等の額} \times \frac{\text{払戻しにかかる投資口数}}{\text{投資法人の発行済投資口総数}}$$

## 5　その他

### (1)　投資口の期末評価方法

　法人投資主による不動産投資法人の投資口の期末評価方法については、税務上、売買目的有価証券である場合には時価法、売買目的外有価証券である場合には原価法が適用される(法税61条の3第1項)。

## 第4節　不動産投資法人のM&Aと税務

### Ⅰ　合　　併

#### 1　概　　要

(1) 適格合併と非適格合併

**a）基本的な取扱い**

　税務上、合併による被合併法人（合併後消滅する法人をいう。以下同じ）の資産および負債の合併法人（合併後存続する法人をいう。以下同じ）への移転は、原則として通常の譲渡取引と同様に合併時の時価で合併法人に譲渡されたものとして取り扱われ、合併により合併法人に移転する資産および負債に係る譲渡損益を被合併法人において計上することになる。しかしながら、一定の税務上の要件を満たす適格合併に該当する場合は、合併により移転する資産および負債は、被合併法人の帳簿価額により合併法人に移転したものとして取り扱われ、当該資産および負債に係る譲渡損益に対する課税が繰り延べられる。

　なお、合併による資産（不動産）の移転に係る消費税および不動産取得税については、適格合併・非適格合併を問わず、包括承継または形式的な所有権の移転であることから、それぞれ不課税および非課税とされている（消税令2条1項4号、地税73条の7第2号）。登録免許税についても、同じ理由により、合併による所有権の移転の登記等の一定の登記に係る税率は、通常の税率よりも軽減されている。

　また、非適格合併の場合において、被合併法人の投資主が合併により交付を受ける合併法人の投資口その他の資産の価額の合計額が、被合併法人の合併直前の資本金等の額を超えるときは、被合併法人の投資主にみなし配当に係る課税関係が生じることになるが、適格合併の場合には、被合併法人の利益積立金が合併法人に引き継がれることを鑑み、みなし配当に係る課税関係は生じない。さらには、合併法人の投資口以外の資産が交付される合併においては、被合併法人の投資主において投資口の譲渡損益に係る課税関係が生じることになるが、適格合併の場合は、合併法人の投資口以外の資産の交付がなされないことが、

その要件の1つであることから反対投資主からの買取り等を除き原則として、被合併法人の投資主において投資口の譲渡損益に係る課税関係は生じない。

### b) 適格合併の要件

税務上の適格合併とは、被合併法人の株主等に合併法人の合併法人株式（出資を含む。以下同じ）または合併親法人株式（合併法人の発行済株式等の全部を保有する関係がある法人の株式または出資をいう）のいずれか一方の株式または出資以外の資産（株主等に対する剰余金の配当として交付される金銭その他の資産および反対株主等に対するその買取請求に基づく対価として交付される金銭その他の資産等を除く）が交付されない合併で、一定の株式保有割合（直接または間接に保有する場合を含む）に応じてそれぞれ定められた要件を充足するものとされている（法税2条12号の8）。一般的に、投資法人間の合併においては、互いに支配関係を有していないことから、以下の共同事業を行うための合併の要件を充足する必要がある。

(一) 共同事業を行うための合併（法税2条12号の8ハ）

合併のうち、被合併法人と合併法人（新設合併の場合は、当該被合併法人と他の被合併法人）とが共同事業を営むための合併として以下の要件（合併の直前に被合併法人に支配株主がいない場合には、①から④の要件[1]）のすべてに該当する合併（法税令4条の3第4項）。

① 被合併法人の被合併事業と合併法人の合併事業（新設合併の場合は、当該他の被合併法人の被合併事業をいう。以下の②および④において同じ）が相互に関連するものであること（以下「事業関連性要件」という）。

② 被合併法人の被合併事業と合併法人の合併事業のそれぞれの売上金額、従業者の数、資本金もしくは出資金の額もしくはこれらに準じる規模の割合がおおむね5倍を超えないこと（以下「事業規模要件」という）、または、合併直前の被合併法人の特定役員（社長、副社長、代表取締役、代表執行役、専務取締役もしくは常務取締役またはこれらに準ずる者で法人の経営に従事している者をいう）[2]のいずれかと合併法人の特定役員のいずれかが合併後に合併法人

---

[1] 2次・3次再編に伴う要件の特例あり。
[2] 「これらに準ずる者」とは、役員または役員以外の者で、社長、副社長、代表取締役、代表執行役、専務取締役または常務取締役と同等に法人の経営の中枢に参画している者をいう（法税基1-4-7）。

の特定役員になることが見込まれていること（以下「経営参画要件（特定役員引継要件）」という）。
③　被合併法人の合併直前の従業者のうち、その総数のおおむね80％以上に相当する数の者が合併後に合併法人に係る業務に従事することが見込まれていること（以下「従業者引継要件」という）。
④　被合併法人の被合併事業（合併法人の合併事業に関連するものに限る）が合併後に合併法人において引き続き営まれることが見込まれていること（以下「事業継続要件」という）。
⑤　合併により交付される合併法人の株式（または合併親法人株式）のうち支配株主に交付されるものの全部が支配株主により継続して保有することが見込まれていること（以下「株式継続保有要件」という）。

　不動産投資法人は、投信法の定めにより、資産の運用以外の行為を営業としてすることができず、一般事務を一般事務受託会社に、資産運用および資産保管等の運営を資産運用会社および資産保管会社に、それぞれ委託することが求められている実質的な「導管体」であり、事業関連性要件における事業の実態の有無について疑義が生じていた。また、不動産投資法人の執行役員が、経営参画要件（特定役員引継要件）にいう特定役員に該当するのか、投信法の定めにより使用人を雇用することもできず、その業務に従事する者のいない不動産投資法人が、従業者引継要件を満たせるのかについても従前においては疑義が生じていた。
　しかしながら、金融庁総務企画局長から「投資法人が共同で事業を営むための合併を行う場合の適格判定について」の文書照会に対する2009年3月13日付国税庁課税部長からの回答文書おいて、不動産投資法人の合併における事業関連性要件、経営参画要件（特定役員引継要件）および従業者引継要件の充足の可能性に係る金融庁側の見解を肯定する回答がなされたことにより、上記の疑義についての解釈が明らかとなったため、不動産投資法人の合併は、基本的に共同事業を行うための合併に係る適格合併の要件を充足することが可能となった。

図表6-7 「投資法人が共同で事業を営むための合併を行う場合の適格判定について」の文書照会における「事業関連性要件」、「経営参画要件」および「従業者引継要件」に係る金融庁の解釈の要旨

---

**事業関連性要件について**

　投資法人においては、実質的な業務を投信法の規定により強制的に一般事務受託者、資産運用会社および資産保管会社に委託しなければならないとされているものの、これらの委託先は投資法人に設置された執行役員および役員会によって決定されているところであり、これらの委託先との委託契約を通じて投資法人が自らの「事業」を行っているものと認められる。したがって、合併法人と被合併法人の投資対象がいずれも不動産であることから両社の営む事業は同一の事業と認められ、また照会事項のとおり、合併法人と被合併法人のそれぞれが有していた不動産を合併後において有機一体的に活用して引き続き不動産投資事業を行うことが見込まれていることからすれば、事業関連性要件を満たすものであると解される。

---

**経営参画要件（特定役員引継要件）について**

　経営参画要件（特定役員引継要件）にいう特定役員とは「社長、副社長、代表取締役、代表執行役、専務取締役もしくは常務取締役またはこれらに準ずる者で法人の経営に従事している者」をいうこととされていが、このことからすれば、投資法人における執行役員は投資法人を代表する役員であることが明らかであり、「これらに準ずる者で法人の経営に従事している者」として特定役員に該当すると認められる。

---

**従業者引継要件について**

　従業者引継要件は、被合併法人の従業者が引き継がれない合併は合併前の状態が継続しているとはいえず、適格合併の対象となる合併の前後で経済実態に実質的な変更が生じない合併に該当しないと考えられるため、このような合併であるか否かを判定するための要件として設けられているものと考えられる。この点、投資法人については、その従業者が不存在となるのは投信法の制約によるものであり、単に従業者を引き継がない場合と同列に取り扱うのは適当でない。また、このように従業者が不存在となる状態は投信法の制約によって合併後も変わらないため、合併前の状態は合併後においても継続しているということになる。このような投資法人の合併について従業者引継要件を充足しないものとして共同事業要件を満たさないものとすることは、上記の従業者引継要件が設けられた趣旨に沿わないものであり、投資法人間の合併が共同事業要件を満たすかどうかの判定においては、従業者引継要件を充足しているものとして、その判定を行うことが相当と考えられる。

## 2　合併投資法人側の取扱い

　不動産投資法人同士の合併における合併投資法人による被合併投資法人の権

利義務の全部の受入れに係る会計・税務上の処理方法および留意点を、以下にまとめる。

### (1) 税務上の取扱い
#### a) 適格合併の場合

　税務上、適格合併に該当する場合には、合併により合併投資法人に移転した資産および負債は、被合併投資法人の合併の日の前日の属する事業年度終了時の帳簿価額により引き継がれたものとして取り扱われる（法税62条の2第1項、法税令123条の3第3項）。したがって、当該資産および負債の移転に係る譲渡損益は繰り延べられ、合併投資法人は、当該帳簿価額に基づきその後の減価償却限度額等の計算を行うことになる。

　また、適格合併においては、合併法人において増加する資本金等の額は、合併により増加する資本金と被合併法人の合併の日の前日の属する事業年度終了時における資本金等の額から合併により増加する資本金を控除した額の合計額[3]となり（つまり、被合併法人における資本金等の額が引き継がれる）（法税令8条1項5号）、合併法人において増加する利益積立金の額は被合併法人から移転を受けた資産および負債の合併の日の前日の属する事業年度終了時の純資産帳簿価額（税務上の簿価）から合併により引き継がれる被合併法人の資本金等の額を控除した金額となる（法税令9条1項2号）。

　適格合併の場合において、被合併投資法人の未処理欠損金の額は、原則として合併投資法人に引き継がれることになるが、共同事業を行うための合併以外の適格合併の場合においては、一定の要件を満たさない場合には、被合併投資法人の未処理欠損金の引継ぎおよび合併投資法人の合併事業年度前の事業年度に係る未処理欠損金の使用に制限が生じ（法税57条3項・4項）、さらには、合併投資法人が合併前より保有するまたは被合併投資法人より引き継ぐ特定の資産に係る譲渡損の損金算入に制限が生じる可能性がある（法税62条の7第1項・2項）。しかし、不動産投資法人同士の合併においては、共同事業を行うための適格合併の要件を充足することが想定されることから、これら未処理欠損金お

---

3) 抱合株式がある場合や合併親法人株式を交付する場合には、別途資本金等の額と利益積立金の額はそれらを考慮することとなるが、投資法人間においてこれらは想定されないため割愛している。

よび特定資産の譲渡損の損金算入に係る制限を受ける可能性は実質的には低いと思われる。

### b) 非適格合併の場合

税務上、非適格合併に該当する場合には、合併により合併投資法人に移転した被合併投資法人の資産および負債は、合併時の時価で合併投資法人に譲渡されたものとみなされ、合併投資法人は、合併時の時価で当該資産および負債を取得したものとして取り扱われる（法税62条1項）。また、合併により移転を受けた資産および負債の純資産価額（被合併投資法人の投資主に交付した投資口、金銭その他の資産の合併時の価額（時価）の合計額をいう）は資本金等の額とされ（法税令8条1項5号）、利益積立金の引継ぎはなされない。

さらに、非適格合併の場合、合併投資法人が当該合併により交付した金銭および金銭以外の資産の価額の合計額（「非適格合併等対価」）が合併により移転を受けた資産および負債の時価純資産価額を超える場合は、その超える部分の金額は、「資産調整勘定（正ののれん）」として取り扱われ、非適格合併等対価が、合併により移転を受けた資産および負債の時価純資産価額に満たない場合は、その満たない部分の金額は、「負債調整勘定（負ののれん）」として取り扱われる（法税62条の8第1項・3項）。当該資産調整勘定（正ののれん）および負債調整勘定（負ののれん）は、60カ月で月割均等償却され、合併投資法人の各事業年度の所得の金額の計算上、損金または益金の額に算入される（法税62条の8第4項・5項・7項・8項）。

### (2) 税会不一致の留意点

「企業結合に関する会計基準（企業会計基準第21号）」が改正され、2010年4月1日以後に実施される企業結合に対しては、改正後の同会計基準が適用されることとされている。合併に関する会計処理は、改正後の同会計基準に従うことになるが、同会計基準においては、共同支配形成および共通支配下の取引以外の企業結合は「取得」とされ、その会計処理は、「パーチェス法」によることとされている。

不動産投資法人同士の合併につき、パーチェス法が適用されて合併投資法人が取得企業となる場合、被合併投資法人の資産および負債の取得価額は、原則として、企業結合日（合併日）の時価で算定したものとし、合併投資法人はこ

れらの受入処理を行うことになる。したがって、当該合併が税務上の適格合併に該当する場合、被合併投資法人から受け入れた資産および負債の取得価額につき会計と税務で乖離が生じることになり、その結果、合併により受け入れた資産に係る減価償却費や売却損益について会計と税務で乖離が生じ、合併投資法人の合併事業年度以後の事業年度の課税所得の計算上、申告調整が必要となる（ただし、税務上も非適格合併となる場合は、当該受入価額の差異による問題は解消されると想定される）。

また、当該受入資産および負債の時価と取得原価（被合併投資法人の投資主に対して交付した合併投資法人投資口等の時価）に差額がある場合は、当該差額は、会計上、「のれん」または「負ののれん」として取り扱われることになる。合併が税務上の適格合併に該当する場合、税務上は資産調整勘定または負債調整勘定は生じないことから、これらについても会計と税務で乖離が生じることになる。

### (3) のれんの計上および償却

#### a) マーケット環境との関係

リーマンショック以降に行われた合併は金融危機下の救済的意味合いを持つ合併が多かったため、会計上、負ののれんが生じるケース（被合併投資法人の投資主に交付した合併投資法人の投資口等の時価が被合併投資法人の時価純資産を下回るケース）が散見されていた。近年においては投資法人数の増加に伴い競争が激しくなる中で、総合型への移行や規模の拡大を図るべく成長戦略としての合併が行われており、近年のようなマーケット環境では、会計上、正ののれんが生じるケースも想定される[4]。

#### b) のれん（正ののれん）が生じる場合

会計上、のれんが計上された場合において、のれんは原則として20年以内のその効果の及ぶ期間で償却される。合併が税務上の適格合併に該当する場合には、税務上資産調整勘定の認識が行われず、のれんの償却費またはのれんに係る減損損失は、税務上の損金の額に算入されないことから、当該償却費または

---

[4] NAV倍率（投資口の1口当たりの株価／NAV（投資口1口当たりの時価純資産価値））が1倍を割り込んでいる銘柄もマーケットにはそれなりにあるため、引き続き負ののれんが発生するケースも相応にあると考えられる。

減損損失の計上により、税務上の所得が会計上の配当可能利益を上回ることになる。しかしながら、一時差異等調整引当額の制度の導入に伴い、一時差異等調整引当額による利益超過分配を行うことで法人税等の負担額の増加を軽減または回避できる（図表6-8参照）。なお、一時差異等調整引当額による分配は、利益超過分配であるため、投信法上の利益が残る状態では実行することができない。したがって、買替特例圧縮積立金やその他の任意積立金が合併投資法人に計上されている場合には、当該積立金を先に全額取り崩す必要があることに留意しなければならない。

#### c）負ののれんが生じる場合

会計上、負ののれんが計上された場合においては、当該負ののれんが生じた事業年度の利益として処理することとされている。合併が税務上の適格合併に該当する場合には、税務上負債調整勘定の認識は行われないことから、会計上の配当可能利益の額が、税務上の所得を上回ることになる。当該負ののれんの発生益は、配当原資となる現金の裏付けのない利益であり、金額も多額になる

**図表6-8 のれんの償却に伴う一時差異等調整引当額による分配の説例**

前提条件：
- 税務上は適格合併に該当
- 合併（会計上はパーチェス法を適用）により生じたのれんの償却費　100
- のれんの償却費以外の会計上の経常利益　1,000
- 会計上の当期利益に加えて分配する一時差異等調整引当額の額　100
- のれんの償却費以外の税会不一致項目はないものとする

**損益計算書**

| | |
|---|---:|
| 経常利益 | 1,000 |
| のれん償却費 | △100 |
| 税引前当期純利益 | 900 |
| 法人税、住民税および事業税 | 0 |
| 当期純利益 | 900 |

**課税所得の計算**

| | |
|---|---:|
| 当期純利益 | 900 |
| のれん償却費否認 | 100 |
| 暫定課税所得(配当損金算入前) | 1,000 |
| 配当等の損金算入額 | △1,000 |
| 課税所得 | 0 |

**金銭の分配に係る計算書**

| | | |
|---|---|---:|
| I | 当期未処分利益 | 900 |
| II | 利益超過分配金加算額 | 100 |
| | うち一時差異等調整引当額 | 100 |
| III | 分配金の額 | 1,000 |
| | うち利益分配金 | 900 |
| | うち一時差異等調整引当額 | 100 |
| IV | 次期繰越利益 | 0 |

**90%超配当要件**

$$\frac{900 + 100}{900 + 100} = 100\% > 90\%$$

ことから、負ののれんの発生益相当の金額を配当することは現実的には困難である。したがって、90％超配当要件の充足が懸念されるが、一時差異等調整積立金の制度の導入に伴い、負ののれんの発生益相当を一時差異等調整積立金として積み立てることで、90％超配当要件の判定の基礎となる配当可能利益の額の計算上、当該一時差異等調整積立金の額が控除されるため、90％超配当要件の充足が可能となる[5]（**図表6-9**参照）。なお、一時差異等調整積立金の金額は、50年以内の期間での毎期均等額以上の取崩しを行うこととされている[6]（不動産投資規則43条の3）。

**図表6-9　負ののれん発生益に伴う一時差異等調整積立金の積立ての説例**

前提条件：
- 税務上は適格合併に該当
- 合併（会計上はパーチェス法を適用）により生じた負ののれん発生益　　　300
- 負ののれん発生益以外の会計上の経常利益　　　　　　　　　　　　　1,000
- 会計上の当期純利益のうち、一時差異等調整積立金として積み立てる額　　300
- 負ののれん発生益以外の税会不一致項目はないものとする

| 損益計算書 | | 金銭の分配に係る計算書 | | |
|---|---|---|---|---|
| 経常利益 | 1,000 | Ⅰ | 当期未処分利益 | 1,300 |
| 負ののれん発生益 | 300 | Ⅱ | 分配金の額 | 1,000 |
| 税引前当期純利益 | 1,300 | Ⅲ | 任意積立金積立額 | 300 |
| 法人税、住民税および事業税 | 0 |  | うち一時差異等調整積立金 | 300 |
| 当期純利益 | 1,300 | Ⅳ | 次期繰越利益 | 0 |

課税所得の計算
| | |
|---|---|
| 当期純利益 | 1,300 |
| 負ののれん発生益否認 | △300 |
| 暫定課税所得（配当損金算入前） | 1,000 |
| 配当等の損金算入額 | △1,000 |
| 課税所得 | 0 |

90％超配当要件

$$\frac{1,000}{1,300 \triangle 300} = 100\% > 90\%$$

### (4) 受入資産価額の差異

会計上パーチェス法の適用により受入資産を時価で引き継ぐことになるが、合併が税務上の適格合併に該当する場合には、税務上は資産および負債を被合

---

[5] 2015年度税制改正以前は、導管性要件の90％超配当要件の判定の基礎となる配当可能利益の額（分母の金額）の計算上、当該発生事業年度にて控除する手当がなされていた。

[6] 一時差異等調整積立金に関しては、一般社団法人投資信託協会による2015年8月25日付の事務連絡通知"一時差異等調整積立金の取崩に係る実務上の留意事項"がある。

併投資法人における税務上の簿価で引き継ぐこととなる。受入資産に含み益がある場合には、会計上の受入資産の取得価額が高くなり、その高い取得価額をベースに会計上の減価償却費が計上されることから、一般に税務上の減価償却限度額を超過し、減価償却超過額が生じることが想定される。また、資産の売却時においても、税務上の売却損益が会計上の売却損益を上回る（同時に過年度の減価償却超過額の認容減算も生じるが）ことが想定される（図表6-10参照）。

したがって、税務上の所得が会計上の配当可能利益を上回ることになるため、原則としては、配当金の損金算入後でも課税所得が残ることとなり、税流出を引き起こすこととなる（金額次第では90％超配当要件自体も充足しなくなる）が、一時差異等調整引当額の制度の導入に伴い、一時差異等調整引当額による利益超過分配を行うことで、法人税等の負担額の増加を軽減または回避できることとなる。

他方、受入資産に含み損がある場合、会計上の受入価額と税務上の受入価額の差額について、合併投資法人の税務上は、当該受入資産に係る減価償却超過額として認識される。当該減価償却超過額は、資本金等の額の増加として取り扱われ、当該受入時においては、課税所得に影響を与えない。しかしながら、合併事業年度以後の事業年度において、会計上の減価償却費が税務上の償却限度額を下回る場合には、当該減価償却不足額の範囲内で認容減算され、当該受入資産が売却された場合は、その減価償却超過額残高が、売却原価の修正として一括して認容減算される。このように減価償却超過額の認容が生じる場合には、一時差異等調整積立金の活用も考えられる。

なお、投資法人は複数の資産を有するため、含み益資産と含み損資産が混在することが想定される。一時差異等調整引当額・一時差異等調整積立金の適用は、資産ごとや税会不一致項目ごとに設定するものではなく、その年度の税会不一致額の合計ベースで一時差異等調整引当額または一時差異等調整積立金のいずれかを適用することになる。

### (5) 配当政策への影響

上述のように、投資法人間の合併においては、税会不一致を解消するために一時差異等調整引当額または一時差異等調整積立金を活用することとなるが、これらを活用するということは、合併後の投資法人の分配金額に影響を与える

### 図表6-10 合併受入処理の会計と税務の乖離と課税所得への影響

**前提条件:**
- 会計上は、パーチェス法を適用
- 税務上は適格合併に該当
- 被合併投資法人の合併直前の貸借対照表(簡略化)は以下の通り

合併直前の貸借対照表

| | | | |
|---|---|---|---|
| 資産 | 2,500 | 負債 | 1,500 |
| | | 出資総額 | 1,000 |

- 被合併投資法人の合併時の資産時価　3,000
- 増加出資総額　1,500
  (被合併投資法人の投資主に対して交付した合併投資法人投資口の時価)

| | Year 1 | Year 2 |
|---|---|---|
| - 合併投資法人の合併事業年度の経常取引による会計利益 | 2,000 | 2,000 |
| - 合併よる受入資産に係る会計上の減価償却費 | 600 | - |
| - 合併よる受入資産に係る税務上の減価償却限度額 | 500 | - |
| - 金銭の分配 | 2,000 | 3,100 |

- 合併よる受入資産については Year 2 において3,500にて売却したものとする
- 一時差異等調整引当額の引当てによる金銭の分配は行わないものとする

**会計税務上の受入処理の相違:**

合併受入仕訳(会計)

| | | | |
|---|---|---|---|
| 資産 | 3,000 | 負債 | 1,500 |
| | | 出資総額 | 1,500 |

合併受入仕訳(税務)

| | | | |
|---|---|---|---|
| 資産 | 2,500 | 負債 | 1,500 |
| | | 資本金等の額 | 1,000 |

**会計税務上の受入処理の相違による課税所得への影響:**

| | Year 1 | Year 2 |
|---|---|---|
| 経常利益 | 2,000 | 2,000 |
| 固定資産売却益 | | 1,100 |
| 会計上の利益の金額 | 2,000 | 3,100 |
| 税務調整額 | | |
| 減価償却超過額否認　(=600△500) | 100 | |
| 資産売却益(資産売却原価過大)(=3,000△2,500) | | 500 |
| 減価償却超過額認容 | | △100 |
| 暫定課税所得(配当等損金算入前) | 2,100 | 3,500 |
| 配当等の損金算入額 | 2,000 | △3,100 |
| 課税所得 | 100 | 400 |

ということになる。正ののれんが発生するケースや不動産に含み益が生じている場合には、会計上ののれんの償却費や減価償却超過額といった税会不一致を打ち消すだけの利益超過配当（一時差異等調整引当額）を行うことになり、一方、負ののれんの発生益を一時差異等調整積立金として積み立てた場合にはその後50年以内で均等額以上を取り崩して配当することとなるため、合併後の投資法人の分配金利回りや資金面等についても慎重に検討する必要がある。

## 3　被合併投資法人側の取扱い

### (1)　税務上の取扱い

#### a)　みなし事業年度

法人が事業年度の中途において合併により解散した場合には、その事業年度開始の日から合併の日の前日までの期間を事業年度（合併最終事業年度）とみなし（法税14条1項2号）、当該合併最終事業年度の所得の金額を計算し、法人税等の申告納税を行うことになる。したがって、被合併投資法人は、合併により解散した場合には、その事業年度開始の日から合併の日の前日までの期間を合併最終事業年度とみなし、当該合併最終事業年度の所得の金額を計算し、法人税等の申告納税を行うことになる。

#### b)　適格合併の場合

合併が適格合併に該当する場合は、合併により合併投資法人に移転した資産および負債は、被合併投資法人の合併の日の前日の属する事業年度終了時の帳簿価額により合併法人に引き継いだものとして取り扱われる（法税62条の2第1項）ため、被合併投資法人において移転資産および負債に係る譲渡損益は計上されないことになる。この場合、合併による移転資産および負債に係る譲渡損益は計上されないものの、それ以外の資産運用の営業により生じた利益は合併最終事業年度の課税所得を構成するため、被合併投資法人が合併最終事業年度に係る支払配当等の損金算入の特例が適用できない場合は、法人税等の負担が生じる可能性がある。

合併による解散の場合、被合併投資法人では、通常の事業年度において行われる金銭の分配を含む計算書類等に係る役員会の承認が、合併最終事業年度においてはなされないが、合併に際して被合併投資法人の投資主に対する利益の配当として交付された金銭の額が、当該支払配当等の損金算入の特例の対象と

なる支払配当等に含む措置が講じられている（税特措令39条の32の3第1項）。なお、上述のとおり合併最終事業年度においては、金銭の分配を含む計算書類等に係る役員会の承認がなされないため、一時差異等調整引当額による分配は行えない。したがって、合併最終事業年度において税会不一致が生じる場合には、法人税等の負担額が増加する可能性がある点に留意する必要がある。

### c) 非適格合併の場合

合併が非適格合併に該当する場合には、合併により合併投資法人に移転した資産および負債は、合併の日の時価で合併法人に譲渡したものとして、合併最終事業年度の所得の金額が計算され、被合併投資法人は合併投資法人から投資口をその時の価額（時価）で取得し、直ちに当該投資口を被合併法人の投資主に交付したものとして取り扱われる（法税62条1項）。

したがって、合併による移転資産および負債の時価と帳簿価額の差額につき、被合併投資法人において譲渡損益が計上され、それ以外の資産運用の営業により生じた所得と合算されて課税所得を構成することとなる。そのため、適格合併の場合と同様に、合併最終事業年度に係る支払配当等の損金算入の特例が適用できない場合は、法人税等の負担が生じる可能性がある。

### d) 合併交付金の取扱い

合併最終事業年度において金銭の分配に係る役員会の承認手続がなされないことは上述のとおりであるが、合併最終事業年度の直前事業年度においても合併のタイミングによって（合併最終事業年度の期間が著しく短い場合）は、合併最終事業年度の場合と同様に当該直前事業年度の金銭の分配に係る役員会の承認手続がなされない場合が生じる可能性がある。その場合、合併交付金のうち利益の配当として交付された金額は、支払配当等の損金算入の特例の対象とされたものの、当該直前事業年度と合併最終事業年度とに振り分けることの是非およびその振分け方法は現行法令上、不明確である（図表6-11参照）ため、今後その取扱いが明確化されることが望まれる。

### (2) 税会一致の留意点

上述のとおり、一定の場合を除き、合併による企業結合については、基本的にパーチェス法が適用され、被合併投資法人は会計上も清算されたとみるため、被合併投資法人の最終事業年度の財務諸表は、正味売却価額に基づくことが考

図表6-11　被合併投資法人の合併交付金の取扱い

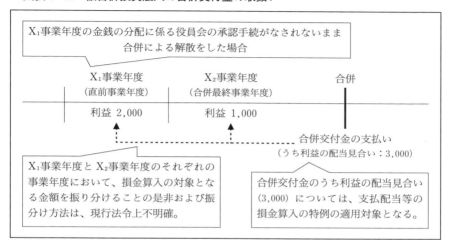

えられる。その場合において、仮に移転資産につき含み損が生じている状況で、税務上は適格合併による帳簿価額での移転となったときには、被合併法人の投資主に対する利益の配当として交付される金銭の額が、当該含み損だけ減少することとなり、その結果、被合併投資法人にて課税所得が生じる問題が起こりうる。しかしながら、「企業結合基準及び事業分離等会計基準に関する適用指針」（企業会計基準適用指針第10号）においては、実務における費用対効果を勘案して、被合併投資法人が存続すると仮定した場合の適正な帳簿価額によることとされていることから、これに基づき、上記の課税の問題は基本的に回避されることが実務上は想定される。

## 4　投資主の課税関係

### (1)　適格合併の場合

#### a）　個人投資主

合併が適格合併に該当する場合においては、被合併投資法人の利益積立金が合併法人に引き継がれること、および被合併投資法人の投資主に対して合併投資法人の投資口以外の金銭その他の資産の交付がなされないことが、適格合併の要件の1つとなっていることから、以下において述べるみなし配当および投資口の譲渡損益の課税関係は生じず、被合併投資法人の投資口に係る取得価額

が、合併投資法人の投資口の取得価額として引き継がれる（所税令112条1項）。また、合併投資法人の既存の個人投資主においても、合併に伴う課税関係は生じない。

**b) 法人投資主**

合併が適格合併に該当する場合は、上記個人投資主の場合と同様に、法人投資主においてみなし配当および投資口の譲渡損益の課税関係は生じず、被合併投資法人の投資口に係る帳簿価額が、合併投資法人の投資口の取得価額となる（法税令119条1項5号）。また、合併投資法人の既存の法人投資主においても、合併に伴う課税関係は生じない。

**(2) 非適格合併の場合**

**a) 個人投資主**

合併が非適格合併に該当する場合においては、上述のとおり、被合併投資法人に係る投資主が合併により交付を受ける合併投資法人の投資口その他の資産の価額（時価）の合計額が、被合併投資法人の合併の日の前日の資本金等の額を超える場合には、当該超える部分の金額は、利益の配当とみなされ、同様に配当所得として取り扱われる（所税25条1項1号）。当該みなし配当の課税関係は、不動産投資法人からの通常の利益の配当と同様に適用されることとなる。

また、非適格合併の場合において、被合併投資法人の投資主に対して合併投資法人の投資口以外の金銭その他の資産が交付される場合には、合併により交付を受ける合併投資法人の投資口その他の資産の価額（時価）の合計額からみなし配当と取り扱われる金額を除いた金額を被合併投資法人の投資口の譲渡に係る収入金額として取り扱い、被合併投資法人の投資口の取得価額との差額につき、譲渡損益の額が計算されることになる（税特措37条の10第3項1号）。当該譲渡損益の課税関係は、原則として株式と同様に適用（申告分離課税、他の上場株式等の譲渡所得等との通算、上場株式等に係る譲渡損失の繰越控除、源泉徴収による確定申告不要の選択等）されることとなる。

なお、非適格合併の場合の被合併投資法人の投資主における合併投資法人の投資口の取得価額は、合併投資法人の投資口以外の資産が交付されない合併にあっては、被合併投資法人の投資口の取得価額にみなし配当の金額を加算した金額となり（所税令112条1項）、合併投資法人の投資口以外の資産の交付を受け

る場合には、合併により取得した合併投資法人の投資口の合併時の時価となる（所税令109条1項5号）。

b）　法人投資主

合併が非適格合併に該当する場合においては、上述のとおり、合併により交付を受ける合併投資法人の投資口その他の資産の価額（時価）の合計額が、被合併投資法人の合併の日の前日の資本金等の額を超える場合には、当該超える部分の金額が、みなし配当として取り扱われる（法税24条1項1号）。当該みなし配当の課税関係は、不動産投資法人からの通常の利益の配当と同様に適用されることとなる。

また、上記個人投資主の場合と同様に、非適格合併の場合において、被合併投資法人の投資主に対して合併投資法人の投資口以外の金銭その他の資産が交付される場合には、合併により交付を受ける合併投資法人の投資口その他の資産の価額（時価）の合計額からみなし配当の金額を除いた金額を被合併投資法人の投資口の譲渡に係る収入金額として取り扱い、被合併投資法人の投資口の取得価額との差額につき、譲渡損益の額が計算されることになる（法税61条の2第1項・2項）。当該譲渡損益の課税関係は、原則として株式と同様に適用されることとなる。なお、非適格合併の場合の被合併投資法人の法人投資主における合併投資法人の投資口の取得価額については、個人投資主の場合と同様である（法税令119条1項5号・26号）。

## II　その他のM&Aの手法と税務上の留意点

### 1　投資法人の買収（公開買付）

不動産投資法人の支配を目的とする場合や、最終的に保有する資産の全部取得を目標とする場合には、公開買付による投資口の取得をすることが考えられる。

(1)　買収対象法人・買収主体法人

a）　公開買付に伴う課税関係

投資口の譲渡は、あくまでも投資主間の取引であり、その投資口の発行体で

ある不動産投資法人においては、会計・税務上の処理を特に要するものではない。しかしながら、投資法人の支配を目的とする場合や非公開化を目指す場合には、公開買付において投資口の過半数または3分の2以上の取得を目指すと考えられ、その場合においては、導管性要件のうちの非同族会社要件に抵触する可能性があるため留意が必要である。なお、当該要件の判定は、その事業年度終了の時において行われるため、一時的に抵触する状態であったとしても事業年度終了時までに実質的にその状態を解消できるのであれば、当該要件を満たすことは可能であると解される[7]。ただし、当該要件の判定の際には、買収投資主の法人税法および政令で定める特殊関係者も加味する必要があることにも、併せて留意が必要である（法税2条10号、法税令4条）。さらに公開買付の上で少数株主排除[8]を行う場合には、投資主の数が50人未満になることから、投資口保有先要件を充足するためには、買収主体法人は税務上の機関投資家である必要が生じると考えられる。

さらに2014年度の税制改正で導入された資産割合要件についても、留意が必要である。もともとはインフラ投資法人の創設に伴い導入された要件ではあるものの、公開買付（および少数株主排除）の後に全部資産譲渡を行う際には、その譲渡事業年度末においては、特定資産が残っていないと考えられるため、当該要件を充足することが困難となる[9]。

(2) 既存投資主

a) 公開買付に伴う課税関係

公開買付に応じて上場投資法人の投資口を譲渡した際には、通常の投資口の譲渡と同様に、譲渡損益に係る課税関係が生じる。個人投資主においては、税

---

7) たとえば、公開買付時・少数株主排除の段階においては、取得者が一の者であっても事業年度末までに第三者の共同投資家に持分を譲渡する場合など。
8) 投資法人に関する少数株主排除の方法としては、投信法上、株式交換や全部取得条項付株式、または株式等売渡請求が認められていないこと、合併による端株化方法については、そもそも合併が投資法人間しか制度上認められていないため、買収主体法人が投資法人以外であることを想定すると、株式併合による端株化の上で現金交付という手法をとる必要があると考えられる。
9) これを回避するためには、理論上は残った金銭を再度有価証券等に再投資を行うことや、譲渡を二段階に分ける（含み益の大きい資産を最初に譲渡し、次の事業年度において残りの資産を譲渡する）方法も考えられるが、投信法や投信協会不動産投資規則も踏まえて詳細検討が必要である。

法規定に従って上場株式等の譲渡損益に係る課税の特例が適用されることとなる。

## 2　全部資産譲渡

上述のような公開買付を経ず、資産運用会社の役員会（および投資主総会の特別決議）を経て、全資産譲渡により保有不動産を買収する方法が考えられる。

### (1)　資産譲渡不動産投資法人

不動産投資法人は、その保有する資産の譲渡に伴い、譲渡損益を会計および税務上、認識することとなる。不動産投資法人において、当該譲渡損益およびその他利益に対する法人税等の税負担を回避するためには、通常の事業年度においてこれらの損益を認識し、かつ、当該事業年度において導管性要件を充足の上、利益の配当を行うことが必要となる。全部資産譲渡においては、投資法人を解散し、清算手続の中で、不動産を換価処分する手法も考えられるが、その場合には、残余財産の分配は、投信法137条に基づく金銭の分配ではなく、損金算入ができないと考えられるため、解散後に全部資産譲渡を行うという手法は税務の観点からは取りづらい。

なお、投資主への分配前の利益に対する法人税等の税負担が不動産投資法人にて生じないようにするためには、資産の譲渡後、導管性要件を充足しつつ、事業年度を終了し、さらに当該事業年度に係る配当決議を終えた上で、解散決議を行う必要がある。なお、全部資産譲渡の場合においても、上述したように資産割合要件が問題となる。

また、資産の譲渡に対する消費税の課税関係は、一般事業法人と同様に生じるため、当該税負担も考慮する必要がある。

### (2)　既存投資主

上述のとおり、不動産投資法人から受け取る利益の分配は、原則として、一般事業法人が発行する株式の配当と同様の課税関係が生じるものの、二重課税の調整措置は不要とされているため、個人投資主または法人投資主において、それぞれ配当控除または受取配当等の益金不算入規定の適用はないこととされている。

また、個人投資主においては、利益の分配につき、不動産投資法人が上場を維持しているか否かによって、上場株式等の配当等の特例の適用関係に影響があるため、留意を要する。

## 3 投資口新規発行（第三者割当増資）

### (1) 発行元不動産投資法人

会計上、原則として、投資口の新規発行により払込みを受けた金銭の金額は、発行元不動産投資法人の出資総額を増加させることとなる。また、税務上、不動産投資法人による投資口の新規発行は、資本金等の増加を生ずる取引、すなわち法人税法上の資本等取引に該当するため、発行元不動産投資法人の事業年度の所得の金額の計算上、計算対象外の取引となる。なお、発行元不動産投資法人の出資総額の増加に関する登記に係る登録免許税は、株式会社等の場合と異なり、出資総額の増加金額にかかわらず定額にて課税されることとなる。

発行元不動産投資法人の導管性要件に関しては、新規発行投資口の割当先および割当割合によっては、導管性要件のうち50％超国内募集要件、または非同族会社要件に抵触する可能性があるため、留意が必要である。

### (2) 割当先法人

原則として、その新規発行投資口の取得に際し、払込みをした金銭の額が当該投資口の取得価額となる。しかしながら、税務上、有利発行による取得に該当する場合には、取得時の時価を当該投資口の取得価額とすることとされており、払込み金額と取得時の時価との差額は受贈益として課税所得を認識する必要がある。

また、上述のとおり、発行元不動産投資法人における50％超国内募集要件および非同族会社要件に抵触しないよう、自己の特殊関係者も含めて、その取得割合等に留意が必要である。また、買収主体法人が不動産投資法人である場合には、自己の導管性要件のうち他法人支配禁止要件に抵触しないよう、その取得割合に留意が必要であるため、不動産投資法人単独での取得には限界があるものと思われる。

### (3) 既存投資主

原則として、第三者に対する投資口の新規発行は、既存投資主の課税関係に影響はないものと思われる（ただし、有利発行により、既存投資主と割当先法人との間で投資口の価値移転が生じる場合には、寄付・贈与等の問題に留意を要する）。

## 4　私募化

### (1) 私募化対象不動産投資法人

#### a）非上場不動産投資法人との合併による私募化

不動産投資法人において、上場廃止となること自体は、会計・税務上の処理を特に要するものではない。しかしながら、合併を前提としての投資法人の買収（公開買付）または投資口新規発行（第三者割当増資）による場合、譲渡先もしくは割当先および譲渡割合もしくは割当割合によっては、導管性要件のうちの50％超国内募集要件、または、非同族会社要件に抵触する可能性があるため、留意が必要である。なお、合併に関する会計・税務上の留意点については、上述のとおりである。

#### b）自主申請等による上場廃止

上述のとおり、不動産投資法人において、上場廃止となること自体は、会計・税務上の処理を特に要するものではない。

### (2) 既存投資主

#### a）非上場不動産投資法人との合併による私募化

不動産投資法人が上場廃止となる場合、上場株式等の配当等に係る源泉徴収税率等の特例や、上場株式等の譲渡所得等の課税の特例等が適用されなくなるため、既存投資主の課税関係に影響を与える可能性が生じることに留意が必要である。なお、合併を前提としての投資法人の買収（公開買付）または投資口新規発行（第三者割当増資）および合併に関する既存投資主における会計・税務上の留意点は、それぞれ上述のとおりである。

#### b）自主申請等による上場廃止

上述のとおり、不動産投資法人が上場廃止となる場合、上場株式等に係る課税の特例等が適用されなくなるため、既存投資主の課税関係に影響を与える可能性が生じることに留意が必要である。

## 第5節　不動産投資法人の海外投資

### I　海外不動産の取得の展望

　不動産投資法人の投資対象資産については、依然として国内不動産への投資が中心的であるものの、外貨建資産への投資需要やより高い収益性を求める観点から、近年の投信法や税制改正による後押しも受けて、海外不動産への投資が検討されている。

### II　導管性要件における留意点

#### 1　他法人支配禁止要件

　従前より、不動産投資法人が直接海外不動産を取得すること自体は禁止されていなかったものの、事業支配を制限する趣旨から、2013年改正前の投信法上では、投資先の議決権のある株式の50％超の保有が禁止されており、租税特別措置法においても、導管性要件の1つとして"他の法人の発行済株式または出資の総数または総額もしくは匿名組合事業に対する匿名組合出資総額の100分の50以上を有していないこと（匿名組合契約等を通じて間接的に他の法人の株式または出資を保有する場合には、当該間接的な保有分も含めて判定）"という要件（以下「他法人支配禁止要件」という）が規定されているため、法人を通じた海外の不動産への投資が事実上困難となっていた。

　これらの規定について、2013年度の投信法の改正により、上記の例外として特定資産が所在する国の法令の規定または慣行その他やむをえない理由により、不動産投資法人が、①不動産の取得または譲渡、②不動産の貸借、③不動産の管理の委託のうち、いずれかの取引を自ら行うことができない場合（外国法人が不動産投資法人が自ら行うことができない取引を行うことができる場合に限る）において、以下に掲げる要件を満たす外国法人の発行する株式については、かかる持分制限は適用されないこととされ、海外不動産投資の場合には一定の緩

和要件が認められている（投信法194条2項、投信法令116条の2、投信法規221条の2）。
- 所在する国においてもっぱら①不動産の取得または譲渡、②不動産の貸借、③不動産の管理の委託を行うことをその目的とすること
- 各事業年度経過後6月以内に、その配当可能な額[1]のうち、当該登録投資法人の有する株式の数または出資の額に応じて按分した額その他の当該法人の所在する国における法令または慣行により、割り当てることができる額の金銭を当該登録投資法人に支払うこと

この投信法の改正と併せて租税特別措置法においても、上記の要件を満たす外国法人については、他法人支配禁止要件の適用対象から除外されるよう手当てがされている（税特措67条の15第1項2号ヘ、税特措規22条の19第8項）。

図表6-12　不動産投資法人による海外不動産投資

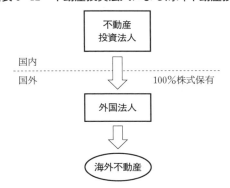

なお、上述のとおり、"特定資産が所在する国の法令の規定または慣行その

---

1) 配当可能な額とは、各事業年度において直前の事業年度の末日における監査人による監査後の貸借対照表上に計上された資産の額から以下に掲げる額の合計額を減じて得た額をいう。
　① 負債の額
　② 資本金の額
　③ 資本準備金、利益準備金その他の法定の準備金の額の合計額
　④ 資産につき時価を付すものとした場合においてその付した時価の総額が当該資産の取得価額の総額を超えるときは、時価を付したことにより増加した貸借対照表上の純資産の額
　⑤ 前各号に掲げる額のほか、当該法人の所在する国の法令または慣行により、配当することができない金額
　また、配当可能な額は、他人の求めに応じ報酬を得て、財務書類の監査または証明をすることを業とする者による監査または証明を受けた当該法人の直近の貸借対照表に計上された資産の額、負債の額、資本金の額、準備金の額および純資産の額に基づき算定されるものとする。

他やむをえない理由により、①不動産の取得または譲渡、②不動産の貸借、③不動産の管理の委託のうち、いずれかの取引を自ら行うことができない場合において"という条件があるため、必ずしもすべての国に関して他法人支配禁止要件の適用除外が認められるわけではなく、許容される投資先国が限定されることになるが、金融庁が公表している2014年6月27日付"投資法人に関するQ&A"によれば、アメリカ合衆国、インド、インドネシア、中華人民共和国、ベトナム、マレーシアが、当該他法人支配禁止要件の適用除外を満たしうる投資先国として例示されている。これらは例示列挙と思われるため、これらの国以外においても適用除外規定の対象となる諸外国はあるものと考えられるが、"慣行その他やむをえない理由"という表現については、必ずしも明確ではなく、どの程度の柔軟性があるのか、今後の追加解釈が望まれる。

また、海外不動産投資にあたっては、税効率の観点等から複数のビークルを介した投資ストラクチャーも考えられるが、不動産投資法人が海外投資を行う場合には、過度な複雑化を避ける目的より、複数層のビークルを介在させた投資は認められないこととなる。つまり、海外子会社が海外孫会社を通じて海外不動産を保有している場合における、当該海外子会社持分のように、直接不動産を保有しないビークルの持分については、他法人支配禁止要件に抵触する点に留意が必要である。

## 2　90％超配当要件

従前より、会計上、外国法人税の金額を損益計算書における税引前当期利益の後の「法人税、住民税および事業税」に計上した場合、不動産投資法人が実際に配当できる利益の金額が外国法人税の分だけ減少することとなり、外国法人税の金額が多額の場合には、90％超配当要件を満たさない可能性があった。

2018年度税制改正大綱において、90％超配当要件における配当可能利益の額について、関係法令の改正を前提として、その不動産投資法人が納付した外国法人税額等の控除後の額とすることが示され、これに従い、投資法人計算規則が2018年3月30日付で改正され、2018年4月1日以後に開始する営業期間に係る計算書類より、外国法人税（法税69条1項に規定する外国法人税をいう）が営業費用における租税公課に含まれることが明確化された。これにより、不動産投資法人が海外不動産投資を行い、外国法人税等が課せられた場合でも、外国法人

税等の額は90％超配当要件には影響を及ぼさないことになった。

## III 二重課税の調整

### 1 概　　要

　不動産投資法人が、海外不動産を上述の例外規定に基づき、外国の法人（以下、「海外SPC」という）を通じて保有する場合、通常その海外SPC自身で投資対象国における法人税等の課税の適用を受ける[3]。また、その海外SPCが不動産投資法人に利益の配当を行う場合には、一般的に利益の配当に対して源泉税が課されると考えられる。一方、不動産投資法人が直接海外不動産を保有する場合においては、不動産投資法人自身が直接、投資対象国における法人税等について申告・納税義務を負うことが考えられる。

　不動産投資法人においては、配当を損金算入することにより日本の法人税課税はほとんど生じないものの、投資主の段階では海外の法人税等の間接的な負担に加えて、日本の法人税等または所得税等が課されることとなり、日本と海外での二重課税が生じることとなる。

　通常の事業法人であれば、海外における課税については、法税69条に基づく外国税額控除の適用により、二重課税の回避を図るものであるが、不動産投資法人においては、そもそも日本における法人税課税がほとんど生じないことから、法税69条に基づく外国税額控除の規定が有効に働かず、仮に還付を受ける場合には、日本の財源をもって海外の法人税等が納税者に還付されることを意味するため[4]、その代替として、不動産投資法人が納付した外国法人税の額（法税69条1項に規定する控除対象外国法人税の額をいう）を不動産投資法人が投資主に配当する際に徴収する源泉所得税の額（および復興特別所得税の額）から控除する制度になっている（税特措9条の6の2）。

　なお、当該制度においては、不動産投資法人が直接納付した外国の法人税や

---

2）　SPCとはSpecial Purpose Companyの略称。
3）　REITのように一定の要件を満たす場合に法人税等の課税を受けないものもある。
4）　その結果、投資家の属性によっては投資家レベルでも十分な課税がなされず、適正な税収の確保が達成できない可能性がある。

図表6-13 二重課税調整のイメージ図

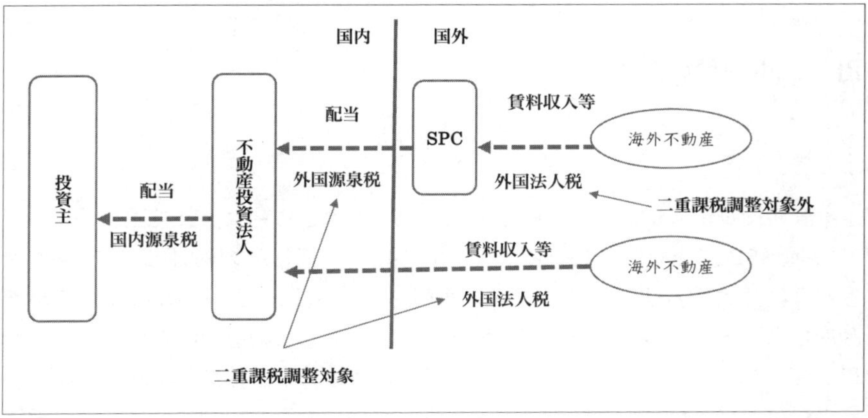

配当等に対して外国で源泉徴収された金額が控除の対象となるが、海外SPC経由で投資を行う場合には、海外SPCレベルで課された外国法人税の額については当該制度の対象外となり、二重課税を完全には排除できないことになる。

## 2 二重課税調整の仕組み

不動産投資法人における二重課税調整については、上述したとおり不動産投資法人が納付した外国法人税の額を、当該不動産投資法人の利益の配当にかかる当該所得税の額（および復興特別所得税の額）から控除することになるが、投資主ごとに適用される税率が異なることから、投資主ごとに配当金額のグロスアップ計算や源泉徴収金額の再計算が必要となっている[5]。外国法人税の額の控除金額の計算方法は複雑であるが、その概略としては、以下のとおりである。なお、当該計算方法は2018年度および2019年度税制改正において再整理されており、2020年1月1日以降に支払われる配当等から適用されるが、以下は2019年税制改正後の法令に基づいている。

---

5） たとえば、上場不動産投資法人の場合、小口個人投資家（発行済投資口の3％未満保有）や法人投資家については15.315％、大口個人投資家（発行済投資口の3％以上保有）は20.42％、年金等の非課税投資家は0％、海外の投資家については租税条約による軽減の可能性もある。

| Step 1：グロスアップ差額の算出（税特措令4条の9第2項1号ロ・2号ロ・3号ロ） |
|---|
| 居住者、内国法人ならびに非居住者等（非居住者または外国法人を総称。以下同じ）の区分に応じて、投資主ごとに、以下の算式に基づき、グロスアップを行い、グロスアップ差額を算出。<br><br>　利益の配当の額 ／（1－適用税率）－利益の配当の額<br><br>ただし、外国法人税の額に各投資主の利益配当割合（全体の利益配当の額のうち各投資主が受け取る利益配当の額の占める割合）を乗じて算出した金額を限度とする。 |
| Step 2：控除限度額の算出（税特措令4条の9第2項1号・2号・3号） |
| 居住者、内国法人ならびに非居住者等の区分に応じて、投資主ごとに、以下の算式に基づき控除限度額を算出する。<br><br>　（Step 1の金額＋利益の配当の額）×源泉徴収税率 |
| Step 3：控除外国法人税の額の算出（税特措令4条の9第1項1号・2号・3号） |
| 居住者、内国法人ならびに非居住者等の区分に応じて、以下の算式に基づき算出した金額を合計して、控除外国法人税の額を算出する。<br><br>　控除限度額×外貨建資産割合（不動産投資法人の貸借対照表の総資産額のうち外貨建資産の金額の占める割合）(＊)<br><br>（＊）　ただし、当該金額がStep1の金額を超える場合には、Step1の金額が限度とされる。 |
| Step 4：源泉徴収金額の再計算（税特措9条の6の2第2項） |
| 投資主ごとに、利益の配当の額にStep 3で求めた控除外国法人税の額（各投資主帰属分）を加算し、源泉徴収税率を乗じて源泉徴収金額を再計算する。<br><br>　（利益の配当の額＋控除外国法人税の額）×源泉徴収税率 |
| Step 5：実際の源泉徴収金額の算出（税特措令4条の9第3項） |
| Step 4の再計算後の源泉徴収金額の合計額から、Step 3の控除外国法人税の額を控除した金額が、実際に納付する源泉徴収金額となる。<br><br>　源泉徴収金額(再計算後)－控除外国法人税の額＝実際に納付する源泉徴収金額 |

以下に、計算事例を記載する。

## 図表6-14 不動産投資法人における二重課税調整の計算例

| 前提 | |
|---|---:|
| 海外配当収入 | 1,000 |
| 外国源泉税（10%） | 100 |
| 国内所得 | 500 |
| 課税所得合計（配当控除前） | 1,400 |
| | |
| 外貨建資産 | 10,000 |
| その他資産 | 5,000 |
| 資産合計（B/S） | 15,000 |
| | |
| 投資主の構成 | |
| 　内国法人投資主 | 50% |
| 　個人投資主 | 50% |
| | |
| 不動産投資法人からの配当に係る源泉所得税率（復興特別所得税を除く） | 15.0% |
| 復興特別所得税、住民税は考慮しない | |

| | 内国法人投資主 | 個人投資主 | 合計 |
|---|---:|---:|---:|
| **Step 1：グロスアップ差額の算出** | | | |
| ① 利益の配当の額 | 700.0 | 700.0 | 1,400.0 |
| ② 源泉所得税率 | 15.0% | 15.0% | |
| ③ グロスアップ後の金額　①÷(1－②) | 823.5 | 823.5 | 1,647.1 |
| ④ グロスアップ差額　③－① | 123.5 | 123.5 | 247.1 |
| ⑤ 上限（外国法人税の額×受け取る利益配当の割合） | 50.0 | 50.0 | 100.0 |
| ⑥ ④と⑤の小さい方の金額 | 50.0 | 50.0 | 100.0 |
| **Step 2：控除限度額の算出** | | | |
| ⑦ (①＋⑥)×源泉徴収税率 | 112.5 | 112.5 | 225.0 |
| **Step 3：控除外国法人税の額の算出** | | | |
| ⑧ ⑦×外貨建資産割合 | 75.0 | 75.0 | 150.0 |
| ⑨ ⑥と⑧の小さい方の金額 | 50.0 | 50.0 | 100.0 |
| **Step 4：源泉徴収金額の再計算** | | | |
| ⑩ (①＋⑨)×源泉徴収税率 | 112.5 | 112.5 | 225.0 |
| **Step 5：実際に納付する源泉徴収金額** | | | |
| ⑪ ⑩－⑨ | 62.5 | 62.5 | 125.0 |

当該二重課税調整は所得税の計算において適用されるが、住民税においてはかかる二重課税調整の枠組みがないので、個人投資主に関して利子割の課税対象となる金額は、所得税におけるそれとは異なることとなるため留意が必要である。

なお、2018年度税制改正前の制度では、投資主が配当金の受領方法として「株式数比例配分方式」を選択した場合には、国内の源泉徴収義務者が支払いの取扱者である証券会社等となり、上述のような二重課税の調整ができなかったが、2018年度税制改正により、証券会社等の支払いの取扱者が源泉徴収義務者となる局面でも当該二重課税調整が行われるよう手当てがされている（税特措9条の3の2第3項）。

### 3　書類の保存・通知義務

二重課税調整が生じる場合には、不動産投資法人において、以下のとおり、一定の書類の保存が求められると同時に、投資主が適正な申告を行えるように、一定の事項に関する通知義務が課されている。

(1) **書類の保存義務**（税特措令4条の10第2項、税特措規5条の4の2第3項、5条の4の3第1項）

不動産投資法人は外国法人税の額が課された場合には、当該外国法人税の額が課されたことを証する以下の書類を、控除した日の属する年の翌年から7年間納税地に保存しなければならない。

- 外国の法令により課される税が税特措9条の6第1項に規定する外国法人税（法税69条1項に規定する外国法人税）に該当することについての説明
- 通知外国法人税相当額（控除外国法人税の額を控除限度額の割合を元に、各投資主に割当てをした金額）の計算に関する明細を記載した書類
- 税が課されたことを証するその税にかかる申告書の写しまたはこれに代わるべきその税にかかる書類およびその税がすでに納付されている場合にはその納付を証する書類

## (2) 通知義務 （税特措9条の6の2第5項、税特措令4条の10第7項ないし15項、税特措規5条の4の2第5項、5条の4の3第3項）

　不動産投資法人は、個人または法人に対して、国内において不動産投資法人の利益の配当の支払いをする場合において、その支払いの確定した利益の配当にかかる通知外国法人税相当額がある時は、当該通知外国法人税相当額その他の財務省令で定める事項を、その支払いの確定した日から1月以内（準支払者が通知する場合には45日以内）に、当該個人または法人に対し、書面により通知しなければならない。

## 4　投資主側の処理

　投資主側の処理としては、上記の二重課税調整が行われる場合には、投資法人分配時調整外国税相当額[6]は、法人投資主の場合には、まず法人税の額を限度に法人税の額から控除され（法税69条の2第1項）、控除できない金額がある場合には、地方法人税の額から控除されることとなる（地方法人税法12条の2）[7]。一方、個人投資主の場合には、まず所得税の金額を限度に控除され（所税93条1項）、所得税から控除できない場合には復興特別所得税の額から控除される（復興財源特13条の2）。なお、所得税額控除と異なり、控除しきれない金額がある場合には、その金額は還付されないこととなる。

　また、投資主においても当該投資法人分配時調整外国税相当額の控除を行う場合には、確定申告書等に控除の対象となる投資法人分配時調整外国税相当額、控除を受ける金額および当該金額の計算に関する明細書類の添付が必要になる（法税69条の2第3項、所税93条2項）。

---

6）　控除外国法人税の額のうち各投資主に帰属する金額。

7）　法人投資主における控除の順番は、投資法人分配時調整外国税相当額の控除、所得税額控除および外国税額控除の順で行われることとなる。控除にあたり、保有期間按分も必要となる（法税令148条2項）。なお、法人投資主において、投資法人分配時調整外国税相当額の控除の適用がある場合には、投資法人分配時調整外国税相当額は損金不算入となる（法税41条の2）。

## Ⅳ　その他留意すべき点

### 1　外国子会社合算税制（タックス・ヘイブン対策税制）

　内国法人等が軽課税国に所在する外国関係会社を通じて国際取引を行う場合、この外国関係会社を介することにより税負担を不当に軽減・回避し、結果として日本での課税を免れる事態が生じることがある。タックス・ヘイブン対策税制とは、このような事態に対処するため、一定の外国関係会社の所得に相当する金額を内国法人等の所得とみなし、これを合算して課税する仕組みをいう。このタックス・ヘイブン対策税制は、不動産投資法人においても適用される点に留意が必要である。

　2017年度の税制改正によりタックス・ヘイブン対策税制において、ペーパーカンパニー等の新たな規制が導入され、タックス・ヘイブン対策税制の適用を受ける範囲が拡大している。たとえば、従前より香港やシンガポール、イギリスのように税負担割合が20％未満となる国のSPCにおいては、適用除外基準（現行の経済活動基準）を満たさないケースが多かったが、2017年度の税制改正以後はペーパーカンパニーに該当する場合には、税負担割合が30％以上でなければ、タックス・ヘイブン対策税制による会社単位の合算課税を受けることとなる。なお、米国については、2017年度の米国税制改正（Tax Cuts and Jobs Act of 2017）の結果、連邦税負担が21％に軽減されており[8]、米国SPCもタックス・ヘイブン対策税制の適用を受ける可能性が高まったと考えられる。

　なお、ペーパーカンパニーとは、①実体基準（主たる事業を行うに必要と認められる事務所等の固定施設を有している）および②管理支配基準（本店所在地国において、事業の管理、支配および運営を自ら行っている）のいずれも満たさない外国関係会社をいうが、①の実体基準において、保有する賃貸不動産自体は固定施設とはみなされない（国税庁：平成29年度及び30年度改正外国子会社合算税制に関するQ&A）ことや、通常海外SPC自身には管理支配を行う実態が乏しいと推測

---

[8]　州税を含めても通常30％未満となると見込まれる。

### 図表6-15 合算所得のフローチャート

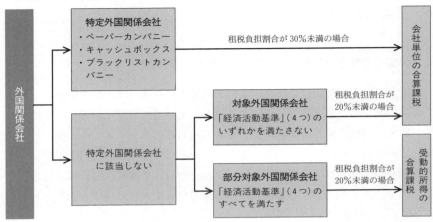

\* 上記表中、経済活動基準とは、(i)事業基準、(ii)実体基準、(iii)管理支配基準、(iv)非関連者基準または所在地国基準の4つであるが詳細の説明は割愛する。

されるため、ペーパーカンパニーに該当するケースが十分に考えられる[9]。

　仮に、タックス・ヘイブン対策税制に抵触した場合には、不動産投資法人が外国関係会社から受領する配当については、特定課税対象金額（配当を受ける事業年度またはその前10年以内に開始した事業年度において合算課税された金額）に達するまでの金額は免税扱いとされる（税特措67条の15第3項）ため、二重課税は生じないよう手当てがされている[10]。

## 2　為替換算

　不動産投資法人が、海外投資を行う場合には、為替換算にも留意する必要がある。まず、外貨建取引を行った場合にはその取引時のレートに基づき円換算

---

[9] なお、2019年度税制改正により、一定の要件を満たす持株会社や不動産保有会社等について、ペーパーカンパニーから除外されるよう手当されているが、不動産投資法人による海外不動産投資の場合にはかかる除外の適用は受けられないと考えられる。

[10] タックス・ヘイブン対策税制に抵触した場合の二重課税調整の規定（外国税額の控除）については別途検討を要する。

がなされる（法税61条の18)[11]。そして、期末において外貨建資産・負債を有している場合には、それぞれ外貨建資産の区分ごとに換算方法が定められている（法税61条の19)[12]。

図表 6-16　外貨建資産・負債の会計・税務の期末換算方法

|  | 税　務 | 会　計 |
| --- | --- | --- |
| 海外 SPC 株式（子会社株式） | 発生時換算 | 発生時換算 |
| 外貨預金・外貨建債権債務（短期） | 期末時換算（発生時換算も選定可能） | 期末時換算 |
| 外貨預金・外貨建債権債務（長期） | 発生時換算（期末時換算も選定可能） | 期末時換算 |
| 外貨現金 | 期末時換算 | 期末時換算 |

# 第 6 節　インフラ投資法人の税務

## I　インフラ投資法人の税務上の取扱い

### 1　基本的な取扱い

　再生可能エネルギー発電設備や公共施設運営権等のインフラ資産を主な投資対象とする投資法人（以下「インフラ投資法人」という）にかかる税務上の取扱いについては、不動産投資法人にかかる税務上の規定とは別の規定が定められているわけではない。したがって不動産投資法人同様の規定が適用されることとなり、導管性要件および税務上の取扱いも、原則として不動産投資法人の場合の取扱いと同様となる。しかしながら、導管性要件のうち、インフラ投資法人において特に留意すべき要件がいくつかある。

---

[11]　原則、換算レートは TTM を使用するが、継続適用を前提に収益・資産については TTB、費用・負債については TTS を使用することができる（法税基13の2-1-2）。
[12]　その他、海外不動産投資に関係する為替換算の規定として、外国法人税の換算（法税基16-3-47）やタックス・ヘイブン対策税制による益金算入金額の換算（税特措通66の6-14）などがあるので確認を要する。

## 2 導管性要件

### (1) 資産割合要件

2014年度の税制改正において、インフラ投資法人の創設を見据えて新たに設けられた導管性要件であり、原則要件は、以下のように規定されている。

> 税特措67条の15第1項2号ト、税特措令39条の32の3第10項
> 事業年度終了時において有する投信法2条1項に規定する特定資産のうち投信法施行令3条1号から10号までに掲げる資産（同条1号に掲げる資産のうち匿名組合契約等に基づく権利および同条8号に掲げる資産にあっては、主として対象資産（同条1号に掲げる資産のうち匿名組合契約等に基づく権利以外のものおよび同条2号から7号までに掲げる資産をいう。以下同じ）に対する投資として運用することを要する契約に係るものに限る）の各事業年度の確定した決算に基づく貸借対照表に計上されている帳簿価額の合計額がその時における貸借対照表に計上されている総資産の帳簿価額の合計額の2分の1に相当する金額を超えていること。

また、特定資産の範囲は投信法施行令3条において以下のように規定されている。

> (1) 有価証券
> (2) デリバティブ取引に係る権利
> (3) 不動産
> (4) 不動産の賃借権
> (5) 地上権
> (6) 約束手形（1号に掲げるものに該当するものを除く）
> (7) 金銭債権（1号、2号、前号および10号に掲げるものに該当するものを除く）
> (8) 匿名組合出資持分
> (9) 商品（商品先物取引法2条1項 に規定する商品をいう）
> (10) 一定の商品投資等取引にかかる権利
> (11) 再生可能エネルギー発電設備（3号に該当するものを除く）
> (12) 公共施設等運営権

上記の資産割合要件（原則要件）の判定においては、分子となる資産に、再生可能エネルギー発電設備および公共施設等運営権は含まれない。したがって、再生可能エネルギー発電設備および公共施設等運営権以外の特定資産が総資産

の過半を占めるような資産構成にしなければならないこととなる。主流となっている太陽光発電施設に特化するケースでは、一般にまとまった土地を低価で取得できる郊外の土地や借地であることが多いため、分子の金額は少額になることが想定され、資産割合要件を充足することが困難と考えられている。

この問題点に対応すべく、再生可能エネルギー発電設備を2020年3月31日までに取得した場合において、以下に掲げる要件をともに満たす場合には、その取得の日から、最初に賃貸の用に供した日以後20年を経過した日までの間に終了する各事業年度において、資産割合要件の判定上、分子に再生可能エネルギー発電設備を含めることができるという特例要件が設けられている（税特措令39条の32の3第12項）。

① 投資口が金商法2条16項に規定する金融商品取引所に上場されていること。
② 規約に再生可能エネルギー発電設備の運用の方法（その締結する匿名組合契約等の目的である事業に係る財産に含まれる再生可能エネルギー発電設備の運用の方法を含む）が賃貸のみである旨の記載または記録があること。

現在上場しているインフラ投資法人においては当該特例要件を充足することによって、導管性要件を充足していると考えられる。現行法令上は、この特例は取得の日から最初に賃貸の用に供した日以後20年間のみの特例であり、それ以後の事業年度においては、本特例要件が利用できずに導管性要件を充足しなくなることから、利益に対し通常の法人税等が課されることとなる。また、公共施設等運営権は分子に加算することができないため、公共施設等運営権への投資を主とする投資法人の設計は現段階では困難なものと考えられる。

### (2) 匿名組合出資に投資する場合
#### a) 資産割合要件

一般に太陽光発電設備への投資案件においては、匿名組合出資の方法により資金調達をして運用しているものが市場には数多く存在しており、資産そのものの売買ではなく既存の匿名組合出資持分を投資家間で売買するケースが望まれるため、投資法人が匿名組合出資持分を購入するケースも想定される。投資法人によるこのような匿名組合出資持分の取得については、上述の資産割合要

件の判定上、以下のように取り扱われる。

(ⅰ) 原則要件

匿名組合契約等に基づく権利については、その匿名組合の運用資産が再生可能エネルギー発電設備や公共施設等運営権の場合には、資産割合要件の判定上分子に含めることはできない。

(ⅱ) 特例要件

匿名組合契約等に基づく権利については、その匿名組合の運用資産が、再生可能エネルギー発電設備の場合には、資産割合要件の判定上分子に含めることができる。ただし、匿名組合契約における運用が賃貸型であることが求められているため、匿名組合契約において売電事業を営むケースでは分子に加算されないことに留意が必要である。

**b） 他法人支配禁止要件**

匿名組合出資については、2019年度税制改正により、他の法人の発行済株式または出資の総数または総額の100分の50以上に相当する数または金額の株式または出資を有していないこととする要件（「他法人支配禁止要件」）の対象となる"他の法人の発行済株式または出資"に含めることが明記されたため、匿名組合出資への投資を検討する場合には留意を要する。

## 3　その他の論点

再生可能エネルギー発電設備を対象資産とするインフラ投資法人においては、自ら売電事業を行うことは他業禁止規定に抵触すると解されることと、先述した資産割合要件の特例要件が、賃貸型が要件となっていることからも、インフラ投資法人はその保有する再生可能エネルギー発電設備を売電事業者に賃貸するものと考えられる。通常賃貸期間は長いほうが安定性の観点から望まれるが、再生可能エネルギー発電設備の想定運用期間（太陽光発電設備の場合約20年間）に合わせて賃貸借期間を設ける場合、税法上のリース取引に該当する可能性が非常に高くなることが想定される。

税法上のリース取引とは、以下の2つの要件をともに充足する資産の賃貸借取引を指すと定義されている（法税64条の2第3項）。

- リース契約が、リース期間の中途で解約することができないものまたはこれに準ずるもの

- 賃借人がリース資産からもたらされる経済的な利益を実質的に享受することができ、かつ、リース資産の使用に伴って生ずる費用を実質的に負担すべきこととされるもの

　税法上のリース取引に該当する場合、賃借人がその資産を所有して使用するのと経済的実態が変わらないという理由から、原則として賃貸人および賃借人とも、当該目的資産の売買取引が行われたものとされる[1]（なお、貸し手側の譲渡処理の方法としては、①一括譲渡処理、②長期割賦販売処理、③20％みなし利息処理がある）。会計においても同様の規定が存在し、会計上のファイナンス・リースに該当する賃貸借取引は、資産の売買取引が行われたものとする会計処理を行うこととなる（税務と同様に譲渡処理方法は複数ある）。会計におけるファイナンス・リースの判定と税法上のリース取引の判定については、趣旨は同じであるものの、判定方法の詳細は異なっている。したがって、会計と税務でファイナンス・リースの判定結果が異なることとなり、その結果税会不一致を生じてしまう可能性もある。また、ファイナンス・リースに該当する場合の資産割合要件の判定の考え方（会計上売買処理により生じたリース投資資産勘定を分子に算入できないのか）など不明確な論点もあるため、解約不能期間を短く設定するなど、ファイナンス・リースに抵触しないよう、再生可能エネルギー発電設備の賃料設計には留意が必要である。

---

1) スポンサーとのセールスアンドリースバック取引（税法上のリース取引に該当する場合）である場合において、資産の種類、取引の事情その他の状況に照らし、実質的に金銭の貸借であると認められるときは、資産の売買はなかったものとし、かつ、譲受人から譲渡人に対する金銭の貸付があったものとして、譲渡人（賃借人）または譲受人（賃貸人）の所得の金額を計算することになる。

# 事 項 索 引

● A〜Z

accredited investor　217
BELCA　453
CAPEX　434
DCF法　432
EDINET　24, 247
FF＆E　451
FF＆Eリザーブ　452
Form CB　213
Form F-4　383
Gun Jumping　215
IR活動　226, 232
LTV　154, 395
NAV　171, 180, 404
NCF　437
NOI　434
PCB　458
PML値　457
public offering　212
Qualified Institutional Buyer(QIB)　217
Regulation D　216
REIT　3
Rule 144A　217
Securities Act of 1933　212
Securities Exchange Commission(SEC)　213
sophisticated investor　217
TDnet　26
ToST-NeT取引　254

●あ

アスベスト　457
圧縮記帳　492
アレンジメントフィー　357

●い

委託会社　37
一時差異　473

一時差異等調整積立金　325, 466
一時差異等調整引当額　325, 466
一般事務受託者　48
一般社団法人投資信託協会　125
インサイダー取引　257
インサイダー取引規制　225
インフラ投資法人　415, 545
インフラファンド市場　415

●う

受入資産および引受負債の時価　391
受取配当等の益金不算入　511
運営委託方式　451

●え

営業報告書　27
エージェントフィー　357
エンジニアリング・レポート　452

●お

オーバーアロットメント手続　122
オープン・エンド型投資法人　29
オペレーショナル・アセット　397
オペレーター　398
親子会社間の会計処理の統一に関する当面の
　監査上の取扱い　393
親法人投資口　162

●か

海外投資　534
海外不動産鑑定評価ガイドライン　408
海外不動産保有法人　408
会計監査報告　22
外国子会社合算税制　543
外国法人税　411
解散　288
会社型投資信託　4
開示用電子情報処理組織(EDINET)　24

買付け等　250
解約留保金　406
価格形成要因　452
　──に関する不明事項　453
価格時点　428
確定申告不要制度　503
確定申告不要の選択　505
確約書　116
合併　262
　──の差止　283
合併交付金　277, 384
合併対価　277, 391
合併比率　277
合併無効　283
過年度遡及修正　376
株券等　249
株券等所有割合　251
株式会社証券保管振替機構　122
簡易合併　281
還元利回り　432
監査態勢　87
監査の実施　89
監査報告　89
完全開示方式　107
鑑定評価基準(各論　第3章)　421
鑑定評価の条件　427
鑑定評価報告書(鑑定評価書)　438
監督指針　51
監督役員　19

●き

機関投資家　463
企業結合会計基準及び事業分離等会計基準に
　関する適用指針　384
企業結合に関する会計基準　384
企業結合日　385
企業倫理　56
基準純資産額　28
基準日　158
規約　10
　　相対的記載事項　13
　　任意的記載事項　13

　　必要的記載事項　10
逆取得　385
90％ルール(90％超配当要件)　325, 464
吸収合併　262, 385
吸収合併消滅会社の最終事業年度の財務諸表
　389
急速な買付け　255
共同事業を行うための合併　515
業務遂行上のリスク　77
業務分掌　57
金銭の分配に係る計算書　28
金融商品取引所　134

●く

苦情等処理　75
組込方式　107
繰越利益等超過純資産控除項目額　468
繰延資産の会計処理に関する当面の取扱い　327
繰延税金資産の回収可能性　388
繰延ヘッジ損失　347
クローズド・エンド型の投資法人　29

●け

経営管理態勢　55
経営上の戦略的意思決定に係るリスク　77
経営方針　56
経済的使用可能予測期間　333
計算関係書類　21
継続評価　440
決算短信　26
減価償却に関する当面の監査上の取扱い　333
原価法　431
検査マニュアル　52
牽制機能　55
源泉徴収　502
減損　490
減損損失　359
限定価格　430
現物出資　169

●こ

公開買付け　248, 529

事項索引

公共施設等運営権(コンセッション) 415
公正な金額 179
交付目論見書 112
公募 167
50％超国内募集要件 463,482
個人情報の保護 74
固定価格買取制度(FIT 制度) 417
固定資産税等 340
　　――の処理方法 338
　　――の賦課決定通知 344
固定資産台帳 335
固定資産の減損に係る会計基準 358
個別的要因 452
コーポレートガバナンス・コード 142
コンフォートレター 103
コンプライアンス委員会 57
コンプライアンス研修 66
コンプライアンス態勢 62
コンプライアンス部門 63
コンプライアンス・プログラム 63
コンプライアンス・マニュアル 64

●さ

最終還元利回り 432
再生可能エネルギー発電設備 415
財務諸表 24
参照方式 107

●し

識別可能資産および負債 386
事業収支分析 450
事業譲渡類似株式等 510
事業用不動産 448
事後検証可能性 61
事故・事務過誤への対応 75
自己投資口 160,495
資産運用会社 31
　　――の組織体制 56
資産運用報告 21
資産除去債務 331
　　――に関する会計基準 331
資産調整勘定(のれん) 388

資産保管会社 46
市場価格の著しい下落 358
事前検証 60
執行役員 19
支払配当等の損金算入規定 462
四半期報告書 377
私募化 533
私募 REIT 300,318,404
資本的支出 341,491
社内規程等 60
収益還元法 431
修繕計画 458
修繕費 341,491
出資等減少分配 492
出資の払戻し 405
純資産控除項目 347,468
遵法性 456
証券化 489
証券化対象不動産 425
　　――の鑑定評価に関する実務指針 423
証券投資信託委託業者 37
上場 98,113
上場審査 117
上場申請 116
上場廃止基準 142
消費税の会計処理について(中間報告) 330
情報管理 74
所得超過税会不一致 348,475
所有直営方式 451
申告分離課税 508
新設合併 262,385
信託受益権 335
信託導管論 336
人的構成 56
新投資口発行の無効の訴え 184
新投資口不存在確認の訴え 184
新投資口予約権 201,498

●す

スコープ・オブ・ワーク 422
スポンサー 50

## ●せ

税会不一致　325, 344, 472
請求目論見書　112
清算執行人　290
清算投資法人　290
正常価格　429
責任と権限　59
設立企画人　8
設立時会計監査人　8
設立時監督役員　8
設立時執行役員　8
設立時発行投資口　8, 14
設立費用　483

## ●そ

想定発行価格　120
創立費　327
底地　443

## ●た

待機期間　109
第三者割当　167, 258
第三者割当増資　489, 532
対象議決権保有届出書　242
耐震性　456
大量保有報告　132, 222
大量保有報告書　247
宅地建物取引業者　36
タックス・ヘイブン対策税制　543
短期投資法人債　188
担保付投資法人債　187

## ●ち

地下埋設物　455
中間配当　12
直接還元法　432
賃貸借方式　451

## ●て

定期借地権　443
訂正届出書　109

## ●と

適格合併　384, 514
適時開示　135
適時開示情報伝達システム(TDnet)　26
適正な価格(正常価格)　392
デューデリジェンス　100
電子開示システム届出書　247

導管性要件　305, 463
投資委員会　57
投資運用業者　31
投資口　156
　——の期末評価　513
　——の譲渡　159
　——の発行費用等　483
　——の払戻し　29
　——の分割　163
　——の併合　163
投資口買取請求　278
投資口交付費　355
投資証券　99, 158
　——の上場　98
投資信託委託会社　37
投資信託協会　146
投資主間協定　306
投資主資本等変動計算書　24
投資主総会　15
投資主名簿　157
投資主割当　167
投資法人　2
投資法人債　186
投資法人債管理者　199
投資法人債券台帳　198
投資法人債原簿　198
投資法人債発行費　356
同族会社　258
登録免許税　468
特定価格　429
特定資産　2
特定執行役員　22
特定投資運用行為　32
特定売買等　254

特定不動産　469,470
特定有価証券　23
特別関係者　250
特別資本関係　251
土壌汚染　454
土地建物等の按分　332
届出仮目論見書　113
取締役会　57
取引一任代理等の認可　34
取引事例比較法　431

●な

内部監査計画　88
内部監査の独立性・客観性　87
内部監査部門　87
内部管理業務　67
内部管理態勢　67
内部統制報告書　377

●に

二重課税の調整　537
認可宅地建物取引業者　34

●の

のれん(正ののれん)　384,388,520

●は

配当控除　504
売買報告書　257
パイプラインサポート契約　242
パーチェス法　385
発行登録制度　221
払戻しのマッチング手続　407
払戻留保金　406
半期報告書　126,378

●ひ

引受け　100
引受審査　100
非適格合併　388,514
非同族会社要件　464,482
病院不動産　35,398

●ふ

ファイナンス・リース取引　399
フェア・ディスクロージャー・ルール　133
フォローアップ　89
フォワード・コミットメント　12,295
負債調整勘定(負ののれん)　388
負債評価差額　393
付随業務　293
付随費用　329
負担可能賃料　450
復帰価格　432
ブックビルディング　120
不動産鑑定士が不動産に関する価格等調査を行う場合の業務の目的と範囲等の確定及び成果報告書の記載事項に関するガイドライン　421
不動産鑑定評価基準　421
不動産鑑定評価基準運用上の留意事項　421
　——に則らない価格調査　430
不動産関連経費控除前営業利益
　(Gross Operating Profit)　451
不動産関連ファンド運用業者　244
不動産関連法人株式　510
不動産取得税　470
不動産投資信託証券　3
不動産投資法人　2
不動産等の取得　81
不動産等の売却　82
不動産の運用管理　82
不動産売却損益　355
負ののれん(負債調整勘定)　386,388,521
　——の活用方法　395
　——発生益　383
フランチャイズ方式　451
振替機関　262,269
振替機構　262
振替口座簿　157
振替投資口　99
振替投資法人債　190

●へ

別記事業　379

ヘルスケア施設　35,397
ヘルスケアリート　397

●ほ

募集事務委託契約　173
保有目的　248

●ま

埋蔵文化財　455

●み

未経過固定資産税等　338,485
未竣工建物等鑑定評価　427
みなし賛成制度　18
みなし配当　507,512

●む

無償減資　497

●も

目論見書　112

●や

役員会　20

●ゆ

有価証券届出書　106,378
有価証券の引受け等に関する規則　102
有価証券表示権利　247
有価証券報告書　24,126,378
融資手数料　489

●よ

予備調査　88

●ら

ライツ・オファリング　201,498

●り

利益超過税会不一致　351,477
利益を超えた金銭の分配(利益超過分配)
　　326,507,512
利害関係人等　68,380
リスク　76,450
　――の識別　78
　――の評価　79
　――への対応策　80
リスク管理に係る態勢　76
リスク管理部門　77
リスクバッファ　451
リート(REIT)　3
　――の社会的役割　90
臨時報告書　126,127,243

●れ

劣後投資法人債　187
連結財務諸表に関する会計基準　385

●ろ

ロードショー　121

●わ

割引現在価値　392
割引率　432

## ◆渥美坂井法律事務所・外国法共同事業

### 【編者紹介】

渥美坂井法律事務所・外国法共同事業は、設立当初から定評のある金融・不動産分野に加え、エネルギー・プロジェクトファイナンス、M&A、各種ファンド、独禁法、労働法、IP/TMT、国際通商、訴訟・仲裁、倒産・事業再生、さらには危機管理やFintech・IoT/AIを含む幅広い分野においてリーガルサービスを提供しています。また、クライアントのビジネス活動のグローバル化・国際化の進展に対応するため、英国（ロンドン）および米国（ニューヨーク）にもオフィスを、またドイツ（フランクフルト）およびベトナム（ハノイ・ホーチミン）にも提携オフィスを設けております。当事務所は複数の外国法事務弁護士を擁し、日本法および外国法に関わるアドバイスを日本語・英語その他の言語にて行っています。

### 【執筆者紹介】

**大串　淳子**（おおぐし　じゅんこ）第1章・第3章第4節Ⅲ・第4章第4節Ⅲ・第7節Ⅱ担当
1984年　東京大学教養学部卒業
1998年　東京弁護士会登録　2017年カリフォルニア州弁護士登録
2015年　ミシガン大学ロースクール修了
　　　　（現　渥美坂井法律事務所・外国法共同事業　パートナー）

**八巻　展孝**（やまき　のぶたか）第1章担当
2005年　東京大学法学部卒業
2007年　東京大学法科大学院修了
2008年　第一東京弁護士会登録
2017年　ニューヨーク大学ロースクール修了
　　　　（元　渥美坂井法律事務所・外国法共同事業　パートナー
　　　　 現　ナットウエスト・マーケッツ証券会社）

**臼井　康博**（うすい　やすひろ）第2章担当
2004年　慶應義塾大学法学部卒業
2006年　上智大学法科大学院修了
2007年　東京弁護士会登録
2015年　ペンシルベニア大学ロースクール修了
2022年　福岡県弁護士会に登録換え
　　　　（現　A&S福岡法律事務所弁護士法人　パートナー）

**渡邉　俊典**（わたなべ　としのり）第2章担当
2012年　早稲田大学法学部卒業
2014年　慶應義塾大学法科大学院修了
2015年　第二東京弁護士会登録
　　　　（現　渥美坂井法律事務所・外国法共同事業）

**森　博樹**（もり　ひろき）第3章担当
1987年　早稲田大学法学部中退
1995年　東京弁護士会登録
　　　　（現　渥美坂井法律事務所・外国法共同事業　パートナー）

藤井　誠人（ふじい　まこと）第 3 章担当
2002年　岡山大学法学部卒業
2003年　岡山弁護士会登録
2006年　大阪弁護士会に登録換え
2007年　大阪大学大学院法学研究科修了
同　年　東京弁護士会に登録換え
　　　　（現　渥美坂井法律事務所・外国法共同事業　パートナー）

水上　高佑（みずかみ　たかすけ）第 3 章担当
2003年　慶應義塾大学法学部卒業
2006年　第二東京弁護士会登録
2015年　ロンドン大学クイーンメアリーカレッジ修了
　　　　（現　渥美坂井法律事務所・外国法共同事業　パートナー）

西田　亮正（にしだ　りょうせい）第 4 章担当
1999年　慶應義塾大学法学部卒業
2006年　第二東京弁護士会登録
2014年　ロンドン大学クイーンメアリーカレッジ修了
　　　　（元　渥美坂井法律事務所・外国法共同事業　パートナー）
　　　　（現　かなめ総合法律事務所　パートナー）

島田　康弘（しまだ　やすひろ）第 4 章担当
1995年　東京大学大学院法学政治学研究科修了
2000年　ニューヨーク大学ロースクール修了
2006年　大東文化大学法科大学院修了
2008年　東京弁護士会登録
　　　　（元　渥美坂井法律事務所・外国法共同事業　パートナー）
　　　　（現　燕総合法律事務所　パートナー）

大石　潤（おおいし　じゅん）第 4 章担当
2006年　東京大学法学部卒業
2008年　東京大学法科大学院修了
2009年　第二東京弁護士会登録
　　　　（現　渥美坂井法律事務所・外国法共同事業　パートナー）

木村　勇人（きむら　はやと）第 4 章担当
2009年　東京大学教養学部卒業
2011年　東京大学法科大学院修了
2012年　第二東京弁護士会登録
2022年　ミシガン大学ロースクール修了
　　　　（現　渥美坂井法律事務所・外国法共同事業　パートナー）

◆有限責任 あずさ監査法人

## 【編者紹介】
有限責任 あずさ監査法人は、全国主要都市に約6,300名の人員を擁し、監査や保証業務をはじめ、IFRSアドバイザリー、アカウンティングアドバイザリー、金融関連アドバイザリー、IT関連アドバイザリー、企業成長支援アドバイザリーを提供しています。
金融、情報・通信・メディア、パブリックセクター、消費財・小売、製造、自動車、エネルギー、ライフサイエンスなど、業界特有のニーズに対応した専門性の高いサービスを提供する体制を有するとともに、4大国際会計事務所のひとつであるKPMGのメンバーファームとして、143ヵ国に拡がるネットワークを通じ、グローバルな視点からクライアントを支援しています。

## 【執筆者紹介】

北川　真也（きたがわ　しんや）第1章2節Ⅳ担当
有限責任 あずさ監査法人（旧 あずさ監査法人）2007年入所
現在、金融統轄事業部　金融アドバイザリー事業部所属
ディレクター

上杉　篤史（うえすぎ　あつし）第1章2節Ⅳ担当
有限責任 あずさ監査法人2015年入所
現在、金融統轄事業部　金融アドバイザリー事業部所属
ディレクター／不動産鑑定士

尾形　英菜（おがた　えいな）第1章2節Ⅳ担当
有限責任 あずさ監査法人2018年入所
現在、金融統轄事業部　金融アドバイザリー事業部所属
マネジャー／不動産鑑定士

田澤　治郎（たざわ　じろう）第5章1節・4節・7節・9節担当
有限責任 あずさ監査法人（旧 監査法人朝日新和会計社）1989年入所
現在、金融統轄事業部所属
パートナー／公認会計士
日本公認会計士協会 業種別委員会 ファンド対応専門委員会（不動産投資法人グループ）〈旧 投資信託等専門部会〉 前 専門委員

橋爪　宏徳（はしづめ　ひろのり）第5章2節・3節・5節・6節・8節担当
有限責任 あずさ監査法人（旧 朝日監査法人）2002年入所
現在、金融統轄事業部所属
パートナー／公認会計士
日本公認会計士協会 業種別委員会 ファンド対応専門委員会（不動産投資法人グループ）専門委員

©2023 KPMG AZSA LLC, a limited liability audit corporation incorporated under the Japanese Certified Public Accountants Law and a member firm of the KPMG global organization of independent member firms affiliated with KPMG International Limited, a private English company limited by guarantee. All rights reserved.

ここに記載されている情報はあくまで一般的なものであり、特定の個人や組織が置かれている状況に対応するものではありません。私たちは、的確な情報をタイムリーに提供するよう努めておりますが、情報を受け取られた時点およびそれ以降においての正確さは保証の限りではありません。何らかの行動を取られる場合は、ここにある情報のみを根拠とせず、プロフェッショナルが特定の状況を綿密に調査した上で下す適切なアドバイスをもとにご判断ください。

## ◆ KPMG 税理士法人

### 【編者紹介】

KPMG 税理士法人は、KPMG インターナショナルのメンバーファームとして、東京、大阪、名古屋、京都、広島、福岡を主な拠点に約800の人員を擁する国内最大級の税理士法人です。各専門分野に精通した税務専門家チームにより、企業活動におけるさまざまな場面（企業買収、組織再編、海外進出、国際税務、移転価格、BEPS 対応、関税／間接税、事業承継等）に対応した的確な税務アドバイス、各種税務申告書の作成、記帳代行および給与計算を、国内企業および外資系企業の日本子会社等に対して提供しています。KPMG 税理士法人におけるトランザクションアドバイザリーグループにおいては不動産やインフラ、M&A 並びにリース取引等を中心に税務アドバイザリー業務を提供しています。

### 【執筆者紹介】

半田　太一（はんだ　たいち）第6章担当
KPMG 税理士法人（旧アーサーアンダーセン　税務部門）2001年入所
トランザクションアドバイザリーグループ
パートナー／税理士

坂井　知子（さかい　ともこ）第6章5節担当
KPMG 税理士法人（旧アーサーアンダーセン　税務部門）1999年入所
トランザクションアドバイザリーグループ
ディレクター／税理士

柿園　明彦（かきぞの　あきひこ）第6章4節・6節担当
KPMG 税理士法人2017年入所
トランザクションアドバイザリーグループ
ディレクター／税理士

花島　敏之（はなしま　としゆき）第6章1節・2節担当
KPMG 税理士法人2006年入所
トランザクションアドバイザリーグループ
マネジャー／税理士

角田　奈緒子（つのだ　なおこ）第6章3節担当
KPMG 税理士法人2010年入所
トランザクションアドバイザリーグループ
シニア／税理士

©2023 KPMG Tax Corporation, a tax corporation incorporated under the Japanese CPTA Law and a member firm of the KPMG network of independent member firms affiliated with KPMG International Cooperative ("KPMG International"), a Swiss entity. All rights reserved.

ここに記載されている情報はあくまで一般的なものであり、特定の個人や組織が置かれている状況に対応するものではありません。私たちは、的確な情報をタイムリーに提供するよう努めておりますが、情報を受け取られた時点およびそれ以降においての正確さは保証の限りではありません。何らかの行動を取られる場合は、ここにある情報のみを根拠とせず、プロフェッショナルが特定の状況を綿密に調査した上で提案する適切なアドバイスをもとにご判断ください。

## ◆一般財団法人日本不動産研究所

一般財団法人日本不動産研究所は、昭和34年の設立以来、半世紀以上の歴史と実績を兼ね備えた不動産シンクタンクです。
日本全国に支社・支所を有する日本最大規模の不動産鑑定・コンサルティング機関であり、不動産鑑定士のほか弁護士・公認会計士・一級建築士等が在籍。不動産の現在と未来を的確にとらえ、日本全国および海外において、お客様に最適なサービスを提供するためのさまざまな事業を展開しており、不動産鑑定業界のリーディングカンパニーとして活動しております。

### 【執筆者紹介】

福田　明俊（ふくだ　あきとし）第5章第10節Ⅰ担当
2004年日本不動産研究所入所
資産ソリューション部　企業資産評価室長
不動産鑑定士／公認内部監査人（CIA）

有岡　良祐（ありおか　りょうすけ）第5章第10節Ⅲ・Ⅳ1担当
2010年日本不動産研究所入所
本社事業部　参事
不動産鑑定士／不動産証券化協会認定マスター

海老原　高徳（えびはら　たかのり）第5章第10節Ⅱ・Ⅳ2・Ⅳ3担当
2007年日本不動産研究所入所
業務部　参事
不動産鑑定士

## 【執筆者紹介】（五十音順）

**辻　早人**（つじ　はやと）COLUMN 担当
1999年　日本開発銀行（現、株式会社日本政策投資銀行）入行
現在、同行　アセットファイナンス部次長

**埜村　佳永**（のむら　よしなが）COLUMN 担当
1987年　東京建物株式会社入社
現在、株式会社東京リアルティ・インベストメント・マネジメント（日本プライムリアルティ投資法人　資産運用会社）　取締役　財務経営本部長

**吉田　竜太**（よしだ　りゅうた）COLUMN 担当
1983年　三菱地所株式会社入社
現在、三菱地所株式会社　経営企画部理事
　（前職：ジャパンリアルエステイトアセットマネジメント株式会社
　　　　　取締役常務執行役員企画部長）

---

**杉山　ひろみ**（すぎやま　ひろみ）第 3 章担当
1989年　同志社大学法学部卒業
1997年　同志社大学大学院　総合政策科学研究科（前期課程）修了
2016年　成蹊大学法科大学院修了（法務博士）
現在、大手フィナンシャルグループ信託銀行所属（出向中）、CRE を中心とする不動産金融ソリューション業務に従事。

## 不動産投資法人(REIT)の理論と実務〔第2版〕

2011(平成23)年3月15日　初版1刷発行
2019(令和元)年6月30日　第2版1刷発行
2023(令和5)年3月30日　　同　　2刷発行

| | |
|---|---|
| 監　修 | 大串淳子、田澤治郎、半田太一 |
| 編　者 | 渥美坂井法律事務所・外国法共同事業、<br>有限責任　あずさ監査法人、KPMG税理士法人 |
| 発行者 | 鯉渕　友南 |
| 発行所 | 株式会社　弘文堂　101-0062 東京都千代田区神田駿河台1の7<br>TEL 03(3294)4801　振替 00120-6-53909<br>https://www.koubundou.co.jp |
| 装　丁 | 松村　大輔 |
| 印　刷 | 港北メディアサービス |
| 製　本 | 牧製本印刷 |

Ⓒ 2019 Atsumi & Sakai, KPMG AZSA LLC, KPMG Tax Corporation.
Printed in Japan

[JCOPY]〈(社)出版者著作権管理機構　委託出版物〉
本書の無断複写は著作権法上での例外を除き禁じられています。複写される場合は、そのつど事前に、(社)出版者著作権管理機構(電話 03-5244-5088、FAX 03-5244-5089、e-mail:info@jcopy.or.jp)の許諾を得てください。
また本書を代行業者等の第三者に依頼してスキャンやデジタル化することは、たとえ個人や家庭内の利用であっても一切認められておりません。

ISBN978-4-335-35769-5